»Clicking«

DER NEUE POPCORN REPORT

Faith Popcorn
Lys Marigold

»Clicking«

DER NEUE POPCORN REPORT

Trends für unsere Zukunft

WILHELM HEYNE VERLAG
MÜNCHEN

Titel der amerikanischen Originalausgabe:
Clicking. 16 Trends To Future Fit Your Life, Your Work, And Your Business

Die Originalausgabe erschien im Verlag HarperCollins, New York

Aus dem Amerikanischen von Henning Thies
Redaktionelle Bearbeitung von Thomas Bertram

Umwelthinweis:
Dieses Buch ist auf chlor- und säurefreiem Papier gedruckt.

Umschlaggestaltung: Art & Design Norbert Härtl, München
Satz: Leingärtner, Nabburg
Druck und Bindung: Wiener Verlag, Himberg
Printed in Austria

ISBN 3-453-09087-X

Inhalt

I. Teil

Der Click-Effekt

1. Kapitel

Der Schlüssel zur Zukunft

»Die Zukunft gehört jenen, die an die Schönheit ihrer Träume glauben.«

ELEANOR ROOSEVELT

Sie wissen vielleicht, wie das ist, wenn man einen Tresor öffnet: Erst wischt man sich die Finger an der Kleidung ab, dann dreht man vorsichtig am Zahlenschloß. Gespannt horcht man, ob die erste Zahl eingerastet ist, dann die zweite, die dritte, die vierte. Es scheint, als stimmten die Zahlen allesamt. Ist das Schloß geknackt? Ja, der Öffnungsmechanismus rastet hörbar ein. Click. Alles in Ordnung. Die Tür geht auf.

Wie oft hat es in Ihrem Leben schon Click gemacht? Wie beim Öffnen eines Safes? Sie haben lange nach der richtigen Kombination für ein zukunftssicheres, neues Leben gesucht. Doch nun ist die Sache unter Kontrolle. Das ist Clicking. Click. Alles klar. Doch allzu viele werden ihr ganzes Leben lang das vage Gefühl nicht los, daß irgend etwas nicht ganz stimmt. Irgendwie erfüllen sich die Erwartungen immer nicht ganz. Irgend etwas funktioniert nicht, wie es soll – am Arbeitsplatz, zu Hause, bei allem, was sie in Angriff nehmen.

Dabei ist oft gar nicht mal ein totaler Wandel nötig. Es genügt schon eine minimale Veränderung, eine kleine Anpassung – bis Sie auf einmal intuitiv wissen: Das ist es! Ja, so muß es sein! Das ist Clicking: Plötzlich paßt alles zusammen. Click! Wie ein Blitz aus heiterem Himmel.

Und wenn es geclickt hat, ist der Erfolg vorprogrammiert. Dann haben Sie den Erfolg eingeschaltet. Click – so klingt das Geräusch eines Lichtschalters. Oder denken Sie an Ihren Computer. Was können Sie dort mit der Maus nicht alles anclicken? Click, Doppelclick. Sie clicken sich ein, Sie geben Befehle, Sie erschaffen sich Ihre eigene Welt am Bildschirm. Click – und das Licht ist ein- oder ausgeschaltet. Oder die virtuelle Welt. Ein Click mit der Fernbedienung, und der Fernseher läuft. Click, click, click – so springen Sie von Kanal zu Kanal, bis Sie endlich ein interessantes Programm gefunden haben. Und wenn Sie mit der Kamera einen Augenblick im Bild festhalten wollen? Click! So ähnlich klingt es auch, wenn ein Telefongespräch unterbrochen wird. Click – und Sie haben einen anderen Gesprächspartner in der Leitung, wenn die Vermittlung umgeschaltet hat.

Click – dieses Geräusch, dieses Wort weckt auf, rüttelt auf, wie ein Fingerschnalzen. Wenn es geclickt hat, sind Sie munter und packen die Zukunft beim Schopf. Dann wissen Sie, worum es geht. Clicking heißt: Im Einklang sein mit dem, was morgen kommt. Wer überleben will, muß flexibel sein. Das ist nicht dasselbe wie hektische Betriebsamkeit. Auch wenn es geclickt hat, können Sie entspannt sein. Aber Sie sind nicht länger passiv. Clicking hat nichts mit Glück zu tun (obwohl etwas Glück nicht schaden kann); der Click ist auch kein Blitzschlag (dann richtete er nur Schaden an). Vielmehr kommt es auf die richtige Kombination an – wie beim Schloß eines Safes. Diese Kombination ist der Schlüssel zur Zukunft. Und genau darum geht es in diesem Buch.

Stellen Sie sich vor, Sie stehen an einer Straßenkreuzung. Zwei Linien treffen zusammen: wer Sie sind und wer Sie sein wollen. Wenn Sie an einem solchen Punkt stehen, möchten wir Ihnen den richtigen Weg weisen. (Und nur in unserem Buch weisen alle Pfeile in eine Richtung: nach vorn, in die Zukunft.) Wir wollen Ihnen das nötige Rüstzeug für die Zukunft an die Hand geben. Damit es auch bei Ihnen clickt.

Wie dieses Buch entstand

Die Idee für das vorliegende Buch kam uns, als wir auf unser erstes Buch, *Der Popcorn Report – Trends für die Zukunft,* eine enorme Anzahl von Zuschriften erhielten. Von den 40 000 Leserinnen und Lesern, welche die letzte Zeile jenes Buches aufgriffen (»Rufen Sie mich an. Schreiben Sie mir. Faxen Sie mir. Erleuchten Sie mich.«), erfuhren wir, daß viele ganz normale Menschen ein Marketing-Handbuch als praktische Lebenshilfe benutzten und daß sie darangingen, ihr Leben mit Hilfe dieses Buches zu verändern.

Ähnlich erging es mir bei meinen TrendView-Seminaren. Eigentlich richten sie sich an Geschäftsleute, doch die meisten Fragen aus dem Kreis der Teilnehmer waren eindeutig persönlicher Natur: »Welche Berufe haben Zukunft?«, »Was sollten meine Kinder studieren?«, »Wird der Markt für Kleinunternehmen günstig sein?« (Meistens nur eine andere Form für die Frage: «Soll ich's wagen?«).

Solche Fragen haben heute die Funktion einer Flaschenpost, von der Schiffbrüchige sich früher Hilfe erhofften. Doch sie kommen von Durchschnittsamerikanern, die das Gefühl haben, mit ihrem Leben in einer Sackgasse gelandet zu sein – ohne zu wissen, wie es morgen weitergehen wird. Und das hat gute Gründe. Denn es wird heutzutage immer schwerer, persönlich und im Beruf Erfolg zu haben. Zu viele von uns befinden sich beruflich in einer Sackgasse – ihre Arbeit bringt ihnen weder genug Geld noch persönliche Befriedigung ein. Hunderttausende mußten miterleben, wie ihre Stellen in den späten achtziger und frühen neunziger Jahren im Zuge von Firmenzusammenschlüssen, -aufkäufen und -zusammenbrüchen kaltschnäuzig wegrationalisiert wurden, ohne daß sie einen neuen Lebensschwerpunkt gefunden hätten.

Und unsere Antwort auf solche Fragen? Wir wollen zeigen, wie man die von BrainReserve ermittelten Trends auswerten und anwenden kann – als konkrete Formeln für die erkennbare Zukunft. Dieselben Trends, die wir Hunderten kleiner Firmen, aber auch großen Unternehmen aus dem Kreis der 500 von *Fortune* aufgeführten Giganten als unseren Klienten zur Beachtung empfohlen haben, können genausogut von einzelnen genutzt werden. Auch dort haben sie sich bewährt. Mit Hilfe der Trends lassen sich sowohl die großen Wachstumsmärkte der Zukunft erschließen als auch individuelle Ideen für Firmengründungen gewinnen und untermauern.

Uns scheint es, als hörten wir überall ähnliche Geschichten:

- etwa von alleinerziehenden Eltern, die uns versichern, an Phantasie und Energie, um sich gesellschaftlich und beruflich in Szene zu setzen, mangele es ihnen nicht; allein, sie wüßten nicht, wie und wo sie beginnen sollten;
- oder von Angehörigen der jungen Generation, die uns erzählen, daß sie beim Berufseinstieg Hilfe brauchen und verzweifelt nach ihrer ersten Stelle suchen. (Wußten Sie beispielsweise, daß mehr als die Hälfte der Absolventen der amerikanischen Eliteuniversitäten, die 1993 ihr Examen machten, nach sechsmonatiger Jobsuche immer noch keine Stelle hatten?)
- oder von einem in den Vorruhestand gezwungenen Angehörigen des mittleren Managements, der von uns wissen wollte: »Wo könnten meine Fähigkeiten noch gebraucht werden?«

Am häufigsten aber sprachen uns Leute an, die Rückendeckung für eine Idee erwarteten, mit der sie schon lange gerungen hatten und die den Schlüssel zur Veränderung oder Verbesserung ihrer Zukunft bilden sollte:

- etwa die alleinerziehende Krankenschwester, die von unseren Trends gelesen und sich entschlossen hatte, für Ärzte in ihrem Wohnviertel einen Telefondienst einzurichten;
- oder der sozial eingestellte Collegeabsolvent, der seine Zukunft nicht bei den Dinosauriern der amerikanischen Großindustrie sah, sondern eine Dienstleistungsfirma für Wiederaufforstung gründen wollte;
- oder der Manager in den Fünfzigern, der seinen Job in der Luftfahrtin-

dustrie verloren hatte, aber mehr Energie verspürte als je zuvor. Er eröffnete einen Öko-Laden für Fisch und Meeresfrüchte.

All diese Fäden fügten sich zu einem Flickenteppich der Zukunft zusammen. So unterschiedlich diese Individuen auch sein mochten, folgendes hatten sie gemeinsam:

- die Suche nach einem Weg, um ihre Frustration und die ewigen Enttäuschungen zu beenden;
- den Plan, alle persönlichen Hindernisse und Ängste zu überwinden;
- die Entschlossenheit, jede sich bietende Gelegenheit zu nutzen und die Zukunft klar ins Auge zu fassen.

Alles, was diese cleveren Frauen und Männer sich vorgenommen hatten, läßt sich unserer Meinung nach in einem einzigen Wort zusammenfassen: CLICK. Dabei stehen die Anfangsbuchstaben dieses Anagramms für folgende Tugenden:

Courage
Loslassen
Intuition
Charakterstärke
Know-how

CLICK: Wie und warum es bei bestimmten Menschen geclickt hat oder noch clicken könnte, darum geht es in fast allen Beispielen dieses Buches. Und wenn es clickt, beginnt das Ganze oft mit einer mutigen Tat, mit *Courage.*

Nehmen Sie etwa Jerry Della Femina und seine berühmte Werbeagentur. Ohne Courage wäre Della Femina nie aus dem New Yorker Problemstadtteil Brooklyn herausgekommen, in dem er geboren wurde (Teile Brooklyns gelten in den Vereinigten Staaten als »Brutstätte Nr. 1 für Verbrechen aller Art«). Wie man es dennoch fertigbringen konnte, zeigte ihm nicht zuletzt seine Mutter – eine Lektion fürs ganze Leben. Wenn Jerrys Mutter zum Hausbesitzer ging, um ihre Monatsmiete zu bezahlen, nahm sie ihren Sohn mit, zeigte auf die große Villa und sagte: »Ist das nicht ein schönes Haus? Nie sollst du jemanden hassen, nur weil er mehr hat als du; sieh lieber zu, daß du es selbst auch so weit bringst.« 1954 begann Jerry sich nach einem Job in der Werbebranche umzusehen; 1961 bekam er eine Chance und startete seine glanzvolle, vielfach preisgekrönte Karriere als Mitarbeiter, später Leiter einer Werbeagentur. Es folgte das *Loslassen.* Er verkaufte die Agentur und alle Rechte an seinem Namen. Dazu Jerry scherzhaft: »Ich bin der einzige Italiener, der ohne Zeugenaussage [gegen die Mafia] seinen Nachnamen verlor, ohne eine neue Identität zu erhalten.«

Was *Know-how* und *Charakterstärke* in seinem Leben bedeuten, liegt auf der Hand. Mit seiner neuen Firma Jerry Inc. kehrte er (im großen Stil) in die Werbebranche zurück, und außerdem brachte er mit der gleichen Energie die damals noch eher verschlafenen Vororte New Yorks auf Long Island (die Hamptons) auf Trab. Dort ist er jetzt eine echte Lokalgröße. Tag und Nacht ist er unterwegs und pendelt zwischen seinen Restaurants Della Femina's, East Hampton Point (am Hafen) und einem großen Feinkostgeschäft hin und her, das er gemeinsam mit seinem Partner David Silver unter dem Namen »Jerry & David's Red Horse Market« betreibt. In diesem Gourmettempel kann man ihn am Samstagmorgen beim Schneiden von Räucherlachs antreffen. Darüber hinaus schreibt er in jeder freien Minute für die von seiner Tochter herausgegebene Lokalzeitung eine wöchentliche Kolumne, in der er kein Blatt vor den Mund nimmt: Mal werden die Lokalpolitiker aufs Korn genommen, dann wieder richtet er Liebeserklärungen an seine Frau, Judy Licht, und seine Kinder. In einem Augenblick höchster Zufriedenheit (und äußerster Bescheidenheit) sagte er uns: »Ich habe das Gefühl, als hätte es in meinem Leben geclickt – vom Tölpel zum Boß.«

Oder nehmen Sie Lori Schiaffino, eine alleinerziehende Mutter, die mit einer weißen Strähne im Haar und zwei verschiedenen Augenfarben unter den Nachwirkungen einer Kinderkrankheit leidet. Sie hatte die *Courage,* aus dem ländlichen Westen von Massachusetts nach New York zu ziehen, damit ihre Tochter Nicola an einem Ort aufwachsen konnte, wo es bessere Aussichten auf einen Job gibt. (Es kann schon einen Unterschied machen, wo Sie aufwachsen oder wohnen: An manchen Orten clickt es eher als an anderen.) Als Kellnerin absolvierte Lori ein doppeltes Pensum. Dann *ließ sie los,* als die Eltern von Nickies bester Kindergartenfreundin ihre Stärke und ihren Ehrgeiz erkannten. Natürlich war es nicht schlecht, daß diese Eltern Steve und Courtney Ross hießen und gerade nach einer Produktionsassistentin für einen Quincey-Jones-Dokumentarfilm Ausschau hielten. Loris *Intuition* sagte ihr dann im richtigen Moment, wie gut sie alles und jedes organisieren konnte.

Charakterstärke mußte sie bei ihrem nächsten Job zeigen: Steven Spielberg war gerade dabei, mit seiner Familie für die Dreharbeiten zum Film *Schindlers Liste* nach Prag umzuziehen, und Lori sollte diesen Umzug komplett organisieren – von der Haussuche über die Installation einer großen Telefonanlage und die aus Wien einzufliegenden besonderen Nahrungsmittel bis hin zu endlosen Flugreservierungen und zum Arrangement von Freundesbesuchen. Mit ihrem *Know-how* und ihrem Jagdhundinstinkt konnte sie diesen Job perfekt bewältigen. Inzwischen nutzt sie ihre Talente klug zum eigenen Vorteil: Sie hat ihre eigene Dienstleistungsfirma, Details, gegründet und nimmt alle möglichen schwierigen Aufträge an, PR-Aufgaben ebenso wie spezielle Reisearrangements. Auch bei Spendenkampagnen sind ihre organisatorischen Fähigkeiten hochwillkommen. So arbeitet sie zum Beispiel gerade daran, die für ein neues Jugendzentrum benötigten 4 Millionen Dollar aufzutreiben. Bei Lori hat es wirklich geclickt.

Clicking gibt es überall, auch dort, wo es niemand vermuten würde. So hatte ein junger Automechaniker, Tony Van Hook, genug davon, immer nur Autos zu reparieren, und statt dessen die Idee, T-Shirts mit inspirierenden Losungen auf den Markt zu bringen. Sein Markenname? »Überwinde Dich« (Cross the Line Actionwear). Damit meinte er, wie er mir schrieb, »etwas zu riskieren, den Versuch zu wagen, seine Träume zu realisieren, nicht länger nur zu wünschen, sondern etwas zu tun. Die Kraft dazu liegt in uns allen. Und diese Botschaft will ich mit Slogans auf T-Shirts wie ›Aus kleinen Träumen kann nichts Großes entstehen‹ 'rüberbringen.« Auch bei Tony hat es geclickt.

Damit es clickt, muß man nicht immer etwas ganz Neues beginnen. Man kann auch auf den Erfahrungen seines bisherigen Lebens aufbauen. Meine Co-Autorin Lys Marigold fühlte sich zur Juristin berufen; sie liebte die Detektivarbeit juristischer Nachforschungen. Doch dann entschied sie sich im letzten Moment, nach dem College nicht Jura zu studieren, sondern Journalistin in New York zu werden (*Courage*). Mit Ausnahme eines einzigen Jahres, als sie in einem kleinen blauen Volvo kreuz und quer durch Europa fuhr, schrieb und redigierte sie jahrelang für die großen Frauenzeitschriften Amerikas. Eigentlich war sie damit ganz zufrieden, bis ihr eines Tages ihr Schicksal symbolisch vor Augen stand: Ein Maurer kam in ihr Büro beim *Ladies' Home Journal,* um das Fenster zuzumauern, weil, wie man ihr erklärte, direkt nebenan, Wand an Wand, ein neues Hochhaus hochgezogen werden sollte. Da war sie, die Wand, vor der Lys auch im übertragenen Sinne saß: Sie fühlte sich zu sehr eingeengt, während sie immer nur über Essen, Trinken, Mode, Schönheitspflege und Wohnungseinrichtungen schreiben sollte.

Loslassen hieß in ihrem Fall, daß sie als Creative Director in meine Marketing-Agentur BrainReserve kam. Hier traf sie auf die für sie neue Welt des Wirtschaftslebens, hier lernte sie einen für sie neuen Marketing-Jargon, hier arbeitete sie die Trends heraus, von denen unser Buch handelt. Zwölf Jahre später ließ sie erneut los und ging nach Europa. BrainReserve blieb sie jedoch insofern verbunden, als sie weiterhin laufend nach neuen Produkten und neuen Trendanzeichen Ausschau hielt (so konnte sie ihrer detektivischen *Intuition* weiterhin frönen). Zurück kam sie als Co-Autorin des *Popcorn Reports,* unseres ersten Buches, denn sie kannte die Beispielgeschichten und die Biographie von BrainReserve besser als alle anderen.

Wirklich in ihrem Herzen geclickt hat es bei Lys aber erst, als sie nach Jordanien ging, um in der alten, aus rotem Sandstein erbauten Stadt Petra bei den Beduinen zu leben. Sie entdeckte und photographierte in tiefen Felsschluchten aramäische Schriftzeichen, die die alten Nabatäer dort eingeritzt hatten. Und auf den steilen Klippen fand sie kleine, schachbrettartige Einritzungen aus der Zeit um Christi Geburt. Das mußten primitive Spielflächen sein, und Lys schloß daraus, daß die reichen Steuereintreiber, die von den Karawanen Wegzoll verlangten, dort Späherposten unterhielten, und ihre Langeweile mit einfachen Brettspielen vertrieben. Click! Jetzt ist Lys damit beschäftigt, ähnliche Spiele auf CD-ROM zu entwickeln (damit kann man Kinder auf der ganzen Welt erreichen, denn für abstrakte Spiele sind keine Sprachkenntnisse erforderlich). Außerdem entwirft sie für Anwendungen virtueller Realität Abenteuertrecks durch die Höhlen und Tempel von Petra, wahre archäologische Wunderwerke. Ihre Geschäftserfahrung (*Know-how*) wird sich weiterhin als unermeßlich wertvoll erweisen. Und eines Tages schreibt sie vielleicht auch noch ein Opernlibretto über Königin Zenobia in der Wüste. Wer weiß, was da noch alles clickt.

* * *

Aus solchen Beispielen ist das Konzept für das vorliegende Buch entstanden. Immer wieder geht es darum, was geschieht, wenn Ihre ganz persönliche Prägung, Ihre individuelle Natur, auf ein klares Konzept für die Zukunft trifft. Bei manchen clickt es spontan, ganz intuitiv. Das sind dann jene Begabten und Glückskinder, die ganz ehrlich von sich behaupten können: »Schon als ich vier war, wußte ich genau, daß ich Maler werden wollte.« Oder: »Mein ganzes Leben lang dieses Haushaltswarengeschäft zu führen, macht mir Spaß, und ich bin damit vollkommen zufrieden.«

Solche Menschen brauchen unser Buch nicht. Ebensowenig wie jene, die im Lotto gewonnen oder das große Los gezogen haben. Doch bei den meisten von uns – sicher sind es 99,9 Prozent – liegt die Sache anders. Ehe es bei uns clickt, müssen wir unsere Fähigkeiten und Wünsche genau erforschen, müssen wir die Charakterstärke haben, mutig zu agieren, wenn die Intuition uns gewogen ist.

Je näher die Jahrtausendwende rückt, desto dringender brauchen viele Menschen einen Click. Warum? Zukunftstrends richten sich zwar nicht nach magischen Kalenderdaten, und der Click kommt ebenfalls nicht auf Kommando, doch in unserer Zeit werden zunehmend auch Dinge unsicher, auf die wir uns bisher felsenfest verlassen konnten. Die Kluft zwischen Gewinnern und Verlierern, zwischen denen, die haben, und denen, die nicht haben, wird immer größer werden. Und dabei geht es längst nicht nur ums Geld. Die Rede ist vielmehr von einem tiefen Graben zwischen all jenen, die über die erforderliche Technologie und eine gute Ausbildung verfügen, die eine intakte Familie und Glück haben, und all jenen, bei denen dies leider nicht so ist, den Habenichtsen.

Bei der Vorbereitung dieses Buches haben wir ungefähr tausend Personen interviewt, um herauszufinden, was sich bei ihnen auf dem Weg zum Erfolg bewährt (oder auch als Fehlschlag erwiesen) hatte. Manche dieser Interviewpartner sind legendäre Geschäftsleute, die jeder kennt und deren Namen in aller Munde sind. John Sculley (Apple) etwa bemerkte über den Weg zum Erfolg in der Computerindustrie: »Es ist nicht unbedingt immer nur die Spitzentechnologie, viel entscheidender ist die Kombination mit sehr gutem Marketing. Der Apple MacIntosh war kein Senkrechtstarter, auch Windows hatte nicht auf Anhieb Erfolg. Selbst Faxgeräte und Handys durchliefen erst verschiedene Entwicklungsstadien, ehe sie zu großen Rennern wurden.« Sculley stellte auch allgemeinere Überlegungen an: »Ich glaube, es sind immer zwei Clicks nötig. Am wichtigsten ist der Click im eigenen Kopf. Doch clicken muß es außerdem noch bei den anderen. Nehmen wir [den Architekten] Frank Lloyd Wright. Bei ihm hatte es geclickt, nicht jedoch bei den meisten seiner Zeitgenossen. Erst heute wird er allgemein anerkannt.« Gleichwohl räumt Sculley ein: »Wenn man allerdings die meiste Zeit mit Gedanken daran verbringt, was die anderen wohl von einem halten, dann wird man es nie zu einem Bruch der Regeln kommen lassen. Dann wird es nie clicken.«

Lebensweisheiten und gute Ratschläge können Sie von Menschen erhalten, die Ihnen nahestehen (dazu finden Sie unten ein eigenes Kapitel: »Mentoren gesucht«), manchmal löst aber auch Aufgeschnapptes oder Angelesenes bei Ihnen einen Click aus. Im Einleitungskapitel des zweiten Teils (»Warum man sich auf diese Trends einstellen sollte«) finden Sie entsprechende Auszüge aus Briefen und Faxsendungen, die wir von Lesern des *Popcorn-Reports* erhielten.

Und nachahmenswerte Beispiele, wie das von Chip Conley, dem Besitzer des Nob Hill Lambourne Hotels in San Francisco, der sich nach der Lektüre der BrainReserve-Trends entschloß, seinen Gästen eine neue Dimension von Service und Komfort zu bieten: Ihnen steht jetzt in seinen Hotels eine Büroausrüstung ebenso zur Verfügung wie in jedem Zimmer eine Gesundheitsbar und diverse Service-Angebote von der Aromatherapie über Yoga bis zur Reflexzonen-Fußmassage.

Was wir mit unserer ausführlichen Erörterung der Trends erreichen wollen? Wir möchten Sie dazu bringen, anders zu denken: neue Strukturen zu entdecken, das Offensichtliche in Frage zu stellen. Denn clicken kann es nur, wenn alte Klischees durchbrochen werden, wenn Überholtes über Bord geworfen wird. Nicht jede Volksweisheit hat heute noch ihren Sinn.

Nicht alle Sprichwörter und Redensarten sind zeitlos gültig. Nehmen Sie etwa »Publicity ist immer gut, Hauptsache, der Name wird richtig geschrieben.« In unserem Zeitalter des Sensationsjournalismus in Boulevardpresse und Fernsehen hätten sicher Hunderte von Leuten liebend gern auf Publicity verzichtet, obwohl die Zeitungen ihren Namen richtig buchstabierten. Total veraltet ist auch die Redensart »Mit vierzig fängt das Leben an«. So dachte man in den zwanziger Jahren unseres Jahrhunderts, und entsprechend heißt es in einem Anfang der dreißiger Jahre erschienenen Buch: »Mit vierzig wird die Arbeit leicht, und man arbeitet weniger. Das Spiel nimmt immer mehr Raum ein und macht immer mehr Spaß. Man hat einfach mehr Freizeit.« Heutzutage trifft das vielleicht auf Senioren jenseits der achtzig zu.

Ein weiteres Klischee, dem wir nicht trauen, lautet: »Morgen beginnt das Leben neu.« Man muß nicht immer am Punkt Null anfangen. Manche Leute, bei denen es geclickt hat, waren – ganz im Gegenteil – darauf bedacht, auch die schlimmsten Erlebnisse ihrer Vergangenheit in ihre Zukunft zu integrieren. Es kann durchaus reinigend wirken und die innere Gesundheit fördern, wenn man sich seinem Racheengel stellt, wenn man seiner Angst nicht nur entgegentritt, sondern sie wirklich zu einem Teil seines Lebens macht.

Nelson Mandela etwa lud zu seiner feierlichen Amtseinführung als Präsident der Republik Südafrika nicht nur den Gefängniswärter ein, der ihn 26 Jahre lang bewacht hatte (erinnert Sie das auch an Victor Hugos *Les Misérables*?), sondern er besorgte sich auch den Wohnungsgrundriß jenes Hauses, in dem er unter Hausarrest gestanden hatte, um sich nach diesem Plan ein neues Haus bauen zu lassen. Auf ähnliche Weise bewältigte Coco Chanel eine schmerzliche Vergangenheit, als sie, inzwischen in der Welt zu Erfolg und Reichtum gelangt, in ihrem Haus jenen spartanischen Schlafraum eines katholischen Waisenhauses rekonstruieren ließ, in dem sie als junges Mädchen gelebt hatte. Vielleicht waren dies bei Mandela wie bei Chanel die Orte, an denen es, allen äußeren Widrigkeiten zum Trotz, geclickt hatte.

Im Mittelpunkt unserer Botschaft für Sie stehen die von BrainReserve ermittelten Trends. Sie liegen unserer gesellschaftlichen Entwicklung zugrunde, und sie werden auch Ihre Zukunft mitbestimmen. Wenn Sie sich allein an dem ausrichten, was gestern gültig war, dann kann es bei Ihnen nicht clicken. In jedem Kapitel über einen der Trends zeigen wir Ihnen, was andere, die die Vorhut bilden, schon heute tun, präsentieren Ihnen aber auch neue Ideen für Dinge, die der Realisierung noch harren.

In den fünf Jahren seit Erscheinen des *Popcorn Reports* sind weder das Leben noch die Trends zum Stillstand gekommen. So haben wir etwa den Trend »Leben im Kokon« neu definiert: Zu Hause igelt man sich jetzt nicht mehr ein, weil man es gerne so gemütlich wie möglich hat, sondern weil man aus Angst vor Verbrechen händeringend nach einem sicheren, ungefährlichen Ort sucht. Entsprechend wird das traute Heim immer mehr zur Festung.

Unter den neuen Trends findet sich »Gegen die Großen«. Darin äußert sich ein allgemeines Gefühl, die Großen müßten vom Sockel gestoßen werden – ein Gefühl der Angst und des Hasses, das heute weltweit zu beobachten ist.

Wir befassen uns mit einem faszinierenden neuen Trend, den wir »Die Suche nach Halt und Sinn« genannt haben – eine Art spiritueller Suche in der Vergangenheit. In Geschichte und Religion suchen wir nach etwas, das uns sicheren Boden unter den Füßen verschafft und das uns auch in Zukunft tragen wird – damit wir für die Jahrtausendwende und die Zeit danach gerüstet sind.

Einen weiteren neuen Trend, für Wirtschaftsplanung und Marketingstrategien von weitreichender Bedeutung, haben wir »Weiblich denken« genannt. Hier geht es darum, wie und warum Frauen an vieles ganz anders herangehen als Männer: Warum sie anders sehen, hören, fühlen, und warum sie manche Dinge anders wünschen, betrachten und kaufen. Frauen denken in Familienkategorien und prozeßorientiert, Männer hierarchisch und aktionsorientiert. Wenn sich Männer und Frauen aber so grundlegend voneinander unterscheiden, dann machen wir, darauf aufbauend, einen ebenso einfachen wie schockierenden Vorschlag: Entwickeln Sie getrennte Marketingstrategien für Männer und Frauen!

Mit der grundlegenden Differenz zwischen männlichem und weiblichem Denken werden Frauen ganz unterschiedlich fertig: Manche wollen den Unterschied nicht wahrhaben und gehen dagegen an, andere lassen sich darauf ein. Die Kolumnistin Liz Smith etwa berichtet über ihr Aha-Erlebnis, das ihr half, als junge Frau die gedankliche Barriere zwischen Mann und Frau zu überwinden, und zwar in der Männerwelt des frühen Fernsehens. »Damals war ich eine mit der Materie kämpfende, fleißige Produktionsassistentin, eine gute ›rechte Hand‹ meines Chefs, damals in den alten Tagen des NBC-Fernsehens. Ich kann mich noch erinnern, wie ich die Gesichter jener dynamischen Männer genau studierte, wenn ich, Liz, ihnen wieder mal sagen mußte, daß eine ihrer unmöglichen Aufgaben wirklich unmöglich zu erledigen war. Doch eines Tages machte es ›click‹ bei mir. Ich selbst war Teil des Problems und nicht die Lösung. Von da an begann ich, mich wirklich um das Unmögliche zu bemühen. Seitdem ging es ständig bergauf mit mir. Jeder Job brachte mich weiter voran, jede Erfahrung war hilfreich.«

Viele Männer und Frauen, die wir interviewt haben, brachten einen Gesichtspunkt ins Spiel, über den beim Thema »Erfolg« nur selten gesprochen wird: Auch bei den Erfolgreichen geht es nicht immer nur steil bergauf. Im dritten Teil des Buches finden Sie deshalb ein Kapitel »Wie ein Stehaufmännchen: Erfolg trotz Mißerfolg«. Dort kommen Menschen zu Wort, die anfänglich Erfolg hatten und dann eine Bruchlandung erlebten. Doch sie rappelten sich hoch, schüttelten den Staub ab und versuchten es mit einem anderen Unternehmen, einer anderen Beziehung, einem anderen Projekt von neuem. Genau dies brachte Barry Driller von QVC auf den

Punkt, als er die Übernahmeschlacht um Paramount verloren hatte. Ohne zu jammern und zu klagen, sagte er: »Machen wir's kurz: Die anderen haben gewonnen. Wir haben verloren. Weiter im Text.« Und wenn es auch beim zweiten Anlauf und danach nicht clickte (trotz immer neuer Versuche), dann fanden diese Menschen immer wieder die Kraft und den Mut, es nochmals zu versuchen. Manchmal muß man im Leben eben eine schwere Wahl treffen oder ein großes Risiko eingehen.

Wenn uns dieser ganze Komplex aus Erfolg, Mißerfolg und neuem Erfolg eines deutlich macht, dann dies: Wir müssen den alten, bequemen Gedanken vom Beruf fürs Leben aufgeben und uns auf das neue Konzept konzentrieren, daß man im Leben mehrere Karrieren braucht (vgl. das Kapitel »Nicht eine Karriere, sondern viele«). Laut US-Arbeitsmarktstatistik werden die meisten Amerikaner in Zukunft im Laufe ihres Lebens drei Berufe ausüben. Wenn Sie also das Gefühl haben, in einer beruflichen Sackgasse zu stecken, dann müssen Sie sich so oder so daraus befreien.

Ein gutes Beispiel für jemanden mit drei (demnächst vielleicht sogar vier) Karrieren findet sich in unserem Wohnort East Hampton, Long Island (ich habe dort mein Wochenenddomizil, Lys stammt aus diesem Ort): Paul F. Rickenbach Jr., ein Mann von altem Schrot und Korn. Zwar versicherte er uns in aller Bescheidenheit: »Ich habe, glaube ich, in meinem Leben mehr Schiffbruch erlitten als Erfolg gehabt«, doch dies sind die Fakten: Nach vierzehn Jahren als Ortspolizist wurde er erfolgreicher Immobilienmakler, bevor er zum Bürgermeister einer der namhaftesten Kleinstädte im ganzen Land gewählt wurde.

Der erfolgreiche Click hat auch mit dem richtigen Zeitpunkt zu tun (vgl. das Kapitel »Das richtige Timing«). Oder mit dem Ausnutzen eines glücklichen Zufalls. Das tat zum Beispiel Fran Drescher, die Schöpferin und Hauptakteurin der sehr erfolgreichen Fernsehshow *The Nanny*. Anscheinend wollte niemand der kratzbürstigen, draufgängerischen Schauspielerin mit der nasalen Stimme und dem Unterschichtakzent eine Chance geben, bis sie eines Tages im Flugzeug nach London den Chef der Unterhaltungsabteilung von CBS erspähte. Diese einmalige Gelegenheit ließ sich Fran nicht entgehen. Sie setzte sich neben ihn, und während des ganzen Transatlantikfluges stand ihr Mundwerk nicht still. Click!

Ein weiteres Kapitel beschäftigt sich damit, wie Sie Ihre Kinder auf den richtigen Weg ins nächste Jahrzehnt bringen (»Schon als Kind wollte ich ...«). Im Lichte einiger Erfolgsgeschichten aus den neunziger Jahren ist es an der Zeit, die Notwendigkeit der obligatorischen College-Ausbildung in Frage zu stellen. Wußten Sie, daß Steve Jobs so intelligent war, daß er schon während seiner High-School-Zeit an der berühmten Stanford University Ingenieurkurse besuchen durfte? Als er dann in der elterlichen Garage mit integrierten Schaltkreisen herumexperimentierte, soll ihn sein Vater eines Tages vor die Alternative gestellt haben: Produziere was Verkäufliches oder such' dir endlich eine Arbeit! Zwei Monate später war der erste Apple-Computer auf dem Markt und die Computerindustrie in heller Aufregung. Bill Gates von Microsoft brach sein College-Studium in Harvard ab. Der Rest ist bekannt.

Das daran anschließende Kapitel »Ich konnte nicht anders …« handelt von innerer Entschlossenheit zum eigenen Besten und zum Vorteil anderer. Wir sprachen zum Beispiel mit dem Opernstar Jessye Norman, und sie bestätigte uns, wie wichtig es ist, die Verantwortung für das eigene Leben wirklich zu übernehmen und alle Dinge im Geiste der Ehrlichkeit und mit Hingabe in Angriff zu nehmen. »Auch wenn du dir bei anderen Rat holst, muß jeder klar erkennen können, daß du für dein eigenes Leben einstehst und deine eigenen Entscheidungen triffst. Dafür brauchst du Selbstvertrauen, den Glauben daran, daß du wirklich etwas zu geben hast.« Im weiteren Verlauf des Interviews stellte Jessye dann klar, woher ihre innere Stärke rührt: »Selbstsucht hat keine Zukunft. Wir können nur dann erfolgreich sein, wenn wir bereit sind, in etwas anderes als uns selbst und unser Eigeninteresse zu investieren. Ich bin in Georgia auf dem Lande aufgewachsen und weiß, wie wichtig es ist, daß man frische Luft atmen kann. Deshalb unterstütze ich den Fresh Air Fund. Es ist ja so wichtig, etwas ab- und zurückzugeben. Natürlich kann man nicht überall gleichzeitig helfen und muß sich deshalb seine eigene Nische suchen. Gewisse Dinge erhalten dann Priorität: Aids-Hilfe, Erziehungsprogramme, Kinder, die Obdachlosen – sie alle sind Teil meines Lebens.« Und zum Thema »Clicking« sagte uns Jessye: »Ich kann jemanden, bei dem es geclickt hat, an der Körpersprache erkennen. Wenn er oder sie gelassen und offen einen Raum betritt und sich nicht heimlich hereinschleicht. Das Alter spielt dabei keine Rolle. Josh, der Patensohn meines Bruders George, ist erst vier, aber man kann ihm bereits ansehen, daß er sich in seiner Haut wohlfühlt und mit dem Leben zurechtkommt.«

Mit sich selbst und mit seiner Umgebung im reinen sein – eine bessere Beschreibung für das, was mit Clicking gemeint ist, für die inneren Grundlagen des Erfolgs, gibt es nicht. Wer dies von sich behaupten kann, bei dem hat es geclickt. Wie heißt es doch so schön in einem unserer Lieblingsbücher, *The Tao of Pooh*?

> Wie willst du weiterkommen,
> Wenn du nicht weißt, wo du bist?
> Wie kannst du tun, was du mußt,
> Wenn du nicht weißt, was du hast?
> Und wenn du nicht weißt, was du tun sollst
> Von allem, was vor dir liegt,
> Dann ist, was du hast, wenn du fertig bist,

Nur ein Durcheinander. Es zeigt dir nicht,
Was alles an Gutem möglich ist,
Wenn man weiß, was man will: das Wo, Was, Wie.

Genau darum geht es in unserem Buch. Wir wollen Ihnen helfen, das Wo, Was, Wie zu erkennen, damit es auch bei Ihnen clickt.

2. Kapitel

Clicking – Wie man die Zukunft in die eigenen Hände nimmt

»Manchmal komme ich mir wie eine Ausgeburt meiner eigenen Phantasie vor.«

LILY TOMLIN

Wenn ich mich – als eine Art Click-Übung, die auch Ihnen guttäte – im folgenden selbst beschreibe, dann ziehe ich im wesentlichen unter zwei Gesichtspunkten Bilanz: Wie sehe ich mich selbst, wer bin ich im Grunde meines Wesens? Und wer oder was hat mich zu dem gemacht, was ich heute bin?

Als Gründerin und Leiterin meiner eigenen Firma, BrainReserve, arbeite ich für meine Auftraggeber an diversen anspruchsvollen Projekten, die alle mit einer Kombination von Ideen, gesellschaftlichen Trends und einer Zukunftsvision zu tun haben. Außerdem habe ich das Vergnügen, meine Ansichten und Prognosen im Fernsehen und in der Presse vortragen zu können. Drittens veranstalte ich das von mir entwickelte Seminar »TrendView« mit Tausenden von Teilnehmern in allen Teilen der USA, in Kanada und häufig in weiter entfernten Ländern auf der ganzen Welt. Ich lebe in New York und habe dort endlich mein erstes Studio-Apartment gegen ein Reihenhaus eingetauscht, in dem ich sowohl wohnen als auch arbeiten kann. Am Wochenende ziehe ich mich in ein Häuschen an einem kleinen See in East Hampton auf Long Island zurück.

Ich kann mich auf einen warmherzigen Freundeskreis stützen, der mir viel gibt. Meine Schwester Mechele, Präsidentin von BrainReserve, sehe ich täglich. Meine beste Freundin, Lys Marigold, versteht meinen Sinn für Humor, gleich ob wir (ständig) miteinander reden, zusammen arbeiten oder einkaufen gehen; wenn sie als Ghostwriter fungiert, trifft sie exakt den Tonfall meiner Stimme. Ich nenne den besten kleinen Hund der Welt mein eigen. Er heißt Miyake, hat Charakter, stammt aus Nordholland und hat am selben Tag wie ich Geburtstag: am 11. Mai. Er ist also nicht nur ein Hund, sondern auch ein Stier.

Ich habe mich sehr eingehend mit unserer Kultur beschäftigt (zu der natürlich auch ich selbst gehöre) und bin heute genau, was ich immer sein wollte. Mit anderen Worten, ich erlebte den Click-Effekt. Aber das war nicht immer so, denn bei mir paßte früher längst nicht alles so zusammen wie heute.

Das erste deutliche Bild aus meiner Kindheit, an das ich mich lebhaft erinnern kann, zeigt meine Großeltern mütterlicherseits, Rose und Isaac, die ich bewunderte: Sie stehen in Manhattan am Pier und winken meiner Mutter und mir zum Abschied nach. Wir fuhren damals an Bord der »Queen Mary« nach Schanghai – zu meinem Vater, der dort als Hauptmann stationiert war. Er diente in der Criminal Investigation Division der Army, einer Vorläuferorganisation der CIA. Meine Mutter, als Rechtsanwältin, war nicht sehr erbaut davon, daß ihr Leben derart aus dem Gleis geworfen wurde. Und ich? Mich hatte zwar niemand gefragt, aber auch ich war über diesen Ortswechsel alles andere als glücklich.

Für kleine Mädchen war China nicht gerade das Paradies, und schon gar nicht für kleine jüdische Mädchen aus Amerika. (Noch heute werden in dieser Kultur Frauen nicht verehrt. Man denke nur an die 400 000 weiblichen Babies, die in China jedes Jahr ausgesetzt werden und in Waisenhäusern landen.) Hinzu kam noch, daß die einzige Schule weit und breit, in der das Risiko, gekidnappt zu werden, relativ gering war, ausgerechnet eine katholische Klosterschule war, der Convent of the Sacred Heart, wo ich mit der täglichen Litanei zunächst überhaupt nichts anfangen konnte. Alles war mir ganz fremd.

Dieses Gefühl der Entwurzelung schwand auch nicht, als wir einige Jahre später nach New York zurückkehrten. Ich war bereits in der Welt herumgekommen, und das unterschied mich von meinen Klassenkameraden in der Public School Nr. 63. Nach der strengen Erziehung in Schanghai langweilte ich mich nun fürchterlich. Zudem hatte ich mir in der Klosterschule angewöhnt, mich ständig zu bekreuzigen und vor jeder Kirche, an der ich vorbeiging, einen Knicks zu machen, was meinen jüdisch-orthodoxen Großeltern wiederum so gegen den Strich ging, daß Großmutter mich an einer Hebräisch-Schule anmeldete, die ich an fünf Tagen in der Woche nachmittags zu besuchen hatte. Wenn die anderen Kinder draußen herumlaufen und spielen durften, mußte ich zu meinem »schrecklichen Hebräisch« gehen.

Ich ließ niemanden im Zweifel darüber, daß ich jede Minute dieses Unterrichts haßte. Aus reinem Trotz weigerte ich mich, Hebräisch zu lernen. Glücklich war ich in jenen Jahren nur, wenn ich bei meinen Großeltern sitzen und mit ihnen über Geschäftliches reden konnte. Ihre Wohnung lag direkt über ihrem kleinen Bekleidungsgeschäft an der Ecke von Fifth Street und Second Avenue. Stundenlang diskutierten wir darüber, ob die Schaufensterauslage so gestaltet war, daß sie bei den Passanten optimale Aufmerksamkeit erregte (meine erste Lektion im Positionieren auf dem Markt), oder wie man die Umsätze verbessern oder gewährleisten konnte, daß die Kunden zufrieden waren, und wie man sich ihrer lebenslangen Loyalität versichern könnte.

Normalerweise tut man Zwölfjährigen mit derartigen Gesprächen keinen Gefallen, doch ich fühlte mich dabei so wohl wie sonst nirgends. Der erste Click. Es wird Sie deshalb kaum überraschen, daß ich mich, wie meine Großeltern, entschied, im gleichen Haus zu leben und zu arbeiten, über dem »Laden« zu wohnen und auch jetzt noch immer dieselben Fragen zu erörtern wie damals.

Zurück zu meiner Kindheit. Egal wo und wie, unter meinen Altersgenossen fühlte ich mich immer deplaziert. Nie gehörte ich zur richtigen Clique, nie war ich auf der richtigen Schule. Ich war weder sportlich begabt noch besonders beliebt. Und wenn sich meine Mutter einschaltete, dann führten ihre Versuche trotz bester Absichten nur dazu, daß ich mich abermals als ewige Außenseiterin fühlte. Trotz meiner Plattfüße und meines eher rundlichen Körperbaus, beides Erbschaften aus der mütterlichen Familie, entschied sie, daß ich Ballettunterricht nehmen sollte – und zwar nicht bei irgendeiner Provinzlehrerin, sondern bei einer der besten Ballettkompanien des Landes. Mit der Hartnäckigkeit eines Terriers kämpfte sie, redete mit Menschen- und Engelszungen und wurde nicht müde, den Leuten zuzusetzen, bis ich in die Ballettschule der Metropolitan Opera aufgenommen wurde. Der perfekte Ort für zukünftige Primaballerinen – aber nicht für mich. Stellen Sie sich nur einmal die schreckliche Szene vor: eine russische Ballettlehrerin, ein kleines Stöckchen schwingend, mit Schaum vor dem Mund, völlig verzweifelt angesichts meiner Versuche, auf Zehenspitzen zu tanzen: Mit »Schwanensee« hatte das überhaupt nichts zu tun; das klassische Ballett war für mich eine einzige Demütigung.

Mir kam das Leben wie ein Safe vor, dessen Kombination ich niemals würde knacken können. Die nächste geniale Idee meiner Mutter bei ihren Versuchen, meine sozialen Fähigkeiten zu verbessern, waren Klavierstunden. Inzwischen verfügte ich jedoch über ein paar brauchbare Taktiken, mit denen ich meine Klavierlehrerin immer wieder ablenken konnte, so mit Talmud-Fragen, moralischen Problemen, die ich im Hebräisch-Unterricht aufgeschnappt hatte. (Auch dort lernte ich eine wichtige Lektion, daß nämlich selbst aus schlimmen Erfahrungen Gutes resultieren kann.) Mit dieser Taktik hatte ich so viel Erfolg, daß die Klavierlehrerin häufig gar nicht bemerkte, wie wenig ich geübt hatte. So blieben zwar meine musikalischen Fähigkeiten unterentwickelt, meine Fertigkeiten im Reden und Denken verbesserten sich indessen in den Klavierstunden enorm.

Als Teenager wurde ich ein Beatnik, das Äquivalent der sechziger Jahre zum Computerfreak von heute. Plötzlich war ich ganz cool, gammelte um den Brunnen im Park am Washington Square herum und bearbeitete

Bongo-Trommeln. Ich hatte mir ein sehr ernstes, dramatisches Outfit zugelegt, Schwarz von Kopf bis Fuß, mit kohlrabenschwarzen Lidschatten und zurückgekämmten, zu einem langen Zopf geflochtenen Haaren. Während der folgenden fünf Jahre hat mich wirklich niemand lachen gesehen.

Es war die perfekte Pose für die nächste Etappe meiner Entwicklung: die Schauspielerei. Mir schienen Schauspieler den idealen Beruf zu haben. Autoren erzählten ihnen, was sie sagen sollten, Regisseure zeigten ihnen, wo sie zu stehen hatten, und ein Theaterstück oder ein Drehbuch verwandelte sie in »jemand anderen«. Außerdem konnte und sollte mich die Schauspielerei natürlich dahin bringen, wo ich schon immer hatte stehen wollen: ins Rampenlicht der Bühne.

Mit dreizehn bewarb ich mich bei der New Yorker High School of Performing Arts um Aufnahme in die Theaterklasse. Da meine Konkurrenten um einen der begehrten Plätze jedoch überwiegend gefeierte Kinderstars mit eindrucksvollen Lebensläufen waren, wurde ich rundweg abgelehnt. Ich ließ mich nicht entmutigen und bewarb mich im Jahr darauf erneut – diesmal immerhin mit einem Teilerfolg. Zwar kam ich wieder nicht in die umkämpften Theaterkurse, aber ich wurde schließlich in die neugegründete Dramatikerklasse aufgenommen. Sehr zu meiner Freude erhielt ich dort auch Unterricht in Stimmbildung und Aussprache (wobei ich meinen New Yorker Akzent vollständig ablegte). Das sollte sich später für meine TrendView-Seminare als sehr wichtig erweisen.

Als es dann an der Zeit war, mich um die Aufnahme in ein College zu bewerben, wollte ich hoch hinaus. Ich träumte von einem der kleinen Elite-Colleges mit alten, efeuumrankten Gebäuden in einer Kleinstadt weit weg von daheim. Doch mit meinem mäßigen Durchschnittszeugnis landete ich dann genau vier Häuserblöcke weiter – auf der Alma mater meiner Eltern, der New York University. Sie hatten dort beide Jura studiert und hofften, ich werde in ihre Fußstapfen treten. Doch als ich neunzehn war, kam mein Vater bei einem Autounfall auf dem Taconic Parkway auf tragische Weise ums Leben. Mit ihm verlor ich nicht nur meinen Mentor und besten Freund, diese Katastrophe beendete auch abrupt unsere endlosen Diskussionen. Eines unserer Lieblingsthemen war gewesen, wie man ein perfektes Verbrechen inszenieren könnte (mein Vater war ein bekannter Strafverteidiger). Alle Pläne, mich nach dem College der Juristerei zu widmen, zerplatzten wie eine Seifenblase. Um mich durch die restliche Zeit auf dem College zu mogeln, besann ich mich auf die alte Taktik, die schon bei meiner Klavierlehrerin so gut funktioniert hatte: Ich lenkte die Professoren mit Fragen, Hypothesen und Argumenten von ihren eigentlichen Themen ab.

Statt weiterzustudieren, schlug ich nun eine andere Richtung ein. Alan Kupchick, mein fester Freund (schon damals erfand ich einen passenderen Namen für ihn: Kelwyn), hatte gerade bei Grey Advertising seine erste Stelle als Werbegrafiker angetreten (inzwischen leitet er die Filiale der Agentur in

Los Angeles). Bestrebt, ihm eine perfekte Partnerin zu sein, wollte ich nun ebenfalls lernen, womit er sich beschäftigte, und schrieb mich an der School of Visual Arts ein. Bei Frankie Cadwell, einer der Koryphäen der Werbebranche, belegte ich einen Kurs über Werbekonzeptionen. Beinahe unmittelbar nach Abschluß des Kurses verschaffte sie mir meinen ersten Job als Werbetexterin in einer kleinen Agentur, bei Salit & Garlanda.

Was ursprünglich ein kleiner Abstecher hatte sein sollen, erwies sich als grundlegender Richtungswechsel in meinem Leben. Mein Chef Gene (Gino Constantino) Garlanda beeinflußte mein Leben nachhaltig. Er brachte mir bei, wie man in der Werbebranche schreiben muß – mit starken Worten, scharf pointiert, Aufmerksamkeit erregend – und wie man wirklich gutes Design erkennt. Aus ihm selber wurde mit den Jahren ein ernstzunehmender, tiefsinnig-witziger Fotograf: Zu seinen Motiven gehören verlassene Handballplätze ebenso wie menschliche Innenräume und seine Frau Marcia, die er nackt auf zahllosen Motel- oder Hotelbetten in der ganzen Welt fotografierte.

Wichtiger für mein Leben war, daß Gene mir den Spitznamen »Popcorn« gab. Eines Tages während der Arbeit entschied er, daß »Popcorn« für ihn als Italiener leichter auszusprechen sei und obendrein lustiger klinge als mein eigentlicher Familienname Plotkin. Da clickte es auch bei mir. Denn jetzt hatte ich plötzlich einen Namen, der zu mir paßte: spaßig, witzig, funky, quicklebendig, ungewöhnlich, befreiend, unvergeßlich. Was hätte ich mir Schöneres wünschen können? Natürlich gab es auch Verächter, darunter meinen damaligen Psychotherapeuten, der mich davon überzeugen wollte, das sei doch gar zu albern. Doch diesmal hörte ich nicht auf ihn.

Der Job bei Gene war die erste von vier Anstellungen in der Werbebranche. Bei den nächsten beiden wurde ich allerdings wieder vor die Tür gesetzt – einmal, weil ich zu einem Meeting mit Maxi-Kunden in einem Mini-Minirock aus Kaninchenfell erschienen war, das andere Mal, weil ich anstelle von Werbetexten Gedichte geschrieben hatte. Mein vierter Anlauf, bei Smith/Greenland, wurde dann ein voller Erfolg. Im Rückblick erscheint es mir absolut logisch, daß ich schon mit 26 Jahren zum Creative Director befördert wurde. Mit meinen Chefs kam ich bestens aus: Leo Greenland war ein echter PR-Experte, und Marty Smith war ein Beispiel dafür, wie man eine Firma kreativ führt. Meine Kunden schließlich hatten nichts dagegen, daß ich ihnen preisgekrönte Anzeigenserien lieferte, etwa für die Whiskymarke Johnny Walker die Anzeige mit den beiden Landsitzen und dem Text »Können Sie mir vielleicht mit einer Karaffe Johnny Walker Black aushelfen?« oder »Schon beim Aufstieg nach oben kann ein Vorgeschmack auf die Spitze nicht schaden.« Für Tanqueray Gin entwarf ich die Anzeige mit dem Slogan »Davon sollten Sie eine Flasche besitzen«. Das Creative Department mit seinen zwanzig Talenten (von denen später vier ihre eigene Agentur aufmachten) unterstützte mich nach Kräften. Und so hatte ich spätestens damals das Gefühl, daß es nun endgültig geclickt hatte.

Doch eines Tages (nach einem langen Hin und Her in der Unternehmensleitung darüber, ob ich zur Präsidentin befördert werden sollte oder nicht) machte mir das Agentur-Leben keinen rechten Spaß mehr. Es gab einfach zu viel Schubladen- und Abteilungsdenken. Seit jenen informellen Ausbildungsjahren im kleinen Laden meiner Großeltern war es mein sehnlichster Wunsch, irgendwann meinen eigenen »Laden« zu besitzen. So eröffnete ich 1974 mit meinem Partner Stuart Pittman, ebenfalls aus dem Creative Department von Smith/Greenland, eine eigene Agentur, BrainReserve. Zwar hatten wir keinen blassen Schimmer, was eine »Denkreserve« war, sein sollte oder sein konnte. Aber eines wußten wir ganz sicher: Mehr noch als an flotten Werbekampagnen für den unmittelbaren Erfolg waren Kunden an langfristigen, zukünftige Entwicklungen berücksichtigenden Strategien interessiert. Und wir wußten, daß schwierige Probleme leichter zu lösen sind, wenn man in einer Runde mit cleveren, kreativen Menschen Ideen und Anregungen sammelt. Daher der Name BrainReserve. Wir machten uns also daran, unseren Zugriff auf Ideen und Konzepte zu verkaufen.

Aus heutiger Sicht können wir geradezu als Musterbeispiel dafür dienen, wie man den Schritt in die geschäftliche Selbständigkeit nicht tun sollte. Wir waren zwar gewitzt und enthusiastisch und hatten uns darauf eingerichtet, zunächst schwere Zeiten durchzustehen, doch was uns fehlte, waren ein Plan ... und Kunden. Größere Marketing-Aufträge bekamen wir nicht, weil wir noch keine einschlägigen Erfahrungen und Erfolgsbilanzen vorweisen konnten. Expandieren und neue Mitarbeiter einstellen konnten wir aber erst nach der endgültigen Etablierung des Unternehmens. Das alte Problem. Hier biß sich die Katze in den Schwanz.

Weil wir jedoch auf jeden Fall Erfolg haben wollten, entschieden wir drei, aus denen die Firma damals bestand (außer mir und Stuart noch Ginny Danner, die für die Organisation zuständig war), daß wir im großen Stil denken und handeln müßten. Man muß eben manchmal die eigene Zukunft einfach vorwegnehmen. Als der für das Marketing eines großen Konzerns zuständige Senior Vice President die Erteilung eines Projektauftrags an BrainReserve von seinem vorherigen persönlichen Besuch abhängig machte, um bei dieser Gelegenheit unser Personal sowie unsere Büros und Arbeitsmöglichkeiten unter die Lupe nehmen zu können, richteten wir umgehend ein »virtuelles Büro« ein – lange bevor irgend jemand sonst auch nur daran dachte. Unsere tatsächlichen Büroräume befanden sich im Erdgeschoß eines Hauses in der 3rd East 66th Street, doch jedesmal wenn wir nun oder später einen eindrucksvollen Konferenzraum brauchten, mieteten wir im benachbarten Lotus Club den neugotischen, holzgetäfelten Bibliotheksraum.

Damals, beim ersten Mal, mieteten wir die gesamte obere Etage des Clubs und möblierten sie mit Schreibtischen, Schreibmaschinen, Zeichentischen und Telefonen, die überhaupt nicht angeschlossen waren (so daß wir die ganze Zeit inständig hofften, daß der besagte Kunde nicht plötzlich telefonieren wollte). Anschließend bevölkerten wir die Etage mit freien Mitarbeitern und Freunden. Den Auftrag bekamen wir zwar nicht, aber in meinem Kopf ging die ganze Geschichte trotzdem glücklich aus. Denn diese konkrete Veranschaulichung dessen, was BrainReserve hätte sein können und was es werden konnte, entwickelte ihre Eigendynamik. Wir waren jetzt motiviert, an der Ecke 57th Street Madison Avenue große Büroräume anzumieten, die nicht länger Boutique-Charakter hatten, und qualifizierte Leute einzustellen. Heute, zwanzig Jahre später, residieren wir in unserem eigenen Gebäude, nur zwei Häuserblocks vom Club entfernt. Und die Telefone sind nicht nur sämtlich angeschlossen, nein, sie läuten auch ununterbrochen.

Bei dieser ganzen Komödieninszenierung lernte ich eine wertvolle Lektion: »Wenn die Vision erst da ist, finden sich auch die Mittel zu ihrer Realisierung.« Und ich begriff noch etwas: Wenn meine Firma BrainReserve im Marketingsektor Erfolg haben sollte, dann blieb mir nichts anderes übrig, als mich selbst kompetent zu vermarkten. Mir wurde deutlich, daß ich versuchen mußte, herauszufinden, wie sich der Markt in Zukunft entwickeln würde und wie ich mein Unternehmen darauf einstellen konnte. Hier lag die Basis meines Geschäfts. Ich mußte herausfinden, welche Person ich selbst werden mußte. Clicking: Ich mußte meine eigene Zukunft entwickeln.

Der nächste Schritt fiel, rein äußerlich betrachtet, unter die Rubrik »Glück gehabt«. In Wahrheit spielte jedoch auch die Beharrlichkeit, die ich von meiner Mutter geerbt hatte (ebenfalls ein Stier), eine wichtige Rolle. Immer wieder Mailings vorbereiten, anrufen, nochmals schreiben, wieder anrufen, und nochmal anrufen – so lange, bis schließlich jemand zuhört. Endlich, sechs Jahre nach der Gründung unserer Agentur, hatten wir uns einigermaßen einen Namen gemacht. Die Mund-zu-Mund-Propaganda funktionierte. Und dann rief eines Tages Isador Barmash an, der den Kolumnisten der *New York Times* für die Werbebranche, Phil Dougherty, während der Sommermonate vertrat. Er sagte, »Popcorn« und »BrainReserve« hätten ihn neugierig gemacht, und bat um einen Interview-Termin. Sofort gerieten wir in Panik. Was sollten wir jetzt bloß tun? Was sollten wir ihm erzählen?

Ich rief bei meinen Freunden und meiner Familie an, um mir Ratschläge für die Nutzung dieser einmaligen Gelegenheit zu holen. Denn wenn wir in dieser Kolumne »groß rauskämen«, wären wir »gemachte« Leute (heute würde ich sagen: Dann hätte es »geclickt«). Doch wir hatten keine großen Erfolge vorzuweisen, mit denen wir uns brüsten konnten, nichts Konkretes, von dem wir behaupten konnten: »Dieses Produkt haben wir lanciert, diese Kampagne haben wir entwickelt.« Weil ich Isador Barmash also nicht mit

Aufzählungen von Triumphen aus neuerer Zeit beeindrucken konnte, entschloß ich mich, ihm einfach zu erzählen, worüber wir in unseren Räumen tagtäglich sprachen. Prognosen, *was* die Zukunft unserer Meinung nach bringen werde, und *warum* es so kommen werde. Ja, und dann war es wirklich so einfach. Ein richtig schöner Click.

Weil wir aus gesundheitlichen Gründen künftig weniger Salz essen würden, sagte ich ihm, würden wir uns nach Alternativen umsehen – etwa nach frischen Kräutern oder stärker gewürzten Speisen. Und die glitzernden amerikanischen Straßenkreuzer würden zurückkehren, erklärte ich ihm, um den einfallslosen Kasten-Look zu verdrängen. »Bei einer Bevölkerung, die immer älter wird, kann man davon ausgehen, daß die Farbe Grau mehr als »in« sein wird; ja, ältere und alte Menschen werden regelrecht als sexy gelten.« Ferner prognostizierte ich (wohlgemerkt, im Jahr 1980, als Aids noch keine Schlagzeilen gemacht hatte), daß Treue in der Partnerschaft wieder Konjunktur haben werde. »Und auch die Familie wird wieder interessanter.« (Wertewandel schon vor der Regierungsübernahme durch die Republikaner unter Reagan.) Barmash war ein erstklassiger Reporter, der mich nicht als exotische Spinnerin abtat, sondern einen kompetenten Artikel schrieb, der dann später auch immer wieder als hieb- und stichfester Beleg dafür herangezogen werden konnte, daß all unsere Prognosen tatsächlich eingetroffen waren.

So errang BrainReserve Anerkennung als zukunftsorientierte Marketingfirma (oder als Spezialist für die Marketingzukunft), und ich galt als unerschrockene Firmenchefin. Wieder ein Click-Effekt. Und ich glaube, nun hatte es wirklich zum letzten Mal entscheidend geclickt. Nach vielen angstvollen, unbequemen, harten Jahren ohne viele Freunde hatte ich endlich entdeckt, was ich als Individuum Einzigartiges zu bieten hatte: Problemlösungen mit Hilfe einer Zukunftsvision. Das war die richtige Kombination. Das war die Zukunft. Das war Clicking.

Den nächsten wirklich großen Schritt nach vorn ermöglichte ein Auftrag, der zur Entwicklung neuer Produkte beitragen sollte und den wir von Tony Adams, dem mutigen, kreativen damaligen Leiter der Forschungsabteilung von Campbell's, erhielten. Solche Aufträge konnten ein reines Vergnügen sein, eine Chance, unsere Vorstellungen davon, was die Amerikaner in drei oder fünf Jahren kaufen und/oder essen würden, in die Tat umzusetzen. Lys hatte am Ende die erstaunliche Zahl von über hundert machbaren neuen Produkten beisammen. Wir stellten diese originellen Ideen aber nicht, wie es andere wohl getan hätten, in alphabetischer Ordnung zu einer Liste zusammen. So viele Ideen hätte niemand auf einmal verarbeiten können. Vielmehr entschlossen wir uns, sie nach Trends zu gruppieren. Jeder Trend-Abschnitt war um einige feste Kategorien gruppiert: 1. eine Kurzcharakteristik des Personenkreises, an den sich das neue Produkt richtete; 2. der

Lebensstil der betreffenden Gruppe; und 3. Gelegenheiten, bei denen sich das Produkt als dienlich erweisen würde. Mit anderen Worten, wir betteten jede neue Produktidee in spezielle gesellschaftliche Entwicklungstrends ein, die sich unserer Meinung nach in den kommenden zehn Jahren etablieren und ausweiten würden.

Die Leute von Campbell's waren mit uns sehr zufrieden. Dies sei überhaupt das erste Mal, so ihre Reaktion, daß eine Marketingfirma neue Produkte im Hinblick auf den Konsumenten der Zukunft betrachte und darstelle. Diese Präsentation war die Geburtsstunde der TrendBank von BrainReserve. Seitdem dienen uns die Trends als Ausgangspunkt für unsere Arbeit, die letztlich darin besteht, eine Fusion zwischen Gegenwärtigem und Zukünftigem zu schaffen.

Weil Trends aber niemals abrupt abbrechen (sie wandeln und verändern sich), hört auch die Suche nach dem Click niemals auf. Immer, wenn wir jemanden treffen, der einen interessanten Job oder eine interessante Lebensperspektive hat, bitten wir sie oder ihn, sich BrainReserve doch ganz informell zur Verfügung zu stellen und Mitglied unserer TalentBank zu werden. Bisher haben mehr als 5000 »Talente« einen kurzen Fragebogen ausgefüllt, dessen Daten in unserem Hauptcomputer gespeichert werden, damit wir bei Bedarf die einzigartige Perspektive der oder des Betreffenden in unsere Überlegungen einbeziehen können.

Und so, wie sich meine Firma im Lauf der Zeit weiterentwickelt hat, haben sich auch unsere Selbstdefinitionen verändert. Wir setzen uns ständig zusammen, um unsere Position neu zu bestimmen. Jahrelang sind wir »Gedankenfabrik« gewesen, dann Marketing-Beratungsfirma, und inzwischen sehen wir uns als »kleine, liebevolle Klinik für Gedanken über die Zukunft« (so unsere ehemalige Kundenakquisiteurin Nadja Bacardi). Heute formulieren wir unser Selbstverständnis bei BrainReserve schon wieder etwas anders. Unser Motto lautet jetzt: »Cool, Hot, Visionary and Fearless« (Cool, heiß, mit Visionen und ohne Angst). Genau das sind die Eigenschaften, über die man verfügen muß, wenn man den Trends immer einen Schritt voraus sein will.

Wenn Sie darauf achten, wo es bei den heutigen Trends clickt, dann lernen Sie auch, wie Sie morgen davon profitieren können. Schauen Sie sich die persönlichen Lebensgeschichten von Leuten an, bei denen es geclickt hat und die uns in Interviews davon berichteten. Denn erst dann wird Ihnen die fundamentale Botschaft dieses Buches deutlich:

Wenn es bei Faith Popcorn geklappt hat und bei all den anderen auch, die dort zu Wort kommen, dann kann es auch bei mir clicken. Wenn BrainReserve geschäftlich Erfolg hat, kann auch meine Firma erfolgreich sein. Unser gemeinsames Ziel besteht darin, die beste Antwort für Ihre Zukunft zu finden. Und diese Zukunft beginnt jetzt. In diesem Augenblick.

3. Kapitel

Die BrainReserve-Trends: Eine kurze Einführung

»Stellen Sie sich eine Sprache vor, die nur das Futur kennt. Das ist die Sprache der Trends.«

DER POPCORN REPORT

Im folgenden sind die 16 Trends von BrainReserve übersichtlich zusammengestellt, um das Wesentliche aller Trends knapp zusammenzufassen. Hier können Sie aber auch jederzeit schnell nachschlagen, wenn Ihnen bei der weiteren Lektüre Fragen zur Bedeutung der Trends kommen:

LEBEN IM KOKON: Hier geht es um unser Bedürfnis, uns vor den unerfreulichen, gefährlichen, unvorhersehbaren Realitäten der Welt da draußen zu schützen und abzuschotten.

CLANNING: Hier geht es um unseren Wunsch, zu einer oder mehreren Gruppen von Gleichgesinnten zu gehören, die gemeinsame Ideale vertreten und uns in unseren eigenen Grundüberzeugungen bestärken.

FANTASY-ABENTEUER: Zur Erholung vom Alltagsstreß suchen wir etwas Nervenkitzel bei risikoarmen, aber trotzdem aufregenden Unternehmungen: beim Reisen, beim Essen und in der virtuellen Realität.

GENIESSEN? JETZT ERST RECHT!: Wir Konsumenten sind die Einengung durch Vorschriften und Regeln aller Art leid und stürzen uns – in einer Art Befreiungsschlag – in heimliche Orgien.

KLEINE GENÜSSE: Weil alles immer teurer wird, suchen wir gestreßten Konsumenten nach Möglichkeiten, uns mit erschwinglichem Luxus im kleinen selbst zu belohnen.

DIE SUCHE NACH HALT UND SINN: Ein neuer Trend. Wir suchen nach unseren geistigen Wurzeln in der Vergangenheit und übernehmen alles Bewährte, um für die Zukunft gerüstet zu sein.

ICHBEZOGENE WIRTSCHAFT (EGONOMICS): In einer Zeit, in der alles steril, normiert und computerisiert ist, entsteht der Wunsch nach etwas Individuellem, nach einer ganz persönlichen Note. Firmen oder Service-Anbieter, die dem Ego ihrer Kunden schmeicheln und die Außerordentliches bieten, sollten großen Erfolg haben.

WEIBLICH DENKEN: Eine neue, am weiblichen *Denken* orientierte gesellschaftliche Wertekonstellation, die auch im Marketing zu einer Verschiebung führt: weg vom zielorientierten, hierarchischen Denken, hin zu einem prozeßorientierten, familiären, auf Anteilnahme und Mitwirkung setzenden Modell.

MANNZIPATION: Emanzipation des Mannes, neues Denken für den Mann. Eine offene Einstellung, die mehr kennt als nur Geschäft und Karriere, die auf Warmherzigkeit und individuelle Freiheit setzt.

99 LEBEN AUF EINMAL: Ein mörderisches Tempo und ständiger Zeitmangel zwingen uns eine große Rollenvielfalt auf. Wir müssen ständig vieles auf einmal erledigen und haben an unserem High-Tech-Lebensstil schwer zu tragen.

AUSSTEIGEN: Berufstätige Frauen und Männer, für die Karriere um jeden Preis keinen Wert darstellt, entscheiden sich für einen einfacheren, erfüllteren Lebensstil.

GESUND UND LANGE LEBEN: Immer mehr Menschen wird bewußt, daß ein neuer, ganzheitlicher Ansatz für unser Wohlbefinden ihr Leben bei guter Gesundheit beträchtlich verlängern kann. Dadurch verbessert sich auch die Lebensqualität insgesamt.

LÄNGER JUNG BLEIBEN: Die nostalgische Sehnsucht nach einer unbeschwerten Kindheit bringt Spaß und Trost in unser oft allzu ernstes Erwachsenenleben.

DER WEHRHAFTE VERBRAUCHER: Die unterschiedlichen Möglichkeiten, wie frustrierte, oft verärgerte Verbraucher durch Druck, Protest und Politik Einfluß auf den Markt nehmen können.

GEGEN DIE GROSSEN: Durchschnittsamerika und darüber hinaus große Teile der Welt werden von einem Soziobeben erschüttert, das die »Stützen der Gesellschaft« in Wirtschaft und Politik als Vorbilder in Frage stellt und zurückweist.

S.O.S – RETTET UNSERE GESELLSCHAFT: Wir müssen unser soziales Gewissen wiederentdecken, eine Verbindung von Umweltbewußtsein, Moral, Leidenschaft und Mitleid. Nur so kann unser gefährdeter Planet gerettet werden.

II. Teil

Trends für unsere Zukunft

4. Kapitel

Warum man sich auf diese Trends einstellen sollte

»Wir müssen die Zeit als Werkzeug nutzen, nicht als Sofa zum Ausruhen.«

JOHN F. KENNEDY

»Die Zukunft hat einen Namen: Vielleicht.«

TENNESSEE WILLIAMS

Menschen, bei denen es bereits geclickt hat, liegen ganz natürlich im Trend. Ihre Ideen, Aktionen, Leidenschaften und Ziele fügen sich mühelos in das Gesamtbild ein. Sie können sich leicht auf die Wünsche anderer einstellen. Für Marktorientierte ist die Kenntnis der Trends von unschätzbarem Wert. Die zukünftigen Wünsche der Konsumenten vorauszuahnen, um mit dem Gewünschten zur Stelle zu sein, bevor die Konsumenten sich selber darüber klar geworden sind, das ist das Erfolgsrezept par excellence. Lesen Sie die folgenden Kapitel über die einzelnen Trends. Dann erkennen Sie die Strukturen, an denen man sich ausrichten kann. Sie werden Ideen und Vorschläge finden, die den Weg zum Erfolg weisen können: zu einem neuen Beruf, einem neuen Produkt oder einer neuen Dienstleistung. So können Sie sich nicht nur geschäftlich besser in Szene setzen, sondern selbst auch zufriedener leben.

Mit Hilfe der sechzehn Trends, die gegenwärtig Handeln und Wünsche der Menschen in Amerika und im Rest der (Konsumenten-)Welt bestimmen, können Sie im voraus abschätzen, ob etwas clicken wird – oder auch nicht. Ständig werden wir gefragt, ob die Brain-Reserve-Trends für jedermann und überall ausnahmslos gültig seien. Wird die Frage so absolut gestellt, dann muß ich antworten: Nein. Wenn beispielsweise eine Region oder auch ein größerer Teil der Welt in einer ernsthaften Finanzkrise steckt und die Leute kein Geld haben, sich ihre Wünsche zu erfüllen, kann dieses Gebiet natürlich nicht als aktiver Teil der Trend-Landschaft gelten. Denn die Trends gelten nur für die Welt der Konsumenten. Dort aber – und das können wir mit voller Überzeugung behaupten – gelten sie nicht nur im nationalen, sondern im globalen Maßstab.

Wenn Sie die Trends als Kriterienkatalog und Testraster nutzen, ehe Sie wichtige Entscheidungen treffen, dann kann dieses Vorgehen Sie vor Fehlstarts, Fehleinschätzungen und Fehlschlägen bewahren – egal, welche Unternehmungen Ihnen dabei vorschweben. Vielleicht fragen Sie sich, ob und warum gerade Sie diese Trends beachten sollten. Für solche Zweifler sind unsere stärksten Argumente die vielen Beispiele all jener, für die unsere Trends Sprungbrett oder Bestätigung des bereits eingeschlagenen Weges waren. Wenn Sie sich jeden einzelnen Trend genau ansehen, werden Sie in Kürze die relevanten Details herausfinden, die das Gesamtbild der heutigen Gesellschaft prägen. Ordnen Sie sich in dieses Gesamtbild ein und suchen sich Ihre ganz persönliche Nische, den richtigen Ansatzpunkt für all Ihre Pläne für einen Neuanfang oder eine Expansion.

Wenn Sie auf Trend-Kurs gehen, finden Sie neue Perspektiven für Ihr Leben und für Ihr Geschäft.

Stellen Sie sich einfach vor, Sie säßen in einem Flugzeug, das immer weiter in die Höhe steigt. Gleich nach dem Start fügen sich die Straßen und Häuser der unmittelbaren Umgebung zu einem Gesamtbild; als nächstes dann Dörfer und Städte, und schließlich ganze Landstriche. All diese Ausschnitte und Perspektiven sind aufeinander bezogen, sie bilden ein großes Ganzes. So ergeben auch die einzelnen Trends ein größeres Ganzes, eine Landschaft der Zukunft. Wenn ich die Trends und ihre Zusammenhänge bei meinen Seminaren mit diesem Vergleich erkläre, wird vielen Teilnehmern schlagartig klar, worum es geht. Click. Plötzlich verstehen sie auch ihr eigenes Leben und Handeln besser. »Die Trends kommen mir zwar vertraut vor«, heißt es dann, »aber bisher habe ich nie verstanden, wie sie zusammenpassen, und nach wievielen dieser Trends wir schon heute leben.«

Insgesamt erhalten Sie so ein klares Marktprofil. Sie erkennen, was im Augenblick gerade abläuft, aber auch, was sich in der näheren und ferneren Zukunft tun wird. Die Trends dienen als frühe Indikatoren der zukünftigen Gefühlslage der Menschen, der zukünftigen Nachfrage nach neuen Produkten und Dienstleistungen. Mit Hilfe der Trends läßt sich aber auch vorhersagen, welche Produkte oder Dienstleistungen auf Ablehnung stoßen werden. Sie können Marktlücken also genau lokalisieren. Und Sie werden sehen: Erfolg ist im wesentlichen weder Zufall noch Glück, sondern der Lohn für all jene, die ein klares Bild der Zukunft besitzen.

Oft werden wir nach dem *Unterschied zwischen einem Trend und einer Modeerscheinung* gefragt. Wenn Sie ein ganzes Unternehmen auf einer einzigen Idee aufbauen wollen, müssen Sie diesen Unterschied unbedingt kennen. Ein Modegag ist ein Strohfeuer, ein schneller Trick, der nur einmal funktioniert. Mit dem dadurch verdienten Geld sollten sie schnellstens das Weite suchen. Indes, auch seriöse Ideen und Gegenstände können natürlich Modeerscheinungen sein.

Nehmen Sie etwa Joghurt zum Selbermachen. Weil die Menschen gesundheits- und umweltbewußt geworden sind, läge die Schlußfolgerung nahe, die häusliche Herstellung von Joghurt sei ein Markt mit Zukunft und mit entsprechenden Geräten könne man viel Geld verdienen. Wenn Sie jedoch den (unten näher erläuterten) Trend »99 Leben auf einmal« mit heranziehen, bei dem es um Hektik und Zeitmangel im Alltag geht, sehen Sie sofort, daß insgesamt eher Skepsis angebracht ist. Nur wenige Leute haben die Zeit, eine eigene Joghurt-Kultur aufzubauen und zu pflegen. Aber selbst wenn sie die Zeit dazu hätten, machten sich viele nicht die Mühe, solange sie nebenan im Supermarkt jede erdenkliche Joghurt-Variante kaufen können.

Paradebeispiel für kurzlebige Modeerscheinungen ist die Bekleidungsbranche. Mal sind Neonfarben in, dann wieder out; die Röcke sind mal kurz, mal lang; und sind die Hosenbeine dieses Jahr weit geschnitten, können in der nächsten Saison schon wieder Röhrenhosen »in« sein. Nur wenn Sie Ihre Produktionskapazitäten und Ihr Marketing kurzfristig von einem Modetrend auf den anderen umstellen können, haben Sie in modeanfälligen Branchen die Chance, eine schnelle Mark (oder eine schnelle Million) zu machen.

Trends hingegen sind große, breite Strömungen. Zwar fangen auch Trends klein und diffus an, doch sie wachsen und behaupten sich. Es ist wie mit einem Wald. Anfangs sind, weit verstreut, nur einzelne Pflänzchen zu erkennen, doch sie wachsen, werden größer, bis sie einen ganzen Wald bilden – unübersehbar und sturmfest. Wenn Sie inmitten der ausgewachsenen Baumriesen stehen, die wir Trends nennen, dann können Sie, falls sie zu denen gehören, die schon die Bäumchen wachsen sahen, voller Stolz von sich behaupten: »Ja, ich habe sie wachsen sehen.«

Sie können aber auch, wenn Sie zu spät kommen und den Wald erst sehen, wenn er schon aus großen Bäumen besteht, mit zahlreichen Kritikern die Nase rümpfen und sagen: »Wie banal! Das sieht doch jeder.« Der Unterschied zwischen Trenderfassung zum Vergnügen und Trenderfassung aus Profitstreben besteht im Timing. Nur wer den Wald wachsen sieht, kann aus seinen Beobachtungen Kapital schlagen.

Schon 1981 sahen wir zum Beispiel den Trend »Leben im Kokon« kommen. Damals lebten wir noch im Zeitalter von Sex, Drogen und Rock'n'Roll. Aber wir waren davon überzeugt, daß die Konsumenten bald den Wunsch verspüren würden, sich ins Bett zu kuscheln, zu Hause eine schöne Pizza zu essen, ein paar Kinder großzuziehen und vielleicht, wenn möglich, auch zu Hause zu arbeiten. Viele haben uns seinerzeit ausgelacht. Einige hörten aber auch zu und stellten sich auf Kommendes ein. Wer in der Restaurant-Branche die Zeichen der Zeit erkannte, machte aus extravaganten Restaurants Familiengaststätten oder Cafés, und wer sogar noch etwas cleverer war, lieferte seine Gerichte gleich ins Haus. Andere Trendkundige setzten auf Fernsehgeräte mit großen Bildschirmen oder Stereoanlagen. Wieder andere entwickelten Büroeinrichtungen für daheim oder stiegen ins PC-Geschäft ein. Ganz Schlaue beschäftigten sich mit den technischen Möglichkeiten des Online-Einkaufens.

Wenn Sie wissen wollen, ob Sie im Trend liegen (oder ob eine Geschäftsidee tragfähig ist), lautet unsere Faustregel, daß mindestens vier der aufgeführten Trends zutreffen müssen. Sonst könnte es leicht sein, daß Sie sich auf eine Modeerscheinung einlassen oder mit Ihrer Idee nur ein viel zu kleines Marktsegment bedienen.

Ein Beispiel: Wenn Sie es satt haben, als Bankangestellte(r) den ganzen Tag drinnen zu sitzen, wenn Sie lieber Pflanzen züchten und im Garten arbeiten würden, dann sollten Sie es mit Kräuterzucht versuchen. Um zu sehen, ob das eine erfolgversprechende Idee ist, nehmen Sie am besten eine Trendanalyse vor.

Übrigens ist Gartenarbeit längst kein kleinstädtisches Hobby für Schrebergärtner mehr. Die Angehörigen der Baby-Boom-Generation sind geradezu versessen darauf. Nach Schätzungen der National Gardening Association wühlen 75 Millionen Amerikaner intensiv in ihren Gärten herum. Viele gehören zur kaufkräftigen, zahlreich vertretenen Altersgruppe zwischen 30 und 49 mit Collegeabschluß. Und es gibt buchstäblich Hunderte von Geschäftsgründungen, die mit der Gärtnerei im weitesten Sinne zu tun haben: Läden, die Gewächshäuser anbieten oder Gartengeräte, Gartenkleidung, Komposter, Vogelhäuschen, Gerüste für Weinranken oder Kletterrosen und so weiter und so weiter.

Doch nun zu unserer Trendanalyse. Frische, grüne, gesunde Kräuter werden heute das ganze Jahr über in den meisten Supermärkten angeboten, in kleinen Beeten oder in Klarsichtfolie. In manchen Gartenkatalogen finden sich Gewürzkränze und Kräuterbouquets für die Küche, die man an der Tür trocknen, an der Küchenwand aufhängen oder auch von den Dachbalken herabhängen lassen kann. Oder aber getrocknete Kräuter: gemahlen, ganz oder destilliert und als Essenz fürs Öl. Überdies sind Kräuter nicht nur in der Küche zu Hause, sondern sie bilden auch ein Fundament der ganzheitlichen Medizin (einer echten Wachstumsbranche). Wir haben es vorhergesagt: »Sie werden Kräuter kaufen, um Ihren Körper zu reinigen …«

Die Trends, die für einen Kräuterzuchtbetrieb sprechen, sind: »Leben im Kokon« (die Menschen bleiben zu Hause, bauen sich ein gemütliches Nest, und am Wochenende wird exquisit gekocht); »Fantasy-Abenteuer« (Kräuter und Gewürze gelten immer noch als exotisch, sie erinnern an harmlose Abenteuer im Grünen); »Aussteigen« (Rückzug ins Landleben, die Suche nach dem einfachen, echten Leben); »Gesund und lange leben« (Kräuter sind gut für die Gesundheit, wachsendes Interesse an alternativer, ganzheitlicher Medizin); »Suche nach Halt und Sinn« (eine Rückbesinnung auf die Spiritualität und das Wissen der Vergangenheit; auch andere Kulturen verlassen sich auf die Kräuterheilkunde). Außerdem, wenn auch nur sekundär, sprechen noch folgende Trends für die Kräuterzucht: »Ichbezogene Wirtschaft (Egonomics)« (Kräuter verleihen einen individuellen Touch); »Weiblich denken« (Frauen benutzen Kräuter seit jeher beim Kochen, für Duftessenzen und zur Heilung von Krankheiten); »Kleine Genüsse« (eine nette Kleinigkeit, die jederzeit erschwinglich ist), und »S.O.S. – Rettet unsere Gesellschaft« (umweltverträglich).

Genauer brauchen Sie die Trends gar nicht zu analysieren, um zu dem Schluß zu kommen: Wenn man die Sache richtig anpackt, kann die Kräuterzucht eigentlich nur ein Erfolg werden. Click. Sie können Kräuter der Saison in kleinen Beeten oder frischen Bündeln in Restaurants, Supermärkten oder an Marktständen anbieten; sie können einen Expreß-Lieferdienst frei Haus einrichten und so auch postalische Bestellungen bearbeiten; Sie können Teile der Ernte einfrieren, um sie das ganze Jahr über zu verkaufen; Sie können Kräuterbüchlein, Geschenkpapier mit Kräutermotiven und ausgesuchtes Zubehör ins Angebot nehmen, ebenso große und kleine Duftkissen mit Kräutermischungen, zum Träumen und als Balsam für die Seele. Ob als echtes Kopfkissen oder als Schmuckstück aus Brokat und Seide – Sie werden für alles Käufer finden. Wollen Sie innovativ sein, setzen Sie eine Konferenz am runden Tisch an, um weitere Ideen zu sammeln, was man mit traditionellen Kräutern sonst noch alles anstellen kann. Ihrer Phantasie sind keinerlei Grenzen gesetzt.

Ein wenig anders ging ein Lehrer aus Houston, Texas, mit seiner fünften Klasse vor. Als Lektion in Teamarbeit und Wirtschaftskunde legte er mit seinen Schülern einen Gemüsegarten an, dessen Produkte vermarktet wurden. Die Sache war derart erfolgreich, daß Schüler und Lehrer ihre Idee ausbauten und nun eine professionelle organische Gemüsezucht betreiben.

Und was halten Sie von diesen beiden Aussteigern? Pamela Serure und Nancy Sorkow eröffneten in Bridgehampton, New York, ein kleines Geschäft für organische Säfte und gaben ihm einen großartigen Namen: »Get Juiced« (etwa: Lassen Sie sich einen Saft verpassen). Sie fingen klein an, mit einem Lieferservice für teure, frisch gepreßte Säfte, erweiterten ihre Palette jedoch schnell in drei Richtungen: Sie eröffneten eine Einzelhandels-Ladenkette mit Saft- und Elixier-Bars, gründeten eine Großhandelsfirma für organische Säfte und bieten eine Saft-Entschlackungskur an, in der das größte Potential steckt. Es handelt sich um eine Dreitageskur für 99 Dollar, ein »Juice Fast«-Paket, das jederzeit und überall genutzt werden kann (angeblich gehören auch Donna Karan, Barbra Streisand und Christy Brinkley zu den regelmäßigen Kundinnen). Dieses Konzept wurde bereits mehrfach nachgeahmt, vor allem der Saft-Lieferservice. Doch niemand sonst bietet die gesamte Gesundheitspalette an. Und Pamela wird demnächst auch mit einem Buch über das »Get Juiced«-Konzept herauskommen.

Andere hatten eine ähnliche Idee mit Frischsäften, denen sie obendrein eine gesundheitsfördernde Note gaben. Eine kalifornische Firma namens Odwalla versammelte zwölf Frauen am runden Tisch, um zu erfahren, mit welchen Problemen Frauen mittleren Alters zu kämpfen haben: Osteoporose, prämenstruelles Syndrom, Wechseljahre und Menopause. Anschließend schuf man »Femme Vitale«, ein Getränk ohne Konservierungsstoffe, das aus fünf verschiedenen frischen Fruchtsäften besteht, angereichert mit Eisen, Kalzium, Vitamin B, Kräutern und Dong Quai (einem chinesischen Kraut, das ähnlich wie Östrogen wirkt). Dieser Saft wird inzwischen im ganzen Land vermarktet und kommt in eigenen Kühlboxen in die Läden. Wäre es nicht schön, wenn er bald auch in ausgewählten Buchhandlungen angeboten würde?

Die Aufzählung dieser New-Age-Saftvermarktungskonzepte soll nicht zuletzt einen wichtigen Aspekt unserer Konsumenten-Trends verdeutlichen: Wenn Sie auf der Basis der Trend-Lektüre eine innovative Produktidee entwickeln, dann hat höchstwahrscheinlich zur gleichen Zeit irgendwo anders jemand eine ähnliche Idee. Vielleicht entspringt ihr nicht genau dasselbe Produkt zur selben Zeit, aber die Idee bleibt doch verwandt genug, um zur unbequemen Konkurrenz zu werden.

Im *Popcorn Report* schlugen wir »Pharmalebensmittel« vor und definierten diese Grenzüberschreitung wie folgt: »Nahrungsmittel, in vorgeschriebenen Dosierungen verzehrt, werden vorbeugende Medizin sein. Pharmalebensmittel werden die Grenzen zwischen Medikamententherapie und Ernährung verwischen; täglich verabreichte Suppen oder Getränke werden die vorgeschriebene Dosis an Vitamin A enthalten oder eine therapeutische Dosis an krankheitsvorbeugenden Nährstoffen.« Wir prognostizierten: »Die Zukunft gehört den funktionalen Lebensmitteln [engineered foods].«

Direkt nach Erscheinen des Buches erhielten wir einen Anruf von Dr. Scott Connelly, einem Ernährungswissenschaftler, dem Erfinder von MET-Rx. Er erschien mit seinem Team zu einer Marketingkonsultation, bei der einer seiner Mitarbeiter sagte: »Es war, als hätten Sie von uns geträumt.« Der Slogan für die angereicherten, fettarmen Lebensmittel der Firma lautete: »Engineered Food ... For the Best Shape of Your Life« (Funktionale Lebensmittel – zum Besten Ihrer Gesundheit). Jede nach neuesten Forschungsergebnissen zusammengesetzte Packung enthält Vitamine, Mineralien und Spurenelemente, darunter auch 120prozentiges RDA-Kalzium. So können Frauen also durch gezielte, gesunde Ernährung etwas für ihren Knochenaufbau tun.

Im *Popcorn-Report* haben wir Marketingstrategien zur Vermarktung von Nahrungsmitteln bei unterschiedlichen Bevölkerungsgruppen entworfen:

»Die ichbezogene Wirtschaft (Egonomics) hat diesen Bereich noch nicht erfaßt – aber das wird bald der Fall sein. Individualisiertes Essen steht als nächstes auf der Tagesordnung. Man wird erkennen, daß der eigene Körper anders ernährt werden muß als der des Ehemannes. Man wird Mahlzeiten passend zur Gemütslage servieren – um den Streß abzubauen, die Energie zu steigern, den Schlaf zu fördern. Ein bestimmtes Brot zur Beruhigung; ein besonderes Rindfleisch zur Anregung. Lebensmittel je nach Alter oder Lebensphase – Menüs für Teenager, Mahlzeiten für die Frau in den Wechseljahren. Mit traditioneller Heilwirkung – zur Erleichterung des Atmens, zur Stärkung, wenn Sie stillen oder das prämenstruelle Syndrom haben. Funktionale Lebensmittel. Zum Überleben. Zum Heilen. Bald wird es sie für Sie und Ihre Familie geben.« Doch diese praktikablen Vorschläge warten immer noch auf ihre Realisierung.

Unsere Frage lautet also: Wer kommt als erster mit einer Bretze auf den Markt, die gesundheitsfördernde Zusätze enthält? Die auf spezielle Altersgruppen und deren jeweilige Bedürfnisse ausgerichtet ist, von Kleinkindern bis zu Senioren? Vielleicht läßt sich so auch eine unserer ewigen Marketingfragen vorläufig beantworten: Wenn so viele Menschen Salziges genausogern essen wie Süßes, warum gibt es dann so viele Dinge nur mit süßen Geschmacksrichtungen? Warum muß Eiscreme immer süß schmecken, warum Fruchtjoghurt immer nach Marmelade? Warum nicht einfach mal Gurken- oder Pfefferminzgeschmack? (In südeuropäischen Ländern gibt es das längst.) Warum als Snack nicht Joghurt mit knackigem Gemüse? Oder denken Sie an Milchshakes als Zwischenmahlzeit: Warum immer nur Schokoladen-, Vanille- oder Erdbeergeschmack? Warum nicht Tomate mit Basilikum, Geflügelcreme oder Steinpilzaroma? Das alles sind doch normale Geschmacksvarianten im Suppenbereich. Gibt es denn niemanden, der sich auf diesem Sektor profilieren möchte?

Rund 40 000 Briefe, Faxe oder Anrufe von Lesern des *Popcorn Reports* geben uns die Gewißheit, daß wir mit unseren Trends viele angehende Unternehmer ermutigt haben, den letzten Schritt zu tun. So schrieb uns zum Beispiel Donald Gammon aus Andover, Massachusetts: »Sie haben mir als Katalysator gedient, und das ist dabei herausgekommen: Nach einer Reihe von ›Aha‹-Effekten stelle ich jetzt persönliche Hygieneartikel aus reinen Naturstoffen für die Hotelbranche her. Sie heißen ›Nautilus Naturals‹. Mein Ausgangsmaterial sind Wasserhyazinthen aus Florida, und ich spende einen Teil des Gewinns für den Schutz der Umwelt.«

Zusammen mit unseren Trends hatten wir im *Popcorn Report* auch neue Geschäftsideen aufgelistet. Der folgende Leserbrief von Daniel Houck aus Baltimore zeigt, daß Houck, frisch von der Uni kommend, unser Konzept perfekt verstanden hat:

»An einer Stelle Ihres Buches geben Sie kurze Beispiele für neue geschäftliche Möglichkeiten und schlagen uns Lesern vor, uns selbst weitere auszudenken. Hier sind ein paar von meinen Vorschlägen:

- Swatch-Uhren: ganz auf individuelle Wünsche zugeschnittene Uhren, deren Design Sie am Computer in einem speziellen Kiosk im Uhrengeschäft oder in eigens eingerichteten Swatch-Boutiquen entwerfen können. TRENDS: Ichbezogene Wirtschaft (Egonomics), Kleine Genüsse, Länger jung bleiben und – wenn es einen Online-Service gibt – sogar Leben im Kokon.
- Schnellinspektion für Ihr Auto. Warum nicht über Nacht? Auf die Bedürfnisse der Vorstadt-Wohnviertel zugeschnitten. Abends bringen Sie, von der Arbeit kommend, Ihr Auto in die Werkstatt und werden von dort nach Hause gefahren. Morgens steht Ihr Wagen wie von Zauberhand gelenkt vor der Tür: Während Sie schliefen, wurden die Wartungs- und Inspektionsarbeiten durchgeführt und das Auto vor Ihre Tür gefahren. TRENDS: 99 Leben auf einmal, Leben im Kokon, Egonomics.
- Sony: Warum entwickelt man keine Stereoanlagen, deren Klang exzellent ist, die aber mit nur ein oder zwei Knöpfen zu bedienen sind? Nicht jeder hat Zeit oder Lust, all die komplizierten Funktionen zu studieren. Denkbar wäre auch, daß wir in ein Sony-Geschäft gehen, wo man sich über unsere Hörgewohnheiten und individuellen Vorlieben informiert (z.B. viel Baßvolumen), um danach unsere Stereoanlage entsprechend zu programmieren. Zu Hause brauchen wir nur noch einen Knopf zu drücken oder, besser noch, einfach »Stereo an« zu sagen. TRENDS: Egonomics, Leben im Kokon, 99 Leben auf einmal.«

Bravo. Genau so wird's gemacht. So wendet man die Trends kreativ an.

Eine andere Leserzuschrift geht speziell auf ein Kapitel im *Popcorn Report* ein, das den Titel trägt: »Fragen Sie nicht, was der Verbraucher für Sie tun kann, sondern was Sie für den Verbraucher tun können.« Dort heißt es, auf Verpackung, Stil und vollmundige Werbung zu setzen reiche nicht aus, wenn man wirklich ins Geschäft kommen wolle. Dies gilt besonders für all jene Ladenbesitzer, die ihre Laufkundschaft verlieren, weil viele Leute daheim bleiben (»Leben im Kokon«) und per Post, Telefon, Bildschirmtext oder Computer einkaufen. Dieser Inhaber eines kleinen Haushaltswarengeschäfts schrieb uns, er versuche es jetzt mit speziellen »Systemen zum Eindringen in den Kokon«, beispielsweise mit koordiniertem Marketing, gemeinsam mit anderen Geschäften am Ort. So wird beispielsweise mit jedem neuen Toaster selbstgebackenes Brot ins Haus geliefert, mit jeder Geschirrspülmaschine ein Korb voller Putzmittel. Der Service ist persönlich und umfaßt routinemäßige Inspektionsarbeiten im Haus des Kunden. So kann man in den Kokon eindringen und sich die Loyalität des Käufers sichern.

Brock Green beschrieb uns detailliert sein auf den Trends basierendes Konzept »Designs for Education«: »Hier handelt es sich um eine Vereinigung von Kapitalismus und Aktivismus. Wir ermöglichen Teenagern, ihre Kleidung selbst zu entwerfen, exakt so, wie sie sie tragen möchten; gleichzeitig sammeln wir Geld für den Kunstunterricht an amerikanischen Schulen.« 65 Schulen nahmen an dem Programm teil und reichten 6000 Entwürfe ein. Die letztlich ausgewählten fanden dann bei der Herstellung ungewöhnlicher, stilisierter T-Shirts und Sweatshirts Verwendung, die in verschiedenen Kaufhäusern angeboten wurden. Von jedem verkauften Exemplar floß ein Dollar zurück an die Kunst- und Design-Abteilungen der beteiligten Schulen. Trends? »S.O.S. – Rettet unsere Gesellschaft« (Gutes tun, Marketing für einen guten Zweck); »Egonomics« (individuelle, auf den persönlichen Geschmack zugeschnittene Kleidung); »Aussteigen« (Idee für ein Kleinunternehmen); und »Fantasy-Abenteuer« (etwas Besonderes sein, künstlerische Note). Glückwunsch auch zu diesem Trend-Verständnis!

Die Trends können in der Tat beim Berufswechsel helfen oder zumindest zur Entwicklung von vielversprechenden Ideen für die Zukunft beitragen. Barbara McQuiston, die in einer Forschungs- und Entwicklungsabteilung der Computerbranche tätig ist, berichtet: »Ihr Buch hat mich auf alle möglichen Gedanken gebracht. Nach einem langen Gespräch mit meinem Sohn ist mir zum Beispiel plötzlich die Idee gekommen, daß es keine guten Wissenschaftsmagazine für Kinder gibt.« Schon eine solche Erkenntnis ist ein echter Click-Effekt, der Wege in die Zukunft öffnet.

Marsha Wagner aus Minneapolis ließ sich von einer speziellen Idee im Schlußkapitel des *Popcorn Reports* inspirieren: »*Traumarchitekten*: Neue Beratungsdienste werden den Menschen helfen, ihre Träume zu erkennen und zu verwirklichen. Wir werden lernen, wie wir es erreichen können, daß unsere Träume kurz-, mittel- oder langfristig ›wahr werden‹, im Geschäftsleben, in der Kunst, in der Wissenschaft.« Sie besitzt jetzt ihr eigenes Beratungsunternehmen für Persönlichkeit und Karriere namens »CastleVisions (Making dreams come true)« (Schloßvisionen: Wie Träume wahr werden), das ein ganzes Spektrum von Dienstleistungen anbietet: Hilfe auf neuen Wegen zum Erfolg, vom Bewerbungsschreiben bis zur kreativen Hilfe bei der Identifizierung, Klärung und Realisierung von positiven Veränderungen in Ihrem Leben.

Kathy Barr-Pape, Direktorin für Geschäftsentwicklung bei der Service-Firma »Best Upon Request« (Auf Anforderung das Beste) in Cincinnati, schrieb uns: »Schon bei der Entwicklung unserer Firmenkonzeption waren Sie unser Wegweiser, und auch jetzt noch, da wir uns gut weiterentwickelt haben, fungieren Sie als unser Leuchtturm.« Als erste ihrer Art im Mittleren Westen bietet diese Firma ein spezielles Dienstleistungspaket an: von Hausmeisteraufgaben bis hin zu persönlichen Botengängen für Mieter und

Angestellte in Büro- und Geschäftshochhäusern. Langfristig will die Firma expandieren; im ganzen Land sollen derartige Servicestationen errichtet werden. Die Ziele sind perfekt auf die Trends »Egonomics« und »99 Leben auf einmal« ausgerichtet: »Jeder sehnt sich nach ein wenig Aufmerksamkeit und Anerkennung« und »Warum nicht Dienstleistungen dort, wo sie benötigt werden, also auch in den Büro- und Geschäftshäusern? Wir wollen uns die knappe Zeit zurückkaufen.«

Auch im nichtkommerziellen Bereich können die Trends Gutes bewirken. Pastor Mark Pranaitis von der St.-Fidelis-Kirche in Chicago erhielt den *Popcorn Report* als Geschenk zur Ordination. »Ich mußte einfach dauernd daran denken«, schrieb er uns, »daß diese Trends auch meine Kirche (und alle Religionen) betreffen. Und ich überlege, wie ich den Kirchgang mehr zu einem ›Fantasy-Abenteuer‹ oder zu einem ›kleinen Genuß‹ machen kann.« So liegt man auch mit seinem Glauben im Trend. Wir wissen nicht, was Pastor Pranaitis sich hat einfallen lassen, aber wir könnten uns selbst vieles vorstellen: Mahlzeiten aus fremden Ländern zum Thema »Ausländer« (Fantasy-Abenteuer); Wollschals in der Kirche, wenn es zieht (Kleine Genüsse); mehr Hausbesuche (Leben im Kokon); Yoga- oder Meditationskurse (Suche nach Halt und Sinn); Aktionstage zur Säuberung von Nachbarschaft und Natur (S.O.S. – Rettet unsere Gesellschaft) und so weiter und so weiter.

Eine Frage, die etwas mißtrauische oder zynische Reporter immer wieder gern stellen, lautet: »Können Sie persönlich einen Trend ins Leben rufen?» Meist lächle ich dann nur und antworte kopfschüttelnd: »Nein. Ich glaube, es ist durchaus möglich, als Individuum eine Mode zu lancieren, nicht jedoch einen Trend. Man kann vielleicht 400 000 Leute dazu bringen, einen Hula-Hoop-Reifen zu kaufen, doch als ich den Begriff ›Cocooning‹ (Leben im Kokon) prägte und das dahinterstehende Konzept erläuterte, sind deshalb auf einmal 250 Millionen Menschen plötzlich zu Hause geblieben?«

Wir glauben, daß man einen Trend nicht kreieren, sondern nur beobachten und beschreiben kann. Ebensowenig kann man einen Trend ändern, lediglich das Bewußtsein der Menschen. Trends sind Energielinien. Wir von BrainReserve sorgen dafür, daß man diese Energielinien leichter identifizieren kann, wenngleich auf irgendeine Weise jeder Mensch von allen Trends betroffen ist.

Die Kunst besteht in der Voraussage von Trends, im Durchleuchten und Abklopfen der gegenwärtigen Kultur nach Anzeichen künftiger Entwicklungen. Die Keime sind überall vorhanden – man muß nur Augen und Ohren aufmachen: in Restaurants, Bars und Clubs; auf der Straße; in der Musik, die wir hören; in den Illustrierten und Nachrichtenmagazinen, die wir lesen; in den Fernsehprogrammen, die wir anschauen. Verfolgen Sie aufmerksam, was die Regierung uns erzählt und was die Geschäftsleute uns verkaufen wollen.

In den frühen achtziger Jahren, als wir der amerikanischen Wirtschaft erstmals sagten, welche Konsequenzen Aids hätte, was diese Krankheit für unser Bewußtsein und für unsere Welt bedeuten werde, da kicherte man nervös und ungläubig. Dieselben Gruppen lachen auch heute, wenn von der virtuellen Realität die Rede ist und wir die Überzeugung äußern, daß in etwa zehn Jahren jedes amerikanische Haus über einen VR-Raum verfügen wird. Hinsichtlich der Trends und der nahen Zukunft sind wir uns unserer Sache jedoch so sicher, daß wir heute sagen: »Wartet's nur ab, Ihr werdet schon sehen.«

Was nun die im *Popcorn Report* vorgestellten Trends betrifft, so ziehen wir ständig Bilanz, und die Rubrik »Das haben wir vorhergesagt« nimmt darin immer breiteren Raum ein. Wir wollen uns damit hier nicht brüsten, sondern Ihnen nur nahelegen, unsere Trendvorhersagen, die Ihnen zunächst vielleicht komisch vorkommen, ernstzunehmen. Schon morgen könnten sie eintreffen. Und wenn es bei Ihnen rechtzeitig clickt, ist das nur zu Ihrem Vorteil.

Im *Popcorn Report* schrieben wir: »Man stelle sich vor, welche Möglichkeiten sich ergeben würden, wenn man Egonomics ganz konsequent auf die Mode anwenden würde. Man geht in eine Einkaufsstraße und sucht sich die Teile für ein Paar Jeans zusammen ... Der Compu-Schneider nimmt Maß ... und nach einer Stunde hat man zum ersten Mal im Leben Jeans, die in Design und Sitz genau den eigenen Wünschen entsprechen.« Heute (1994) hat der größte Jeans-Hersteller der Welt genau dies ermöglicht: Man verkauft mit Hilfe des Computers auf Paßform gebrachte »Personal Pair«-Jeans für Damen. In bestimmten Levi's-Läden werden die Maße und Wünsche der Kundin in einen Computer eingegeben, der eine digitale Vorlage erstellt. Wie eine unserer Mitarbeiterinnen, die gertenschlanke, große Mary Kay Moment, berichtete, verweist der Computer zunächst auf jenes Modell aus einer Standardkollektion von Sondergrößen, das in Größe und Stil den Wünschen am nächsten kommt. Während die Kundin dieses Modell anprobiert, wartet der Computer auf weitere Instruktionen, bis ihm wiederum alle Abweichungen von der perfekten Paßform eingegeben wurden. Daraufhin erstellt er eine neue Vorlage. Erst wenn alles stimmt, werden diese Instruktionen elektronisch an einen computergesteuerten Roboterschneider weitergeleitet. Ist die maßgeschneiderte Hose fertig, wird sie der Kundin ins Haus geschickt.

Obwohl sie zwei Wochen auf ihre Jeans warten und einen Aufpreis von ungefähr 20 Dollar zahlen mußte, war Mary Kay mit diesem Verfahren sehr zufrieden: »Früher waren meine Jeans entweder in der Taille zu weit oder an den Beinen zu kurz oder sonst irgendwie nicht in Ordnung. Jetzt passen sie genau.« Kundin glücklich, Hersteller auch. Seit die Levi's-Läden diesen Service in verschiedenen Geschäften anbieten, verzeichnet beispielsweise der Laden in Cincinnati ein Umsatzplus von 300 Prozent bei Damenjeans. Wie geht's weiter? Blazer nach Maß, Büstenhalter, Schuhe?

Eine weitere Vorhersage, die wir im *Popcorn Report* machten, hängt mit dem Einsatz von Computern zusammen: »Die größte technische Errungenschaft im Bereich der ›99 Leben‹ wird darin bestehen, daß all die Informationen, die täglich auf uns einstürzen, *gefiltert* werden. Vielleicht wird es einen Computer geben, der aus ausgewählten Veröffentlichungen nur die Informationen auswählt, die wir haben wollen oder müssen, da er über unser Leben, unseren Geschmack und unsere Neigungen genau Bescheid weiß.« Wer hätte gedacht, daß sich diese Prognose so rasch erfüllen würde? Eine Firma namens Individual bietet inzwischen ihren Online-Service »NewsPage« an, welcher der soeben zitierten Beschreibung schon sehr nahekommt. Aus einer Bildschirm-Stichwortliste können Sie Ihre Themen auswählen, und dann sichtet NewsPage für Sie täglich etwa 500 Quellen und liefert Ihnen einen kurzen Nachrichtenüberblick. Möchten Sie zu einem bestimmten Thema Genaueres wissen, dann können Sie den vollständigen Text ordern. Ansonsten ist dies genau der redaktionelle Service, den wir als wünschenswert bezeichnet hatten.

Ein ganzes Kapitel des *Popcorn Reports* ist dem »Ende des [herkömmlichen] Einkaufens« gewidmet, ein Unterabschnitt einer futuristischen Neuerung, dem Einkauf per Bildschirm. Demnach sollte es möglich sein, anstelle frustrierender Einkaufserlebnisse (Gedränge, Schlangestehen, kein sachkundiges Personal etc.) per Computer »Bildschirm-Informationen« einzuholen zu Fragen wie: »Welche drei Autos sind derzeit am langlebigsten? Welche drei Videorecorder sind am leichtesten zu bedienen? Wo in meiner Nähe bekomme ich sie zum günstigsten Preis? Anschließend können Sie am Bildschirm Ihre Entscheidung treffen und sofort eine Bestellung aufgeben (Das Ende der herkömmlichen Werbung).« Diese Zukunft hat bereits begonnen. Man kann heute schon bei CompuServe online Informationen über das Auto abrufen, das man eventuell kaufen möchte, und sich den »Steckbrief« ausdrucken lassen, der auch im Autohaus den neuen Wagen als Bestellinformation beiliegt. Wenn Sie sich endgültig entschieden haben, können Sie direkt per Computer bestellen.

Auch, was wir im Abschnitt über »Kleine Genüsse« im *Popcorn Report* schrieben, ist teilweise schon Wirklichkeit. Wir meinten: »Und wenn die Anbieter der Großen Genüsse dem Trend folgen, werden sie vielleicht umdenken, auf kleinere Artikel umsteigen und ihre Luxusgüter so einem ganz neuen Kundenkreis zugänglich machen. Wie wäre es zum Beispiel mit einem Motorrad von Mercedes? Oder einem Mountain-Bike von Maserati? Oder einem Kugelschreiber von Rolls-Royce?« Lys und ich entdeckten kürzlich während einer Geschäftsreise in Kopenhagen ein lederbezogenes Fahrrad von Hermes, und ein australischer Leser aus Perth wies uns auf eine Anzeige in der Londoner *Sunday Times* hin: ein Mountain-Bike von Aston Martin.

In unserer Trendanalyse zu den Supermärkten der Zukunft heißt es im *Popcorn Report*: »Stellen Sie sich die Möglichkeiten eines Supermarktes vor, der auf der Basis der virtuellen Realität funktioniert – ein Super-High-Tech-System ... Die Supermärkte sollten *heute* darüber nachdenken, wie sie morgen auf virtuelle Realität umschalten können. Das bedeutet, daß sie gut beraten sind, Kapital in Lager- und Liefersysteme zu investieren – und nicht in neue Innenausstattungen ..., um eine stabile und glaubwürdige Grundlage für den Supermarkt zu legen, zu dem er in Zukunft werden muß: virtuelle Realität.« Wahrscheinlich dachte so auch Dick Notebaert, der Chef von Ameritech, als er in »Peapod« investierte, einen Online-Lebensmittel-Lieferservice, der mehr als 10 000 Eigenheime mit Lebensmitteln, alkoholischen Getränken, rezeptfreien Arzneien und beinahe allen Dingen des täglichen Bedarfs beliefert. Wie wir vorhersahen, können die Einkäufer hier an virtuellen Regalen entlangspazieren, über ihren Computer Sonderangebote heraussuchen, die Preise vergleichen und spezielle (fett- und/oder salzarme) Diätkost auswählen oder auch sonst nur schwer erhältliche ethnische Nahrungsmittel. Wenn Sie in Chicago oder San Francisco leben (demnächst auch in Boston), dann können Sie Ihre Waren etwa drei Stunden später an Ihrer Küchentür in Empfang nehmen.

Ein weiterer großartiger Anwendungsbereich für die virtuelle Realität wäre das probeweise Durchleben bestimmter Erfahrungen, ehe man sich in der Wirklichkeit darauf einläßt. Bevor Sie etwa in ein anderes Land umziehen. Bevor Sie sich für eine Operation entscheiden. Oder der erste Tag am neuen Arbeitsplatz. Oder, wenn Babies für Sie nur etwas Süßes, Knuddeliges sind, der Alltag einer geplagten jungen Mutter. Könnte man so nicht ohne Schmerzen herausfinden, ob man sich als Elternteil eignet? Für solche Zwecke ist VR zwar noch nicht weit genug entwickelt, doch würde hier auch die zweitbeste Möglichkeit schon weiterhelfen. Der Ingenieur Richard Jurmain hat eine Puppe mit dem Namen »Baby Think It Over« (Kind, überleg's dir noch einmal) entwickelt, die in Schulen und Kliniken eingesetzt wird, um Teenager vor ungewollten Schwangerschaften zu bewahren. Ganz lebensnah ist dieses »Kindchen« so programmiert, daß es Tag und Nacht zu beliebigen Zeiten lange schreit und jammert. Diese 5 bis 35 Minuten andauernden Schreiphasen lassen sich nur beenden, indem die Testmutter oder der Testvater sich in den Computer des Babys einschaltet. Werden die Schreie ignoriert oder schlagen die »Eltern« gar zu, registriert die Puppe diese Reaktionen genauestens. Ein einziges derart realitätsnahes Wochenende ist wahrscheinlich mehr wert als alle herkömmlichen Kurse zur Sexualerziehung.

Nun haben wir es bei BrainReserve freilich nicht nur mit unterhaltsamen Prognosen zu tun. Ein Großteil unserer täglichen Arbeit besteht vielmehr aus harter, wenn auch kreativer Fleißarbeit im Zusammenhang mit substantiellen langfristigen Marktforschungsaufgaben. Dabei konsultieren wir nicht nur unsere TrendBank, sondern interviewen regelmäßig jedes Jahr weltweit über 4000 Konsumenten im Hinblick auf zwanzig verschiedene Produktkategorien. Wir lesen und werten jeden Monat ungefähr 400 verschiedene Publikationen in verschiedenen Sprachen aus. Wir gehen ins Kino, ins Theater und in Konzerte. Wir hören uns die Top Ten der Schlager-Hitparaden an und nehmen uns die Bücher vor, die auf der Bestsellerliste stehen. Wir sammeln bei eigenen BrainJam-Sitzungen gemeinsam mit unseren Mitarbeitern, Kunden und den Angehörigen unserer TalentBank (zu der weltweit Tausende von interessanten Leuten gehören) neue Ideen. Auch begeben wir uns weltweit auf Erkundungsreisen (TrendTreks): Dann sehen wir uns neue Geschäfte an, neue Ausstattungen und neue Produktideen. Der Ruf von BrainReserve als Marketingfirma, die ihre Klienten und Leser für die Zukunft fit macht, beruht auf all diesen Arbeiten.

Im Lauf der Jahre übernahmen wir eine Reihe schwieriger Beratungsaufträge, die uns zwangen, projektorientiert weit in die Zukunft vorauszueilen, um uns dann allmählich in die nahe Zukunft zurückzuarbeiten (FutureFocus). Einen solchen Auftrag erhielten wir 1987 von Eastman Kodak: »Die Zukunft des Negativfilms«. Auf der Grundlage unserer Trends entwickelten wir ein Szenario, das die vorhandenen technologischen Möglichkeiten so weit in die Zukunft verfolgte, wie es unsere Vorstellungskraft erlaubte. Unsere Antwort zur Zukunft des Films war dann ganz einfach: Er hat keine. »Schon in wenigen Jahren«, berichteten wir, »wird es keinen echten Bedarf mehr geben für Emulsions-Negativfilme, wie wir sie kennen.« Heute, weniger als ein Jahrzehnt später, bietet Kodak bereits eine computerisierte Kamera an, die keinen Film mehr benötigt. Sie speichert digitale Bilder, die auf Rechner übertragen werden und auf einem Bildschirm zu sehen sind oder ausgedruckt werden. Für alle, denen daheim die nötige Hardware fehlt, gibt es in Fotoläden spezielle Kioske. Mit das Beste an digitalen Bildern ist jedoch, daß sie per Telefon übertragen werden können. So muß eine Großmutter auf die Bilder ihres neugeborenen Enkels nicht mal mehr eine Stunde lang warten.

Übrigens ist John Sculley (von Apple Computers) Chef einer privaten Firma, Live Picture, die mit Kodak als strategischem Partner gegenwärtig an einer dramatischen Veränderung der Qualität digitaler Fotografien arbeitet. Diese neue Technik könnte ein wichtiger Baustein für interaktive Werbung, digitale Kataloge und Zines im Worldwide Web werden. Auch an anderen, ähnlichen Unternehmungen, die noch im Anfangsstadium stecken, ist Sculley beteiligt, so an der Entwicklung von virtuellen, interaktiven Spielen für Kinder, bei denen es nicht nur um Unterhaltung, sondern auch um pädagogische und wissenschaftliche Ziele geht. Und genau so läuft es: von der Trendvorhersage zur trendorientierten Produktion bis zum Trend-Produkt auf dem Markt.

Wenn Sie (wie wir) Ihr Augenmerk auf kulturelle Indikatoren richten, dann werden Sie Experte im Erkennen früher, subtiler Anzeichen kommender Veränderungen. Dann müssen Sie nur noch entsprechend reagieren und aus Ihrem Wissen Kapital schlagen. Zugegeben, Krisen wie Energieknappheit oder Naturkatastrophen (Wirbelstürme, Erdbeben) und Kriege können Trends beeinflussen und leicht verändern. Doch schaden können selbst derartige unvorhergesehene Ereignisse dem Leben eines Trends auf Dauer nicht. Trends sind stabil genug, um etwa ein Jahrzehnt oder länger anzuhalten. Mit Sicherheit dauern sie so lange, daß es sich lohnt, eine darauf basierende Geschäftsidee zu realisieren. Sie können sich darauf verlassen, daß die Trends das gegenwärtige Konsumklima genau erfassen. Und daß sie auf das nächste Jahrzehnt verweisen.

Wenn Sie sich nun an die Lektüre der Trend-Kapitel machen, sollten Sie nach Ideen Ausschau halten, die bei Ihnen einen Click auslösen. Oder fragen und *notieren* Sie sich, wie viele dieser Trends eine Idee untermauern, die Sie hinsichtlich eines neuen Produkts oder einer Veränderung Ihres Lebens schon lange verfolgen. Warum wir im folgenden so oft auf neue, noch in den Anfängen steckende Geschäftsprojekte im ganzen Land, ja auf der ganzen Welt, verweisen? Nicht zuletzt, weil wir Sie zum Nachdenken darüber anregen wollen, ob so etwas auch an Ihrem Ort funktionieren würde.

Es ist niemals falsch, eine gute Idee von anderen zu übernehmen und sie dabei Ihrer speziellen Situation anzupassen. Unser uneingeschränktes Credo lautet: »Der oder die Beste soll gewinnen.« Dann spielt es aber auch keine Rolle, wenn es in Ihrer Nachbarschaft schon einen Supermarkt, eine Reinigung, einen Kopierladen, ein Haushaltswarengeschäft oder einen Foto-Schnelldienst gibt. Wenn Sie den Trend-Kapiteln kreative Vorschläge entnehmen und sich außerdem vorstellen können, wie man alles noch besser, noch schneller, noch kundenfreundlicher gestalten kann, dann legen Sie los.

Dies ist auch die letzte und wichtigste Antwort auf die in der Kapitelüberschrift gestellte Frage: Warum sollte man sich auf diese Trends einstellen? Wenn Sie sich auf die Trends einlassen, werden Sie die Zukunft in den Griff bekommen. Lassen Sie die Trends für sich arbeiten!

5. Kapitel

1. Trend – Leben im Kokon

»Ich wünschte, ich wäre da, wo ich bin.«

GERTRUDE STEIN

Segne diese Wände, stark und fest, daß Not und Ärger draußen bleiben.

AUS EINEM CHRISTLICHEN GEBET

Als wir erstmals von »Cocooning« sprachen, vom Leben im Kokon, da war viel von Gemütlichkeit die Rede: vom gemütlichen Zusammensitzen, von der Möglichkeit, sich schöne Sachen ins Haus kommen zu lassen, und vom Anschauen unserer Lieblingsshows im Fernsehen. Der Kokon – dieses Bild beschwor Nestwärme herauf. Kuscheln. Es sich zu Hause gemütlich machen. Mit lieben Menschen zusammen sein.

Jahrelang haben wir es genossen, uns unter der warmen Decke auszustrecken. Mit Hingabe arbeiteten wir in unserem Garten. Geliebtes Zuhause, das hieß auch Sicherheit und Geborgenheit. Heute aber gesellt sich auch die Angst hinzu, wenn wir im Garten Unkraut jäten oder mit der Fernbedienung von Fernseh- oder Stereogeräten spielen. Einst haben wir unser Haus zum Kokon gemacht, weil wir Lust dazu verspürten. Heute tun wir es aus Angst.

Es ist fast schon unmöglich, ohne Anspannung vom einen Kokon zum anderen zu gelangen. Wenn wir uns nach draußen wagen, dann nur mit Sorgfalt und Umsicht. Jene Orte in unserem Leben, an denen wir uns einst sicher fühlten, sind so gut wie verschwunden. Morde am Arbeitsplatz verzeichnen in der Mordstatistik der USA die höchste Zuwachsrate. Die Schulen sind nicht mehr sicher. Jeder vierte Schüler der Junior High School weiß zu berichten, daß er oder sie schon Pistolen auf dem Schulgelände gesehen hat. Man sagt, Gewalt sei der »Sex der neunziger Jahre«.

Wenn Sie sich vergegenwärtigen wollen, wie sich dieser Trend im Lauf der Zeit verändert hat, dann stellen sie sich eine Schildkröte vor, die vorsichtig unter ihrem Panzer hervorlugt. Anstatt neugierig und unternehmungslustig in die Welt zu blicken, ist sie mißtrauisch und ängstlich. Beim ersten Anzeichen irgendeiner Gefahr zieht sie sich in ihren Panzer zurück. In dieser Schildkröte erkenne ich mich wieder. Und viele meiner Freunde auch. Denn so unternehmungslustig wir auch sein wollen, so viel Neues wir auch lernen und ausprobieren wollen – selbst die Mutigsten von uns sind eingeschüchtert. Oder doch zumindest irgendwie besorgt, daß die Gewalt jederzeit und überall zuschlagen kann. Und um trotz dieser ständigen Nervenbelastung nicht verrückt zu werden, ziehen wir uns tagtäglich in neue psychische und emotionale Kokons zurück.

Daß auch Sie bereits eine Schildkröte sind, merken Sie, wenn Sie jemanden, der Ihnen auf der Straße mit dem Auto in die Quere gekommen ist, nicht mehr anzuhupen wagen (wer weiß, vielleicht ist der Fahrer ja bewaffnet). Oder wenn Sie lieber lächeln und zu besänftigen versuchen, statt sich mit einem überlasteten Postangestellten anzulegen (sieht es nicht ganz so aus, als ereigneten sich überdurchschnittlich viele Gewaltverbrechen auf Postämtern?). Oder mit einer unfreundlichen Verkäuferin. Oder mit einem patzigen Kellner. Wenn Sie keine Lust mehr haben, zu Rockkonzerten oder Fußballspielen zu gehen, weil dort so viele Menschen zusammenkommen und Sie genau wissen, daß in solchen Menschenhorden von einer Minute auf die andere das Chaos losbrechen kann. Manche bezeichnen diese Haltung vielleicht als neue Form von Verfolgungswahn. Wir sprechen lieber von gesundem Menschenverstand.

Wir leben in einer Zeit, in der das Wort »unerwartet« aus dem Wortschatz gestrichen werden sollte. Uns kann nichts mehr überraschen. Ein Todesschütze im Vorortzug. Verirrte Gewehrkugeln. Abgetrennte Gliedmaßen. Kannibalismus. Bombenterror in Bürogebäuden. Männer, die ihrer außerehelichen Geliebten auflauern. Frauen, die ihre Bekannten in einen Hinterhalt locken. Kinder, die ihre Eltern aus dem Weg räumen. Massenmörder.

In den achtziger Jahren haben wir uns über die »Jagden« wildgewordener Teenagerbanden erregt, die jeden ausraubten und vergewaltigten, der ihnen über den Weg lief (erinnern Sie sich noch an das Schicksal der Joggerin im New Yorker Central Park?). Neuerdings müssen wir uns vor ganz anderen Gefahren in acht nehmen, den sogenannten »Dis«-Verbrechen (Kurzform für »Disrespect«). Da kann es Ihnen passieren, daß jemand eine Pistole zieht und Sie erschießt, nur weil ihm Ihr Gesichtsausdruck nicht paßt. Weil Sie ihn vielleicht angestarrt oder versehentlich in der U-Bahn angerempelt haben. Schon fühlt er sich in seiner Ehre gekränkt (Sie haben ihn »gedisst«), und dafür müssen Sie sterben. Was dabei aber am alarmierendsten und irritierendsten ist: Das Ganze ist absurd, unvorhersehbar und kaum zu verhindern.

Erschwerend kommt hinzu, daß so viele Verbrechen von anscheinend ganz »normalen« Leuten verübt werden. Die Gefängnisse sind voll mit Menschen, die »respektable« Jobs hatten und aus »netten« Familien kamen, die aber eines Tages »ausflippten« und schreckliche Verbrechen begingen. In den Interviews der örtlichen Fernsehsender beteuern die Nachbarn hinterher immer dasselbe: »Er war so still.« Und anschließend schreiben Familienangehörige dann Bücher (wie Gary Gilmores Bruder oder der Vater von John Wayne Gacy).

Unsere Geduld ist am Ende. Wir haben genug von diesen Zuständen, und wir wollen das Heft wieder in die Hand bekommen, selbst wenn dazu extreme Maßnahmen erforderlich sind. So überrascht es nicht, daß eine Mehrheit der Amerikaner der Regierung von Singapur Beifall zollte, als diese einen jungen Amerikaner, der Autos mit der Sprühdose »verziert« hatte, zur Prügelstrafe verurteilte. Um diese Disziplinarstrafe auch in den USA einzuführen, haben Lokalpolitiker überall entsprechende Gesetzentwürfe vorgelegt, die es in Zukunft gestatten sollen, jugendlichen Vandalen bis zu zehn Schläge mit Stöcken aus Hartholz zu verabreichen. Die öffentliche Meinung in Kalifornien ist mit einer Mehrheit von 40 : 1 für die Institutionalisierung der Prügelstrafe. In Interviews äußerten sich die Befragten geradezu enthusiastisch: »Ordentlich weh tun soll es!«

Selbst die Gesündesten und Gastfreundlichsten unter uns haben sich besondere Vorsichtsmaßnahmen angewöhnt. Bei einer Umfrage äußerten kürzlich 33 Prozent der befragten Verbraucher, sie hätten ihre Einkaufsgewohnheiten aus Angst vor Verbrechen geändert. Innerhalb dieser Gruppe gaben wiederum 43 Prozent an, sie gingen nach Einbruch der Dunkelheit nicht mehr einkaufen. Selbst auf dem College-Campus sind die »Tage der Offenen Tür« vorbei. In den Verbindungshäusern wird nicht mehr jeder zu den Parties eingelassen. Gästelisten sind wieder an der Tagesordnung.

Unsere durch Verbrechen verursachte Obsession macht sich auch in neuen Wörtern bemerkbar. Ein Beispiel: Seit dem Erfolg des Films *Fatal Attraction* ist »fatal« als Substantiv in neuer Bedeutung in aller Munde. Ein »Fataler« ist jemand, der eine obsessive Zuneigung entwickelt hat und keine Ruhe mehr gibt. Unablässig verfolgt er sein Opfer, ruft immer wieder an, spürt es überall auf. Plötzlich taucht er am Arbeitsplatz auf oder im Fitneß-Center. Und das ist nicht nur nervtötend und ärgerlich, sondern auch gefährlich. Es gab bereits Verletzte und Tote. Inzwischen werden strenge Gesetze gegen Spanner erlassen, nimmt man »Fatale« ernst. Bevor weitere unschuldige Opfer zu beklagen sind.

Bei allem, was mit vorbeugender Verbrechensbekämpfung zu tun hat, eröffnet sich ein großer Markt. »Leben im Kokon« ist für Sie eine Chance zum Erfolg. Alles, was mehr Sicherheit verspricht, ist »in«. Leibwächter sind die »Techno-Butler« der neunziger Jahre. Sie sind mit den neuesten technischen Errungenschaften ausgerüstet, an denen auch James Bond noch seine Freude hätte. Private Sicherheitsdienste beschäftigten inzwischen in den USA zweieinhalbmal soviel Personal wie der Staat in seinen Sicherheitsorganen. Nach Schätzungen des National Institute of Justice werden die Amerikaner im Jahr 2000 für ihre private Sicherheit 104 Milliarden Dollar aufwenden. Der Staatshaushalt für die Sicherheitskräfte beträgt demgegenüber nur 44 Milliarden Dollar.

Und das Schutzbedürfnis nimmt nicht nur in Amerika zu. Eine weitere Bastion der Zivilisation ist gefallen, seit Scotland Yard das Prinzip der Gewaltlosigkeit aufgegeben hat: Heute gibt es in London Bobbies, die zum Selbstschutz Revolver tragen dürfen.

Die Kokon-Generation handelt nach dem Motto: »Vorsorge ist besser als Leichtsinn«. Heute schon verfügt jedes dritte amerikanische Haus über eine eingebaute Alarmanlage. Die Branchenumsätze für Alarmanlagen in Haus und Auto liegen bei 1,5 Milliarden Dollar pro Jahr, mit steigender Tendenz. Laut Statistik wird durchschnittlich alle 20 Sekunden ein Auto aufgebrochen. Deshalb ist alles, was der Verhinderung von Autodiebstählen dient, ein echter Erfolgstip. Hat's geclickt?

Der mobile Kokon

Je individueller und zubehörreicher unsere Autos werden, desto schwerer wiegt ein Verlust durch Diebstahl. Da kann man nicht mehr achselzuckend zur Tagesordnung übergehen und sagen: »Die Versicherung zahlt ja.« Wer sein Auto mit einem hochwertigen CD-Spieler, stapelweise CDs, Fax-Anschluß und einem besonderen Autotelefon, mit Spezialkissen gegen Rückenprobleme und Fanartikeln seines Fußballclubs ausgestattet hat, dessen fahrbarer Untersatz ist wirklich ein mobiles Nest. Halterungen für Kaffeetassen sind nichts Besonderes mehr. Ist es nicht nur eine Frage der Zeit, bis auch kleine Mikrowellenherde und Klapptischchen zum gehobenen Fahrkomfort gehören? Eine solche fahrbare Zweitwohnung will natürlich gegen Einbruch geschützt sein.

Schlendern Sie in Ihrer Stadt einmal durch die Straßen und werfen Sie einen Blick in die geparkten Autos. An den meisten Lenkrädern werden Sie leicht erkennbare Sicherungen finden. Im letzten Jahr stiegen die Umsätze für Wegfahrsperren angesichts zunehmender Autodiebstähle und sinkender Preise für Sicherungen auf das Doppelte. Wer Autodiebe auf frischer Tat ertappen will, baut Sicherungen ein, die nicht auf Anhieb erkennbar sind, wie den »Smoke Defense Dragon«, eine Einrichtung, die das Auto zuräuchert, sollte jemand versuchen, es aufzubrechen. Waren alle Vorsichtsmaßnahmen trotzdem erfolglos und befindet sich Ihr Wagen bereits auf dem Weg in eine Spezialwerkstatt zum Ausschlachten und Umfrisieren, dann haben Sie hoffentlich auch an diesen Fall gedacht und einen Geheimsender installiert, der Ihnen den Aufenthaltsort des Autos verrät (etwa das »Lojack Recovery System«).

Die Stadt Portland in Oregon griff eine Idee aus Holland, dem Radfahrerparadies schlechthin, auf, um Fahrraddiebstähle zu verhindern: Man läßt überall Fahrräder zur freien Benutzung herumstehen, die an ihrer knallgelben Farbe leicht als Allgemeinbesitz erkennbar sind (in Amsterdam sind sie weiß). Angeschafft wurden die Räder mit Spendengeldern, gewartet werden sie von Sponsoren, und man will insgesamt tausend solcher Räder auf den Straßen zur Verfügung stellen. So verschwindet der Anreiz zum Stehlen, man verfügt über umweltfreundliche Verkehrsmittel und verschafft auch ärmeren Kindern, die sich kein Fahrrad leisten können, das Vergnügen des Radfahrens. Obendrein können die Erwachsenen noch etwas für ihre Gesundheit tun. Eine Idee, die man anderen Städten nur zur Nachahmung empfehlen kann.

Persönliche Sicherheit

Eine besonders wirkungsvolle Idee, wie man Wachhunde, eines der ältesten Schutzmittel, auf neue Art nutzt, hatte Shelley Reecher, die zuvor Opfer eines brutalen Überfalls geworden war. Sie ging mit ihrer schmerzlichen Erfahrung konstruktiv um und rief das Projekt »Safe Run« ins Leben, ein Netz von 45 Stationen, bei denen Frauen und ältere Menschen respekteinflößende Hunde zur Begleitung beim Einkauf, beim Spaziergang oder beim Joggen im Park mieten können. Inzwischen sind die Hunde im Rahmen dieses Programms mehr als 18 000mal in Anspruch genommen worden. Und es kam dabei zu keinem einzigen Überfall.

Für all jene, die aus der Geborgenheit ihrer Kokons heraus Artikel zum Schutz derselben und zur eigenen Sicherheit per Katalog bestellen wollen, hält »Safety Zone« eine reiche Auswahl bereit. Etwa Bewegungssensoren, die bei Annäherung »aufwachen« und wie ein wilder Wachhund bellen. Spezielle Nachtsichtgeräte, während des Golfkriegs populär geworden, sind der letzte Schrei der Sicherheitsbranche. Mit dem Gerät »Moonlight NV-100«, welches das Restlicht zehntausendfach verstärkt, können Sie in Ihren dunklen Keller hineinsehen, ohne das Licht einzuschalten, wenn Sie ein verdächtiges Geräusch gehört haben. »Perfectly Safe«, ein anderer Versandhauskatalog, der sich besonders an Eltern wendet, bietet für rund 300 Dollar ein Gerät zur Überwachung des Kinderzimmers an, das Schutz rund um die Uhr verheißt: den »Baby Watch Video Monitor«. Nervöse Eltern können winzige Videokameras in Teddybären einbauen, um den Babysitter zu überwachen. Bisher waren solche Hilfsmittel Polizei und Geheimdiensten vorbehalten, aber jetzt breiten sie sich in einer Grauzone unter Umgehung persönlicher Grundrechte anscheinend epidemisch aus.

Das Telefon, unsere primäre Verbindung zur Außenwelt, gibt uns ebenfalls das Gefühl, sicherer und gut geschützt zu sein. Doch der gute alte Bell konnte ja nicht ahnen, was einem per Telefon heute alles angetan werden kann. Und wenn wir schon bei der Sicherheits-Paranoia sind, schauen Sie sich doch einmal in Telefonläden um, was einem da alles als Sicherheits-»Grundausstattung« fürs Telefon angeboten wird: Zwar sind uns die meisten Geräte einzeln durchaus vertraut, doch zusammengenommen wirken die Möglichkeiten des digitalen Telefonverkehrs durchaus bedrohlich. Etwa die elektronische Anrufer-Identifikation, die die Nummer des gerade Anrufenden auf einer Anzeige verrät. Interessanterweise verfügen 20 Millionen Haushalte in den USA, etwa ein Fünftel der amerikanischen Fernsprechteilnehmer, über Geheimnummern, die nicht im Telefonbuch stehen. Anrufer-Identifikationsgeräte werden heimlich auch in der Wirtschaft benutzt, um Ihre Nummer zu erfassen, wenn Sie anrufen. Diese Nummern werden dann als Datenmaterial für das Telefonmarketing an andere weiterverkauft.

Die Verbrechensrate in den amerikanischen Innenstädten bringt die Menschen schier zur Verzweiflung. Die Überlegungen für Gegenmaßnahmen gehen inzwischen weit über den Vorschlag von Straßenpatrouillen als Nachbarschaftshilfe hinaus. So denkt man laut darüber nach, ganze Sektoren in den sogenannten besseren Nachbarschaften durch Sicherheitskordons kontrollierbar zu machen. Mehr Polizisten in Uniform auf Streifengang, mehr Straßenkehrer im Einsatz. Für eine Privatisierung oder grundlegende Verbesserung der nachlassenden städtischen Dienstleistungen bittet man die Hausbesitzer zur Kasse: für Sicherheit, Kanalisation, Baumpflege, Festbeleuchtung und dergleichen. In den Straßen eines solchen Viertels, New Yorks Upper East Side, patrouillieren heute etwa 350 bis 500 private Sicherheitskräfte.

Laut *New York Times* sank die Zahl der Gewaltverbrechen in Five Oaks, Ohio, um 50 Prozent, nachdem man »zur Abwehr von Straßenprostitution, Drogendealern und Autoverkehr, der oft zur Unterstützung solcher Aktivitäten erforderlich ist«, Metalltore installiert hatte. Diese Barrieren, die den Bewohnern der betreffenden Viertel mehr Sicherheit bieten, sind Teil eines Plans zur »Verbrechensbekämpfung durch Umweltplanung«. Inzwischen leben beinahe vier Millionen Amerikaner in Gemeinden oder Vierteln, die durch Zäune, Mauern und Tore gesichert sind. Und die Mauern werden von Woche zu Woche stärker und höher.

Als Reaktion auf den Druck der Öffentlichkeit gebärden sich die Gesetzgeber als oberste Sicherheitsfanatiker. Nach Beobachtungen von Associated Press traten im Januar 1994 ungewöhnlich viele staatliche Gesetze mit sicherheitsrelevanten Inhalten in Kraft. In Kalifornien wurde Gang-Outfit in Schulklassen verboten, in New York dürfen Videotheken keine Kundenadressen mehr weitergeben. In Illinois wurde Telefonmarketing zwischen 21 Uhr und 8 Uhr verboten (um den Bewohnern des Kokons nicht den Schlaf zu rauben). In New Hampshire, Tennessee und Oregon müssen neuerdings alle Lehrer vor ihrer Einstellung auf eine eventuelle kriminelle Vergangenheit hin überprüft werden.

Wohin wird das alles noch führen? In seinem Roman *Elect Mr. Robinson for a New World* schildert Donald Antrim die USA als ein Land, in dem scheinbar normale, vernünftige Amerikaner Gräben um ihre Häuser ausheben und zu barbarischen Foltermethoden greifen – im Namen ihrer Verantwortung als Bürger des Landes. Wird es mit unserem Trend zum Einigeln noch so weit kommen? Wer weiß? Zwischen eingezäunten Vierteln mit Metalltoren und burgähnlichen Festungen mit Mauern und Gräben ist der Unterschied nicht mehr so groß...

Aber wenn wir uns schon gegen die Außenwelt abschotten, dann soll es wenigstens drinnen so schön wie möglich sein. Womit wir uns täglich umgeben, darauf verwenden wir ungeheuere Sorgfalt. Schon bald werden wir in der Lage sein, uns Picassos »Les Demoiselles« oder ein Fresko von Diego Rivera auf den heimischen Bildschirm zu holen. Meisterwerke der Kunst werden nach Belieben auswechselbar. Bill Gates von Microsoft verfügt bereits über solche Möglichkeiten. Fasziniert lesen wir, daß in seinem 35-Millionen-Dollar-Haus am See auf Riesenbildschirmen die Werke bedeutender Maler zu sehen sind. In der Zentraldatei, die dies ermöglicht, sind unzählige Kunstwerke gespeichert, deren »digitale Rechte« inzwischen bei Microsoft liegen.

Kokon-Atmosphäre am Arbeitsplatz

Ameritech, einer unserer BrainReserve-Klienten, unterhält sein Kundendienst-Hauptquartier in Hoffman Estates, Illinois. Betritt man dieses glänzende Gebäude aus Stahl und Glas, dann empfangen einen manchmal beruhigende gregorianische Gesänge, ein andermal wilde Rap-Rhythmen. Geht man den Klängen nach, gelangt man in eine Zone, die seltsam gemütlich, fast heimelig wirkt, mit einem behaglichen Wohnzimmer, in dem die Schränke überquellen, einem kleinen Eßzimmer, einem Hausarbeits- und einem Stereo-, Video- und Fernsehbereich. Weit und breit kein Neonlicht.

Die Idee hinter diesem von Linda Lanz, der Leiterin der Konsumenten-Forschungsabteilung von Ameritech, geschaffenen »trauten Heim« (auch »Kokon« genannt) ist ganz einfach: Die neuesten Produkte der Kommunikationstechnik und Unterhaltungselektronik sollen in einer Umgebung getestet werden, die der tatsächlichen Umgebung des Konsumenten ähnelt, und nicht im sterilen Labor. Manchmal werden echte Kunden gebeten, diesen Kokon zu besuchen und dort die neueste Technik »vor Ort« auszuprobieren. Die Beschäftigten der Firma können den Kokon nutzen, um sich zu entspannen, zu lesen, im Internet zu surfen, Musik zu hören oder am Großbildschirm fernzusehen. Auch für Sitzungen sind die Räume bestens geeignet, obwohl Ton und Atmosphäre sich ändern, wenn Mitarbeiter es sich auf einem Sofa bequem machen und die Füße hochlegen. Der neueste Clou auf dem Bürosektor.

Ein stärker kosmisch geprägter Einrichtungsstil ist *feng-shui*, die alte chinesische Kunst, die Natur, den Menschen und die vom Menschen geschaffenen Gegenstände in eine harmonische Ordnung zu bringen. In Hongkong, Singapur und zunehmend auch in den USA gilt *feng-shui* nicht mehr als exotisch-esoterische Spinnerei, sondern als ernstzunehmendes Geschäft. Entsprechend geschulte Berater helfen Ihnen bei der Ausrichtung ihres Arbeitsplatzes auf das Energiefeld des Gebäudes, um Konfliktpotentiale so weit wie möglich auszuschalten und das geistige Wachstum zu fördern. Für das körperliche, geistige und materielle Wohlergehen sei es besonders wichtig, sich an der richtigen Stelle im Universum zu befinden. Ein Architekt aus unserem Bekanntenkreis engagierte einen *feng-shui*-Experten, der ihm ein Büro entwerfen und einrichten sollte, das kreatives Denken fördert. Nun befinden sich an strategischen Stellen Spiegel, um den Energiefluß zu steuern. Anhänger des *feng-shui* glauben, daß sich mit der richtigen Relation der in einem Raum befindlichen Möbelstücke zueinander überall eine Atmosphäre von Harmonie und Ordnung schaffen läßt. In einem Punkt berührt sich die asiatische Weisheit sogar mit einem Gebot der Mafia: Setz dich niemals mit dem Rücken zur Tür! Ein Rat übrigens, den wir immer beachten, besonders in überfüllten Restaurants.

Egal, wie und warum man sich um Wohnlichkeit bemüht, eines ist klar: Alles, was mit dem trauten Heim zu tun hat, ist heutzutage Click-verdächtig. So chaotisch und unberechenbar die Verhältnisse der Außenwelt auch sein mögen, unser Heim, unser Kokon, soll gemütlich und gut ausgestattet sein. Für Renovierung geben wir rekordverdächtige Summen aus. Die jährliche Steigerungsrate lag zuletzt bei acht Prozent. Bau- und Heimwerkermärkte wie Home Depot verzeichneten in den USA im dritten Quartal 1994 eine Umsatzsteigerung von 36 Prozent. Manche Leute (wie zum Beispiel Lys) können sich nichts Schöneres vorstellen, als dort stundenlang große Einkaufswagen mit eleganten grünen Fliesen, Gartenleuchten, Spülbecken und preisgünstigen Orchideen zu füllen. Die gesamte Bett- und Bad-Branche erzielte zuletzt 16 Milliarden Dollar Jahresumsatz, eine Steigerung von 2 Milliarden gegenüber dem Vorjahr. Für unsere Schlafzimmer und Bäder ist uns das Luxuriöseste gerade gut genug – von italienischer Leinenbettwäsche über die komfortable Dusche bis zum beheizten Handtuchhalter.

Die Umsätze für Rasenpflege- und Gartenprodukte in den USA lagen 1994 bei über 25 Milliarden Dollar. Gartenarbeit ist für Kokon–Bewohner die perfekte Freizeitbeschäftigung: Die Naturverbundenheit beim Graben und Pflanzen vermittelt einem das Gefühl, gesünder, kreativer und weiser zu sein. Wir geben ein kleines Vermögen aus für reich verzierte Gartenlauben, für Pergolen, an denen Glyzinen emporranken können, für Gartenteich-

Bausätze (natürlich ein Biotop mit Seerosen) und für eine unterirdische Rasenbewässerung, damit das Gras im nächsten Jahr noch grüner wird. Wir wühlen mit den Händen im Schlamm und gehen mit Gummistiefeln und Forke ans Wenden des Komposts. Wir pflanzen Immergrün und bauen mehrstöckige Vogelhäuschen. Die Auflagen der Gartenzeitschriften wachsen schneller als Geißblattranken an einem heißen Sommertag.

Und wer seinen Garten ganz ernst nimmt, der setzt sich sogar ins Flugzeug und jettet nach England zu den alljährlichen Gartenausstellungen, um sich dort Vorträge über bemooste Steine, über Mehltau und besondere viktorianische Rosensorten anzuhören. Im US-Fernsehen gibt es sogar einen Spezialkanal, Home and Garden Television Network (HGTV), der mit seinem Programm, praktischen Anleitungen zur Gartenarbeit, zu Reparaturen am eigenen Haus und zum Basteln, zehn Millionen Zuschauer erreicht.

Vielleicht haben Sie Lust, Ihre alte Singer-Nähmaschine abzustauben und Nadel und Faden hervorzuholen? Denn auch das häusliche Nähen erlebt gerade ein Comeback. In Secondhand-Läden und auf Flohmärkten hat alte Kleidung Hochkonjunktur (nur extravagant und fetzig muß sie sein). Auch alte Knöpfe sind neuerdings teure Sammlerobjekte. Gehen Sie mal zu »Tender Buttons« in New York: die reinste Schatzkammer einzigartiger Oldies. Um neue Modekreationen unters Volk zu bringen, stellen Topdesigner wie Isaac Mizrahi (im Film *Unzipped*) bei ihren Modenschauen, auf denen Haute-Couture-Kollektionen präsentiert werden, auch Schnittmuster her. In Paris drängeln sich auf dem Stoffmarkt (Marché Saint Pierre) einheimische und ausländische Käuferinnen, die nach passenden Stoffen zum Selbernähen suchen. Beim Basteln und in der Handarbeit hat das Cyberspace-Zeitalter schon begonnen: So kann man sich bei CompuServe (Sektion »Go Crafts«) am Dienstagabend in ein Handarbeitskränzchen einschalten.

Einen beträchtlichen Teil unserer wertvollen Zeit daheim verbringen wir mit dem Durchblättern unzähliger Einkaufskataloge, die uns jeden Tag mit der Post ins Haus flattern. 1995 verschickten in den USA mehr als 10000 Versandhäuser etwa 12,8 *Milliarden* Kataloge. Da wird einem ganz schwindelig. Und ein »Sättigungspunkt« ist immer noch nicht in Sicht. Veteranen unter den Kunden fühlen sich nach wie vor genauso motiviert, auf diese Weise einzukaufen, wie zahlreiche Newcomer. Die Umsätze liegen bei 58 Milliarden Dollar jährlich, mit steigender Tendenz.

Weil indes die amerikanischen Briefkästen unter dieser Last schier zusammenbrechen und der Aufwärtstrend nicht ewig anhalten kann, sehen sich die Versandhäuser bereits nach neuen Kunden in anderen Ländern um. Nicht alle liefern zwar nach Übersee (The Linen Service tut es), doch manche Firmen nehmen die Herausforderung gerne an. Gegen höhere Versandspesen natürlich. Traditionsreiche Versandhäuser für Sport- und Freizeitkleidung wie Land's End, L. L. Bean, J. Crew und Eddie Bauer bedienen bereits die japanischen und europäischen Märkte (Umsatzsteigerung in

Japan: jährlich 15 bis 20 Prozent). Seit Kreditkarten auch in diesen Ländern immer alltäglicher werden, kann man sich amerikanische Flanellhemden auch ins Haus kommen lassen, wenn man die Bestellung in europäischen oder japanischen Sesseln aufgegeben hat.

Wie steht es nun mit den Häusern selbst, in denen wir uns verkriechen? Auch hier wird immer mehr Benutzerkomfort Einzug halten. Einige größere Wandlungen zeichnen sich auf diesem Gebiet bereits ab (also aufgepaßt, gute Chancen zum Clicken!). In den Vereinigten Staaten stehen bereits tausend sogenannte Smart-Häuser, Häuser, die (gegen einen Aufpreis von etwa 20 000 Dollar) elektronisch programmiert sind, um uns den Alltag zu erleichtern. So gibt es dort Türen, die sich auf Zuruf öffnen, oder man hat die Möglichkeit, vom Autotelefon aus das Licht ein- und die Alarmanlage auszuschalten, Haushaltsgeräte zu bedienen (Waschmaschine, Trockner, Videorecorder etc.) oder sich ein warmes Bad einzulassen. Schon gibt es Smart-Herde, die per Fernbedienung ein- und ausgeschaltet werden oder selbständig eine große Pute braten – mit Rückmeldung zum Stand der Dinge und automatischem Notruf beim Reparaturdienst, wenn irgend etwas nicht funktioniert. Schon bald werden Smart-Kühl- und Gefrierschränke über den Stand irgendwelcher Vorräte Auskunft geben können. Wie wäre es mit einem Smart-Videobildschirm, der Ihnen im Auto (oder, besser noch, *en miniature* am Handgelenk) anzeigt, wie es Ihrem Baby und dem Babysitter daheim geht?

Smart-Kochtöpfe könnten mit Sensoren versehen werden, die Reinheit und Garzeit der verwendeten Nahrungsmittel kontrollieren. Dann sind Sie nicht mehr auf Vermutungen angewiesen, ob Ihr Schweinebraten oder Hühnerfleisch vollständig durchgebraten ist und ob alle Bakterien beim Kochen abgetötet wurden. Zur Küche werden außerdem Geräte mit Hand-Scanning-Technik gehören, die Ihre Körpertemperatur messen, Ihnen die Einnahme von Medikamenten (oder Vitaminen) nahelegen und jedem Familienmitglied jene Nährstoffe verordnen, die sein Körper gerade am dringendsten braucht. Überall werden Systeme zum Destillieren von Wasser in Betrieb sein, nachdem wir jetzt sogar schon allen Grund haben, Mineralwasser in Flaschen zu mißtrauen.

Bei BrainReserve träumen wir außerdem von Kombinationsgeräten in der Küche. Wäre es nicht schön, wenn der Kühlschrank einen eingebauten Videobildschirm und ein eingebautes CD-ROM-Laufwerk für Rezepte hätte? Wäre es nicht sinnvoll, wenn in der Kühlschranktür nicht nur Platz für Eiswürfelbehälter wäre, sondern auch für Behälter zum Aufbewahren von Resten? In Teresa Riordans Patent-Kolumne in der *New York Times* war kürzlich zu lesen, Ellis D. Gordon habe »ein computergesteuertes Gerät entwickelt, das Zutaten mixen und sie entweder einfrieren oder kochen kann, so daß eine breite Palette von Gerichten verfügbar ist – von Schokoladen-

Mousse bis zum gebratenen Hähnchen«. Man ergänze dieses Gerät noch um ein CD-ROM-Laufwerk für Rezepte, und das Ganze wird garantiert ein Renner, eine Art Techno-Küchenchef. Sie möchten die Maschine gleich bestellen? Das geht nicht. Vorerst ist das Ganze nur eine Idee. Es existiert noch nicht einmal ein Prototyp.

Etwa 38 Prozent der amerikanischen Haushalte besitzen bereits einen PC, und täglich werden es mehr. Fast von Sekunde zu Sekunde werden diese Computer kleiner und schneller. Auch die Preise sinken immer weiter, so daß sich auch immer mehr Leute einen PC leisten können. Noch 1993 allerdings fanden sich in den USA 62 Prozent der Computerbesitzer in den mittleren und gehobenen Einkommensgruppen (über 75 000 Dollar Jahreseinkommen).

Während die PCs immer kleiner werden, gilt bei Fernsehgeräten genau das Gegenteil. Die Bildschirme werden immer größer. Beides zusammen vergrößert indessen den Komfort beim elektronischen Einkauf vom Sessel aus. Im Augenblick sind wir noch dabei, verschiedene Bestellsysteme zu vergleichen: Online oder CD-ROM, Blättern in Katalogen oder Anclicken von Bestellungen. Bei BrainReserve brauchen wir seit jeher viele Bücher. Früher mußten wir deshalb ständig in den nächsten Buchladen laufen. Heute schalten wir uns über Pipeline in das Programm Bookstacks ein, geben den gewünschten Titel ein, erhalten anschließend via Bildschirm alle erforderlichen Informationen und bestellen schließlich per Kreditkarte alle Bücher, die uns dann zugeschickt werden. So einfach ist das. Keine Wege. Kein Warten. Keine Telefonitis. Wir bestellen auch bei Infomercials, im Home Shopping Network und bei QVC. Das ist bei vergleichbarer Auswahl bequemer als der Gang ins Einkaufszentrum. 1994 gingen bei QVC 55 Millionen Bestellanrufe ein, und die Umsätze betrugen allein in den USA mehr als 1,2 Milliarden Dollar. Allerdings munkelt man immer wieder von künstlich überhöhten Preisen. Ob der Aufschwung also ungebrochen weitergeht? Halten Sie sich auf dem laufenden. Bald wird sicher schon alles und jedes per Bildschirm interaktiv abzuwickeln sein.

Die nächste Generation von Fernsehgeräten wird sicher jene aus Science-Fiction-Filmen bekannte Version sein, bei der man an allen vier Wänden von Bildschirmen umringt ist. Totale Reizüberflutung. Dann könnte man auf allen Schirmen das gleiche Programm sehen oder aber vier verschiedene. (Inzwischen kann man zwar unter Tausenden von Kanälen wählen, doch trotzdem ist es schwer, überhaupt vier Programme zu finden, die einen interessieren.) Auch die Systeme zum Hören von Musik werden immer raumgreifender und größer. In Zukunft werden Sie, wenn Sie eine Cassette oder eine CD einlegen, die Ausführenden nicht nur hören, sondern auch auf einem Bildschirm sehen können.

Fazit: Gleich, ob wir uns aus Angst oder auf der Flucht vor Streß in die eigenen vier Wände zurückziehen, ob wir als Schildkröten oder als Stubenhocker im Kokon leben, der Trend dahin ist ungebrochen. Denn zu Hause sind wir da, wo unser Herz schlägt. Und dort kann es auch am ehesten clicken.

6. Kapitel

2. Trend – Clanning

»Ich fände es toll, wenn sich alle Menschen ähneln würden.«

ANDY WARHOL

Wann immer uns jemand in den BrainReserve-Büros besucht, entgeht ihm oder ihr nicht, daß wir Anstecknadeln am Revers tragen. Darauf ist ein Planet zu sehen, mit glitzernden kleinen Sternchen und saturnähnlichen Ringen. Manche von uns tragen die ursprüngliche blaue Nadel, andere die Sticker der letzten Jahre, in rot, grün oder neuerdings weiß ... und manche tragen sogar sämtliche Sticker auf einmal. Oft fragen die Gäste dann, wo sie solche Anstecker kaufen können, doch unsere Antwort lautet: »Das geht leider nicht. Die Sticker sind für jene reserviert, die zur BrainReserve-Konstellation gehören (unser Team, Kunden, Freunde).«

Alljährlich zu Neujahr verteilen wir unsere Sticker in einer anderen Farbe. Und wenn wir sie tragen, drücken wir damit unser Wir-Gefühl, unseren Gruppenstolz aus. Und sie stehen für den Trend, um den es jetzt geht: Clanning.

Wir schließen uns mit jenen zusammen, die unsere Interessen teilen. Unsere Ideen. Unsere Ziele. Unsere Hingabe. Sehen Sie in diesem Trend einfach die Kehrseite von Egonomics, der ichbezogenen Wirtschaft. Anstatt vorrangig zu beharren: »Ich bin ein Individuum«, sagen wir als Clan-Mitglieder: »Ich bin Teil einer Gruppe und stolz darauf. Ich gehöre dazu.« Wenn man bedenkt, wie nachhaltig der Trend zum Leben im Kokon Amerika verändert hat – und noch verändert –, ist das eigentlich nicht überraschend. Bei allem Kuscheln in der Sicherheit unseres Heims haben wir doch auch das Bedürfnis nach Außenkontakten. Wir wollen uns mit Menschen zusammentun, die uns ähnlich sind. Man kann den Trend zur Gruppenbildung auch so sehen: Er ist eine Gegenbewegung zur Hektik und Aufsplitterung unseres Lebens. Wir muten uns ständig zu viel zu. Doch je fragmentierter unsere Identität wird, je zersplitterter sich unsere Tage gestalten, desto größer wird unser Bedürfnis, zu uns selbst zu kommen. Etwas für uns zu tun.

Uns als Teil eines »Wir« von den anderen abzugrenzen. Uns mit Gleichgesinnten zusammenzufinden. Mit Freunden, die ähnliche Ansichten und Bedürfnisse haben.

Die Gruppenbildung hat Konjunktur in Amerika. Überall. Der »Schmelztiegel«, in dem aus verschiedenen Einwanderergruppen und Identitäten eine nationale Einheit entstehen sollten, existiert nicht mehr (wenn er je wirklich existiert hat). Auf nationaler wie auf lokaler Ebene sind ähnliche Entwicklungen zu beobachten. Gruppenbildung im großen wie im kleinen. Selbst das allmächtige Gütesiegel der Hausfrauenzeitschrift *Good Housekeeping* gilt nicht mehr konkurrenzlos. Die spanischsprachigen Amerikaner, Chicanos oder Latinos genannt, haben jetzt ihr eigenes Siegel: »Calidad Confiable«. Damit werden Qualitätsprodukte ausgezeichnet, zugleich aber auch die Bereitschaft der Hersteller, Hilfsprogramme für spanischsprachige Jugendliche und Familien finanziell zu unterstützen.

Für Freizeitaktivitäten findet man ohne Schwierigkeiten Gleichgesinnte. Überall im ganzen Land steigen die Mitgliederzahlen privater Clubs stark an. Princeton oder Harvard Clubs, Golf- und Tennisclubs, Country Clubs. Wartelisten und exorbitante Aufnahmebeiträge sind keine Seltenheit. Und wenn es sich um einen sehr exklusiven Club handelt, wird sogar ein professioneller Berater hinzugezogen, bevor man aufgenommen wird. Wenn man zu einer solchen Bastion von Gleichgesinnten gehört, fühlt man sich gut aufgehoben und sicher – ganz gleich, ob sich das einigende Interesse nun auf Golf, Tennis, Squash, eine gemeinsame Universitätszeit oder einfach nur darauf erstreckt, daß man unter sich bleiben und den Rest der Welt ausschließen möchte.

In modifizierter Form vermitteln neuerdings auch wieder einige große Buchhandlungen der USA dieses Clubgefühl. Mit ihren gemütlichen Sitzecken, Holzregalen in warmen Farbtönen, mit Teppichböden und Dichterlesungen, mit Kaffee und Keksen gleichen solche Buchläden eher Gemeindezentren. In einem Interview erläuterte Robert F. DiRomualdo, Präsident und Geschäftsführer der Buchkette Borders-Walden, seine Geschäftsphilosophie, sein Engagement für »fortwährende Verbesserung«: »Ob es sich nun um die Schule handelt oder um eine Buchhandelskette, wichtig ist vor allem, daß ein Interesse am Lernen um des Lernens willen geweckt wird. Wir alle müssen gemeinsam einen Wissensfundus entwickeln und die Fähigkeit, unser Wissen in der Praxis zu nutzen. Ich habe zum Beispiel meine Töchter ermutigt, sich näher damit zu beschäftigen, wie ein Auto funktioniert, und das Gelernte dann weiterzugeben. Das ist das Beste, was ich tun kann.«

Die behagliche Club-Atmosphäre in solchen Buchläden vermittelt die Ruhe und Sicherheit, die einen ermutigt, andere anzusprechen und mit ihnen über Gott und die Welt zu diskutieren. Denn hier kann man fast immer sicher sein, auf Gleichgesinnte zu treffen, Leute, die halbwegs gebildet sind und Freude am Schmökern haben, die vielleicht sogar dieselben Bücher kennen wie man selbst.

Unser Wunsch? Andere Branchen sollten sich daran ein Beispiel nehmen. Wir würden in der Filiale einer Drogeriekette bestimmt mehr Zeit verbringen (und mehr Geld ausgeben), wenn wir dort in einer Sitzecke die neuesten Gesundheitszeitschriften vorfänden oder wenn dort Frage-und-Antwort-Stunden mit Ärzten stattfänden. Wartenden an der Kasse könnten auf einem Bildschirm Gesundheitstips gegeben werden.

Auch ein Einzelinteresse kann Gruppen verbinden. Selbst einsame Schriftsteller verlassen gelegentlich ihren Elfenbeinturm und gehen zu Gruppentreffen mit Kollegen, sei es in Schriftstellerkolonien wie dem legendären Yadoo im Staat New York, sei es in privaten Zirkeln. Wenn sich Gleichgesinnte mit einem Spezialinteresse zusammenfinden, haben sie immer sofort ein Gesprächsthema oder etwas, was sie gemeinsam tun können, die Tauchergruppe der Zahnärzte ebenso wie die »Maulwürfe«, eine Gruppe ehemaliger Tunnelbauer. In Baltimore treffen sich Patienten, die sich im Klinikum der Johns Hopkins University einer Knochenmarktransplantation unterziehen mußten, regelmäßig zum Stammtisch. Dankbar erinnern sie sich der Ärzte, die ihr Leben retteten, aber genausogern schwelgen sie in Klinik-Anekdoten und Leidensgeschichten. In Hollywood treffen sich die Ex-Frauen berühmter Stars zum Erfahrungsaustausch, und es gibt in den USA sogar einen Club, dessen Mitglieder nichts anderes verbindet als der Austausch aller möglichen Verschwörungstheorien.

Der Trend zum Clanning reicht vom Sublimen bis zum Lächerlichen ... und zum Beängstigenden. Die Studentenverbindungen an den Universitäten, die sich in Amerika mit griechischen Buchstaben schmücken, haben die Einbrüche bei den Mitgliederzahlen überwunden und verzeichnen wieder regen Zulauf. Rockbands wie die Grateful Dead mit ihrem selbstzerstörerischen Bandleader Jerry Garcia, der kürzlich zu Tode kam, haben fanatische Fanclubs im ganzen Land – und darüber hinaus in der ganzen Welt. Manche Fans reisen ihren Lieblingsbands monatelang nach, von Konzert zu Konzert. Wer 1994 trotz morastigen Bodens das zweite Woodstock-Festival erreichte, wird in Zukunft als Mitglied eines Clans, einer eigenen Subkultur, gelten. Und auch die Radiosender überall im Lande, bei denen man anrufen kann, sind Kristallisationspunkte für Fangruppen. Hier bilden die Einsamen und Geschwätzigen gleichsam eine neue verbale Nachbarschaft.

Weniger erfreulich ist allerdings, daß auch gesetzlose Banden und Clans, die äußerst fragwürdigen Kulten huldigen, verstärkten Zulauf verzeichnen. Gefährliche Jugendgangs gibt es nicht nur in den Innenstädten, sondern auch in den besseren Vororten fast aller amerikanischen Großstädte. Vandalismus und Gewalttätigkeit sind hier an der Tagesordnung. Noch schlimmer gar sind Gruppen, die Haß predigen: weiße Rassisten und Skinheads, die gegen Schwarze und Ausländer in den »heiligen« Krieg ziehen und die sich ungehemmt auch der neuesten Kommunikationsmöglichkeiten im Internet und beim Kabelfernsehen bedienen, um ihre giftigen Tiraden zu verbreiten. All dies ist die destruktive Seite des Clanning, des Hangs zur Gruppenbildung.

Gruppen, Vereine, Clubs und Gangs können sich auf ihr Gemeinschaftsleben konzentrieren, sie können aber auch politische, wirtschaftliche, soziale, geistige und virtuelle Ziele haben. Die Mitgliederzahl kann sich zwischen 20 und 20000 bewegen. Manche Clans sind strikt hierarchisch organisiert, haben einen unumstrittenen Anführer und eine Schar von Gefolgsleuten. Andere wiederum sind Vorbilder in puncto Gleichberechtigung. Noch zahlreicher sind die losen Gruppierungen, die sich ständig wandeln und deren Regeln nie von langer Dauer sind. Wichtig am Clanning-Trend ist, daß wir die Macht der Gruppen mit Spezialinteressen richtig einschätzen. Daß wir die der Gruppenbildung zugrundeliegenden Motive erkennen. Nur dann können wir uns ein zutreffendes Bild machen und entscheiden, ob wir selber Mitglied einer solchen Gruppe werden möchten. Und ob wir unsere geschäftliche Zukunft vielleicht sogar auf einzelne Clans ausrichten wollen.

Feierabendclans: Stammtische und Salons

»Aber was passiert, wenn sich alle in ihren eigenen Kokon zurückziehen?« Diese Frage geht uns nicht aus dem Sinn. »Wenn wir alle zu Hause bleiben, zu Hause spielen und jetzt auch noch zu Hause arbeiten, isolieren wir uns dann nicht zu sehr? Werden wir dann nicht alle zu kleinen Inseln?« Darüber nachzudenken lohnt immer. Zumal wir ja wissen, daß die Amerikaner diese Kombination aus Rückzug, Bequemlichkeitssucht und Heimarbeit in naher Zukunft nicht aufgeben werden. Doch wenn man sich in seinem Kokon völlig abkapselt, kann das Leben schon recht einsam werden. Leicht fällt einem da die Decke auf den Kopf. Und für solche Fälle brauchen wir ein Schlupfloch, eine tragfähige Verbindung zur Außenwelt. Damit wir nicht immer nur dieselben vier Wände sehen.

Clanning nach Feierabend ist die perfekte Antwort. An einem vertrauten Ort, wo man sich kennt und zwanglos miteinander reden kann. Ein Stammtisch oder eine Eckkneipe oder etwas Ähnliches. Vielleicht auch ein Sportverein. Komplizierter oder anspruchsvoller braucht es gar nicht zu sein. Genauso freundlich und sicher wie zu Hause.

Manche Cafés und Kneipen bieten ihren Stammgästen einen besonderen Service. Zum Beispiel eine informelle Jobvermittlung, damit sich die Bohemiens über Wasser halten können. In Beverly Hills hat sich im Nachtclub »Havana« ein Zigarrenraucherclub häuslich niedergelassen, um dem blauen Dunst zu frönen, ohne gegen Gebote der *political correctness* zu verstoßen. Amerikanische Juden, die als Singles zu Weihnachten sonst nicht recht wüßten, was sie tun sollen, treffen sich heutzutage landesweit zu lockeren großen Tanzparties (»Matzoh Balls«). Angefangen hat es in Boston, doch mittlerweile trifft man sich auch in Washington, San Francisco und anderswo. In Florida, in Boca Raton, feierten letztes Jahr etwa 1500 Gleichgesinnte »Weihnachten« auf ihre Art.

Ansonsten finden sich bei diesem Trend auch Moden der fünfziger Jahre wieder. So sind bei Jüngeren gemeinsame Näh- und Handarbeitsabende, Bridge-Runden und ausgedehnte Pokernächte wieder »in«. Hier ist eine Generation junger, nostalgischer Enthusiasten herangewachsen. So bekennt eine Designerin aus Indiana, Mitte zwanzig, die sich einem Handarbeitskränzchen angeschlossen hat: »Das ist kreativ und beruhigend – und außerdem ein prima Vorwand, um sich mit ein paar Freundinnen zu treffen und so richtig schön zu tratschen.«

Zu Pokerrunden treffen sich landesweit immer mehr Männer, vom College-Professor bis zum Tellerwäscher. Um ihren Mann aus der Kneipe wieder nach Hause zu bekommen, ließ sich unsere Freundin Ayse Kenmore aus San Bruno in Kalifornien etwas Besonderes einfallen. Da Bobs Pokerrunde bei »Artischocken-Joe« tagte, wurde bei den Kenmores kurzerhand ein Privatclub eingerichtet: »Broccoli-Bob's«. Die Gründe erklärt Ayse so: »Wenn du mit jemandem einen Abend lang Poker gespielt hast, kennst du ihn viel besser als nach zahllosen Cocktail-Empfängen und Essenseinladungen.« Bobs Poker-Runde besteht aus acht bis zwölf Freunden, die sich wöchentlich treffen und – zum Zeichen ihrer Clanzugehörigkeit – ein eigens entworfenes »Broccoli Bob«-T-Shirt tragen.

Auch das gemeinsame Interesse an vergangenen Zeiten kann eine Gruppe verbinden (Mittelalterfeste im Stil des 11. Jahrhunderts oder ähnliches). Ehemalige Disco-Fans haben die sanfteren Freuden des Lesezirkels, eines Kochkurses oder gemeinsamer Filmkunstabende entdeckt. Ehedem laute Nachtclubs mauserten sich zu gemütlichen Plätzen, wo man gepflegt beisammensitzen und miteinander reden kann.

Kommunenleben – die Wahlfamilie

Stellen Sie sich vor, Sie träfen, wenn Sie den Fuß vor die Tür Ihres engen, kleinen Kokons setzten, nur auf handverlesene Nachbarn oder Wohngenossen: Leute, die sich aus Sympathie zum gemeinsamen Leben in einer Kommune oder Wohngemeinschaft entschlossen haben. Das wäre das Nonplusultra der Gruppenbildung: die Wahlfamilie. Ob Ihnen dieses Konzept behagt, oder ob Ihnen schon der bloße Gedanke daran Schauer über den Rücken jagt, steht auf einem anderen Blatt. Jedenfalls wird so die Gesamtgesellschaft aufgespalten. Es entstehen neue Großfamilien. Clans. Und solche Gemeinschaften sind auf dem Vormarsch. Wahlfamilien. Wir nennen diesen Aspekt Kommunenbildung.

In einer Kommune oder WG muß man einen Teil seiner Privatsphäre aufgeben, wird dafür jedoch, wenn alles gutgeht, von einem Gemeinschaftsgefühl getragen. Wer schon einmal – wie Lys bei den Beduinen in Jordanien – in einer echten Großfamilie gelebt hat, in der jede Generation für die andere da ist, kann den modernen westlichen Lebensstil mit den vielen einsamen, isoliert in ihren Wohnungen oder Häusern lebenden Menschen eigentlich nur noch als gesellschaftlich rückständig empfinden.

In den sechziger Jahren hatten Kommunen ihre große Zeit, die aus Protest gegen die Lebensformen der Elterngeneration entstanden. Diese Zeiten sind vorbei. Doch die positiven Seiten des Kommunenlebens, Gemeinschafts- und Verantwortungsgefühl, Arbeitsteilung und gemeinsame Nutzung der Ressourcen, haben nach wie vor ihren Wert. Haus- und Siedlungsgemeinschaften, eine neue Form des Kommunenlebens, die vor etwa zwei Jahrzehnten in Dänemark, Schweden und den Niederlanden entwickelt wurde (also in Ländern, in denen pragmatische Vernunft das Zusammenleben bestimmt), werden inzwischen anderswo nachgeahmt. Überall in den Vereinigten Staaten schießen solche neuen Gemeinschaftssiedlungen aus dem Boden, meist mit ungefähr dreißig Wohneinheiten. Eine Mischung aus jungen Familien mit berufstätigen und alleinstehenden älteren Menschen lebt in getrennten Wohnungen oder Häusern, so daß jeder sein eigenes Reich hat, während man sich Gemeinschaftseinrichtungen wie Spielplätze, Gärten, Waschmaschinen, oft auch einen Speisesaal und einen Gemeinschaftsraum teilt. Im Grunde ist das eher eine Rückkehr zu dörflichen Lebensformen, wo man alle Nachbarn kannte und sich gegenseitig aushalf. Babysitter sind nun kein Problem mehr. Wenn man mit Grippe im Bett liegt, bringen andere die Kinder zur Schule. Alle teilen sich einen Rasenmäher. Hauptsächlich um solche Dinge geht es bei den neuen Formen des Clanning in der Kommune.

Unterschiedliche Motive verbinden solche Hausgemeinschaften. Manchmal handelt es sich um Gleichgesinnte, die vor allem den Reiz ursprünglichen Dorflebens neu empfinden möchten. Meistens sind solche »Siedler« ökologisch angehaucht, statt jedoch gleich die ganze Welt verändern zu wollen, geht es ihnen vor allem um ihre eigene Lebenswelt. Ein andermal ist es das demographische Schicksal, sind es »besondere Lebensumstände«, welche die Bewohner zusammenführen. Entweder ist der Partner gestorben, die Kinder sind aus dem Haus, oder man ist aus anderen Gründen allein zurückgeblieben. Wie dem auch sei, das Kommunenleben bietet die Chance, neue Gemeinschaften aufzubauen. Oder alte intensiver zu pflegen. In Nordkalifornien gibt es zum Beispiel ein kleines Dorf, in dem eine Gruppe langjähriger Freunde (vier Ehepaare und drei Frauen, alle zwischen fünfzig und Mitte sechzig) zusammenlebt – davon überzeugt, daß sie länger und aktiver leben werden, wenn sie als Clan nur gut zusammenhalten. Dort wird gemeinsam geangelt und Wein hergestellt. Die Computer werden gemeinsam genutzt. Und mit großem Eifer werden erfolgreich neue Projekte und kleine Werkstätten im Haus betrieben. Etwa eine Kombination aus kleiner Buchhandlung und Bäckerei. Und alle Bewohner sind glücklich dabei.

Das Bombenattentat von Oklahoma City hat ein grelles Schlaglicht auf die zahlreichen gegen die Regierung gerichteten, paramilitärischen Gruppierungen und Sekten geworfen, die sich in den dünnbesiedelten Gegenden des Landes breitgemacht haben. Solche überwiegend rechtsradikalen Apokalyptiker leben in sogenannten »Covenant Communities«.*

Wie ihre puritanischen Vorfahren wehren sie sich eifernd gegen die staatliche Ordnung, vor allem gegen die Steuerpflicht, und wollen in ihrem eigenwilligen Lebensstil in Ruhe gelassen werden. Von der Regierung wollen sie ignoriert werden. Wer in dünnbesiedelten, kargen Gegenden Idahos oder Iowas lebt, kann sich dem Finanzamt relativ leicht entziehen. Doch inzwischen lassen sich solche Clans auch schon im dichter besiedelten Staat New York oder in Pennsylvania nieder.

In einem Artikel, der im Oktober 1995 in der New Yorker Wochenzeitung *The Observer* erschien, ist vom neuen Konzept eines in Maßen »souveränen Bürgers« die Rede. Eine gewisse Sharon Biggs bietet einen »dreiteiligen, vierzig Wochen dauernden Kurs« darüber an, »wie man sich dem System erfolgreich entziehen kann«. Dieser Weg zur »Souveränität« beginnt damit, daß man auf Sozialversicherungsausweis, Führerschein, Heiratsurkunde und Eintragung ins Wählerverzeichnis pfeift. Auch Versicherungspolicen, Kreditkarten und Bankkonten passen natürlich nicht zu einem selbsternannten Souverän.

Indes, würden mehr Gruppen die heimlichen Waffenarsenale aufgeben und dafür lieber offen und auf dem Papier protestieren, dann unterschieden sie sich von den Gründervätern der USA im 18. Jahrhundert nicht mehr so stark. Auch damals wurde heftig über das richtige Verhältnis von staatlicher Autorität und individueller Freiheit gestritten, über »unveräußerliche« Rechte, Steuerstreiks und gerechtfertigten Widerstand gegen das »System«. Heute müssen wir uns wohl darauf einstellen, daß immer mehr Leute ein Frontier-Erlebnis ersehnen, einen völligen Neubeginn außerhalb der etablierten Gesellschaft. In völliger Autarkie. Als Pioniere. In einer Wagenburg zum eigenen Schutz und dem der unmittelbaren Nachbarn. Wer wäre davon wohl in seinen Tagträumen noch niemals fasziniert gewesen?

Im weiteren Sinne praktizieren alle Kommune-Anhänger eine Art sozialer Sezession – ähnlich wie die Pilgerväter, die 1620 nach Massachusetts kamen,

---

* »Covenant« ist der Bund zwischen Gott und dem Volk Israel im Alten Testament, auf den sich die amerikanischen Puritaner des 17. Jahrhunderts beriefen, die sich als zweites Volk Israel sahen, als Gottes auserwähltes Volk in der Neuen Welt.

um sich ein besseres Leben aufzubauen und der Unterdrückung in Europa zu entkommen. Repräsentativ ist die folgende Aussage einer Kommunebewohnerin: »Unser bisheriger Lebensstil funktioniert einfach nicht mehr. In der heutigen Kleinfamilie und weit verstreuten Verwandtschaft haben unsere Kinder keine Chance mehr, die Freuden einer echten Großfamilie und eines Systems kennenzulernen, das auf gegenseitiger Unterstützung basiert. Die Großeltern der Kinder besuchen wir nur noch selten, und die meisten älteren Leute werden wie Aussätzige behandelt. Der Gedanke, beim Nachbarn eine Leiter zu borgen oder auch nur etwas Zucker, ist uns schon fast fremd geworden. Doch wir sehnen uns nach tiefen, sinnvollen Bindungen. Und deshalb heißt unsere Lösung: Hausgemeinschaften.«

Wir von BrainReserve glauben, daß dieses Konzept im nächsten Jahrzehnt oder gar Jahrhundert relevant sein wird. An die Stelle von Immobilienmaklern könnten dann, wenigstens teilweise, Berater für die Bildung von Hausgemeinschaften treten, eine besondere Art von Sozialarbeitern. Diese Berater führten dann passende Nachbarn oder Hausgenossen zusammen. Es gäbe entsprechende Vermittlungen im Internet oder spezielle Telefonnummern, unter denen man Vakanzen in einer kommunalen Nachbarschaft bekanntgeben könnte. Auch eine Bewerberliste wäre dort abrufbereit. Die durch neue Nachbarschaftsformen geschaffenen Clans werden langfristig auch das politische Klima verändern. Auf jeden Fall wird dieser Trend eine bedeutsame Rolle spielen. Darauf können Sie sich verlassen.

Genesungsclans – Therapie in Selbsthilfegruppen

Wie viele Leute kennen Sie, die Mitglied einer Selbsthilfegruppe etwa nach dem 12-Schritte-Programm sind? Vielleicht gehören Sie ja sogar selbst dazu. Nach Schätzungen des National Institute of Mental Health existieren in den USA über 500 000 verschiedene Arten von Selbsthilfegruppen. Sie brauchen nur in die Zeitung oder ins Telefonbuch zu schauen oder bei der Gemeinde anzurufen: von den Anonymen Alkoholikern über Selbsthilfegruppen für Entführungsopfer, für Leute mit Flugangst oder für Prothesenträger bis hin zur Gemeinschaft der Asthmakranken gibt es eine lange, bunte Liste solcher Gruppen. Man kann ohne Übertreibung sagen: Für fast jedes Problem findet man eine Gruppe. Ob Sie zuviel essen, an ihren Nägeln kauen, unter Spielsucht oder Sexbesessenheit leiden, mit Sicherheit leben irgendwo andere Menschen, die dasselbe Problem haben und mit denen man darüber reden kann. Manchmal sind die Motivationen für den Besuch von Selbsthilfegruppen auch eher vorübergehender Natur: Krankheit oder ein Todesfall. (Dort kann man, wenn alles gut geht, sogar seinen nächsten Lebenspartner finden. So erging es einer Freundin von uns.)

Selbst auf der High School wird die Heilung in Gruppen schon angeboten, natürlich nach dem Alter differenziert. Während der Unterrichtszeit kann man beispielsweise in Austin, Texas, an Treffen der AA (Anonymen Alkoholiker), NA (Narcotics Anonymous), CA (Cocaine Anonymous) oder von Inzestopfern teilnehmen. Neuerdings gibt es an der Austin High School sogar Gruppen für Mädchen, die von ihren Freunden verprügelt wurden, ja sogar eine Gruppe für die Schläger selbst.

In der besten aller möglichen Welten findet man in solchen 12-Schritte-Selbsthilfegruppen die ersehnte Gemeinschaft mit anderen. Das hilft, die eigenen Probleme in den Griff zu bekommen. Hier läßt man die anderen an seinen Kämpfen und Freuden teilnehmen. Hier spricht man sich aus, aber man hört auch zu. Hier setzt man auf die heilende Kraft des Dialogs. Und abwechselnd steht jeder mal im Mittelpunkt. Zur guten Atmosphäre tragen auch Kekse und Milch bei, und an Geburtstagen oder bei besonderen Anlässen wird Kuchen spendiert. Alkohol ist allerdings verpönt. Für Millionen Amerikaner ist ein solcher Clan so etwas wie ein heiliger Ort – eine »Familie«, die sich liebevoller und teilnehmender verhält als jene, in die man hineingeboren wurde.

Für viele sind Selbsthilfegruppen inzwischen aber schon weit mehr als eine Ersatzfamilie. Sicher kennen auch Sie Leute, die lieber bei der Arbeit fehlen, als auch nur ein einziges Gruppentreffen zu versäumen. Leute, die regelrecht »süchtig« sind nach Treffen, wenn möglich, sogar zwei pro Tag. Die als Aktivisten alles tun, was die Gruppe verlangt, Anstecknadeln mit entsprechenden Slogans tragen und die entsprechenden Meditationsbücher lesen. Die häufig in entsprechende Rehabilitationszentren fahren. Und die sich prinzipiell mit niemandem anfreunden oder auch nur Kontakt pflegen, die oder der nicht »dazugehört«. Gelegentlich kann die Gruppenregel der Verschwiegenheit dann auch schon mal in Vergessenheit geraten, besonders wenn es um Prominententratsch geht.

Manche Gruppenmitglieder haben sogar noch einen »13. Schritt« im Auge, wenn sie sich Gruppen wie den Anonymen Alkoholikern anschließen: Sie suchen Freunde, Lebenspartner, Affären oder die große Liebe. Und dieser zusätzliche Aspekt des Gruppenlebens beschränkt sich nicht auf den Heimatort. Wenn Sie auf Reisen sind, können Sie sich im voraus genau über alle Gruppentreffen am Zielort informieren und dann in der fremden Stadt sofort Kontakt mit Gleichgesinnten aufnehmen. Eine unserer Bekannten aus New York pflegt, wenn sie in Kalifornien ist, vom Flughafen Los Angeles aus mittels eines Anrufs bei der AA-Frauengruppe in Malibu sozusagen allen Freundinnen an der Westküste kundzutun: »Ich bin mal wieder im Lande!« Dann nimmt sie im Hotel die eingehenden Einladungen entgegen. Das ist allemal effizienter, als alle einzeln anzurufen.

Dafür, daß sehr viele Selbsthilfegruppen das »Anonym« im Namen tragen, ist ihr Gruppenjargon erstaunlich weit verbreitet. Er hat Eingang in die amerikanische Alltagssprache gefunden. Autoaufkleber mit den Slogans »Ein

Tag nach dem anderen« oder »Schritt für Schritt« sind keine Seltenheit, und Sinead O'Connor rezitiert am Anfang eines ihrer Songs sogar das Gebet um Gelassenheit: »Gott, gib mir Geduld, zu verändern, was ich verändern kann, und Gelassenheit, hinzunehmen, was ich nicht ändern kann.« Eine kleine Elektrowerkstatt hat sich den Namen »The Higher Power« gegeben (ein Wortspiel: Die höhere Macht/der stärkere Strom). Wie oft schon haben Sie jemanden ausrufen hören: »Oh, sie (oder er) ist ja so dysfunktional!« (Gemeint ist: Sie/er leidet unter der Herkunft aus oder dem Zusammenleben mit einer kaputten Familie.) Könnte es sein, daß wir unsere Selbsthilfegruppen ein wenig zu ernst nehmen?

Virtuelle Clanbildung – Die Suche nach Gleichgesinnten im Cyberspace

Als ein vierzigjähriger Computer-Hacker gestorben war, hielten seine Freunde online die Totenwache. Sie hatten diesen Mann niemals persönlich kennengelernt, und doch trauerte die Cyberspace-Familie wochenlang öffentlich um ihn. Per Computer. Als virtueller Clan. Mit diesen Leuten hatte er täglich von Santa Fe in New Mexico aus per Computer und Modem kommuniziert. Deshalb war die elektronische Totenwache ein passendes Symbol für Clanning im Informationszeitalter.

Ist Ihnen schon aufgefallen, daß Manager neuerdings auf ihren Visitenkarten nicht nur eine Telefon- und Fax-Nummer angeben, sondern auch eine E-mail- oder Internet-Adresse? Fahren Sie selbst auch schon auf der Datenautobahn zur Arbeit? Oder buchen Sie Ihre Flugtickets vom PC aus? Unterhalten Sie sich vom Laptop aus elektronisch mit Ihren Bekannten in einer virtuellen Kneipe? Schätzungsweise mehr als 20 Millionen Menschen bewegen sich heutzutage schon im Cyberspace. Und eigentlich kann es gar nicht mehr lange dauern, bis man im Rahmen einer Volkszählung auch die Online-Benutzer erfaßt.

Die unscheinbaren Datenleitungen mit ihrem pulsierenden Informationsschwall revolutionieren die Art und Weise, wie wir miteinander kommunizieren. Schon gibt es stolze Väter, die die obligatorischen Fotos ihres Erstgeborenen per Scanner in den PC einspeisen und dann per Modem und Telefonleitung wenige Stunden nach der Geburt allen Verwandten im ganzen Land »zuschicken«. Oder Großväter, die mit ihren Enkeln online kommunizieren. Jim Firestone von Ameritech (jetzt IBM) hat folgende Zukunftsvision: »Die Preise für Kommunikationstechnik sinken derart rapide, daß wir meiner Meinung nach an der Schwelle einer echten Revolution unserer privaten Kommunikation stehen. Heute spricht man mit seinen engeren Verwandten nur gelegentlich, mit allen zusammen als Gruppe sogar nur sehr selten, außer bei besonderen Familientreffen. In nicht allzu ferner Zukunft jedoch werden unsere Küchen über ›Kommunikationsfenster‹ verfügen, einen Fernsehmonitor, auf dem die meiste Zeit nur irgendein schönes Bild zu sehen ist. Am Sonntagmorgen aber, sagen wir zwischen acht und zehn, ist er eingeschaltet. So wie der Monitor in der Küche meiner Mutter, meiner Schwester, meines Bruders und so weiter. Man schaut in den Monitor und sagt sich Guten Morgen. In einem realen Gespräch. So, als ob man sich aus dem Fenster lehnte oder wie früher mit Nachbarn über den Gartenzaun hinweg ein Schwätzchen hielte. Und dasselbe ist mit jeder anderen Gruppe von Gleichgesinnten möglich.«

Heute muß man sich zwar noch mit einigen PC-Tricks behelfen, doch auch so verschicken Verbindungsbrüder ihre Partyeinladungen schon über Campus-E-mail, beantworten Radio-Talkmaster Höreranfragen online und nutzen Aids-Kranke die Datenautobahn, um mit ihrem Arzt oder anderen Kranken zu kommunizieren. Solche Leute bilden die neuen Cyber-Clans, die am elektronischen Austausch interessiert sind. Sie clicken sich bei der Clique ein.

Wenn Sie immer noch kein Modem besitzen und vielleicht (wie viele andere) den Verdacht hegen, daß Cyber-Clans nur etwas für Computerfreaks oder für die Bewohner von Silicon Valley sind, dann überlegen Sie sich die Sache noch einmal. Viele, von denen Sie's nicht erwarten würden, von Madonna bis zum Dalai Lama, haben bereits ihre eigene Auffahrt zur Datenautobahn, inzwischen so viele, daß es immer wieder zu ärgerlichen Staus kommt (»Net-lag«).

Und welche Aspekte des Online-Verkehrs sind die beliebtesten? Der Abruf der Börsenkurse? Der Wetterbericht? Einkaufen per PC? Hätten Sie's gewußt? Mit Abstand an der Spitze liegen die interaktiven Gesprächskanäle (etwa alt.sex.stories oder KinkNet) und E-mail. Nehmen wir einmal an, Sie interessieren sich besonders für tropische Fische und wollen sich mit Gleichgesinnten austauschen. Wenn Sie sich bei CompuServe einclicken und Gesprächspartner für esoterische Themen suchen, können Sie zwischen über sechshundert verschiedenen Foren wählen. Ähnlich sieht es bei eWorld oder Marvel aus. Bei The Well finden Sie sogar eine Gesprächsgruppe, die sich mit grundlegenden Fragen der Online-Kommunikation befaßt. Dort unterhält man sich regelmäßig über Themen wie: Handelt es sich bei der Online-Kommunikation um ein Gespräch oder ein Gruppentreffen? Wie können die elektronischen Verbindungen für Frauen und für Farbige interessant gemacht werden, wie kann man diese Gruppen erreichen? Wie sollte man mit unhöflichen Online-Teilnehmern verfahren? Wer entscheidet in Streitfällen, was erlaubt ist und was nicht?

Wo liegt die Bedeutung der Online-Kommunikation? Was passiert dort tatsächlich? Cyber-Fans sagen, sie sei das größte und begründen ihre Meinung damit, daß in einer Zeit, in der Vorurteile und Haß so weit verbreitet seien, die Online-Kommunikation eine feinere, reinere Ausdrucksform darstelle. Hier spiele es keine Rolle, wie man aussehe, wie man sich kleide oder woher man komme. Es zähle allein, was man sage. Und wie man es sage.

So überrascht es kaum, daß online auch die romantische Liebe (»Netlove«) zu ihrem Recht kommt. Kürzlich war von einer »virtuellen Hochzeit« zu lesen. Die Braut lebte in Washington, der Bräutigam im brasilianischen Amazonas-Regenwald. Die beiden hatten sich elektronisch kennengelernt, bei Diskussionen über globale ökologische Probleme. Ihre ganze Romanze ist auf Floppy-Disks gespeichert. Und dies ist kein Einzelfall. Trotzdem ist es nicht jedem gegeben, sein Herz gegenüber dem großen unwägbaren elektronischen Datennetz zu öffnen. Denn wie kann man letztlich wirklich sicher sein, mit wem man sich da von Computer zu Computer austauscht? Geschlechtsmaskeraden sind gar nicht so selten: »Sie« ist in Wirklichkeit ein »er«, und umgekehrt. Doch Maskerade und Täuschung können sogar noch weiter gehen: Der 32jährige schwarze irische Filmproduzent, mit dem Sie sich gerade elektronisch unterhalten, könnte in Wirklichkeit, ITRW (Cyber-Slang für »in the real world«), eine unternehmungslustige 80jährige Großmutter sein, die sich nur einen Scherz erlaubt.

Man kann durchaus von Glück sagen, wenn es einem nicht noch schlimmer ergeht. Denn das Leben auf der Datenautobahn ist nicht immer angenehm. Cyber-Clans haben ihre eigenen Verhaltensregeln – und immer wieder Leute, die sie brechen. Frauen beschweren sich oft über üble Anmache per Modem. Vor sexuellen Belästigungen, einer Art virtueller Vergewaltigung, ist keine Frau sicher, die sich am Freitagabend ins Internet einschaltet. Wäre das nicht eine Zukunftschance: Patrouillengänge im Internet? Zwar gibt es schon Verhaltenscodes, doch dabei geht es hauptsächlich um Regelverstöße gegen Software-Rechte und um die Verhinderung einer totalen Kommerzialisierung der Kommunikation. Wir von BrainReserve glauben, daß viele Eltern bereit wären, für eine Online-»Gouvernante« zu zahlen, die darüber wacht, was die Kinder im Internet so treiben und was ihnen per Modem ins Haus kommt.

Clanning in der Firma: Bindungen im Büro

Gruppenbildungen kommen natürlich nicht nur nach Feierabend oder am Wochenende vor. Vielmehr werden wir auch am Arbeitsplatz immer nachhaltiger zusammengeschweißt. Bei Nike gibt es eine Gruppe enthusiastischer Angestellter, die sich »Ekins« nennen (»Ekin« ist der Name »Nike«, nur rückwärts gelesen). Deren Engagement für die Firma geht so weit, daß sie sich das Firmen-Logo auf die Füße tätowieren ließen. (Würden auch Sie sich das Logo Ihres Arbeitgebers eintätowieren lassen?) Und im Hauptquartier von Microsoft in Seattle sind die Grenzen zwischen Arbeit und Familienleben bei manchen schon weitestgehend verschwunden. Dieselben

Angestellten-Kleingruppen, die als Teams rund um die Uhr gemeinsam an Software-Projekten arbeiten, bilden mit ihren Familien auch noch Hausgemeinschaften, die am Wochenende gelegentlich beisammensitzen. Allerdings kommen die Firmenangehörigen meist nur noch nach Hause, um ein paar Stunden zu schlafen.

Diese Art beruflich-privater Verbundenheit ist wunderschön. Doch meinen wir, daß Clanning in Firmen nur dann eine Überlebenschance hat oder gar noch stärker werden kann, wenn tiefere emotionale Bindungen hinzukommen. Manager werden sich der Loyalität ihrer Mitarbeiter nicht mehr durch finanzielle Belohnungen versichern, sondern durch echte Freundschaft. Nur so kann die Belegschaft zu einer Familie werden. Sie hätten gern ein Beispiel? Paul Allen aus Seattle, High-Tech-Konzernchef, lädt seine Angestellten an jedem Montagabend zu sich nach Hause ein. Dort können sie sich im großen Swimmingpool tummeln oder sich im privaten Vorführraum (Ausstattung wie in einem echten Kino) Filme anschauen. Wirklich clever. Wer zusammen spielt, bleibt auch bei der Arbeit leichter zusammen.

Die Zukunft des Clanning

Unterstützung. Verbindung. Intimität. Heilung. Bewußte Wahl der Freunde und Wohngenossen. Zusammenpassen. In diesen Schlüsselbegriffen zeigt sich, daß wir in unserer Kultur Sehnsucht nach Zugehörigkeit und Gruppenwärme haben. Nach Werten, die im isolierten Kokon nicht gedeihen können. Der Wunsch nach Gemeinschaft ist wie ein Sog. Im nächsten Jahrzehnt wird er noch stärker und ausgeprägter werden. Clanning, der Trend zur Gruppenbildung, erinnert uns an etwas ganz Wichtiges: daß wir alle gemeinsam Bewohner eines Planeten sind.

7. Kapitel

3. Trend – Fantasy-Abenteuer

»Bin ich hellwach, mitten am Tag, werden meine phantastischsten Träume wahr.«

LORENZ HART

»Ich bin immer noch hungrig auf jede Sensation, die ich bekommen kann.«

MARTHA GRAHAM

Da sitzen wir also in unserem Lieblingssessel und stellen uns vor, was wir am liebsten täten und wohin wir am liebsten fahren würden ... wenn wir nur nicht gerade so gemütlich dasäßen. Doch so ist das. Der Trend zum Fantasy-Abenteuer hat mehr mit den Höhenflügen der Phantasie zu tun als mit dem echten Risiko eines realen Abenteuers. Und das kann man kaum besser ausdrücken als Thornton Wilder: »Wenn du sicher zu Hause sitzt, sehnst du ein Abenteuer herbei. Doch wenn du mitten im Abenteuer steckst, dann wünschst du dir nichts sehnlicher, als zu Hause in Sicherheit zu sein.«

Es geht um den wohldosierten kleinen Nervenkitzel. Etwas Neues soll es schon sein, aber allzu weit wollen wir nicht vom vertrauten Pfad abweichen. Wir wollen gefährlich leben, aber trotzdem pünktlich im eigenen Bett aufwachen und nicht zu spät zur Arbeit kommen. Selbst die tollkühne Pilotin Amelia Earhart sagte einmal: »Eines Tages würde ich gern etwas darüber schreiben, wieviel Spaß es macht, mit dem Finger auf der Landkarte zu verreisen – ohne sein Haus jemals zu verlassen.«

Das perfekte Fantasy-Abenteuer wird es erst geben, wenn die virtuelle Realität daheim Einzug gehalten hat: Erst dann können Sie im Sessel sitzen bleiben und trotzdem auf Safari nach Afrika gehen, mit Paul Newman oder Demi Moore als Reiseleiter.

Wesen und Reiz des Fantasy-Abenteuers liegen darin, daß es letztlich ungefährlich ist. Und flüchtig. Anfang und Ende müssen vorhersehbar sein. Bei diesem Trend kann es um etwas so Unbedeutendes gehen wie einen

Hauch Exotik (mal indonesisch statt chinesisch essen gehen), eine ungewöhnliche Fleischsorte (Büffel- statt Rindfleisch) oder eine kleine Tabuverletzung (wenn Sie sich einen Drachen auf den Bizeps tätowieren lassen). Oder, in der Werbung, um die irre Kombination einer supercoolen Harley Davidson mit Slapstick-Figuren (Bugs Bunny als Biker?). Oder um eine Vietnam-Rundreise mit der American-Express-Kreditkarte. Sie können sich auch frühmorgens den Wecker stellen, um die alte chinesische Kampftechnik für Körper und Seele, Tai Chi, zu trainieren.

Wenn Sie sich eine teure Pilotenarmbanduhr von Breitling zulegen, die die Fluggeschwindigkeit anzeigt, begeben Sie sich auf ein Fantasy-Abenteuer. Den gleichen Effekt erreichen Sie vielleicht schon, wenn Sie mit einer Uniformjacke der Canadian Mounties oder einem schweren Armeemantel ins Kino gehen. Oder wenn Sie, nachdem Aerobic Ihnen zu langweilig geworden ist, künftig ekstatische oder gefühlvolle Übungen nach Reggae- oder Gospel-Musik machen.

Bei Fantasy-Abenteuern geht es um unser Bedürfnis, zu experimentieren und dem wohlgeordneten Alltag wenigstens für kurze Zeit einmal den Rücken zuzukehren. Wir wollen die Chamäleon-Natur des Lebens kennenlernen, aber mit Rückkehr-Garantie in die Realität. Deshalb erleben wir solche Abenteuer auch besonders gern im Freien. Sind deshalb Rollerblader der Renner der Saison? Immerhin verzeichnen sie die größte Wachstumsrate im gesamten Sport- und Erholungsbereich. Wenn Sie auf diesen rollenden Kufen über einsame Landstraßen rauschen und sich wie ein Pionier den Wind um die Ohren wehen lassen, dann haben Sie das Gefühl, alles unter Kontrolle zu haben. Mountainbiking gehört zur selben Kategorie (besonders cool sind Bikes vom BMW zum Zusammenklappen: modernste Technik, stabil, rasant und platzsparend).

Auch der unglaubliche Erfolg des neuen Landrover in Amerika fällt unter den Trend »Fantasy-Abenteuer«. Dieser geländegängige Jeep mit Allradantrieb, ursprünglich zur Überwindung von Sanddünen in der Sahara oder von Gebirgsbächen in den Rocky Mountains konstruiert, muß sich nun meist mit Stadtstraßen begnügen. Clevere Autohändler mieten einmal jährlich ein Gelände, auf dem sie Sandhügel und riesige Schlammpfützen anlegen, damit ihre Kunden wenigstens auf diese Art das Gefühl haben, mit ihrem Gefährt die Wildnis zu bezwingen.

Hinaus in die Wildnis

Zum Trend »Fantasy-Abenteuer« gehört eine Unterkategorie, die wir »Hinaus in die Wildnis« nennen. Der moderne Mann (und die moderne Frau) verlassen die Monotonie des städtischen Alltags und tauschen ihre Stadt gegen die Wildnis ein. Jedes Jahr unternehmen 275 000 Menschen auf

Flößen eine Wildwasser-Partie in den Arkansas Headwaters. Und aus ähnlichen Motiven besuchen jedes Jahr fünf Millionen Touristen den Grand Canyon, werfen vom Rand einen Blick in die bizarre, farbenprächtige Schlucht oder klettern gar bis zum Colorado River hinab. Zur selben Kategorie zählen auch all jene Reisenden, die Abenteuer der Luxusklasse Fünf-Sterne-Hotels vorziehen. Sie geben Tausende von Dollar aus, um sich in Neuguinea mit Eingeborenen durch die Wildnis zu kämpfen, in Indien auf einem Elefanten zu reiten oder im australischen Outback von Buschcamp zu Buschcamp zu wandern. Fantasy-Abenteuer für harte Frauen und Männer. Ein Härtetest mit allabendlicher warmer Dusche.

Wer es weniger exotisch liebt und ruhigere Aktivitäten bevorzugt, dem bleibt ein Orientierungstraining. Man wird irgendwo mitten im Wald abgesetzt und hat nur Karte und Kompaß, um den Rückweg zu finden. Man kann sich ganz allein darauf einlassen oder zusammen mit anderen im Wettbewerb. Sieger ist, wer den Heimweg am schnellsten findet. In Schweden zieht ein fünftägiger Orientierungslauf 25 000 Teilnehmer an. In den USA hingegen gibt es nach Auskunft des zuständigen Fachverbandes erst 10 000 Orientierungsfans.

Eng damit verwandt ist »Trekking«, eine Art Querfeldeinwandern mit Zelt und Rucksack. Dabei verbringt man ganze Tage, manchmal auch Wochen, fernab jeglicher Zivilisation in freier Natur, in unbekanntem Gelände. Bestens geeignet zur Vorbereitung auf solche Pfadfinder- und Indianerspiele ist Yoga. Anschließend gehen Sie konzentrierter zur Sache – leichtfüßig und mit geschärftem Blick.

Überhaupt hat die Indianer- und Wildwest-Romantik für viele von uns immer noch nichts von ihrem Reiz verloren. Wenigstens in Gedanken wollen wir das Leben noch einmal als unberührte, grandiose Wildnis erleben. Majestätisch und mächtig. Auch ich schließe mich da nicht aus. Bei mir persönlich hat es kulturell geclickt, als ich anfing, für mein früheres Haus in East Hampton Gegenstände aus dem Wilden Westen zu sammeln. Indianer- und Präriegemälde, Pferdedecken und alte Cowboy-Sättel, einen hufeisenförmigen Kaminschirm und ein Wagenrad, das zum Kronleuchter umfunktioniert wurde. Jane Thurn hat mir mehrere Räume meines Hauses in den erdigen Adobe-Farben der Pueblos ausgemalt, einschließlich indianischer Symbole und feuriger Sonnenuntergänge.

Auf die ständigen Fragen, warum ich mich ausgerechnet mit solchen Attributen umgeben hatte, erklärte ich geduldig, daß ich mich innerlich im Westen am meisten zu Hause fühle. »Aber Faith«, heißt es dann, »ist das nicht etwas komisch für jemanden, der in der Lower East Side von Manhattan aufgewachsen ist?« Ja, mag sein. Aber mir ist egal, daß ich vor meinem Fenster nie die donnernden Hufe einer Büffel- oder Rinderherde hörte. Ich habe mir lediglich die inspirierende Umgebung geschaffen, in der es bei mir geclickt hat. Es spielte keine Rolle, ob das der echte Wilde Westen war oder nicht – es war die Landschaft meiner Träume, und dort wollte ich wohnen. Die Moral dieser Geschichte? Es reicht nicht, nur davon zu träumen, wie wir gern leben würden. Wir wollen unsere Träume ausleben, die Befriedigung unserer Wünsche nicht ständig verschieben.

Eine solche Befriedigung kann sich wirklich auf einen Augenblick konzentrieren und beschränken. Für japanische Frauen ist es zum Beispiel höchst verführerisch, einen einzigen Tag lang, auf einer sogenannten »Dress-Up Tokyo«-Tour, »ein neues Ich auszuprobieren«. In einem erstklassigen Hotel haben die Damen die Wahl zwischen extravaganten Abendkleidern, herrlichen weißen Hochzeitskleidern und anderen Luxus-Utensilien, und nach dem Staatsdinner gibt es ein Erinnerungsfoto. Schon im ersten Monat dieses Angebots der Hato Bus Company wollten mehr als siebenhundert Frauen einmal einen Tag lang Königin sein. Bei einem anderen populären Angebot schlüpfen brave Hausfrauen für einen Tag in die Rolle einer Geisha. Anscheinend haben Japanerinnen ein starkes Bedürfnis nach Fantasy-Abenteuern.

In Amerika sind es laut *Business Ethics* Manager im Dauerstreß, die das Angebot eines Mannes namens Mike Correll annehmen, ihnen »für eine Gebühr, die bis zu 1200 Dollar ausmachen kann, Freunde zu besorgen, mit denen sie mal richtig ausgehen können«. In dem Artikel heißt es weiter, daß in Atlanta etwa zweitausend *männliche* Manager diesen Dienst bereits in Anspruch genommen hätten. Frauen haben anscheinend keine Probleme dieser Art. Sie suchen sich ihre Freundinnen und Freunde selbst.

Ein ebenfalls in Atlanta angebotener Nervenkitzel kann allerdings kaum noch Fantasy-Abenteuer genannt werden. Denn hier geht es um simulierte Jagdfliegergefechte. Ganz normale Menschen (Flugerfahrung nicht erforderlich) können an diesen Luftkämpfen teilnehmen. In einem T 34A- (oder T6-)Jagdflugzeug steigen Sie mit einem ehemaligen Kampfpiloten der Air Force in die Lüfte und fliegen »Einsätze« gegen »echte« Gegner. Phantasie ist an dem Ganzen nur, daß Sie ein Lasergewehr anstelle eines echten Bord-MGs bedienen. Ihre »Treffer« werden dadurch angezeigt, daß aus dem Auspuff des gegnerischen Flugzeugs weißer Rauch austritt. Der Einsatz dauert, einschließlich Einchecken, Instruktionen, Flug, Auschecken, vier Stunden und kostet inklusive eines Videobandes ungefähr 650 Dollar. Wir würden solche Flüge allerdings eher, wie Bungee-Springen oder Gleitschirmfliegen, zu den Extremsportarten zählen, die gefährlich sein können. Denken Sie daran, Fantasy-Abenteuer haben nichts Lebensgefährliches an sich. Erkundigen Sie sich in jedem Fall nach den Unfallstatistiken, ehe Sie sich auf Extremabenteuer einlassen.

Erinnern Sie sich noch an die Ferienlager Ihrer Jugend, als man Schwimmen, Segeln und Lassowerfen lernen wollte? Heute ist der Traum eines Sommerlagers für Teenager ein echtes, von der NASA veranstaltetes Fantasy-Abenteuer-Raumfahrtcamp, bei dem die Teilnehmer Schwerelosigkeit erleben können und die Landung eines Space-Shuttles simuliert wird. Die NASA-Camps sind so populär, daß inzwischen auch für erwachsene Möchtegern-Raumfahrer entsprechende Lager angeboten werden.

Der Weltraum spielt bei Fantasy-Abenteuern wegen seiner grenzenlosen Weite und seines futuristischen Images eine ganz wichtige Rolle. Denken Sie nur an die vielen Kinofilme und Fernsehserien. Auch jene kleinen grünen Männchen vom Mars oder anderen Planeten, die ETs, beschäftigen die Phantasie ohne Ende. Oder die UFOs. Die Skateboard-Firma S.M.A. veröffentlicht einen Newsletter für Leute, die daran glauben, daß Kontakte mit Außerirdischen unmittelbar bevorstehen. Und an der University of North Dakota gibt es sogar einen Kurs über UFO-Studien. Leute, die Stein und Bein schwören, von Außerirdischen in UFOs entführt und sexuell mißbraucht worden zu sein, schließen sich bereits zu »Außerirdischen-Selbsthilfegruppen« zusammen.

Irgendwo zwischen Himmel und Erde ist Cyberspace angesiedelt, die virtuelle Realität. Mikrochips ermöglichen heutzutage besonders ausgefallene Fantasy-Abenteuer, aber auch eine besonders große Auswahl an Rollenspielen. Im Cyberspace können Sie mit Prominenten Rezepte austauschen, den professionellen Filmkritiker spielen oder in einer Lieblingspose einen Flirt beginnen.

Cyberspace kann durch Beeinflussung unserer Träume unser wirkliches Leben verändern. Wir kennen einen Verlagsmanager in Boston, der sich das Traumfoto eines einsamen Strandes auf Bali über seinen Computer einspielte und den Ausdruck über seinem Schreibtisch aufhängte. Ein Jahr darauf konnte er diesen Ausdruck durch ein selbstgeschossenes Foto ebendieses Strandes ersetzen. Der perfekte Strand. Sein Strand. Er hatte dort seine Flitterwochen verbracht und seinen Traum realisiert. Ein echter Click. »Von dem Augenblick an, als ich diesen Strand auf meinem PC-Monitor sah, wußte ich, daß ich eines Tages dorthin fahren mußte.«

Janet Siroto von BrainReserve ist beispielsweise von dem Computerspiel »SimCity 2000« vollkommen begeistert. Denn damit kann sie ihre Stadt der Zukunft sozusagen am Reißbrett entwerfen. Bei diesem Spiel plant und baut man Apartment-Hochhäuser, Einkaufszentren, Autobahnen und kleine Nebenstraßen. Man entwirft Haushaltspläne für die Schulen der Stadt, für Polizei und Feuerwehr. Und man muß sich sogar mit Streiks der Müllabfuhr und Überfällen im Park auseinandersetzen. »Am College wollte ich eigentlich Stadtplanerin werden«, sagt Janet. »Und nun kann ich mir mit SimCity genau diesen Berufswunsch, den ich fallengelassen hatte, erfüllen – ganz ohne Streß und vollkommen in eigener Regie.«

Geradezu Kultstatus erlangt hat das Computerspiel »Doom« mit seinen Folgeversionen. Die drei Gründer der Software-Firma, die es entwickelten, sind alle unter dreißig. Ihnen zufolge stehen demnächst alle möglichen »Doom«-Verwandten ins Haus. Eine unvergeßliche Dämonenwelt. »Doom«-

Spieler aller Altersgruppen berichten, daß sich ihre Wahrnehmung verändert habe. Vor ihnen verschieben sich auch im Alltag plötzlich Wände, verwandeln sich Schatten in Monster. Manchmal spüren sie starke Obsessionen, manchmal leiden sie unter Verfolgungswahn. Cyber-Psychosen – ein neues Feld? Wird es dafür schon bald entsprechende Therapien geben? Neue Medikamente? Dann ist nicht mehr Rauschgift das Problem, sondern die Kanalisierung der Cyber-Spielerlebnisse, die Rückkehr in die Realität.

Nicht ganz so schwere Kost ist der CD-ROM-Ausflug ins Reich der Phantasie bei »Myst«. Hier geht es um ein surreales Abenteuer, bei dem die Spieler auf einer verlassenen Insel herumstreichen, die an *Twin Peaks* erinnert. Unaufdringlich werden ihre Sherlock-Holmes-Fähigkeiten getestet, wenn sie durch dunkle Wälder schleichen, auf brüchigen, engen Brücken über Abgründe klettern und in Verliesen landen. Ein Yale-Professor, dreimal wöchentlich in der Myst-Welt zu Gast, erzählte uns: »Ich weiß gar nicht, wen dieses Spiel mehr fasziniert, meine vierjährige Tochter oder mich. Jedesmal, wenn ich die Bilder auf den Monitor hole, ist sie ganz hin und weg.« Und eine befreundete Künstlerin aus Seattle sagte: »Die Zeiten, da ich nachts aus Sorge über die Abzahlung der Hypothekenkredite nicht schlafen konnte, sind vorbei. Jetzt komme ich wegen meiner Myst-Sucht nicht mehr ins Bett. Dieses Spiel hat etwas Faszinierendes: ich allein auf einer einsamen Insel beim Versuch, herauszufinden, was sich dort früher abgespielt hat. Ich kann mich viel besser konzentrieren, meine Instinkte werden geschärft, wenn ich in dieser imaginären Welt herumclicke.« Dem ist eigentlich nur noch hinzuzufügen, daß hier endlich einmal ein Videospiel nicht ausschließlich auf eine gewalttätige, schießwütige Männerwelt ausgerichtet ist.

Für den Pastorensohn Rand Miller, einen der Schöpfer von »Myst«, der mit seiner Schöpfung sehr zufrieden ist, hat es auf diese Weise geclickt. Und die Hunderttausenden von »Myst«-Fans empfinden dieselbe Befriedigung, wenn sie sich in diese Phantasiewelt einclicken.

Bei unseren Ideenrunden mit Angehörigen der Gruppe der 18- bis 24jährigen haben wir erfahren, daß das »echte Leben« (wir würden es »Alltagsrealität« nennen) sie regelrecht fasziniert. Eine junge Frau konnte sich nichts Aufregenderes vorstellen, als auf abgelegenen Landstraßen durch Amerika zu fahren und ab und an haltzumachen, um Minigolf zu spielen. Oder denken Sie an den Erfolg der MTV-Serie *Real World.* Pseudo-Cinéma-vérité. Da treffen Sie nicht etwa auf Rockidole und Supermodels, vielmehr werden sieben ganz normale Typen in einer WG zusammengepfercht, deren Alltag anschließend einfach abgefilmt wird. Jobanfänger-Blues, Kämpfe um den Platz im Kühlschrank, unbeholfene Liebesromanzen. Da geht es weder abenteuerlich zu, noch überaus dramatisch. Einfach ein Abbild des »echten Lebens«. Reality-TV als Fantasy-Abenteuer.

Doch auch diese sanftere, freundlichere Generation hat ihre Schattenseite. In der Techno-Rockmusik gibt es irre Geschwindigkeitsrekorde bei

Mobys Hit »Thousand« (gemeint sind tausend Beats pro Minute), oder die Gehirnwäsche der Tabuverletzer von »Porno for Pyros«. Trent Reznor von den Nine Inch Nails raunzt: »Ich würde lieber sterben, als dir die Kontrolle zu überlassen.« Und im »Loser« von Bec, einem Tophit der Videoszene, heißt es, allen sozialen Tugenden zum Hohn: »Ich bin ein Verlierer, Baby, also bring mich doch endlich um!«

»Was ist denn daran so Neues«, werden Sie fragen, »wenn bekiffte Musiker so etwas von sich geben?« Unsere Antwort lautet: die Grundeinstellung. Wütende Selbstzerstörung. Drogen aller Art bestimmen das Geschehen. Eine abgedrehte Phantasiewelt. Und wirklich kein ungefährliches kleines Abenteuer. Aber letztlich ist es doch nur eine winzige Minderheit, für die das Leben vor allem aus »Sex, Drogen und Rock'n'Roll« besteht. Für den Trend aber zählt die Mehrheit, auch wenn diese Seite der Fantasy-Abenteuer so prosaisch ist wie Wirtschaftsbilanzen und Ertragsrechnungen.

Wie äußert sich dieser Trend im milliardenschweren Mode- und Accessoires-Sektor? Schauen Sie einmal in den Katalog von J. Peterman. Angefangen hat alles mit einem einzigen Artikel, einem langen Reiter-Staubmantel aus Segeltuch, auf den in Annoncen, etwa im *New Yorker*, aufmerksam gemacht wurde. Hier clickte es bei den Konsumenten: Kleidungsstücke, die eine Geschichte erzählen. Ein Hut im Stil von Hemingway, ein Sweater, wie ihn ein Marinekapitän tragen würde, ein David-Niven-Blazer, ein Gatsby-Hemd. Damen tragen einen langen Rock wie Meryl Streep in *Jenseits von Afrika*, eine Bluse wie Lauren Bacall oder Hosen wie Greta Garbo. Petermans erfolgreiche Geschäftsphilosophie lautet: »Die Leute wollen Sachen, die nur schwer zu finden sind, die etwas Romantisches an sich haben. Aber etwas, das es wirklich gibt. Die Leute wollen eindeutige Dinge, die aus ihnen das machen, was sie gerne wären, wenn sie nur könnten.« Firmenumsatz im Jahr 1994: 50 Millionen Dollar. So hat man durch Eingehen auf einen Trend geschäftlichen Erfolg. Click.

Wie müßte ein Superladen aussehen, der sich den Trend »Fantasy-Abenteuer« zunutze macht? Beispielsweise so wie Travelfest, das Reisewunderland in Austin, Texas. Hier finden Sie alles für Ihr Reiseabenteuer, vom Koffer über Straßenkarten bis hin zu aufblasbaren Kissen. Besonderer Service: Per Computer können Sie verschiedene Reiseziele abchecken, Hotel- und Flugpreise abrufen und sofort buchen, ja sogar Ihre Bordkarten mit nach Hause nehmen.

Oder Sie gehen am New Yorker Times Square in den Virgin-Megastore, mit 6400 m^2 Verkaufsfläche der weltweit größte Laden für Unterhaltungsmedien aller Art. Schon die mehr als 150 000 CDs und Cassetten werden Ihre Phantasie anregen. Außerdem gibt es ein Café, wo Live-Konzerte stattfinden, ein Kino mit vier Leinwänden und ein riesiges Restaurant, das Helden des Sports gewidmet ist (es heißt »Official All-Star Café«).

Oder besuchen Sie das Incredible Universe in Arlington, Texas. Dort werden Sie auf 19 800 m^2 (der Fläche von drei Fußballplätzen) von Fernsehgeräten, Videorecordern und Camcordern unter Beschuß genommen, die sämtlich in Betrieb sind. Hier finden Sie beinahe alle wichtigen Audio- und Videogeräte, die in den USA überhaupt im Handel sind. Sämtliche Geräte können Sie vor Ort nach Herzenslust testen und vergleichen. Jeder Kunde erhält eine Mitgliedskarte (hier ist auch an den »Egonomics«-Trend gedacht), und das Verkaufspersonal nennt sich »Besatzungsmitglieder«. Deren Aufgabe besteht nicht darin, Ihnen etwas aufzudrängen oder Verkäufe auf Provisionsbasis abzuwickeln, sondern Ihre Fragen zu beantworten und Ihnen beim Kauf behilflich zu sein. Jeder Mitarbeiter trägt einen Mini-Computer bei sich, mit dessen Hilfe er Kontakt zum Lagerpersonal aufnimmt, wenn Sie sich für ein bestimmtes Gerät entschieden haben. Auf einem Fließband wird Ihr Einkauf dann binnen anderthalb Minuten zur Kasse transportiert, und dort können Sie den Rest erledigen. Sparsames, effizientes High-Tech-Verkaufsmanagement.

Für die Unterhaltung daheim mag der Fernsehapparat ja vieles bieten, doch wenn die Amerikaner (und nicht nur sie) sich einmal so richtig amüsieren wollen, gehen sie in einen Vergnügungspark. 1993 gaben sie für Achterbahnen, Karussells und einen Besuch bei Trickfilmfiguren ein Vermögen aus, das der Staatsverschuldung in den meisten kleineren Ländern entsprach. Und wenn den Leuten der eine Park zu langweilig wird, dann gibt es bestimmt schon den nächsten mit noch gewaltigeren, noch ausgefalleneren Attraktionen. Disney's Magic Kingdom bietet einen »schnee«-bedeckten Berg und eine 36 Meter hohe Wasserrutschbahn, Elitch Gardens in Denver den Twister II, eine Achterbahn-Konstruktion, bei der Sie nicht nur in rasendem Tempo auf und ab fahren, sondern auch noch ständig um die eigene Achse gedreht werden, bis Ihnen die Haare zu Berge stehen. In Houston, Texas, schließlich können Sie mit einer besonderen Geisterbahn, dem »Mayan Mindbender«, durch eine riesige Pyramide fahren. Bei spärlichster Beleuchtung erleben Sie dort im Reich der Maya die schrecklichsten Abenteuer.

Sony hingegen experimentiert mit der Idee von Cyber-Parks. Wenn der Prototyp in der Nähe von San Francisco ein Erfolg wird, will der Elektronik-Riese ganz Amerika mit solchen Computer-Parks überziehen, die sich vor allem an computererfahrene erwachsene Städter richten.

Mehr dem Ruf »Hinaus in die Wildnis« gehorcht Disneys neuer Themenpark in Florida, wo man auf etlichen Hektar vielen echten oder der Phantasie entsprungenen Tieren (beispielsweise Einhörnern) begegnet. Auch eine »gute Tat« ist dabei im Spiel: die Rettung bedrohter Tierarten. Eine Idee, die sich weltweit nachahmen läßt. Erwachsenen bietet Disney ein ganz besonderes Abenteuer (Low-Tech, viel Romantik): eine Hochzeit im Themenpark, mit einem Brautkleid, in dem Sie aussehen wie Minnie Maus, wie Schneewittchen ode wie Arielle, die kleine Meerjungfrau. Sie können aber auch als Aschenputtel zum Altar schreiten und zuvor in einer Hochzeitskutsche vorfahren. Beim Hochzeitsessen gibt es dann als Dessert Schokoladenschühchen, und sogar für die bösen Stiefschwestern wird gesorgt, wenn Sie sich das wünschen.

Eine ganze Palette von Möglichkeiten bietet sich denen, die nach neuen Wegen suchen, »Abenteuerliches«, das sich normalerweise im Freien abspielt, in die Sicherheit eines geschlossenen Gebäudes zu holen. Denken Sie einmal darüber nach: von draußen nach drinnen. Was fällt Ihnen dazu ein? Aus Straßencafés wurden dort, wo es häufiger regnet, Kaffeehäuser, inzwischen auch in den USA populär. Wenn man im Regenwald-Restaurant der Mall of America in Minneapolis die Augen schließt, hat man das Gefühl, mitten im brasilianischen Urwald zu sitzen. In einem Restaurant im kalifornischen Buena Park können Sie wie König Artus speisen, während sich vor ihren Augen Ritter in Rüstungen ein Turnier liefern. Im Film *Pulp Fiction* gibt es eine erstaunliche Dinner-Szene: In einem Cabriolet aus den fünfziger Jahren werden die Rücksitze einfach umgeklappt, und schon steht im Wageninnern ein Tischleindeckdich. Im Harley-Davidson-Café, einer 1260 m^2 großen Mischung aus Restaurant und Unterhaltungscenter, kann man nicht nur essen, sondern auch mittels der neuesten interaktiven Spezialeffekte in der virtuellen Realität Motorrad fahren.

Am größten Indoor-Strand der Welt in Japan kann man auf riesigen Wellen reiten, vor den Toren von Paris auf einem überdachten See windsurfen. In diversen Spezialhallen können Sie Alpinklettern an künstlichen Felswänden üben, ohne Angst vor Steinschlag oder einem tiefen Fall. In einem großen Einkaufszentrum können Sie sogar auf einer kleinen Piste aus Kunstschnee Ski fahren.

Für Kinder aus den Innenstädten gibt es heute sogar Indoor-Spielplätze – ein echter Click der späten neunziger Jahre. Die Eltern dieser Kinder brauchen keine Angst mehr zu haben, daß ihre lieben Kleinen weglaufen. Fremde und Drogendealer haben keinen Zutritt. Ein paar Straßen weiter, mitten in New York, gibt es ein Wondercamp mit Labyrinthen, elektronischen Überraschungen und einem Clubhaus, in dem man von bunten Mauern herunterspringen kann. Im ganzen Land spielen etwa 30 Millionen Kinder auf Indoor-Spielplätzen von Ketten wie Discovery Zones (eher fitneßorientiert, 315 Plätze, und fast täglich werden es mehr), Gymborees (mehr als 400 Plätze) oder Ali Oop Play Environments (dem Newcomer mit dem weichen roten Maskottchen). Wer legte gelegentlich nicht gern einmal seine Hemmungen ab und tobte mit großen, weichen Spielsachen herum? Ein Spiel- und Spaß-Kokon...

Wie sonst kann man unsere Sehnsucht nach Fantasy-Abenteuern noch befriedigen? Auch hier kann die Liebe durch den Magen gehen. Denken Sie nur an die Salsa-Umsätze oder generell an die mexikanische Küche. 1993 wurden mit milden, scharfen oder auch ganz scharfen Salsas Umsätze von

634 Millionen Dollar erzielt, mehr als mit dem guten alten Ketchup. Vor etwa zehn Jahren war die mexikanische Küche im Nordosten der USA noch so gut wie unbekannt. Nur in den Metropolen gab es vereinzelte Restaurants. Doch inzwischen sind wir auf den Geschmack gekommen, und jetzt ist die mexikanische Küche auch hier ein Renner: Feuriges aus dem Süden.

Viele der interessantesten Angebote finden ihren Weg in die Supermärkte erst, nachdem wir uns in Neuheiten-Restaurants halbwegs an ihren Geschmack gewöhnt haben. Im Trend liegen zur Zeit »Fusion-Gerichte«, Kombinationen aus verschiedenen nationalen Küchen, die von kleineren Firmen angeboten werden. Señor Felix's Gourmet Mexican Foods bietet beispielsweise eine Lasagne im mexikanischen Stil aus geschmolzenem Ricotta- und Mozzarella-Käse, Tomatensauce und Salsa zwischen Tortilla-Scheiben (anstelle der Plattennudeln). Ähnlich ungewöhnliche Kombinationen sind etwa Pizza-Burritos, Pizza mit Räucherlachs und Hüttenkäse oder Thai-Salsa.

Im Limonadensektor tut sich etwas. Denn erstmals hat sich der würzigere, »peppigere« Geschmack von Dr. Pepper gegenüber Diät-Pepsi durchgesetzt, hat Dr. Pepper Rang vier der US-Bestenliste der Soft Drinks erobert (laut *Beverage Digest*, hinter Coke Classic, Pepsi und Diät-Coke). Doch ausschlaggebend ist nicht nur ein stärkerer, ungewöhnlicherer Geschmack; aufsehenerregende Verpackungen tun's auch. Toga etwa (von Saratoga Springs) bietet auf dem Etikett freche Comics, alle sechs Wochen eine neue Folge (bei der Entwicklung der Handlung wirkt eine Gruppe 18- bis 25jähriger mit).

Wer sich für die globale Ausbreitung des »Fantasy-Abenteuer«-Trends interessiert, wird gelegentlich Unterschiede bemerken. Eistee etwa benötigte in den Vereinigten Staaten ein Jahrhundert, um sich wirklich durchzusetzen. Im Rest der Welt ist er immer noch weitgehend unbekannt. Was am einen Ort nicht der Rede wert ist, kann anderswo geradezu elektrisierend wirken. Erinnern Sie sich noch daran, wie die erste McDonald's-Filiale am Roten Platz in Moskau eröffnet wurde? Auch die französische Küche, einst im ultra-chauvinistischen Ursprungsland unangefochten, bekommt sensationellerweise inzwischen dort Konkurrenz aus dem Ausland. Vive la différence. Was früher undenkbar gewesen wäre – englische Gerichte wie Fish-and-Chips oder Yorkshire-Pudding mogeln sich im Zeitalter des Eurotunnels heimlich, still und leise auf französische Speisekarten. Auch vom Süden her wird angegriffen: Pannini-Bars servieren die kleinen, warmen italienischen Brötchen mit Schinken, Käse und Tomaten. Wäre das nichts für den amerikanischen Markt, Pannini-Bars? Click-verdächtig.

Amerikanische Schulkinder halten aber nach wie vor ihren altbekannten Sandwiches die Treue. Trotzdem ist in den Schul-Cafeterias ein Trend zu »Ethnic Food« zu beobachten, wenn auch die meisten Kinder nicht die geringste Ahnung haben, daß Tacos oder gebratener Reis keine amerikanischen Standardgerichte sind. Darüber hinaus ist ein weiterer Trend zu beobachten: Was man zum Frühstück ißt und was zum Mittagessen, gerät immer mehr durcheinander. Pizza zum Frühstück, Pfannkuchen oder Waffeln zum Mittagessen...

Was nun verbindet alle Aspekte des »Fantasy-Abenteuer«-Trends? Wir wollen und können dem allzusehr Vorhersehbaren entfliehen. »Warum eigentlich nicht?« oder »Was wäre, wenn ...?« Mit diesen Fragen beginnt häufig der erste Schritt zur Veränderung des Status quo. Es folgt dann oft die Frage, wie es weitergeht. Wenn die schweren Stiefel, mit denen man ins Büro statt zur Waldarbeit geht (ein Umsatzrenner mit jährlich 350 Millionen Paar), aus der Mode kommen, was dann? Wahrscheinlich sind dann wieder leichte Schuhe dran, in denen wir uns frei und unbeschwert fühlen können, fast wie beim Yoga.

Und wenn inzwischen schon mehr Jeeps mit Allradantrieb und mehr Kleinlastwagen verkauft werden als normale Pkw, wie lange kann dieser Trend noch weitergehen? Wieviel schwerer und länger können die Autos auf unseren Straßen noch werden? Wir wagen die Prognose, daß wir bald ins andere Extrem verfallen werden und wieder ganz kleine, wendige Autos bevorzugen, die leichter zu manövrieren und einzuparken sind. Besser gefedert. Sanfter. Es wird eine Renaissance der Eleganz geben. Ähnlich wie beim Jaguar-Cabriolet.

Aber wir fragen: Warum gibt es eigentlich keine flexiblen, veränderbaren Autos? Die mal als Limousine mit festem Dach, mal als Cabrio nutzbar sind? Bei denen man den Kofferraum bei Bedarf vergrößern kann, oder die hydraulisch höhenverstellbar sind, um, falls nötig, eine Verkehrssituation überschaubar zu machen. Oder mit einem Gelenk in der Mitte, wie bei langen Bussen, an das verschiedene, nach Bedarf auswechselbare Heckteile angehängt werden können?

In den »Fantasy-Abenteuer«-Trend kann man sich am leichtesten einclicken. Indem man eine stinknormale Umgebung einfach um etwas Aufregendes bereichert. Etwa ein aufregendes Herren-Parfüm entwickelt. Alle, die bei diesem Trend Erfolg hatten, bestätigen, daß hier der erste Schritt der wichtigste ist: der Mut, einmal etwas ganz Neues auszuprobieren, die Füße in kaltes Wasser zu stecken. Man weiß ja nie, was dabei herauskommt, was man an Informationen erhält, mit wem man ins Gespräch kommt. Haben Sie ein Fantasy-Abenteuer bestanden, können Sie auf Ihrem Weg locker und spontan voranschreiten. Und dies ist die ideale geistige Verfassung fürs Clicken.

8. Kapitel

4. Trend – Genießen? Jetzt erst recht!

»Wieder mal feiern, auch ohne Grund:
Achtung, Leute, jetzt geht's rund!«

GUS KAHN

»Und weil das Leben ist, wie es ist,
versucht man sich zu revanchieren.«

PAUL GAUGUIN

Schluß mit der Duckmäuserei! Schluß mit der ewigen Vernunft! Dieser neue Trend, »Genießen? Jetzt erst recht!«, bedeutet, daß wir die Nase voll haben von Askese und Zurückhaltung im Namen von Gesundheit und korrektem Verhalten. Als Konsumenten sind wir bereit, willens und in der Lage, uns an der Suche nach dem Vergnügen zu beteiligen, die jetzt angesagt ist. Nicht die harmlose, reine Seite des Vergnügens – nein, die dunkle, trotzige Variante ist gemeint. Wir katapultieren uns zurück ins Reich der Lust – aber mit einer gehörigen Portion Wut im Bauch.

Dieser Trend ist so ähnlich wie die Hingabe an eine heimliche Orgie, die auf einmal gar nicht mehr so heimlich verläuft. Er ähnelt eher einem Vulkanausbruch, bei dem die dampfenden, flüssigen Lavamassen alles mit sich fortreißen, was sich zaghaft in den Weg stellt. Trotzig rauchen wir wieder, kommen wir wieder auf die härteren Getränke zurück, streichen wir uns dick Butter aufs Brötchen und führen wir unsere Pelzmäntel spazieren. Laufen ist out, und dafür geben wir allen Gelüsten möglichst umgehend nach. Warum diese recht destruktive Haltung? Weil wir es ernsthaft versucht haben: Wir wollten vorbildlich leben, gesund und umweltbewußt, und doch ist in unserem Leben nichts besser geworden. Immer noch werden Leute arbeitslos, erst unsere Nachbarn, und dann wir selbst. Die Jugend nimmt immer noch Drogen. Und so sind wir innerlich mächtig geladen. Wir sehen einfach nicht mehr ein, warum wir uns weiter Zurückhaltung auferlegen sollen. Unser Heiligenschein hat ausgedient.

Nach Jahren der Askese heißt das Motto plötzlich: »Laßt die Sau raus!«

Für Leute auf der Suche nach dem Click ist allerdings eine weitergehende Frage viel wichtiger: Sind die hemmungslosen achtziger Jahre wieder da? Bestimmen Glamour und Gier, die hemmungslosen Zwillinge jener Dekade, erneut unser Leben? Jein, lautet die Antwort: Glamour ja, Habgier nein. Die übertriebene Sucht nach Glanz und Glamour scheint zurückzukehren, doch die Selbstsucht, die beim *Denver Clan* und bei *Dallas* so sehr im Zentrum stand, die ist out. Ein letzter Rest guter Vorsätze bleibt uns hoffentlich erhalten. Wenn Sie sich also heute entschließen, einmal richtig »verrucht« zu sein, entspricht das weniger Ihrem Charakter als einer momentanen, bewußten Trotzreaktion. Wir versuchen nicht mehr, uns selbst etwas vorzumachen. Nein, tief im Innern ist uns immer noch deutlich bewußt, daß alles, was wir tun, Folgen hat. Für uns und für andere.

So ist denn auch ein gewisser Schuß Fatalismus im Spiel, wenn es jetzt wieder heißt: »Leben und leben lassen«. Denn wir mußten erkennen, daß *immer noch* Schreckliches geschehen kann, selbst wenn *wir* alles richtig machen, selbst wenn *wir* vorbildlich leben. Ob wir beim Frühstück vernünftig waren und Haferkleie gegessen haben oder ob wir unvernünftig waren, hat letztlich nichts ausgemacht. Aber weil es im Leben nicht unbedingt fair und gerecht zugeht, fühlen wir uns zumindest besser, wenn wir nicht auf alles verzichten und ab und zu auch einmal sündigen.

Jahrelang standen bei den guten Vorsätzen zum Jahreswechsel gesundheitliche Punkte obenan: »Mit dem Rauchen aufhören« und »Abnehmen«. Doch inzwischen sind es interessanterweise Dinge, die nicht ganz so hautnah mit uns selbst zu tun haben: »Sparen« und »Schulden abbezahlen«. Und wenn es nun heißt: »Genießen? Jetzt erst recht!«, dann wollen wir wenigstens vorübergehend einmal nicht nur an niedrige Cholesterinwerte denken (diese fast schon hysterische Sorge erreichte 1990 ihren Höhepunkt) und deshalb auf Butter verzichten. Wir wollen ab und zu bewußt sündigen und unseren Gelüsten spontan nachgeben.

Die Zahl der Amerikaner, die sagen, sie verzichteten bewußt auf Fett, sinkt ständig. Gegenwärtig sind es nur noch 50 Prozent. Wir haben Tofu einfach satt, und das ganze Diät-Gerede auch. Gut soll es uns schmecken, auch wenn wir unseren Arterien damit vielleicht nicht immer etwas Gutes tun. Die Hot-Dog-Umsätze steigen, der Pizza-Belag wird wieder dicker. Der Umsatz an frischem Fisch stagniert, aber bei den Fischgerichten in der Tiefkühltruhe mit über 2000 Kalorien, die mehr als das Doppelte des Tagesbedarfs an Fett enthalten, da greifen wir gerne zu.

Das üppige Frühstück mit Schinken und Eiern, im Kaloriengehalt auf Schwerstarbeiter abgestimmt, erlebt eine Renaissance. Selbst die American Heart Association hat ihre Empfehlungen für den Verzehr von Eiern angepaßt: Jetzt dürfen es vier ganze Eier pro Woche sein, denn Eigelb enthält doch weit weniger Cholesterin, als man ursprünglich annahm. Die Umsätze von Cottage Cheese mit seinem Diät-Image beginnen leicht zu sinken, während Cheddar-Käse (wohl auch dank steigender Taco-Popularität) auf dem Vormarsch ist. Butter verkauft sich inzwischen wieder so gut wie vor dreißig Jahren: 1993 stiegen die Umsätze in den USA um 10,4 Prozent, 1994 um 7 Prozent. Sinkende Preise haben sicher dazu beigetragen, bestimmt aber auch ein – für die Margarineindustrie katastrophaler – Forschungsbericht der Harvard School of Public Health, der zu dem Schluß kam, daß entgegen früheren Annahmen die meisten Margarinesorten für die Gesundheit genauso schädlich sind wie Butter. Als diese Ergebnisse, die den pflanzlichen Ölen der Margarine den Heiligenschein nahmen, veröffentlicht wurden, fühlten sich die butterentwöhnten Verbraucher betrogen. Ihr Protest führte dazu, daß manche Margarinemarken innerhalb weniger Wochen bis zu 32 Prozent ihres Marktanteils einbüßten.

Unsere Willensstärke läßt merklich nach. Die Amerikaner sind verrückt nach Süßem. Die Cornflakes-Varianten können gar nicht süß genug sein, und Erwachsene löffeln sie genauso schüsselweise wie Kinder. Kekstüten können nie groß genug sein; je größer die Eiswaffel, desto besser. Im Gefrierfach lagern ständig große Eispackungen. Besonders fette Sorten erlebten in den letzten sechs Jahren ein erhebliches Umsatzplus. Schokoladenkekse sind für Hedonisten das Nonplusultra. Zwar haftet Joghurt immer noch das Gesundheitsimage an, doch neue, populäre Sorten sind schon fast so kalorienreich wie die entsprechenden Eiscremes – mit Zutaten wie Marshmellows und gerösteten Mandelsplittern ist das ja auch kein Wunder.

Werfen Sie einmal einen Blick auf die einschlägigen Regale in den Supermärkten. Snacks und Knabberzeug waren 1994 in den USA der große Renner: Über 15 Milliarden Dollar gaben die Amerikaner dafür aus. Salzbretzen gelten zwar wegen ihres niedrigen Gehalts an gesättigten Fettsäuren im Grunde als gesund, doch wenn sie massenhaft vertilgt werden, kann von Gesundheit nicht mehr die Rede sein. Eine einzige harte Sauerteigbretzen (und wer ißt nur eine einzige?) enthält 90 Kalorien und 470 mg Natrium. Doch alle Variationen dieses Knabbergebäcks, ob groß oder klein, salzig oder süßsauer, gehen weg wie warme Semmeln. Und wer sie nicht im Supermarkt kauft, dem werden sie überall auf den Straßen angeboten. Auch alle möglichen Chipssorten sind echte Renner: Kartoffelchips (ein 5-Milliarden-Dollar-Markt), Tortilla-Chips (3 Milliarden Dollar), Mais-Chips und auch die aromatischen vielfarbigen Gemüse-Chips. Bei den Vorlieben für salzige Snacks gibt es in Amerika starke regionale Unterschiede: In bestimmten Teilen des Mittleren Westens liegt der Pro-Kopf-Verbrauch am höchsten, während New York City ganz am Ende rangiert.

Die gleiche Tendenz zeigen die kalorienreichen Limonadengetränke, deren Diät-Versionen 1995 bereits 40 Millionen Dollar Umsatzeinbuße verzeichneten, während die kalorienreicheren Varianten überraschenderweise im gleichen Zeitraum ihren Umsatz um 22 Millionen Dollar steigerten. Hinzu kommt der Umsatzboom bei süßen Eisteesorten. Überall der gleiche

Trend: Die süßeren, reichhaltigeren Versionen werden bevorzugt. Kalorienverzicht ist out.

Es ist, als wären wir ständig Versuchungen ausgesetzt (denen wir dann prompt erliegen). Ein gemischter grüner Salat schmeckt doch gleich ganz anders, wenn fette Käsestückchen beigemischt sind. Mutters Braten ist noch viel leckerer, wenn er in sahniger Bratensoße schwimmt. Und Baked Potatoes, die ohne Zutaten sooo gesund sind, schmecken mit geschmolzener Butter, einem Schlag Sauerrahm und gebratenen Schinkenspeckstücken einfach besser.

Im Fast-Food-Bereich erwies sich Kentucky Fried Chickens Hähnchenvariante »Skin-Free Crispy« (ohne Haut, aber knusprig) als recht flügellahm, während »Popcorn-Chicken«, paniert und durchgebraten, wahre Senkrechtstarter wurden. Also auch hier eine Rückkehr zur alten, namengebenden Firmentradition, und zum Braten gehört nun einmal Fett. McDonald's wollte nicht alles auf eine Karte setzen und testete zunächst zwei Varianten, einen fettärmeren Hamburger (»McLean«) und eine deftige Aufstockung des »Big Mac«, den »Mega-Mac«. Und nun raten Sie mal, welche Variante besser abschnitt im neuen Zeitalter des Einfach-Ja-Sagens. Selbst im ultragesundheitsbewußten Los Angeles, wo jeder offenbar ausschließlich von Alfalfa-Sprossen und Aerobic lebt, kamen pro Tag auf fünf »McLeans« dreihundert »Mega-Macs«. Konkurrenzlos. Auch Wendy's hat sich inzwischen in der Schwergewichtsklasse etabliert – mit einem »Big Bacon Classic«, einer Orgie aus Rindfleisch, Schinken, Käse und Mayonnaise.

Es kann keinen Zweifel mehr geben: Das gute alte Rind hat seinen Platz auf dem Speiseplan zurückerobert. Als BrainReserve 1984 vorhersagte, daß Rindfleisch innerhalb weniger Jahre verlorenes Terrain wiedergutmachen würde, haben uns alle ungläubig angestarrt. Doch genau so ist es gekommen: erst vereinzelt, nun auf breiter Front. (Natürlich freuen wir uns, wieder einmal recht gehabt zu haben.) Laut Statistiken ist Rindfleisch, nachdem der Verzehr fünfzehn Jahre lang ununterbrochen gesunken war, wieder mächtig im Kommen. Mit 64 Pfund stieß der amerikanische Pro-Kopf-Verbrauch 1994 in neue Dimensionen vor (gegenüber 15 Pfund bei Frischfisch), und alles spricht dafür, daß dieser Trend weiter anhalten wird. Der Hamburger-Konsum nimmt schon fast beängstigende Ausmaße an. Laut *New York Times* werden Hamburger »in Restaurants häufiger bestellt als jedes andere Gericht: In diesem Jahr wurden in den Restaurants der Nation ungefähr 5,2 *Milliarden* Stück verzehrt«. Und hinzu kommen noch all die daheim gegrillten Exemplare. Eine weitere, beinahe unglaubliche Nachricht: »Mit täglich 28 Millionen Gästen ist McDonald's nach wie vor der weltweit größte Einzelversorger mit Speisen, insbesondere mit Rindfleisch.« Das muß man erstmal verdauen ...

Und damit nicht genug. »Beef jerkies« (Rindswürstchen) sind die amerikanische Snack-Variante mit dem schnellsten Umsatzzuwachs. Und wo immer Sie sich umsehen, überall schießen neue Fleischerläden oder Steak-Restaurants aus dem Boden. Steakhäuser sind gegenwärtig der Schlager in der Gastronomie: Wachstum der Schnellrestaurants 19 Prozent, in der gehobenen Preisklasse 16 Prozent. Unter den von Forbes aufgelisteten »200 Best Small Companies« findet sich mit einem Jahresumsatz von 164 Millionen Dollar die Restaurantkette Lone Star Steakhouse and Saloon. Begründung? »Je höher der Preis, desto stärker hat der Gast das Gefühl, sich etwas wirklich Gutes zu tun, und desto mehr genießt er das Ritual.« Besonders preisgünstige Steakhaus-Ketten nach dem Franchise-Prinzip verbreiten sich im ganzen Land. Ihr Renner ist ein riesiges 11-Dollar-Steak.

Als wiedergeborene Fleischesser geben wir uns mit dem leckeren Geschmack von Rindfleisch allein nicht zufrieden, ebensowenig wie mit Miniportionen. Nein, es muß das dickste, zarteste und am stärksten mit Fett durchsetzte Braten- oder Filetstück sein. Je mehr, desto besser.

Gegenüber früheren Zeiten gibt es bei unserem Trend »Genießen? Jetzt erst recht!« allerdings einen kleinen Unterschied. Bei allem Schwelgen im Fleischgenuß haben wir uns einen Rest Gesundheitsbewußtsein bewahrt. Öfter als einmal pro Woche unternehmen wir unsere Ausflüge ins Rindfleisch-Schlaraffenland nicht mehr. Andere tun sich mit ihren Fleisch-Gelüsten sogar noch wesentlich schwerer – jene, die wir »fleischessende Vegetarier« nennen. Nach außen hin ihrer vegetarischen Überzeugung treu, schleichen sie ab und an heimlich ins Steakhaus, verkriechen sich in der hintersten Ecke und machen sich über besonders große, fette, saftige Fleischstücke her.

Und da wir immer noch bei fetten Genüssen sind: Wie wäre es, wenn jemand einmal sein Glück mit leckeren Pommes frites nach holländischem und belgischem Vorbild versuchte? An Straßenständen kann man dort in einer Papiertüte knusprige, gut gesalzene Pommes frites kaufen, mit einer reichen Auswahl an Saucen als Dreingabe. Eine echte Marktlücke in den USA angesichts der auf diesem Gebiet sträflich einfallslosen Amerikaner. Was gibt es in den Niederlanden außer Ketchup nicht alles an leckeren Saucen zu Pommes frites! Dünne Mayonnaise mit Zitronengeschmack, feurige Chili-Sauce, Senfsauce mit kleingehackten Pickles, Erdnußsauce und so weiter und so weiter. Schon beim bloßen Aufzählen läuft einem das Wasser im Munde zusammen. Und wenn wir nun wieder mit Hingabe futtern, versteht es sich fast schon von selbst, daß unser fanatischer Eifer beim Sport etwas erlahmt. »Ohne Schweiß kein Preis« – dieser Spruch ist nicht mehr gefragt. Über Fitneß und Gesundheit reden wir lieber wieder im Sessel oder an der Bar. Die meiste Zeit verbringen wir ohnehin im Sitzen oder Liegen. Unsere Fußmärsche beschränken sich auf die Entfernungen zwischen Bett, Auto und Schreibtisch beziehungsweise Schreibtisch, Auto, Fernsehsessel und Bett. Gut 60 Prozent der erwachsenen Amerikaner geben zu, daß sie sich nicht genug bewegen. Und die immer wieder vorgebrachte Entschuldigung lautet: »Keine Zeit.« Im Zeichen von »Genießen? Jetzt erst recht!« hat »körperliche Aktivität« zu viel mit Liegestützen, Muskelkater und Keuchen zu tun. Da belassen wir es doch lieber bei einem längeren Spaziergang. Ein paar Kalorien werden ja auch dabei verbrannt ...

Heimtrainer haben im Zeichen des ungebrochenen Trends zum »Leben im Kokon« und des ewigen Wunschdenkens immer noch Konjunktur. Doch studieren Sie einmal den Kleinanzeigenteil Ihrer Zeitung, wie viele »Heimtrainer« oder »Exercycles« dort zum Verkauf angeboten werden (obwohl sie sich im Schlafzimmer als Kleiderständer eigentlich ganz gut machen). Noch steht »Genießen? Jetzt erst recht!« als Trend im Anfangsstadium. Deshalb ergeben sich gute Gelegenheiten zum Clicken. Denken Sie sich etwas Sanfteres, weniger Anstrengendes aus als die altbewährten Tretmühlen. Verschiedene Massageformen sind ein heißer Tip. In New York gibt es bereits einen Massagesalon namens »Great American Backrub«, wo man ohne Anmeldung für 7,95 Dollar eine achteinhalbminütige Rückenmassage erhält. Wäre das nicht ein Service auf Langstreckenflügen? Oder, noch besser, eine Reflexzonen-Fußmassage, wenn Sie stundenlang im Flugzeug sitzen müssen ...

Ständig suchen wir nach Auswegen und Abkürzungen: Wir wollen einen gesunden Körper, aber schweißtreibend soll die Sache nicht werden. Wir wollen auf die schlanke Linie achten, aber beim Essen tüchtig zulangen. So verzeichnen inzwischen Fitneßstudios, die sich aufs Abnehmen spezialisiert haben, dramatische Umsatzeinbußen. Wir hoffen einfach auf ein Wunder: weitermachen wie bisher und trotzdem nicht zunehmen. Nun, da die Forscher das für die Fettleibigkeit verantwortliche Gen lokalisiert haben, hoffen wir auf bequeme Abhilfe in naher Zukunft. Irgendeine Pille, irgendein Pflaster oder irgend etwas anderes wird dann unseren Appetit schon zügeln oder dafür sorgen, daß wir die Nahrung im Körper anders verarbeiten. Und jedesmal, wenn wir lesen, daß Pepsi oder eine andere Firma an einem appetitzügelnden Diätgetränk arbeite, hoffen wir, die Lösung unserer Probleme eines Tages in flüssiger Form zu uns nehmen zu können.

Vielleicht haben wir auch endlich kapiert, daß – wenigstens mit unseren gegenwärtigen Möglichkeiten – die meisten Diäten langfristig nicht funktionieren. Gegen fette Schenkel oder Speckringe um die Hüften kann man eben nichts machen (außer sich das Fett wie mit einem Staubsauger absaugen lassen). Wir sind bereit, den ganzen Blödsinn aufzugeben. Und seit es neuerdings heißt, das ständige Auf und Ab beim Gewicht (»Yo-Yo-Effekt«) sei doch nicht so schädlich wie ursprünglich angenommen, genehmigen wir uns ruhig diverse »Sünden«. Beim National Center for Health Statistics heißt es, 33,5 Prozent der erwachsenen Amerikaner wiesen ein Übergewicht von 20 Prozent oder mehr auf, während die Zahlen in der Zeitschrift *Prevention* wesentlich höher liegen: Demnach haben 68 Prozent der amerikanischen Bevölkerung Übergewicht.

Sogar unsere Wahrnehmung verändert sich: Während 1985 bei einer Meinungsumfrage 55 Prozent der befragten Amerikaner übergewichtige Menschen »unattraktiv« fanden, waren dies 1993 nur noch 35 Prozent. In zwei Männer-Magazinen, *Esquire Gentleman* und *L'Uomo Vogue* erschienen vor kurzem Artikel über »attraktive Korpulenz«. Einer der Redakteure äußerte die Ansicht, dicke Männer strahlten »Humor und Macht« aus. Man denkt unwillkürlich an Marlon Brando, inzwischen rund wie eine Kugel, aber immer noch mit demselben Schlafzimmerblick (als romantischer Liebhaber von Faye Dunaway im Film *Don Juan de Marco*).

Michelle Stacey, die Autorin des Buches *Consumed: Why Americans Love, Hate and Fear Food,* geht diesen Widersprüchen auf den Grund. Die amerikanischen Konsumenten, schreibt sie, seien »gesundheitsbewußte Dr. Jekylls, wenn es sich um Meinungsumfragen dreht, während sie zu Liebhabern minderwertigen Essens werden, wenn es tatsächlich zur Sache geht«. Genauso ist es. Und deshalb können die einander widersprechenden Trends »Genießen? Jetzt erst recht!« und »Gesund und lange leben« in Amerika mühelos koexistieren. Trotziger Hedonismus und Gesundheitsbewußtsein schließen sich letztlich nicht aus.

Der 5. Mai wurde gar zum »Internationalen Protesttag gegen die Diät« ausgerufen, zum Kampftag gegen die Tyrannei des Schlankheitsideals der Diät- und der Modebranche. Aufstand der Dicken. Miriam Berg, eine der Organisatorinnen, fordert alle Menschen auf, sich ganz nach den Bedürfnissen des eigenen Körpers zu richten und ihm das zu geben, was er brauche – ein kleiner, aber wichtiger Versuch, gegen die falsche Vorstellung in vielen von uns anzugehen: Wenn wir nur »dünner« wären, wären wir automatisch auch »glücklicher«. 1993 indes legte jeder Amerikaner im Durchschnitt ein Kilogramm zu. Im *New Yorker* war kürzlich in einer Satire mit dem lakonischen Titel »Fat« folgendes zu lesen:

> Es gab einmal eine Zeit, da war der Wohlstand an den runden Schultern einer Frau abzulesen. Doch heutzutage ernähren sich meine Freundinnen aus der High Society nur noch von Seetang-Milchshakes, Pall Malls und Vitaminpillen. Ihre Kleider hängen elegant von den vorstehenden Schlüsselbeinen herab. ... Wann immer sich zwei oder drei versammeln, dreht sich das Gespräch träumerisch um Würstchen, Rotkohl, schwarze Bohnen und Reis, oder um fettglänzende Nudeln ...

Wollen wir trotzig genießen, gibt es natürlich noch andere Möglichkeiten. Auch für den oralen Genuß. Wie zu den (un)seligen Zeiten der Prohibition die Trinker, schließen sich heute die Raucher offen oder heimlich zusammen, um ihrem verpönten Laster zu frönen. Erste Anzeichen deuten darauf hin, daß der 25jährige kontinuierliche Niedergang der Zigarette bald ein Ende finden könnte. Die Raucher kehren ein neues, aggressives Selbstbewußtsein hervor. Selbstgerecht brüsten sie sich geradezu mit ihrer Sucht. Die ganz Hartgesottenen sind es einfach leid, von der Gesellschaft wie Aussätzige behandelt zu werden. Zentimeter für Zentimeter wollen sie sich ihr verlorenes Terrain zurückerobern, statt ständig vor die Tür gehen zu müssen.

Aus der Zigarettenreklame ist seit kurzem der apologetische Ton verschwunden. Hier wird den Gegnern wieder trotzig Rauch ins Gesicht geblasen. In Zeitschriften findet sich zum Beispiel folgende doppelseitige Anzeige von R. J. Reynolds: Auf der linken Seite sieht man einen Macho-Typ mittleren Alters, und in relativ kleiner Schrift ist zu lesen: »Archie Anderson stammt aus Minnesota, er ist dort geboren und aufgewachsen. Bis vor kurzem hat er sich die Angriffe auf die Raucher noch gefallen lassen. Doch jetzt macht er seinen Mund auf.« Und auf der gegenüberliegenden Seite erfährt man Archies Meinung dazu (natürlich nicht mehr so kleingedruckt): »Ich bin einer von 45 Millionen amerikanischen Rauchern. Ich bin keine Memme und kein Waschlappen, der dauernd jammert. Aber jetzt reicht's mir. Die Regierung würde ich am liebsten zum Teufel jagen.«

Doch Clinton und seine Regierung geben nicht nach. Im Gegenteil, sie wollen ihre Maßnahmen sogar noch verschärfen. Sie haben dem Rauchen den »Krieg« erklärt. Weil Zigaretten unbestritten nikotinsüchtig machen, ist erstmals die Rede davon, daß sie unter die Produktkontrolle der Arzneimittelbehörde, der Federal Drugs Administration, fallen und sogar als Drogen gelten könnten. Doch wird dieses rigide Vorgehen praktikabel sein? Übt nicht alles strikt Verbotene auf Kinder und Jugendliche einen geradezu magischen Reiz aus? Wird es eine geheime Zigarettenpolizei geben?

Der Druck gegen das Rauchen nimmt auch von anderen Seiten her zu. Hält man sich die auffälligsten Veränderungen im amerikanischen Sozialverhalten der letzten Zeit vor Augen, dann ist eine der wichtigsten zweifellos die »Kriminalisierung des Rauchens«. Gehörten Aschenbecher früher zu den beliebtesten Geschenken zur Hochzeit oder zum Einzug ins neue Heim, sind sie heute fast schon so archaisch wie die silbernen Tabletts, auf denen der Butler den Herrschaften die Visitenkarten der Besucher »servierte«. Zum ersten Mal seit über siebzig Jahren gibt es zwei neue Chrysler-Automodelle, in denen die bislang serienmäßigen Aschenbecher fehlen.

Die Gegenkampagne der Tabakindustrie betont vor allem die individuelle Freiheit und den Koexistenzgedanken. In einer Anzeigenserie von Philip Morris wird eine Meinungsumfrage von *Time*/CNN zitiert, derzufolge 73 Prozent der Befragten sich dafür aussprachen, dem einzelnen die Wahl zu lassen, ob er rauchen will oder nicht. »Wahl« heißt in diesem Zusammenhang: Ich rauche, wo und wann ich will, solange ich anderen damit keinen Schaden zufüge. Überraschenderweise sind es vor allem Erwachsene mit College-Abschluß und einem Jahreseinkommen von über 35 000 Dollar, die zu den Befürwortern der Wahlfreiheit zählen. Sie geben sich als »Raucher in Gesellschaft« aus, nicht als Nikotinsüchtige; sie rauchen weniger als eine Packung pro Woche, die aber mit Genuß. Vielleicht geht das amtliche Rauchverbot »überall, wo sich Leute in der Öffentlichkeit versammeln«, doch zu weit – jedenfalls für die Befürworter der amerikanischen Lebensmaxime »Leben und leben lassen«. Außerdem müssen wir uns nun im Zeichen der neuen Bestimmungen jedesmal, wenn wir ein Gebäude betreten oder verlassen wollen, zunächst durch dicke Schwaden blauen Dunstes hindurchkämpfen.

Wir machen uns über die Rückkehr der Raucher, die nur aus Vergnügen und in Gesellschaft zum Glimmstengel greifen, unsere Gedanken. Könnte dieser Trend nicht mit dem weiter unten beschriebenen Aufschwung der Kaffeehäuser einhergehen? Wäre für diesen neuen Markt nicht eine Super-Luxuspackung mit nur einer exzellenten Zigarette ein echter Erfolgstip? Vielleicht auch eine Packung mit zwei oder drei Zigaretten? American Tobacco testet bereits – allerdings unter dem Gesichtspunkt des Spareffekts bei Kostenbewußten – Zehnerpackungen, halb so groß wie die Normalpackung. Man könnte trotzdem den gleichen Preis verlangen und dafür die Schachtel aufwendiger gestalten (wie man es bei Pfefferminztäfelchen bereits tut). Oder wie wäre es mit frischen Geschmacksrichtungen (Kräutermischungen für das Gesundheitsimage), mit schön gestaltetem Zigarettenpapier (eine Augenweide). Oder mit Zigaretten, die langsam brennen und farbigen Rauch produzieren? Könnte man nicht statt Tabak auch Aromatherapie-Substanzen verwenden? Zigaretten, die Ihre Laune verbessern, Ihren Appetit zügeln und Ihre Energie stärken.

Die Zigarettenindustrie wird mit allen möglichen Neuheiten aufwarten, die dem Rauchen den gesundheitlichen Makel nehmen sollen. Einige existieren schon seit Jahren und kommen jetzt endlich auf den Markt: etwa Zigaretten, die kaum noch Rauch entwickeln (so daß die Gefahren des Passivrauchens erheblich reduziert würden). Die großen Konzerne unterstützen neue, kleinere, flexiblere Firmen bei der Entwicklung und Vermarktung von Nischenprodukten. Moonlight Tobacco Co. (unter den Fittichen von R. J. Reynolds) bietet eine große Zahl »maßgeschneiderter« Sorten an: »Sedona« mit leichtem Honiggeschmack, die dickeren »Jumbos« und »Politix« mit dem Symbol der Friedensbewegung. Hier kündigen sich neue Entwicklungen an, auch in der Struktur der Zigarettenbranche – weg von den großen Konzernen. Jede Menge Chancen für den Unternehmergeist, der sich überall in der amerikanischen Industrie bemerkbar macht.

Für Raucher, die keine Lungenzüge machen wollen, gibt es kleine, dunkle Davidoff-Zigarren in Zigarettengröße – in einer eleganten weißen Kiste. Große kubanische Zigarren, wie sie Winston Churchill rauchte, sind in den USA aufgrund des Handelsembargos zwar schon seit 1962 verboten, doch ein florierender »Zigarren-Untergrund« findet immer wieder Mittel und

Wege, eine »Montecristo A« aufzutreiben, deren Herstellung hundert Tage dauert und die 36 Dollar kostet.

Bei Nikotinpflastern (von Ärzten verordnet, um Rauchern den Abschied vom Rauchen zu erleichtern) sind die Umsätze dagegen dramatisch zurückgegangen: von 500 Millionen Dollar im Jahr 1992 auf 225 Millionen 1993 und geschätzte 150 Millionen 1994. Wenn es diese Hilfen auch rezeptfrei gäbe, würden vielleicht mehr Leute zugreifen.

Und wie steht es mit illegalem Rauchgenuß? Marihuana (Pot) ist auf diesem Markt nach wie vor am wichtigsten, populärer und stärker denn je. Viele probieren schon mal aus, wie ungefährlich es denn nun wirklich ist, manche nehmen es aus medizinischen Gründen (etwa gegen die Übelkeit im Zusammenhang mit einer Chemotherapie). Möglicherweise wird Pot eines Tages nicht mehr länger mit anderen, wirklich süchtig machenden Drogen wie Heroin oder Crack in einen Topf geworfen. Beleg für ein gewisses Umdenken ist zum Beispiel ein Buch des Juristen und Yale-Professors Steven B. Duke und des kalifornischen Rechtsanwalts Albert C. Gross: *America's Longest War: Rethinking Our Tragic Crusade Against Drugs* (Amerikas längster Krieg: Neue Ansichten zum tragischen Kreuzzug gegen die Drogen).

Die Hauptthese der Autoren lautet, daß manche Drogen kein so tödliches Risiko darstellen wie Zigaretten oder Alkohol. Deshalb könnte, ja sollte man den Zugang vernünftig und umsichtig regeln: kein globales Verbot, aber auch keine Verkäufe an Minderjährige und kein Drogengenuß in der Öffentlichkeit. Die Kontrolle ist ohnehin schwierig. Eine Regierungsstudie zum Rauschgiftverhalten von Schülern und Studenten aus dem Jahr 1994 stellte fest, daß fast 40 Prozent der Schüler in High-School-Abschlußklassen über Erfahrungen mit Marihuana verfügten. Alarmierender noch: Schon in der achten Klasse hatten 16 Prozent wenigstens einmal Pot geraucht. Und zwei Prozent der Zwölftkläßler gaben zu, täglich Pot zu rauchen. Sogar im Internet wird Marihuana angeboten – mit genauer Beschreibung der verfügbaren Sorten. Auch der Alkoholgenuß gehört zum Kern des Trends »Genießen? Jetzt erst recht!« Immer mehr Leute greifen zur Flasche, selbst wenn der Gesamtverbrauch an alkoholischen Getränken sinkt. Mit anderen Worten: In Maßen genossen, zumal in Gesellschaft, ist Alkohol »in«, doch Besäufnisse sind »out«. Importierte Weine aus Frankreich, besonders rote, verzeichnen ein Umsatzplus von 20 Prozent. Die Preiskämpfe bei Sekt und Champagner gehören der Vergangenheit an; heute knallt der Korken vor allem bei den edleren Sorten. Auch Hochprozentiges hat Konjunktur, denn der Trend geht zurück zur gepflegten Baratmosphäre in Clubs, Pianobars und Salons. Beispiele: die Monkey Bar oder die Temple Bar in New York, die Dresden Lounge in Los Angeles. Kein Grunge, kein Rap. Vielmehr die Rückkehr des gutgekleideten Salonlöwen. Und dazu singt Ella Fitzgerald »Autumn Leaves« oder »Stormy Weather«. Eine Atmosphäre wie in den dreißiger oder fünziger Jahren ...

Wie im *Popcorn Report* vorhergesagt, erlebt der Cocktail eine Renaissance. Besonders Martini. Und zwar nicht nur der berühmte Tropfen Wermut in einem V-förmigen Glas Wodka oder Gin, sondern neue Variationen aus den neunziger Jahren. Auf den Geschmack einer jüngeren Generation ausgerichtet. Relativ süße Martini-Cocktails. Hotelbars wie die im Four Seasons in Manhattans 57th Street haben inzwischen eigene Martini-Getränkekarten.

Und wie sieht's beim Kaffee aus? Kaum zu glauben, daß es in den Vereinigten Staaten noch vor wenigen Jahren hieß, Kaffee sei genauso gesundheitsschädlich wie Nikotin. Woraufhin die Kaffeeumsätze schneller sanken als die »Titanic«. In Scharen wechselten die Leute zum koffeinfreien Kaffee über oder gewöhnten sich das Kaffeetrinken ganz ab. Der gute alte Muckefuck, Ersatzkaffee auf Getreidebasis, wurde als »gesund« angepriesen, und bevor unser Trend (»Genießen? Jetzt erst recht!«) einsetzte, sah es lange Zeit tatsächlich so aus, als hätte in Amerika das letzte Stündlein des dunklen Getränks geschlagen.

Als BrainReserve vor fünfzehn Jahren für Maxwell House ein neues Marketingkonzept erarbeitete (Kaffee als zeitgemäßes Getränk und Ausdruck modernen Lebensstils und nicht mehr als Getränk für junge »Möchtegern«-Erwachsene), schlugen wir vor, eine Kette von Kaffeehäusern (Coffee Bars) zu eröffnen. Doch wir stießen auf wenig Gegenliebe. »Nein, wir wollen mit Immobilienproblemen nichts zu tun haben«, hieß es. Wir aber waren der Ansicht, mit solchen Cafés sei die Marktlücke gut zu füllen, die nach Schließung der Limonadenbars an der Ecke (Soda Fountains) entstanden war: als unbedenkliche Alternative zur Eckkneipe, alkoholfrei, aber mit etwas Pep.

Doch dann kam Starbucks und damit der Erfolg des Konzepts. Angefangen hatte es mit kleinen Kiosken in Seattle, doch inzwischen gibt es im ganzen Land 630 Kaffeehaus-Filialen. Umsatz: 200 Millionen Dollar. Auch andere haben sich diesem Erfolgstrend angeschlossen: New World, The Coffee Beanery, Gloria Jean's Coffee Bean (mit Franchise-Filialen in 200 Einkaufszentren), Timothy's, Brothers Gourmet, Coopers Coffee, um nur einige zu nennen. In gerade drei Jahren wurden in den USA aus einem letzten Rest von etwa 300 düsteren, staubigen, aus der Beatnik-Zeit übriggebliebenen Cafés fast 6000 Kaffeehäuser europäischen Stils. 1999 sollen es gar schon 10 000 sein. Im Vergleich zu Italien jedoch, mit seinen über 200 000 Cafés für eine wesentlich kleinere Bevölkerung, sind selbst diese Zahlen immer noch gering.

Das aromatische Gebräu steht in den Vereinigten Staaten noch ziemlich am Anfang einer neuen, großen Zukunft. Also gibt es auch noch viele Möglichkeiten, sich den Trend zunutze zu machen. Etwa mit handgetöpferten Kaffeebechern oder ähnlichem Zubehör. Selbst McDonald's, erzamerikanisch in Angebot und Aufmachung, probiert zur Zeit in seinen Restaurants

Espressomaschinen aus. Die Zeit wird zeigen, ob der langsame Genuß einer guten Tasse Kaffee die Gäste zum Verweilen einladen und damit das Schnellrestaurant zum gemütlichen Salon machen wird. Vielleicht verleitet einen die Umgebung auch nur dazu, seinen Espresso schnell hinunterzukippen, im Stehen an der Bar? Interessanterweise befällt viele Amerikaner immer noch ein leichter Schauder, wenn sie sich eine tiefbraune, sirupartige Dosis Koffein in Form eines Espressos genehmigen. Dabei enthält eine Tasse mit normal gebranntem Kaffee mehr Koffein als jeder Espresso. Außerdem kann man selbst laut Food and Drugs Administration täglich drei Tassen Kaffee trinken, ohne seine Gesundheit ernstlich aufs Spiel zu setzen.

Wie wäre es, wenn Kaffee nicht nur schlagartig für Munterkeit sorgen würde, sondern beispielsweise Energie über einen längeren Zeitraum hinweg spendete, verbunden mit dem Versprechen, abzunehmen? Oder Kaffee, der nicht nervös macht? Es gibt ein gentechnisch verändertes Produkt namens ThermoCoffee, der angeblich nur ein Drittel des üblichen Koffeingehalts aufweist, dafür aber Chrom enthält, ein Spurenelement, das Wunder wirken soll. Dieselbe Firma, Life Services Network in Neptune, New Jersey, stellt auch fettfreie Kaffeemilch mit Proteinzusatz her. Die Japaner haben ein neues Vehikel für den morgendlichen Koffeinstoß gefunden, ohne daß dabei irgend etwas aufgebrüht werden müßte: Kaugummi mit echtem Kaffee. Gar keine schlechte Idee, wenn sich das Kaffeearoma bewahren ließe. Zumal wenn morgens ohnehin nie recht Zeit zum Frühstücken ist. Was haltet Ihr von dieser Idee, McDonald's, Coca-Cola, Starbucks und all Ihr anderen?

Neben jedem Kaffeegeschäft oder Kaffeehaus müßte es dann in der Nachbarschaft noch eine Bäckerei mit Rosinenbrötchen und anderen Köstlichkeiten geben. Den Anfang machte (wieder einmal) eine Filialkette in Seattle, Cinnabon Bakeries. Diese Läden besitzen auch ihre eigene Kaffeemarke, »Rubymoon«. Zur Nachahmung empfohlen. (In Deutschland und anderen europäischen Ländern allerdings längst nichts Neues mehr.)

Was gehört noch zum Trend »Genießen? Jetzt erst recht!« Da wäre noch das Luxus-Statussymbol, der Pelzmantel. Doch die Pelzindustrie kämpft ums Überleben. Letztlich wird die Auseinandersetzung zwischen den Anti-Pelz-Initiativen, etwa People for the Ethical Treatment of Animals (PETA), und trotzigen Individuen ausgetragen, die sich sagen: »Ich lasse mir von niemandem vorschreiben, was ich trage.« PETA weiß zahlreiche Prominente und eine exzellente Medienkampagne hinter sich. Natürlich erregt es unsere Aufmerksamkeit, wenn nackte Supermodels auf der Straße protestieren und dabei Schilder mit der Aufschrift tragen: »Lieber bleiben wir nackt, als daß wir auch nur einen Pelz anrühren.« Aktivismus im Stil von MTV: schnell, frech, witzig. Und diese Taktik hat Erfolg. Wichtige Modeschöpfer wie Ralph Lauren, Calvin Klein und Donna Karan nutzen ihre Pelz-Lizenzen nicht mehr. Lediglich Karl Lagerfeld blieb seinen Pelz-Phantasien treu, was ihn zum Hauptangriffsziel der Aktivisten machte. Mal sehen, ob er standhaft bleibt.

Das Problem mit PETA und anderen Initiativen ist nur, daß ihre Ziele viel weiter gesteckt sind. So weit, daß die meisten von uns nicht mehr mitmachen. Denn hier wird gegen *jegliche* Nutzung von Tieren durch den Menschen protestiert, also auch gegen Leder, Wolle, Seide, Pferderennen und ähnliches. Unser Gewissen in dieser Frage ist gespalten, ja seltsam verdreht. Jedenfalls ist Trotz im Spiel, wenn jemand heute noch einen Pelzmantel trägt. Wenigstens in den USA. Als Aretha Franklin am bitterkalten Tag der Amtseinführung von Präsident Clinton im Januar 1993 ihren Nerzmantel trug, waren die Reaktionen mindestens so eisig wie der Wind. Doch sollten eigentlich ein paar extrem kalte Winter genügen, um die alten Instinkte des Menschen wieder zu wecken und dem Pelz zu seiner natürlichen Rolle als Schutz gegen eisige Kälte zu verhelfen.

Als Pelzmantelträger fühlt man sich zwar genötigt, sich zu verteidigen (»Nerze werden auf Farmen gezüchtet, wie Hühner auch« oder »Wenn die Verbreitung dieser Tiere mangels Jagd überhand nimmt, dann ...«), doch macht sich auch deutlich das Gefühl bemerkbar, sich nicht mehr länger alles madig machen zu lassen. Für die PETA-Leute könnte der Schuß jedenfalls nach hinten losgehen. Kürzlich äußerten bei einer Meinungsumfrage der Zeitschrift *Prodigy* 60 Prozent der 35 000 Befragten, sie fänden nichts dabei, einen Pelz zu tragen. Und die Schauspielerin Fran Lebowitz, eifrige Verfechterin von »Genießen? Jetzt erst recht!«, sagte in einem *Mirabella*-Interview: »Die beiden schlimmsten Verbrechen, die man in diesem Land begehen kann? Rauchen und dabei einen Pelzmantel tragen!« Unbekümmert tut sie beides.

Nach Auskunft des Pelzhandels zeichnet sich bereits eine Trendumkehr ab. Carla Fendi, mit den Umsätzen ihrer Firma recht zufrieden, freut sich: »Die Zeit der Kunstpelze ist vorbei.« Doch die Umsätze der späten achtziger Jahre, als Pelze preiswert waren und sichtbare Zeichen des Erfolgs waren, liegen immer noch in weiter Ferne. Dennoch, allem heftigen Pro und Contra in der Öffentlichkeit zum Trotz: Die Pelzindustrie ist nicht tot und setzt immer noch Milliarden um.

Wie protestieren die Konsumenten sonst noch gegen den Zwang, »gut« sein und sich »politisch korrekt« verhalten zu müssen? Auch dadurch, daß sie sich wieder in die Sonne setzen, um braun zu werden. Schlag Zwölf wimmelt es an den Stränden nur so von Sonnenanbetern, die alle gesundheitlichen Warnungen in den Wind schlagen. Bräunungsstudios sind beliebter als je zuvor. Auch Erotica stoßen auf gesteigertes Interesse. Pornographische Videos werden zu Qualitätsfilmen hochstilisiert, New-Age-Sexspielzeug kann bequem per Katalog oder online bestellt werden. Nicht zufällig brachten *Time* und *US News & World Report* Coverstories zum Thema »Sex in Amerika«. An seinem ersten Tag im Internet verzeichnete das Magazin *Penthouse* über 800 000 »Besucher«, und der *Playboy* wird mit seinen bewährten Stories und »Playmates« nicht nur lebhaft online gelesen, sondern sandte seinerseits einen Aufruf an alle weiblichen Wesen über 18 Jahren, elektronisch per E-mail ihre Maße und ein Foto einzuschicken (mit Bikini oder nackt). Selbst über exotische sexuelle Varianten sehen wir blasiert hinweg, zählen sie doch inzwischen fast zum Alltag.

Auch bewußte Vulgarität gehört in diesen Kontext. Es macht Spaß, sich auf das niedrigstmögliche Kulturniveau zu begeben. Etwa dem Seelenstriptease der Gäste bei platten Talkshows im Fernsehen zuzusehen, deren Moderatoren vor keiner Frage zurückschrecken. Oder sich intensiv um das Privatleben von Prince Charles und Lady Di zu kümmern. Schundfilme auf Video auszuleihen, Groschenromane zu lesen. Himmel und Hölle in Bewegung zu setzen, um einen billigen Pappbecher mit Pocahontas-Abbildung zu ergattern – und diesen dann demonstrativ zu benutzen. Allen möglichen Tratsch auszutauschen, über den Gartenzaun, am Telefon, im Internet – und dabei das Gehirn auszuschalten ...

Bleibt nur noch eine letzte Frage an unseren Trend: Wie lange wird »Genießen? Jetzt erst recht!« anhalten? Ich sage oft: Alles wird noch viel verrückter werden, solange, bis es eine Heilungsmöglichkeit für Aids gibt. Und was heißt hier »verrückt«? Die Antwort können Sie sich selbst geben, wenn Sie über folgende Frage spekulieren: Wie werden im Jahr 2020 Dinge wie der Verzehr von rohem Fleisch, das Zigarettenrauchen und ein Stop in der Kneipe auf dem Nachhauseweg bewertet werden? Zur Auswahl stehen die folgenden Antworten:

1. Sie werden als gefährlich gelten und deshalb überwacht werden.
2. Sie sind per Gesetz generell verboten.
3. Sie erfreuen sich nach wie vor großer Beliebtheit, und die Leute genießen sie.

Welche Antwort richtig ist, wissen wir erst im Jahr 2020 (oder kurz vorher). Gegenwärtig aber geht unsere Einstellung »Was nutzt das schlechte Leben?« einher mit der Freude über einen leichten Wirtschaftsaufschwung. Wir sind erleichtert, daß die letzten Rezessionen sich nicht zu echten Krisen ausweiteten. Wir wollen uns nur für alles, was wir durchgemacht haben, ein wenig belohnen. Wir haben's verdient.

9. Kapitel

5. Trend – Kleine Genüsse

»Welche Wörter schreiben selbst die Großherzigsten unter uns am häufigsten? ›Ich‹ und ›selbst‹.«

E. PHILPOTTS

»Wir wollen uns nur für alles, was wir durchgemacht haben, ein wenig belohnen. Wir haben's verdient.« Das galt für »Genießen? Jetzt erst recht!« Aber es gilt auch für »kleine Genüsse«. Denn das Motto »Gut zu leben ist die beste Revanche« motiviert uns auch hier. Wo also liegt der Unterschied? Sind nicht ein Steak und ein gutes Glas Wein auch »kleine Genüsse«? Ja, sie sind es. Aber das emotionale Umfeld ist ein anderes: Bei »Genießen? Jetzt erst recht!« sind wir im Grunde verärgert und haben uns bewußt entschieden, mal etwas »Böses«, Ungesundes, Verpöntes zu tun, trotzig »die Sau rauszulassen«. Bei »kleine Genüsse« genehmigen wir uns hin und wieder etwas Ähnliches oder sogar dasselbe, nur tun wir es wesentlich freundlicher, gelassener, entspannter. Wir verwöhnen uns, weil wir mit uns zufrieden sind.

Manche tun es mit einer Flasche »Veuve-Cliquot«, andere mit Yves St. Laurents »Champagne«. Was »kleine Genüsse« sind, hängt nicht zuletzt von der Konjunktur, dem allgemeinen Wirtschaftsklima ab. Als in den achtziger Jahren das Geld mit vollen Händen ausgegeben wurde, konnte es noch als »kleiner Genuß« gelten, sich anstelle der Limousine für die Cabrio-Version des neuen BMW zu entscheiden. Während der Rezessionsphase schrumpfte der erschwingliche Luxus, mit dem man sich »belohnte«, auf einen großen Blumenstrauß oder ein paar frische Himbeeren mitten im Winter.

Die Wurzel dieses Trends liegt letztlich in einem tiefsitzenden Gefühl, zu kurz gekommen zu sein. Aufgewachsen sind viele von uns mit der Überzeugung, »Lebensqualität« sei etwas, das sich automatisch von Generation zu Generation steigere. Irgendwie ging es immer nur aufwärts. Doch dann wurde ohne Vorwarnung das stillschweigende Versprechen, es werde uns noch besser gehen als unseren Eltern, gebrochen. Sang- und klanglos wanderten die rosigen Zukunftsperspektiven auf den Müllhaufen der Geschichte. Auf einmal war unser Arbeitsplatz nicht nur viel stärker gefährdet als der unserer Eltern, verdienten wir plötzlich auch weniger als sie, zusätzlich gerieten auch noch andere Gewißheiten ins Wanken. Daß unsere Fähigkeiten am Markt weiterhin gefragt seien, daß Geschäftsessen auch künftig steuerlich begünstigt blieben und daß die zweite Hälfte des Wortes »Geschäftsmoral« noch irgendeine Bedeutung habe.

Ist es da ein Wunder, daß wir uns Hals über Kopf in die »kleinen Genüsse« stürzten? Schon seit erdenklichen Zeiten müssen wir unsere Seele beruhigen, indem wir uns etwas Neues kaufen (und in harten Zeiten sind die Hartgesottenen die ersten im Kaufhaus). Wir sind traurig und wütend. Und wir nehmen uns das Recht, dem gequälten Ego etwas Gutes zu tun. Immer noch am leichtesten ist dann die orale Besänftigung: Wir müssen uns nur etwas Gutes in den Mund stecken.

Beispielsweise gutes Essen. Bei den »kleinen Genüssen« geht es um das Besondere. Denn belohnen kann man sich nicht mit dem, was man ohnehin häufiger ißt. Und man geht auch nicht gerade in einen Schnellimbiß, wenn man die Seele trösten will. Manche Zutaten sind schon für sich genommen so wertvoll, manche Gerichte mit so viel Liebe zubereitet, daß wir dafür im Laden oder im Restaurant gern deutlich mehr zahlen als sonst. Etwa wenn wir beim Einkauf einmal nicht auf den Preis achten und Waldpilze statt der üblichen Zuchtchampignons nehmen. Oder wenn wir beim Olivenöl nicht zu Mazzola greifen, sondern zu einer ganz speziellen Sorte mit Trüffelzusatz. Oder wir leisten uns frische Erdbeeren im Winter. Oder eine besondere Eiscreme. Suchen Sie sich das für Ihren Geschmack Passende aus. Sicher träumen Sie ohnehin öfter von solchen Genüssen.

Wie wäre es denn nun, da exzellente Kaffeesorten wieder »in« sind, mit ungewöhnlichem, aromatisiertem Tee? Mit Preißelbeer- oder Orangenaroma, Passionsfruchtnote oder anderen exotischen Geschmacksrichtungen? Auch in Ihrer näheren oder weiteren Umgebung gibt es bestimmt einen Teeladen, der verlockende Mischungen für Sie bereithält. In manchen Geschäften können Sie sich Ihre Mischungen auch aus verschiedenen Blattsorten in großen Gläsern selbst zusammenstellen. In einem schwedischen Teeladen fanden wir die Sorte »Tropenstrand«: eine köstliche Mixtur aus Darjeeling- und Ceylon-Tees mit kleinen Ananas-, Mango- und Papayastückchen, Orangenschalen, Hibiskusblüten und Koriander.

Auch beim Brot gibt es plötzlich besondere Sorten zu höheren Preisen, und es gerät ins Blickfeld der nach »kleinen Genüssen« Suchenden. Gegen ein aromatisches, frisch gebackenes, exquisites Vollkornbrot mit Nußgeschmack kann kein im Supermarkt angebotenes, abgepacktes Brot ankommen, und sei es noch so gut. Ganz zu schweigen vom Weißbrot, das in Amerika gang und gäbe ist. Und die Vielfalt der Sorten in manchen Bäckereien! Eine italienische Bäckerei in New York, »Ecce Panis«, bietet leckere Bauernbrotvarianten an (jeden Tag frisch) oder Brötchen mit eingebackenen sonnengereiften Tomaten, Zwiebeln, Oliven und Sardellen. Und vieles andere mehr. (In Deutschland ist diese große Auswahl an Brot- und Brötchen-Spezialitäten, anders als in Amerika, nichts Neues, doch selbst hier gibt es immer wieder Neues für den Trend »Kleine Genüsse« zu entdecken.)

Vielleicht ist es dem Einfluß von Peter Mayles Bestsellern über das Landleben in der Provence zuzuschreiben, daß viele Amerikaner jetzt auch Gefallen an französischen Baguettes gefunden haben. Abends sieht man viele New Yorker mit langen Stangenbroten unter dem Arm nach Hause hasten. Frisches Brot ist allenthalben der Renner. Und wenn schon das Brot frisch sein muß, dann die Donuts erst recht. Wie die Deutschen beim Brötchenbacken, wollen auch die Amerikaner am liebsten, während sie Schlange stehen, beim Backen ihrer Donuts zusehen.

Im Delikatessengeschäft sitzt der Dollar wieder ziemlich locker. So bewegten sich Ende 1994 die Kaviarumsätze auf Rekordniveau. Früher war Kaviar ein Luxus für einige wenige, heute gönnen sich immer mehr Leute diesen »kleinen Genuß« (Kaviar ist auch nicht mehr ganz so teuer). Die Leute kennen die verschiedenen Sorten und kaufen entsprechend ein. In der Vorweihnachtszeit gibt es in New York regelrechte Preiskämpfe zwischen diversen Delikatessengeschäften und Macy's.

Wenn Sie einmal wieder so richtig ausgelaugt und abgeschlafft sind, tut Ihnen vielleicht ein Kurzurlaub oder eine Städtereise gut – auch dies sind Formen des »kleinen Genusses«. London, Paris, Wien, München, Florenz, Berlin oder andere Metropolen sind immer eine Reise wert. Oder ein Verwöhnwochenende in einem Hotel auf dem Lande, in schöner Umgebung. Wenn Sie übernachten, sei es auf dem Lande oder in der Stadt, sollte Ihr Domizil nicht zu groß sein. Keine riesigen Hotelhallen und endlosen Zimmerfluchten, wo das Gefühl von Belohnung und Erholung nicht so leicht aufkommt.

Auch in Amerika setzen sich kleine, schicke Hotels nach dem Vorbild des Londoner Draycott oder des L'Hôtel in Paris immer mehr durch. Einst in New York wegen der hohen Grundstückspreise und Mieten praktisch unmöglich, existiert inzwischen ein recht großes Angebot kleinerer Pensionen und Hotels im Boutique-Stil, etwa das Inn am Irving Place, das Franklin, das Morgan's, das Shoreham, das Wales und das Mansfield. Auch in San Francisco, Denver, Detroit, Minneapolis, Houston, St. Louis und anderen vergleichbaren Städten findet man inzwischen gemütliche Hotels zum Wohlfühlen. Dort ist der Gast nicht nur ein Name im Computer, sondern ein lebendiger Mensch, um dessen Wünsche man sich gern kümmert.

Dieser Trend zu kleineren Hotels paßt übrigens gut zu einem Untertrend der »Kleinen Genüsse«, dem Mini-Phänomen, bei dem alles Überflüssige zurückgedrängt oder weggelassen wird, damit man sich auf das Wesentliche und Erlesene beschränken kann. Lieber wählt man das Kleine, Persönliche,

Lebendig-Gefühlvolle als das Ostentative, Aufdringliche, nur Äußerlich-Beeindruckende. Im Hotelbereich heißt das: kein Glamour, keine überdimensionale Rezeption, kein Personal in Paradeuniform, kein Zimmerservice auf Silbertabletts. Nur ein gutes Bett in einem gemütlichen Zimmer, in dem ich mich bei der Lektüre eines Romans aus dem 18. Jahrhundert wohlfühlen kann.

Und doch – es gibt Momente, da sehnen wir uns nach erlesenen, teuren Kleinigkeiten, die als Statussymbole taugen. Der kleine Luxus ist wieder gefragt. Edle Wollsocken, goldene Schlüsselanhänger, wertvolle Gläser, Pullover oder Seidentücher (Tücher von Hermes für 225 Dollar das Stück verbuchten zuletzt ein Umsatzplus von 24 Prozent). Ein kleiner Rucksack für Einkäufe in der Stadt, elegante Handtaschen und Koffer für die Reise. Statuskäufe sind »in«, doch im Gegensatz zu den protzigen Achtzigern sind heute Understatement und Qualität gefragt, ausgesuchte Handarbeit mit individuellem Charakter, Dinge mit eigener Aura.

Ein Artikel in *Fortune* nennt solche Statussymbole »dekadente Gebrauchsgegenstände«, denn der gesuchte Statusgewinn werde nunmehr von »Wertarbeit, Haltbarkeit und Nützlichkeit« bestimmt. Der Autor dieses Artikels rief bei BrainReserve an und holte meine Trendanalyse zu diesem Punkt ein. Ich erzählte ihm unter anderem: »Die Leute wollen wirkliche Qualitätsprodukte mit Firmentradition und moralisch einwandfreiem Geschäftsimage. Und sie wollen nicht überall aufdringliche Firmenlogos auf den Produkten sehen, wie zum Beispiel das »LV« auf dem Reisegepäck und den Handtaschen von Louis Vuitton. Und natürlich die neuen Primärfarben – Grün, Blau, Rot und Gelb – statt des üblichen Dunkelbraun mit goldenem »LV« (das ohnehin dauernd abgerissen wird). Die schmucklos-eleganten, schwarzen, ledernen Diplomatenkoffer von Vuitton, die immerhin 1660 Dollar kosten, sind ein echter Renner (Umsatzsteigerung im ersten Halbjahr 1994: 31 Prozent).

Wir weisen schon seit längerem darauf hin, daß im Zeitalter der anonymen Laptops der Trend irgendwann in Richtung der guten altmodischen Schreibgeräte umschlagen wird. Da weiß man wenigstens, was man hat. Keine unsichtbaren Mikrochips. Nehmen Sie zum Beispiel Füllfederhalter. Man muß Tinte nachfüllen, schmiert sich dabei die Finger voll, manchmal sogar das Hemd (weiß dann aber wenigstens, was man getan hat – wie bei den sandigen Fingern nach dem Bau einer Strandburg). Kaum zu glauben, aber Füllfederhalter, die mehr als 50 Dollar kosten, sind die reinste Wachstumsbranche. Die Spitzenfabrikate Montblanc, Dunhill und Cartier erzielten im Geschäftsjahr 1993/94 einen Umsatz von 300 Millionen Dollar. Montblanc eröffnete sogar eine eigene Boutique, in der einige Federhalter in limitierten Auflagen als Sammlerobjekte angeboten werden, benannt beispielsweise nach Ernest Hemingway und Agatha Christie. Ein Erfolgstip, denn der Wert solcher Schreibgeräte wird im Lauf der Jahre sicher steigen. Das gesamte Spitzensortiment an Füllfederhaltern taugt nicht nur als Konfirmations- oder Examensgeschenk, sondern hier handelt es sich auch um »kleine Genüsse« par excellence. Gekauft in der Hoffnung, daß sie uns wortgewaltiger machen, unseren Köpfen Poesie entlocken. Und sie sind haltbar – mindestens ein Leben lang.

Wer sich in den Trends auskennt und wer sich darauf einstellt, kann immer neue Wege gehen. Etwa »große Genüsse« – teure Prestigeobjekte – zu »kleinen Genüssen« machen, indem man das Firmen-Konzept modifiziert, sich etwas Neues einfallen läßt und mit den Pfunden des Firmenprestiges wuchert. Wie wäre es zum Beispiel mit einem beheizten Handtuchhalter von Ferrari, einem Nachtsicht-Fernglas von Rover, einem Eßbesteck von Porsche oder BMW in modischem Design? Einem klanglich perfekt abgestimmten Radiowecker von Steinway? Man bedenke: Nicht jeder kann es sich leisten, einfach in eines der exquisiten, weltweit anzutreffenden Bulgari-Geschäfte zu gehen und sich eine individuelle Designer-Golduhr für 14500 Dollar kaufen. Doch bei »Swatch«-ähnlichen Bulgari-Uhren mit Lederarmband und elegantem schwarzem Zifferblatt zum Preis von 320 Dollar, die dort gelegentlich zu haben sind, greift fast jeder zu (und man muß Glück haben, um eine zu erwischen, denn meist sind sie innerhalb einer Woche ausverkauft).

Viele der »kleinen Genüsse« werden immer kleiner. Winzige Züge fahren über winzige Modellbahn-Gleise. Mini-CDs. Ein handtellergroßer Farbfernseher von Marantz mit eingebautem Radio. Eine Kompakt-Satellitenschüssel von RCA, die nur noch so groß ist wie eine Bratpfanne und nicht mehr ihr ganzes Haus verunstaltet. Der kleine Laptop-PC Compaq Contura Aero 4/33 C (auf dem übrigens dieses Buch geschrieben wurde) mit seiner nur noch erdnußgroßen Maus.

Auch Bücher schrumpfen. Mini-Wörterbücher (von Langenscheidt und anderen) gibt es schon lange. Aber viele Hardcover-Ausgaben haben heute nur noch die Größe von Taschenbüchern. Oder denken Sie an die kleinen Geschenkbücher, die serienweise auf den Markt kommen.

Und natürlich – die lieben Kleinen. In den letzten Jahren sind die Umsätze für Babysachen in den Vereinigten Staaten dramatisch gestiegen, besonders bei Strampelanzügen, Hemdchen und Schlafsäcken. Hier macht sich die Ausgabefreudigkeit der lieben Großeltern bemerkbar. Sie wird die Nachricht erfreuen, daß sich der Modeschöpfer Ralph Lauren künftig auch dem Nachwuchs widmen will. Man darf auf seine Kreationen gespannt sein. Wird es demnächst Baby-Parfüms geben?

Düfte sind immer gut als »kleine Genüsse«. Die Parfümflasche hat ihren alten Platz zurückerobert. Ständig überraschen die Größen der Branche mit neuen Duftnoten – herben, würzigen, aufreizenden, romantischen. Doch warum bringt niemand die guten alten Parfüms von früher in neuer Aufmachung auf den Markt? Das wäre sicher ein echter Click. Erinnerungen an die goldenen Zwanziger. Modernem multifunktionalem Denken entspricht perfekt »Atmosphere« von Demeter. In den Duftnoten Lavendel, Zedernholz, Orange oder Geranie kann man es überall versprühen, wo einem gerade danach zumute ist: aufs Handgelenk, aufs Badehandtuch am Strand, in die muffelnden Tennisschuhe oder, etwa im Bad oder im Auto, einfach zur Luftverbesserung.

Ein anderer »kleiner Genuß« par excellence sind Blumen. Ob es sich um eine einzelne Rose auf Ihrem Schreibtisch handelt oder um einen Fleurop-Strauß für Ihre Mutter – frische Blumen deuteten früher immer auf etwas Besonderes hin, auf ein »Ereignis«. Heute sind sie fast schon alltäglich. Beim Einkauf im Supermarkt nimmt man mal eben ein paar Blumen mit. Selbst Miniaturrosen im Blumentopf oder Bonsai-Bäumchen erfreuen sich steigender Beliebtheit. In den USA kann man dergleichen telefonisch oder online rund um die Uhr bestellen. Können Sie sich noch an die Zeit erinnern, als nur Gärtner oder Leute mit einem grünen Daumen in der Lage waren, etwas so Anfälliges wie Orchideen im Wohnzimmer zu züchten oder auch nur zum Blühen zu bringen? Heute gehören solche Exoten ebenso zum Alltag wie Usambaraveilchen. Kurz: Blumengeschäfte sind nach wie vor auf Expansionskurs. Eine Gelegenheit, sich einzuclicken, neue Ideen einzubringen.

Ähnliches gilt für Haustiere. Der letzte Schrei in Amerika sind riesige Zoo-Supermärkte mit 900 m^2 Verkaufsfläche und mehr. Ca. 15 Milliarden Dollar geben die Amerikaner jährlich für Haustiere samt Zubehör aus. Wegen der großen Umsätze sind Hundefutter und Katzenstreu in solchen riesigen Spezialläden billiger als im Supermarkt. Die Geschäftsphilosophie dieser Zoo-Großhandlungen lautet: alles nur Erdenkliche immer vorrätig halten, von Kieselsteinen fürs Aquarium über Futter für Wüstenmäuse bis zur Hundezahnbürste. Und noch ein anderes Motto steht über diesen Tier-Eldorados: Erlebnis-Einkauf. Nicht nur, daß es immer etwas Interessantes zu sehen gibt. Es werden auch Fotowettbewerbe veranstaltet, mit Preisen für die besten Haustierschnappschüsse. Die Kunden dürfen, ja sollen ihre kleinen und nicht so kleinen Lieblinge mitbringen. Kontaktanbahnung der Hundehalter, Hundespiele an der langen Leine.

Allein für Hundefutter werden in den USA jährlich 900 Millionen Dollar ausgegeben, 210 Dollar im Jahr pro Hund für Spielzeug und Körperpflege, bei Katzen sind es 75 Dollar. Wenn man sich und seinem Tier einen »kleinen Genuß« gönnen will, gibt es -zig Möglichkeiten. Vielleicht wollen Sie Ihrer Katze, die nicht nach draußen darf und deren Krallen beschnitten wurden, einmal zeigen, wie es in der Wildnis zugeht? Dann können Sie ihr stundenlang Videos mit zwitschernden Vögeln, piepsenden Mäusen und munteren Eichhörnchen vorspielen. Nur leider wird Ihr Kätzchen dabei auch ganz schön hungrig …

Schon im *Popcorn Report* griffen wir eine Idee auf, die damals noch in den Anfängen steckte: »Sich zu Discount-Preisen verwöhnen«. Qualität, aber preiswert. Da hat es bei vielen geclickt, denn es ist ein wirklich gutes Gefühl, sich selbst auf die Schulter klopfen und sagen zu können, man sei clever. Schon immer gehörte zum Trend »Kleine Genüsse« eine Seite, die eher an trotzige Kinder erinnert: »Ich will das aber haben. Und zwar sofort.« Doch hier drängt sich die andere Seite in den Vordergrund: »Ich weiß, was ich will. Und vor allem weiß ich, wo und wie ich es günstig bekomme.«

Was ist besser, als irgendwo viele schöne Dinge beieinander zu finden, die qualitativ gut und trotzdem preisgünstig sind. So daß man ein paar Dollar sparen, sich dafür aber noch mehr leisten und gleich tüchtig zulangen kann. In Läden wie »Cheap Sam's« und »Price-Costco«. Oder nehmen Sie die riesigen Filialen der Ladenkette »The Price Club«, wahre Fundgruben. Hier kann man so manche Stunde verbringen und immer wieder darüber staunen, wie wenig Ramsch es hier gibt. Auf glanzvolle Präsentation wird bewußt verzichtet, auch das Personal ist knapp bemessen, doch dafür quellen die Regale über von hochwertigen Waren zu Spottpreisen. Hier ist die Versuchung zum Spontankauf besonders groß, und so geht die Rechnung auch für die Ladenbesitzer auf.

Mit geschätzten 150 Milliarden Dollar jährlich verfügen die 46 Millionen Amerikaner der Altersgruppe von 18 bis 29 Jahren über ein beträchtliches Einkommen, das der Altersgruppe der über 55jährigen wird sich in den nächsten Jahren sogar fast verdoppeln. Es stehen also beträchtliche Geldmittel für die Erfüllung kleiner Wünsche zur Verfügung. Gute Aussichten für »kleine Genüsse«. In wohlhabenden Haushalten spielt Geld natürlich keine Rolle. Kleine Wünsche können dort jederzeit erfüllt werden. Aber auch in einem Fünftel der Haushalte der untersten Einkommenskategorie bleibt ausreichend Taschengeld übrig. Wir haben immer genug Kleingeld in der Tasche, und finden immer gute, ja zwingende Gründe, es auszugeben. Trotz hoher Arbeitslosigkeit, trotz abenteuerlich schwankender Börsenkurse, trotz neuer Rezessionsprognosen ist der Trend »Kleine Genüsse« ungebrochen. Letztlich ist er eine Art Netz unter dem Drahtseilakt unserer Ängste. Balsam für die Seele. Der Gedanke, daß wir als Menschen einfach das Recht haben, uns gelegentlich selbst zu verwöhnen, hat sich in unseren Köpfen festgesetzt. Und so ist das Ganze zu einem beträchtlichen Wirtschaftsfaktor geworden. Wenn Sie als kleiner Ladenbesitzer nach erfolgreichen Konzepten suchen, finden sich immer noch genügend Möglichkeiten, hier Ihr Glück zu machen. Der Markt für die richtige Idee kommt Ihnen in diesem Sektor garantiert nicht so schnell abhanden.

10. Kapitel

6. Trend – Die Suche nach Halt und Sinn

»Wenn der Sturmwind an den Ankern zerrt
Des Glaubens und den Blick versperrt,
Dann halt' ich mich ruhig an allem fest,
Was eisern und beständig ist.«

W. GLADDEN (1836-1918)

Die neue Grenzregion der neunziger Jahre, die es zu erobern gilt, liegt im Innern.«

PEGGY NOONAN, REDENSCHREIBERIN
FÜR EX-US-PRÄSIDENT GEORGE BUSH

Unsere Gesellschaft sucht nach Halt. Sie schwimmt, aber sie ist immerhin noch nicht ganz verloren. Sie treibt noch dahin. Auch wenn uns auf den Wassern des Lebens der Sturm zerzaust, können wir unseren Geist erneuern, indem wir uns an die Rettungsleine Hoffnung klammern. Hoffnung ist unser Anker im Leben. Sie gibt uns Halt und Sicherheit, sie bewahrt uns vor dem Schlimmsten. Und sie erhält unsere Grundüberzeugungen aufrecht. Nach ein oder zwei Jahrzehnten des Materialismus und der Rücksichtslosigkeit halten wir Ausschau nach einfachen Antworten, nach inneren Werten. »Nun gut«, sagen wir uns, »alles Äußerliche könnt ihr mir nehmen, meinen Job, mein Geld, mein Auto – doch meine Gedanken, meine inneren Werte, die nehmt ihr mir nicht.« Wie heißt es doch so schön in einem alten italienischen Sprichwort? »L'ultima che si perde è la speranza« – »Das letzte, was wir verlieren, ist die Hoffnung.«

Diesen neuen Trend zur Innerlichkeit nennen wir bei BrainReserve »Die Suche nach Halt und Sinn«. Im Kern geht es um eine Suche nach den Werten der Vergangenheit, die auch heute noch Bestand haben und die uns somit in die Lage versetzen, uns den Unwägbarkeiten der Zukunft zu stellen. Fit für alles, was kommen wird. Wir fragen nach dem Sinn des Lebens. Die großen Fragen, auf die es keine endgültige Antwort gibt, werden wieder einmal gestellt. Warum gerade jetzt und nicht schon früher, fragen Sie sich vielleicht. Weil wir uns gerade jetzt kollektiv bemühen, in der Vergangenheit, in unseren Erinnerungen tragfähige Lösungen zu finden, die uns helfen, das tägliche Chaos zu meistern. Vielleicht spielt auch das magische Datum der Jahrtausendwende eine Rolle. Welch ein Grund zum Feiern! Aber auch welch ein Grund zu Einkehr und Besorgnis! Ein neues Jahr, ein neues Jahrzehnt, ein neues Jahrhundert und ein neues Jahrtausend – alles auf einmal …

Der historische Wandel hält sich zwar nicht an magische Daten, doch wir starren gebannt auf solche Wendemarken. Wenn Sie unter echten Problemen leiden, sind diese nicht plötzlich um Mitternacht, bei Anbruch des neuen Jahrtausends, verschwunden. Aber ein Augenblick der Besinnung angesichts der verrinnenden Zeit tut schon gut. Zu Zeiten des letzten Millenniums, im Jahr 1000, bewegte sich das Leben noch im Tempo eines Ochsenkarrens. Und das ist erst rund fünfzig Generationen her. Angesichts des neuen Millenniums stellen wir uns bange Fragen: Wird die Zahl der Naturkatastrophen steigen? Sind die Taifune, Tornados, Überschwemmungen, Erdbeben und Vulkanausbrüche nicht vielleicht doch ein Fingerzeig Gottes? Wird ein neues Zeitalter der universalen Liebe anbrechen? Wird ein neuer Messias kommen? Wird er ein Mann sein oder eine Frau?

Die Spiritualität ist erneut ins Zentrum gerückt. Betrachten Sie die spirituelle Suche einfach als konzentrierte Anstrengung, als Suche nach etwas Ungreifbarem, das wir verloren hatten, aber jetzt wiedergefunden haben. Unvorhersehbare Gnade? Halt findet man nur in größeren Zusammenhängen. Von einem warmen und gemütlichen Plätzchen aus können Sie die Sterne betrachten und hoffen, Trost bei einer höheren Macht zu finden. Lord Tennyson, der große viktorianische Dichter, hat's gewußt. »Werft all Eure Sorgen auf Gott«, schrieb er, »dieser Anker hält.«

Wenn Sie inneren Halt suchen, wie nahe ist Ihnen dann der Gedanke von C. G. Jung, das weite Meer enthalte die kollektive Erinnerung (und Zukunft) der ganzen Menschheit? Wenn wir am Strand sitzen, beruhigen uns die auflaufenden Wellen. Weiter draußen die Weite des Meeres. Aber es ist nicht nur die endlose, sanfte Bewegung, die uns zur Ruhe kommen läßt; Wasser ist auch Symbol für alles Spirituelle. Die geheimnisvollen Tiefen des Ozeans verhelfen uns zu einer neuen Ganzheit, zu einer Verbindung mit der archaischen Vergangenheit des Menschen. Vielleicht läßt sich so der Drang aller Menschen in Reichweite des Meeres, zum Strand zu fahren, sich hinzusetzen und in die Weite zu starren, erklären. Laut C. G. Jung beruht diese Faszination auf Erinnerungen an Sintflut, Geburt und Taufe.

Auch Tonaufnahmen mit den Lauten von Delphinen und Walen können Ihre spirituelle Ader berühren. In Japan gibt es eigens Priester, die Ton- und Bildaufnahmen von Delphinen als eine Art Streßtherapie benutzen und den Gläubigen damit in – buddhistischen Tempeln angeschlossenen – Heilungszentren zur Verfügung stehen. Vielleicht wäre es auch aus spirituellen Gründen gar nicht schlecht, wenn wir die Meeresverschmutzung endlich stoppten, wenn wir die erforderlichen Schritte zur Reinigung der Meere einleiteten und auch Walen und Delphinen ehrfürchtiger begegneten.

Die Rückkehr zu spiritueller Besinnung und das erneute Aufblühen verschiedener religiöser Spielarten haben wir im *Popcorn Report* vorhergesagt: »In diesem Jahrzehnt wird sich ein totaler Wandel vollziehen – die Schnellebigkeit wird dem Rückzug ins eigene Heim und der Abschirmung vor der Welt weichen. Es wird eine neue Moral, neue Religionen ... geben.«

Heute erreichen die Zahlen der Gottesdienstbesucher in den USA Rekordhöhen. Bei einer Umfrage von *U. S. News & World Report* gaben 60 Prozent der Befragten an, sie gingen regelmäßig in die Kirche oder Synagoge. Die Hälfte sogar jede Woche. In den USA, einem religiösen Land, glauben 96 Prozent der Menschen an einen Gott. Tief im Süden der Vereinigten Staaten sind die Religionsanhänger am aktivsten: Dort gaben 82 Prozent der Bevölkerung an, sie hätten in der vergangenen Woche gebetet. 47 Prozent hatten in der Bibel gelesen. Immer mehr Erwachsene lassen sich zum Zeichen eines Neubeginns konfirmieren. Wird nun auch die Zahl der Geistlichen, der Nonnen, Priester, Pastoren, Rabbis und Kantoren steigen? (Beruflich ließe sich dieser Trend nutzen – eine Click-Chance.) Zu den altgewohnten Ritualen wie dem der Eheschließung kommen neuerdings neue hinzu, etwa bei einer Scheidung. Paare (die noch miteinander reden) treffen sich bei einem Priester oder Rabbi, erinnern sich gemeinsam der schönen Stunden in ihrer Beziehung und vergeben einander die Verletzungen, die sie sich zufügten. Riesige Kirchen mit großen Gemeinden (in den USA gibt es davon etwa 400) müssen zu Ostern manchmal ganze Stadien mieten, um die Tausenden von Gläubigen unterzubringen. Gottesdienste werden auf Riesenleinwände übertragen, damit jeder im weiten Rund ihnen folgen kann. Die Kirchenlieder erklingen in Pop-Versionen, auch Rockbands und Tänzer treten auf. Sketche werden aufgeführt. Um noch mehr Gemeindemitglieder anzuziehen, heuern manche Pastoren zur Unterhaltung ihrer Schäfchen sogar professionelle Komiker an. Auch die Predigten wurden lockerer. Oft geht es eher um praktische Ratschläge für den Alltag als um die Bibelauslegung. Kritiker dieser »Modernisierung« des kirchlichen Lebens sehen darin eine »McDonaldisierung« der Religion. Doch steht diese Form des Gemeindelebens dem der Urchristenheit nicht sehr viel näher als das Beharren auf Traditionen? Den Mittelpunkt bildet das Gemeinschaftserlebnis. Alle Gemeindemitglieder kommen zusammen – wie damals. Einschließlich Kindern und Hunden. Und nach Herzenslust dürfen die Kleinen mit Bällen im Kirchenschiff herumtoben.

In dieser Art Religiosität drückt sich die Suche nach Halt und Lebenssinn vielleicht am deutlichsten aus. Aber niemand würde etwas anderes erwarten. Ist doch die Verbindung mit Gott für viele das höchste der Gefühle. Vielleicht ein Grund dafür, daß der Papst in Colorado 400 000 Jugendliche zu einer Veranstaltung unter freiem Himmel auf die Beine brachte? Daß er zu den Bestseller-Autoren gehört? Oder daß – Jahre, nachdem Latein aus den katholischen Gottesdiensten in den USA verbannt wurde – Gemeindemitglieder eine Rezitation des Rosenkranzes in lateinischer Sprache durch den Papst zum CD-Bestseller machen? Oder daß anläßlich des Papstbesuches 1995 an der Ostküste der Vereinigten Staaten 23 Produkte mit dem Segen des Papstes vermarktet wurden?

Wir haben es gewiß mit einem neuen Zeitalter zu tun, wenn sich jene, denen man direkten Kontakt zu Gott nachsagt, modernster Technik bedienen, um die frohe Botschaft zu verbreiten. Bildschirm-Evangelisten und Fernsehübertragungen religiöser Ereignisse schufen ein enges Verhältnis zu den Gläubigen. Im Kabelfernsehen lassen wortgewaltige Prediger rund um die Uhr Feuer und Schwefel vom Himmel regnen. Der Faith and Values Channel sendet 24 Stunden am Tag und erreicht mit seinem Programm mindestens 20 Millionen Haushalte in den USA. Charlton Heston ist der Star einer Bibel-Serie, die im Heiligen Land gedreht wurde.

Wir haben erlebt, wie sich Tausende chassidischer Juden vor einem New Yorker Krankenhaus versammelten – in der Hoffnung, ihr im Sterben liegender 92jähriger Rabbi möge ihnen ein Zeichen geben, daß er der neue Messias sei. Doch anders als zu Christi Zeiten verfügten diese Juden über Funkgeräte, um die frohe Kunde so schnell wie möglich verbreiten zu können. Jetzt, da der Rabbi verstorben ist, schmücken Tausende von Botschaften und Fax-Nachrichten sein Grab. Aber warum sollten die Menschen des Jahres 1995 ihrer religiösen Verehrung noch in denselben Formen Ausdruck verleihen wie ihre Vorfahren?

Christliche Musik gehört in den USA inzwischen zum Mainstream. CD-Umsatz 1994: 1 Milliarde Dollar. Läden für religiöse Bücher, die solche CDs verkaufen, sind an das Grossisten-Bestellsystem angeschlossen, so daß der Nachschub jederzeit gesichert ist. Bei Warner Brothers und Sony wurden eigene Abteilungen für christliche Musik eingerichtet. Und was MTV für die Rockmusik ist, das leistet der Z-Musikkanal für den christlichen Gesang. Auch die Stimmen der legendären jüdischen Kantoren sind inzwischen digital käuflich. Historische Aufnahmen der in Ghettos und KZs umgekommenen Liturgen (wie Josef Rosenblatt, der »Caruso unter den Kantoren«, und Gershon Sirota aus Warschau) blieben wie durch ein Wunder erhalten, so daß wir heute diesen lyrischen Tenören wieder lauschen können.

Echte »Soul«-Musik, Musik mit geistlichem Gehalt, scheint eine gute Chance zu haben, von der »Suche nach Halt und Sinn« zu profitieren. Geistliche Musik als Click. Ist es nicht erstaunlich, daß eine CD mit gregorianischen Gesängen (*Chant*), wohlgemerkt in lateinischer Sprache, gesungen von den Benediktinermönchen des Klosters Santo Domingo de Silos, einen

Spitzenplatz in den Charts erobert hat? Und das im Zeitalter des Rap'n'Roll! In nicht einmal neun Monaten wurden fast drei Millionen Exemplare verkauft. Die Folgeplatte, *Chant Noel*, wurde ein Renner im Weihnachtsgeschäft. Begonnen hatte die Mode in Europa, doch wurde der amerikanische Markt noch schneller erobert. Natürlich fanden sich etliche Nachahmer, wie *Chill to the Chant, Beyond Chant, Quietude* und *Old Roman Chant.* Mit ihrem beruhigenden Duktus eignet sich diese Musik hervorragend als »Nervenbalsam« für die neunziger Jahre. Auch die alten Lieder der russisch-orthodoxen Kirche erfreuen sich steigender Beliebtheit, zum Beispiel die 15 Vesper-Gesänge von Sergej Rachmaninow.

Es gibt einen Zusammenhang zwischen der Musik, die wir hören, und den Büchern, die wir kaufen. Wobei »kaufen« nicht immer gleichbedeutend ist mit »lesen«. (Haben Sie auch schon einmal im stillen gehofft, der Inhalt eines Buches möge wie durch Osmose in Ihr Gehirn gelangen, während Sie tief und fest schlummern?) Trotzdem hören wir in letzter Zeit so oft den Satz »Ich habe übrigens gerade *The Celestine Prophecy* [dt.: James Redfield, *Die Prophezeiungen von Celestine*, München 1994] gelesen, und das Buch hat mein Leben verändert«. Bei diesem Weltbestseller handelt es sich auf den ersten Blick um eine Mischung aus Abenteuerroman und spirituellem Erweckungsbuch, letztlich aber um eines jener vielen Erbauungsbücher, die ihren Platz auf den Bestsellerlisten behaupten. Die Prophezeiungen des Titels beziehen sich auf ein altes peruanisches Manuskript, das neun zentrale Lebenseinsichten enthält, die uns aus der materiellen Welt in die spirituelle führen. Der Autor, James Redfield, zeichnet das Bild einer Zukunft, in der geistige an die Stelle körperlicher Arbeit tritt. Zu Redfields Zukunftsvisionen gehört auch die Möglichkeit, körperlos und unsichtbar zu werden, falls man genug geistige Energie in sich bündelt. (Würden wir dann unsichtbar aneinander vorbeifliegen und uns gegenseitig Streiche spielen?)

Derselbe Leserkreis liest auch *Jesus CEO: Using Ancient Wisdom for Visionary Leadership* (Jesus als Firmenschef: Antike Weisheit als Grundlage visionärer Führungskraft) von Laurie Beth Jones. Hier geht es vor allem um die Motivationskünste Jesu in seinen Beziehungen zu anderen. Daraus könnte man in der Tat einiges lernen. Bestsellerstatus mit Millionen verkaufter Exemplare hat auch Betty J. Eadies *Embraced by the Light* (Vom Licht umfangen), ihr Bericht über ein Grenzerlebnis im Jahr 1975, als sie bei einer Operation »aus dem Leben geschieden« und fünf Stunden darauf mit den Geheimnissen Jesu wieder auf diese Erde zurückgekehrt sei. Dieses und ähnliche Bücher, in denen es um Erlebnisse an der Grenze zwischen Leben und Tod geht, die zudem angeblich auf Tatsachen beruhen und ganz in der heutigen Welt verankert sind, vermitteln eine ähnliche kosmische Botschaft wie *Die Prophezeiungen von Celestine*, aber lebensnäher verpackt. Mit fortschreitendem Lebensalter gerät auch der Tod ins Blickfeld der Generation der Baby-boomer, ganz abgesehen davon, daß wir Sterblichen in solchen Grenzerfahrungsberichten einen Zipfel der Ewigkeit erhaschen zu können meinen.

Erbauungs- und Meditationsbücher sind freilich keine Domäne der großen Verlage. Marlo Morgans *Mutant Message Down Under*, ein spiritueller Reisebericht über einen Treck mit australischen Ureinwohnern, erzielte schon im Selbstverlag des Autors eine Auflage von 350 000 Exemplaren, ehe das Buch bei HarperCollins herauskam. Ähnliches gilt für Meditationsbücher wie Anne Wilson Schaefs *Nimm dir Zeit für dich selbst. Tägliche Meditationen für Frauen, die zuviel arbeiten (Meditations for Women Who Do Too Much)*, Minibibeln der Alltagsweisheit [deutsche Ausgabe München 1994]. Von diesem dicken Büchlein waren vor Erscheinen der kommerziellen Ausgabe ebenfalls bereits etwa eine Million Exemplare im Desktop-Publishing-Verfahren erschienen. Gelassenheit und wie man sie erlangen kann – das ist das Leitthema dieser täglichen Meditationen für weibliche Workaholics (»99 Leben auf einmal«). Auch die Bücher *Simplify Your Life* und *Inner Simplicity* von Elaine St. James, die zusammen etwa 200 einfache Formeln zur Vereinfachung unseres Lebens und zur Konzentration auf das Wesentliche enthalten, erschienen ursprünglich in einem Kleinverlag. Ganz im Einklang mit diesen Büchern zum Thema, wie die Anforderungen von Beruf und Familie auf einen Nenner zu bringen seien, kommt eine neuere Studie der berühmten Wharton School of Economics zu dem Schluß, daß jene unter uns, die mehr Wert auf ein gutes Familienleben legen, am Ende auch mit einem besseren Einkommen dastehen als jene, denen die Werte der Familie relativ egal sind.

Bei den spirituellen Erweckungsbewegungen unserer Zeit geht es mindestens ebenso um Buddha, Allah, Brahma, höhere Mächte und Selbsterfahrung wie um den Gott des Alten oder Neuen Testaments. Noch mehr als auf die gregorianischen Gesänge schwören viele Menschen auf die buddhistische Litanei »Om Mani Padme Hum«, ein Mantra, das immer und immer wiederholt wird. Es verlangsamt das Tempo des Lebens und sorgt für innere Ruhe. Im Magazin *Spin* war das erstaunliche Bekenntnis der Sängerin Courtney Love von der Gruppe Hole zu lesen, ihr verstorbener Mann Kurt Cobain wäre sicher noch am Leben, wenn sie weiterhin ihre Litaneien gesungen hätte.

Cyndee Irvine, mutige Mutter von Zwillingen, eröffnete nach einer grausamen Scheidung zwei Unternehmen auf Hawaii: einen Party-Service und eine holzverarbeitende Firma, Waimea Wood Ware, die Gebetsperlen aus Sandelholz für buddhistische Priester sowie Rosenkränze, ebenfalls aus Sandelholz, für katholische Mönche und Nonnen herstellt. Ganz im Sinne der Trends, insbesondere »S.O.S. – Rettet unsere Gesellschaft«, fließt ein Teil des Firmengewinns zurück in die Wiederaufforstung Hawaiis mit Sandelholzbäumen.

Nicht alle Kulturen sind begeistert, wenn andere sich ihre tiefreligiösen

Rituale ausborgen oder sie gar kommerzialisieren. So formiert sich beispielsweise unter den amerikanischen Ureinwohnern Protest gegen New-Age-Zeitgenossen, die schamanische Rituale, Sipakus und Schwitzhütten usurpieren. Rituelle Gegenstände wie Friedenspfeifen und Regenstöcke sind inzwischen kommerziell so weit entweiht worden, daß sie in Geschenkläden direkt neben Donald-Duck-Leuchten zu finden sind. Eines der indianischen Ziele ist die 1990 gegründete Church of Gaia, benannt nach der griechischen Erdgöttin, eine synkretistische Öko-Religion, die ökologisches Denken mit indianischen Ritualen vermischt.

Damit auch Afro-Amerikaner ihren ganz eigenen ethnischen Feiertag begehen können, wurde vor rund 25 Jahren das Kwanzaa-Fest in den USA etabliert. Es fällt in dieselbe Jahreszeit wie Weihnachten und Chanukah (das jüdische Weihnachtsfest). Kwanzaa ist ein siebentägiges Familienfest, zu dem sich geschlossene Gruppen versammeln. Man ißt gemeinsam und zündet Kerzen an, die verschiedenen Leitprinzipien geweiht sind. Eines dieser Prinzipien ist »Ujaama«, der Suaheli-Begriff für kooperatives Wirtschaften. Auf einer Messe in New York zeigten 1994 dreihundert Aussteller Produkte, die einen Bezug zum Kwanzaa-Fest aufweisen: afrikanische Skulpturen und Textilien sowie Darstellungen von Nia Umoja, dem afrikanischen Gegenstück zum Weihnachtsmann (Nikolaus, Santa Claus etc.).

Helen Tworkov, Herausgeberin der buddhistischen Zeitschrift *Tricycle*, die mit etwa 150 000 Lesern im neuen Trend liegt, ist der festen Überzeugung, daß die buddhistische Weisheit, die auf der ganzen Welt schon Millionen Seelen den Weg gewiesen habe, auch in Amerika vor dem endgültigen Durchbruch steht. *Tricycle*, die viermal jährlich erscheint, berichtet über alle Aspekte des amerikanischen Lebens, von der virtuellen Realität über Phil Jackson, den Erfolgstrainer der Basketballmannschaft Chicago Bulls, bis zur Drogen- und Tabletten-Szene. Jackson hatte in das Training seiner erfolgreichen Mannschaft, die dreimal nacheinander die amerikanische Meisterschaft gewann, Zen-Prinzipien integriert. Und weil sich auch Berühmtheiten wie Richard Gere, Oliver Stone, Ellen Burstyn und Tina Turner meditierend östlicher Weisheit öffnen, füllen der freundlich lächelnde, geduldige Dalai Lama und seine Jünger inzwischen sogar die Spalten der Regenbogenpresse. Die an Prominenten reichen amerikanischen Buddhisten (auch die Familie Rockefeller darf natürlich nicht fehlen) – weder drogenselig noch exzentrisch – zählen zu den gesellschaftlich und wirtschaftlich einflußreichen Gruppen des Landes.

Vielleicht öffnet sich Ihnen ja der Weg zu Buddhismus und Nirwana auf neue, unerwartete Weise. Etwa wenn Sie der vor Obszönitäten nicht zurückschreckenden Rap-Gruppe The Beastie Boys zuhören und dort auf den Rap-Song »Boddhisattva Vow« stoßen, der die inneren Freuden der Meditation feiert. Oder Sie stellen sich zur Entspannung einen jener Zen-Minigärten auf Ihren Schreibtisch, die Sand, Steine und Pflanzen enthalten und in denen man mit einem kleinen Holzrechen herumharken kann – friedlich, der inneren Ruhe förderlich. Oder Sie lesen Anthologien wie *Zen to Go* von Jon Winokur. Viele der lakonischen Sentenzen darin bedürfen keiner Erläuterung und könnten es auch bei Ihnen clicken lassen: »Zen ist einfach eine Stimme, die ruft: ›Wacht auf! Wacht auf!‹« »Zen belehrt nicht, Zen weist hin.« »Zen ist wie die Suche nach der Brille, die man auf der Nase trägt.«

Die Suche nach einem spirituellen Halt im Leben kann nicht mehr als Spinnerei abgetan werden. Sie hat die kalifornische Szene längst verlassen und ganz Amerika erfaßt. Füllt sie doch eine innere Leere, die so viele empfinden. In aller Demut sollten wir uns dieser Aufgabe stellen und zumindest darüber nachdenken, wie gut es wäre, sich täglich etwas Zeit zur Meditation zu nehmen. Wenn dieser Trend Ihr Büro noch nicht erreicht hat, können Sie selbst vielleicht den Gedanken ins Gespräch bringen und anregen, jeden Tag eine Meditationspause einzulegen. Die Conde-Nast-Gruppe, jener Zeitschriftenverlag, zu dem unter anderem *Vogue, Glamour, GQ, Gourmet* und *Vanity Fair* gehören, bietet ihren Beschäftigten in der Mittagspause Tai-Chi-Übungen an. Das inspiriert. Und setzt Energien frei.

Für alle, die nicht einmal im eigenen Garten ein ruhiges Plätzchen finden (und wem gelingt das schon, wenn ständig allerorten in der Nachbarschaft irgendwelche Maschinen lautstark im Einsatz sind?), gibt es überall im Lande Orte stiller Einkehr – buddhistische Klöster und Konvente. Sei es im kalifornischen Zen Mountain Center in den San-Jacinto-Bergen oder in der Gethsemane-Abtei bei Louisville in Kentucky –; an solchen Orten der Ruhe können Sie nach Herzenslust meditieren. Und wenn sie *absolute* Stille suchen, die kein Wort unterbricht, können Sie zum Beispiel bei der Insight Meditation Society in Barre, Massachusetts, drei bis zehn Tage lang Aufnahme finden – aber auch sechs Wochen oder gar drei Monate lang, vorausgesetzt, Sie halten das Schweigen so lange aus. Nach einem solchen Aufenthalt im äußeren wie inneren Frieden atmen Sie tiefer, sind Sie besser in der Lage, sich zu konzentrieren, sind Sie wacher. Oft lassen dann auch chronische Schmerzen nach, verschwindet die Schlaflosigkeit, wird körperliche Fruchtbarkeit wiederhergestellt. Sie können diesen Segen aufrechterhalten, wenn Sie ein- oder zweimal am Tag etwa zehn Minuten lang ein Mantra immer wieder vor sich hin sprechen (ein einfaches Wort, eine simple Phrase oder auch nur bestimmte Laute). Trennen Sie diese Litanei aber strikt vom angstbesessenen Yuppie-»Mantra«: »Weiter, weiter, weiter; Karriere machen, Karriere machen ...«

Daß die Suche nach Halt und Sinn wirklich ganz Amerika und alle Schichten der Gesellschaft erfaßt hat, zeigt sich auch daran, daß bereits ein entsprechender Themen- und Erlebnispark entsteht: »Maharishi Veda Land« in Niagara Falls, New York. Initiatoren dieses Milliardenobjekts sind der Zauberer Doug Henning und der Maharishi Mahesh Yogi. Geboten wird eine

Mischung aus High-Tech-Attraktionen und magischen Illusionen. Es ist der erste Freizeitpark, in dem die Unterhaltung ganz im Dienste von Aufklärung und Wissen stehen wird. Am »Berg der Unsterblichkeit« etwa erhalten die Besucher geschickt verpackte Hinweise zur Gesundheitsvorsorge. Und statt Junk Food werden in diesem Park hochklassige Gemüse-Hamburger und Soja-Hot-Dogs angeboten.

Yoga gehört natürlich zu unserem Trend. Und es erfreut sich steigender Beliebtheit. Das Wort bedeutet im Sanskrit »Einheit und Disziplin für Körper und Seele als Grundlage der Gesundheit«. Diese viertausendjährige »Disziplin« läuft Aerobic langsam, aber sicher den Rang ab. Hektische Gymnastik kommt dem Alltagsstreß zu nahe. Beim Yoga hingegen vergessen Sie alles um sich herum und konzentrieren sich aufs Innere. Diese ruhige Intensität erhöht Ihre Spannkraft, verbessert Ihre Konzentrationsfähigkeit und kräftigt weniger beanspruchte Muskeln. Allein in der Umgebung unseres Büros gibt es zahlreiche Yoga-Zentren. Wie Cafés breiten sie sich rasend schnell im ganzen Lande aus.

Sollten Sie wirklich keines in erreichbarer Nähe finden, dann greifen Sie auf Yoga-Sendungen im Fernsehen oder auf Videocassetten zurück. Umfragen zufolge praktizieren inzwischen vier Millionen Amerikaner Yoga, doppelt so viele wie 1991. Wäre das nicht ein Markt für Clevere? So wie man auf dem Golfplatz oder (in den USA) in der Schule eine bestimmte Kleidung benötigt, braucht man auch für Yoga-Übungen zum Beispiel Gymnastikhosen, die etwa in den Knien nicht zu eng sein dürfen. In sogenannten »Soul Shops« sollte man auch Meditationskissen oder zusammenklappbare Bänkchen kaufen können, auf denen man einen ganzen Tag lang meditierend sitzen kann.

Die beim Yoga zu erlernende Gelenkigkeit läßt sich auf einem anderen Gebiet gut einsetzen, das ebenfalls mit der Einheit von Körper und Geist zu tun hat: beim tantrischen Sex. Im Rahmen der altindischen Tantra-Praktiken ist die sexuelle Vereinigung ein Sakrament, bei dem beide Partner mit sich selbst und dem Universum eins werden. Durch kontrolliertes Atmen und die richtige Körperhaltung läßt sich die orgasmische Energie so ausdehnen, daß sie Ihr gesamtes Wesen durchströmt. Ekstase, stundenlang. Darüber gibt es auch Bücher, zum Beispiel *Ecstasy Through Tantra* von Dr. John Mumford.

Wenn Sie nicht auf diesem Weg zur mystischen Einheit gelangen wollen oder wenn Sie beim Yoga nicht lange genug still sitzen können, versuchen Sie es doch einmal mit einem Gebetsspaziergang. Wenn Sie beim Wandern beten, bauen Sie Ihren Streß ab. Ganz gleich, ob Sie lebhaft ausschreiten und dabei lange Gebete sprechen oder einfach nur vor sich hinsagen »Dein Wille geschehe« – Ihre Gedanken werden emporgehoben, Ihr Kreislauf kommt in Schwung.

Die ersten Anzeichen des neuen Trends »Die Suche nach Halt und Sinn«

entdeckten die Experten von BrainReserve in Spezialgeschäften in Manhattan und anderswo, die auf die Bedürfnisse von Esoterikern ausgerichtet sind (wir nennen diese Leute »das Mysteriker-Völkchen«). Hier läuft das Geschäft mit besonderen Kerzen, magischen Kugeln, Wellenmaschinen, Kaleidoskopen und astrologischen Artikeln auf Hochtouren. Auch in der Schmuckbranche haben sich viele Goldschmiede mystischen Motiven zugewandt, von byzantinischen Kreuzen und Malteser-Kreuzen bis zu Amuletten und Talisman-Ketten. Wie wäre es mit Sanskrit-Armreifen? (Click-Idee.)

Auch diverse Meinungsumfragen belegen den Trend zum Mystizismus. Eine Leserumfrage der Zeitschrift *Self* im Jahr 1994 ergab beispielsweise, daß 84 Prozent der Befragten glaubten, daß »eine höhere Macht Gebete anhört und beantwortet«. 76 Prozent glaubten an Wunder, 63 Prozent an ein Leben nach dem Tode, 55 Prozent an übersinnliche Wahrnehmung, 51 Prozent an den Satan, 46 Prozent an Erlebnisse, bei denen die Seele den Körper verläßt. 39 Prozent hatten schon einmal »persönlich ein Wunder erlebt oder waren Zeuge eines Wunders gewesen«. Die erlebten oder bezeugten Wunder wiesen ein breites Spektrum auf. Wußte der eine zu berichten: »Bei meinem Schwiegervater wurde Krebs im Endstadium diagnostiziert, doch nach sechs Monaten war der Krebs vollständig verschwunden«, so hieß es bei einer anderen Leserin: »Als ich sechs war, ist meine Mutter gestorben. Und als ich mit zehn Jahren sehr krank war, hat sie mich besucht. So konnte ich ihr endlich sagen, wie sehr sie mir gefehlt hatte.«

Solche Geschichten, einst als seltsam abgetan, doch heute anscheinend normal, hört man in bestimmten Fernsehsendungen beinahe täglich, etwa bei NBC in »The Other Side« – direkt nach »The Today Show«, dem amerikanischen Äquivalent der »Tagesschau«.

Leute, die uns angeblich verraten können, wer wir wirklich sind (oder wer wir in einem früheren Leben waren), sind begehrt. Sie sollen uns auch raten, was wir tun sollen. Und uns sagen, ob das Glück uns hold sein wird. Ob ein Geldregen zu erwarten ist. Ob der Erfolg vor der Tür steht. Zauberer, Parapsychologen, Hand- und Kartenleser(innen) treten auf Geburtstags- oder Dinnerparties auf, und dergleichen gilt nicht mehr als Geschmacksverirrung, sondern als echte Attraktion.

Einige uns bekannte unkonventionelle Firmenchefs ziehen in verfahrenen Situationen spirituelle Ratgeber heran, um sich einen besseren Durchblick zu verschaffen. (Zwischen solchen Managern und extrem zielstrebigen Führungskräften wie Charles Revson und Tom Watson, die ganze Firmenimperien errichteten, scheinen Welten zu liegen.) Sie holen sich Leute wie Charles Nunn ins Haus, der im Verlauf seiner Geschäftskarriere »intuitive Fähigkeiten« bei sich selbst entdeckte, die Gabe, Menschen und Situationen bemerkenswert genau einschätzen zu können. Dieser Mann also wird zu Vorstands- und Aufsichtsratssitzungen eingeladen, als »Unternehmensberater« vorgestellt und trifft sich anschließend mit dem Firmenchef, um diesem seine intuitiven Erkenntnisse mitzuteilen: was in der Firma »wirklich abläuft«. Nun – eine Mischung aus Medizinmann und Kopfjäger.

Wenn Sie nun mit »intuitiver Beratung« nichts anfangen können, wie wär's mit einer »Archetypenanalyse«? Dann besucht Sie ein auf Mythen spezialisierter Psychologe, der die Managementstile und Persönlichkeitsmuster des Führungsteams der Firma untersucht. Er wird dann feststellen, welche Archetypen in der Firma am Werk sind (Zauberer, Krieger, Entdecker, Reisende etc.). Und wohin die Reise der Firma geht. Auf welchem Trip die einzelnen Führungskräfte sich jeweils gerade befinden. Und wozu das Ganze?, fragen Sie sich vielleicht. Nun, wenn in der Konzernspitze viele »Krieger« versammelt sind, dann hat die Konkurrenz sicher nichts zu lachen. Aber all diese Krieger werden sich leider auch ständig untereinander bekämpfen. Nicht gut fürs Betriebsklima. Auch ein »Reisender«, der ständig am Schreibtisch hocken soll, wird nicht gerade glücklich sein. Und so weiter und so fort.

Wenn heutzutage eine Sitzung mit den Worten endet: »Lassen Sie mich darüber erst nochmal schlafen«, kann es durchaus sein, daß mehr gemeint ist als der reine Schlaf. Denn manche Leute nutzen ihre Träume als Entscheidungshilfe. Ja, manchmal manipulieren sie ihr Traumleben sogar, um Wegweiser in kritischen Situationen zu erhalten. Auch Schriftsteller – und sogar Wissenschaftler wie Einstein – berichten über wichtige kreative Eingebungen im Traum. Am Pacifica Institute in Kalifornien kann man sogar ein Examen in Traumdeutung ablegen. Und Schweden fördert die wissenschaftliche Untersuchung von Träumen im Rahmen des nationalen Gesundheitswesens.

Sollten Sie immer noch Zweifel hegen, daß Mystik, Religion und Intuition im Trend liegen und die Suche nach Halt und Sinn allgegenwärtig ist, dann achten Sie einmal darauf, wie viele Engel derzeit zur himmlischen Renaissance beitragen. Erzengel, Schutzengel, Engel im Traum, lüsterne Engel, Vertrauensengel, gefallene Engel (Luzifer) und so weiter. *Time* brachte kürzlich eine Titelgeschichte über »The New Age of Angels«. Darin ist unter anderem nachzulesen, daß nach einer Meinungsumfrage des Magazins 69 Prozent der Amerikaner an die Existenz von Engeln glauben. 46 Prozent sind davon überzeugt, daß jeder Mensch seinen eigenen Schutzengel hat. 20 Millionen Zuschauer verfolgten die NBC-Sendung »Angels: The Mysterious Messengers«.

Aus früheren Epochen kennen Sie sicher mehr als genug Engelsgemälde, doch auch heute noch setzen sich ernsthafte Künstler mit diesem Thema auseinander, nicht nur in der Kirchenmalerei. Die Buchtitel, in denen Engel erscheinen, sind Legion, darunter zahlreiche Bestseller (wie Joan W. Andersons *Where Angels Walk*). Meistens geht es dabei um dramatische überirdische Begegnungen oder um erstaunliche Rettungen, bei denen Schutzengel Beistand leisteten.

Engelsdarstellungen wurden in der Tat zum großen Geschäft, besonders die rosigen, kleinen, verspielten Engelchen, die auf Grußkarten freundliche Schweinchen und muhende Kühe verdrängt haben. Ähnliches gilt für die Verzierungen von Kühlschrank-Magneten, Seifenhaltern, Handtüchern und dergleichen. In den USA und in Kanada gibt es mehr als fünfzig nur auf Engel spezialisierte Läden, außerdem noch etliche Versandfirmen mit einer breiten Angebotspalette: unter anderem Kissenbezüge, Porzellan und Wanddekorationen. Alles mit einem leichten oder starken Hang zum Engelskitsch. Engelszeitschriften, wie die zweimonatlich erscheinende *Angel Times*, vervollständigen das Bild. Heaven on Earth, eine Spielzeugfabrik in Washington, D.C., die Schutzengelpuppen herstellt, spendet 10 Prozent der Firmengewinne für Kinderhilfswerke auf der ganzen Welt. So vollbringen diese Schutzengel wirklich gute Taten.

Überdies sind Theologen der Ansicht, Engel könnten heutigen Menschen, die von den Kirchen desillusioniert sind, neue Brücken zu Gott bauen. Schließlich sind sie ökumenische Geschöpfe, und solche Gottesboten existieren in allen Weltreligionen.

Wenn aber Engel so allgegenwärtig sind, wie steht es dann mit den Teufeln, die die Kehrseite des Guten, das Böse, repräsentieren? Mit dem feuerroten Satan, dem Fürsten der Finsternis, und seinem ganzen gehörnten Hofstaat? Oder dem anderen lichtscheuen Gesindel aus den verschiedenen Mythologien? Vampiren, Monstern etc. Hier eröffnet sich ein weites Feld. Wurden in Amerika nicht seit jeher Außenseiter und Verbrecher glorifiziert? Jesse James, Billy the Kid, der Pate. Der satanische Massenmörder Charles Manson veröffentlichte aus dem Gefängnis heraus bei White Devil Records ein Album: »Commemoration«. Rosemary Rogers und Sean Kelly publizierten einen Wegweiser durch die Hölle, ein Who's Who der Höllenbewohner: *Who in Hell?*

Die Vampire-Folklore in Buch und Film erfreut sich ungebrochener Popularität, Dracula-Outfits sind ein Renner. Und auch ein neues weibliches Schönheitsideal ist unübersehbar: blaß geschminkte Gesichter mit tiefschwarzen Augenhöhlen und blutrotem Mund. Werden wir uns demnächst auf der Haut auch blaue Striche ziehen, dort, wo die Venen verlaufen? Damit wir wie lebende Tote aussehen? Die Satanskulte treiben ihre Blüten, und bei rituellen Tötungen kommen nicht nur Hühner zu Schaden. Heidnische Kulte und Hexerei werden von ihren Anhängern in aller Öffentlichkeit gepflegt. Die selbsterklärten Hexen sind unter uns. Heute droht ihnen ja auch nicht mehr der Tod auf dem Scheiterhaufen.

Als Schutzeinrichtung und als Ort der Stille und Andacht finden sich in vielen Häusern schon wieder Hausaltäre. Man kann sich aber auch einfach ein Zimmer aussuchen, in dem Ruhe herrscht und in dem man allein sein kann. Vielleicht steht dort ein großer Vogelkäfig oder ein Aquarium. Einem traditionellen Altar nahe kommen stille Ecken, in denen Gegenstände aufgestellt sind, die Ihnen etwas Besonderes bedeuten: Weihwasserkessel, ein Gefäß mit Erde von einem bestimmten Ort, Samen Ihrer Lieblingspflanze, eine kleine Heiligenstatue oder ähnliches. Anders als in der Kirche läßt sich die Gestaltung Ihres Hausaltars jederzeit Ihren ganz persönlichen Launen und Wünschen anpassen.

Wenn irgendwo ein tragischer Tod zu beklagen ist, werden auf der Straße oft spontan informelle Gedenkstätten errichtet, mit Blumen, Kerzen, Botschaften und persönlichen Erinnerungsstücken. Handelt es sich bei den Toten um Popstars oder beliebte Politiker, dann ist auf jeden Fall mit solchen Zeichen der Anteilnahme zu rechnen. Doch kann auf diese Weise auch eines jungen Menschen aus der Nachbarschaft gedacht werden, der bei einem Verkehrsunfall getötet wurde.

Halt können Suchende oft auch in der Vergangenheit finden, in der »guten alten Zeit«, die von den heutigen Zivilisationsproblemen noch nicht geplagt war. Und sei es nur, daß sie sich nostalgisch im Stil der letzten Jahrhundertwende kleiden. Ein Spezial-Versandhaus, die 1909 Company, brachte 1994 einen Katalog im Stil der alten Zeit heraus, in dem Fräcke, Samtkappen für den Opernbesuch und ähnliches angeboten werden, alles auf braungetönten Fotografien. Das war genau das Richtige zur richtigen Zeit. Click. Schon in der ersten Woche nach Versand des 94er Katalogs hatte die Firma die Hälfte des gesamten Vorjahresumsatzes erreicht.

Wissen Sie, wer Ihre Urgroßeltern waren, Ihre Ururgroßeltern? Wissen Sie, woher sie kamen? Die American Genealogical Society berichtet, daß so viele Menschen wie nie zuvor nach ihren Vorfahren forschen, weil sie mehr über ihre eigenen Wurzeln in der Vergangenheit erfahren möchten. Ahnenforschung steht auf der Popularitätsskala der Hobbies in Amerika schon an dritter Stelle. Die Erstellung eines Stammbaums ist dabei eher nebensächlich, es geht vor allem um den eigenen Halt in der Familiengeschichte. Das kann man kaum besser formulieren als Oliver Wendell Holmes: »Jeder Mensch ist ein Omnibus, in dem die Vorfahren spazierenfahren.« Für Ahnenforscher gibt es zur Arbeitserleichterung bereits mehrere Computerprogramme. Und wer weiß, vielleicht stoßen auch Sie bei Ihren Forschungen ganz in der Nähe auf Verwandte, von denen Sie bisher nichts wußten. Derartige Geschichten sind immer wieder Stoff für die Zeitung oder das Fernsehen ...

Die Familienbande sind vielen Menschen wirklich wichtig. Zumal man heute wieder davon ausgeht, daß die meisten Verhaltensweisen genetisch zumindest mitbedingt sind – vom Wahlverhalten bis zum Ehebruch. Dies können Sie in verschiedenen Büchern nachlesen, etwa in *Voices in the Blood: Discovering Identity Through Family History* (Stimmen im Blut: Die Entdeckung der eigenen Identität durch die Familiengeschichte). Wenn Sie Ihre eigene Familiengeschichte festhalten wollen, dann machen Sie Camcorder- oder Tonbandaufnahmen von möglichst vielen Familienmitgliedern. Und fragen

Sie rechtzeitig nach, wann Tante Ilse im Aufzug steckengeblieben war und darin übernachten mußte, oder wie Onkel Walter, der Kleinstadtmensch, die schöne, flotte, weltoffene Tante Isabell für sich gewinnen konnte. Wenn Ihre Familie schweigsam ist oder sich sperrt, lockern Sie Ihre Forschungen durch Spiele und Tricks auf, durch eine Art Familien-Monopoly, wobei sich etwa vielleicht nur derjenige aus dem Gefängnis wieder befreien kann, der eine neue Familienanekdote erzählt. Sortieren und beschriften Sie alte Fotos, sammeln Sie familiäre Koch- und Backrezepte, beschreiben Sie die Familienerbstücke (und wo sich diese befinden), lesen Sie aus alten Briefen vor. Versuchen Sie herauszufinden, wie in Ihrer Familie Zärtlichkeiten ausgetauscht wurden, wie man schwierige Situationen meisterte, wie die Kommunikation ablief. All dies sind Verhaltensmuster, die auch Sie prägten. Und nehmen Sie diese Dinge in Angriff, ehe es zu spät ist.

Die Erarbeitung von Familiengeschichten könnte auch beruflich betrieben werden. Als Dienstleistung. Als Click. Vor allem könnte die persönliche Anekdotensammlung dadurch mit dem entsprechenden Zeitkolorit versetzt werden: mit alten Fotos, die nicht nur Ihre Familie zeigen, mit Chronikmaterial etc. Für die Zukunft wäre auch eine virtuelle Genealogie denkbar. Dann könnten Ihre Kinder oder Enkel Ihre Hoffnungen und Träume im Kontext hören oder sehen und mit Ihnen interagieren. Auf diese Weise könnte Ihre Lebensklugheit auf die passenden Lebensstadien der nachfolgenden Generationen verteilt und zugeschnitten werden. Vielleicht würden Sie damit zum wahren Schutzengel.

Auch ein Familienwappen, ein altes oder ein neu zu gestaltendes, kann zur Identität Ihrer Familie beitragen. Solche Wappen erleben derzeit eine Renaissance. Auf Baseballmützen ebenso wie auf Faxpapier, Siegelringen oder Blazertaschen. Oder in genealogischen Namensbüchern. Dies schafft echte Club-Atmosphäre. Wenn Sie bisher kein eigenes Wappen besitzen, entwerfen Sie sich doch selbst eines. Vielleicht mit einem Schuß Selbstironie. Schließlich eignet sich der Familienhund genauso als Wappentier wie stolze Löwen oder Einhörner. Bringen Sie in Erfahrung, welches Blumensymbol mit Ihrem Familiennamen assoziiert wird, oder wie sich Ihr Beruf symbolisch darstellen läßt. Natürlich können Sie auch einen Fachmann (Heraldiker) mit dem Entwurf beauftragen. All dies trägt in jedem Fall zur Stärkung der eigenen Identität und der Familienidentität bei.

Viele Menschen fühlen sich auch motiviert, die Gräber ihrer Vorfahren zu suchen, und kommen mit Fotografien oder Frottagen des Grabsteins zurück. Wenn indes kein Grabstein existiert (wie zum Beispiel bei den Millionen jüdischen Opfern des Holocaust), läßt sich das Andenken an die Toten auch auf andere Weise pflegen. Nur lebendig sollte es bleiben. Und die Toten aus den Vernichtungslagern der Nazis dürfen, wie Nobelpreisträger Eli Wiesel zu Recht immer wieder betont, »niemals vergessen« werden. Dazu hat beispielsweise Steven Spielbergs großartiger Film *Schindlers Liste* einen wichtigen Beitrag geleistet. Aber auch die vielen Gedenkstätten auf der ganzen Welt: Sie halten die Vergangenheit wach, ob es sich nun um den Holocaust handelt, die beiden Weltkriege oder den Vietnamkrieg. Verlängern Sie die Liste selbst. Der Aids-Opfer wird in einem großen Quilt aus aneinandergenähten individuellen Erinnerungsstücken gedacht. Lassen Sie sich selbst etwas einfallen. Solche Erinnerungen geben uns Halt.

Was auch immer Ihrem Leben eine tiefere Bedeutung und Sinn verleiht, eines ist klar: Wir stehen am Beginn einer großen Erweckungsbewegung. Wir leben in einer Zeit spiritueller Umwälzungen und religiöser Wiedergeburten. Einer Zeit, die Wegweisung und Halt in der Vergangenheit sucht, um die Zukunft und ihre unbekannten Herausforderungen bewältigen zu können. Doch eines ist anders als bei früheren Erweckungsbewegungen: Es besteht nur wenig Übereinstimmung darüber, wer oder was Gott ist, was als Gottesdienst gelten kann und was nicht, und welche Bedeutung die alten und neuen Rituale für die künftige Richtung unserer Zivilisation haben werden. Nachdem die Seele in den achtziger Jahren kaum eine Rolle spielte, geben wir uns heute alle Mühe, unser Alltagsleben wieder mit Leidenschaft und Sinn zu erfüllen. Die alten Werte stehen wieder hoch im Kurs: Glaube, Nächstenliebe, Hoffnung. Wir suchen nach dem inneren Zentrum unseres Selbst, der Seele.

Wir suchen überall nach dieser letzten Gewißheit und nehmen sie, wo wir sie finden können. Was stört es uns, wenn dabei ein buntes spirituelles Gemisch entsteht? Ein russisch-orthodoxes Kirchenlied zum Essen, ein Zauberer auf dem Dach, der das Haus vor Blitzschlag schützen soll, Kontaktaufnahme mit den Verstorbenen, Gedanken an die Wiedergeburt. Die Angst, in einem neuen Sodom und Gomorrha gelandet zu sein. Buße, Umkehr, ehe es zu spät ist! Es fehlt die einheitliche Form: Alles ist möglich, alles geht. Sofern es nur Halt und Sinn vermittelt.

11. Kapitel

7. Trend – Ichbezogene Wirtschaft (Egonomics)

„Die größten Vergrößerungsgläser der Welt sind die Augen des Menschen, wenn sie auf die eigene Person gerichtet sind."

ALEXANDER POPE

Jeder Trend hat seine eigene Lebensdauer, und daran gemessen befindet sich die »Ichbezogene Wirtschaft (Egonomics)« inzwischen auf dem Höhepunkt. Bestimmender Faktor bei diesem Trend ist das Ich: Ich beanspruche auf meine Person zugeschnittene, individuelle Leistungen und Waren. Schließlich bin ich keine anonyme Zahl. Ich bin ich, und ich verlange einen persönlichen Service. Wenn Sie sich als Anbieter in diesen Trend und in diesen Markt einclicken wollen, haben Sie hier die besten Chancen, den Kunden persönlich zu erreichen. Sie müssen sich nur auf seine individuellen Bedürfnisse einstellen und an den Individualismus appellieren, an jenen Teil des menschlichen Bewußtseins, der sagt: »Kein zweiter ist genau wie ich.«

Wohin man auch geht, wohin man auch schaut, Egonomics ist allgegenwärtig. Dabei kann es sich um einen individuell verstellbaren Autositz handeln oder um eine persönliche Haarfarbe und Frisur.

Egonomics kann sich aber auch darin äußern, daß man alle Markenlogos und -etiketten von seinen Kleidungsstücken und Schuhen entfernt. Schließlich will man ja Individuum sein und nicht Massenkonsument. Interessanterweise gibt es in Europa und in den USA eine neue Schuhmarke, die sich sehr gut verkauft, und die einfach »No Name« heißt. Würden Sie auch ein solches Etikett heraustrennen?

Egonomics – das ist die Integration von Geschäft und persönlichem Leben. Nehmen Sie nur die Öffnungszeiten der Läden. Die Amerikaner haben sich längst an einen 24-Stunden-Tag gewöhnt. Sie wollen zu jeder Tages- und Nachtzeit irgendwo einkaufen oder etwas essen können. Inzwischen gibt es sogar Copy-Shops, die rund um die Uhr geöffnet sind, damit

Sie den erst nach Mitternacht fertiggestellten Geschäftsbericht oder die Hausarbeit, die am nächsten Morgen abzugeben ist, noch im letzten Augenblick vervielfältigen können. Wenn der Laden nie geschlossen ist, richtet man sich also nach Ihrem Zeitplan und nach Ihren Bedürfnissen. Und nicht umgekehrt. »Ichbezogene Wirtschaft« heißt etwa bei The Body Shop, daß Sie die heißgeliebte Pfefferminzlotion für Ihre Füße jederzeit nachbestellen können. Den Zeitplan bestimmen Sie.

Im Zeichen von Egonomics heißt es: Keine Nische ist zu klein. Wenn Sie mit Ihrem Waren- oder Dienstleistungsangebot nur ein kleines Segment der Bevölkerung erreichen, diese Leute aber zu treuen Kunden machen, haben Sie Ihr Ziel erreicht. Dann hat es für Sie geclickt. Wenn wir mit Firmenchefs zu tun haben (einzeln oder auf Tagungen), staunen wir immer wieder, wie viele von ihnen ihr Glück mit Kleinigkeiten, mit Gags oder kleineren Modifikationen bewährter Dinge, machten. Man muß nur die richtige Marktlücke erkennen. Etwa dünnere Zahnseide für alle mit engen Zahnzwischenräumen. Oder pastellfarbene Boxhandschuhe, wie sie die Sportartikelfirma Everlast für Damen anbietet. Egonomics hat auch mit individuellem Ausdruck zu tun. Hallmark bietet eine besondere Grußkartenserie (»Personalize IT!«) an, die dem Kunden die Möglichkeit läßt, Text und Anrede zu individualisieren. Man kann beispielsweise in der Anrede Spitznamen einsetzen. Bei »Creat-a-Card« von American Greeting stehen Ihnen auf Flughäfen oder in Drugstores Spezialcomputer zur Verfügung, die den Künstler in Ihnen ansprechen. Selbstentworfene Karten als individuelles Geschenk.

Wenn Sie Ihren Kunden das Gefühl geben wollen, als Persönlichkeit ernst genommen zu werden, richten Sie eine Telefonnummer ein, unter der Sie jederzeit kostenlos zu erreichen sind. Versicherungsunternehmen oder Hersteller von Haartönungsmitteln bieten diesen Service schon seit langem an, und nun zieht sogar schon die Modebranche nach. »Wir sind jederzeit für Sie da« – ein besseres Mittel, loyale Kunden zu gewinnen, gibt es nicht. Der Strumpfhosenhersteller L'Eggs bietet eine solche Nummer an, um Kundinnen, die sich im Wirrwarr der verschiedenen Größen und Formen nicht mehr zurechtfinden, telefonisch die Suche nach der richtigen Größe zu erleichtern.

Da wir gerade bei Größen sind: Das Institute for Standards Research hat sich endlich entschlossen, Körperformen und Körpermaße der heutigen Frau neu zu ermitteln – ein Unternehmen, das schon lange überfällig ist, denn die letzte derartige Erhebung im nationalen Maßstab stammt aus den dreißiger Jahren. Geplant ist die Erfassung der Daten von mindestens 10 000 Frauen, ausgewogen nach ethnischer und geographischer Zugehörigkeit. So lassen sich nicht nur die Konfektionsangebote besser auf die Kundinnen abstimmen, sondern wir erhalten auch Antworten auf Fragen wie:

Sind die heutigen Frauen dünner, dicker, größer, besser gebaut als vor sechzig Jahren?

Nach den Gesetzen der ichbezogenen Wirtschaft kommt bei diesem Trend alles auf den persönlichen Touch an. Dafür ist unsere Freundin Judi Roaman ein gutes Beispiel, die in East Hampton, New York, und in Aspen, Colorado, Damen- und Herrenbekleidungsgeschäfte besitzt, die exklusiv DKNY-Kleidung führen. An beiden Orten notiert sich Judi (schriftlich, aber auch im Gedächtnis) Größen und Lieblingsfarben ihrer Stammkundschaft. Ebenso, was diese Kunden zuletzt bei ihr gekauft haben. Wenn dann etwas Neues hereinkommt, was jemanden aus ihrem Kundenkreis interessieren könnte, meldet sich Judi bei den Betreffenden. Hinzu kommt ein weiterer Kundendienst, der ihr zwar finanziell nichts einbringt, aber für zufriedene Stammkunden sorgt. Wenn jemand in einem ihrer Läden nach einem ganz bestimmten DKNY-Artikel sucht, ihn aber nicht findet, weil er nicht vorrätig oder ausverkauft ist, dann tritt Judi in Aktion: Sie telefoniert bei allen DKNY-Boutiquen der näheren Umgebung herum, auch bei den Kaufhäusern, die diese Marke führen. Kann sie das gesuchte Stück irgendwo auftreiben, bestellt sie es zum normalen Ladenpreis. Es wird ins Haus geliefert, ohne daß Judi für ihre Bemühungen irgend etwas in Rechnung stellt. Kundenzufriedenheit geht ihr über alles. Vielleicht kennen Sie ja Ladenbesitzer, deren Geschäft besser florierte, wenn sie diesen Service anbieten würden. Vielleicht clickt es sogar bei Ihnen selbst?

In anderen Fällen kann ein auf Egonomics ausgerichtetes Verkaufskonzept dazu beitragen, einen negativen Umsatztrend umzukehren. Ein Beispiel: Die britische Einzelhandelskette Burton Group erteilte BrainReserve, nachdem die Firmenchefs John Hoerner und Stuart Rose den *Popcorn Report* gelesen hatten, den Auftrag, eine ihrer Unterabteilungen, Dorothy Perkins, mit 564 Läden für Damen- und Kinderbekleidung in Großbritannien, am Markt neu zu positionieren. Nachdem wir in England Hunderte von Frauen befragt (und außerdem unsere Trenddaten und unsere Talent-Bank einbezogen) hatten, gaben wir Empfehlungen und sagten der Konzernspitze, was Frauen sich im Idealfall von »ihrem« Bekleidungsgeschäft wünschten.

Unsere Strategie für Dorothy Perkins hieß »Bonds & Bridges« (Verbindungen und Brücken). Damit meinten wir, daß die Läden stärker auf ihre Kundinnen eingehen und engere Verbindungen zu ihnen knüpfen sollten. Wir schlugen beispielsweise vor, die Öffnungszeiten zu verlängern, um berufstätigen Frauen abendliche Einkäufe zu ermöglichen. Die Schaufenster sollten großzügiger gestaltet, die Kasse aus dem hinteren Ladenteil in die Nähe des Eingangs verlegt werden. Der wichtigste Beitrag aber sollte, ganz im Sinne von Egonomics, darin bestehen, alle größeren Käufe im Computer zu erfassen. Wenn dann später dazu passende Teile (Blusen, Röcke, Blazer oder ähnliches) hereinkämen, sollten die betreffenden Kundinnen benachrichtigt werden. Bei Interesse sollten die Kleidungsstücke dann, falls die Frauen nicht persönlich vorbeischauen könnten, zur Ansicht nach Hause geschickt werden.

Dieses Konzept beruhte wenigstens teilweise auf einem Credo, das wir bei BrainReserve schon lange teilen: In puncto Service darf es zwischen Geschäften der gehobenen Preisklasse und Durchschnittsläden keine Unterschiede geben. Denn jeder Kunde wünscht sich, überall mit der gleichen Aufmerksamkeit bedient zu werden. Und wenn Sie sich diese Mühe machen, können Sie lebenslange Stammkunden gewinnen.

Dorothy Perkins blühte innerhalb der Burton Group nach dem neuen Konzept regelrecht auf. Im *Wall Street Journal* vom 19. Mai 1995 hieß es, die Gewinne vor Steuern seien im Halbjahr Oktober '94 bis März '95 um 91 Prozent gestiegen. Wie einer der Geschäftsführer erklärte, »kann die Firma jetzt den Lohn einer neuen Geschäftsstrategie ernten, die darauf abzielt, Markenartikel höherer Qualität stärker herauszustellen und die Kunden zum Wiederkommen zu verleiten«.

Der Trend zu Markenartikel-Läden wie Speedo, Reebok, Nike, um nur einige zu nennen, ist überhaupt Mitte der neunziger Jahre ein besonderes Phänomen: Hier clickt es nämlich auf beiden Seiten – beim Lieferanten wie beim Konsumenten. Beide fühlen sich mit ihren Bedürfnissen ernstgenommen. Die Firmenerzeugnisse werden zwar auch weiterhin in großen Kaufhäusern und Discountläden verkauft, aber die kleineren Geschäfte, die nur eine Marke führen, haben durchaus ihre Vorteile. Sie bieten dem Hersteller die Möglichkeit, seine gesamte Produktpalette zu zeigen und sie optimal zu präsentieren. Die Kunden aber werden konzentrierter bedient und können schneller das Richtige finden.

Ein weiterer Trick der ichbezogenen Wirtschaft besteht darin, altvertraute Wege zu verlassen und dorthin zu gehen, wo man den umworbenen neuen Kunden vermutet, um ihn dann konzentriert den Verlockungen auszusetzen. Bekanntermaßen gehen die 18- bis 35jährigen Kunden nicht mehr gern in die großen Einkaufszentren und Kaufhäuser. Deshalb entschloß sich Calvin Klein, sein neues Unisex-Parfüm »CK One« in den USA landesweit in den Tower-Schallplattenläden anzubieten. Was kommt als nächstes? Fettarmer Joghurt im Sportwarengeschäft? Rucksäcke im Café? Den Einfällen sind keine Grenzen gesetzt.

Auch die Großen aller Branchen profitieren davon, wenn sie sich am Egonomics-Trend ausrichten und sich ganz persönlich um ihre Kunden kümmern. Die Buchhandelskette Barnes & Noble etwa hat sich mit ihren 231 Filialen und Großbuchhandlungen dem Prinzip »Hier sind Sie uns persönlich willkommen« verschrieben. Sie dürfen dort in den Büchern blättern und so lange bleiben, wie Sie wollen; Sie dürfen sich auf gemütlichen Stühlen und Sofas niederlassen und die Bücher anlesen, ehe Sie sie kaufen – oder auch nicht kaufen. Es gibt sogar eine Kaffeebar, an der Sie ein Schwätzchen mit Freunden oder Gleichgesinnten halten können – über den neuesten Bestseller oder über ganz andere Themen. Singles mögen solche Großbuchhandlungen besonders gern, weil sie ein gemütlicher Treffpunkt sind (bei Umfragen und in manchen Magazinen rangieren sie sogar unter den beliebtesten Treffpunkten für Singles auf Partnersuche, neben Hochzeitsfeiern und Fitneß-Centern). Auch junge Eltern lieben diese Läden sehr, besonders am frühen Donnerstagabend, wenn sie ihre Kleinen (gern auch schon im Schlafanzug) mitbringen dürfen. Dann wird dort aus Kinderbüchern vorgelesen.

Einer der Gründe für den Erfolg von Barnes & Noble (Ertragssteigerung im letzten Jahr: 250 Millionen Dollar) liegt darin, daß die persönliche Note dieser Läden nicht aufgesetzt wirkt, nicht als bloße Marketing-Idee daherkommt, nach dem Motto: »Jetzt wollen wir aber mal nett zu unseren Kunden sein.« Vielmehr ist es die Unternehmensphilosophie der Chefetage. Vor vielen Jahren, während seiner College-Zeit, arbeitete Leonard Riggio, der heutige Firmenchef, der wegen seiner mathematischen Begabung eigentlich Ingenieur hatte werden wollen, nebenher in der Buchhandlung der New York University. Und dort, nicht im Studium, hat es bei ihm geclickt. Len fühlte sich im Buchladen viel wohler als an der Uni. Es machte ihm viel Spaß, den Kunden zum richtigen Buch zu verhelfen. »Da fühlte ich mich als Teil eines Ganzen, da hatte ich das Gefühl, gebraucht zu werden«, sagt er heute. Also gab er das Ingenieurstudium auf und wechselte zur Betriebswirtschaft. Doch auch dort machte er keinen Abschluß, sondern las und las, was ihm Spaß machte. Schließlich konnte er sich seinen Herzenswunsch erfüllen: 1971 kaufte er Barnes & Noble. Die Firma bestand damals nur aus einem einzigen Laden an der Ecke Fifth Avenue und 18th Street, der zudem noch mehr Spielzeug als Bücher im Angebot hatte. Lens Büro liegt immer noch in diesem Haus, direkt über dem Laden – damit er sich ganz persönlich um die Wünsche seiner Kunden kümmern kann. Egonomics in Reinkultur. Uns gefällt's.

Firmen, die Egonomics richtig anzuwenden wissen, können sogar Probleme zu ihrem Vorteil nutzen. Ein Beispiel: Als ich irgendwann im letzten Jahr nach Hawaii reiste, hatte ich meine Sachen – wie üblich – in einen jener blanken schwarzen Rollenkoffer gepackt, die von Tutto hergestellt und in New York bei Hammacher-Schlemmer verkauft werden. Wir von BrainReserve benutzen sie auf all unseren Geschäftsreisen, weil man sie leicht hinter sich herziehen kann. Bei einem Zwischenstopp in San Francisco ging, noch dazu am Wochenende, der Reißverschluß des Koffers kaputt – so gründlich, daß auch keine Sicherheitsnadel mehr helfen konnte. Allerdings hatte ich das Glück, daß die Herstellerfirma in San Francisco ihr Hauptquartier hat. Trotz Wochenende brachte mir Susan Lee von Tutto persönlich einen neuen Koffer ins Haus meiner Freundin. So wurde aus einem Malheur ein Glücksfall. Und Tutto gewann, was wohl nicht besonders zu betonen ist, eine treue Kundin auf Lebenszeit.

Das kundenfreundliche Prinzip von Egonomics läßt sich auch bei allen technischen Produkten anwenden, sogar bei Computern. Wenn ein Kunde das Gefühl hat, ein Erzeugnis sei nur kalt, steril und beinahe unmenschlich, dann sollte dies für Hersteller und Verkäufer Anlaß sein, sich Mühe zu geben und dem Kunden das Gegenteil zu beweisen. Apple Computers hat uns zweifellos bewiesen, daß High-Tech nicht gleichbedeutend mit Cold-Tech sein muß. Daß der egozentrische Mikrochip zum besten Freund einer Frau oder eines Mannes werden kann. Denken Sie nur an das Apple-Inserat mit der Frage »Was haben Sie auf Ihrem Powerbook?« (Egonomics-Ansatz par excellence!) Auf der einen Seite die Avantgarde-Autorin Tama Janowitz mit ihrem Powerbook und einer Liste der gespeicherten Dateien, darunter »Journal meiner Träume, Lebkuchen-Rezepte, mögliche Namen für die Charaktere in meinen nächsten Romanen«. Ihr gegenüber auf der anderen Seite des Inserats die Journalistin Frances Lear, ebenfalls mit ihrem Powerbook und folgender Liste: »Die neueste Version meines Testaments, Gymnastik-Übungen, Foto meines Enkels«. Eine solche Anzeige regt unsere Phantasie an. Wir überlegen, was solche Geräte denn für uns leisten und was wir vielleicht damit anfangen könnten. Apple erinnert uns spielerisch, aber nachdrücklich an etwas ganz Wichtiges: Wie wir die verfügbare Technik nutzen, liegt ganz bei uns. *Wir* bestimmen, nicht der Computer.

Als Versuch, Computer menschlicher und persönlicher zu machen, erschien eine CD-ROM mit einer Auswahl von dreihundert verschiedenen Computer-Schrifttypen, die menschlichen Handschriften ähneln. Für Dankesbriefe sehr gut geeignet. Gegen einen Aufpreis von 45 Dollar können Sie sogar eine Probe Ihrer eigenen Schrift einsenden und daraus eine Computerschrift entwickeln lassen, die dann ebenfalls auf der CD-ROM enthalten ist.

Weitere technische Gerätschaften, die sich Ihnen persönlich anpassen? Da wir so viel von unserer kostbaren Zeit am Steuer verbringen, hat die Autoindustrie jetzt endlich das Egonomics-Konzept aufgegriffen. Click. Die General-Motors-Tochter Lincoln Mercury suggeriert in Annoncen, daß die neue Technik es Ihnen jetzt ermögliche, ein ganz persönliches Verhältnis zu Ihrem Auto zu entwickeln. In einer Zeitschriftenanzeige für den neuen Lincoln Continental heißt es verschmitzt: »Er kennt Ihre Stimme, Ihre Größe, sogar Ihr Gewicht. (Aber keine Angst. Er weiß auch, wann er den Mund halten muß.)« Der Rest des Anzeigentextes erläutert, daß zum Continental ein Autotelefon mit Stimmerkennung gehört (singen Sie einfach den Namen des Teilnehmers, dann wird dieser automatisch angewählt), daß seine Federung automatisch auf Ihr Gewicht und das Ihres Gepäcks reagiert und die waagerechte Straßenlage garantiert. Und eine ruhige Fahrt. Andere Autohersteller scheinen ebenfalls den Vorteil von Egonomics erkannt zu haben, und protzen nicht mehr länger mit starken Motoren und extremer Beschleunigung. Eine Lexus-Anzeige fragt: »Jahrhundertelang hat sich der Mensch seiner Umgebung angepaßt. Wie wär's denn mal anders herum?« Bringen Sie Ihre Individualität zum Ausdruck, lautet die Aufforderung.

Was könnte besser zum Egonomics-Trend passen als Maschinen, die in der Lage sind, die individuellen Daten unseres Körpers zu erfassen (zu »lesen«) und zu steuern? Eines Tages können solche Apparate vielleicht Ihre Körpertemperatur ablesen und jede Innentemperatur, ob im Auto, im Büro oder im heimatlichen Wohnzimmer, Ihrem Wohlbefinden anpassen. Wir wissen heute, daß sich nicht nur die DNS eines Menschen oder seine Fingerabdrücke gut zur Identifikation eignen, sondern auch Augen oder Hände. Verschiedene Regierungsstellen verfügen über Regenbogenhaut-Erkennungsgeräte, mit denen Ihre Augen zwecks Identitätsnachweis »abgelesen« werden. Um die Schlangen am Zollschalter bei der Einreise zu verkürzen, hat die Einwanderungsbehörde der USA ein Versuchsprogramm gestartet, das sich INSPass nennt (Immigration & Naturalization Service Pass). Dieses biometrische System erfaßt Ihren Handabdruck auf Spezialkarten, die Scheckkarten ähneln. Ausgewählte Reisende können nun am New Yorker John-F.-Kennedy-Flughafen oder in Newark an den Wartenden vorbeimarschieren, ihre Hand-Karte in ein Lesegerät stecken und ihre Identität dadurch beweisen, daß sie ihre Hand auf einen Scanner legen. Sollte sich dieses System weltweit durchsetzen, benötigten Sie nie wieder einen Paß, um eine Grenze zu überschreiten.

Auch die Banken sollten sich um Geldautomaten bemühen, die in der Lage sind, den Handabdruck des Kunden zu identifizieren. Es wäre doch ein großer Fortschritt, wenn man nie mehr einen Ausweis oder andere Personalpapiere mit sich herumtragen müßte, die gestohlen werden oder verlorengehen können. Eine denkbare Zwischenlösung wäre eine Plastikkarte, die alle personenbezogenen Daten auf Mikrochip enthält: Ihre Krankheitsgeschichte ebenso wie Versicherungs- und Bankangaben. Wäre es nicht von Vorteil, wenn all Ihre medizinischen Daten auf einer individuellen Chipkarte gespeichert würden, die Sie jederzeit bei sich tragen? Bei einem Umzug, einem Arztwechsel oder in Notfällen stünden stets alle relevanten Daten zur Verfügung. Auf Anhieb wüßten Sie auch, wie oft Sie in Ihrem Leben schon Antibiotika oder steroid-haltige Medikamente genommen haben, welche dieser Mittel bei Ihnen am besten wirkten, welche dagegen überhaupt nicht.

Der Egonomics-Trend hat so sehr an Boden gewonnen, daß wir als Individuen bereits fest damit rechnen, individuell bedient zu werden. Hält man es irgendwo für unnötig, sich auf diesen Trend einzustellen, registrieren wir dies kritisch und ziehen ganz selbstverständlich unsere Kon-sequenzen. Warum ist es zum Beispiel nicht möglich, bei Kinositzen den gleichen Komfort anzubieten wie bei Autositzen? An der fehlenden Technologie für individuell verstellbare Sitze kann es doch nicht liegen. Oder, wenn wir schon bei diesem Thema sind, warum lassen sich Rednerpulte nicht der

Größe der oder des Vortragenden anpassen? Erinnern Sie sich noch an den Staatsbesuch der britischen Königin in den USA zu Zeiten von Präsident Bush? Als Bush die königliche Besucherin in Kalifornien an einem standardisierten Pult willkommen geheißen hatte, mußte diese, obwohl von kleiner Statur, am selben Pult sprechen. Doch niemand im Publikum konnte ihr Gesicht erkennen, und so hatte sie sofort ihren Spitznamen weg: »der redende Hut«.

Auch Fluggesellschaften entdecken endlich den Trend zur ichbezogenen Wirtschaft. Wurde aber auch höchste Zeit. United Airlines etwa verspricht seinen Kunden in Anzeigen nicht mehr global einen freundlichen Service (»Fly the Friendly Skies«), sondern annonciert Fluggästen der Ersten Klasse, sie hätten jetzt »die Möglichkeit, ihr eigenes Flugerlebnis ganz persönlich nach Ihren Wünschen zu gestalten«. Man kann jetzt zwischen einem üppigen Menü oder einem leichten Snack wählen, bestimmen, wann und wie schnell man essen oder wann man ein Nickerchen machen möchte. Schluß mit den strikten Regeln und der Uniformität. Bisher mußte man ganz auf sein Essen verzichten, wenn man zu der Zeit, da die Stewardeß den Servierwagen durchs Flugzeug schob, keinen Hunger hatte. Ganz in diesem Sinne umwirbt auch Swiss Air ihre Erste-Klasse-Passagiere. Dort verspricht man: »Jede Minute, die Sie bei uns verbringen, gehört Ihnen. Sie können Ihre Zeit genau so verbringen, wie Sie es wünschen.« Zu diesem Service-Paket gehören etwa ein Einweisungsdienst in Zürich oder Genf, der die schnelle Abfertigung am Schalter und die bevorzugte Gepäckabfertigung sichert; das Vorrecht, das Flugzeug als erste betreten zu dürfen; sowie eine Gepäckauslieferung in Ihr Hotel oder nach Hause. Bei Nachtflügen werden Ihnen Decken und Kissen gereicht, wenn Sie schlafen möchten. Wenn Sie aber hellwach sind, steht Ihnen Ihr eigener Videomonitor zur Verfügung, samt einer Auswahl von mehr als dreißig Filmen. Bei einer anderen Fluggesellschaft werden Computerspiele an der Rückenlehne des Vordersitzes geboten, sogar auf den preiswerten Plätzen.

Virgin Atlantic Airways, die von dem kreativen britischen Unternehmer Richard Branson gegründete Fluggesellschaft, bietet einzigartige Dienste. Auf ausgewählten Routen verwandelt sich das Flugzeug nämlich in einen Schönheitssalon. Dann werden Ihnen Nacken und Schulterpartien gründlich massiert; auch Reflexzonenmassagen der Füße sind möglich. Ebenfalls Ihrer Entspannung dienen auf Wunsch subtile Aromatherapien. Und sogar die Nägel können Sie sich maniküren lassen (allerdings ohne Veränderung des Nagellacks, denn feuergefährliche Substanzen wie Nagellackentferner sind an Bord verboten). Doch nach der Landung können sich die Passagiere der Ersten Klasse und der Business-Klasse im Clubhaus in Heathrow gratis die Haare schneiden sowie Gesicht, Hände und Füße pflegen lassen. Und weil über internationalen Gewässern das Glücksspielverbot nicht gilt, versucht diese Fluggesellschaft sogar, während des Fluges Video-Glücksspiele zu organisieren. Das klingt Ihnen recht weit hergeholt? Aber nicht bei Virgin. Denn diese etwas exzentrische Fluglinie unterhält auf dem Flughafen Heathrow bereits einen Computer, bei dem die Passagiere ihr Glück versuchen und um Flugtickets spielen können. Auch auf anderen Flughäfen bemüht man sich, Zwischenaufenthalte attraktiver und interessanter zu gestalten: Während eines zweistündigen Aufenthalts in Singapur konnte unsere Lektorin bei HarperCollins, Cynthia Barrett, ganz im Sinne von Egonomics Gymnastik treiben, in die Sauna gehen und duschen. Danach flog sie erfrischt weiter.

Im großen und ganzen haben die Fluggesellschaften aber immer noch nicht begriffen, was im Zeichen von Egonomics zu tun ist, wenn echte Pannen auftreten. Ein Beispiel: Beim Einchecken für einen fünfundvierzigminütigen Inlandflug der SAS in Dänemark verdrehten Lys und ich krampfhaft unsere Hälse, um unseren gemeinsamen Koffer mit dem Übernachtungsgepäck zu verfolgen, als die SAS-Angestellte ihn per Hand vom automatischen Förderband nahm und hinter einer Tür abstellte. Als wir deswegen unruhig wurden, behandelte sie uns wie hysterische Amerikanerinnen und erwiderte auf Fragen nach dem Wieso und Warum nur, sie könne uns garantieren, daß der Koffer rechtzeitig am Ziel sein werde. Berühmte letzte Worte. Und kaum waren wir auf dem kleinen Flughafen von Karup angekommen, wurden wir schon per Lautsprecher zur Rezeption gebeten. Die Nachricht? Ja, Sie haben's erraten: Unser Koffer war hinter der Tür vergessen worden, also nicht in unser Flugzeug gelangt. Doch auch der SAS-Repräsentant in Karup war nicht gerade kooperativ. Er entschuldigte sich zwar vielmals, doch letztlich lief es auf die Botschaft hinaus: »Dies war leider der letzte Flug hierher am heutigen Tag. Wir versuchen aber, Ihren Koffer zu einem Flugplatz zu dirigieren, der eine Stunde von hier entfernt ist. Von dort wird Ihr Gepäck dann in Ihr Hotel gebracht, bis spätestens zwei Uhr morgens. Ob die Sache klappt, können Sie hier aber leider nicht mehr erfahren, weil wir jetzt schließen. Ich habe Feierabend.« Am nächsten Morgen wollten wir ein TrendView-Seminar abhalten. Und anstatt nun in der Nacht davor richtig gut zu schlafen, mußten wir wachbleiben und auf unseren Koffer warten. Er kam sogar wie versprochen an, mitten in der Nacht. Doch hatten wir uns weder zum Essen umziehen können, noch hatten wir Nachthemd und Waschzeug dabei. Und das war schon eine echte Beeinträchtigung. Was hätte man nun im Sinne von Egonomics tun können (sollen)?

1. Es hätte eine rund um die Uhr besetzte Telefonauskunft geben sollen, bei der man hätte nachfragen können, wo sich der Koffer gerade befand.
2. Man hätte einen Geldbetrag zur Verfügung stellen können, damit wir uns das Nötigste (etwa eine Zahnbürste) vor Ort hätten kaufen können, als wir es brauchten.
3. Der SAS-Angestellte hätte uns trotz Feierabend im Hotel anrufen können, um zu bestätigen, daß das von ihm eingefädelte Arrangement auch

tatsächlich zum Ziel führen werde. Damit wir sicher sein konnten, unseren Koffer zu bekommen. Das hätte uns sehr beruhigt und außerdem das Gefühl vermittelt, daß das Ganze schließlich nicht allein unser Problem war.

4. Schließlich hätte man das Gepäck auch noch mit einem Flugzeug einer anderen Fluggesellschaft transportieren können, wenn es dadurch eher am Zielflughafen angekommen wäre.

Wie geht die Unterhaltungsindustrie auf den Egonomics-Trend ein? Preisverdächtig ist die Zusammenarbeit von Blockbuster Video und IBM, bei der es um ein Gerät geht, mit dessen Hilfe der Konsument aus Millionen verschiedener Musiktitel auswählen und sich seine individuelle CD zusammenstellen kann. Der Time-Warner-Konzern brachte als erster einen interaktiven Kinofilm heraus, bei dessen Vorführung jeder einzelne Zuschauer ein Gerät in die Hand bekommt, um über den gewünschten weiteren Handlungsverlauf abzustimmen. Happy End des Liebespaares? Knopf A drücken. Soll der Schurke getötet werden? Knopf B drücken. Solche variablen Filme werden die Filmindustrie und die ichbezogene Wirtschaft auf einen Nenner bringen. Interaktive Filme werden der Click für die Zukunft sein. Wie wäre es mit folgender Idee? Eine CD-ROM über Ihre Lieblingsperson, die Ihnen mehr über ihr Leben und über ihre Erlebnisse verrät.

Auch die Zeitungsverlage experimentieren mit einem weiten Spektrum individuell zugeschnittener Publikationsprojekte. Auf diese Weise sollen neue Zugänge zum Leser geschaffen werden. Für die Tageszeitungen ist dies beinahe schon eine Überlebensfrage. Wenn, wie Meinungsumfragen ergaben, die Hälfte der zukünftigen Leser (Altersgruppe 18-24 Jahre) niemals eine Zeitung in die Hand nimmt, läuft alles ganz natürlich auf Online-Dienste hinaus. Denn die Wahrscheinlichkeit, daß diese Nicht-Leser sich ihre Informationen und Neuigkeiten lieber auf dem Bildschirm zusammensuchen, als sich mit Druckerschwärze die Finger schmutzig zu machen, ist groß. Und den Zeitungsverlagen ist auch nicht entgangen, daß diese Bevölkerungsgruppe sich wahrscheinlich eher zu informieren gewillt ist, wenn die Nachrichten nach Interessengebieten aufgegliedert sind.

1989 hatten sich in den USA erst 42 Zeitungen auf das elektronische Abenteuer eingelassen, 1995 waren es schon fast 3000. Täglich wird beispielsweise der *San José Mercury* auch online publiziert. Die »Titelseite« besteht dann nur noch aus einer Serie von graphischen Symbolen (etwa für den Wirtschaftsteil, die Sportnachrichten, das Feuilleton und die Unterhaltung); die Leser clicken nur noch an, was sie interessiert. Den Rest der Zeitung bekommen sie gar nicht erst zu Gesicht. Einer der Vorteile von Online-Nachrichten besteht jedoch darin, daß auch Hintergrundinformationen bereitgehalten werden. So können Nachrichten-Fans Zusatzinformationen, beispielsweise Gerichtsakten oder Protokolle von Pressekonferenzen, Transkripte, Fotomaterial, Landkarten etc. abrufen; und auf diese Weise wird die Online-Zeitung zur echten Informationsfundgrube.

Die Computer-Online-Dienste CompuServe und Prodigy bieten bereits als Service an, Ihnen aus allen Zeitungen des Landes die relevanten Artikel zu jedem gewünschten Thema zusammenzustellen – und daraus für Sie eine eigene Zeitung zu machen. Nehmen wir einmal an, Sie wollen alles über homöopathische Medizin, über König Hussein von Jordanien und über Tennisprofis lesen, was an diesem Tag in den Zeitungen des Landes steht. Dann erhalten Sie nicht nur Stories zu den gewünschten Themen, sondern diese Artikel werden auch neu gruppiert und zu einer eigenen Zeitung zusammengestellt – mit allem, was dazugehört: Balkenüberschriften, Kolumnenbegrenzungen, sogar Karikaturen. Ihre eigene Zeitung nach den Prinzipien der ichbezogenen Wirtschaft, Egonomics in Reinkultur. Ein interaktives Experiment von Time Warner, die »Nachrichtenbörse« (News Exchange) in Orlando, Florida, hält rund um die Uhr Nachrichten auf Abruf bereit. Auch dadurch werden sich die Sehgewohnheiten ändern, denn so können Sie auch im Nachrichtensektor von Programm zu Programm, von Thema zu Thema hüpfen – ganz nach Lust und Laune.

Der Ausdruck der eigenen Persönlichkeit, die künstlerische Selbstverwirklichung, hat viel mit Egonomics zu tun. Denn in einer Welt, die ständig mit Informationen bombardiert wird und die in einer Anzeigenflut zu versinken droht, bietet die Kunst vielleicht die beste Möglichkeit, »zu sich selbst zu finden«. Wie könnte man seine persönliche Sicht der Dinge und seine Visionen besser ausdrücken als mit Pinsel, Meißel, Töpferspachtel oder gar auf der Bühne? Vor fünf Jahren wollte anscheinend jeder Kontakt zum »Kind in seinem Innern« aufnehmen; heute ist es eher der »Künstler, der in uns steckt«.

Kunst ist nicht mehr nur etwas für wirklich Begabte (obwohl Begabung gewiß nicht schaden kann). In den künstlerischen Kursangeboten der Volkshochschulen tummeln sich die Hobbykünstler: Buchhalter versuchen sich im Aktzeichnen, Hausfrauen arbeiten an Metallskulpturen. Garagen verwandeln sich in Studios. Und in Heimatmuseen, Gemeindezentren sowie auf Künstlermärkten kann man seine Arbeiten ausstellen und zum Verkauf anbieten. (Auch neueröffnete Geschäfte, Bankfilialen oder Arztpraxen bieten mit ihren leeren Wänden gute Gelegenheiten für Ausstellungen). Neben einem gewissen Können braucht man nur genügend Selbstbewußtsein.

Die Getränkefirma Pernod sponsert gemeinsam mit Liquidtex Malereiparties in New Yorker Restaurants. Dort bekommt man mit der Aufforderung: »Drücken Sie sich selbst aus!« einen Pernod, jenen nach Anis und Lakritze schmeckenden Drink, Farben und ein auf einen Rahmen gespanntes Stück Leinwand in die Hand gedrückt. Malibu Comics, die sechstgrößte Firma auf dem Markt der Comic-Hefte, sieht bei den Heimkünstlern auch ein kommerzielles Potential schlummern. Kürzlich veranstaltete man einen Wettbewerb mit dem Titel »Create Your Own Hero« (Schaff Dir Deinen eigenen Helden). Alle Comic-Fans waren aufgefordert, einen neuen Superhelden zu zeichnen und zu beschreiben.

Gedichte erleben derzeit ebenfalls eine Renaissance. Vielleicht, weil dazu überhaupt nichts weiter nötig ist als Bleistift, Papier und eine Idee. Oder auch weil die Rapper, die eloquentesten Dichter von heute, allgegenwärtig sind. Abend für Abend treten in bestimmten Cafés und Buchläden in New York, Chicago, New Orleans oder Phoenix Dichter auf (oder solche, die es werden wollen) und tragen ihre Werke vor. Das Ganze ist so etwas wie das Gegenstück zu den Comedy Clubs Mitte der neunziger Jahre. Dabei kommt es sogar gelegentlich zu Wettkämpfen (sogenannten »Slams«) mit Jury und Publikumsbeteiligung. Die Preisrichter vergeben Wertungen von 1 bis 10. Gute Gedichte, die auch beim Publikum ankommen, erhalten vielleicht eine 9,6, schlechte dagegen vielleicht nur eine 2,8. Wo auf dieser Skala landeten wohl Shakespeares Sonette?

Der frühere US-Präsident Jimmy Carter, der sich nach seiner Zeit im Weißen Haus nicht nur der Krisendiplomatie, sondern auch der Lyrik widmete, ist mit *Always a Reckoning* (Immer berechnend), einem Band mit ungefähr fünfzig knappen, oft von bodenständiger Weisheit geprägten Gedichten, ebenso an die Öffentlichkeit getreten wie verschiedene Spitzenmanager aus allen Bereichen der amerikanischen Wirtschaft. Jeans-Fabrikant Levi Strauss ließ bei einer seiner Werbekampagnen einen Dichter auftreten, und MTV sponsert Auftritte der Lyrikerin Maggie Estep, deren schroffe Verse auch auf Polygram-Platten erhältlich sind. Bestseller-Status erlangte ein Gedichtband von Jenny Joseph, *When I Am an Old Woman, I Shall Wear Purple* (Im Alter will ich rote Kleider tragen). Ihre Verse, sogar auf Grußkarten zu finden, trafen offensichtlich den Nerv einer immer älter werdenden Bevölkerung.

Literaturagenten und Verlage ersticken in unaufgefordert eingesandten Romanmanuskripten. Besonders von Rechtsanwälten, die an die Erfolge der zu Bestsellerautoren gewordenen Juristen Scott Turow, Richard North Patterson und John Grisham anknüpfen wollen. Joseph Wambaugh war vor dem Bestseller-Erfolg von *Finnegan's Week* Polizist, Michael Crichton studierte in Harvard Medizin. Und Tom Clancy verdiente seine Brötchen als Versicherungsagent, ehe er Bestseller schrieb. Zwar muß jeder mal irgendwo irgendwie anfangen, doch gehen derzeit ganze Legionen von Romanautoren in der Hoffnung ans Werk, ihre Geschichte auch gut verkaufen zu können und es zum Erfolgsautor zu bringen. Auf der Suche nach dem Click. Gelegentlich gibt es solche Erfolgsgeschichten ja tatsächlich, wie Binky Urban, unsere Literaturagentin, zu berichten weiß. Das Manuskript eines unbekannten 26jährigen Verkäufers in einer Videothek konnte sie für eine halbe Million Dollar an den Mann bringen.

Das ist also der neue amerikanische Traum: seine eigene Geschichte erzählen, Gehör finden, Aufmerksamkeit erlangen. Das ist weit mehr, als in einer Talkshow möglich wäre. Schließlich kann dort jeder auftreten, solange er nur fast vier Zentner wiegt, Transvestit ist oder eine Macke hat. Egonomics aber hat auch mit Selbstdefinition zu tun. Selbstbewußtsein, Bewußtsein seiner selbst. Selbstverwirklichung. Es ist, als wollten die Leute das graue Einerlei ihres Lebens überwinden – auf der Suche nach dem Regenbogen. Firmen und Individuen, die sich diesem Konzept widmen und die mit ihren Wirtschaftsaktivitäten ihren Kunden das Gefühl vermitteln, daß sie etwas wert sind, ihre Individualität gesehen und beachtet wird, kurz: die am Markt das Ego des Kunden pflegen, werden Erfolg haben. Also: Egonomics!

12. Kapitel

8. Trend – Weiblich denken

»Frauen tragen die Hälfte des Himmels.«

MAO TSE-TUNG

»Wenn wir dieselben wären, könnte es keine Unterschiede geben.«

ADAM HANFT

Frauen sind anders als Männer. Weder überlegen noch unterlegen – einfach anders.

Eine solche Feststellung gilt zwar seit etwa zehn Jahren als »politisch nicht korrekt«, doch es ist so: Frauen denken anders als Männer, sie kommunizieren auf andere Weise, und auch ihre Einkaufsmotive unterscheiden sich von denen der Männer. So lautet mit wenigen Worten die Quintessenz des Trends »Weiblich denken«. Und wenn Sie ein Gespür dafür entwickeln, wie man speziell Frauen ansprechen und ihnen Produkte schmackhaft machen kann, spricht alles dafür, daß auch Sie auf diese Weise Ihr Glück machen. Wenn Sie sich in diesen Trend einclicken, wird es auch bei Ihnen clicken.

Wohlgemerkt, wir sagen nicht, daß Sie eine Frau sein müssen, um »weiblich« denken zu können. Sie müssen nur offen sein, die Unterschiede zwischen männlicher und weiblicher Mentalität zur Kenntnis nehmen und lernen, in der Praxis damit umzugehen. Sie müssen Frauen anders ansprechen als Männer. Wir von BrainReserve, einer Firma mit einem Frauenanteil von 88 Prozent, nennen diesen neuerdings klar zu identifizierenden Trend, auf die Unterschiede von Mann und Frau einzugehen, »Weiblich denken«. Wir haben mehr als tausend Personen beiderlei Geschlechts interviewt und ihnen nur folgende einfache Frage gestellt: »Wenn Sie mit einer Person des anderen Geschlechts zusammengelebt und/oder zusammengearbeitet haben, würden Sie sagen, daß diese Person in wesentlichen Punkten anders denkt als Sie?« 99 Prozent der Befragten antworteten ohne zu zögern mit »Ja«.

In meinem TrendView-Seminar illustriere ich das Gemeinte mit der folgenden kleinen Restaurant-Szene. Ein Paar nimmt an einem Tisch Platz, der

Kellner kommt. Aber anstatt nur die Bestellung entgegenzunehmen, stellt er sich vor: »Guten Tag, ich heiße Richard. Und wenn ich hier nicht als Kellner arbeite, bin ich Schauspieler. Ich trete in einer der Familienserien im Fernsehen auf.« Die Frau ist fasziniert. Sie möchte nun wissen, in welcher Serie Richard auftritt, welche Rollen er sonst noch gespielt hat, ob sie ihn vielleicht schon einmal irgendwo auf der Bühne gesehen hat, wo er studiert hat. Wie viele Brüder und Schwestern er hat und so weiter. Den Mann interessiert hingegen nur eines: »Wann können wir bitte unsere Bestellung aufgeben?« Er ist hungrig und möchte, daß alles planmäßig abläuft. Sie hingegen möchte eine Beziehung aufbauen. Genau hier liegt der Unterschied zwischen männlichem und weiblichem Denken.

In ihrem mit dem Pulitzer-Preis ausgezeichneten Buch *No Ordinary Times* (Besondere Zeiten) schreibt die Historikerin Doris Kearns Goodwin über die Zeit des Zweiten Weltkriegs, als die amerikanischen Frauen erstmals massenhaft in die Produktion eingebunden wurden. Sie berichtet darin auch vom Besuch der First Lady Eleanor Roosevelt in einer Rüstungsfabrik, in der B-24-Bomber gebaut wurden: »Und erneut hörte Eleanor mit großer Freude, daß die Frauen ›hervorragende Arbeit leisteten, viel besser als erwartet‹. Die Vorarbeiter berichteten, daß Frauen bei Einzelheiten viel geduldiger seien, daß sie monotone Jobs eher ohne das Interesse zu verlieren erledigten, daß sie lernwilliger seien, weniger darauf bedacht, ihre Unerfahrenheit zu verbergen, und daß sie eher bereit seien, um Rat zu fragen und Anweisungen entgegenzunehmen.« Und dann zitiert Goodwin noch einen männlichen Manager dieser Rüstungsfabrik mit den Worten: »Wenn es jetzt nur nach mir ginge, würde ich sagen: ›Zum Teufel mit den Männern. Gebt mir Frauen.‹«

Frauen nehmen überall Kontakt auf, sie knüpfen überall Verbindungen: im Taxi, in der Schule, auf dem Spielplatz, im Supermarkt, im Laden. Alles wird ihnen zur persönlichen Erfahrung. Für den geschäftlichen Erfolg auf der Basis dieses Trends ist es von zentraler Bedeutung, daß Sie eines ganz klar erkennen: *Wie* Sie Ihre Kundinnen ansprechen, *wie* Sie an Frauen verkaufen, kann genauso wichtig sein wie das, *was* Sie verkaufen. Frauen wollen vor dem eigentlichen Kauf eine Beziehung aufbauen, die auch nach dem Kauf tragfähig ist, wenn es um Service oder eventuelle Reklamationen geht. Dies ist die weibliche Einstellung zur Geschäftswelt. So nehmen Frauen diese Welt in Anspruch. Und nach diesem Prinzip werden Sie die Geschäftswelt auch verändern.

Das »Jahr der Frau« liegt bereits genauso hinter uns wie das Jahrzehnt der Frau, doch wir glauben, daß das Jahrtausend der Frau auf uns zukommt. Wir sind davon überzeugt, daß die nächsten tausend Jahre jene Zeit sein werden, in der die Frauen zu ihrer wahren Stärke finden und diese dann zum Wohl der ganzen Welt einsetzen werden. Vielleicht werden wir eines Tages im Rückblick sagen, daß die vierte Weltfrauenkonferenz der Vereinten Nationen, die 1995 in Peking stattfand, Auslöser dieses fundamentalen Wandels war. Eine Wall-Street-Börsenmaklerin, die aus Singapur gebürtige Mei Ping Yang, die sich im Reich der Zahlen bestens auskennt, vertritt die folgende interessante Theorie: Alle Jahreszahlen des letzten Jahrtausends begannen mit einer 1, die als männliche Zahl gelten muß. Sie steht für Unabhängigkeit, Direktheit, Egozentriertheit, Singularität. Für den Singular. Sehr bald schon, beginnend mit dem Jahr 2000, werden alle Jahreszahlen hingegen mit einer 2 beginnen, der grundlegend weiblichen Zahl. Denn sie steht für Partnerschaft, Teamwork in der Familie, Machtbalance, Ausgewogenheit, zwischenmenschliche Beziehungen. Für den Plural. Für weibliches Denken.

Weibliches Denken ist neues Denken

Was mit »weiblichem« Denken gemeint ist, wird noch klarer, wenn wir es mit Gegenbegriffen kontrastieren. Denn in unserer Welt ist weibliches Denken neues Denken, das mit dem hergebrachten »alten«, männlichen Denken nicht zu vereinbaren ist. »Altes Denken« – das ist die Art und Weise, wie die Geschäfte in Wirtschaft und Politik bisher fast ausschließlich geführt wurden, wie alte Diskussionen abliefen. Altes Denken liegt dem »alten« Weltbild zugrunde. Demgegenüber stellt das »weibliche« Denken einen Neuansatz dar, der die Zukunft bestimmen wird, weil dieses neue Denken wirtschaftliche Probleme und Beziehungsprobleme eher lösen kann als das alte. Ein wirklich zukunftsträchtiger Click.

ALTES (MÄNNLICHES) DENKEN	NEUES (WEIBLICHES) DENKEN
hierarchisch	Teamwork, familiärer Ausgleich
braucht Antworten	will die richtigen Fragen stellen
Identifizierung mit der jeweiligen Rolle	Identität verteilt sich auf mehrere Rollen
eindimensional	berücksichtigt viele Aspekte
widersetzt sich dem Wandel	sucht den Wandel
zielgerichtet	prozeßorientiert
nur die Erreichung des Zieles zählt	der Weg ist die Lösung
transaktionsorientiert: will auf direktem Weg von A über B nach C	beziehungsorientiert: sieht, was A mit C verbindet, wie B mit F zusammenhängt, was B und D gemeinsam haben

Jeder, der diese Gegenüberstellung aufmerksam liest, wird mir zustimmen, daß es sinnvoll ist, von grundlegenden Unterschieden zwischen männlichem und weiblichem Denken und Handeln zu sprechen. Jahrelang haben sich die Frauen bemüht, altes Denken einzuüben und zu werden wie Männer, doch schließlich sind sie darauf gekommen, daß dies ein Irrweg ist, der ihrer Natur zuwiderläuft. Denn mittlerweile ist auch die Wissenschaft so weit, daß sie die Unterschiede zwischen männlichem und weiblichem Denken belegen kann. Daß sie weibliches Denken unterstützen.

Die Wissenschaft vom weiblichen Denken

Heute können wir kaum noch eine Zeitung, Zeitschrift oder ein medizinisches Journal aufschlagen, ohne auf neue Entdeckungen auf dem Gebiet der Denk- und Wahrnehmungsunterschiede zwischen Männern und Frauen zu stoßen. Der technologische Fortschritt bei Meßgeräten und Darstellungsmöglichkeiten gestattet den Wissenschaftlern eine immer genauere Erfassung unserer Hirnaktivitäten. Und so läßt sich heute auch eindeutig belegen, daß Männer und Frauen Informationen unterschiedlich verarbeiten. Was freilich keine Überraschung mehr ist, weil wir es schon immer gewußt haben. Nur exakt beweisen konnten wir es bisher nicht. Bei entsprechenden Tests leuchteten Abbilder der aktivierten Gehirnpartien auf, wenn es um die Erfassung und Ergründung von Worten ging. Und siehe da, Männer nutzten nur einen winzigen Teil ihrer linken Gehirnhälfte, Frauen dagegen sowohl die linke als auch die rechte Gehirnhälfte. Ist das also der Grund, warum weibliches Denken fließender, weniger scharf konturiert ist?

Ein weiteres Ergebnis: Weil verschiedene Teile ihres Gehirns anders entwickelt sind, verfügen Frauen über eine bessere sinnliche Unterscheidungsfähigkeit. Frauen können einen traurigen Gesichtsausdruck nicht nur besser beurteilen als Männer, sie müssen sich dabei auch weniger anstrengen. Selbst bei der Erinnerung an traurige Ereignisse ist der Bereich der Neuronenaktivität im weiblichen Gehirn größer als im männlichen. Mit anderen Worten: Die neurologische Forschung hat etwas bewiesen, was wir schon immer gewußt haben: Frauen sind emotionaler, aufmerksamer, einfühlsamer. In ihrem Buch *Brain Sex: The Real Difference Between Men and Women* (Geschlecht und Gehirn: Was Männer und Frauen wirklich voneinander unterscheidet) schreiben Anne Moir und David Jessel: »Wahrscheinlich ›hören‹ Frauen aus den Worten eines Mannes viel mehr heraus als er seiner Meinung nach wirklich ›sagt‹.« Sind Frauen also bessere Therapeuten? Bessere Verkäufer?

Eine kanadische Professorin, Doreen Kimura, hat sich eingehend mit den deutlichen Unterschieden der Funktionsweise des weiblichen und männlichen Gehirns beim räumlichen Orientierungsvermögen beschäftigt. Stellen Sie sich vor, Sie sollten anhand einer Straßenkarte herausfinden, in welcher Richtung Sie mit dem Auto weiterfahren müßten. Als Frau werden Sie die Karte wahrscheinlich erst einmal in Fahrtrichtung drehen und ausrichten.

Das heißt, das Auto, die Karte und Sie müssen alle in die gleiche Richtung weisen. Den meisten Männern dagegen ist es relativ egal, in welche Richtung die Karte weist. Sie sehen ihr Ziel unabhängig und getrennt von ihrer Person – sie steuern es nach Entfernung und linear an. Sie orientieren sich also abstrakter. Das ist sicher interessant, für Sie vielleicht sogar ein Aha-Effekt. Doch dieser Unterschied zwischen den Geschlechtern hat darüber hinaus weitreichende Implikationen, wenn es etwa um den Entwurf von Computerspielen geht oder – mit Blick auf morgen – um Ausrüstungsgegenstände für die virtuelle Realität.

Was ebenfalls nur die wenigsten wissen: Frauen können in der Dunkelheit besser sehen als Männer. Wie läßt sich dieser Vorteil nutzen? Sind Frauen bessere Spione, bessere Detektive? Eine berühmte Schriftstellerin brachte die positiven Aspekte weiblichen Sehens und Denkens auf den Punkt: »Wir sehen nicht die Dinge, wie sie sind. Sondern wir sehen die Dinge so, wie wir selbst sind.« Durch den Filter des weiblichen Denkens. *Vive la différence!*

Im Rahmen einer weiteren faszinierenden psychologischen Untersuchung, die 1995 abgeschlossen wurde, erhielten Männer und Frauen die Anweisung, ihr Gehirn so weit wie möglich von allen Gedanken zu befreien. Bei der Aufzeichnung dieser mentalen Aktivitäten ergab sich dann ein deutlicher kultureller Unterschied: Weibliche Gehirne waren in jenen höheren Regionen aktiver, die mit komplexer Ausdrucksweise zu tun haben, während männliche Gehirne ein höheres Aktivitätsniveau in jenen primitiveren Zonen aufwiesen, wo aggressives Verhalten lokalisierbar ist. Daraus ist der Schluß zu ziehen, daß sich die Reaktionsmuster von Männern und Frauen fundamental unterscheiden. Und das ist wohl weniger Erziehungssache als natürliche Prägung – ererbtes, nicht erlerntes Verhalten.

Liegt hierin die Erklärung dafür, daß Jungen lieber mit Gewehren, Panzern und Feuerwehrautos spielen, Mädchen hingegen lieber mit Puppen? Vor wenigen Jahrzehnten, als Psychologie und Neurologie noch nicht so weit ins menschliche Gehirn vorgedrungen waren, sahen wir das noch anders. Da galt das Verhalten der »Eisernen Lady«, der britischen Premierministerin Margaret Thatcher, im Falklandkrieg als Beleg dafür, daß Frauen, wenn sie nur wollen, genauso hart sein können wie Männer. Damals verspürten Feministinnen noch das Bedürfnis, den Männern Entschlossenheit zu demonstrieren. Sie wollten mithalten können. Sie wollten die besseren Männer sein. (Eine Klientin erzählte uns kürzlich, sie lasse sich Testosteron, das männliche Geschlechtshormon, injizieren, um aggressiver zu werden. Doch legen uns heute neuere medizinische Erkenntnisse den Schluß nahe, daß Testosteron gerade *nicht* die Ursache männlicher Übellaunigkeit und Aggressivität ist, sondern, im Gegenteil, sehr zum Wohlbefinden beitragen kann.)

Wenn man die Sache richtig anpackt, könnte unsere nach Geschlechtern unterschiedliche Wahrnehmungsweise mittels moderner Technologie verändert werden. Unsere Freundin und frühere Klientin Carol Peters, die sich in der »männlichen« Domäne High-Tech etabliert hat, mag als Beispiel dienen. Carol war für die Entwicklung eines der komplexesten Computer-Graphiksysteme der Welt verantwortlich (der Workstation Iris Indigo von Silicon Graphics), ehe sie sich selbständig machte und ihre eigene Firma, Da Vinci Time and Space, gründete. Hier widmet sie sich nun der Entwicklung interaktiver Fernsehprogramme – und zwar mit dem Ziel, etwas über die Interessen und Fähigkeiten des Kindes vor dem Bildschirm zu erfahren. Nicht umgekehrt, wie es meistens ist, wenn sich die Kinder vorgegebenen Mustern anpassen müssen. Ihre Arbeit macht ihr Spaß, aber es ist sehr kompliziert, Fernsehen auf die kindlichen Zuschauer abzustimmen, je nachdem, wie schnell sie auf unterschiedliche Stichworte reagieren. Daß hier die menschlichen Interessen das Tempo bestimmen, und nicht die Technik, ist wirklich »weiblich gedacht«.

»Für mich ist das Ganze erst ein Erfolg, wenn mindestens 50 Prozent der Zuschauer Mädchen sind«, sagte uns Carol. »Wir haben Schwerpunktgruppen gebildet, um so herauszubekommen, was kleine Mädchen wirklich anspricht. Dabei ist es schwer, nicht in Stereotype zu verfallen: etwa hinsichtlich dessen, was Mädchen mögen, was Jungen mögen oder was man uns über ihre Vorlieben erzählt. Ich zum Beispiel fand es nie besonders spannend, mit Modellflugzeugen zu spielen, aber vielleicht gab man mir auch zu verstehen, Flugzeuge seien nichts für kleine Mädchen.« Und Carol fuhr fort: »Ich hoffe, daß meine neue Programmierarbeit die Wahrnehmung von Jungen und Mädchen elementar verändern wird (wie man interagiert, wie man die Welt sieht). Wenn wir das Denken ganz junger Menschen so formen können, daß es offen ist und bleibt, haben wir unser Ziel erreicht. Denn wenn sie erst einmal erwachsen sind und im Beruf zusammenarbeiten müssen, ist es zu spät. Wenn du heute als Frau in einer Firma arbeitest, kannst du immer wieder übergangen werden, weil du nicht Golf spielst oder nicht dieselbe Toilette benutzt. Egal, wie klug du bist oder wie hart du arbeitest, du paßt trotzdem nie hundertprozentig ins Konzept. Es ist also höchste Zeit, das Konzept zu ändern!«

Nicht anpassen, nicht reformieren – einfach transformieren

Will man diese erwiesenermaßen etwas andere Spezies, die Frauen, durch gezieltes Marketing tatsächlich erreichen, muß man sie deutlich auf ihre Stärken ansprechen. Wohlgemerkt, das heißt nicht, Frauen im Männerlook, mit Krawatte und Aktentasche, darzustellen!

Geben Sie den Versuch auf, die Welt davon zu überzeugen, Männer und Frauen seien im wesentlichen gleich, sondern betonen Sie statt dessen die Bereiche, in denen Frauen anders sind. Dann können Sie daraus auch Kapital schlagen. Selbst der Sport und die Sportartikelindustrie sind inzwischen aufgewacht und haben die Frauen entdeckt. Hillerich & Bradsby, die Hersteller der legendären Louisville-Slugger-Baseballschläger, bieten jetzt auch mit Erfolg Softball-Handschuhe und -Schläger für Sportlerinnen an. Und anders als vor Jahren, als man nur so tat, als nehme man die Frauen ernst, werden die neuen Produkte seriös vermarktet. Anne Flannery, Managerin für weibliche Sportartikel bei Spalding, brachte es auf den Punkt: »›Leistung‹ ist das mit ›L‹ beginnende Frauen-Wort der neunziger Jahre, nicht ›Lila‹.« Und als Experiment, das sehr wohl auch etwas über die Vorzüge »weiblichen« Denkens aussagt, ging beim Wettbewerb der Hochseesegler, dem America's Cup, erstmals eine rein weibliche Besatzung an den Start. Man wollte einfach einmal testen, wie eine weibliche Crew, aufeinander eingespielt wie eine gut geölte Maschine, im Wettbewerb gegen stark konkurrierende männliche Besatzungen abschneiden würde. Und so zeigte das dritte amerikanische Boot, die »Mighty Mary«, daß Frauen durchaus auch auf diesem Gebiet ihren Mann stehen können. Sie waren die eigentlichen Sieger.

Und das ist erst der Anfang. Halten Sie Ausschau nach weiteren Bereichen, in denen man die Unterschiede zwischen Mann und Frau eher betonen als überspielen wird. One-a-Day Vitamins verfährt neuerdings nach der Devise »Die Menschen sind verschieden« und bringt neue Vitaminprodukte getrennt für Männer und Frauen auf den Markt. Und um das bisher vorwiegend männlich, von Machos und Kleinlastern bestimmte Image der »7-Eleven«-Läden zu verändern, sendet die Ladenkette neuerdings Werbespots mit der Komödiantin Brett Butler aus der beliebten Fernsehserie *Grace Under Fire*. Brett marschiert in einem »7-Eleven«-Laden herum und ist ganz überrascht, ihr Lieblingsmineralwasser und ihren Lieblingsjoghurt zu finden, ehe sie schließlich fragt: »Was ist denn nun los? Bin ich im Himmel gelandet? Haben jetzt etwa Frauen 7-Eleven übernommen?«

Ein besonders gutes Beispiel für »weibliches Denken« gibt die neue Polizeichefin von Atlanta, Beverly Harvard, die ihren neuen Job vom Bürgermeister der Stadt vor allem aufgrund ihres unkonventionellen Führungsstils erhielt: Führung durch Beispiel und Konsens. Zu ihrem Stil, der so gar nicht zum Image harter Männer und einer paramilitärischen Organisation paßt, gehört, allen Polizeibeamten die Möglichkeit einzuräumen, den sonst so strengen Dienstweg zu umgehen und der Chefin Vorschläge und Beschwerden direkt per Fax zuzuleiten. Sind die Vorschläge brauchbar, werden sie auch umgesetzt. So schreiben die Polizisten also nicht nur für den Papierkorb.

Auch die First Lady der USA, Hillary Clinton, plädiert für »weibliches« Denken. Bei einem kleinen Treffen mit New Yorker Geschäftsfrauen, zu dem auch ich eingeladen war, ermutigte sie uns, sich auf die Macht mündlicher Berichte und Erzählungen zu besinnen. »Denken Sie an all jene Situationen, in denen wir uns ständig wiederfinden, in denen eine Geschichte die Menschen zum Nachdenken bringen kann. Ich saß zum Beispiel hier neben einer Frau, die als Hotelangestellte arbeitet und deren Mann vor einigen Monaten schwer erkrankte. Ohne den Family Medical Leave Act [ein Gesetz der Clinton-Administration, das Sonderurlaub zur Pflege von Familienangehörigen ermöglicht] hätte sie sich niemals freinehmen können, um ihren todkranken Mann zu pflegen. Aber sie erfuhr von diesem Gesetz erst in einer äußersten Notsituation, und sie sagte: ›Die meisten Arbeitskollegen hatten noch nie von dieser Möglichkeit gehört.‹« Abschließend faßte Hillary Clinton zusammen: »Frauen, die es im Geschäftsleben, im öffentlichen Dienst und in der Öffentlichkeit zu etwas gebracht haben, sollten andere um sich scharen und eine Botschaft weitergeben. Sie sollten von ihren Erfahrungen berichten und zu Geschichtenerzählerinnen werden.«

Und als wir Marsha Scott, eine Mitarbeiterin des Präsidenten im Weißen Haus, eine charmante Frau aus Arkansas, interviewten, ließ diese sich sogar noch eingehender über die positiven Kommunikationsmöglichkeiten der Frauen aus. »Es ist ein tolles Gefühl, alles in bester Ordnung zu haben – und im weitesten Sinn mit der ganzen Welt verbunden zu sein. Wir Frauen bauen Netzwerke auf, unsere Stärke ist die Kommunikation. Und alles ist ganz einfach. Wir müssen nur unsere eigene Wahrheit aussprechen.«

Die Sprachwissenschaftlerin Deborah Tannen schließlich, Autorin des Buches *You Just Don't Understand: Women and Men in Conversation* (Du kannst mich einfach nicht verstehen: Frauen und Männer im Gespräch), wies in einem Interview mit der Zeitschrift *People* auf den entscheidenden Unterschied zwischen Männern und Frauen hin: »Männer benutzen die Sprache, um ihre Unabhängigkeit und ihre Stellung innerhalb der Gruppe zu bewahren … Frauen benutzen die Sprache, um Verbindungen zu schaffen und ein enges Verhältnis herzustellen.« Die Frage liegt also nahe: Wie können Sie diese Einsichten zu Ihrem Vorteil nutzen, wenn Sie versuchen, herüberzubringen, was Sie tun – oder was Ihre Firma tut?

Die unterschätzte Rolle der Intuition im weiblichen Denken

Manchmal wird von der weiblichen Intuition sehr negativ gedacht und gesprochen, so als handele es sich dabei nur um einen Witz, etwas ganz und gar Unlogisches und Verrücktes. »Sie verläßt sich auf ihre Instinkte« – das klingt mehr nach einer schlimmen Hypothek als nach einer Stärke. Immer wieder kommt die Frage: »Wie kannst du das beweisen?« Doch sie entlockt uns nur ein müdes Lächeln. Denn letztlich geht es ja nur um unterschiedliche Wahrnehmungen, um unterschiedliche Handlungsgrundlagen, wenn wir spontan handeln, statt erst lange zu schlußfolgern.

Frauen erkennen Zusammenhänge oft intuitiv, weil sie besser zwischen den Zeilen lesen, zwischen den Worten hören und ganzheitlich denken können. Sie können Greifbares und Ungreifbares zusammenbringen. Und wenn es bei ihnen clickt, ist das oft die einzig richtige Antwort, die über Erfolg und Mißerfolg entscheidet. Manchmal auch über Leben und Tod.

Nennen Sie es einfach den sechsten Sinn. Ein schönes Beispiel ergab sich in unserem Bekanntenkreis, als die Internistin Dr. Colette Spacavento eine Röntgenaufnahme der Lunge unserer Freundin Vivian Shapiro anschaute. Sie entdeckte einen winzigen Schatten und konsultierte ihren Mann, einen Lungenspezialisten. Der sagte: »Da ist nichts. Nur ein Schatten der Brustwarze.« Doch irgend etwas ließ ihr keine Ruhe, obwohl sie nicht sagen konnte, was es war. Eine innere Stimme riet ihr, jetzt nicht zur Tagesordnung überzugehen, sondern eine Computer-Tomographie zu veranlassen. Und das Seltsame an der Angelegenheit war nun, daß ihr Mann recht gehabt hatte, daß der Schatten tatsächlich nur von der Brustwarze herrührte. Doch die Untersuchung förderte in der Tiefe der Lunge etwas anderes zutage: einen mikroskopisch kleinen Tumor, der auf dem Röntgenbild gar nicht zu sehen gewesen war. Nur weil er so unwahrscheinlich früh erkannt wurde, konnte er problemlos herausoperiert und unsere Freundin gerettet werden.

Beobachten Sie einmal eine Frau beim Zuhören. Mit allen Sinnen ist sie auf Empfang geschaltet – so, als warte sie förmlich auf den Click. Frauen prüfen das Gesamtbild auf seine Stimmigkeit hin: Sie sammeln visuelle Eindrücke, lesen die Körpersprache und den Gesichtsausdruck. Hinzu kommen noch Geruchsinformationen, denn auch die Geruchswahrnehmung spielt eine wichtige Rolle. Kennen Sie den? Weibliche Logik: Wenn man vier Mitglieder für ein Komitee braucht, können es auch zwei Paare sein, außer wenn es regnet. Nein, nein, wir sind nicht alle verrückt. Nur sehr sensibel und intuitiv. Wir erfassen alles. Im Laufe von Jahrmillionen der Evolution haben wir Frauen ein reiches natürliches Sensorium entwickelt, und es gibt mehr als genug Möglichkeiten, sich dieser geschärften Sinneswahrnehmung zu bedienen.

Ja, der Wechsel zu mehr weiblichem Denken wird sogar eine Abkehr von den eingefahrenen Wegen und damit neue Erfolgschancen mit sich bringen. Die Standard-Intelligenztests werden gegenüber Tests der emotionalen Intelligenz an Boden verlieren: EQ statt IQ. Und damit sind emotional stabile Qualitäten gemeint, wie Kooperationsbereitschaft, die Fähigkeit, Ärger unter Kontrolle zu halten, persönlicher Charme und Entschlossenheit. Auch die Schulen werden dahinterkommen, daß Emotionen ebenso wichtig sind wie Noten. Die Abschiedsrede beim Abitur dürfen dann nicht mehr nur die Klassenbesten halten, sondern die wichtigsten Persönlichkeiten eines jeden Jahrgangs. Und dabei zählen auch Persönlichkeitsqualitäten, die sonst nur bei Miss-Wahlen eine Rolle spielen. Aspekte wie Kongenialität, Talentreichtum und Einsatz für die Gemeinschaft werden eine neue, größere Bedeutung erlangen.

Weibliches Denken – eine unserer größten Ressourcen

Als John Gray *Men Are from Mars, Women Are from Venus* schrieb, wies er mit Recht darauf hin, daß Frauen ihren eigenen Planeten bewohnen: einen Planeten, auf dem sie nur 72 Pfennig verdienen, wenn die Männer eine Mark erhalten (75 Prozent der Armut in der Welt betreffen Frauen!). Einen Planeten, in dessen großen Firmen zwischen ihnen und der Chefetage eine Glasdecke eingezogen ist (»Zementdecke« wäre wohl der passendere Ausdruck für diese Undurchdringlichkeit). Einen Planeten, auf dem Frauen große Probleme haben, eine angemessene und bezahlbare Betreuung für ihre Kinder zu finden, wenn sie arbeiten wollen. Einen Planeten, auf dem Frauen in den Regierungen unterrepräsentiert sind. Einen Planeten, auf dem spezielle Frauenkrankheiten von medizinischen Statistiken nur am Rande erfaßt werden.

Es bleibt zu hoffen, daß dieser Planet sich allmählich zum besseren wandelt. Weibliche Konsensbildung (die oft als zu weich oder zu sanft gilt) und weibliche Sensibilität (auf die man oft von oben herabblickt) werden bei erfolgreichen geschäftlichen Unternehmungen zu geschätzten Attributen werden. Das gesamte Image der Geschäftswelt wird sich ändern: Leitbild wird nicht mehr ein globaler Feldzug sein, der die Konkurrenz in Grund und Boden verdammt, sondern ein kompliziertes Mosaik, in dem jedes Steinchen als einzelnes eine bestimmte Rolle spielen wird. Weibliches Denken funktioniert, weil es effizient, wirtschaftlich und wirksam ist. Es ist eine Art der Kontaktsuche, bei der man sich öffnet und bei der man selbst erreicht wird, ein Sprung in die Zukunft.

- Kein Unternehmen wird in Zukunft florieren, wenn es das »weibliche« Denken nicht versteht.
- Kein Unternehmen wird überleben, wenn es nicht die Sprache des »weiblichen« Denkens spricht.
- Kein Unternehmen wird überleben, wenn es nicht selbst »weiblich« denkt.

Dieser Perspektivwechsel ist in manchen Fällen subtil, in anderen dagegen markant. Einige Wandlungen werden schnell und leicht vonstatten gehen, andere werden Jahre bis zum Durchbruch erfordern. Doch *ein* Aspekt kann gar nicht oft genug betont werden: *Sie müssen keine Frau sein, um »weiblich« zu denken.* Diese Denkweise ist nicht geschlechtsgebunden, sie fällt nur den meisten Frauen von Natur aus wesentlich leichter als Männern. Gleich, ob

Sie frischgebackene Universitätsabsolventin sind oder ein 55jähriger Wirtschaftskapitän: Ein Verständnis »weiblichen« Denkens ist der Schlüssel zum wirtschaftlichen Erfolg in den kommenden Jahrzehnten. Hier kann und wird es immer wieder clicken – besonders im Wirtschaftsleben, aber auch mancher Ehe wird ein solches Umdenken guttun.

Wir müssen dieses Thema immer wieder in die Schlagzeilen bringen, auch wenn wir der Ansicht zuneigen, »Frauen im Beruf« sei doch inzwischen wirklich ein alter Hut. Die Wände, gegen die wir anrennen, stehen immer noch. Ein Beispiel: Auf einer eleganten privaten Dinnerparty an einem Sommerabend in New York war der Chef eines mittleren Unternehmens im Wert von etlichen Millionen Dollar mein Tischnachbar. Und dieser Mensch platzte aus heiterem Himmel mit dem Satz heraus, daß Frauen sich am Arbeitsplatz massiver Diskriminierung ausgesetzt sähen, sei doch reichlich übertrieben. Ohne zu zögern, bot ich ihm eine Wette um tausend Dollar an, daß es in seiner Firma in den obersten Führungsetagen mit Sicherheit keine einzige Frau gebe. Alle am Tisch hielten die Luft an. Denn es war eine riskante Wette – irgendwo konnte es ja die berühmte Alibi-Frau geben, als Beauftragte zur Verbesserung des Betriebsklimas oder in einer ähnlichen Funktion. Doch mein Firmenchef ging im Geiste die ganze obere Firmenhierarchie durch und mußte dann kleinlaut zugeben: »Ja, Sie haben recht.«

Vielleicht hatte ich bei dieser Wette einen unfairen Vorteil. Denn ich wußte, daß

- in nur 13 der 500 bei *Fortune* aufgelisteten Großunternehmen Frauen in einer der fünf höchstbezahlten Managerpositionen zu finden sind;
- 97,4 Prozent der amerikanischen Spitzenmanager Männer sind;
- 94 Prozent der Aufsichtsrats- und Vorstandsmitglieder der 500 bei *Fortune* aufgelisteten Großunternehmen Männer sind.

Lehrreich ist auch die folgende Anekdote über die Unvereinbarkeit von verfestigtem »altem (männlich-hierarchischem) Denken« und »weiblichem Denken«. Eine uns bekannte erfolgreiche Werbekauffrau in einer Werbeagentur, die vorwiegend für die Pharmaindustrie tätig ist, hatte einen Auftrag im Wert von 30 Millionen Dollar an Land gezogen. Nach Unterzeichnung der Verträge erschien ihr Chef zu einem kurzen Gespräch in ihrem Büro. Er wollte ihr gratulieren, die besondere Wertschätzung der Firmenleitung zum Ausdruck bringen und ihr zeigen, wie gut sie doch in diese Agentur passe. Er nahm ein Blatt Papier, zeichnete mit Bleistift einen Kasten und sagte dann wie zu einem Kind: »Das hier ist ein Kasten. Da gehöre ich hinein und außer mir noch die anderen leitenden Mitarbeiter unserer Firma. Nun, wo würden Sie sich selbst denn einordnen?«

Lächelnd zeigte sie, daß sie *nicht* in den Kasten gehörte. Hocherfreut nahm er zur Kenntnis, daß sie anscheinend verstand, worauf er hinaus wollte. »Ja, das stimmt«, sagte der Chef, »Ihre Position war außerhalb des Kastens. Aber jetzt möchten wir gern, daß Sie zu uns in den Kasten kommen.« Er wollte sie in den elitären Männerclub einladen, der die Firma bisher geführt hatte. Doch darauf legte unsere Bekannte keinen Wert. Sie kündigte und nahm den neuen Auftrag gleich mit.

Und die Moral von der Geschichte? Weibliches Denken ignoriert die starren Grenzen eines Kastens, einer Enklave. Schluß damit! Weg mit solchen Abgrenzungen! Weibliches Denken käme überhaupt nicht auf die Idee, einen solchen Kasten einzurichten. Da geht es viel eher um einen Kreis, der alle einbezieht, der keinen Anfang und kein Ende hat, der ständig im Fluß ist.

Und welches sind die Kosten, will man Frauen (quais »eingepfercht«) draußen halten? Im besten Fall (aus Sicht der Männer natürlich) bleiben einige weibliche Spitzenkräfte, wenn auch widerwillig, und lassen sich einbinden. Der Rest jedoch wird so bald wie möglich gehen. Wir vermuten, daß mindestens 20 Prozent der Frauen, die für große Firmen arbeiten, sich selbständig machen wollen (und wann immer ich das auf einem unserer Manager-Seminare sage, sehe ich bei den Damen reihum ein Nicken und ein wissendes Lächeln).

Wie oft haben wir doch im Lauf der Jahre von Frauen in traditionellen Konzernstrukturen den immer gleichen Refrain zu hören bekommen: »Es muß doch einen besseren Weg geben.« Inzwischen klingt dieser Refrain nicht mehr ganz so fatalistisch, denn Frauen sind zunehmend zum Handeln bereit. »Ich werde die Dinge selbst in die Hand nehmen«, heißt es nun. Und für mehr als 7,7 Millionen Amerikanerinnen war das gleichbedeutend mit der Gründung eines eigenen Unternehmens. Dabei schufen sie 15,5 Millionen Arbeitsplätze und erzielten Umsätze von fast 1,4 Billionen Dollar (so lauten jedenfalls die neuesten Zahlen der National Foundation for Women Business Owners). Es gibt inzwischen doppelt so viele weibliche wie männliche Firmengründer. Stellen Sie sich das bloß einmal vor: *doppelt so viele Frauen wie Männer, die eine neue Firma aufmachen!*

Und wohin geht eine Frau, wenn in der Firma kein Platz mehr ist? Nach Hause. Und sie bleibt zu Hause, gründet die neue Firma daheim. 18 Prozent aller berufstätigen Frauen sind ihre eigene Chefin in den eigenen vier Wänden – und diese Zahl geht steil in die Höhe.

Wir könnten eine endlose Liste von Frauen aufstellen, die (wie ich selbst auch) eine Geschäftsidee hatten und ihr neues Unternehmen am Küchentisch begannen. Selbst Lys' kleines Versandhaus, Hollywood Wings, wurde von drei Frauen in Heimarbeit begonnen. Eine dieser drei war Mary Roebling, die als erste Amerikanerin Präsidentin einer der großen nationalen Banken wurde und dann zur Notenbankpräsidentin aufstieg (seitdem ist ihre Unterschrift auf den Dollarnoten zu lesen). Die Gründe dafür, sich in den Trend »Weiblich denken« einzuclicken und sich als Frau selbständig zu machen, können ganz unterschiedlich sein, doch die Leidenschaft und Hingabe, die wir bei fast jeder neuen Unternehmerin antrafen, wenn wir zum Interview erschienen, waren außerordentlich. Und vielen Frauen waren partnerschaftliches Arbeiten und Austausch untereinander mindestens ebenso wichtig wie das Geldverdienen.

Bei Gayle Martz, einer TWA-Stewardeß, clickte es nach dem plötzlichen Tod ihres Verlobten. Als sie in Korea während eines langen Aufenthalts allein war, sehnte sie sich nach ihrem kleinen Hund Sherpa als Gesellschaft für einsame Stunden. Um sich diesen Wunsch in Zukunft erfüllen zu können, schritt sie zur Tat. Sie entwickelte, unter Berücksichtigung aller Vorschriften des Luftverkehrs, einen perfekten Reisekoffer für Haustiere, damit Reisende ihre kleinen Lieblinge fortan immer mitnehmen könnten. Sie versuchte, an alles zu denken: an das Wohlbefinden der Tiere genauso wie an die amtlichen Vorschriften. Das Behältnis mit den weichgepolsterten Seiten paßt unter den Flugzeugsitz und läßt sich oben und an der Seite mit Reißverschlüssen öffnen. Für gute Belüftung ist ebenso gesorgt wie für eine praktische Seitentasche zur Unterbringung von Spielzeug, Leckereien und Bürsten. Man kann das Ganze leicht an einem langen Schultergurt tragen, aber auch mit einem Griff. Fast jeder, der den hübschen Prototyp sah, wollte so einen Koffer haben. Also machte sich Gayle ans Werk. Mit minimalem Startkapital (von der Mutter geborgten 5000 Dollar) begann sie in ihrer Einzimmerwohnung und gründete die Firma Sherpa's Pet Trading Company. Nach erfolgreicher landesweiter Expansion hat Gayle inzwischen ihr überfülltes Apartment gegen ein geräumiges Penthouse an den Upper East Side von Manhattan eingetauscht. Dort arbeiten Sherpa und sie immer noch daheim.

Gun Denhart, Chefin des Kinderbekleidungs-Versandhauses Hanna Andersson, gründete ihre Firma (heutiger Wert: 44 Millionen Dollar) ebenfalls daheim in ihrer Wohnung in Portland. Für ihren allerersten Katalog im Jahr 1983 klebten sie und ihr Ehemann Tom noch in mühevoller Kleinarbeit mit Schere und Klebstoff wenige Quadratzentimeter große Stoffproben in 75 000 Katalogexemplare. Im ersten Halbjahr betrug der Umsatz nur 53 000 Dollar. Doch sie entwarf ein schlaues Konzept: Kunden können die Kleidungsstücke, aus denen ihre Kinder herausgewachsen sind, beim nächsten Kauf mit 20 Prozent in Zahlung geben. Die Sachen werden dann für wohltätige Zwecke gespendet (Stichwort: Mitgefühl). Inzwischen werden monatlich mehr als dreitausend Kleidungsstücke recycelt – und die Kunden bleiben der persönlichen Firma, die nicht nur am Profit interessiert ist, auch treu. Am Ende gewinnen beide Seiten (ein für »weibliches« Denken typisches Konzept).

Meist entwächst die Firma irgendwann der häuslich-vertrauten Wohnung, wenn sie expandiert. Doch es gibt auch den umgekehrten Weg. Karin Dubinsky, eine tüchtige Unternehmensberaterin, begann in einem kleinen Büro, doch als ihre Firma expandierte, kaufte sie ein geräumiges Reihenhaus und vereinigte dort Büro und Wohnung. Sie ist davon überzeugt, daß dieser Umzug ihr Denken verändert hat – weg vom konzernmäßig-hierarchischen Denken, hin zu familiären, »weiblichen« Zusammenhängen – und für ihren größten Erfolg verantwortlich ist. Arbeit und Persönlichkeit passen nun besser zusammen, und überdies hat sie jetzt auch mehr Zeit für ihren kleinen Adoptivsohn.

Firmen von Frauen etablieren sich inzwischen auch jenseits der weiblichen Domänen in den Einzelhandels- und Dienstleistungsbranchen, etwa in der industriellen Produktion, im Bausektor und in der Landwirtschaft. Ja, in den Bereichen Transport und Kommunikation, Großhandel und Finanzierungen/Versicherungen/Immobilien wächst der Anteil der Firmen, die Frauen gehören, doppelt so schnell wie die Branche insgesamt. AT&T verbreitet einen visionären Werbespot, der eine Frau auf einer Parkbank zeigt, die über ein leeres Feld blickt und zu dem Mann neben sich sagt: »Sehen Sie dieses Stück Land? Dort werde ich meine Firma gründen.« Auf seine Frage: »Und wie steht's mit all den Kleinigkeiten wie Finanzierung, Aufstellung von Geschäftsplänen und so weiter?« berichtet sie ihm vom AT&T-Programm »Resources for New Business«. Wie sehr es doch all diese Dinge erleichtert habe. Und während sie davon erzählt, entsteht vor unseren Augen auf dem Feld allmählich ein Gebäudekomplex. Dieser Spot wirkt sehr inspirierend. Denken Sie nur daran, wie viele Faxgeräte, Computer und Software-Programme in ein solches Gebäude geliefert werden könnten, wie viele Zulieferer ein solches Unternehmen benötigt, wie vielen Dienstleistungsfirmen es Arbeit böte. Es gibt doch so viele Möglichkeiten, »weiblichem« Denken in der Wirtschaft zum Durchbruch zu verhelfen, so viele geschäftliche Chancen. Hat es bei Ihnen geclickt? Sind Sie bereit?

Wer hat die Zeichen der Zeit beim »weiblichen« Denken bereits verstanden?

Jeder im Geschäftsleben oder im Marketingbereich, der auch nur ein wenig vom »weiblichen« Denken versteht, hätte die Möglichkeit, Millionen von Konsumentinnen erfolgreich anzusprechen. Doch bisher haben sich nur wenige der wichtigen Branchen auf diesen Trend eingestellt und nehmen Frauen als Kunden ernst.

Überraschenderweise ist es eine Automarke, Saturn, die sich wirklich konsequent auf ein weibliches Publikum eingestellt hat. Hier werden Frauen von den Verkäufern nicht für dumm verkauft und in den Anzeigen begegnet man ihnen respektvoll. Sie werden nicht als dümmliche Sexsymbole, sondern als intelligente Wesen behandelt. Die ganze Strategie der Saturn-Händler, klare Preise zu nennen und auf das sonst übliche Feilschen zu verzichten, zielt darauf ab, die männliche Kumpanei beim Autokauf zu überwinden. Eine Studie aus Chicago über die allgemein üblichen Praktiken beim Autoverkauf hatte nämlich schockierende Ergebnisse erbracht: Für identische Autos wurden weißen Frauen Preise genannt, die um mindestens 142 Dollar über denen lagen, die weiße Männer zu hören bekamen. Bei schwarzen Frauen betrug der Unterschied sogar durchschnittlich 875 Dollar. Halten Sie solche Verfahrensweisen für fair und korrekt?

Bei unseren eigenen BrainReserve-Untersuchungen haben wir festgestellt, daß der Saturn-Händler als einziger von vierzehn besuchten Autohändlern von sich aus für einen weiblichen Interessenten die Motorhaube öffnete. Nur bei Saturn boten die Verkäufer auch Frauen ihre Hilfe bei der Kalkulation der monatlichen Unterhaltskosten an und forderten sie zu einer Probefahrt auf. Nur hier konnte man seine Entscheidung in Ruhe bei einer Tasse Kaffee in einer gemütlichen Sitzecke überdenken. Nur hier gab es eine Spielecke mit Kinderbetreuung, so daß sich Frauen in Ruhe bei den Autos umsehen konnten. Schließlich waren die Saturn-Verkäufer auch außerordentlich zuvorkommend, als eine Kundin ihr neues Auto abholte. Saturn ist also anders als die anderen. Vielleicht hat man dort begriffen, was der Name zum Ausdruck bringt. Man weiß, wie Frauen, den Bewohnern eines anderen Planeten, zumute ist, und hat sich darauf eingestellt. Mit Erfolg.

Als wir für einen unserer Klienten aus der Automobilbranche insgesamt fünfhundert Frauen interviewten, fanden wir heraus, daß Frauen, wenn sie die Wahl hätten, Autos lieber zu Hause kaufen würden. Denn dann blieben ihnen all die Erlebnisse erspart, die unseren männlichen und weiblichen Testern so überreichlich zuteil wurden: etwa mit Verkäufern, die über die Köpfe der Frauen hinweg nur mit Männern reden. Oder unsere eigene Erfahrung, als Lys und ich eines Tages unvorsichtigerweise die Niederlassung einer deutschen Nobelmarke (Mercedes) betraten und mehr als zwanzig Minuten lang total ignoriert wurden, obwohl wir uns als potentielle Interessentinnen geradezu demonstrativ in Szene gesetzt hatten.

Solche Begebenheiten erscheinen einem um so verrückter, wenn man in *Working Women* nachliest, daß Frauen für die Hälfte aller neuen Autos, die in den USA verkauft werden, die Schecks ausschreiben oder die Leasingverträge unterzeichnen – ein Marktanteil von 67 Milliarden Dollar! Bis zum Jahr 2000 wird sich der Anteil der weiblichen Autokäufer in den Vereinigten Staaten auf 60 Prozent erhöhen (ein Autor schreibt sogar, daß der weibliche US-Markt mindestens ebenso bedeutend sein wird wie der gesamte chinesische Automarkt). Bedenkt man dann noch, daß Frauen 80 bis 85 Prozent aller Kaufentscheidungen im Neuwagengeschäft maßgeblich beeinflussen, dämmert es vielleicht, wie enorm teuer es Autohändler zu stehen kommen kann, wenn sie Frauen bewußt ignorieren. Aber einmal ganz abgesehen von Autos – nach der Finanzstatistik (und das Finanzamt sollte es ja eigentlich genau wissen) liegen 40 Prozent der Vermögen von 500 000 Dollar oder mehr in weiblicher Hand.

Aber auch anderen Branchen, etwa den Geschäften für kleinere und größere Haushaltsgeräte, und hier insbesondere den Discountläden, stünde eine Neuorientierung nach den Gesichtspunkten »weiblichen« Denkens gut zu Gesicht. Denn dort braucht man als Frau (aber nicht nur als Frau) oft Nerven wie Drahtseile. Clevere Verkäufer, allein auf ihre Umsätze bedacht, wollen einem unbedingt die Geräte aufschwatzen, die *sie* loswerden wollen, ohne sich darum zu scheren, welche Wünsche man als Kundin eigentlich hat.

Wäre es nicht angebracht, dort Verkäufer*innen* zu beschäftigen, die:

- wenigstens aus eigener Erfahrung wissen, wie man einen Kuchen backt, Schokolade schmilzt oder eine große Pute brät, wenn sie einen beim Kauf eines neuen Herdes beraten?
- einem ehrlich Auskunft geben, ob es sich um das neueste Modell handelt oder um ein Auslaufmodell zum günstigen Preis?
- die einem nicht die längste Garantiezeit der Welt aufschwatzen wollen, die letztlich nur darauf hinausläuft, sich auch das Reparaturgeschäft zu sichern?

Dasselbe gilt für Kühlschränke, Mikrowellenherde, Fernsehgeräte, Videorecorder, Stereoanlagen, Kameras und Computer. Dieses Gefühl, diesen Wunsch nach seriöser Beratung, fängt auch eine Zeitschriftenanzeige ein, die für CD-ROMs von NEC wirbt. Dort ist eine Frau zu sehen, die ernst dreinblickt. Und darunter steht zu lesen: »Lügt mich nicht an!«

Ein Verbündeter der Frauen im heutigen Geschäftsleben findet sich dagegen, wo man ihn am wenigsten vermuten würde: in der Technik, in den Online-Systemen. Mit der Programmierung unserer alten Videorecorder haben wir wahrscheinlich noch Schwierigkeiten gehabt, doch wie man sich online ins WIRE-Netz einschaltet (Worldwide Information Resource Exchange), wissen auch Frauen. Dazu schreibt Harriet Rubin, Cheflektorin von Doubleday, treffend im Magazin *Inc.*: »Der Technik wird oft Unrecht getan, sie wird als Verbündete der Feministinnen nicht genügend gewürdigt. Denn der technische Fortschritt hat die Hierarchien eingeebnet. In Firmen mit E-mail-Systemen braucht man nicht mehr der lauteste Mann oder der größte Angeber zu sein, um Gehör zu finden. Diese technische Entwicklung ebnet die Unterschiede zwischen den Geschlechtern ein.«

Wer sonst denkt bereits »weiblich«?

Beispielsweise The Body Shop. Firmengründerin und Chefin Anita Roddick weiß natürlich, wie man »weiblich« denkt. Wenn man etwas im Body Shop kauft, weiß man, daß man damit auch der ums Überleben kämpfenden

Dorfbevölkerung in allen Teilen der Welt hilft. Mit einem »Trade, Not Aid«-Programm (Handel statt Hilfslieferungen) hilft The Body Shop diesen Menschen, Teil der Weltwirtschaft zu werden. Man bringt den Dorfbewohnern die notwendigen Fertigkeiten bei und kauft ihnen dann die einheimischen Produkte auch ab: Naturfarben, Pflanzen, Früchte, Kräuter und Gewürze.

BrainReserve verwirklicht zur Zeit mit der Kosmetikfirma Chesebrough-Pond's ein neues Marketingkonzept, das, im Zeichen »weiblichen Denkens«, für die späten neunziger Jahre und die ersten Jahre des neuen Jahrtausends taugt. Was die Kundinnen unserer Meinung nach motivieren wird, ist ein Konzept, dem wir den Namen »weiblicher Realismus« gegeben haben. Soll heißen, daß Frauen in Zukunft mit Firmen zu tun haben wollen, die direkt auf ihr reales Leben Bezug nehmen. Keine schönfärberische Werbung mehr. Statt dessen werden die Frauen nach Firmen Ausschau halten, die offen und ehrlich mit ihnen reden und umgehen. Chesebroughs neue Werbekampagne für die Gesichtscreme »Prevent and Correct«, die so wirkt, wie es der Name ausdrückt, verzichtet bewußt darauf, die Kundinnen durch französisches Flair oder die sonst üblichen Versprechungen eines »Durchbruchs« in der biochemischen Forschung einzulullen. Auf einem Foto von Herb Ritts in der Einführungsanzeige sieht man eine ganz normale Frau, die ihr Gesicht in die Hände stützt. Kein Glamourgirl, keine uneinlösbaren Versprechungen. Und dieses neue Konzept entstand unter dem französischen Firmenchef Patrick Noel, der es zusammen mit Natalie Danysh (einer Mutter von vier kleinen Kindern) und Mike Indursky einführte. Mit seiner kompromißlosen Ehrlichkeit zeigt ein solches Marketing für Schönheitsprodukte einen Durchbruch »weiblichen« Denkens an – Marketing mit dem besonderen Click.

Wer verweigert sich dem »weiblichen« Denken?

Schon seit Jahren prophezeien wir den traditionellen Waschmittelkonzernen große Schwierigkeiten, wenn eine von Frauen geführte Firma sich erst einmal daran mache, den Waschmittelmarkt zu erobern. Denn die Chefin dieser Firma könnte im Fernsehen auftreten und sich aufgrund eigener Erfahrung sachkundig zur Entfernung von Flecken in der Wäsche äußern. Eine solche Frau wäre unbedingt glaubwürdig. Wie viele Spitzenmanager und Konzernchefs der Waschmittelindustrie haben denn je selbst ein Kinderbettlaken oder Kinderstrümpfe gewaschen? Unsere hypothetische Firma – nennen wir sie einfach WASCH – stiftete einen gewissen Prozentsatz ihrer Gewinne für die Einrichtung und Förderung von Kindergärten und Kinderheimen. WASCH würde Informationsmaterial über Eheberatungsstellen verteilen, Tips zur Kindererziehung geben und sogar ein Notruftelefon für mißhandelte Frauen einrichten. Ein Teil der Gewinne käme vernachlässigten, Frauen besonders betreffenden Gebieten der Medizin zugute, ein anderer Teil flösse in die Unterstützung kinderreicher Haushalte mit Niedrigsteinkommen. So stellen wir uns eine durchdachte Gesamtstrategie für eine Firma vor, in der in jeder Hinsicht »weiblich« gedacht wird. Leider ist bisher noch keine der großen Waschmittelfirmen auf diese Idee eingegangen. Doch wir werden weiterhin dafür werben. Irgendwann wird es schon clicken. Und dann ... siehe oben.

Bislang gingen wir nur zahlreichen Managern der Seifenindustrie auf die Nerven. Als wir beispielsweise den eben skizzierten Marketing-Ansatz einem großen Waschmittelkonzern vorschlugen, wurde er mit einem typischen Argument aus dem Arsenal alten (»männlichen«) Denkens vom Tisch gefegt: »Wir sind keine Sozialhilfeeinrichtung, sondern ein Wirtschaftsunternehmen.« Aber ich kann nur noch einmal betonen: Hier hatte man das Wesentliche überhaupt nicht verstanden. Denn wer heute und morgen Erfolg haben will, *muß* mehr soziales Engagement zeigen: Geschäftsunternehmen müssen sich sozialen Institutionen annähern, und diese wiederum müssen stärker nach wirtschaftlichen Gesichtspunkten arbeiten. Vom Standpunkt »weiblichen« Denkens aus ist völlig klar, daß die Markentreue der Kundinnen so gut wie garantiert ist, sobald die Firma durch soziale Aktivitäten zeigt, daß sie nicht nur an Profit interessiert ist. Denn Frauen möchten gern sicher sein, daß ihr Geld einer Firma zufließt, die auch eine Seele hat. Und diese zeigt sich beispielsweise darin, daß notleidende Frauen und Kinder unterstützt werden. Wäre dieser Ansatz eine Alternative zu den herkömmlichen Marketingstrategien, zeigte sich sehr schnell, daß Frauen gern auf alle möglichen Coupons und Zugaben verzichteten.

Würde von den Firmengewinnen wirklich etwas an die Gesellschaft zurückgegeben, dann hätte dies für die Kundinnen – ob Sie es glauben oder nicht – mehr Wert als der Pseudogewinn der üblichen Versprechungen vom Typ »Nimm zwei, zahl eins«.

Dasselbe gilt für ein Produkt, mit dem definitiv nur Frauen zu tun haben: Tampons. Stünde es einer Firma, die persönliche Hygieneprodukte herstellt und Engagement zeigen will, nicht gut an, kleine Gesundheitsbroschüren herauszubringen, in denen auf die verschiedenen Lebensstadien der Frau Bezug genommen wird? Auf das Teenageralter, die Zeit nach einer Geburt, auf die Wechseljahre. (Manche Firmen, die Tiernahrung herstellen, bieten bereits entsprechende Broschüren über die Lebensstadien unserer lieben Vierbeiner an.) Wir denken dabei auch an Querverbindungen und an Zusammenarbeit mit Beratungsorganisationen, formellen wie informellen, nach dem Motto »Frauen helfen Frauen«. Das Informationsspektrum könnte die gesamte Palette von Gesundheitsinformationen und Verhaltenstips umfassen: Hormone, die verrückt spielen; Brustkrebs; Schwangerschaft; Säuglingspflege und so weiter. Als Informationsformen böten sich Packungsbeilagen, Einladungen zu informellen Treffen daheim, Telefonnummern von Beratungsstellen, vielleicht sogar Online-Sessions an. Eine Liste der zwanzig größten Firmen in Frauenbesitz mit ihren Umsatzzahlen, abgedruckt auf Tamponpackungen – lachen Sie nicht! –, könnte Frauen als Ermutigung dienen. Ebenso wie Reproduktionen von Kunstwerken aus weiblicher Hand, so wie Absolute Vodka klassische Gemälde auf seinen Flaschen dazu nutzt, den Geschmack seiner Kunden zu bilden und dem Produkt ein gutes Image zu verschaffen.

Weiterhin könnten sich gemeinnützige Organisationen mit bestimmten Anbietern am Markt zusammenschließen, um neue Kundenkreise anzuziehen. Wenn die Produkte unserem Lebensgefühl und den Standards, nach denen wir leben, entsprechen, profitieren beide Seiten von einer solchen Zusammenarbeit. Das wäre »weiblich« gedacht.

Wie sieht »weibliches« Denken in der Praxis aus?

Wenn eine Frau eine Firma gründet, kommt unter dem Strich etwas anderes heraus. Auf finanziellem Gebiet gibt es zwar kaum Unterschiede: Da geht es zunächst einmal (und das wird auch immer so bleiben) ums Überleben – und hoffentlich auch noch um etwas mehr: Erfolg. Aber die zugrunde liegenden Motive für Firmengründung und Selbständigkeit haben mehr mit Lebensqualität zu tun, mit dem Wunsch, sich selbst etwas zu beweisen und Gutes zu tun. Auch BrainReserve macht da keine Ausnahme. Wir fühlen uns (meistens) als eine große, glückliche Familie. Die Wirtschaft, die dem Prinzip »weiblichen« Denkens folgt, ist keine Einbahnstraße: Wir wollen nur mit Firmen zusammenarbeiten, deren Visionen, Ziele und Wertvorstellungen den unseren nicht widersprechen.

In ihrem Buch *The Female Advantage: Women's Ways of Leadership* (Der Vorteil der Frauen: Wie Frauen führen) entwirft Sally Helgesen eine Art Ökologie der Führungsstile. Während die globale Sicht der Männer mehr am wirtschaftlichen Erfolg ausgerichtet ist, »gehört zur globalen Sicht der Frauen auch eine Vision der Gesellschaft – sie bedenken bei ihren Entscheidungen auch die weitergehenden Auswirkungen auf die Familien, das amerikanische Erziehungs- und Bildungssystem, die Umwelt und sogar den Weltfrieden«.

Auch eine Regierung nach den Prinzipien »weiblichen« Denkens sollte demnach anders aussehen als die, die wir gegenwärtig erleben. In diesem Zusammenhang denken wir an die Strategie von Ellen Malcolm aus der Hauptstadt Washington und ihr Projekt »EMILY's List«. »EMILY« steht für »Early Money Is Like Yeast«. Auf deutsch: Rechtzeitig gespendetes Geld wirkt wie Hefe – es läßt den Teig aufgehen. Bei der Kongreßwahl des Jahres 1992 spendeten 24000 Mitglieder von »EMILY's List« 6,2 Millionen Dollar für den Wahlkampf weiblicher Kandidaten. Es war ein brillanter Einfall, die meist weiblichen Mitglieder dieser Liste zu bitten, mindestens

100 Dollar für jeweils zwei von der Liste empfohlene Kandidaten zu spenden. Als Ellen Malcolm im Jahr 1985 mit ihren Aktionen begann, saßen nur zwölf weibliche Abgeordnete der Demokratischen Partei im Repräsentantenhaus, und es gab keine einzige Senatorin. Doch nachdem »EMILY's List« bei vier nationalen Wahlen aktiv im Wahlkampf mitgemischt hat, sind es inzwischen 28 weibliche Abgeordnete und fünf Senatorinnen. Das langfristige Ziel ist klar: das Antlitz der Macht zu verändern. Die Regierung wieder der Bevölkerungsmehrheit und deren Sorgen anzunähern. Die Theorie lautet: Je mehr Frauen in der Politik etwas zu sagen haben, desto stärker wird der Akzent auf Kindererziehung, Bildungswesen, sensibel gestalteten Wohlfahrtsreformen und einem besseren Gesundheitssystem liegen – also auf den sogenannten Frauenthemen. Aber geht dies alles nur Frauen an? Sind es nicht vielmehr allgemeine Probleme, die jeden betreffen?

Das Gefühl, bei entsprechender Bündelung der weiblichen Kräfte alles, aber auch wirklich alles schaffen zu können (sogar die Wahl einer Präsidentin durch das amerikanische Volk), ist überall dort stark ausgeprägt, wo sich erfolgreiche Frauen treffen. Sei es zum Mittagessen, sei es auf Parties, sei es in Interessengruppen. Bei einem Mittagessen, zu dem die Fernsehmoderatorin Judy Licht eingeladen hatte, trafen Lys und ich auf ein erstaunliches Spektrum erfolgreicher Frauen aus allen Bereichen des Lebens. Und unsere charmante Gastgeberin dachte »weiblich«, indem sie ihre Gäste nicht einfach sich selbst überließ, sondern jede einzelne namentlich und mit ihren jeweiligen Leistungen und Erfolgen vorstellte. Wirklich ermutigend, was da alles an weiblichen Talenten versammelt war.

Auch Philanthropie im Geiste »weiblichen« Denkens unterscheidet sich vom patriarchalischen Modell. Nehmen Sie zum Beispiel Carole Isenberg, die Drehbuchautorin und Produzentin aus Hollywoold (*Die Farbe Lila*), die mit Lynda Guber eine gemeinnützige Organisation namens »Education First« gründete, mit dem Ziel, die Öffentlichkeit – und zwar nicht als ganze, sondern jeden einzelnen – über die Medien bildungsbewußt und bildungsbereit zu machen. Denn »die Medien sind ein unglaublich wirksames Instrument«, wie Carole aus eigener Erfahrung weiß. Sowohl durch öffentlichkeitswirksame Kampagnen mit Stars wie Richard Dreyfus, als auch subtil in Situationskomödien, Filmen und Fernsehserien wird die Botschaft vermittelt: »Geht zur Schule, brecht Eure Ausbildung nicht ab«.

Caroles eigene Filmgesellschaft, Big Lights Films, hat sich inspirierenden Ideen verschrieben. »Mit einem Film ist es wie mit Tarot-Karten«, äußerte sie in einem Interview. »Beide haben eine metaphysische Komponente.« Im Filmgeschäft Fuß zu fassen war für Frauen bisher unglaublich schwer. Um von dem Glück, das ihr in dieser Hinsicht zuteil wurde, wenigstens ein wenig abzugeben, bemüht sich Carole oft um Volontärinnen und bringt ihnen persönlich das Wesentliche bei. Denn »wir Frauen haben die Verantwortung, uns gegenseitig zu helfen«.

In New York gibt es für Frauen eine einzigartige Zuflucht, das »Women's Resource Center«, eine gemeinnützige Organisation, die sich um alle Probleme kümmert, mit denen Frauen konfrontiert sind. »Wir haben Informationen über alles«, heißt es in einer Broschüre, »von der Untersuchung Ihres Hauses auf bleihaltige Farben bis zur Untersuchung Ihres Blutes auf HIV. Von der Kinderpflege bis zur Altenpflege. Von der Familienplanung bis zur Finanzplanung. Kurz, wir sind dafür gerüstet, alle Probleme in Angriff zu nehmen, die Frauen Kopfschmerzen bereiten könnten.« All diese nützlichen Informationen sind kostenlos, und die Organisation ist weltanschaulich neutral. Unterstützt wird sie von zahlenden Mitgliedern, die regelmäßig einen Rundbrief erhalten und freien Zugang zu Archiven und Dateien haben.

Frauen gewinnen an Boden, aber wir leben noch immer in einer Männerwelt

»Weibliches« Denken bricht sich zwar Bahn, doch sind manche Frauen zunehmend frustriert über die beharrlichen Vorurteile – und zwar in der gesamten Arbeitswelt.

Die mit dem Pulitzer-Preis ausgezeichnete Schriftstellerin Anna Quindlen legte in einem Zeitschripteninterview ihre Gedanken zu diesem Thema sehr schön dar. Den zweiten Geburtstag ihrer Tochter zum Anlaß nehmend, schrieb sie: »Doch sie hat mir diese zweigeteilte Welt erneut bewußt gemacht – eine Welt, die trotz allen Geredes über die post-feministische Zeit Frauen weiterhin weniger Respekt entgegenbringt und weniger Chancen bietet als Männern. Meine Freundinnen und ich haben gelernt, damit zu leben, aber meine kleine Tochter hat Besseres verdient. Sie hat mir meine Wut über diese Zustände zurückgegeben, und ich werde sie zu ihrem Besten nutzen.«

Ist es Wut oder Selbstsicherheit, die immer mehr Frauen zur Waffe greifen läßt? Laut Angaben der National Rifle Association sind junge Mädchen die am schnellsten wachsende Teilnehmergruppe in Kursen für den Schußwaffengebrauch. 70 Prozent aller Teilnehmer an Pistolen-Grundkursen sind weiblichen Geschlechts. 20 Millionen Amerikanerinnen besitzen eine Waffe, 42 Millionen haben Zugang zu einer.

Weibliche Wut zeigt sich zunehmend auch im Gerichtssaal. Denn immer mehr Frauen klagen wegen sexueller Belästigung am Arbeitsplatz. Oder beim Militär. In Zweifelsfällen lautet die Faustregel: »Würden Sie das auch zu einem männlichen Mitarbeiter sagen?«

Ärger verursacht Streß, und der läßt sich am besten in Selbsthilfegruppen abbauen, etwa in Kansas City im Club der ausgebrannten berufstätigen Frauen (Burned-Out Businesswomen's Association). Wie das *New York Times Magazine* berichtet, treffen sich dort einmal im Monat vierzig oder mehr

Frauen und verfassen böse Beschwerdebriefe. In einem an Ärzte verschickten Schreiben heißt es beispielsweise: »Wir Frauen haben zuviel zu tun, als daß wir zum angegebenen Termin problemlos erstmal eine halbe Stunde im Wartezimmer und dann nochmal eine halbe Stunde im Sprechzimmer warten könnten. Und wenn wir beim Frauenarzt schon so lange warten müssen, dann gebt uns wenigstens etwas Anständiges zu lesen, nicht nur Hausfrauenzeitschriften mit den neuesten Kochrezepten.«

Ein heikles Thema ist auch die häufige Unterrepräsentation von Frauen bei medizinischen Erhebungen, was bedeutet, daß deren Gesundheitsprobleme nicht gebührend beachtet werden. Bei einer Untersuchung im Jahre 1988 kam man zu dem signifikanten Ergebnis, daß die tägliche Einnahme einer Aspirintablette das Risiko von Herzerkrankungen senken kann. Doch diese Untersuchung bezog sich nur auf 22 000 Männer und keine einzige Frau, obwohl bei Frauen Herzerkrankungen die Todesursache Nr. 1 sind. Auch eine an der Harvard-Universität durchgeführte Studie zum möglichen Zusammenhang zwischen Herzerkrankungen und Koffein bezog 45 000 Männer ein, keine Frau. Und die Aufnahme ausschließlich bei Frauen auftretender Aids-Symptome in den offiziellen Katalog der HIV-Symptome mußte gegenüber der US-Regierung erst von einer hartnäckigen Rechtsanwältin, Terry McGovern, vor Gericht erstritten werden. Seitdem stehen auch HIV-infizierten Frauen entsprechende Zuschüsse der Bundesregierung zur Verfügung.

Etwaige Versäumnisse auf dem Gebiet der weiblichen Gesundheitsvorsorge versuchen die National Institutes of Health (NIH) jetzt durch eine 600 Millionen Dollar teure Untersuchung unter dem Titel »Women's Health Initiative« wettzumachen. Geplant ist die Sammlung der Gesundheitsdaten von 160 000 Frauen. Für den Anfang ganz gut, aber bei weitem nicht genug. So wurden zum Beispiel politisch umstrittene Bereiche bewußt oder unbewußt von vornherein ausgeklammert, etwa Fragen zur Abtreibung oder zur sexuellen Orientierung, die in keiner Langzeituntersuchung fehlen dürften. Und im Bereich der Hormontherapie sind zwei Männer für diese Untersuchung zuständig, deren einer »sich ausdrücklich damit brüstete, mit dem Feminismus nichts am Hut zu haben«.

Zurück zum spiegelblanken Fußboden – »Weiblich denken« im Gegenwind

Neuerdings häufen sich wieder Schlagzeilen gegen berufstätige Frauen. Eine Art Kampagne, ein abgekartetes Spiel. Natürlich gibt es immer noch jene, die Frauen auf ihre traditionellen Rollen reduzieren wollen, die fordern, daß sie aufhören zu arbeiten, daß sie wieder früher Kinder kriegen, daß sie sich wieder um ein gemütliches Heim kümmern. In periodischen Abständen werden Presseberichte lanciert, nach denen Frauen nicht alles auf einmal haben könnten. Der Autor eines Artikels in *USA Today* präsentierte neuere Belege dafür. Eine Schlagzeile aus dem Jahr 1994 etwa prophezeite: »Berufstätige Frauen: Auf dem Weg zurück nach Hause«. Und die dazugehörige Titelgeschichte mit dem passenden Foto einer Mutter mit Schürze, die gerade einen selbstgebackenen Kuchen hereinträgt, sagte eine »Rückkehr zu den fünfziger Jahren« voraus. Die *Detroit News* kamen zu dem Schluß: »Die Superfrau hat genug«. Und das *Wall Street Journal* meldete: »Junge Frauen würden gern Berufstätigkeit gegen Ehe eintauschen«.

Das Dumme ist nur, daß hinter diesen Schlagzeilen keine Fakten stehen. So berichtete das Bureau of Labor Statistics: »Es ist sehr schwer, Belege dafür zu finden, daß Frauen in nennenswerter Zahl ihren Beruf aufgeben würden, um als Hausfrauen nach Hause zurückzukehren.« Die Statistik der weiblichen Berufstätigen leistet sich nur an einer Stelle einen kleinen Ausrutscher, und zwar in der Gruppe der unter 25jährigen. Doch hier sprechen die Fakten eindeutig dafür, daß diese jungen Frauen länger studieren. Laut Angaben des American Council of Education stieg zwischen 1982 und 1992 die Zahl der Doktoranden um 6 Prozent, der weibliche Anteil innerhalb dieser Gruppe jedoch um 28,8 Prozent.

Natürlich geben auch Frauen ihren Beruf auf. Doch in erster Linie wegen der hohen Kosten für eine angemessene Kinderbetreuung. Millionen Kinder werden tagsüber von Fremden betreut. Doch wenn diese Betreuung nicht gut ist, bedroht sie die emotionale und intellektuelle Entwicklung des Kindes. Und das ist wirklich keine Kleinigkeit. Eine neuere Untersuchung dieses Sektors unserer Gesellschaft förderte leider keine sehr ermutigenden Resultate zutage. Nur in jedem siebten Fall waren die Bedingungen der Kinderbetreuung als »sehr gut« zu bezeichnen. Statistisch gesehen war die Qualität dort am besten, wo die Betreuung in der Nähe des Arbeitsplatzes stattfand oder durch öffentliche Zuschüsse gesichert war. Inzwischen springt vielerorts eine Selbsthilfeeinrichtung namens »Children First« ein, wenn die Kinderfrau oder die Person, die die Kinder sonst beaufsichtigt, verhindert ist. In New York gibt es derzeit vier »Children-First«-Einrichtungen mit jeweils vierzig Plätzen für Kinder im Alter zwischen 3 Monaten und 12 Jahren. Auf vierzig Kinder kommen sieben Betreuungspersonen. Viele Firmen reservieren für ihre Angestellten bereits ganzjährig eine entsprechende Anzahl von Plätzen auf Firmenkosten. Click.

Bei einer unserer BrainJam-Ideensitzungen wurde vorgeschlagen, eine Art Modellkindergarten zu entwickeln: Räumlichkeiten, Spielfläche, Cafeteria, Spielzeug, Personaleinstellungsservice, Versicherungsschutz, alles aus einer Hand. Dieses Modell könnte dann bei Bedarf überall in kürzester Zeit realisiert werden. Ein weiterer Vorschlag im Sinne »weiblichen Denkens« lautete, ein Konzern wie Disney solle doch (vielleicht in Verbindung mit Microsoft?) landesweit eine Kette von »Day-Caretainment Centers« (Kinderbetreuungs- und Unterhaltungszentren) eröffnen, eine Art CVJM der neunziger Jahre. Welche Eltern wären über eine solche Einrichtung nicht hocherfreut? Sollte es hier clicken, wäre eine weltweite Nachahmung so gut wie sicher.

Wie es bei Ihnen clicken könnte, wenn Sie als Frau geschäftlichen Erfolg haben wollen.

Nutzen Sie Ihren weiblichen Wissens- und Erfahrungsschatz. Wir Frauen haben bessere Chancen als alle anderen, ein originelles, brillantes Konzept zu verwirklichen, das insbesondere Frauen anspricht. Zielen Sie auf ein bestimmtes Marktsegment oder eine Marktnische. Sind Sie beispielsweise Latina, gehören also der spanischsprachigen Minderheit an, dann denken Sie an das große, noch weitgehend unerschlossene Potential der 27 Millionen Latinos in den USA – und an die 200 Millionen Lateinamerikaner. Finden Sie heraus, was Ihnen selbst gefallen würde, und untersuchen Sie die Konkurrenzsituation auf diesem Sektor. Wenn niemand etwas auch nur entfernt Ähnliches anbietet, fragen Sie sich auf jeden Fall, warum das so ist. Vergleichen Sie Ihre Ideen mit den von uns ermittelten Trends. Und wenn Sie zu wenigstens vier oder fünf dieser Trends passen, ... dann sind Sie vielleicht die nächste Unternehmerin, die ganz groß herauskommen wird.

Richten Sie sich neben der Küche ein kleines Büro ein und fangen Sie an. Wir Frauen haben gute Erfolgschancen bei der Gründung einer kleinen Firma, weil wir gewohnt sind, lange und ohne feste Arbeitszeiten zu arbeiten. Unser Arbeitstag war noch nie nach acht oder zehn Stunden beendet. Berufstätige Frauen gehen zur Arbeit, holen dann die Kinder von der Schule ab, helfen ihnen bei den Hausaufgaben, lesen, während das Essen auf dem Herd steht, schnell noch einen Geschäftsbericht, setzen sich nach dem Essen wieder an die Arbeit, versuchen, ein wenig Schlaf zu bekommen, wachen wieder auf, wenn das Baby schreit, stehen zeitig auf, bringen die Kinder zur Schule, gehen selbst zur Arbeit und so weiter. Und das Tag für Tag. Diesen harten (und hart machenden) Aspekt des Frauenlebens hat Hillary Clinton treffend zusammengefaßt: »Für viele Frauen ist es eine Frage des Mutes, den Tag zu überstehen.«

Sie können es sich vorstellen. Wir glauben, daß so oder ähnlich Ihr Arbeitstag in den späten neunziger Jahren aussehen wird. Allerdings vor allem, um Ihre eigene Firma voranzubringen. Eine typische, nach den Prinzipien »weiblichen« Denkens geführte Firma geht nämlich davon aus, daß die Geschäftszeiten sich nach den Kunden richten müssen. Oder daß man zu den Kunden nach Hause fährt, um ihnen etwas zu verkaufen oder zu erläutern. Und seien Sie nicht überrascht, wenn der Erfolg Ihres Unternehmens Ihnen zusätzlich noch einen Ehemann oder Lebensgefährten einbringt. Denn wer Erfolg hat und seine eigene Herrin ist, wirkt auf viele Männer sexy.

Stellen Sie Ihr Licht nicht unter den Scheffel. Sie kennen das alte Prinzip: »Ehre, wem Ehre gebührt.« Wir würden es leicht abwandeln zu: »Sich selbst ehren, wenn es nötig ist.« Sie sollten Ihren Wert kennen. Viele Untersuchungen zeigen, daß große Ideen einer Frau von den Männern fast immer dem Mann an ihrer Seite zugeschrieben werden (wenn sie überhaupt jemandem zugeschrieben werden). Frauen dagegen gehen mit Ideen anders um. Sie unterstützen und ergänzen sie und geben »Ehre, wem Ehre gebührt«. Ein typisch weiblicher Fehler ist es jedoch, daß wir uns viel zu oft entschuldigen (bei der Arbeit, im Gespräch). Wir murmeln »Tut mir leid«, wenn überhaupt kein Anlaß dazu besteht. Und wir geben unsere Anweisungen nur verhüllt. Wir teilen zuviel. Wir nehmen einen Teil der Schuld auf uns, wenn diese eigentlich bei anderen liegt, und wir teilen unsere Verdienste, wenn sie eigentlich bei uns allein liegen. Beide Haltungen sind dem Erfolg nicht gerade förderlich.

Neuerdings läßt man sich einiges einfallen, um weibliches Selbstbewußtsein schon in früher Jugend zu fördern. Rein weibliche Umgebungen, um zu sehen, wie das Ego der Mädchen ohne den Druck aufblüht, daß jederzeit ein Junge daherkommen und sich über sie lustig machen oder sie anrempeln kann. An einzelnen Schulen in Kalifornien und Virginia werden Mädchen in Mathematik, Naturwissenschaften und Computerkursen getrennt unterrichtet, um Geschlechter- Vorurteile aus diesen Fächern möglichst zu verbannen. In anspruchsvollen Zeitschriften wie *New Moon* oder in Gesprächskreisen nur für Mädchen geht es außerdem oft einmal nicht um Mode oder Jungen, sondern um Politik, Cyberspace und ernsthafte psychologische Hilfestellung. Und um Jungen zu demonstrieren, wie man sich als Minderheit fühlt, läuft ein Experiment, bei dem sich zehn Jungen unter 3500 Mädchen behaupten müssen.

Nicht Männer gegen Frauen. Gemeinsam clicken!

Separatismus von Männern und Frauen kann indes auf Dauer keine Antwort sein. Männer und Frauen müssen gemeinsam leben, gemeinsam zum Erfolg kommen. Es geht darum, daß wir einen Weg finden, wie wir unsere gemeinsamen Arbeits- und Lebensverhältnisse für alle erträglicher gestalten. Förderung der Frauen heißt nicht Unterdrückung der Männer. Wir müssen das Stereotyp des weiblichen Dummchens ebenso aus unserem Leben verbannen wie das Macho-Gehabe. Die männliche Obsession, immer gewinnen zu müssen, muß ersetzt werden – durch eine wärmere, freundlichere Betonung gemeinsamer Werte.

An die Stelle des Geschlechterkampfes – Männer gegen Frauen – müssen andere Denkformen treten. Ohnehin verläuft die Front im Denken eher zwischen althergebrachten hierarchischen (»männlichen«) Prinzipien und »weiblichem« Denken in größeren Zusammenhängen. Das »weibliche« Denken geht weit über den Kampf um Gleichberechtigung hinaus. Die Forderung lautet vielmehr, die Unterschiede zwischen Mann und Frau als naturgegeben anzuerkennen, ohne daraus unangemessene Schlußfolgerungen zu ziehen. Daß auch viele Männer so denken, kreativ und unkonventionell, wird im Kapitel über »Mannzipation«, die Emanzipation des Mannes, noch ausführlicher dargestellt.

Kürzlich sagte mir Gloria Steinem in einem Interview: »Ja, ich kenne Männer, die ebenfalls in größeren Zusammenhängen und nicht-hierarchisch denken ... Wenn wir das Potential des Menschen erforschen und nicht all die Hindernisse und Einschränkungen, die ihm im Wege stehen, dann werden die Karten völlig neu gemischt.«

Letztlich läuft beim Trend »Weiblich denken« alles darauf hinaus, daß Männer und Frauen, daß Menschen und Firmen jedweder Art in der Lage sind, ja sogar die Pflicht haben, verantwortlich zu handeln, Rücksicht zu nehmen und den eigenen Standort im größeren Ganzen mitzubedenken. Daß es im Leben nicht nur um oberflächliche, profitorientierte Transaktionen geht, sondern um tiefergehende zwischenmenschliche Beziehungen, ganz gleich, ob das Gegenüber ein Kunde oder ein enger Familienangehöriger ist.

»Weibliches« Denken hat Zukunft, und Sie müssen keine Frau sein, um das zu erkennen.

Ein exemplarischer Fall von weiblichem Denken: Versicherungen für Unternehmerinnen

Eine Lektion fürs Leben, die mir meine Großeltern beibrachten – sie besaßen, wie schon erwähnt, ein kleines Bekleidungsgeschäft in New York –, lautet, daß man versuchen sollte, neue Kunden vor allem in der Nähe zu gewinnen. Am besten über Freunde und Verwandte. Ansonsten aber wenigstens in der Nachbarschaft. Darauf besannen meine Schwester Mechele Flaum (Präsidentin von BrainReserve) und ich uns einen Tages bei unseren gemeinsamen Überlegungen, wie wir neue Kunden gewinnen könnten. Hinzu kam, daß wir gerade den schon im Egonomics-Kapitel beschriebenen Auftrag der englischen Burton Group abgeschlossen hatten, eine ihrer Untergliederungen, Dorothy Perkins, am Markt neu zu positionieren. Eine großartige Aufgabe, aber nachdem wir ein Jahr lang ständig zwischen Großbritannien und New York hin und her geflogen waren, hatten wir alle vom vielen Reisen erstmal die Nase voll. Warum also in die Ferne schweifen?

Mechele sagte: »Wäre es nicht schön, wenn wir mal wieder einen Auftrag in New York an Land ziehen könnten?« Ich stimmte ihr zu und schlug vor: »Ja, und warum eigentlich nicht gleich hier? Direkt hier, ganz in der Nähe?« (Unsere Büros liegen im 28. Stock des MetLife-Tower an der Ecke 23rd Street Madison Avenue). »Ja, warum nicht hier im Haus? Perfekter geht's doch gar nicht.«

Noch in derselben Woche hatten wir uns mit den Leuten von MetLife, einer großen Versicherungsgesellschaft, die ein paar Stockwerke über uns residiert, zum Mittagessen verabredet. Mit den Geschäftsführern Ted Athanassiades und Harry P. Kamen. MetLife steht nämlich im Ruf, eine der innovativsten Versicherungsgesellschaften des Landes zu sein. Wir wußten zwar, daß sie schon mit verschiedenen nationalen Frauenorganisationen zusammenarbeitete, doch wir hatten ihnen einen ganz speziellen Vorschlag zu unterbreiten. Denn auf der Basis des Trends »Weiblich denken« hatten wir Unternehmerinnen als wichtige neue Zielgruppe ausgemacht. Unsere Frage an die Herren von MetLife lautete also: »Wie viele Unternehmerinnen zählen zu Ihrer Klientel?«

Die Antwort fiel den Herren schwer. Denn MetLiefe besaß zwar ein Small Business Center, also eine Abteilung für Kleinunternehmen, doch war man aufgrund der Art der Datenerfassung nicht ohne weiteres in der Lage, die Anzahl der Frauen innerhalb dieses Kundenkreises zu ermitteln. So konnten wir mit einem ehrgeizigen Vorschlag kontern: »Überlassen Sie es uns, die Kleinunternehmerinnen ausfindig zu machen und MetLife so zu beraten, daß die Gesellschaft diesen Frauen genau das richtige Angebot macht. Damit sie ihr Potential verwirklichen können. Und wir gehen jede Wette ein, daß dabei am Ende ein Milliardengeschäft für MetLife herauskommt.« Die Sache klappte, wir erhielten den Auftrag. Und obendrein bewahrte uns Jim Valentino, Senior Vize President von MetLife und ein echter zukunftsorientierter Denker, seitens der Gesellschaft vor Abwegen.

Was bei unserer Wette zunächst nur eine vage Größenordnung für das mögliche Geschäftsvolumen gewesen war, erwies sich am Ende erstaunlicherweise als ziemlich genauer Treffer. Denn in unserer Schlußpräsentation konnten wir zeigen, wie und warum es MetLife möglich sein müßte, bei geschickter Ausnutzung des Trends »Weiblich denken« Einnahmen in Höhe von einer Milliarde Dollar zu erzielen – und zwar innerhalb von nur fünf Jahren.

Unsere Schlußfolgerungen basierten nicht nur auf dem Trend »Weiblich denken«, sondern auch auf der Auswertung mehrerer anderer Trends:

- »Gegen die Großen«: Viele Leute, besonders Frauen, wollen nicht mehr bei großen, anonymen Firmen kaufen. Deshalb liegen Kleinunternehmerinnen im Trend. (Näheres zu den Problemen des Big Business finden Sie unten im Kapitel »Gegen die Großen«.)

- »Clanning«: Der Trend zum Zusammenschluß von Gleichgesinnten spricht dafür, daß Frauen lieber mit Frauen Geschäfte machen wollen.
- »Aussteigen«: Nicht wenige der weiblichen Kleinunternehmen werden in Heimarbeit und unter massivem Computereinsatz betrieben. Teil unserer Vorschläge für MetLife war die Online-Komponente der Kommunikation.
- »Ichbezogene Wirtschaft (Egonomics)«: Der allgemeine Trend zu individuellen Lösungen legt auch MetLife den Entschluß nahe, ihr bewährtes Leistungsangebot im Hinblick auf Kleinunternehmerinnen und deren Bedürfnisse zu überarbeiten.
- »Leben im Kokon«: Weil Frauen so viel Zeit zu Hause verbringen, entwickelten wir eine Verkaufsstrategie, die Beratungs- und Verkaufsgespräche im häuslichen Wohnzimmer vorsieht, mit der Rückendeckung von Freunden.
- »Der wehrhafte Verbraucher«: Um gar nicht erst den Verdacht der immer wachsameren Verbraucher zu wecken, das Eigeninteresse des Versicherungsagenten (Provision) und die Bedürfnisse des Kunden könnten in Konflikt geraten, wurde ein neues Verkaufskonzept entwickelt, das statt auf Provisionen auf Ausbildung der Kundinnen und gegenseitigem Vertrauen basiert.
- »99 Leben auf einmal«: Eine Erinnerung daran, daß Kleinunternehmerinnen nicht *nur* Unternehmerinnen sind, sondern auch noch Ehefrauen, Töchter, Mütter, Pflegerinnen und Hausfrauen. Wir glauben, daß diese Frauen, wenn sie erst einmal mit ihrer Berufshaftpflichtversicherung von MetLife gute Erfahrungen gemacht haben, auch ihre anderen Familien- und Gebäudeversicherungen bei MetLife abschließen werden.
- »S. O. S. – Rettet unsere Gesellschaft«: Ethik und Ausbildung sind die Grundpfeiler unseres Konzepts. Ethisch gesehen, eröffnete sich MetLife durch unser Programm die Möglichkeit, Frauen zu einer besseren Zukunft zu verhelfen. Und in puncto Ausbildung beinhaltete unser Konzept, daß MetLife den neuen Unternehmerinnen organisatorische und andere Kenntnisse vermitteln sollte, die ihre männlichen Konkurrenten schon längst in ihren Männerzirkeln oder beim Wirtschaftsstudium erlernt hatten.

Und so sah unser Konzept für MetLife aus: Nach einer Befragung hunderter Unternehmerinnen, nach Interviews mit ungefähr fünfzig MetLife-Managern und Versicherungsagenten sowie verschiedenen Ideenrunden unter Einbeziehung unserer TalentBank hatten wir festen Boden unter den Füßen und waren zuversichtlich, im Versicherungsgeschäft einen neuen Sektor mit erheblichem Zukunftspotential aufbauen zu können. Aus dem Versicherungsagenten sollte ein »Erfolgsagent« werden.

Immer wieder hatten wir von Firmengründerinnen gehört (und ich selbst weiß es aus eigener Erfahrung), daß sie anfangs unter einem erheblichen Defizit an organisatorischem Know-how gelitten hatten. Und da wäre es sehr hilfreich gewesen, wenn sie anfangs einen Mentor im Hintergrund gehabt hätten, einen erfahrenen, weisen Berater, der (oder die?) ihnen hätte raten können, welches Buchführungssystem und welche Personalbuchhaltung sich für die junge Firma am besten eignete, welche Telefon- und Computeranlage man kaufen sollte und worauf bei Personaleinstellungen besonders zu achten wäre.

Bei MetLife erhielten wir andererseits die Bestätigung, daß dieser Markt, die Gruppe der Firmengründerinnen und Kleinunternehmerinnen, unterschätzt wurde und daß man ihn vernachlässigt hatte. Folglich bestand bei den Unternehmerinnen ein Nachholbedarf bei Finanzdienstleistungen. Jene Gesellschaft aber, die als erste demonstrieren könnte, daß sie sich mehr als oberflächlich für diese Frauen interessierte, indem sie ihnen nicht nur Versicherungen, sondern auch Hilfestellung anbot, würde neben erheblichen Marktanteilen auch die Loyalität dieser Kundinnen gewinnen.

Wir machten auch die Gegenrechnung auf. Was würde es MetLife kosten, diesen Markt weiterhin zu ignorieren? Höchstwahrscheinlich kämen schon in Kürze Konkurrenten auf ähnliche Ideen und erarbeiteten ähnliche Lösungen. Ausschlaggebend war letztlich der Imagegewinn für MetLife. Wahrscheinlich würden sämtliche Versicherungs- und Finanzierungsdienstleistungen der Gesellschaft davon profitieren. Denn weibliche Mund-zu-Mund-Propaganda sollte man nicht unterschätzen: Sind Frauen erst einmal gewonnen, dann sagen sie es auch anderen weiter.

Unser Grundgedanke war ein Programm, das sich speziell an den Bedürfnissen von Kleinunternehmerinnen ausrichtete. Diese Frauen sollten durch Rat und Tat in eine sichere, erfolgreiche finanzielle Zukunft geleitet werden. Für beide Seiten eine großartige Chance. Zur Verwirklichung unserer Pläne trug ganz wesentlich Judy Weiss bei, Senior Vize President im MetLife Small Business Center und mit ihren vielfältigen einschlägigen Erfahrungen geradezu prädestiniert, diese neuartige Idee zum Erfolg zu führen.

Die »Erfolgsagenten« sollten die Bezeichnung »MetMentors« erhalten. Dieses Mentorenkonzept ist unter anderem das Ergebnis von mehr als 10 000 BrainReserve-Interviews, in denen Frauen klar zum Ausdruck brachten, daß sie Geschäftsbeziehungen nur mit Firmen wünschten, denen sie vertrauten. So würde MetLife in jedem Fall von der neuen Qualität ihrer Dienstleistungen profitieren: Beratung und Unterstützung statt herkömmlicher Verkaufsmethoden.

Mit welchen Problemen Frauen bei Versicherungsgeschäften kämpfen, zeigt die folgende typische Äußerung: »Ich bin, was man eine Versicherungs-Analphabetin nennen könnte. Die Sprache ist immer so kompliziert und verwirrend. Ich habe immer noch niemanden gefunden, der sich einmal mit mir hinsetzt, um mir das Kleingedruckte zu erklären.«

Was Kleinunternehmerinnen wirklich brauchen, sind Versicherungskaufleute, die auf Frauen, ihre Bedürfnisse, ihren Verständnis- und Erfahrungshorizont wirklich eingehen und sie unterstützen. Dafür sollten sie nicht, wie sonst üblich, nach Maßgabe der verkauften Versicherungssumme bezahlt werden, vielmehr sollte entscheidend sein, wie stark sie zur Organisation und zum Wachstum der von ihnen betreuten weiblich geführten Unternehmen beigetragen haben.

MetLife erhält damit auch einen Einblick in die Praxis der anderen Seite und dadurch die Chance, neue, speziell auf Kleinunternehmerinnen zugeschnittene Versicherungen und Finanzdienstleistungen zu entwickeln beziehungsweise ihre Angebote an die Bedürfnisse dieser Frauen anzupassen. Folgende Probleme bereiten nach unseren Ermittlungen Kleinunternehmerinnen besondere Kopfschmerzen:

1. Pflege und Aufbau des Geschäfts in der Anfangszeit.
2. Die Doppelbelastung in Familie und Beruf.
3. Streß durch Überarbeitung und zuwenig Freizeit.
4. Angst vor relativer Armut im Alter.
5. Ungenügender Zugang zu Kapital.
6. Der Wunsch nach individueller Hilfe bei Problemen.

Wer die Trends kennt und es versteht, sie anzuwenden, kann seine Unternehmensstrategie auf die tatsächlichen Bedürfnisse des Marktes einstellen. Dies gilt nunmehr auch für MetLife und die Zielgruppe der Unternehmerinnen. MetLife kann diesen Frauen helfen, ihre Zukunftspläne zu verwirklichen.

Im Anschluß an diesen Auftrag definierte kürzlich auch BrainReserve seine Firmenmission neu. Unser Motto lautet jetzt: »Uns selbst und andere in die bestmögliche Zukunft versetzen.« (»Lift Ourselves and Others into the Best Possible Future.«) Besonders Frauen. Darauf bin ich stolz. Und ich bin auch stolz auf MetLife.

13. Kapitel

9. Trend – Mannzipation

»Das Macho-Gehabe beweist gar nichts.«

ZSA ZSA GABOR

»Mannzipation« ist ein von uns geprägtes Wort, mit dem wir einen Trend bezeichnen, der sich noch im Anfangsstadium befindet. Gemeint ist die Emanzipation des Mannes – und damit die Kehrseite des Trends »Weiblich denken«. Mit diesem Begriff identifizieren wir den »neuen Mann« der neunziger Jahre. Den Mann, der sich von den Macho-Fesseln befreit hat. Der sich nicht mehr nur distanziert, isoliert, abgehoben und unromantisch gibt. Der nicht mehr nur analytisch und strikt in geschäftlichen Kategorien denkt. Der nicht mehr meint, immer, aber auch immer stark sein zu müssen, damit sich andere bei ihm anlehnen können.

Wie befreiend das doch sein kann!

In einer Frauenzeitschrift erschien kürzlich eine Karikatur, auf der zwei benachbarte Toilettentüren zu sehen waren. Auf der einen stand: »Böse Unterdrücker«, auf der anderen »Opfer«. Früher hätte man darüber sicher nur gekichert, doch heute wirkt so etwas eher traurig. So wie »Weiblich denken« den Frauen die Freiheit gibt, nach ihren Prinzipien zu handeln und wirtschaftlich tätig zu werden, macht »Mannzipation« die Männer frei, komplette Menschen zu sein. Dinge auch einmal leichter zu nehmen, Gefühle zu zeigen und zu experimentieren. Sich zu etwas »Unmännlichem« hinreißen zu lassen. Sich vom Beispiel anderer Männer auf unbekanntes Terrain locken zu lassen.

Das heißt, ganz so neu ist dieses Terrain eigentlich gar nicht. Denn in früheren historischen Epochen präsentierten sich die Männer teilweise ganz offen und ohne Scham als Pfauen oder Gecken. Oder zumindest als Männer mit einer femininen Seite. Mit gepuderten Perücken, schön ausstaffiert. Selbst die Krieger früherer Zeiten, von Alexander dem Großen bis zu den japanischen Samurai, wurden zunächst in den schönen Künsten und in der Poesie unterwiesen, ehe sie zum Schwert greifen durften. In ihrem Buch *The Natural History of the Senses* (Naturgeschichte der Sinne) berichtet

Diane Ackerman, daß »die starken Männer der Antike massiv parfümiert waren. In gewisser Weise erweiterten sie mit starken Düften ihre Präsenz und ihr Territorium«. (Eine interessante Perspektive: Gerüche als Verstärker der Macht.) Im Jahr 400 v. Chr. salbten sich auf Kreta die Athleten vor ihren Wettkämpfen mit aromatischen Ölen, wobei bestimmte Düfte bestimmten Körperteilen vorbehalten waren (ein Click für die modernen Parfümhersteller?). Pfefferminzöl war für die Arme gedacht, Thymian für die Knie; nach Zimt, Rosen oder Palmen duftendes Öl für Kiefer und Brust; Mandelöl verwendete man für Hände und Füße, Majoran für Haare und Augenbrauen.

Diane Ackermans Buch zählt weitere Gewohnheiten der Männer früherer Epochen auf. So tafelten die Ägypter mit Blumen bekränzt und in edle Düfte gehüllt. Man streute Blütenblätter, um darauf zu wandeln. Römische Gladiatoren (aber auch römische Bürger) rieben sich mit diversen Duftlotionen (Jasmin, Orange, Moschus, Lavendel) ein, wovon wiederum jede für eine andere Stelle des Körpers gedacht war – »eine ganze Duftpalette«. Napoleon trug auf seinen Feldzügen Handschuhe, doch darunter waren seine Hände mit Rosen- oder Veilchenlotion eingerieben.

Heute wollen emanzipierte Männer wieder attraktiver sein. Daß Frauen sich auch mit Herrenparfüms besprühen, ist nichts Neues mehr, der umgekehrte Trend hingegen schon. Aber das ist natürlich übertrieben. Denn der Markterfolg des Jahrzehnts, »Unisex«-Düfte, ebnete diesen Weg. Hier ist an erster Stelle »CK« (Calvin Klein) zu nennen: gleicher Duft und gleiche Unterwäsche für beide Geschlechter. Auch The Gap hat sich mit seinen Bade- und Schönheitsdüften, die freundliche, an die freie Natur erinnernde Namen tragen, in die Unisex-Arena begeben: »Grass«, »Earth«, »Day«, »Heaven« und »Dream«.

So wird es mit der »Mannzipation« weitergehen: Sanftere Verhaltensweisen werden das harte Macho-Gehabe verdrängen. Männer werden sich ihrer Tränen nicht mehr schämen und auch in der Öffentlichkeit dazu stehen. Auch werden sie nicht mehr zurückzucken, wenn es um die Babypflege geht. Im Gegenteil, die damit verbundenen Emotionen werden ihnen hochwillkommen sein. In einem Werbespot für Johnson & Johnson-Baby-Shampoo sieht man eine große, kräftige Männerhand, die den Kopf eines Babys sanft hin und her wiegt, während eine Männerstimme aus dem Off darüber sinniert, wie schnell doch die ersten Ballettstunden beginnen oder die ersten Verehrer an die Tür klopfen. Dann wechselt der Spot zum Bild dieses Vaters, wie er seiner kleinen Tochter zärtlich die Haare wäscht. Süße »Mannzipation«. Oder denken Sie an die Anzeige von Land's End, auf der ein großer und ein kleiner Rollkragen-Sweater zu sehen sind, mit der Unterzeile »Wie der Vater, so die Tochter«.

Eine gewisse Rolle bei diesem neuen Trend spielt in den Vereinigten Staaten auch der Family Leave Act (eine von der Regierung Clinton eingeführte gesetzliche Regelung für Sonderurlaub aus familiären Gründen: Geburt, Adoption, Krankheit etc.). Seit dem Sommer 1993 verpflichtet er alle Firmen mit mehr als fünfzig Angestellten (einschließlich Teilzeitkräften), bei voller Arbeitsplatzgarantie bis zu zwölf Wochen unbezahlten Sonderurlaub zu gewähren, wenn die familiäre Situation dies erfordert. Wie funktioniert diese Regelung inzwischen? Noch lange nicht perfekt. So wurde etwa der Football-Star David Williams von den Houston Oilers mit einer Strafe von 100 000 Dollar belegt, nachdem er zu einem wichtigen Spiel seiner Mannschaft nicht angetreten war, weil er bei der Geburt seines ersten Kindes dabeisein wollte. Umfragen zufolge halten sich rund 40 Prozent der Arbeitgeber nicht streng an dieses Gesetz. Unter anderem kam heraus, daß die Mehrzahl der Arbeitnehmer, die Sonderurlaub in Anspruch nahmen, Schwierigkeiten bekamen. Entweder wurde ihr Arbeitsplatz anderweitig besetzt oder man bat sie, ihren Urlaub abzukürzen.

Das größte Hindernis indessen ist, daß die wenigsten es sich leisten können, drei Monate auf ihr Gehalt zu verzichten. Im *Boston Globe* war nachzulesen, was bei einer relativ kleinen Firma in Bedford, Massachusetts, geschah, als der Betrieb alternativ vier Wochen *bezahlten* Urlaub anbot. Auf einmal war die Hälfte der Antragsteller Männer, und 45 davon beantragten sogar Vaterschaftsurlaub. Der Family Leave Act ist zwar nicht der Weisheit letzter Schluß, aber doch ein Schritt in die richtige Richtung. Denn es ist schon tröstlich, zu wissen, daß einem, wenn es wirklich sein muß mit dem Familienurlaub, wenigstens der Arbeitsplatz erhalten bleibt. Bis sich die entsprechenden Verhaltensweisen aber überall eingebürgert haben, wird es noch ein Weilchen dauern. Daß »Mannzipation« jedoch auf dem Vormarsch ist, das belegen zahlreiche Statistiken. So stellte das Families and Work Institute in New York fest, daß 80 Prozent der befragten Männer bei der Kindererziehung eine aktivere Rolle spielen möchten als ihre Väter. Und 57 Prozent der männlichen Beschäftigten beim Chemiegiganten DuPont wünschen sich bei der Arbeitszeit eine größere Flexibilisierung, um mehr Zeit für Frau und Kinder zu haben. Vor fünf Jahren waren es erst 37 Prozent.

Oder denken Sie an die Vollzeit-Hausmänner. Mehr als 3,5 Millionen Amerikaner bleiben freiwillig zu Hause, während ihre Frauen arbeiten gehen. Und wie bei den Hausfrauen heißt dies auch bei den Hausmännern nicht automatisch, daß die Tage mit Staubsaugen und Fernsehen verbracht werden. Das weiß niemand besser als jene Männer, die zu Hause arbeiten. Sei es, daß sie eine eigene Firma gründeten, sei es, daß sie sich künstlerisch betätigen. Etwa John Stegemann, der als Inhaber der Firma »White House Watch« im eigenen Haus Armbanduhren mit politisch-satirischem Design herstellt und vertreibt, während seine Frau Linda als Vice President für Marketing bei Octel Communications die Zukunft von Voice Mail erkundet.

Waren Männer früher herzlich und alles andere als dominant, wurde es fast immer mißverstanden und als Schwäche ausgelegt. In einem *Mirabella*-Interview berichtet Estee Lauder, welche Opfer sie in dieser Hinsicht vor vierzig und mehr Jahren bringen mußte, als sie zum Hauptverdiener in der Familie wurde. »Joe, mein Mann, war der liebste Mann der Welt, aber ich entwickelte und bewegte mich schneller und weiter als er. Und ich muß ganz offen sagen, ich wußte nicht, wie ich gleichzeitig Mrs. Joseph Lauder und Estee Lauder sein sollte. Bedenken Sie, damals gab es noch keinen Feminismus, keine Regeln, wie eine starke Frau mit einem sehr geliebten, aber sanfteren Mann zusammenleben konnte.«

Das hat sich im Zeichen von »Mannzipation« geändert. Heute könnte Joe Lauder ohne weiteres zu Hause bleiben, würde sich Estee mit ihrem dynamischeren Lebensstil wesentlich wohler fühlen. Eine gewisse Flexibilität im Leben hat doch wirklich viel für sich. Beide Geschlechter sind nicht mehr rigoros in einem Kasten gefangen. (Erinnern Sie sich noch an die Geschichte mit dem Chef der Werbeagentur, der eine verdiente Mitarbeiterin befördern, das heißt: zu sich und den Männern in den Kasten holen wollte?) Mann und Frau sind auch in wirtschaftlicher Hinsicht Partner geworden. In einem Interview mit der *New York Times* sprach Gloria Steinem über eines ihrer Buchprojekte, das den Titel »Men Are Mother, Too« (Männer sind auch Mütter) tragen soll und wo es darum geht, »daß Männer ihre Elternrolle wirklich ausfüllen müssen«. »Ich meine, wir haben bewiesen«, so Steinem, »daß Frauen im Beruf dasselbe können wie Männer. Aber wir haben uns selbst (oder auch sie) noch nicht überzeugt, daß auch Männer tun können, was Frauen getan haben.«

Das trifft sich ein wenig mit Susan Sontags Diktum: »Was an virilen Männern am schönsten ist? Ein femininer Zug. Ebenso gefällt an weiblichen Frauen ein leicht männlicher Einschlag.«

Doch »Mannzipation« begeistert nicht alle. In einem Zeitungsartikel mit dem Titel »Männer, deren Frauen arbeiten, verdienen weniger« versuchte ein Autor beispielsweise zu beweisen, daß berufstätige Frauen ihren Männern die Energie nehmen, noch mehr zu verdienen. Demnach könnten Männer, die nicht ihre gesamte Energie und Zeit im Beruf einsetzen, auch nicht erfolgreich sein. Denn natürlich leisteten sie dann auch nicht so viel wie ihre arbeitssüchtigen Kollegen.

Diese Auffassung ist so anti-»mannzipatorisch« wie nur irgend etwas, und obendrein ein alter Hut.

Der »Mannzipations«-Trend hingegen weitet sich immer mehr aus und beeinflußt bereits einen Teil der amerikanischen Geschäftswelt. Auch dort, wo man es nicht vermuten würde. So hieß es kürzlich in einer Klatschspalte der *New York Times* anläßlich der Hochzeit des Finanzmaklers von J. P. Morgan, Joseph Baumer (27): »Über das Familienleben spricht er genauso begeistert wie andere Männer über Barbesuche mit Topmodels. ›Ich bin Börsenmakler, ein Job, den ich mir teilweise auch deshalb ausgesucht habe, weil um vier Uhr nachmittags wirklich Feierabend ist‹, sagte er. ›Ich habe vor, um fünf zu Hause bei meinen Kindern zu sein.‹«

Wer sich so zu seiner Vaterrolle bekennt, ist zum Glück schon fast kein Außenseiter mehr. Unterstützung bekommt er von allen Seiten. Peter Baylies hat in North Andover, Massachusetts, einen Newsletter gestartet: *At-Home Dad* (Der Hausmann). In Atlanta gibt es eine Hausmänner-Selbsthilfegruppe »Dad-to-Dad« (nachahmenswert!). Und auch zum Comic-Helden hat es der Hausmann schon gebracht: Der Titelheld von »Adam« ist ein nicht berufstätiger Vater mit drei Kindern.

Eric Jonsson (37), zur Zeit noch in der Finanzabteilung einer großen Baufirma tätig, ist drauf und dran, seinen Job mit dem eines Hausmanns und Vaters zu vertauschen. Seine Frau arbeitet als Anlagefonds-Managerin ebenfalls in der Finanzbranche. Jetzt, da das Paar ein Kind erwartet, haben die beiden (mit dem Segen ihres Pastors) beschlossen, daß Eric daheim bleiben und sich dem Baby widmen soll. Erics Mutter hat zwar Bedenken, ob die »Balance« in der Ehe so noch aufrechterhalten werden könne, doch Eric teilt diese Sorgen nicht. Sein Hauptproblem ist vielmehr das einer jeden gebildeten Frau, wenn sie die Hausfrauen- und Mutterrolle übernimmt: Wie kann man sich auf dem laufenden halten, wie kann man interessant und interessiert bleiben und am Geschehen außerhalb des Hauses teilnehmen? Eric hat eine unternehmerische Lösung gewählt. Er wird sich zu Hause ein Büro einrichten, Firmenbilanzen analysieren und einen Beratungsdienst für Investoren einrichten, die kleine Firmen mit einem großen Potential suchen. Gefragt, ob sie daran dächten, irgendwann wieder zu zweit außer Haus berufstätig zu sein, verneint Eric lachend. Er und seine Frau glaubten nicht an die Kinderfrauen-Lösung. »Wenn du Kinder haben willst«, sagt Eric, »dann mußt du dich mit deinem Leben auch darauf einstellen. Das geht nicht nebenher.«

Eine neuartige Möglichkeit, mehr Zeit mit seinen Kindern zu verbringen und trotzdem voll berufstätig zu sein, fand Richard Fairbank, der Firmenchef von Capital One Financial Corporation in Virginia. Schon als seine Kinder noch klein waren, beschlossen seine Frau und er, ihren Lebensrhythmus umzustellen und die Kinder erst spätabends zu Bett zu bringen. Sie schliefen also von Mitternacht bis in den Vormittag hinein, und wenn Rich vom Büro nach Hause kam, konnte die Familie trotzdem noch viele Stunden gemeinsam verbringen. Miteinander spielen, etwas unternehmen oder auch noch spät am Abend einkaufen gehen. Als die Kinder ins Vorschulalter kamen, wurde eine Nachmittagsschule ausgesucht, damit die Kinder ihren Schlafrhythmus beibehalten konnten. Heute sind die Söhne zehn und dreizehn Jahre, die Töchter sieben Jahre und sechs Monate alt. »Ich bin in dieser Hinsicht geradezu fanatisch«, bekennt Rich. »Ich will bei ihnen sein. Ich liebe meine Familie so sehr, auch wenn ich einen anspruchsvollen, aufregenden Beruf habe. Die Familie gibt meinem Leben wirklich einen Sinn. In seine

Arbeit kann man sich leicht vergraben, der Druck ist immens. Aber man muß sich auch mal losreißen können, die Dinge aus einer anderen Perspektive sehen und mehr Zeit für das erübrigen, was einem am meisten bedeutet. Sonst *belegt man seine Zukunft mit einer Hypothek.*«

Um sich in dieser Hinsicht treu zu bleiben, stellte Rich für sich selbst einige Lebensregeln auf.

1. »Nutze die Flexibilität deiner Arbeit zu deinen Gunsten, wann immer dies möglich ist.« Weil er oft unterwegs ist und oft Überstunden machen muß, nutzt Rich Zeiten, in denen weniger zu tun ist, rigoros zu seinen Gunsten.
2. »Zwinge dich selbst, ein vernünftiges Maß an Arbeit nicht zu überschreiten.« Rich ist völlig zu Recht der Meinung, Arbeit sei »wie ein Kleiderschrank – selbst wenn doppelt so viel Platz darin wäre, würde noch der letzte Winkel vollgestopft. Arbeit wächst immer mit, je nach der Zeit, die zur Verfügung steht. Wenn du also effektiv arbeitest, kann die Arbeit genausogut in weniger Zeit erledigt werden«.
3. »Sei zeitschöpferisch tätig.« Man muß auch clever sein, um Zeit füreinander zu haben und diese wirklich zu nutzen. Stunden des Leerlaufs sollten dafür verwendet werden, Dinge zu erledigen, die sonst das Familienleben störten.
4. »Strukturiere deine Freizeitaktivitäten neu.« Statt als Erwachsener allein Sport zu treiben, geht Rich mit seiner Familie zum Golf und zum Kanufahren. Außerdem betreibt er Fußball und Hockey, die Lieblingssportarten seiner Kinder, um mit ihnen spielen zu können.
5. »Richte dein Haus kinderfreundlich ein.« »Der Keller unseres Hauses sieht wie eine Sporthalle aus, und das Haus steht anderen Kindern stets offen. Als unsere Sauna renoviert werden sollte, installierten wir dort vorübergehend einen Basketballring. Dabei blieb es dann. Die Saunamöbel stehen immer noch in der Ecke.«

Wer seine Familie so in den Vordergrund stellt, ist ein wahrhaft emanzipierter Mann. »Mannzipation« wie im Lehrbuch.

Mike Lorelli aus der Firmenspitze von Tambrands hat soeben ein Buch mit dem Titel *Traveling Again, Dad* (Papa, mußt Du schon wieder verreisen?) veröffentlicht, einen Leitfaden für Familien, die damit leben müssen, daß ein Elternteil oft geschäftlich unterwegs ist. Die Ratschläge dieses Buches, etwa, was zu tun ist, wenn man wegen einer Geschäftsreise den Sportwettkampf des Sohnes oder den Tanzauftritt der Tochter verpaßt, zielen darauf ab, aus solchen Konfliktsituationen ein tieferes Verständnis füreinander zu entwickeln.

»Mannzipation« dringt sogar in die Führungsetagen und Führungskonzepte der großen Konzerne ein. Nehmen Sie etwa Wolfgang Schmitt, den Chef einer der bestgeführten großen Firmen des Landes: Rubbermaid. Sein

Geheimnis? Er versucht, Aufbau und Funktionsweisen der Natur in seiner Arbeit anzuwenden. Weil er das Glück hat, in einem sieben Hektar großen Park mit altem Baumbestand zu leben, läßt er sich von dieser natürlichen Umgebung inspirieren. Hier kann er die vielfältige, komplizierte Harmonie von 3000 verschiedenen Baumarten, einem See und zwei Bächen studieren. Und hier dachte er sich ein System neuer Produkte und Entwicklungsteams aus, das dem Blattsystem einer Pflanze ähnelt.

In Schmitts Managementstil gibt es keine brutale Direktheit, kein Fingerhakeln, kein Über-den-Tisch-Ziehen. Er hört auf ungewöhnliche Stimmen: Kinder und seine eigene Intuition. Als Elektriker holte er sich an ungewöhnlichen Orten Anregungen für neue Produkte – bei den Vorratshaltungssystemen der alten Ägypter kam ihm die Idee zu einem modernen Rubbermaid-System. Das Interesse seines Sohnes an Landmaschinen floß in den Entwurf von entsprechendem Rubbermaid-Spielzeug ein. Spitzenmanager gehen bei ihren kreativen Einfällen nur selten so ins Detail. Doch bei Schmitt funktioniert das bestens. In einer *Fortune*-Umfrage erwies sich Rubbermaid als eine der »am meisten bewunderten Firmen Amerikas«.

Auch bei Leslie Wexner, dem Firmenchef von The Limited, Inc., einer führenden Ladenkette für Spezialitäten, stießen wir in einem Interview auf viel »Mannzipation«, wenn auch mehr in Gedanken als in Taten. Schon als Kind wollte Les sein eigener Herr sein, im Geiste war er schon immer erwachsen. »Als ich fünf war«, erinnerte er sich, »habe ich mir das perspektivische Zeichnen selbst beigebracht. Ich entdeckte, daß das am weitesten Entfernte am kleinsten erscheint, als ich den Verlauf von Straßen und Telefonleitungen studierte. Heute besitze ich eine Bibliothek mit 3000 Büchern über Architektur und Städteplanung. Am liebsten wäre ich Architekt geworden. Doch mein Vater bestand darauf, daß ich Betriebswirtschaft studierte.«

Wexners Beziehung zu seinem Vater wurde Grundlage seines Weltbildes. »Meine ganze Kindheit läßt sich anhand eines Films erklären: *The Chosen* (Der Erwählte). Er handelt von einem Vater und seinen beiden Söhnen. Ein Sohn ist sehr tüchtig und neugierig, doch es ist der andere, der jüngere Bruder, der alle Liebe bekommt. Am Ende sagt der Vater dann zu seinem Ältesten: ›Weil du ein ganz besonderes Kind warst, habe ich eine schwere Entscheidung getroffen: nicht all das zu tun, was ein Vater gerne tut. Ich mußte mich mit dir in aller Stille auseinandersetzen, weil du die angeborene Fähigkeit hast, kreativ zu sein und alles selbst herauszufinden. Hätte ich dich im Arm gehalten und geknuddelt, dann hättest du dein volles Potential nie ausgeschöpft.‹ Ich schaue mir den Film jedes Jahr wieder an und bin immer zu Tränen gerührt. Und jetzt habe ich selbst einen kleinen Sohn, der Harry, nach meinem Vater, heißt. Ich knuddele ihn und küsse ihn und frage mich, wie er wohl als Erwachsener einmal sein wird. Ich stehe jeden Morgen eine halbe Stunde eher auf, damit ich mit Harry zusammen frühstücken kann. Er sitzt in seinem Hochstuhl und ich bringe ihn zum Lachen. Ich hoffe nur, daß ich seine natürlichen Neigungen erkenne, um das Positive zu verstärken, ohne ihm meine Ideen aufzudrängen. Ich hoffe auch, daß ich die richtige Balance finde, wenn ich das Gefühl habe, er brauchte mehr Zuneigung, um erwachsen zu werden, oder mehr Stille oder sonst etwas.«

Wexners Definition von Clicking ist eben diese Balance: »Ich glaube, daß die Menschen in ihrem Leben ein Gleichgewicht zwischen dem Persönlichen und dem Beruflichen brauchen. Auch die Verantwortung gegenüber der Gemeinschaft gehört in dieses Gleichgewicht. Wir haben eine moralische Verpflichtung, unsere von Gott gegebenen Gaben zum Wohle der Gesellschaft zu nutzen.« Als Max Fisher, Wexners Mentor und selbst Philanthrop, erzählte, wie er sich in Wexners Alter zur Ruhe gesetzt habe, um sich hinfort in den Dienst der Allgemeinheit zu stellen, stieß er, wenigstens teilweise, auf offene Ohren. Auch Wexner dachte intensiv darüber nach, doch dann wurde ihm bewußt, wie sehr er seine Arbeit liebte. »Das ist nicht nur Arbeit, sondern sie macht auch Spaß. Ich berate dauernd alle möglichen Leute und rate ihnen: Wenn du 40, 50, 60, 70 Stunden pro Woche mit etwas verbringst, das dir keinen Spaß macht, dann hör auf damit und such dir etwas anderes, das wirklich Spaß macht.«

Auch Jim Morgan, Präsident des Tabakkonzerns Philip Morris, ist erstaunlich »mannzipiert« und liegt damit ebenfalls im Trend. Seinen Erfolg schreibt er seinem Mentor Jack Lantry zu, der ihm »die Macht des intuitiven Denkens und die Freiheit, sich gehen zu lassen«, beigebracht habe. So ließ sich Morgan kürzlich einfach gehen und fuhr mit einem alten Schulfreund zehn Tage lang in einem großen Lastwagen kreuz und quer durch den amerikanischen Westen. »Erstmals seit etwa vierzig Jahren« war er dabei wieder Herr über seine Zeit: »Ich mußte nur noch jeweils fünf Minuten voraus denken.« Über ihre Route entschieden sie spontan; ebenso, wo sie schlafen und essen wollten. Sie trafen interessante Leute, mit denen sie sich anonym, aber herzlich unterhielten, und Morgan konnte auf diese Weise seine Kunden inkognito kennenlernen. Frei sein und so sein, wie man wirklich ist oder sein möchte – auch das gehört zur »Mannzipation«.

Als wir erstmals dem Dream-Works-Trio Steven Spielberg, David Geffen und Jeffrey Katzenberg begegneten, dachten wir spontan: »Da fehlt doch der Mann im Nadelstreifen.« Denn daß sich drei hochkarätige Männer ohne die graue Eminenz im Bankeranzug treffen, um miteinander ins Geschäft zu kommen, ist eher die Ausnahme. Aber genau darum geht es bei »Mannzipation« im Geschäftsleben: daß nicht immer alles todernst und verkniffen abläuft, sondern daß man auch bei der Arbeit lässig sein und Spaß haben kann. Das ist der Click: Man tut gern, was man tut. Für »Mannzipation« in diesem Fall spricht auch ein weiteres Detail, das an die Öffentlichkeit drang: Anscheinend räumte Spielberg seiner Frau Kate ein Vetorecht ein. Und sie gab der neuen Konstellation erst grünes Licht, nachdem Katzenberg (am ehesten der traditionelle Managertyp unter den dreien) hoch und heilig versprochen hatte, Spielberg werde auch weiterhin genügend Zeit für Frau und Kinder haben.

In alten Flower-Power-Tagen lautete eine Begrüßungsfrage »Welches Sternzeichen bist du?« Eine solche Frage paßt normalerweise nicht zum Image des seriösen Unternehmers. Doch Henry Weingarten bringt beides in seiner Person auf einen Nenner: den knallhart kalkulierenden, international denkenden Investor und den professionellen Astrologen (schon seit 28 Jahren!). Bei Weingartens Investmentfonds (The Astrologers' Fund) werden auch astrologische Daten in die Marktanalyse einbezogen, und Henry war in der Lage, den Börsenzusammenbruch in Tokio 1990 und den Ausbruch des Golfkrieges ebenso vorherzusagen wie *auf den Tag genau* den Zeitpunkt, als der Dow-Jones-Index die 3000er Marke übersprang. Auch den Tag, an dem der Goldpreis 400 Dollar überschritt, konnte er exakt prognostizieren.

Wenn der althergebrachte Geschäftsstil stark von strenger Ordnung und starren Hierarchien geprägt ist, dann dürften die farbenfrohen, sehr offenen Büros der Werbeagentur Chiat/Day das Musterbeispiel einer »Mannzipations«-Firma sein. Dort gibt es keine äußerlichen Statussymbole der Macht. Keine Titel an den Türen. Keine großen Büros mit polierten Holzschreibtischen und blitzenden Messingbeschlägen, deren verschlossene Schubladen Wichtigkeit und geheime Unterlagen signalisieren. Niemand in diesem seltsamen Laden, nicht einmal einer der Chefs, besitzt ein festes Büro, ja nicht einmal einen eigenen Schreibtisch (man kann sich allerdings bei Bedarf stunden- oder tageweise Räume zuteilen lassen). Auch kein Computer gehört nur einem Benutzer: Wenn man einen braucht, dann muß man in diesem sogenannten virtuellen Büro in Lower Manhattan, wie es Gaetano Pesce und Jay Chiat entworfen haben, durch ein paar riesige rote Lippen marschieren und sich im Lager für einen Tag einen fahrbaren Arbeitsplatz mit Computer und Telefon abholen. Natürlich besitzen die Mitarbeiter persönliche Utensilien, doch diese lagern in stilisierten Schränken, die wie indianische Skulpturen aussehen. Selbstverständlich gibt es hier auch keine Stechuhren. Im Gegenteil, Chiat/Day ist ein Paradebeispiel für den Erfolg flexibler Arbeitszeiten, und einige Angestellte arbeiten sogar teilweise zu Hause. Wir sind davon überzeugt, daß sich diese Art von Mitarbeiter-Befugnissen, nämlich verantwortlich mitzuentscheiden, »was zu tun ist« und wie lange man dazu braucht, in der gesamten Arbeitswelt durchsetzen wird. Ein echter Click für die Zukunft.

Wie steht es denn um das Äußere des »mannzipierten« Mannes? Die Zeiten von Büchern wie *Real Men Don't Eat Quiche* (Ein echter Mann ißt keine Quiche) liegen zweifellos lange zurück. »Echte« Männer sind heute »echt« gesundheitsbewußt. Die Zeitschrift *Men's Health* hat eine »gesunde« Auflage von 1,2 Millionen Exemplaren. Alles Wichtige zu den Themenkreisen

Gesundheit und Fitneß findet man dort ebenso wie Tips zum perfekten Sex und zum Abnehmen. Amerikanische Männer geben jährlich mehr als 55 Millionen Dollar für Hautpflegeprodukte aus; noch vor wenigen Jahren waren es nur 25 Millionen. Die Anzahl der Männer, die sich Schönheitsoperationen unterziehen, ist rasant gestiegen, um 200 Prozent. Dazu zählen auch Operationen, bei denen Fett aus dem Körper abgesaugt wird. Mehr als 40 Prozent der Kurpatienten in allen größeren Kurorten Amerikas sind Männer.

Doch nicht nur der Bauch macht vielen Männern zu schaffen. Ein zweites Hauptproblemfeld ist die Glatze – beziehungsweise der ihr vorausgehende Haarausfall. Sich Haare einpflanzen zu lassen, was einst als esoterischer Eingriff galt, ist heute nichts Besonderes mehr. Auch graue Haare duldet der »mannzipierte« Mann heute seltener. Haarfärbemittel von »Just for Men« – die Firma bietet sogar Produkte zum Färben ergrauender Bärte und Koteletten an – werden neuerdings ganz offen, ja fast aggressiv vermarktet. Oder schauen Sie mal bei Louis Licaris Color Group in New York vorbei. Früher schlichen die Männer dort klammheimlich mit Sonnenbrille hinein und versteckten sich im Hinterzimmer. Heute geben sie sich ganz lässig, offen und unverkrampft und lassen sich ihre jugendliche Haarfarbe wiederherstellen.

Doch die neue Eitelkeit des Mannes hat auch ihre Kehrseite: Inzwischen leiden schon fast eine Million Männer an Eßstörungen, die man einst nur mit halbwüchsigen Mädchen in Verbindung brachte. Magersucht und Bulimie breiten sich unter jungen Männern von Jahr zu Jahr mehr aus.

Der Grund ist, daß heute auch Männer – wie Generationen von Frauen vor ihnen – immer mehr davon überzeugt sind, ihr Sexappeal hänge stärker von ihrem Aussehen, und nicht vom Bankkonto ab. Früher signalisierten eine stattliche Figur und ein Bäuchlein Wohlstand. Alle Welt sah sofort, daß man für sein Geld nicht schuften mußte. Denken Sie doch nur an die Filmhelden der dreißiger, vierziger und fünfziger Jahre: Wenn die Männer mit den schönen Gesichtern ihr Hemd auszogen, kamen oft Speckringe um die Hüften zum Vorschein, und auch Brust und Arme wirkten nicht gerade sportlich. Wahrscheinlich wird uns erst bei solchen Vergleichen bewußt, wie sehr eine athletisch modellierte Brust und starke Arm- und Beinmuskeln heute als selbstverständlich gelten.

Moderne Frauen werden beim Anblick männlicher Körper schwach. Und sie schauen ganz ungeniert hin. Angefangen hat alles mit den Striptease-Shows von Chippendale bei reinen Frauenparties. Dann kamen die sinnlichen Werbeplakate von Calvin Klein. Dann der TV- und Kino-Werbespot von Diet-Coke Mitte 1994. Er wurde ein echter Hit, und damit war die Vermarktung des männlichen Körpers endgültig gesellschaftsfähig geworden. Bei diesem Spot wirft eine Gruppe weiblicher Büroangestellter jeden Tag zur selben Zeit die Arbeit hin und rennt wie auf Kommando ans Fenster, um einen Adonis von Bauarbeiter anzuglotzen, der gerade Pause macht und sein Hemd auszieht. In diesen Kontext gehört auch das Phänomen, neuerdings in Kinofilmen nackte Männer auch von vorn zu zeigen – so Harvey Keitel in *Das Piano* und Sylvester Stallone in *The Specialist.*

Dieses neue Interesse am nackten Mann läßt manche Männer sogar noch bewußter an der Verbreiterung ihrer Schultern und an einer schlankeren Taille arbeiten. Sicher ist es auch ein Zeichen von Eitelkeit, wenn Männer neuerdings von ihren Jeans die Lederetiketten abtrennen, damit niemand ihre Hosengröße auf Anhieb ablesen kann. Selbst Spezialkorsetts für eine schlanke Taille sollen nicht mehr verpönt sein. »Ersatzteile« – das männliche Pendant zum Superbüstenhalter –, die man in den Slip stecken kann, um den hinteren oder vorderen Rundungen etwas nachzuhelfen, sind ebenfalls bereits im Handel. Kurz, im Zeichen von »Mannzipation« ist nun auch der Mann zum Sexobjekt aufgestiegen.

Immer mehr Männer lieben den androgynen Look – lange, offene Haare, mehrere Ohrringe, enge Kleidung und hochhackige Stiefel. Ihre Körper sind rank und schlank, aber nicht übermäßig muskulös. Anders als noch vor Jahren gibt man sich in solchem Outfit natürlich und unverkrampft. Man will nichts beweisen. Alle möglichen Männer, vom Lastwagenfahrer über den Bankangestellten bis zum Bauunternehmer, begeistern sich für dieses »schöne« Aussehen. Und dieser Trend wird in den nächsten Jahren sicher noch zunehmen.

Selbst Röcke werden jetzt von ganz normalen Männern getragen. Die Rede ist nicht von Transvestiten aller Art oder von schottischen Dudelsackpfeifern, sondern von modebewußten Amerikanern, die einfach gern einen Sarong oder einen Kilt anziehen. Donna Karan ließ bei ihren Modenschauen männliche Models im Rock über den Laufsteg schreiten, ohne daß diese wesentlich anders ausgesehen hätten als Männer, die ein Badetuch um die Lenden tragen. Der Filmstar Jaye Davidson stand weltweit im Rampenlicht, als er seinen Oscar im Sarong entgegennahm. Der letzte Schrei unter männlichen Teenagern in Japan sei es, im Rock auszugehen, schreibt die *Mainichi Daily News.* Spezialläden in Tokio bieten das entsprechende Outfit an. Der Artikel zitiert einen Neunzehnjährigen mit den Worten: »Es ist mir ganz egal, ob die Leute sagen, daß ich wie ein Mädchen aussehe. Ich mag es einfach gern, und ich bringe mich selbst auf diese Weise zum Ausdruck.«

Schon oft wurde behauptet, daß ein zeitlich begrenzter Rollentausch Männer und Frauen sensibler für die Probleme des jeweils anderen Geschlechts machen würde. Wir könnten klarer zwischen stereotypen Ansichten und der Wirklichkeit unterscheiden. Vielleicht haben wir einfach genug von sinnlosen Kontrastierungen (»wir« gegen die »anderen«) und wollen lieber die Grenzen verwischen. Auf der Suche nach einer Antwort auf die alte Frage »Warum sind sie so?« könnten wir einfach einmal »so« werden, um selbst herauszufinden, was das heißt. Das *Ladies Home Journal* hat tatsächlich ein solches Experiment, bei dem ein Mann und eine Frau ihre Plätze tauschten, durchgeführt. Im Werbetext für die entsprechende Ausgabe der Zeitschrift heißt es: »Haben Sie sich je gefragt, wie es wäre, wenn sie als Mann leben müßten? Oder haben Sie sich schon einmal gewünscht, Ihr Mann müßte Ihre hochhackigen Schuhe tragen – nur für ein Weilchen? Ein Paar hat diesen Rollentausch vollzogen – mit überraschenden Resultaten.«

Nach einer kompletten äußerlichen Verwandlung (Haarschnitt, Beinrasur, professionelles Make-up und an den richtigen Stellen ausgepolsterte Bodysuits) bewegte sich das Paar, beide Mitte dreißig, in der Welt des jeweils anderen Geschlechts. Am Ende des Experiments berichteten sie über ihre Erfahrungen. Es stellte sich heraus, daß Frauen mehr lächeln als Männer, daß sie ausdrucksstärker sind und lebhafter reden. Männer dagegen haben es bei der Kleidung und beim Selbstbewußtsein leichter. Die Frau aus dem Test kam zu dem Schluß, das Beste an der Männerrolle sei »die Selbstverständlichkeit, mit der man mehr Platz einnimmt. Ich brauchte nicht mehr mit gekreuzten Armen dazusitzen und meine Beine übereinanderzuschlagen«.

Ist der Geschlechtertausch auch in biologischer Hinsicht möglich und sinnvoll? Können Männer ihren Kindern die Brust geben? Können Männer schwanger werden? In der Zeitschrift *Glamour* wurde eine (mit Milch gefüllte) Umhängevorrichtung beschrieben, für Männer, die ihrem Kind die Brust geben wollen. Bisher ist ein solches »Halfter« noch kein Renner. Aber das kann ja im Zeichen von »Mannzipation« noch kommen. In *Discover* ging es darum, ob Männer nicht sogar (wie erwiesenermaßen in Zeiten extremer Not im Krieg) selbst Milch produzieren können. Wird es – mit etwas »Nachhilfe« – in Zukunft stillende Männer geben?

Das Thema einer männlichen Schwangerschaft wird beispielsweise im Film *Junior* (mit Arnold Schwarzenegger) durchgespielt.

Doch selbst im Sonntagsmagazin der *New York Times* erschien ein spekulativer Artikel von Dick Tiresi mit dem Titel »Wie man einen Mann schwanger machen könnte«. Demnach wäre dieses Problem (wenn es denn eines ist) für die Wissenschaft nur noch eine Frage der Zeit: Ein im Reagenzglas befruchteter Embryo könnte auch (mit entsprechenden medizinischen Manipulationen) in der Bauchhöhle eines Mannes ausgetragen und dann per Kaiserschnitt herausgeholt werden. Manche Wissenschaftler arbeiten sogar ernsthaft an der Realisierung solcher Ideen.

Nacktheit und Sex stehen zwar im Rampenlicht der Öffentlichkeit, doch im Zeichen der »Mannzipation« macht sich auch eine neue Behutsamkeit, um nicht zu sagen Keuschheit, bemerkbar. Mannbarkeitsrituale werden hinausgezögert, das Prahlen mit sexuellen Leistungen auf einen späteren Zeitpunkt verschoben. Sexuell noch unberührt zu sein, ist für manche Jungen wieder etwas, worauf man stolz sein kann. Umfragen zu den sexuellen Gewohnheiten der Amerikaner zeigen, daß der Anteil der unerfahrenen Zwanzigjährigen zunimmt. Im Straßenjargon heißen solche jungen Männer

»Chase« (Kurzform von »chastity«, Keuschheit), und ihrer Unbescholtenheit begegnet man meist mit Respekt, nicht mit Verachtung. Die Mitglieder einer Bewegung namens »True Love Waits« (Wahre Liebe wartet), angeblich Tausende junger Menschen, haben sogar gelobt, sexuell »rein« in die Ehe zu gehen. Ein neuer Click für Teenager (vielleicht sogar eine erste Trendwende angesichts der enormen Anzahl unverheirateter Mütter?). Sorglosigkeit im sexuellen Umgang gilt heute wieder als Rücksichtslosigkeit, Abstinenz wird mit Charakterstärke gleichgesetzt.

Wie spricht man nun einen »mannzipierten« Mann als Kunden an? Jedes Produkt oder jede Dienstleistung, die einen freundlichen, sanften, aber immer noch starken Mann erreicht, verspricht den erfolgreichen Click bei diesem neuen Trend. »Mannzipierte« Männer sind keine Schwächlinge, aber auch keine Machos. Erfolgversprechend ist also alles, was dazu beiträgt, daß Männer bei Männern, Frauen und Kindern gleichermaßen wohlgelitten sind. Männer, die ihre diversen Rollen im Gleichgewicht halten können. Männer mit guten Manieren, die Frauen die Tür offen halten. Die aber auch einkaufen gehen und gelegentlich einmal kochen.

Marktlücken zuhauf gibt es bei Schönheitsprodukten für Männer. Wenn viele Männer sich jetzt ihren Babies und der Kinderpflege widmen, wie wäre es da mit einer speziellen Lotion für rauhe Haut auf Männerhänden? Oder mit höhenverstellbaren Wickelkommoden (weil Väter meistens größer sind als Mütter)? Auch ein neues Modebewußtsein bei den Männern (weg vom konservativen Gentleman-Look, aber auch vom Western-Look) eröffnet neue Marktchancen. Und nicht nur die angebotenen Produkte müssen sich ändern, sondern die ganze Einstellung zum Mann. Alle Anzeigen, alle TV-Spots, alle Fernsehshows bei Tag und bei Nacht sollten daraufhin überprüft werden, ob sie Vorurteile gegen die neuen, »mannzipierten« Männer hervorrufen oder verfestigen. Warum werden Haushaltswaren in der Werbung immer nur Frauen angepriesen? Es gibt doch inzwischen ziemlich viele Hausmänner...

»Mannzipation« ist keine »Bewegung«. Vielmehr wird einfach anerkannt, daß jeder Mann anders und einzigartig ist, daß Männer nicht nur »Rudeltiere« sind. »Mannzipation« ist nichts anderes als eine offene Grundeinstellung, die auf Individualität Wert legt. Bei Männern, die sich des eigenen Wertes bewußt sind und die nicht erst anfangen wollen zu leben, wenn sie pensioniert sind. »Mannzipation« bedeutet auch das allmähliche Ende alter Klischees (»Männer wollen« oder »Männer haben doch schon immer...«). Etwa für die ungeschriebene Regel, daß Männer sich nur die Hände schütteln, sich aber nicht umarmen oder küssen. Oder daß Männer eben Geburts- und Hochzeitstage grundsätzlich vergessen. Schluß damit! Der »mannzipierte« Mann kann und darf alles. Und auf dieser Basis ist jeder Click möglich.

14. Kapitel

10. Trend – 99 Leben auf einmal

»Angst ist wie Sand in einer Auster: Aus wenigen Körnchen entsteht eine Perle, zuviele Körner bedeuten den Tod.«

ALTES SPRICHWORT

Wenn du zum Lachen keine Zeit mehr hast, dann hast du wirklich zuviel zu tun.«

NEUES SPRICHWORT

Dieser früher recht stürmische Hochspannungs-Trend, »99 Leben auf einmal«, hat sich etwas gelegt. Er kommt jetzt weniger beängstigend daher und läßt sich leichter unter Kontrolle halten. Über seinen Grundgedanken, daß wir zu wenig Zeit und zu viele Aufgaben haben, daß wir in all der Hektik zu wenig zu uns selbst kommen, herrscht ohnehin weitgehend Einigkeit. Für Millionen Amerikaner – und nicht nur für sie – ist das Gefühl, vom Terminkalender tyrannisiert zu werden, zu viel um die Ohren zu haben und sich ständig abzuhetzen, fundamentaler Bestandteil ihres High-Tech-Lebens. Wie oft haben wir alle schon den Stoßseufzer gehört: »Ich wünschte, ich könnte mich zerteilen!« Oder die Entschuldigung: »Ich kann einfach nicht überall gleichzeitig sein!«

Neu ist an diesem Trend heute, wie selbstverständlich wir uns dem anpassen, was die Soziologen einen »zeitlich komprimierten Lebensstil« nennen. Heute starrt kein Mensch mehr Leute an, die im Zug auf ihren Laptop einhämmern oder mitten auf der Straße geschäftliche Anweisungen in ein Handy brüllen. In Frankreich sind die kleinen, bunten tragbaren Telefone inzwischen so preiswert, daß sie demnächst vielleicht an der Hand festwachsen und die Evolution um einen weiteren Schritt voranbringen. Bei Brain-Reserve sind wir alle restlos begeistert von Minirecordern, nicht größer als eine Kreditkarte, auf die man zwei Minuten lang Kurzresümees von Sitzungen oder Erinnerungen sprechen kann, wenn einem gerade etwas einfällt.

So wird in der Hektik des Alltags nichts vergessen, und in Windeseile hat man bei Bedarf ein Memo zur Hand.

Wir haben uns an Mehrzweckläden gewöhnt: an Videos im Waschsalon, und an Bankautomaten im Supermarkt. Als Stadtbewohner rechnen wir damit, daß uns alle Restaurants der Umgebung, die Gerichte zum Mitnehmen anbieten, ihre Speisekarten in den Briefkasten stecken, weil wir, ständig unterwegs, einfach weder Zeit noch Lust zum Kochen haben. Und wenn wir doch am Herd stehen, dann kochen wir nach Zeitschriften-Rezepten, die mit einem Minimum an Zutaten in weniger als 20 Minuten ein Gericht auf den Tisch zaubern, von dem alle satt werden. In unseren TrendView-Seminaren wird regelmäßig am meisten über eine Karikatur gelacht, auf der ein Kind seiner Mutter beim Kochen zusieht. Diese schiebt gerade etwas in den Mikrowellenherd, während sich der Sprößling beschwert: »Zwei Minuten? Hast du nicht gesagt: ›Sofortgericht‹«?

Wir leben in einem Panoptikum, dessen multiple Bilder auf mindestens 99 verschiedene Weisen gebrochen sind. Aber ... wenn Sie es schaffen, etwas zu tun, herzustellen oder sich patentieren zu lassen, das aus diesem Wust gebrochener Bilder heraussticht, dann kann es auch bei Ihnen definitiv clicken. Wenn es Ihnen irgendwie gelingt, bei Produkten oder Dienstleistungen, die auf den Trend »99 Leben« abzielen, auf die Überholspur zu wechseln und besonders schnell ans Ziel zu kommen, dann ist Ihnen der Erfolg absolut sicher. Hundertprozentig, garantiert.

Eine Möglichkeit besteht darin, Hilfsdienste bereitzustellen, die uns von den vielen Kleinigkeiten des Alltags entlasten. Berühmte und wichtige Persönlichkeiten sind für solche Dienstleistungen besonders empfänglich. Ein Skiwochenende, das wir im Chalet des Industriemagnaten Audrey Friedman in Park City, Utah, verbrachten, machte mich auf eine besonders erfolgversprechende Variante für Besitzer von Zweitwohnungen aufmerksam. Eine Servicezentrale erledigt für Sie alles aus einer Hand – kein Herumorganisieren mehr, und alles zu einem festgesetzten Stundentarif. Die Leute kommen mit einer Polaroid-Kamera und fotografieren das ganze Haus bis in den letzten Winkel. Wenn die Putzkolonne dann fertig ist, wird anhand der Fotos das gesamte Inventar wieder genauso hingestellt wie vorher. Selbst die Kopfkissen im Schlafzimmer liegen wieder so, wie Sie's gewohnt sind. Man erkundigt sich bei Ihnen genau, welche Marken Sie beim Einkauf bevorzugen. So brauchen Sie sich nicht selbst um die Vorräte zu kümmern und haben trotzdem Ihre Lieblings-Senfsorte im Schrank. Die Leute sorgen, wenn nötig, für Reparaturen und warten auf Lieferanten, die etwas ins Haus bringen. Und wenn Gäste angekündigt sind, besorgen die dienstbaren Geister sogar Theater- oder Konzertkarten und schicken zum gewünschten Zeitpunkt Verwöhnexperten ins Haus: Masseure, eine Aerobic-Trainerin, und, wenn es sein muß, sogar einen Wanderführer für einsame Bergpfade. Auf diese Weise können die Gastgeberin und ihre Gäste sich ungestört unterhalten und vergnügen. Ein sinnvoller Luxus, ein echter Click.

In den kommenden Jahren wird der Trend »99 Leben auf einmal« weiteren Aufwind erleben. Alles wird noch schneller werden. Wir werden uns weiterhin auf alles stürzen, was uns Zeit spart und die Kommunikation erleichtert und beschleunigt. Und wir werden immer mehr davon haben wollen. Die Zeit wird nicht mehr in Minuten gemessen werden, sondern in Nanosekunden. Eine in Europa und Japan heiß begehrte Uhr ist die deutsche Junghans, die genaueste Uhr, die es gibt. In Jahrmillionen geht sie garantiert nicht um mehr als eine Sekunde falsch. Und was wäre, wenn doch? Wird es dann noch jemanden geben, der die Uhr reparieren oder ersetzen kann?

Die Werbewelt der Madison Avenue ist ein guter Gradmesser dafür, wie zentral dieser Trend in unser aller Leben ist. Die Werbeprofis erinnern uns gern daran, daß sie wissen, wie wenig Zeit wir doch haben. In einem Fernsehspot heißt es: »Sie haben so herzlich wenig Zeit, daß Sie sogar jemand anders anstellen müssen, um an den Rosen zu riechen.« Und Whirlpool bezieht sich mitfühlend auf den Stoßseufzer: »Wenn Sie sich doch nur zerteilen könnten!« Die entsprechende Zeitschriftenanzeige zeigt sieben Szenen aus dem Alltag einer Mutter: Sie hält ihr Baby im Arm, schleppt Einkaufstaschen, führt den Hund aus. Sie rührt und kocht, und sie telefoniert. Die Botschaft ist eindeutig: den ganzen Tag lang Routinearbeit, nonstop. »99 Leben auf einmal«. Werbung ganz im Trend.

Man kann sich aber auch darauf verlegen, den geplagten Menschen Gedächtnisarbeit abzunehmen. Ein Punkt weniger, an den noch zu denken ist. So gibt es beispielsweise das rezeptpflichtige Empfängnisverhütungsmittel Depo-Provera heute auch als Depot-Injektion mit Langzeitwirkung. Werbeslogan: »Empfängnisverhütung, an die Sie nur viermal im Jahr denken müssen.«

Weitere Anzeichen für die ungebrochene Konjunktur unseres Trends, besonders rund ums Auto: Die großen Fast-Food-Ketten Amerikas erzielen ihre größten Umsatzsteigerungen in den Drive-in-Filialen. In letzter Zeit verzeichneten sie ein Plus von 24 Prozent. Bei McDonald's etwa werden erstaunliche 60 Prozent des Gesamtumsatzes am Autoschalter gemacht. Jeder, der heutzutage ein Restaurant eröffnen will, sollte wissen, daß inzwischen in den USA jede zehnte Mahlzeit im Auto eingenommen wird. Und dabei handelt es sich nicht nur um die berühmte Wagenladung Kinder, die ihre Hamburger im Auto essen will. Nein, Amerika lebt, wie Willie Nelson treffend singt, »on the road again« (wieder auf der Straße).

Wäre es nicht eine gute Idee, wenn Sie schon bald Ihre Bestellung bei einem Fast-Food-Restaurant per Fax aufgeben, per Kreditkarte bezahlen und die Mahlzeit dann beim Vorfahren gleich in Empfang nehmen können? Für Autoreisende existiert bereits ein – allerdings noch kostspieliges – Leitsystem, das die nächsten Tankstellen, Toiletten etc. ausfindig macht.

Noch fortgeschrittener wäre ein System, über das *Business Week* berichtete. Danach könnte sich der Bordcomputer des Autos in einen »Restaurantführer auf Rädern« verwandeln. Aufgrund einer Analyse Ihrer Eßgewohnheiten (wann Sie kürzlich wo mit wem zum Essen waren und aus welchem Anlaß) kann dieses »intelligente Programm«, wie sein Schöpfer, Ray E. Eberts von der Purdue University, es nennt, exakt vorhersagen, wo Sie zu jedem gegebenen Zeitpunkt und Anlaß gern essen würden. Was kommt als nächstes? Vielleicht ein Wegweiser zu Konzerten, Tanzveranstaltungen, Filmpremieren und anderen Ereignissen?

Jedesmal, wenn Lys ihr Auto volltankt, kommen ihr Ideen, die langweilige Wartezeit zu verkürzen. »Bis wir alle Elektroautos fahren«, schießt es ihr durch den Kopf, »müßte es doch möglich sein, auch das herkömmliche Tanken zu modernisieren.« Und dann geht sie im Geiste alle möglichen »Wie wäre es, wenn ...« durch. Wie wäre es beispielsweise, wenn man an einen Tankautomaten heranfahren, per Knopfdruck Oktanzahl und gewünschte Menge wählen und dann zusehen könnte, wie ein automatischer Zapfhahn in den Tankstutzen eingeführt wird, der das Benzin unter Hochdruck in Nullkommanichts in den Tank des Autos preßt? Oder wenn der Tankstutzen unter dem Auto säße, so daß der Wagen von unten betankt würde? Warum kann man anschließend zum Bezahlen nicht seine Krditkarte in einen Schlitz am Armaturenbrett stecken? Wenn sich die lange Prozedur aber nicht abkürzen läßt, dann möchte man wenigstens unterhalten werden. Eine Tankstelle in Los Angeles etwa hat an ihren Zapfsäulen Mini-Fernsehgeräte installiert. Dort wurde der O.-J.-Simpson-Prozeß live aus dem Gerichtssaal übertragen ...

Gegenwärtig laufen in verschiedenen US-Bundesstaaten Versuche, Autofahrern das Leben zu erleichtern und ihre Zeit zu schonen. In New York City eröffnete jetzt mitten in der Stadt ein Büro des Straßenverkehrsamtes (»Licence X-press«), in dem man in höchstens acht Minuten seinen Führerschein verlängern lassen kann. Und auf den gebührenpflichtigen Autobahnen versucht man mit neuen automatisierten Kassenanlagen die Suche nach passendem Kleingeld überflüssig zu machen. Schon wenn Sie auf das Häuschen zufahren, wird Ihr Auto erfaßt, taxiert und dann die Streckengebühr von einem speziellen Konto abgebucht, auf das Sie zuvor ein Guthaben eingezahlt haben. In Houston, Texas, hat das Verkehrsamt der Stadt eine spezielle Frühwarnanlage für Verkehrsstaus in Betrieb genommen: Über Fernsehmonitore werden die Angestellten in den großen Bürogebäuden informiert, wo zur Rush-hour mit Staus zu rechnen ist und wie diese eventuell zu umgehen sind. Und alles, ehe sie nach Dienstschluß zu ihren Autos gehen.

Diane Sawyer verriet in einem Interview ihr Rezept gegen Frust im Stau: ein Gedichtband in der Handtasche. »Wenn ich aber bei einer guten Fee einen Wunsch frei hätte«, fuhr sie fort, »dann wäre dies, das größte Problem der neunziger Jahre zu lösen: die Zeitnot in Familien, in denen beide Eltern berufstätig sind. Niemand hat mehr Zeit für ein längeres Gespräch. Mike Nichols und ich fahren gemeinsam Auto, wenn wir mal mehr als einen Satz zu Ende bringen wollen. Auch würde ich mir eine Rückkehr der Spontaneität wünschen. Mein Traum wäre, jemanden anzurufen und zu sagen: ›Hey, jetzt ist Freitagnachmittag. Wollen wir nicht ins Kino gehen, gemeinsam eine Pizza essen und uns mal wieder richtig schön unterhalten?‹«

Denken Sie nur, wieviel Zeit wir täglich im Straßenverkehr verbringen. Wenn Sie einmal am Ende eines Tages Bilanz ziehen würden, womit Sie Ihre Stunden verbracht haben, dann wären Sie überrascht, wieviel Zeit doch mit den Kleinigkeiten des Alltags draufgeht. Hochgerechnet auf ein Jahr, oder gar auf zehn Jahre – da bekämen Sie einen Schock. Das tägliche Duschbad kostet Sie eine Viertelstunde ihrer nicht im Schlaf verbrachten Zeit. Und dann kommen noch zehn Minuten fürs Haarefönen dazu. Und dann die Zeit vor der Glotze. Hier verbringen die Amerikaner den größten Teil ihrer Freizeit. Video- und Computerspiele folgen dichtauf. Zeit sparen können Leute mit »99 Leben auf einmal« hingegen, wenn sie beim Arzt, Frisör oder in der Autowerkstatt vorher anrufen, ob der vereinbarte Termin auch noch gilt oder ob sich Verschiebungen ergeben haben.

Wußten Sie schon, daß Sie fünf Minuten brauchen, um eine Zigarette in Ruhe und mit Genuß zu rauchen? Wer also pro Tag eine Packung Zigaretten raucht, verbringt mit dem blauen Dunst täglich anderthalb Stunden. Ungeduldige rauchen schneller, nehmen nur ein paar Züge und drücken den Glimmstengel dann wieder aus. Doch sie brauchen künftig wegen dieser Verschwendung kein schlechtes Gewissen mehr zu haben, wenn Philip Morris mit seiner Neuentwicklung, einer kürzeren Zigarette für eilige Raucher (vielleicht »Marlboro Express«?) auf den Markt kommt. Doch keine Angst, Ihr Nikotinsüchtigen! Hier wird nur dieselbe Menge Nikotin und Teer in einer kürzeren Zigarette untergebracht …

Nicht immer ist eine technologische Neuerung auch ein Fortschritt. Oft stürzen wir uns auf solche Neuerungen, ohne die Folgen ganz durchdacht zu haben. Manche »Fortschritte« jedenfalls führen alte, überwunden geglaubte Komplikationen im Gepäck. Nehmen Sie zum Beispiel die Möglichkeit, die auf dem Voice-Mail-Gerät registrierten Anrufe rund um die Uhr aus der Ferne abzurufen. Oder über dieses System dreißig Leuten auf einmal eine Botschaft zukommen zu lassen. Alles gut und schön, aber es bedeutet, man muß im Alltag wieder an noch mehr Dinge denken. Erinnern Sie sich noch an die Zeiten, als Sie beim Eintreffen im Büro einen kleinen Stapel schriftlicher Telefonnotizen vorfanden? Wen Sie in welcher Reihenfolge wann zurückriefen, lag ganz bei Ihnen. Ist Voice Mail nun besser als eine Empfangsdame? Oder eine Kombination aus Anrufbeantworter und Telefonistin? Gleiches gilt auch für andere Geräte. Wo Sie früher am Bankschalter auf Ihre Bargeldauszahlung warten mußten, stehen Sie jetzt in einer

Schlange vor dem Geldautomaten. Und sitzen Sie jetzt eher im Flugzeug, nur weil Sie Ihre Bordkarte sehr früh vom Computer erhielten? Sind die Schlangen vor den Premierenkinos etwa kürzer geworden, seit es einen telefonischen Kartenservice gibt? Oder geht's im Supermarkt an der Kasse schneller, nur weil die Kassiererin einen Scanner benutzt? Nein, nein und nochmals nein.

Man hat verschiedentlich versucht, den Leuten die Wartezeiten mit Unterhaltung zu verkürzen. Doch Ted Turners Idee, in der Nähe der Supermarktkassen Fernsehgeräte aufzustellen, erwies sich als kurzlebig. Wahrscheinlich empfanden die Leute diese Berieselung eher als störend. Vielleicht ist es ja auch viel interessanter, anderen Leuten in den Einkaufskorb zu schauen oder beim Nachbarn die Schlagzeilen der Boulevardzeitung aufzuschnappen (»Dreizentner-Affe heiratet«).

Doch es gibt einen Hoffnungsstrahl am Horizont: In Holland verteilt die Albert-Heijn-Supermarktkette in ihren über 600 Filialen am Eingang kleine Scanner an die Kunden. Er erfaßt die Waren, bevor sie in den Korb wandern. Und wenn Sie dann zur Kasse marschieren, ist alles bereits zusammengerechnet. So geht es wirklich schneller. Würde diese Technik noch mit einem Kreditkartensystem gekoppelt, so daß Sie am Ende des Einkaufs nur noch ihre Kreditkarte oder eine spezielle Kundenkarte in einen Schlitz zu stecken brauchten, dann wäre die Erleichterung komplett.

Einige technische Errungenschaften, die mit dem Trend »99 Leben auf einmal« verbunden sind, dürften ein echter Click für Zeitersparnis sein. Besonders Mehrzweckgeräte. Sanyo bietet jetzt für Sportler einen Kassettenrecorder mit eingebautem Strecken- und Kalorienzähler an: Während Sie beim Laufen Ihre Lieblingsmusik hören, registriert das Gerät Kilometerleistung und Kalorienverbrauch. Ein ähnlicher, unübertrefflicher Einfall von Sony: Ein Walkman mit Stoppuhr, Wecker und – in manchen Ausführungen – Miniteleskop. Microsoft arbeitet zusammen mit Timex an der Entwicklung eines Minicomputers im Armbanduhrenformat. Mit ihm könnten Sie jederzeit und überall unternehmerische Entscheidungen fällen. Mit der »Data-Link« von Timex (Preis: 100 Dollar) haben Sie jetzt schon die Möglichkeit, Ihren Terminkalender aus dem PC in diese Armbanduhr zu übertragen – kabellos. Und »Wrist Remote« von Casio, eine weitere technische Neuheit am Arm, signalisiert Ihnen nicht nur, wann Ihre Lieblingssendung im Fernsehen anfängt, sondern fungiert auch als Fernbedienung für Fernsehgerät und Videorecorder. Dann brauchen Sie im Ernstfall nicht erst hinter alle Sofakissen zu gucken …

Aufgepaßt, Dick Tracy, in Kürze wird die Telefonarmbanduhr auf den Markt kommen. Mit dieser Neuentwicklung können Sie zu Hause anrufen. Sie können sie aber auch als Gegensprechanlage und natürlich auch als Uhr benutzen. Nur dürfen Sie sich leider nicht weiter als hundert Meter von der Basisstation entfernen. Seiko bietet eine andere Version an: eine weltweit funktionsfähige Armbanduhr mit einem Textdisplay für drahtlose Botschaften. Sie schauen einfach auf die Uhr, wenn Sie die Börsenkurse, Sportergebnisse, Wettresultate und ähnliches erfahren wollen. Oder auch, ob Sie zu Hause anrufen sollen.

High-Tech ist Macho-Tech. Waren Sie schon einmal in einer Sitzung, bei der es plötzlich zu piepen anfing, woraufhin sich alle Herren sofort an ihre Gürtel griffen, weil sie meinten, sie seien gerufen worden? Manche Männer tragen sogar zwei oder drei Pieper gleichzeitig. Dann sind sie wirklich überall erreichbar – für die Sekretärin, die Kollegen, die Frau und die Schwiegermutter. Wie heißt es doch in einem Rocksong so schön: »Du kannst wohl weglaufen, aber verstecken kannst du dich nicht.« Und die *New York Times* spricht von »Pieper-Sklaverei«. Laut Industrieverband der Kommunikationsfirmen werden täglich 11 000 neue Rufgeräte in den Taschen auf Empfang gestellt, so daß es bis 1997 mehr als 33 Millionen Pieper am Gürtel unentbehrlicher Männer geben wird.

Diese Geräte sind bereits Bestandteil unseres Alltagslebens. Wir bleiben mit allen verbunden – manchmal auf eher banale, manchmal aber auch auf bizarre Weise. Als Howard Stern mit seiner Radio-Talkshow einmal auf Sendung war, rief ihn ein junger Mann aus der Bronx an, um ihm mitzuteilen, er stehe jetzt auf einem Bogen der George-Washington-Brücke und werde sich jeden Augenblick in die Tiefe stürzen. Im Nu war auf seinem Handy der Teufel los! Stern und verschiedene Rundfunkhörer trösteten den Selbstmordkandidaten wortreich, sprachen ihm Mut zu und forderten ihn auf, nichts zu überstürzen. Die Polizei wandte sich in der Sendung an die Hörer, und mehrere vorbeikommende Autos hielten an, um ihre Hilfe anzubieten und sich ein wenig mit Stern zu unterhalten. Was könnte es Spektakuläreres geben als eine solche Gruppentherapiesitzung mit einem Selbstmordkandidaten per Funktelefon? Das Nonplusultra von »99 Leben auf einmal«.

Wenn Sie erst einmal ein Faxgerät besitzen, werden Sie garantiert faxsüchtig. Eine kurz hingekritzelte Notiz per Fax zu übermitteln geht schneller, als sich auf das Drum und Dran eines Telefongesprächs einzulassen. Auf einem Stadtplan einfach ein »X« an der richtigen Stelle zu machen, ist eindeutiger, als jemandem langatmig am Telefon erklären zu müssen, wie er zu Ihrem Haus gelangt. Es ist sicherer, aus einem Katalog mehrere Angebote per Fax zu bestellen, als einem Mitarbeiter in der Bestellabteilung alles umständlich telefonisch durchzugeben. Und natürlich macht es mehr Spaß, ein ungelenk gezeichnetes Herz mit Blumen zu faxen, als am Telefon blumige Komplimente zu machen. Schließlich geht es im internationalen Postverkehr wesentlich schneller, einen Brief durchzufaxen, als ihn mit der Post zu schicken.

Wenn Faxgeräte so beliebt sind, überrascht es um so mehr, daß sie in manchen Bereichen des Dienstleistungssektors so wenig genutzt werden. Wäre es für einen Installateur nicht ein entscheidender Click, auch zu Hause per

Fax erreichbar zu sein? Würde ihm das nicht einen Vorteil gegenüber der Konkurrenz sichern? Telefonisch kann man seinen Klempner nämlich so gut wie nie erreichen, wenn man ihn braucht, oder man kann ihm, wenn man ihn schließlich an der Strippe hat, nicht präzise erklären, wo genau es denn nun tropft. Ihm ein Fax zu schicken, wäre längst nicht so stressig. Außerdem hätte die Sache den Vorteil, daß der Installateur, versehen mit schriftlichen Instruktionen, gleich mit dem richtigen Werkzeug bei Ihnen anrücken könnte.

Eine wirklich gute Idee für den Einkauf per Fax hatte die Kosmetikabteilung von Barney's in New York. Hier zählt Schnelligkeit. Nach Eingang Ihrer Faxbestellung liefert Ihnen ein Bote noch am selben Tag die Schönheitsutensilien ins Haus.

Bei einer Gallup-Erhebung stellte sich kürzlich heraus, daß bei den 500 in der *Fortune 500*-Liste aufgeführten Großkonzernen erstaunliche 36 Prozent der Telefonrechnungen auf Faxsendungen entfallen. Das wird sich wieder ändern, wenn die Manager bei der Suche nach Einsparungsmöglichkeiten darauf stoßen, daß eine einseitige E-Mail noch weniger kostet als ein Fax oder eine Briefmarke. Die Electronic Messaging Association schätzt, daß die Zahl der E-Mail-Teilnehmer 1996 sprunghaft, um 50 Prozent, steigen wird, so daß dann rund 60 Millionen Menschen auf diese Weise miteinander verbunden sind. Die Telefongesellschaft Bell Atlantic bietet auf diesem Sektor noch eine weitere Übermittlungsmöglichkeit an, die sogenannte T-Mail, ein echter Knüller für »99-Leben«-Geplagte. Per T-Mail können Sie telefonisch vielen Leuten gleichzeitig dieselbe Botschaft zukommen lassen. Wenn die Gesprächspartner am anderen Ende der Leitung (ob Privatleute oder Firmen, spielt keine Rolle) ihren Telefonhörer abheben, hören sie ein bestimmtes Signal, das ihnen anzeigt: Im Bell-Telefonnetz wartet eine Botschaft auf mich. Der Absender kann später leicht feststellen, wer die Botschaft abgerufen hat und wer nicht.

Von Tag zu Tag ergeben sich immer mehr Möglichkeiten, den Computer daheim klug zur Erleichterung des Alltags einzusetzen. Daß hier ein wichtiges Verbindungsglied zwischen Geschäfts- und Privatleben existiert, belegen die Zahlen. 34 Prozent aller US-Haushalte besitzen heute einen PC, und dieser Anteil steigt schneller als die Kaninchen-Geburtenrate. America Online und Shoppers Express haben sich zusammengeschlossen, um interaktiv am PC Bestellungen für Lebens- und Arzneimittel entgegenzunehmen und diese dann ins Haus zu liefern. Seine Bankgeschäfte per Computer zu erledigen, ist heute schon gang und gäbe. Die Tele-Medizin steht kurz vor einer explosionsartigen Blüte: Ärzte, Patienten, Pflegeheime und sogar Gefängnisse werden durch ein Netzwerk miteinander verbunden sein, und dann hat die Dorfmedizin endgültig ausgedient.

Hollywood erhält zu seinen neuen Filmen über Prodigy sofort Online-Zuschauerreaktionen. Künstler malen online, Tänzer und Choreographen arbeiten ihre Choreographien über das Online-Netz aus, Musiker komponieren online. Und bei Echo gibt es inzwischen sogar psychiatrische Dienste online frei Haus. Durch – freilich rein passive –Teilnahme an einer Gruppentherapie mit einem amtlich zugelassenen, psychiatrisch ausgebildeten Sozialarbeiter wird die Seele online beruhigt und positiv gestimmt. Kostenpunkt pro Monat: ungefähr 100 Dollar. Diese Dramen aus dem wahren Leben würden gut in die Cyber-Seifenoper von America Online, *Parallel Lives*, passen.

Während wir diesen äußeren Erscheinungsformen des Trends »99 Leben auf einmal« millionenfach ausgeliefert sind, formiert sich deutlich erkennbar bereits eine Gegenbewegung. Viele Menschen wollen einfach nicht mehr ständig mit Informationen, Anrufen, Fax-Mitteilungen und Werbung bombardiert werden. Werden Sie nicht auch manchmal regelrecht böse, wenn schon wieder ein Anruf auf Sie wartet, das Autotelefon piept oder der Expreßbote vor der Tür steht – am rechten Ort zur falschen Zeit? Und wenn uns schon wieder eine neue Zeitschrift, ein neuer Newsletter oder Katalog angekündigt wird, würden wir den ganzen Papierberg gedruckter Informationen am liebsten kurzerhand anzünden. Irgendwie können wir der Kommunikationslawine allesamt nicht entgehen.

Wir wünschen uns nichts sehnlicher, als eine Zeitlang ungestört zu sein, einmal Zeit ganz für uns allein zu haben. Doch es ist nicht leicht, inneren Frieden zu finden, wenn man Tag und Nacht erreichbar ist. In meinem kleinen, von Rosen umwucherten Wochenendhaus auf dem Lande wurde mir eine Telefonnummer zugeteilt, die früher einmal dem Versandhaus Sears gehört hatte. Sie können sich lebhaft vorstellen, wie das Telefon ununterbrochen klingelte und alle möglichen Leute von mir wissen wollten, wann der Laden geöffnet sei oder was dieser Herd und jener Kühlschrank denn koste. Zu solchen Anfragen gesellten sich dann noch mindestens neun Telemarketing-Versuche pro Tag (stehe ich denn wirklich auf jeder Liste?). Da kann ein Wochenende auf dem Land schon zum Alptraum werden. Eine Möglichkeit, sich solche Anrufe vom Hals zu halten, besteht darin, sich ein Gerät anzuschaffen, welches das Besetzt-Zeichen täuschend echt imitiert.

Aber die Grundfrage ist einfach: Wo steht eigentlich geschrieben, daß man jeden Anruf entgegennehmen muß? In den köstlichen Schwarzweißfilmen aus den Dreißigern murmelte Cary Grant doch auch mit charmanter Stimme: »Das lassen wir jetzt einfach klingeln«, wenn er anderweitig beschäftigt war und nicht unterbrochen werden wollte. Nur eine Handvoll Leute sind eigentlich verpflichtet, ans Telefon zu gehen: Ärzte, der Notdienst der Stadtwerke, Börsenmakler. Auch wenn Ihre Frau hochschwanger ist, sollten Sie den Apparat natürlich nicht klingeln lassen. Aber ansonsten ist nichts so dringend, daß man unbedingt sofort aktiv werden müßte. Die meisten Anrufe haben Zeit oder sind sogar ganz entbehrlich.

Was Sie als Trendteilnehmer von »99 Leben« unbedingt besitzen müssen, sind Spezialkopfhörer zur Neutralisierung von Geräuschen in Haus und Auto. Stellen Sie sich vor, Sie wären in der Lage, den ohrenbetäubenden Lärm von Laubsaugmaschinen, Schreddern, Rasenmähern, Kettensägen, Heckenscheren, Stromgeneratoren, Tieffliegern, Zementlastern, Autoalarmanlagen, Staubsaugern, Waschmaschinen, Wäschetrocknern und ähnlichen Geräten auf diese Weise auszuschalten! Über die erforderliche Mikrochip-Technologie, um die Wellenlänge der Störgeräusche festzustellen und das exakte Gegenmuster zu erzeugen, verfügen wir bereits. Auf diese Weise lassen sich 50 bis 95 Prozent des Lärms neutralisieren. Denn das symmetrische Prinzip von Yin und Yang macht aus lauten Geräuschen ein leises Summen. Auf manchen Flügen verteilt die japanische Fluggesellschaft JAL bereits entsprechende Kopfhörer, damit man den Bordfilm ungestört genießen kann. Kleine Firmen in Stamford, Connecticut, und Phoenix, Arizona, arbeiten an der Entwicklung von leichten Kopfhörern für normale Konsumenten. Das Beste an dieser »aktiven Geräuschreduzierung« ist jedoch, daß Sie – anders als bei reinen Lärmschutzklappen oder bei »Ohropax« – die normale Konversation, Musik oder das Läuten des Telefons trotzdem hören können. Nur der nervtötende Geräuschpegel unserer modernen Umwelt wird ausgeblendet. Ein Segen für Ohren und Nerven.

Daß es eine Gegenströmung zu »99 Leben« gibt, wird auch deutlich, wenn in den Kleinanzeigen der Zeitung Fernsehgeräte angeboten werden – von Leuten, die vom Fernsehkonsum genug haben. Man fühlt sich beinahe als Held, wenn man behaupten kann: »Ich habe keinen Fernseher im Schlafzimmer« (oder im Wochenendhaus, Urlaubsquartier etc.). »Früher war Fernsehen mal entspannend«, erzählte mir neulich ein Bekannter, »doch heute muß man ständig auf irgendwas reagieren.« Und dann beschwerte er sich, daß er »jeden Abend 1,50 Dollar an Telefongebühren ausgebe, um bei irgendeiner Sendung mit Ja oder Nein zu stimmen.« Also selbst hier Streß. Wer hätte je gedacht, daß viele Millionen Zuschauer die Gebühren für einen Telefonanruf nicht scheuen würden, nur um über den Badeanzug der Miss America abzustimmen?

Die Gegenreaktion in unserer Mitte zeigt sich auch daran, daß Freunde, die früher stolz darauf waren, umfassend informiert zu sein, heute achselzuckend bekennen: »Ich kann einfach nicht alles lesen (sehen, hören, anschauen).« Es herrscht das überwältigende Gefühl: »Es reicht schon längst. Weg mit all diesen Belästigungen!« Umfassend informiert zu sein, erfordert einfach zu viel Energie.

Wollen wir unsere geistige Gesundheit erhalten, lautet die wichtigste Herausforderung der nächsten Jahre: Wie werden wir mit der Informationsflut fertig, und wie beherrschen wir die Kommunikationsmittel, anstatt uns von ihnen beherrschen zu lassen? Längst schießen bereits Firmen mit Namen wie »Internet Navigators« oder »Network Buddies« aus dem Boden, weil wir das starke Bedürfnis verspüren, uns auf der Datenautobahn einer kompetenten Führung anzuvertrauen. Dieser ganze Bereich ist Click-verdächtig. Die besten dieser neuen Berater helfen Ihnen nicht nur bei der Herstellung von Verbindungen, sondern raten Ihnen auch, wann Sie am besten abschalten und wieder ein normales »Offline«-Leben führen sollten. Wir nennen diesen Bereich »DeTeching«. Manchen Leuten muß man wirklich erst zeigen, wo der Abschaltknopf ist. Als wir kürzlich einen Auftrag von AT&T bearbeiteten, meinte ein Mitglied unserer TalentBank: »Zeigen Sie mir doch endlich, wie man von dieser verdammten Autobahn auch mal runterfahren und einen Umweg machen kann.«

Nebenbei gesagt, sogar im großen Computerreich sind viele nicht glücklich über die Bezeichnung »Datenautobahn«, weil sie einfach falsche Vorstellungen weckt. Selbst Bill Gates von Microsoft ist angeblich derselben Meinung. Denn dabei denkt jeder an Autos, die alle in die gleiche Richtung fahren. Doch so gradlinig ist das Datennetz nicht. Warum stellen wir uns nicht lieber ein komplexeres Diagramm mit vielen Verbindungen von Punkt zu Punkt vor, ein echtes flächendeckendes Netz? Mit Gegenfahrbahnen, verschlungenen Pfaden, konzentrischen Kreisen und Pentagrammen. Dennoch ist eines klar: Diese »Autobahn« der Zukunft wird unsere Gesellschaft viel radikaler wandeln als das Auto, das an die Stelle des Pferdes trat. Denn die Info-Bahn wird vertraute Institutionen wie Bibliotheken, Banken, Kinos, Einkaufszentren und Büros grundlegend verändern.

Manche Leute sind regelrecht Online-besessen. Sie schlagen sich halbe oder ganze Nächte um die Ohren und bezahlen horrende Telefonrechnungen, weil sie einfach nicht aufhören können, stundenlang im Internet zu surfen. Schon wollen College-Studenten in den Frühjahrssemesterferien nicht mehr verreisen (Sonne und Strand in Florida sind ja so langweilig!) und statt dessen auf dem Campus mit ihren Computern mehrdimensionale Realitäten erforschen. Die Computer-holics sind bereits unter uns. Es ist an der Zeit, auch für diese Sucht Therapieprogramme zu entwickeln.

Die Computerverächter finden sich schon zu eigenen Zirkeln zusammen (beispielsweise auf Long Island, wo wir wohnen, zum Lead Pencil Club, dem »Bleistiftclub«) und schreiben entsprechende Leserbriefe an die Lokalzeitung. Einer verwandten Geisteshaltung entspringen die Bemühungen mancher Firmen, im Rahmen ihrer Möglichkeiten das wahnwitzige Kommunikationstempo zu reduzieren. Dabei geht es nicht nur um Meditationspausen und Tai-Chi-Übungsgruppen. Eine Firma in Kalifornien ermutigt ihre Belegschaftsmitglieder, erst einmal tief Luft zu holen, wenn das Telefon klingelt, und gelassen den Hörer erst beim dritten oder vierten Klingeln abzunehmen, statt geradezu süchtig beim ersten Klingeln alles andere stehen und liegen zu lassen. Eine andere uns bekannte Firma geht sogar noch weiter: Jeden Vormittag zwischen zehn und elf herrscht »Ruhezeit«. Alle Telefone werden abgestellt, auf Voice Mail umgeleitet, und bei allen Kopier- und

Faxgeräten wird der Stecker herausgezogen. Diese eine Stunde ist die produktivste des ganzen Tages. Auf Hawaii gibt es einen Anti-Tech-Kurort, wo Sie in den Ferien konsequent vor allen Belästigungen durch Fax, Telefon, Fernsehen und Zeitung abgeschirmt sind. Dann haben Sie Zeit für große Ideen, weil Sie sich konzentrieren können und nicht ständig von den Kommunikationsgeräten terrorisiert werden.

Wenn es für den Click auf besondere Ideen ankommt, sollte man wirklich eines beachten: Nicht wie lange, sondern wie gut Sie arbeiten, ist entscheidend. Ein lebender Beweis dafür, daß ein langsameres, konzentrierteres Arbeiten für den Erfolg wichtiger ist als hektische Überstunden, ist einer der ganz Großen der amerikanischen Geschäftswelt: John Malone. Dieser mächtige Milliardär wurde im zarten Alter von 32 Jahren Chef der Telecommunications Inc. und brachte es ganz nach seinen eigenen Maßstäben zu Macht, Ansehen und Reichtum. Malone arbeitet nur fünf Stunden am Tag und geht mittags nach Hause, um mit seiner Frau gemeinsam zu essen. Er hat geschafft, was in seinen Kreisen schon fast ein Wunder ist: sein Privatleben privat zu halten.

Die Suche nach einem Ausweg aus dem Trend »99 Leben auf einmal« – oder zumindest nach einer zeitweiligen Unterbrechung – erinnert an die Vorschulzeit, als uns die Lehrerin ermunterte, nach der Frühstückspause den Kopf auf die Bank zu legen und ein wenig still auszuruhen. Oder an den Neuengland-Weisen aus dem 19. Jahrhundert, Henry David Thoreau, der am Walden Pond in der Nähe von Boston die Einsamkeit suchte und fand: »Eine Hütte an einem Teich, und der nächste Nachbar eine ganze Meile entfernt.« Einen Augenblick der inneren Ruhe und des Friedens kann man auch finden, wenn man einmal etwas völlig anderes macht als an allen anderen Tagen. Mal raus aus der Tretmühle. Musizieren, Theaterspielen oder ähnliches.

Vielen von uns gelingt es, auf diese Weise wenigstens vorübergehend auszuspannen und die »99 Leben« hinter sich zu lassen. Doch für manche Mitmenschen muß selbst das ein schöner Traum bleiben, denn sie haben nach Feierabend noch einen zweiten Job, um finanziell über die Runden zu kommen. In den USA gehören über sieben Millionen Menschen in diese Kategorie. Viele von ihnen sind verheiratet, und erstmals gibt es in der Statistik genauso viele Frauen wie Männer, die keinen Feierabend kennen.

»99 Leben« hat natürlich auch mit der Rollenvielfalt zu tun, der wir in unserem Leben gerecht werden müssen. Heute, da die Menschen sehr alt werden, nimmt die Wahrscheinlichkeit zu, daß Sie sich irgendwann um Ihre gebrechlichen Eltern oder Großeltern werden kümmern müssen, die ganz woanders leben. Man darf dabei nicht vergessen, daß unsere Vorstellung von »Familie«, die bürgerliche Kleinfamilie, erst seit etwa einem halben Jahrhundert existiert. Erst nach dem Zweiten Weltkrieg wurden Häuser in Amerika erschwinglich, schossen Wohnvorstädte wie Pilze aus dem Boden, gab es mehr Arbeitsplatzmobilität. Und alles zusammen führte dazu, daß die Großfamilien immer mehr auseinandergerissen wurden. Vielleicht werden wir irgendwann zum Zusammenleben mehrerer Generationen zurückkehren – für den Menschen, der ein sozial-interaktives Wesen ist, eigentlich der Normalzustand. Die Zahl der »Bumerang-Kinder«, über die man in Film und Fernsehen so herzhaft lacht, Kinder, die seit langem aus dem Haus und vielleicht sogar verheiratet sind und nun plötzlich wieder ins Elternhaus zurückkehren, nimmt ebenfalls zu. So wird oder bleibt das »Nest« nie ganz leer.

Das Aufbegehren gegen »99 Leben« kommt oft als Protest gegen übertriebenen Perfektionismus daher. Die Superhausfrau, die plötzlich Staubflusen in der Wohnzimmerecke liegen läßt. Der Workaholic, der plötzlich unentschuldigt bei der Arbeit fehlt. Der Kontrollsüchtige, der das Delegieren lernt. Wie sieht die Zukunft von »99 Leben auf einmal« aus? Wir müssen Wege finden, im Leben ein Tempolimit durchzusetzen. Und wenn das nicht geht, dann sollten wir wenigstens die eigenen Grenzen erkennen und respektieren.

Auf einer Brainstorming-Session haben wir uns einmal Gedanken darüber gemacht, wie man den Alltagsstreß abbauen und die täglichen Abläufe allgemein verbessern könnte. Hier einige der in dieser Runde gesammelten Vorschläge:

Warum können, um unsere Zeit zu schonen, nicht noch mehr Geschäfte ihre Waren ganz selbstverständlich ins Haus liefern oder (beispielsweise bei zu reparierenden Geräten) diese zu Hause abholen?

Warum beginnen Ärzte, Zahnärzte oder Tierärzte ihre Sprechzeiten nicht an manchen Tagen schon um 6 Uhr morgens? Oder haben an anderen Tagen bis 10 Uhr abends geöffnet? Warum gibt es keinen 24-Stunden-Dienst bei Ärzten, wenn es nicht um Notfälle geht (etwa eine Grippeimpfung um 2 Uhr morgens)? Warum sind nicht mehr Läden (Gartencenter, Blumenläden etc.) rund um die Uhr geöffnet? Warum haben normale, gute Frisörsalons nicht schon morgens um 6.30 Uhr geöffnet; warum ist das ein Privileg exquisiter Salons für besondere Kundinnen?

Um Warteschlangen an den Kassen abzubauen, wären Läden nach dem Prinzip »Ehrlichkeit ist die beste Politik« zu empfehlen. Sie gewährten einen bestimmten Kreditrahmen, innerhalb dessen Sie Dinge mit Einverständnis der Kassiererin einfach mitnehmen dürften, um sie ein andermal zu bezahlen, wenn die Schlange nicht so lang ist.

Manche Leute sind bei Restaurant-Verabredungen notorisch unpünktlich. Um die Wartenden zu besänftigen, könnten Restaurants ihnen tragbare Nachrichtencenter anbieten.

Wie könnten gerade Restaurants sich gastfreundlicher verhalten? Wie wäre es mit einem Klingelknopf am Tisch, mit dessen Hilfe man die Bedienung rufen oder aber dem Kellner signalisieren könnte, daß man ungestört sein möchte. Oder mit einem System von Vorbestellungen und Vorausbezahlungen. Oder einem computerisierten Sitzplan des Restaurants, aus dem bei Bedarf und auf Wunsch des Gastes genau hervorgeht, welche Tische frei sind. (Keine Mißbrauchsmöglichkeiten mehr für den Oberkellner.) Denkbar wäre auch ein Auto-Zubringerdienst, der Gäste abholt und nach Hause bringt. (Besonders hilfreich, wenn man Alkohol getrunken hat oder trinken möchte!)

Etwas für einen Erfinder: ein Kleiderschrank, der die Kleidung ständig mit Frischluft versorgt, so daß sich ein Lüften erübrigt.

Hotels für Geschäftsreisende in großen Städten hätten bei ihren Gästen großen Erfolg, wenn sie einen Notdienst einrichteten, bei dem man Kleidungsstücke ausleihen kann, wenn man die eigenen vergessen, zerrissen oder befleckt hat.

Für ein leicht zu verpackendes Abend- oder Cocktailkleid haben wir bereits die Ideallösung gefunden. Unser Lieblingsdesigner Issey Miyake fertigt uns Kleider aus »gecrashter« Seide, die nur ein paar Gramm wiegen, die man in einer Minute an- und ebensoschnell wieder ausgezogen hat. Und nicht nur das, die meisten dieser Kleider können auch mit der Hand gewaschen und zum Trocknen zu einem dichten Knäuel zusammengedrückt werden; dadurch entstehen die schicken, dauerhaften Crashfalten. Wie wir gern scherzen: »Diese Kleider sind toll für unterwegs, weil sie keine Knautschfalten kriegen.«

Uns würde ein Gerät gefallen, das all unsere Telefongespräche automatisch aufzeichnet und leicht zugänglich archiviert. Das wäre bei Streitigkeiten sehr nützlich, oder wenn man detaillierte Instruktionen oder Wegbeschreibungen erhält. Außerdem könnte man sich Gespräche mit alten Freunden, die nicht mehr unter uns weilen, wieder anhören.

Es wäre großartig, wenn man bei seinem Bemühen, etwas langsamer zu leben, den Anfang bei einem Meditations-Telefondienst machen könnte. (vielleicht »Mantra-Phone« oder »Tele-Trance«?) Für jene unter uns, deren Selbstbewußtsein nicht sehr stark ausgeprägt ist, könnte man einen Telefondienst einrichten, der persönlichen Zuspruch spendet (»Wähl-ein-Kompliment«). Wann immer Sie ein wenig Bestätigung brauchen, rufen Sie dort an und hören sich einfach Komplimente an: »Das war eine tolle Idee von Ihnen. Sie sind ein Genie.« Click.

Während wir uns dem Jahr 2000 nähern, wird die Zeit immer hektischer und schneller. Stets kurz davor, ein wenig außer Kontrolle zu geraten. Alles, was möglich ist, um unser Leben zu vereinfachen und auf Kurs zu halten, um den Streß zu reduzieren, wird großen Erfolg haben. 49 ½ Leben auf einmal tun's auch.

15. Kapitel

11. Trend – Aussteigen

»Alles, was ich will, ist etwas Spaß,
Und mir kommt's vor, wir alle wollen das.«

SHERYL CROW IN EINEM SCHLAGER, DER 1994 IN DEN USA AUF PLATZ 1 DER HITLISTE STAND

Das ist heutzutage die Quintessenz des amerikanischen Traums: kein Chef, keine Bürokratie, kein Papierkram, kein Durchbeißen an die Spitze. Arbeiten, wenn einem danach ist, und nur für Kunden nach dem eigenen Geschmack. Nirwana? Nein danke. Aber Aussteigen, das ist es. Dieser geruhsame Trend basiert auf der Erkenntnis, daß Lebensqualität wichtiger ist als der Titel an der Bürotür. Daß man langfristig glücklicher wird, wenn man seine Arbeit gern tut – und nicht nur um des Geldes willen. Oder weil man die entsprechende Ausbildung hat. Und warum sollte man auch nicht kritisch unter die Lupe nehmen, was man den größten Teil des Tages tut? Heute, da allenthalben fusioniert und bereinigt, gesundgeschrumpft und – unser Lieblingseuphemismus – verschlankt wird, befinden sich viele der besten und hellsten Köpfe im Big Business auf dem Sprung. Sie sollten es jedenfalls sein. Sich selbständig machen heißt die Devise.

Dabei spielt es keine Rolle, ob Sie selbst gekündigt haben oder gehen mußten, solange Sie nur lächelnd und mit positiver Motivation aus der Sache hervorgehen. »Aussteigen« ist vielleicht kein besonders gutes Wort, denn wir meinen keine Null-Bock-Mentalität, keine Existenzen am äußersten Rand der Gesellschaft. Wir haben sogar überlegt, ob wir diesen Trend nicht umbenennen sollten, etwa in »Alternative Optionen«. Denn es geht immer um die Entscheidung, einem langweiligen Job, einer schlechten Nachbarschaft, einem unzureichenden Schulsystem und anderem mehr bewußt den Rücken zu kehren. Ganz besonders aber um die Entscheidung, sich von einer Konzernmentalität zu lösen, die Außenseitern keine Chance gibt, Loyalität nicht honoriert und die nicht einsehen will, daß es auch zu den Pflichten von Wirtschaftsunternehmen gehört, der Allgemeinheit, also uns allen, beim Überleben zu helfen.

In den Achtzigern, als wir bei BrainReserve diesen Trend »Aussteigen« benannten, waren vor allem Typen wie die folgenden gemeint (Wir zitieren aus dem *Popcorn Report*): »Wir alle kennen wahrscheinlich irgend einen Erfolgsmenschen, der schnell Karriere gemacht und immer hart gearbeitet hat – aus der Wall Street oder der Leitung eines Unternehmens – und der plötzlich (so scheint es wenigstens) alles stehen und liegen läßt, verschwindet und irgendwann lächelnd wieder auf der Bildfläche erscheint. Er stellt dann Ziegenkäse in Vermont her. Oder gibt eine kleine Zeitung in New Hampshire heraus. Oder hat eine Ferienfarm in Montana. Oder ist zehn Häuserblöcke von seinem alten Büro entfernt in einer Umwelt-Aktionsgruppe aktiv. Oder gibt zehn Schritte von seinem Bett entfernt einen Rundbrief für die Liebhaber der klassischen Gitarrenmusik heraus.«

Heute gilt zwar immer noch dieselbe Grundidee, doch hat sich der Trend inzwischen stark ausgeweitet. Aus vielerlei Gründen. Unser Vertrauen in die Unternehmenskultur ist noch geringer geworden. Und wir verspüren auch immer weniger das Bedürfnis, den alten Geschäftsanzug aus grauem Flanell weiterhin zu tragen. Unsere Vorbilder sind andere erfolgreiche Unternehmer, so daß wir nicht mehr so viel Angst vor dem Sprung in die Selbständigkeit haben. Hinzu kommt, daß der technologische Fortschritt es heute wesentlich leichter macht, sich zu Hause ein Büro einzurichten, auf einem Laptop einen professionell wirkenden Newsletter zu erstellen oder per Fax mit allen möglichen Leuten schnell Kontakt aufzunehmen.

Wenn Sie Ihre Hausaufgaben gemacht haben und wenn Ihr Zukunftstraum so übermächtig ist, daß Sie wirklich unglücklich wären, müßten Sie darauf verzichten – dann ist es höchste Zeit für den Start. Einer dieser Aussteiger, der ehemalige Sportredakteur der *New York Post*, Steve Bromberg, sagte, ihm sei klargeworden, daß er jetzt besser aufhöre, und zu Hause arbeite, als es bei seiner Zeitung zum dritten und vierten Mal Änderungen im Management gab. Plötzlich hatte Steve das Gefühl, er solle doch lieber seiner Frau beim Ausbau ihrer PR-Firma helfen und ihre Newsletter für große Firmen redigieren als weiterhin die Sportseiten der *New York Post*. Ginge die Sache schief, dachte sich Steve, hätte er auf diese Weise wenigstens ein Jahr lang mehr Zeit für seine Kinder gehabt (wovon er in jüngeren Jahren nicht einmal zu träumen gewagt hatte). Ins organisierte Berufsleben zurückkehren könnte er nach höchstens zwei Jahren seines Experiments immer noch, und zwar etwa in der gleichen Position.

In seinem Buch *Entrepreneurs Are Made, Not Born* (Unternehmer werden gemacht, nicht geboren) weist Lloyd Shefsky darauf hin, daß unternehmerisches Denken Risiken anders gewichte als die Angestelltenmentalität: Schlimmstenfalls müsse man eben zurück in die Welt der Angestellten und Manager, während man im Idealfall jenen Teil des Lebens, der sich »Arbeit« nennt, glücklich, zufrieden und unabhängig verbringe. Shefsky berichtet auch über eine Studie, nach der Leute, die sich selbständig gemacht hatten, trotz Überstunden und Schlafdefizit von sich selbst behaupteten, daß sie nachts besser schliefen als zu Zeiten, da sie noch für andere arbeiteten. Das hat ja wohl damit zu tun, daß sie sich ihren Traum erfüllen konnten.

Überall auf der ganzen Welt verzeichnen die großen Konzerne Einbußen, rücken mittelständische Unternehmen in die Rolle des bevorzugten Arbeitgebers. Das Magazin *Inc.* berichtet, die Wachstumsrate der hundert besten mittelständischen Unternehmen Amerikas über einen Fünfjahreszeitraum »grenze schon fast ans Unbegreifliche«. Der schockierendste Wandel vollzog sich aber wohl in Japan, wo das eherne kulturelle Gesetz gilt, daß man im Leben nur einen Beruf ausübt. Mehr als 50 Prozent der japanischen Arbeiter in den traditionellen bezahlten Jobs würden, wie eine Forschungsstudie ergab, ihren Arbeitsplatz verlassen, wenn sie könnten, um sich entweder beruflich zu verändern oder selbständig zu machen.

In seinem Buch *Power Shift* (Machtverschiebung) berichtet Alvin Toffler, daß wir uns »von einer Wirtschaftsform der Monolithe entfernen ... Der mittelständische Unternehmer ist der neue Held (oft auch die neue Heldin) der Wirtschaft«. Toffler prognostiziert eine Wirtschaft, die »eher aus Boutiquen als aus Giganten besteht (auch wenn manche der Boutiquen weiterhin den Giganten einverleibt bleiben)«. Damit meint er jene Kleinunternehmen, die mit Großunternehmen je nach deren Bedürfnissen verzahnt bleiben. Ein gutes Beispiel dafür wären all die kleinen gentechnischen Labors, an denen die großen pharmazeutischen Firmen teilweise beteiligt sind. Ähnliches gilt auch für Zulieferer in der Computerindustrie, die mit den Großen wie Microsoft, Apple oder IBM liiert sind. Toffler berichtet ferner über einen neuen ökonomischen Menschenschlag, den er »wirtschaftliche Eingreiftruppen« nennt. Diese schlagkräftigen Leute wüßten, wie man ein Unternehmen nach ihren Prinzipien erfolgreich aufzieht und wie man die Spielregeln des Geschäfts neu schreibt. Wenn sich die Marktmacht, wie Toffler glaubt, »immer weiter auf kleinere Unternehmen verlagert, wo die Möglichkeiten wesentlich unbegrenzter zu sein scheinen«, dann heißt das nichts anderes, als daß jeder im Lauf seines Erwerbslebens wenigstens einmal zum – freiwilligen oder unfreiwilligen – »Aussteiger« werden wird.

Immer häufiger treffen wir auf Aussteiger, die sich ihren Herzenswunsch erfüllen (mehr dazu auch im Kapitel »Nicht eine Karriere, sondern viele«) Margery und Larry Nathanson aus New York kehrten der Welt der Werbung und des Designs den Rücken und machten ihr Hobby zum Beruf: Im Stadtteil Soho gründeten sie die Firma Grass Roots Garden zur Begrünung und Bepflanzung von Innenräumen und Terrassen. Selbst Michael Jordan, Basketball-Superstar der Chicago Bulls, fiele in diese Kategorie, da er sich den Luxus leistete, sein geliebtes Baseballspiel trotz beträchtlicher finanzieller Einbußen einmal eine Zeitlang als Profi zu betreiben (selbst wenn er dort keine vergleichbaren Erfolge feiern konnte).

Der Computertechniker Richard Dittmar, in seiner Freizeit begeisterter Radrennfahrer, war natürlich mit allen Fahrraddetails bestens vertraut (etwa wie man ein Rad schnell und effizient zerlegt), als er ans Aussteigen dachte. Zunächst ohne seinen Beruf aufzugeben, ließ sich Dittmar zum Fahrradmechaniker ausbilden und begann dann zu Hause in Tampa, Florida, mit einem Feierabendgeschäft, einem Reparaturbetrieb namens »Bike Ambulance«: Reparaturbedürftige Fahrräder holte er mit seinem Lieferwagen ab und brachte sie auch wieder ins Haus. Neue Kunden warb er durch Handzettel, die er an jedes Rad heftete, das ihm in die Quere kam. Besonders auf den Abstellflächen des nahe gelegenen Colleges. Als das Geschäft ausreichend florierte, gab Dittmar seinen Computerjob auf, um nur noch seiner Fahrradleidenschaft zu leben. Inzwischen repariert er nicht nur Fahrräder, sondern verkauft sie auch. Sein nächster Coup: In Zusammenarbeit mit örtlichen Weight-Watchers-Gruppen bietet er seine Mountainbikes für Fahrradtouren an. Übergewichtige verlieren nun Pfunde, indem sie kräftig in die Pedale treten. Mit Werbung im ganzen Land und in Zusammenarbeit mit Hotels der Umgebung bietet Dittmar außerdem dreitägige Fernradwanderungen an. In einem Interview mit der Zeitung *Tampa Tribune* schwärmte er: »Jeder träumt davon, sein eigenes Geschäft zu besitzen. Besonders, wenn es etwas ist, was einem so ans Herz gewachsen ist. Ich lebe jetzt das Leben meiner Träume.«

Doch nicht nur Angestellte und Manager träumen vom Ausstieg, auch Ärzte und Anwälte haben solche Gelüste. Dr. Hy Lerner gab seine Stelle als Epidemiologe im Gesundheitsamt auf, um in Massachusetts eine Bäckerei zu eröffnen. Seine medizinischen Kenntnisse fanden dabei Eingang in die Backrezepte, und er stellt vorwiegend gesundes Vollkornbrot her. Ein Orthopäde in Florida tauschte, wie wir hörten, seine Operationshandschuhe gegen Boxhandschuhe ein und wurde ein respektabler Profiboxer im Schwergewicht.

Es gibt sogar eine Zeitschrift, die sich dem Thema »Neue Prioritäten im Leben« widmet: *Simple Living*. Herausgegeben wird sie von Janet Luhrs, einer Juristin, die sich als Aussteigerin dafür entschieden hat, die Botschaft zu verbreiten: »Weniger konsumieren, das Leben mehr genießen!« Dieser Lebensstil hat viele Anhänger. Ihr Motto: bewußte, freiwillige Schlichtheit und Bescheidenheit.

Kleinunternehmen von Aussteigern müssen nicht unbedingt klein bleiben. Nehmen Sie zum Beispiel Geerlings & Wade, eine Weinversandfirma, die in Boston von zwei früheren Buchhaltern gegründet wurde. Huib Geerlings, ein seit Jahren in den USA ansässiger Holländer, sagte sich 1987, daß es im Leben doch noch mehr geben müsse, als Steuererklärungen abzufassen und den alljährlichen Streß vor dem 15. April zu überstehen (dem letzten Termin für US-Einkommensteuererklärungen). So brachte Huib die beiden großen Lieben seines Lebens, Weine und Computer, zusammen und gründete gemeinsam mit seinem Partner Phillip D. Wade einen Weinversand. Heute erstreckt sich – nach einem Bericht der *New York Times* – der Geschäftsbereich der in Canton, Massachusetts, beheimateten Firma über das Gebiet von zwölf Bundesstaaten. Der Umsatz liegt bei 3,2 Millionen Dollar. Firmenspezialität sind Hilfestellungen für unsichere Weintrinker, die einen Shiraz Cabernet nicht von einem Chianti unterscheiden können. Geerlings & Wade verschicken einen Katalog, in dem eine Auswahl qualitativ hochwertiger Weine detailliert beschrieben wird und die Autoren ihre persönlichen Vorlieben zum Ausdruck bringen. Die Kunden können dann kostenlos ihre telefonischen Bestellungen aufgeben und die Weine werden umgehend frei Haus geliefert – zu Preisen, die um 30 Prozent unter denen des Einzelhandels liegen. Diese beiden Partner haben also exemplarisch gezeigt, worauf es den neuen Unternehmern heute ankommt: gutes Preis-Leistungs-Verhältnis, Einfachheit und Bequemlichkeit, gezielte Informationen, guter Service und hochwertige Qualität. Warum sollte man auch als Aussteiger seinen eigenen Laden aufmachen, wenn ansonsten alles beim alten bliebe?

Überhaupt scheint die Weinbranche für Aussteiger besonders attraktiv zu sein. Kein Wunder, denn hier trifft eine gewisse Romantik auf einen Hauch von Reise und Abenteuer, auf Geselligkeit, Gemütlichkeit und Vergnügen. Wo sonst gibt es das noch?

Aussteiger im Kokon

Scharenweise kehren die Menschen heutzutage nach Hause zurück – und sie bleiben dort, um erfolgreiche Unternehmen zu gründen. Frühpensionäre verschwenden meist keinen Gedanken mehr daran, sich nochmals einen Job in einer Großfirma zu suchen. Und dann ist da noch die schon erwähnte neue Welle der 25- bis 35jährigen, die sich als Kinder wohlhabender Eltern von vornherein entschlossen haben, als Unternehmer zu beginnen – voller Selbstvertrauen hinsichtlich der Risiken eigenverantwortlicher Tätigkeit. Oft sind es junge Frauen, deren Mütter in Konzernen die Erfahrung machen mußten, daß die Aufstiegsmöglichkeiten für Frauen begrenzt sind. Kein Wunder, daß sie ihren Töchtern den Rat mit auf den Weg gaben, gar nicht erst mit dem Kopf gegen Konzernwände anzurennen.

In Greenlawn, Long Island, gibt es ein Restaurant mit dem ungewöhnlichen Namen »Me and Mom«, das zwei Frauen gehört, Mutter und Tochter, die beide der Angestelltenwelt den Rücken gekehrt haben. Oder nehmen Sie die Kette »Best Friends Cocoa«, gegründet von zwei Freundinnen aus Massachusetts, die damit anfingen, ihr Lieblingsrezept für Kakao an Restaurants entlang der Ostküste der USA zu verkaufen. Oder »Gooseberry Patch«, eine Versandfirma für preiswerte ländliche Nostalgieartikel, deren Sortiment von zwei Freundinnen entwickelt wurde. Der Katalog liest sich wie ein vertrauter Rundbrief, in dem Ausstechformen für Plätzchen, nach Zimt duftende Kerzen und ähnliches angeboten werden. Jahresumsatz: 4 Millionen Dollar, bis zu 75 Mitarbeiter in der Vorweihnachtszeit.

Ein Hauptgrund, zu Hause oder in der eigenen Firma zu arbeiten, ist der Mangel an qualitativ guten Möglichkeiten der Kinderbetreuung. Eine gute Kinderfrau ist einfach zu teuer – und überdies rar. Durchschnittlich 80 Prozent des mütterlichen Arbeitseinkommens gehen inzwischen für die Kinderbetreuung und den Lebensunterhalt der Kinder drauf. Je frustrierter die Eltern über das öffentliche Erziehungswesen sind, desto mehr Mütter werden sich dafür entscheiden, zu Hause zu bleiben und ihre Kinder selbst zu unterrichten. Dafür nehmen sie eine Unterbrechung ihres Arbeitslebens in Kauf. Die Anteile sind zwar noch gering, doch in *Barron's* heißt es dazu: »Die Zahl der Doppelverdienerfamilien nimmt ab; der traditionelle Familienhaushalt mit einem Verdiener ist heute jene Haushaltsform, die am schnellsten zunimmt.« In unserem BrainReserve-Jargon heißen diese Leute SITCOMS (Single Income, Two Children, Oppressive Mortgage; ein Einkommen, zwei Kinder, ein Haufen Schulden auf dem Haus).

Kann man im Aussteigen nicht auch ein neues Statussymbol sehen? Wird hier nicht auch nach außen demonstriert: »Wir haben alles«? Die Familie, die es sich leisten kann, Mutters (und manchmal auch Vaters) Erziehungsurlaub auf ein paar Jahre auszudehnen? Doch diese neue Aussteiger-Mutter ist gewiß keine Kopie früherer Nur-Hausfrauen. Nein, nein. Die heutige »Heim-Managerin« bleibt zwar in der Nähe ihres Nachwuchses, aber mit dem Wissen und der Ausrüstung der neunziger Jahre: Computer, Fax und guten Arbeitszeugnissen. Wie sich dieser neue Markt entwickeln wird – welche Bedeutung er für die neue Welle der von daheim geführten Unternehmen und Dienstleistungsfirmen haben wird –, wir werden es sehen. In diesem Sektor jedenfalls wird sich der Fortgang des Trends »Aussteigen«, wird sich seine Dynamik zur Jahrtausendwende zeigen.

Allein schon ein Blick auf die gegenwärtigen Zahlen der Aussteiger im Kokon läßt uns staunen. Mehr als 15 Prozent aller Arbeitskräfte in den USA arbeiten für sich, auf eigene Rechnung. Bei der weit überwiegenden Mehrzahl handelt es sich um Einpersonenbetriebe, die zu Hause agieren. Marilyn Ross von Communication Creativity Inc., die Bücher über Kleinunternehmen veröffentlicht, unterscheidet in diesem Bereich zwischen zwei Gruppen: Teilzeitunternehmen mit einem Einkommen von bis zu 20 000 Dollar jährlich (insbesondere in den Bereichen Handwerk und Reparaturen) und jene Profis mit einem Jahreseinkommen von 60 000 Dollar aufwärts, die mit ziemlicher Wahrscheinlichkeit in ihrem Unternehmen moderne Technik nutzen.

Wir glauben jedoch, daß die Statistik der Non-Tech-Heimunternehmen nicht genau genug ist und daß die Umsätze dieser Firmen in Wirklichkeit höher sind – wegen des enormen Anteils von Tauschgeschäften, die wir in diesem Bereich erleben. Teilzeit-Heimunternehmer können ja durchaus Güter gegen Dienstleistungen tauschen (oder Kombinationen von beidem) und damit besser fahren, als die Zahlen belegen. Denn wer führt schon Buch über einen Austausch wie den folgenden: »Ich mache aus deinen Büschen Baumplastiken, wenn du mir dafür ein Wandgemälde in die Küche malst.« Das Geben und Nehmen der Tauschgeschäfte wird sogar organisiert: In Manhattan gibt es beispielsweise Netzwerke solcher Kleinfirmen, »Barter Basics« und »Barter Advantage«, die als Börsen fungieren, Kataloge herausgeben und für ihre Dienste eine kleine Provision berechnen. Ist das nicht geradezu der Inbegriff von »Aussteigen«, wenn man eine kleine Firma gründet, die Serviceleistungen für andere Kleinfirmen erbringt? Mit solchen Tauschgeschäften soll übrigens nicht unbedingt nur die Steuer umgangen werden: Den Geldwert solcher Transaktionen kann man im Gegenteil dem Finanzamt beruhigt melden, denn er läßt sich ohnehin bei den Betriebskosten absetzen.

Daß es zwei Gruppen von Heimunternehmern gibt, bestreiten wir von BrainReserve natürlich nicht. Beide Gruppen tragen dazu bei, daß der Trend »Aussteigen« immer populärer wird. Die Non-Tech-Kleinunternehmer haben das Gefühl, daß sie etwas zu bieten haben, was es in der Angestelltenwelt nicht mehr gibt: ungewöhnliche Dienstleistungen und persönlichen Einsatz – sei es bei Hausreparaturen, im Dienste der Schönheit, bei der Tierpflege und so weiter. Die Technikexperten haben sich hingegen Kleinunternehmen eingerichtet, die die neuesten technischen Möglichkeiten nutzen. Hier geht es zum Beispiel um den Anschluß von Kabelfernsehen oder um einen Bereitschaftsdienst zur Installation von »Windows 95«. Die Nachfrage nach Arbeitskräften, die uns ihr Computer-Know-how zur Verfügung stellen, ist groß, weil wir uns selbst auf diesem Gebiet nicht auskennen. Was indes ganz wichtig ist: Erstmals in der Geschichte existiert jetzt mit dem Computer ein »universales« Kommunikationsmittel. Vielleicht sind einige Menschen noch nicht (oder nie) bereit, seine Handhabung zu erlernen, doch die eigenen Wissenslücken müssen dann durch Inanspruchnahme anderer ausgeglichen werden.

BrainReserve sieht schon die Zeit kommen, da die Non-Tech- den High-Tech-Menschen für deren gründliche Hilfestellung bei der Überwindung dieses Technologiegefälles viel Geld zahlen werden. Doch letztlich zahlen sich derlei Investitionen auch aus, denn im Schnitt verdienen Selbständige, die einen PC benutzen (mindestens 5 Millionen in den USA), 70 000 Dollar im Jahr gegenüber einem Jahresdurchschnittseinkommen der US-Haushalte von 42 000 Dollar. Ein PC-Programm, das US-Heimunternehmern wertvolle Hilfe bieten kann, ist »LegalPoint«, eine Sammlung von mehr als 75 grundlegenden geschäftlichen Dokumenten: Kaufverträge, Partnerschaftsabkommen und so weiter. Wirklich sehr praktisch.

Wer nur noch über Telefon- und Datenleitungen zur Arbeit fährt, ist als Aussteiger zum Einsteiger geworden – zum Einsteiger ins Global Village. Und von diesen neuen Bedingungen profitieren nicht nur Computerfreaks, Programmierer und Datenverarbeiter, sondern auch immer mehr Rechtsanwälte, Immobilienmakler, Börsenmakler und Angehörige ähnlicher Berufe, die auf diese Weise von zu Hause aus arbeiten können. Schätzungsweise ein Drittel aller erwachsenen Berufstätigen arbeitet wenigstens teilweise daheim.

Die Fortschritte in der häuslichen Büroeinrichtung haben die Entwicklung natürlich ebenfalls gefördert. Staples, das große Büroeinrichtungsgeschäft (Jahresumsatz derzeit 2 Milliarden Dollar), geht davon aus, daß bei etwa einem Viertel seiner Kunden irgend jemand aus der Familie zu Hause arbeitet. Die diversen Kopierladenketten haben das Land mit einem dichten Filialnetz überzogen und sind überall bequem erreichbar. Wenn Sie eine digitale Telefonanlage im Haus haben, dann können Sie nach außen problemlos den Eindruck erwecken, Sie residierten in einer großen Firma. Mit telefonischen Mailboxen, Gesprächsweiterleitungsfunktion und vielen anderen Möglichkeiten ist eine solche Anlage wesentlich billiger als eine Telefonistin. Mit Hilfe von Versandfirmen wie Reliable Home Office in Ottawa, Illinois, können Sie sich problemlos ihr Büro einrichten, selbst wenn Sie wohnen, wo Fuchs und Hase sich gute Nacht sagen.

Genau auf diesen Markt der computerisierten Heimunternehmen wäre der folgende Vorschlag einer Spezialfirma und -versicherung für bestimmte Probleme und Situationen zugeschnitten. Diese Versicherungsgesellschaft könnte einen mobilen Einsatzdienst mit Leihgeräten auf Tagesbasis unterhalten, wenn Ihr Computer, Drucker, Telefon, Fax- oder Kopiergerät streikt. Der Versicherungsschutz könnte sich auf Dokumentenverluste infolge eines Rechnerabsturzes erstrecken. In einem solchen Fall könnte überdies ein Experte der Gesellschaft per Telefon gemeinsam mit Ihnen versuchen, Ihre Dateien zu rekonstruieren. Die Gesellschaft könnte Versicherungsschutz anbieten, für Ihr Büro daheim, unterwegs und sogar für ihr virtuelles Büro: Ihre Ausrüstung und Ihre Dokumente, ganz gleich, ob Sie daheim oder auf Reisen sind – und zwar zu günstigeren Prämien, als sie sonst für Gebäude- oder Autoversicherungen zu zahlen sind. Vorteilhaft könnte auch eine Absicherung gegen die Haftung für Schäden sein, die andere in Ihrem Namen verursacht haben – wenn etwa Ihr Rechtsanwalt, Buchhalter oder Finanzberater schadensersatzpflichtige Fehler macht, für die Sie geradestehen müssen.

Der springende Punkt ist, daß Heimunternehmer einen riesigen Markt potentieller Kunden bilden (Jahresumsätze von 400 Milliarden Dollar). Große Firmen, von Avon bis AT&T, von Panasonic bis Pizza Hut, suchen Kontakt zu diesem ständig größer werdenden Unternehmer-Pool und seinem verfügbaren Kapital. Wir von BrainReserve bemühen uns, unseren Großkunden aus dem Kreis der »Fortune 500« ein klares Bild dieser Kleinunternehmer zu zeichnen, die das künftige Konsumgeschehen entscheidend mitbestimmen werden. Allerdings ist es nicht ganz so einfach wie bei anderen Marktsegmenten, diese Kleinunternehmer ausfindig zu machen und gezielt anzusprechen. Denn manche zögern, die Telefongesellschaft von ihrer Tätigkeit zu unterrichten, weil sie die höheren Kosten für Geschäftsanschlüsse fürchten. Und wer ein Apartment bewohnt, legt vielleicht auch keinen besonderen Wert darauf, den Vermieter oder die Wohnungsverwaltung wissen zu lassen, daß die Wohnung auch beruflich genutzt wird. Dies gilt sogar für Mieter oder Besitzer von Häusern, wenn Vermieter, Nachbarn oder städtische Behörden darauf achten, daß reine Wohngebiete als solche erhalten bleiben.

Als Reaktion auf die Bedürfnisse der Heimunternehmer wurde 1994 die Home Office Association of America (HOAA) gegründet. Für 35 Dollar Jahresbeitrag stehen den Mitgliedern diverse Dienstleistungen und Vergünstigungen offen, darunter Gruppenermäßigungen bei der Krankenversicherung und bei der Paketzustellung. Einmal im Monat erscheint ein Rundbrief und in Washington sitzen Lobbyisten, die sich für die steuerlichen Belange der Heimunternehmer einsetzen.

Der Markt der Klein- und Heimunternehmer wird im nächsten Jahrzehnt noch stärker expandieren. Und darin ähnelt der Trend »Aussteigen« dem Trend »Leben im Kokon«. Uns hat der Beitrag nicht überrascht, den *Fortune* im Februar 1995 unter der Überschrift »Kissing Off Corporate America« (Ein Korb für das Amerika der großen Konzerne) veröffentlichte. Darin wird berichtet, wie viele Absolventen der großen Business Schools, also genau jener Leute, die mit dem Ziel studieren, das Rüstzeug für die Karriere in einer großen Firma zu erlangen, es sich dann doch anders überlegen. »Noch 1990«, heißt es in *Fortune*, »ging ein Viertel der frischgebackenen MBAs der Columbia University zu Großfirmen; im letzten Jahr waren es nur noch 13 Prozent. Auch die Stanford-Absolventen waren hinsichtlich der Konzernwelt ähnlich desillusioniert. 1989 gingen noch 70 Prozent von ihnen zu den großen Firmen, doch fünf Jahre später war der Anteil auf 50 Prozent gesunken. Hinzu kommt noch, daß viele von denen, die sich von der Großindustrie anheuern ließen, bereits feste Pläne haben, ›ein paar Jahre lang klotzig zu verdienen und sich dann eine kleine Firma zu kaufen …‹«

Selbständige genossen außerdem schon immer einen weiteren Vorteil: Sie konnten sich so kleiden, wie sie wollten (außer bei Gesprächen mit Kunden natürlich). Daß große Firmen ihre Kleiderordnung neuerdings etwas lockern, ist so gut wie ausschließlich eine Reaktion auf den Druck der Angestellten. Die meisten Firmen lassen es heute freitags etwas legerer zugehen, aber auch während der heißen Sommermonate. Man schätzt, daß inzwischen 77 Prozent der amerikanischen Angestellten in lässigerer Kleidung zur Arbeit erscheinen. Zu dieser Lockerung hat auch beigetragen, daß es nicht mehr ganz so viele persönliche Treffen und Konferenzen gibt, seit Fax, Modem, E-Mail und telefonische Konferenzschaltungen solche Kontakte erleichtern. Geradezu revolutionär war die Ankündigung von IBM, der Bastion der dunklen Anzüge, weißen Hemden, dezenten Krawatten bei den Herren und ähnlich konservativer Kleidung bei den Damen, sich von diesem Uniformlook allmählich zu verabschieden. So war also selbst »Big Blue« unter dem Dauerfeuer interner Befragungen, bei denen immer wieder gefordert worden war, sich weniger formell kleiden zu dürfen, zum Nachgeben gezwungen worden. (Doch was wird jetzt aus all den weißen Hemden im Second-Hand-Laden?)

Als bei einem unserer Klienten zum ersten Mal die Kleiderordnung gelockert wurde, herrschte zunächst beträchtliche Unsicherheit darüber, was künftig erlaubt wäre und was nicht, bis sich alles eingespielt hatte. Zur Lösung trug damals auch ein freundschaftliches Memo eines Mitglieds der Firmenleitung bei, in dem es hieß: »Wenn Sie die Sachen am Strand tragen oder in ihnen einen Ölwechsel an Ihrem Auto vornehmen würden, dann sollten Sie damit nicht zur Arbeit erscheinen.« Strandhemden und Shorts waren also eindeutig unerwünscht, falls jemand diesen Nachhilfeunterricht benötigte. Wir würden den Tip wagen, daß im Zeichen der Ausbreitung des Aussteigertrends Jacketts in Zukunft nur noch bei wichtigen Anlässen getragen werden: wenn man zum Konzernchef muß, eine Auszeichnung erhält, an einer offiziellen Unterzeichnungszeremonie teilnimmt – oder bei Hochzeiten. Krawatten kommen bereits aus der Mode, Rollkragen oder sogar offene Hemdkragen erregen immer weniger Anstoß.

Bequemer Sitz – darauf kommt es an. Dabei kann man auch halb formell und halb leger gekleidet sein, wie meine Schwester kürzlich bei einer nächtlichen Nachrichtensendung feststellte, zu der sie als Expertin für den Trend »Aussteigen« eingeladen worden war. In der Tat war die Moderatorin recht amüsant angezogen. Auf dem Bildschirm war sie nur von der Taille aufwärts zu sehen, und da wirkte sie mit ihrer Seidenbluse und ihrem Blazer recht formell und professionell. Doch unter ihrem Pult, für den Fernsehzuschauer unsichtbar, trug sie ihre Lieblingshose – alte, verwaschene Jeans. Für die Moderatorin war dies ganz normal. Und warum sollte sie es sich nicht bequem machen, wenn die Kamera es sowieso nicht registrierte? Auch eine Form des Aussteigens – noch dazu am Arbeitsplatz.

Die Blue-Jeans-Umsätze, die in den USA einige Jahre lang rückläufig waren, haben 1993 die 400-Millionen-Dollar-Marke wieder überschritten. Bei einer Marketingstudie für ein Herrenparfüm bekannten kürzlich 82 Prozent der befragten Männer, sie trügen lieber Jeans als einen Anzug. Man darf allerdings nicht vergessen, daß vor allem die Großfirmen in den großen Städten eine strikte Kleiderordnung hatten und noch haben, so daß sich auch hier die markantesten Veränderungen ergeben. Im amerikanischen

Südwesten, vor allem in kleineren und mittleren Büros, ist es hingegen schon seit jeher recht locker zugegangen. In Dallas, Santa Fe oder Vail waren Cowboystiefel und Stetson-Hüte schon immer auch bei erfolgreichen Geschäftsleuten beliebt.

Aussteiger auf dem Land

Interessanterweise ist der Begriff des Aussteigens für die allermeisten damit verbunden, daß man mit Sack und Pack aufs Land zieht und sich dort niederläßt. Fort vom heißen Asphalt und Smog der Städte, zurück in die grüne Natur. Schlachter, Bäcker und Paketboten möchte man mit einem freundlichen »Guten Morgen« begrüßen können. Die Zeitschrift *Country Home* rief ihre Leser auf, ihr Idealhaus zu wählen: eine Riesenvilla in Beverly Hills, ein Fachwerkhaus mit vier Schlafzimmern in der Vorstadt, ein schickes Designer-Studio in Manhattan oder ein Bauernhaus auf dem Land mit ein paar Hektar Ackerland und einem Ententeich. Mehr als 50 Prozent entschieden sich für das Bauernhaus. So waren wir auch nicht überrascht, als wir in *EDK Forecast* lasen, daß bei einer neueren Befragung amerikanischer Frauen, mit dem Inhalt, wo sie am liebsten leben würden, wenn Geld keine Rolle spielte, nur magere 8 Prozent antworteten, sie fühlten sich in der Enge der Stadt wirklich wohl. Es gibt also definitiv eine Landleben-Nostalgie. Dies erklärt vielleicht auch zum Teil, warum sowohl das Buch als auch der Film *The Bridges of Madison Country* (deutscher Titel: Die Brücken am Fluß), eine sentimentale Romanze, die in einem Bauernhaus in Iowa spielt, auf solch unglaubliche Resonanz stieß: reine Aussteiger-Träume.

Die Illusion des Landlebens verfolgen wir auch mit den Autos, die wir kaufen. Was in den frühen Neunzigern die Jeeps mit Allradantrieb waren (Grand Cherokee, Explorer, Jimmy, Land Rover), sind in den USA neuerdings Kleinlastwagen, am liebsten in Rot. Und mit mehr Federungskomfort als früher.

Das Urigste aber, was man sich auf diesem Gebiet denken kann, ist der »Hummer«, ein kleiner Armeelastwagen für Extrembedingungen. In Anzeigen wird er als »Most Serious 4 x 4 on Earth« angepriesen, als Nonplusultra an Geländegängigkeit. Unverhohlen appelliert der Werbetext an die Aussteiger: »In einer Umgebung, in der nur die Starken überleben, weigern sich manche Arten, sich mit einer Welt aus Glas und Beton einzulassen. Für sie ist Freiheit das höchste Privileg. Der höchste Preis. Also, auf geht's. Bewegen Sie sich. Laufen Sie. Fahren Sie einen Hummer. Und finden Sie selbst heraus, wie sich die Freiheit anfühlt.« Die Karosserie dieses Vehikels zum Preis von 70 000 Dollar, eine zivile Version des Wagens, der im Golfkrieg bei der »Operation Wüstensturm« eine zentrale Rolle spielte, besteht aus Flugzeugaluminium. Es kann steile Abhänge hinunterfahren, Sanddünen hinaufkriechen und von Felsblock zu Felsblock springen. Innen ist eine Plakette angebracht, auf der lediglich steht: »Die Luft aus den Reifen lassen, wenn Sie Flüsse durchqueren.« Das ist wirklich etwas für harte Männer. Zwei dieser Autos stehen schon in unserer Nachbarschaft: eine rote Lieferwagenversion und ein dunkelgrüner Panzer; und wenn wir uns nicht ganz gewaltig irren, werden bald mehr davon auf unseren Straßen herumfahren. Man muß sie gesehen haben, um es zu glauben. Sie bewegen sich wie gewaltige Schildkröten: breit, tiefliegend, flach, unbesiegbar.

Das Ländliche dringt in all unsere Lebensbereiche vor, ganz besonders wenn wir gar nicht auf einem Bauernhof leben, aber zur Kategorie derjenigen Städter gehören, die am liebsten aussteigen würden. Dann können Sie, so das *New York Magazine*, ihre Stadtwohnung mit verwitterten Scheunenplanken dekorieren, mit Bauernkommoden, alten Eicheneimern, handgenähten Quilts und geschnitzten Gockelhähnen. Hängen Sie sich naive Bauernmalerei an die Wände. Die sich am schnellsten ausbreitende Kunstrichtung der Gegenwart ist »Outsider Art«, das heißt Werke von allen möglichen gesellschaftlichen Außenseitern: Armen, Behinderten, ehemaligen Strafgefangenen oder naiven Künstlern. Hauptsache, der Künstler ist möglichst wenig ausgebildet. Wir denken da an William Hawkins, David Butler, Jimmy Scudduth, Mose Toliver und viele andere mehr.

Um das Camp-Gefühl vollkommen zu machen, können Sie Ihre Mahlzeiten zu Hause auf einem tragbaren Grill zubereiten, der im Kamin oder auf dem Balkon aufgestellt wird (»Hol Dir das Picknick in die Wohnung«). Dieser Grill, Marke »Hearty Chef«, läßt sich zusammenklappen und nimmt dann nur wenig Platz weg. Die großen Hausgerätehersteller wie General Electric bieten auch ganz normale Küchenherde mit eingebautem Grill an, so daß Ihre Hähnchenschnitzel selbst hier die obligatorischen Holzkohlenbrandstellen bekommen, die Ihnen das Gefühl vermitteln, mitten in der weiten Natur am Feuer zu sitzen und Fleisch zu braten.

Und wie steht's mit der Kleidung? Als wären Sie unter die Aussteiger gegangen? Der letzte Schrei für modebewußte junge Stadtbewohner: blaue Arbeitsoveralls mit einer Schlaufe an der Seite, in die man seinen Hammer steckt. Gekleidet wie ein Zimmermann vom Land, selbst wenn man mitten in der Stadt wohnt. Dazu gehört natürlich auch das entsprechende Schuhwerk: Mit Wanderstiefeln wandert man über den feinen Teppichboden, und mit schweren Arbeitsstiefeln stapft man ins Café. Bei der großen Schuhmesse 1995 in Las Vegas waren angeblich Wüstensandalen mit weiten Riemen und ausgearbeitetem Fußbett der Toplook.

Country-Musik, sicherer Indikator für Aussteiger-Sehnsüchte, erfreut sich größerer Beliebtheit als je zuvor. In den USA spielen gegenwärtig mehr als dreitausend Stationen ausschließlich Country-Musik. Und auch im Kabelfernsehen gibt es mindestens zwei oder drei Sender, auf denen man die alten Lieder und Tänze hören und dazu Paare beim Volkstanz sehen kann.

Selbst mitten im Herzen von London tauen die steifen Briten auf und schwingen in Pubs in der Nähe von Picadilly in Cowboystiefeln das Tanzbein zu amerikanischer Country-Musik.

Was schließlich könnte aussteigergerechter sein, als einen Landgasthof zu eröffnen? Im mittleren Management haben sich schon seit einiger Zeit viele diesen Traum erfüllt, um der stickigen Konzernatmosphäre zu entkommen. Doch neuerdings gehen immer mehr Spitzenmanager ebenfalls diesen Weg. Ein Artikel in der *New York Times* nennt als Beispiele William Schreyer, den früheren Vorstandschef von Merrill Lynch, der sich einen Landgasthof in State College, Pennsylvania, kaufte, um seinem »Leben wieder etwas Würze zu geben«, und Robert Mnuchin, einen ehemaligen Partner von Goldman Sachs, dem der »Mayflower Inn« in Washington, Connecticut, gehört – gemeinsam mit seiner Frau, einer Unternehmerin. Man kann praktisch jeden besseren Landgasthof nehmen und ziemlich sicher sein, daß hier jemand als Wirt eine Zweitkarriere begonnen hat.

Im *New Age Journal* fanden wir ein schönes Beispiel für den CLICK (Sie erinnern sich: Courage, Loslassen, Intuition, Charakterstärke und Knowhow). Dort berichtet Doug Self darüber, wie er Shakti Gawains Buch *Creative Visualization* (Schöpferische Visualisierung) zu Rate zog, um einen Weg zur Veränderung seines Lebens zu finden (Courage). Nachdem er die Visualisierungsübungen gemacht hatte, war er überzeugt davon, daß er sich gemeinsam mit seinem Partner aus dem Anzeigengeschäft nach Hawaii aufmachen sollte, um dort auf einem Stück Land Blumenzüchter zu werden (Loslassen). Obwohl er glaubte, daß dies »das Verrückteste war, was ich mir hätte einfallen lassen können«, waren ihm bei seinen Visualisierungsübungen fünf konkrete Einzelheiten deutlich geworden: ein Hektar Land – in der Nähe des Meeres – mit fruchtbarem Boden – und gutem Wachstumsklima – in einer großartigen Umgebung. Die beiden flogen nach Maui und wußten nach einem Tag Suche, daß sie ihr Traumland gefunden hatten (Intuition). Es lag oberhalb der Waipio-Bucht. Doch leider hatte sich schon jemand anders das Vorkaufsrecht gesichert. So waren sie drauf und dran, traurig und frustriert nach Hause zurückzufliegen, als sie am letzten Abend herausfanden, wer der Besitzer des Fleckchens war (es war kein Geringerer als der Autor Shakti Gawain). Und zweitens kam ein Anruf mit der schockierenden Nachricht, der potentielle Käufer sei gerade ums Leben gekommen.

So erhielten Doug und Guy das Land, das ihnen innerlich vorgeschwebt hatte, ehe sie nach Hawaii aufgebrochen waren, als Grund und Boden für ihre Blumenfarm. Sie ließen sich dort nieder und bestellten den Boden (Charakterstärke). Allerdings war das Ganze kein reines Zuckerschlecken. Als ihre kurzfristigen Schulden das Vertrauen der Bank in ihre langfristigen Erfolgsaussichten überstiegen, verwandelten die beiden Partner einen Glaspavillon, den sie sich als Meditations- und Yogaraum gebaut hatten, kurzerhand in eine Frühstückspension (Know-how). Dazu Doug: »Indem wir das

Land mit anderen teilten, konnten wir selbst hier bleiben – und so waren wir in der Lage, die spezielle Energie des Ortes anderen weiterzugeben.« Wirklich ein CLICK!

Ein weiteres Aussteiger-Modell für Tagträumer ist das Rancherdasein. Kim und Sue Fowler gaben ihr kleines Baugeschäft im südkalifornischen San Diego auf und entschieden sich für das Leben in Oregon, wo sie auf der Skylone Bison Ranch mit der Büffel-Zucht begannen. Bisons sind Tiere, die sehr wenig Pflege erfordern, und ihr Fleisch wird beim amerikanischen Konsumenten wegen seines geringen Fettgehalts immer beliebter. Haben sich die Anfangsinvestitionen erst einmal amortisiert, kann man als Bison-Rancher sogar Gewinne erzielen. Doch der Hauptgrund dafür, daß jemand sich eine große Viehherde zulegt, ist ein ganz anderer: Die Arbeit unter freiem Himmel macht innerlich frei.

Uns liegt indes eine andere Möglichkeit, als Aussteiger sein Glück zu machen, wesentlich näher: das Schreiben oder auch das Verlegen von Büchern. Oder Sie geben einen Newsletter wie *Plain* heraus, eine monatlich erscheinende, in einfacher Sprache geschriebene Publikation einiger Amischer, einer vorwiegend in Pennsylvania lebenden Mennonitensekte, deren Angehörige betont schlicht und altmodisch, ganz ohne moderne Technik leben. Diese Lebensphilosophie der Uralt-Aussteiger aus dem 18. Jahrhundert findet neuerdings wieder zahlreiche Anhänger, betont sie doch das einfache, naturverbundene Leben ohne jeden modernen Schnickschnack.

Da es heute zahlreiche Desktop-Publishing-Programme für Computer gibt, kann man mit ein wenig Phantasie überall, an einem ruhigen Plätzchen natürlich, zu schreiben anfangen. Und wenn Sie lieber unter die Leute bringen wollen, was andere geschrieben haben, dann überlegen Sie sich zuerst einen zugkräftigen Namen für Ihren Verlag, wie zum Beispiel Upstart Publishing in Dover, New Hampshire, oder Ten Speed Press in Berkeley, Kalifornien. An Manuskripten wird dann gewiß kein Mangel herrschen.

In diesen Trend der Rückkehr zum einfachen Leben, zu den alten Tugenden der Ehrlichkeit und Vertrauenswürdigkeit paßt auch ein Experiment, das die Citibank für kleine Geschäftsleute in die Wege geleitet hat: das neue »Character Loan«-Programm. Kredite bis zu 50 000 Dollar, das Startkapital für so manchen Traum vom Aussteigen, werden auf der Basis der Einschätzung Ihres Charakters durch Ihren Zweigstellenleiter gewährt. Bisher wurden schon 10 Millionen Dollar an 460 Kleinfirmen von »gutem Charakter« verliehen, und erst zwei dieser Kredite (in einer Gesamthöhe von 30 000 Dollar) mußten letztlich in den Wind geschrieben werden.

Eines aber ist ganz sicher: Weite Bevölkerungskreise sehnen sich nach einem unkomplizierteren, glücklicheren, geradlinigeren und persönlich befriedigenderen Leben. Umtriebige, windige Geschäftemacherei ist out. Wenn Sie sich zum Aussteigen entschlossen haben, dann plagen Sie sich zunächst vielleicht mehr mit Krediten herum und müssen sicher auch mehr arbeiten als zu Zeiten, da Sie noch angestellt waren, aber ein Unterschied ist entscheidend: Jetzt tun sie das alles für sich selbst. Der englische Dichter John Donne hat es vor Jahrhunderten schon wunderbar zum Ausdruck gebracht: »Sei dein eigener Palast, sonst wird die Welt dein Gefängnis.« Um beim Aussteigen Erfolg zu haben, müssen Sie nur Ihren eigenen Überzeugungen vertrauen und mutig danach handeln.

16. Kapitel

12. Trend – Gesund und lange leben

»Hoffentlich sterbe ich, bevor ich alt werde.«

PETE TOWNSHEND

»In meinem Leben hat es zwei Offenbarungen gegeben: Die erste war der Bebop, die zweite die Homöopathie.«

DIZZY GILLESPIE

Als wir den *Popcorn Report* schrieben, hatten wir den Trend »Gesund und lange leben« schon mehr als acht Jahre lang verfolgt. Einen Trend, bei dem es darum geht, daß eine alternde Bevölkerung versucht, immer älter zu werden (ursprünglich hieß dieser Trend bei uns »Möglichst lange leben«). Es ging um die richtige Ernährung, um körperliche Bewegung, sogar um die richtige Meditationshaltung und das richtige Om. Und das alles nur, um noch ein paar Jahre länger zu leben. Doch inzwischen hat sich dieser Trend gewandelt: von »Möglichst lange leben« zu Lebensqualität im Alter. Es reicht nicht mehr, nur älter zu werden, wir wollen auch etwas vom Leben haben. Die Lebensqualität soll besser werden. Ab sofort. Und der Akzent liegt auf »Qualität«.

»Gesund und lange leben« – das klingt so gut, so wertvoll, so ausbalanciert. Und wenn wir das Gefühl haben, nicht mehr länger wir selbst zu sein, dann ist es Zeit, sich zu verabschieden. (In den Niederlanden, einem sehr vernünftigen Land, ist seit einiger Zeit ein sehr vernünftiges Sterbehilfe-Gesetz in Kraft, und es funktioniert eigentlich recht gut – als humanitärer Ausweg aus einem unerträglich gewordenen Leben.) Für astrologisch Interessierte: Man hat festgestellt, daß die Wahrscheinlichkeit signifikant größer ist, in der Zeit um seinen Geburtstag herum zu sterben. Geburtstage sind wichtige symbolische Daten. (Und es gibt sogar einen Unterschied zwischen den Geschlechtern: Männer sterben eher kurz vor ihrem Geburtstag, Frauen direkt danach.)

Unserer Ansicht nach hat diese neue Betonung der gegenwärtigen Lebensqualität viel damit zu tun, daß wir einfach kein Vertrauen mehr in die Zukunft haben. Umwelt, Wirtschaft und Politik – alles ist fragwürdig geworden, und auch die neuen Seuchen haben unser Vertrauen in eine bessere Zukunft erschüttert. No future. Auch die Jahrtausendwende wird's nicht richten. Oder, wie jemand neulich sagte: »Das Leben ist zu kurz, als daß man schlechten Wein trinken sollte.«

Wir geben uns ja alle Mühe, die Dinge in rosigerem Licht zu sehen. Wir singen: »Don't Worry, Be Happy.« Doch es wird immer schwerer, fröhlich zu bleiben, wenn

- die Zahl der Hautkrebserkrankungen sich seit 1970 verdoppelt hat,
- Bakterienstämme, die man schon vor fünfzig Jahren besiegt zu haben glaubte, mutiert haben und arzneimittelresistent geworden sind,
- ständig neue gesundheitliche Probleme hinzukommen wie chronisches Ermüdungssyndrom, Lyme-Krankheit, Konzentrationsschwäche und das Karpaltunnelsyndrom,
- der Alltagsstreß so groß ist wie nie zuvor.

Gesund zu leben ist heutzutage nicht einfach. Selbst wenn wir glauben, zum Besten unserer Gesundheit zu handeln. Aber was ist wirklich gesund? Wir machen uns Sorgen über alle möglichen bekannten Risiken. Aber auch über das, was uns verschwiegen wird. Wir verzichten auf Süßigkeiten und essen statt dessen Obst und Gemüse, nur um Jahre später zu entdecken, daß unsere Orangen und Bananen mit hochgiftigen Pflanzenschutzmitteln behandelt wurden. Wir ziehen aufs Land, um weniger Streß und dafür saubere Luft zu haben, nur um dann zu erfahren, daß eine alte Deponie in der Nähe gefährliche Strahlungen frei gibt. Das Wort »Pest« klang für uns nach fernem Mittelalter, bis eine neue Seuche, eine neue tödliche Virusinfektion unsere Freunde massenhaft dahinraffte.

Schizophrenie beim Essen

Kein Wunder, daß wir verwirrt sind und Angst haben. Selbst unsere Nahrungsmittel sind mit Lügen kontaminiert. Mit besten Absichten holen wir uns jeden Morgen aus der Bäckerei an der Ecke fettarme Blaubeertörtchen zum Frühstück (und halten uns dabei für besonders gesundheitsbewußt), und was finden wir Monate später heraus? Im Test kam heraus, daß unser gutes kleines Törtchen 1000 Kalorien enthält.

Und bald kommt es noch schlimmer: Jene mittelgroße Tüte Popcorn, die wir im Kino schon aufgefuttert haben, bevor der Hauptfilm beginnt, enthält mehr ungesättigte Fettsäuren als ein Cheeseburger und eine Portion Schinkenspeck mit Spiegelei zusammen. In der *New York Times* war zu lesen, daß die Schätzungen über den Fettgehalt in einem bestimmten Stück Pizza bei den befragten Essern stark schwankten, und zwar je nach Körpergewicht. In verschiedenen Pizzerien wurden die Kunden befragt: Wie viele Kalorien und wieviel Fett enthält dieses Pizzastück? Keiner wußte es genau. Aber es war fast schon unheimlich, wie sehr die Antworten mit dem jeweiligen Körpergewicht des Befragten korrespondierten. Dickere tippten auf etwa 120 Kalorien und 4-5 Gramm Fett, Dünnere auf 1000 Kalorien und 10 Gramm Fett. Doch beide hatten unrecht. Denn die exakte Analyse ergab folgende Werte: 577 Kalorien und 21 Gramm Fett. Und das ist wirklich eine Menge.

In ihrem Buch *Consumed: Why Americans Love, Hate und Fear Food,* in dem es um die amerikanische Haßliebe in bezug auf die Ernährung und die dabei zum Ausdruck kommende Angst geht, schreibt Michelle Stacy, die Amerikaner seien ein Volk von »gesundheitsbewußten Dr. Jekylls, wenn es um Meinungsumfragen gehe, während sie zu Liebhabern minderwertigen Essens würden, gehe es tatsächlich zur Sache.« Und weiter: »Die Ernährungsgewohnheiten der Amerikaner sind aus vielerlei Gründen schlecht: Indifferenz, Glaube an die eigene Unsterblichkeit, Gewohnheit und Erziehung kommen zu mißlungenen Versuchen hinzu, sich gut zu ernähren. Doch unter dem Strich läuft alles darauf hinaus, daß wir eine Nation sind, die sich an fetten Donuts gütlich tut, aber dazu Diät-Cola trinkt.« In einer bestimmten Schnellimbißkette wurden letztes Jahr 2 Millionen Donuts und 1 Million Pizza-Stücke verkauft – aber nur 84 000 Salatportionen.

»Wasch mir den Pelz, doch mach mich nicht naß.« Können wir nach dieser Maxime »gesund« essen? Im *Wall Street Journal* war zu lesen, daß die Vermarkter von Snacks und Süßigkeiten dabei sind, ihre Produkte durch Zusatz von Vitaminen und Mineralien »gesünder« zu machen. Aber läßt sich tatsächlich jemand weismachen, fette Kartoffelchips würden durch Vitaminzusatz gesünder? Jedenfalls versucht der ehemalige Football-Star Franco Harris als Chef der Super Bakery, Inc., in Pittsburgh, seinen Sportruhm ins Feld zu führen, wenn er Schulen und Altersheimen seine »Super Donuts« als »gesund« verkauft, obwohl deren Fett- und Zuckergehalt unverändert hoch ist und sie lediglich mit 14 Vitaminen, Mineralien und Proteinen angereichert wurden. Originalton Harris: »Wir verkaufen nicht nur Donuts, sondern gesunde Ernährung.« Da kann man nur noch sagen: Guten Appetit!

Andererseits ergab eine Gallup-Meinungsumfrage, daß die meisten Amerikaner bei Fett und Cholesterin sehr vorsichtig geworden sind: 67 Prozent der Befragten gaben an, allein aufgrund ihres Fettgehalts bestimmte Nahrungsmittel weniger oder überhaupt nicht mehr zu kaufen. Außerdem wird dieser Umfrage zufolge sehr auf ungesättigte Fettsäuren geachtet. Anscheinend sind wir schon zufrieden, wenn wir auf der Packung »fettarm« lesen.

Sehen Sie sich nur den Erfolg von Nabiscos »SnackWells« an. Diese fettarmen Kekse und Cracker verkaufen sich noch besser als das frühere Maß aller Dinge, die »Oreos«. Umsatz in nur anderthalb Jahren: 400 Millionen Dollar. Die Nummer eins: Vanillecreme-Sandwiches. Kürzlich versuchten wir gemeinsam mit Nabisco herauszufinden, welches wohl die nächste »Welle« bei den Gesundheitsbewußten sein werde. Doch am Ende ergaben unsere Untersuchungen, bei denen die Ernährungswissenschaftler in unserer TrendBank ebenso konsultiert wurden wie Verbraucher, daß in Zukunft wohl nicht mehr nur Einzelfaktoren benannt werden können, die als Bösewichter einem gesünderen Leben im Wege stehen. Vielmehr geht es um ein integriertes Gesamtkonzept, um eine ganzheitliche Sicht von Gesundheit, um gesunde Ernährung, die ein weites Spektrum physischen, emotionalen, spirituellen und mentalen Wohlbefindens fördert. Aus ähnlichen Beweggründen nehmen wir ja schon gezielt bestimmte Getränke zu uns: Kaffee, wenn wir Energie brauchen, Kräutertee zur Beruhigung, isotonische Getränke (wie Isostar und andere Sport-Drinks) für die Kondition. Ebenso könnte man auch gezielt essen: getrocknete Obststückchen, reich an Betakarotin, extradünne Waffeln und Pfannkuchen mit reiner Fruchtfüllung für ein Frühstück unterwegs. Sicher ein Click.

Was sonst auf diesem Sektor ist click-verdächtig? Wird es gelingen, sich sowohl fett- als auch kalorienarm zu ernähren? (Im Augenblick geht nur eins von beiden. Werfen Sie bei fettarmen Produkten einmal einen Blick auf die Kalorienangaben!) Wahrscheinlich wird es demnächst eine Injektion geben, die Fettzellen im Körper auflöst. In England testet man dergleichen schon an Schweinen und Schafen.

Neuigkeiten am Horizont

Gesundheitsfürsorge daheim, und sei es durch Vertreterbesuche, führt wahrscheinlich auch dazu, daß die (im Rahmen der Schulmedizin) eher ungewöhnlichen Naturheilverfahren aus dem Umfeld der Kliniken herauskommen und in die eigenen vier Wände Einzug halten. Eine japanische Firma, Nikken, baut in den USA bereits ein Verkaufsnetz für ihre Magnetfeld-Therapieprodukte auf. Dabei wird eine Technik genutzt, die der Akupunktur ähnelt (allerdings ohne Nadeln auskommt): In Gummi verpackte Magnete werden auf Ihrer Haut plaziert. Die dabei entstehende Hitze und Energie sollen, so verspricht die Firma, bei der Linderung von Schmerzen helfen. Dieselbe Firma bietet auch magnetische Schuheinlagen, Matratzenauflagen und Kissen an, die allesamt streßlindernd wirken sollen.

Magnetfeldscheiben können sehr wohl das probate Gegenmittel zum wachsenden Elektrosmog sein. Im Gesundheitsbereich könnte es demnächst vielleicht sogar zum großen Click kommen, denn diese kleinen Magnete lassen sich vielfach unterbringen: in Telefonhörern, Kopfhörern,

Massagegeräten. Magnetische Stirnbänder zur Bekämpfung von Migräne. Magnetische Kettchen bei Gicht im Fußgelenk. In Stühlen und Autositzen gegen Rückenschmerzen. Man kann sie sogar zu Hause oder im Büro am Türrahmen anbringen, geht man doch jeden Tag x-mal hindurch. Einfach zum Besten der eigenen Gesundheit.

Wir könnten noch viel mehr tun, um bei unserer Gesundheit das Heft wieder selbst in die Hand zu nehmen und den Ärzten die Kontrolle zu entreißen. Schließlich sind wir ja in gewissem Maße selber auch kompetent. (Als bedürfte es eines weiteren Beleges für unsere Sucht, alles selbst zu diagnostizieren: Das dicke Krankheitshandbuch für Ärzte, *Physicians' Desk Reference,* wird nach Angaben des Verlages von immer mehr Nichtfachleuten gekauft.)

Schwierige Entscheidungen, die der Fortschritt der Medizin mit sich bringt

Wie wäre es, wenn wir alle eine persönliche Gen-Karte unserer DNS erhielten und sie am Kühlschrank befestigen könnten? Nachdem in jüngster Zeit immer mehr grundlegende Gene entschlüsselt wurden, kommen wir zu neuen Erkenntnissen, aber auch neuen Alpträumen. Im Zeichen des Fortschritts genetischer Testverfahren sind wir nicht mehr nur mit Entscheidungen über das eigene Leben oder den eigenen Tod konfrontiert, sondern wir müssen unter Umständen auch Entscheidungen für unseren zukünftigen Nachwuchs treffen. Wie stehen die Chancen, von katastrophen- und krankheitsträchtigen Gen-Schäden oder Gen-Fehlkombinationen verschont zu bleiben? Es werden immer mehr spezifische Gene entschlüsselt und mit speziellen Krankheiten in Verbindung gebracht, mit ethischen Folgeproblemen, die der Menschheit bislang unbekannt waren.

Betrachten wir einmal wie durch ein starkes Elektronenmikroskop die Molekularbiologie mit all ihren Chancen und Paradoxien. Und spielen dabei ein ethisches Dilemma der Zukunft durch. Sollte man Kleinkinder auf die Alzheimersche Krankheit, auf Krebs, Fettleibigkeit und Diabetes hin testen? Wie sollte man bei einem positiven Befund mit dieser Information umgehen? Wie werden Versicherungsgesellschaften die neuen Diagnosemöglichkeiten nutzen, wenn sich auf diese Weise kommende Krankheiten vorhersagen lassen? Wird der genetische Befund als Schaden gelten, der bei Versicherungsbeginn bereits vorliegt? Denken Sie auch an die noch in den Anfängen steckende Verhaltensgenetik, an die Suche nach den Ursachen für Alkoholismus, Depressionen, Wutausbrüche, Ehebruch oder Homosexualität.

Wird es häufig noch mehr ethische Konflikte geben? Wie können Sie zu einer richtigen Entscheidung kommen? So ist zum Beispiel bekannt, daß ungefähr ein Prozent der jüdischen Frauen mit einem Gen geschlagen ist, das zur Ausbildung von Brust- oder Eileiterkrebs führen kann. Sollten die

Betroffenen also die Zähne zusammenbeißen und sich auf eine Operation einlassen, bei der die bedrohten Organe vorsorglich entfernt werden? Und wie steht es mit pränatalen Tests bei Embryos? Wären Sie zu einer Abtreibung bereit, wenn Sie wüßten, Ihr Ungeborenes trüge das Gen für eine schwere Krankheit in sich? Oder für massive Verhaltensstörungen? Wägen Sie einmal für sich die folgenden potentiellen Konfliktsituationen ab:

- Sie sind schwanger, und es ist damit zu rechnen, daß bei Ihrem Kind etwa im vierten Lebensjahr eine schreckliche Krankheit auftreten wird. Vier kostbare Jahre, aber für ein erfülltes Leben wohl doch zu kurz. Was würden Sie tun?
- Und wie würden Sie entscheiden, wenn die genetische Prognose ergäbe, daß diese Krankheit zwar auftreten wird, aber erst mit siebzig? Daß dem Tod jedoch ein Siechtum mit entsetzlichen Schmerzen vorausgehen wird?
- Wie gingen Sie an die Sache heran, wenn die Wahrscheinlichkeit, daß die fragliche Krankheit überhaupt zum Ausbruch kommt, bei 80 Prozent läge? Bei 48 Prozent? Bei 30 oder gar nur bei 20 Prozent?

Mit solchen Fragen können Sie im nächsten Jahrhundert Ihre schlaflosen Nächte verbringen. Der Begriff »Durchbruch« hat durchaus auch seine Schattenseite: Neue Forschungsergebnisse können ein Segen sein, aber auch Ängste wecken und Alpträume verursachen.

Injektionsspritzen könnten schon bald der Vergangenheit angehören, denn in Zukunft werden Spezialgeräte die richtige Injektionsdosis mit dreifacher Schallgeschwindigkeit unter die Haut schießen. Wir haben von einem Vitamin-B-12-Gel gehört, von dem ein kleiner Tupfer in die Nase eingeführt wird und von dort direkt in den Blutstrom gelangt. Lassen sich nicht andere Arzneien auch auf diese Weise verabreichen?

Vielleicht haben wir zu viele Science-Fiction-Filme gesehen, in denen ärztliche Computeruntersuchungen und Operationen immer besonders schnell und glatt vonstatten gehen. Aber uns erscheinen die derzeitigen nuklearmedizinischen Untersuchungen und Computertomographien noch viel zu umständlich und langwierig. Wie lange wird es noch dauern, bis Laserstrahlen, Schallvibrationen und digitale Bildschirmaufzeichnungen in der Lage sind, mikroskopisch kleine Tumore und geschwächte Blutgefäße ausfindig zu machen?

Sicher ist der Tag nicht mehr fern, an dem unsere Operationen virtuell und daheim stattfinden. Uns wird ein Roboterarm ins Haus gebracht und an den Computer angeschlossen. Der Chirurg in der Ferne hat dennoch das Gefühl, an echtem Fleisch und Blut zu arbeiten – und der Patient ist im Glauben, ein Topchirurg persönlich stehe an seinem Bett. Für beide Seiten ein Gewinn.

Der Apparatemedizin mißtrauen wir (vielleicht aus gutem Grund), doch das Vertrauen in die Heilkräfte der Natur ist uns noch nicht gänzlich abhanden gekommen. Die Amerikaner entdecken langsam wieder, was Kulturen auf der ganzen Welt seit Ewigkeiten wissen und praktizieren: wie man sich mit natürlichen Mitteln selbst therapiert. Wir sollten uns immer wieder klarmachen, daß Heilkräuter für zweieinhalb bis drei Milliarden Menschen in den Entwicklungsländern zu den wichtigsten Arzneien gehören und daß sie auch zur Gesundheitsvorsorge genutzt werden. Interessanterweise waren sogar Aspirin, Digitalis und Morphium in der Volksmedizin schon lange in Gebrauch, bevor sie von der modernen Medizin »entdeckt« wurden.

42 Prozent der britischen Ärzte stehen der Homöopathie aufgeschlossen gegenüber und überweisen deshalb routinemäßig Patienten an homöopathische Kollegen. Ein Drittel der französischen Hausärzte verschreibt homöopathische Heilmittel. Mehr als 20 Prozent der deutschen Ärzteschaft ebenfalls. Und selbst in den USA kann ein Arzt wie Dr. Andrew Weil, der auch gelernter Botaniker ist, sagen: »Auf jedes Rezept für pharmazeutische Arzneien, das ich ausstelle, kommen bei mir wahrscheinlich 40 oder 50 Verordnungen von Kräuterheilmitteln.« Da verwundert es kaum, daß der Umsatz homöopathischer Arzneimittel zwischen 1989 und 1992 um 50 Prozent zunahm. Sogar amerikanische Tierärzte denken teilweise ganzheitlich, so daß auch Hunde und Katzen mit alternativen Therapien wie Kräuterheilmitteln und Homöopathie behandelt werden. Wir selbst waren Zeugen, als ein Heilpraktiker einen arthritischen, fast bewegungsunfähigen Dalmatiner durch Massagen und Manipulationen wieder so weit fit machte, daß er munter herumsprang.

Einer der ersten, die es in der Homöopathie zu etwas brachten, war Anfang des 20. Jahrhunderts der britische Arzt Edward Bach. Bei seinen Spaziergängen auf dem Lande versetzte er sich in besondere emotionale Zustände und testete sodann die Wirkung verschiedener Pflanzen und Blütenblätter auf seine Stimmung. Er registrierte alles genau und tat dann den nächsten Schritt: Er verpackte und verkaufte diese Naturheilmittel. Das war die Geburtsstunde der »Bach-Blütentherapie«, die heutzutage auch in den USA vermarktet wird. Schon seit einem Jahrzehnt verdoppeln sich die Umsätze von Jahr zu Jahr.

Rainbow Light Nutritional Systems, eine Firma aus dem kalifornischen Santa Cruz, bietet eine Dreifachkombination aus Kräuter-, Vitamin- und Nahrungsmitteltherapie an. Ihr »3-Way Stress System« enthält nicht nur die üblichen B-Vitamine und Mineralien, sondern auch Kräuter wie Valerian und Kava-Kava, natürliche Beruhigungsmittel. Rainbow Light bietet auch Nahrungsmittelzusätze für den täglichen Gebrauch an (»Advanced Nutritional System«), reich an potenten Kräuterextrakten, wobei die besten vitalen Traditionen der ganzen Welt genutzt werden: die altindische Heilmittelkunde mit ihrer Betonung von Ausgeglichenheit und einem langen Leben (Wirkstoffe: *gotu kola* und *gymnema sylvestre*), die chinesische Tradition mit ihren Schwerpunkten Verdauung und Entgiftung (Ginseng, Saussurea, Reishi) sowie die europäische (Gingko zur mentalen Stärkung). Die Namen dieser Heilkräuter mögen zwar noch exotisch klingen, doch schon in naher Zukunft könnten sie auch für Sie so selbstverständlich werden wie Aspirin und Schlaftabletten.

Je größer die Akzeptanz homöopathischer Mittel in der Bevölkerung wird, desto wahrscheinlicher dürfte es sein, daß man sie auch im Automaten an der Straßenecke ziehen kann – oder sie gar an der Haustür angeboten werden. Wenn wir erst so weit sind, daß wir Bienenpollen und zerstampfte Veilchenblütenblätter anstelle pharmazeutischer Beruhigungsmittel nehmen, können wir uns freuen. Wie wäre es mit Kapuzinerkresse als Mittel zum liebevolleren Umgang miteinander? Das wäre wesentlich billiger als ein Psychiater. Geißblatt hilft gegen Heimwehgefühle, Ulmen stärken die Selbstsicherheit. Vielleicht ist auch eine Melange aus Wildblüten (Mega-Energie) und zerstampfter Holzapfelessenz (Selbstvertrauen) für Sie das Richtige. Und keine Angst: All diese Mittel sind ungiftig. Und sie machen auch nicht abhängig.

Die am weitesten verbreiteten Nahrungsmittelzusätze aus dem Heilkräuterbereich, Knoblauch und Ginseng, haben 1995 in den USA eine Umsatzsteigerung von 46 Prozent erzielt (Gesamtumsatz 1995: 82 Millionen Dollar). Die potenzsteigernden Wirkungen einer Knoblauchzehe werden sogar so ernst genommen, daß das New York Hospital ein Knoblauch-Informationszentrum eingerichtet hat – mit allem, was dazugehört: Hotline, Austausch von Forschungsergebnissen, Beratungsstelle und so weiter. Und in der Glendale Galleria, einem riesigen Einkaufszentrum in der Nähe des Zentrums von Los Angeles, gibt es einen Laden, der nur mit Knoblauchprodukten handelt: Ölen, Gewürzen, Kochbüchern, Fertiggerichten, Kränzen – mit allem, was man sich nur denken kann.

Wer sich in die Kräutermedizin vertiefen möchte, kann dies mit Hilfe einer CD-ROM tun, die den Titel »The Herbalist« trägt (Der Kräuterkundler). Darauf finden Sie eine Fülle von Informationen: von homöopathischen Nutzanwendungen bis hin zur Klassifikation aller medizinischen Heilpflanzen.

Und da wir gerade bei den Heilpflanzen sind: Zu den schlimmsten Begleiterscheinungen der weltweiten Rodung der Regenwälder zugunsten von Landwirtschaft und Industrie gehört die Zerstörung einer Flora, die möglicherweise für die Naturheilkunde von entscheidender, unverzichtbarer Bedeutung sind. Tatsächlich hält die Natur eine Fülle heilkräftiger Pflanzen bereit:

- das rosige Immergrün auf Madagaskar, aus dem die Wissenschaftler die bisher wirksamste Kur gegen die Hodgkinsche Krankheit entwickeln konnten (dadurch stieg die Überlebensrate leukämiekranker Kinder um 60 Prozent);
- *Calophyllum lanigerum*, einen malaysischen Baum, der eine chemische Verbindung absondert, welche anscheinend gegen einen AZT-resistenten Stamm des Aids-Virus eingesetzt werden kann. Als die Forscher nach dieser Entdeckung nach Malaysia zurückkehrten, um mehr von jener Substanz zu holen, waren bereits alle Bäume den Holzfällern zum Opfer gefallen;
- Schildfarn (Aspidium). Nachdem Wissenschaftler beobachtet hatten, daß Schimpansen davon fressen, wenn sie Magenprobleme haben, entdeckten sie, daß diese Farnsorte nicht nur lästigen Parasiten den Garaus macht, sondern auch das Wachstum von Krebstumoren verlangsamt.

Solche Pflanzen könnten unser Leben retten – wenn wir sie nicht zuvor ausrotten. Nur ein winziger Bruchteil der Pflanzenwelt auf unserem Planeten (nach Ansicht mancher Forscher nur ein Prozent) wurde bisher auf sein medizinisches Potential hin untersucht. Im Südpazifik trinken die Eingeborenen schon seit Jahrhunderten Kava-Saft als Medizin. Jetzt, da das Mittel in amerikanischen Reformhäusern erhältlich ist, kommen auch wir dahinter, daß diese bittere Flüssigkeit gegen Kopfschmerzen hilft, daß sie muskelentspannend wirkt und man sich anschließend friedlich und entspannt fühlt.

Eine Studie des amerikanischen Krebsforschungszentrums (National Cancer Institute) kam zu dem Ergebnis, daß ganz normaler grüner Tee möglicherweise Speiseröhrenkrebs verhindert. Der Pharmaziegigant Pfizer startete zusammen mit dem New Yorker Botanischen Garten ein dreijähriges, 25 Millionen Dollar teures Versuchsprogramm, das alle in den USA vorkommenden Pflanzen erfaßt, sammelt und untersucht. So schauen die Forscher also nun unter jeden Stein und in jede Felsspalte, um möglichst viele neue Heilpflanzen zu entdecken.

Der magische Kombucha-Pilz, von glitschiger weißlicher Substanz, wirkt angeblich bei zahlreichen Beschwerden Wunder, darunter Verdauungsstörungen, Bluthochdruck, Akne und Prostataprobleme. Dieser Kraft-Pilz hat daher heute bereits 3 Millionen Anhänger.

Gesunde Düfte

Wir wissen immer noch viel zu wenig über unsere Sinneswahrnehmungen und unseren sinnlichen Verstand. Und sicherlich wird sich im Bereich der Aromatherapie noch eine Menge tun. Der Duft eines bunten Blumenstraußes etwa könnte Ihre Lernfähigkeit begünstigen, Ihnen also zu schnelleren Problemlösungen verhelfen. Schon seit einiger Zeit werden Gerüche subtil als Verkaufshilfe zur Überzeugung zögerlicher Kunden eingesetzt. Manche Immobilienmakler etwa greifen zu dem Trick, es im angebotenen Haus heimelig nach frischgebackenem Brot duften zu lassen. Das Objekt geht dann weg wie warme Semmeln. Wenn Sie Ihren Streß reduzieren wollen, schnuppern Sie an Vanille oder Jasmin. In einem New Yorker Krankenhaus läßt man Patienten in der Tat an Vanille riechen, damit sie sich vor einer radiologischen Untersuchung entspannen. Und derzeit untersucht man ernsthaft, ob Lavendelöl mit seiner mild sedativen Wirkung bei älteren Menschen anstelle von Tabletten als Schlafmittel taugt.

Der Auswirkung von Gerüchen auf Körperfunktionen setzt das Nachrichtenmagazin *Times* die Krone auf. In einem Artikel über die Aromastudie, die Alan R. Hirsch von der Smell and Taste Treatment and Research Foundation in Chicago durchführte, heißt es, Hirsch habe festgestellt, daß eine Kombination der Gerüche von Kürbiskuchen und Lavendel den Blutstrom in den Penis nachhaltig verstärke. Es komme also zu einer Erektion. Gibt es weitere ähnlich erregende Düfte? Ja. Nr. 2 ist eine Mischung aus Lakritze und Donuts, Nr. 3 eine aus Kürbiskuchen und Donuts. Die Studie kommt zu dem Schluß, daß solche Kombinationen in der Impotenz-Therapie, aber auch bei der Heilung von Sexualstraftätern eingesetzt werden könnten.

Als Lys und ich eines Tages ihr altes Auto in die Werkstatt in East Hampton brachten, weil es seltsame Geräusche machte, beugte sich der Kfz-Mechaniker über den Motor und schnupperte am Ölmeßstab. Verwundert fragten wir, was er denn da mache. Wir erfuhren von unserem Monteur, daß es im wesentlichen ein Geruchstest sei. Wenn sich Benzin oder Frostschutzmittel mit dem Öl mischen, erklärte er uns, entsteht ein Erdbeergeruch. Und dann weiß man mit ziemlicher Sicherheit, daß irgendwo eine undichte Stelle ist. Als nächstes testete er das Getriebeöl auf Brandgeruch hin. Manche Probleme kann man also eher riechen als sehen. Deshalb sind es zum Beispiel oft Hunde oder Katzen, die mit ihren feinen Nasen Herrchen oder Frauchen auf einen Brand aufmerksam machen, den diese noch gar nicht bemerkt haben.

Die älteste Technik zur Verjüngung durch Düfte dürfte jene sein, bei der heißes Wasser verwendet wird. Heiße Bäder mit aromatischen Essenzen – dieses Konzept hat schon seit Menschengedenken in Heilbädern genauso seinen Platz wie daheim. Jede Kultur kannte und kennt ihre eigenen Variationen zum Thema »Badewasser« – im Gemeinschaftsbad wie in der Einzelwanne: römische Thermalbäder, türkische Hammams, finnische Felsensaunen, japanische Badezuber, mexikanische Schwefelquellen, russische Dampfbäder und amerikanische Jacuzzi-Whirlpools.

»Abwegige« Alternativen ernten immer mehr Anerkennung

Wir glauben, daß die »traditionelle« Welt inzwischen offener geworden ist für etwas, was wir schon immer gewußt oder doch wenigstens vermutet haben: daß die ganzheitliche Medizin tatsächlich funktioniert. Hier bieten sich also neue Click-Chancen.

Versicherungsgesellschaften

Selbst die größte private Krankenversicherung der USA, die Mutual of Omaha, hat sich entschlossen, Patienten die Kosten zu erstatten, wenn diese sich an vorbeugenden Programmen gegen Herz-Kreislauf-Erkrankungen beteiligen: Diät, Medikamente, Gymnastik und Selbsthilfegruppen sollen Teil solcher Maßnahmen sein. Und es ist nur noch eine Frage der Zeit, bis alle alternativen Behandlungsmethoden erstattungsfähig sind: Akupunktur, Biofeedback, transzendentale Meditation, Wassergymnastik zur Entspannung, Wirbelsäulengymnastik (Kraniosakraltherapie), Reflexzonenmassage, alle chiropraktischen Anwendungen. Was spricht eigentlich dagegen, daß auch Oszillokokken gegen Grippe, Metagenics HP8 gegen Heiserkeit, Boiron's Arnica Montana gegen Verstauchungen und Prellungen sowie das gesamte Spektrum der Vitamine einbezogen werden?

In unserem heimischen Reformhaus »Second Nature« ist die Nachfrage nach CoQ-10 immer groß, einem Präparat, das die Schmerzen und Schwächungen bekämpft, die mit der unheilbaren Lyme-Krankheit einhergehen. Und wenn, wie man annimmt, bei HIV-positiven Männern, die Multivitaminpräparate nehmen, die Wahrscheinlichkeit, endgültig an Aids zu erkranken, um ein Drittel geringer ist, warum interessiert das die Versicherungsgesellschaften nicht? Die amerikanischen Konsumenten geben über 14 Milliarden Dollar jährlich für unkonventionelle Heilverfahren aus, und trotzdem sind 75 Prozent dieser Ausgaben nicht erstattungsfähig.

Staatliche Regelungen

Denkt der US-Kongreß inzwischen fortschrittlicher? Dort wurde kürzlich ein Gesetz verabschiedet, das die Erstattungsansprüche bei Vitaminpräparaten im Rahmen der Gesundheitsfürsorge anerkennt. Wenn ein Industriezweig einen Jahresumsatz von 4 Milliarden Dollar erzielt, ist das ein sicheres Zeichen dafür, daß sein Absatzmarkt etabliert ist. Die Menschen daheim haben die alternativen Präparate akzeptiert, jetzt folgt ihnen auch die Federal Drugs Administration. Sogar bei den National Institutes of Health existiert ein Amt für alternative Medizin, das Millionenbeträge in die

Erforschung nichttraditioneller medizinischer Behandlungsmöglichkeiten pumpte – von Massagen bis zum Einfluß von Meditation und Gebet. Wenn die Amerikaner schon jedes Jahr 10,8 Milliarden Dollar für die alternative Medizin ausgeben, fühlt sich die Behörde zumindest verpflichtet, ihnen dabei zu helfen, festzustellen, welche Therapien etwas taugen und welche nicht.

Läden

Von den 53 großen Drogerieketten in den USA (darunter K-Mart, Payless, Walgreens und Thrifty) führt inzwischen fast die Hälfte auch homöopathische Produkte. Noch vor fünf Jahren war ein solches Angebot – wenn überhaupt – die Ausnahme. Selbst im örtlichen Supermarkt wird heutzutage die Regalfläche für Naturprodukte und Naturheilmittel erweitert. Wir haben dieses zukunftsträchtige Rezept der Selbstmedikation über Nahrungsmittel bereits im *Popcorn Report* unter dem Stichwort »Pharmalebensmittel« (Foodaceuticals) behandelt.

Nun sind es indes nicht nur die Exoten vom andern Ende der Welt, die Ihnen helfen, gesund und lange zu leben. Wußten Sie zum Beispiel, daß Mangofrüchte die Ausbreitung des Herpes-Virus hemmen können? Bananen können Magengeschwüre verhindern. Zwiebelsaft wirkt lindernd bei Asthmaanfällen. Tofu beugt möglicherweise der Entstehung von Prostatakrebs vor. Jetzt wissen Sie es also. Aber glauben Sie deshalb auch schon daran? Und wenn Sie es glauben: Werden Sie sich auch danach richten?

Ist Ihnen außerdem schon aufgefallen, daß die meisten dieser gesunden, natürlichen Nahrungsmittel aus der Abteilung »fleischlose Kost« kommen? Laut *Vegetarian Times* halten sich 14 Millionen Amerikaner für Vegetarier (oder Teil-Vegetarier). Das sind doppelt so viele wie vor zehn Jahren. Noch interessanter ist die große Zahl junger Menschen, die sich entschieden hat, lieber Linsen und Reis zu essen als Würstchen und Steaks. In ihrem vegetarischen Kochbuch *Home Cooking* erläutert Linda McCartney, die Frau des Ex-Beatle, warum Paul, sie selbst und ihre Familie kein Fleisch mehr essen. Sie verweist darauf, daß etwa ein Hektar Land als Weidegrund benötigt wird (oft zu Lasten des tropischen Regenwalds), um das Rindfleisch für 1600 Hamburger zu produzieren, die mittlere Tagesration eines einzigen McDonald's-Restaurants. »Die wahren Kosten eines einzigen Hamburgers schließen also eine halbe Tonne gerodetes Holz aus dem tropischen Regenwald ein ...« Und das ist fürwahr in jeder Hinsicht ein hoher Preis: unter ökologischen genauso wie unter medizinischen und moralischen Aspekten.

Inzwischen bemüht sich eine neue Organisation, das Vegetarian Education Network, um die Verbreitung von Informationen, möchte aber auch im

Bildungssystem (besonders an höheren Schulen) Druck ausüben, mit dem Ziel, in den Schulkantinen die vegetarischen Angebote zu vergrößern. In der Lebensmittelabteilung eines großen dänischen Kaufhauses wurden wir Zeugen, wie die Kunden eifrig nach »Selleribofs« griffen, Sellerie-Burgern, die zu 34 Prozent aus Sellerie bestehen, außerdem aus Zwiebeln, Reis, Kartoffeln, Brotkrumen und Gewürzen. (Auch Karotten-Burger wurden angeboten.) Die Restaurantkette TGI Friday's verkaufte 1994 750 000 Garden Burgers; selbst im rindfleischversessenen Hard Rock Café sind die vegetarischen Burger der Renner. Den Tofu-Burger-Wettbewerb der *New York Times* gewannen die Boca Burgers (auf Soja-Basis). In nur vier Monaten kamen in der Kantine des Weißen Hauses mehr als 6000 dieser schmackhaften Scheiben auf den Tisch. Und sogar in Disneyland und Disney World erreichen vegetarische Burger hohe Verkaufszahlen.

Tun Sie etwas für die Vitalität Ihres Gehirns

Der amerikanische Präsident hat die neunziger Jahre zum »Jahrzehnt des Gehirns« ausgerufen. Endlich ist der experimentelle Nachweis gelungen, daß man das Gehirn wie einen Muskel behandeln sollte: Je mehr es trainiert wird, desto größer wird es. Die Fähigkeit des Gehirns, bei entsprechender Übung bis ins hohe Alter flexibel und anpassungsfähig zu bleiben, ist im Zusammenhang unseres Trends »Gesund und lange leben« sehr ermutigend. Auch im Alter kann man durchaus noch Neues lernen.

Weil die Hundertjährigen immer zahlreicher werden – mit mehr als 50 000 zählen sie zu den am schnellsten wachsenden Gruppen der amerikanischen Bevölkerung –, lohnt sich ein genauerer Blick (mehr dazu auch im nächsten Kapitel: »Länger jung bleiben«). Auf jeden Fall haben hier die Gesündesten überlebt. Wer sein neuntes Lebensjahrzehnt ohne lebensbedrohliche Krankheiten übersteht, dem sagt man nach, daß er ohne weiteres auch noch hundert Jahre oder älter werden kann. Entscheidend aber ist, nicht nur körperlich lebendig zu bleiben, sondern auch geistig. Anfang 1995 sahen wir einen TV-Clip über einen Mann namens Sidney Amber, der am 26. Januar 1886 geboren wurde. Damals war Grover Cleveland amerikanischer Präsident. Mit 104 Jahren übernahm Sidney noch einen neuen Job: als Maître de plaisir in einem Restaurant in San Francisco. Er begrüßt dort die Gäste und unterhält sie, wobei er oft mehr als vier Stunden ununterbrochen auf den Beinen ist. Wenn er die Leute bittet, sein Alter zu schätzen, lauten die Antworten schon mal »75« oder »82«, auf 109 kommt niemand. Sein Geheimnis? Anregende Arbeit und täglich vor dem Schlafengehen (seit über 90 Jahren) drei Teelöffel Worcester-Sauce.

Schon seit Jahren beobachten Ärzte eine Gruppe pensionierter Nonnen aus Minnesota, aus deren Mitte viele über hundert Jahre alt werden. Bisher wurde bei den Untersuchungen festgestellt, daß die Nonnen mit Collegeausbildung, die unterrichten oder auf andere Weise geistig aktiv sind, länger leben als jene, die nur Handarbeiten verrichten. Wer sein Gehirn mit Kreuzworträtseln, Lesen und Kartenspielen in Schwung hält, leidet wesentlich seltener unter Schwachsinn oder der Alzheimerschen Krankheit.

Es gibt aber noch andere Wege, um auf Draht zu bleiben. Die chinesische Ginseng-Wurzel verbessert angeblich die Konzentrationsfähigkeit und das Gedächtnis. Dabei wird L-tryosin in mental stimulierende Botenstoffe, sogenannte Neurotransmitter, umgewandelt. Vor entscheidenden Sitzungen, Prüfungen oder wenn es sonst drauf ankommt, sollten Sie einen Teller mit proteinreicher Nahrung zu sich nehmen: Fisch, Hühnerfleisch ohne Haut, Tofu. Die Folsäure Gingko stimuliert möglicherweise das Kurzzeitgedächtnis (besonders hilfreich für all jene, die ständig Schlüssel, Brillen oder TV-Fernbedienungen verlegen). Piracetam, ein Wirkstoff, der das zentrale Nervensystem anregt, soll den Datenfluß zwischen den beiden Hemisphären des Gehirns fördern. Dieses in Europa erhältliche Mittel gehört deshalb zu jenen Dingen, die kundige Reisende gern in die USA einschmuggeln. Hydergin, Extrakt eines Schimmelpilzes, der auf Roggen gedeiht, vergrößert anscheinend die Blutzufuhr zum Gehirn und wird in den USA bereits bei der Therapie alter Menschen erfolgreich angewandt.

Manche Arzneimittel können auch Angst und Aufregung lindern. Inderal etwa hilft gegen Lampenfieber: Es blockiert die Adrenalinrezeptoren in den Zellen. Die Prämisse dahinter lautet: Wer weniger Angst hat, denkt und handelt intelligenter. Ein weiteres Präparat, DMAE, wirkt wahrscheinlich produktionshemmend auf eine andere chemische Botensubstanz des Gehirns. Vasopressin schließlich, nur auf Rezept erhältlich, wird außerdem auf natürliche Weise von der Hirnanhangdrüse (Hypophyse) abgesondert. Die Befürworter dieser Substanz behaupten, mit ihrer Hilfe könne man dem Gehirn neue Informationen nachhaltig einprägen.

Viele Hundertjährige werden in Ehren und mit Würde alt. Sie selbst schreiben ihre Langlebigkeit unter anderem der Tatsache zu, daß ihr Gehirn kaum Dauerstreß auszuhalten hatte. Um die Anspannung in Ihrem Alltag zu senken, machen Sie die folgenden einfachen Übungen: Fassen Sie zwei Finger der einen mit der anderen Hand an, holen Sie tief Luft und lassen Sie die Finger dann beim Ausatmen los, wenn Sie zu Hysterie neigen. Um sich noch weiter zu beruhigen, sollten Sie versuchen, zehn- oder zwölfmal nacheinander nur durchs linke Nasenloch einzuatmen. Noch angenehmer ist es vielleicht, ein einfaches Nudelgericht zu essen oder eine gebackene Kartoffel mit roter Sauce. Ihr Gehirn wird daraufhin Serotonin produzieren, eine chemische Substanz, die entsprechend wirkt. Lachen Sie nicht! Solche einfachen Mittel helfen. Man lebt streßärmer – und somit länger.

Vergessen Sie nicht, daß Sie Ihr Leben unter Umständen auch durch ein Haustier verlängern können, das Sie ans Herz drücken. Studien stellten eindeutig fest, daß (etwa zur Urlaubszeit) alle Beteiligten davon profitierten, wenn Haustiere zur Pflege ins Altenheim gegeben wurden. Aber wer denkt in solchen Situationen schon daran? Jedenfalls ist es nicht verwunderlich, daß jedesmal, wenn ein Vermieter in der Stadt über seine Wohnungen ein Haustierverbot verhängt, lautstark protestiert wird. Aus medizinischer Sicht ist ein solches Verbot jedenfalls nicht zu vertreten.

Es gibt ja so viele noch unerforschte Wege, seinen Kopf fit und leistungsfähig zu halten. Hier wird in unserem Jahrzehnt, dem Jahrzehnt des Gehirns, definitiv noch viel geschehen. Und hier liegt eine große Herausforderung für die Zukunft.

Psychotrips und Psychologen

Sind wir als ganze Gesellschaft hoffnungslos depressiv geworden? Sieht es nicht so aus, als käme es mehr darauf an, unsere Stimmung zu heben als Kinder aufzuziehen? Allein 1995 kamen drei neue Antidepressiva auf den Markt. Sich drei Monate lang mit Medikamenten therapieren zu lassen ist billiger als eine Woche intensiver Psychoanalyse. Freud ist aus der Mode gekommen, seine Therapie vom Aussterben bedroht.

Der letzte Schrei, die gefährdete Analyse zu retten: Der Kontakt zwischen Klient und Therapeut wird mit Hilfe neuester Kommunikationstechniken aufrechterhalten. Video-Telefone ermöglichen eine kontinuierliche Psychotherapie selbst dann, wenn der Patient keine Zeit hat, sich in der Praxis auf die Couch zu legen. Welch ein Segen für alle, die weite Anfahrten haben, in abgelegenen Gegenden leben, ernsthaft krank oder körperbehindert sind. Dabei drängt sich sogleich eine Frage auf: Ist man vor der Kamera ehrlicher als auf der Couch?

Wir können auch die beispiellose Akzeptanz von Psychopharmaka wie Prozac nicht stillschweigend übergehen. Monatlich verzeichnen die USA fast eine Million neuer Pillenschlucker. Innerhalb von fünf Jahren wurden die Amerikaner buchstäblich zur »Prozac-Nation«, wie es ein Buchtitel formuliert. Fast jeder, mit dem wir sprachen, nimmt entweder selbst Prozac oder ist mit jemandem befreundet, der oder die momentan zu diesem Mittel greift. Manche haben echte Probleme, leiden unter ernsten Depressionen oder schlimmen Wutanfällen, gegen die etwas getan werden muß. Doch die Zahl derjenigen, die schon bei der ersten echten Krise in ihrem Leben (etwa, wenn eine stürmische Beziehung nach drei Jahren in die Brüche geht) zur Pille greifen, anstatt Schmerz und Wut, die mit der Trennung einhergehen, zuzulassen und zu verarbeiten, ist eindeutig zu hoch. Manche Satiriker neigen zum Zynismus. Doch wie arm wäre die Weltliteratur heute, wenn alle diese Autoren, statt zu schreiben, Prozac genommen hätten?

Die chinesische Medizin legt im Gegensatz zur westlichen den Akzent eher auf Gesundheit als auf Krankheit (davon bin ich überzeugt, seit ich als Kind in Schanghai lebte, und ich bevorzuge die chinesische Einstellung). Die Menschen gehen in China nicht nur zum Arzt, wenn sie krank sind, sondern auch, wenn sie sich wohlfühlen – um auf diese Weise ihren Körper ständig im Gleichgewicht mit der Natur zu halten. Wie fundamental unterscheidet sich dieses harmonieorientierte Konzept von der westlichen Medizin, die vor allem darauf aus ist, die Krankheit auszurotten! Operation gelungen, Patient tot. Denken Sie nur an die Chemotherapie. Demgegenüber behauptet die chinesische Medizin, daß es wichtig sei, die Killerzellen des körpereigenen Immunsystems zu schützen und zu stimulieren, statt sie mit Chemikalien zu zerstören. Und die lebenswichtigen Wachstumsmechanismen des Körpers blieben so ebenfalls intakt.

In weiten Teilen Asiens gehen die chinesischen Bevölkerungsgruppen zur Stärkung des körperlichen Wohlbefindens in Restaurants, die Gesundheitskost servieren. M. Brauchli, Reporter des *Wall Street Journal*, beschreibt ein solches Gesundheitsrestaurant, das ständig überfüllte Yat Chau Health Restaurant in Hongkong: »Der umsichtige, nachdenkliche Wirt hört aufmerksam und mit Sympathie zu, während er sich auf seinem Block Notizen macht. Doch anders als ein konventioneller Oberkellner empfiehlt Herr Wong keine Gerichte, sondern er *verordnet* sie. Sie haben geschwollene Drüsen? Dann nehmen Sie ein Hühner- und Seepferdchen-Gericht. Sie fühlen sich etwas benommen? Vielleicht ein wenig gebratener Reis mit Beeren vom Petersstrauch.« Das klingt alles recht exotisch, und für den westlichen Geschmack vielleicht sogar abstoßend. Das Imperial Herbal Restaurant in Singapur bietet auf seiner Speisekarte »gebratenen, in Wein getränkten Skorpion, ohne Stachel, auf Krabbentoast« (für 3,50 Dollar), »geschmorten Flughund, je nach Größe ca. 20 Dollar« sowie einen »bittersüßen Wein aus Ginseng und Hirschpenis«. Dazu Doris Ho, die Managerin dieses Restaurants: »Ein Apfel pro Tag erspart den Arzt. Aber eine Schar Ameisen tut's auch.« Bei uns wird es wahrscheinlich nicht ganz so weit kommen, daß wir Skorpione herunterwürgen. Aber aufgepaßt, ihr Schnellrestaurantketten: Irgendwann kommt etwas in dieser Richtung auch bei uns.

Ein anderer Zweig der weisen chinesischen Medizin, die Akupunktur, steckt bei uns noch in den Kinderschuhen. Und doch, wann immer Sie jemanden treffen, der Akupunktur aus eigener Erfahrung kennt, hören Sie eine Lobeshymne auf ihre wunderbaren Wirkungen. Ob es sich nun um die roten, schmerzhaften Herpes-Schwellungen handelt, die im Nu verschwinden, oder um die Befreiung einer Hand von spastischen Krämpfen – diese hohe Kunst bringt Beschwerden auf den Punkt (durchaus im Wortsinn gemeint!), die sich den Methoden der westlichen Medizin immer aufs neue entziehen, und heilt sie. Lys' Mutter beispielsweise litt plötzlich unter unsäglichen Schmerzen, wann immer sie sich auf den Beinen bewegte oder aufstand. Ihr Arzt in Florida stellte die Diagnose, daß die Sache mit ihrem vor Jahren eingesetzten künstlichen Hüftgelenk zu tun habe. Er empfahl eine erneute Operation. Was bedeutet hätte: langer Krankenhausaufenthalt, Bettlägerigkeit und endlose Krankengymnastik sowie Physiotherapie. Wir empfahlen ihr jedoch zwei Akupunkteure auf Long Island, und nach nur drei Therapiesitzungen waren die Beschwerden restlos behoben. Ohne Operation. Bedenken Sie nur die Zeit und das viele Geld, die auf diese Weise gespart wurden. Von der Lebensqualität ganz zu schweigen. Ein echter Click im Rahmen unseres Trends.

Diese asiatische Technik findet inzwischen auch bei der Behandlung von Drogensüchtigen versuchsweise Anwendung, wie uns Dr. Michael Smith vom Lincoln Hospital im New Yorker Stadtteil Bronx berichtete. Den Patienten dort sei Akupunktur lieber als Methadon. Ganz nebenbei stellte sich auch heraus, daß die Akupunktur-Patienten kooperativer und eher bereit waren, weiterhin die Drogenberatung aufzusuchen.

Eine andere alternative Wissenschaft, von der wir in Zukunft noch einiges hören werden, ist die Naturheilkunde. Auf Naturheilverfahren spezialisierte Ärzte gelten als die »Generalisten« der alternativen Medizin. Sie verfahren ziemlich eklektisch, indem sie ärztlich kontrollierte gesunde Ernährung, pflanzliche Medizin, Homöopathie, Verhaltenstechniken, chiropraktische Behandlungen und Physiotherapie, unter Einbeziehung der chinesischen und der altindischen Medizin, miteinander verbinden. Letztlich läuft diese Methode darauf hinaus, das Immunsystem mit natürlichen Mitteln zu stärken, Veränderungen in der Ernährung und in der Lebensweise herbeizuführen – und das alles, um den Körper in die Lage zu versetzen, sich selbst zu helfen. Mit Scharlatanerie hat das nichts zu tun. Naturheilkundler werden letztlich wesentlich gründlicher ausgebildet – wenigstens in Teilbereichen wie dem der gesunden Ernährung – als die meisten westlichen Schulmediziner.

Unserer Meinung nach wäre es erfolgsträchtig – und damit ein echter Click –, wenn sich die Ärzte für Naturheilverfahren im großen Maßstab zusammentäten, entsprechende Sanatorien einrichteten, um darauf hinzuwirken, daß gesunde Ernährung, Streßreduktion, ein Gleichgewicht im Energiehaushalt des Körpers und Meditationspraxis in den Mittelpunkt ärztlichen Handelns rücken. Dies wäre exakt die neue Medizin der späten neunziger Jahre.

Achten Sie auf Herkunftsnachweise

Als gesundheitsbewußte Verbraucher werden wir immer häufiger wissen wollen, woher die Milch kommt, die wir trinken, oder das Ei auf dem Frühstückstisch. Bei der Milch kann unser Gesundheitsbewußtsein sogar noch weiter gehen: Passive Impfung durch Milch heißt der letzte Schrei. Es gibt bereits hyperimmunisierte Milch und Milchprodukte (wie Joghurt und Käse) von Kühen, die gegen menschliche Krankheiten geimpft wurden. Ihre Antikörper reichen die Tiere über die Milch an den Menschen weiter. Eine ganz neue Form von Schluckimpfung!

Wir wissen zwar, was unserer Gesundheit dient, richten uns aber nicht danach. So müssen sich Tiere auch in dieser Hinsicht vor den Karren des Menschen spannen lassen. Hühner produzieren nicht nur Antikörper, die man mit ihrem Fleisch oder ihren Eiern zu sich nehmen kann, sondern sie geben auch die Vorteile einer Einnahme der Fettsäure Omega 3 weiter. Omega 3, gut gegen menschliche Herzerkrankungen, findet sich in der Natur auch in fettreichen Fischarten wie Lachs oder Makrele. Da diese Fische bei den Amerikanern nicht sehr beliebt sind, kam ein Biologe von Omegatech auf folgende Lösung: Er verfütterte Omega-3-reiche Algen an Hühner, deren Fleisch und Eier daraufhin eine beträchtliche Dosis der Fettsäure enthielten, die unserem Herzen so guttut. Werden nun als nächstes auch Substanzen gegen Krebs und gegen den Alterungsprozeß über Tiere auf den Menschen übertragen?

Das Ganze ist eine Gratwanderung. Denn durch den übermäßigen Einsatz von Antibiotika und Hormonsubstanzen bei Kühen und anderen Tieren haben sich bereits schädliche Rückstände in die Nahrungskette eingeschlichen. Deshalb sind große Molkereien in den USA inzwischen teilweise dazu übergegangen, ihren Produkten eine Bescheinigung beizulegen, die ihnen attestiert, frei von gentechnisch produzierten Hormonen zu sein.

In diesem Sinne wird eine neue Verbrauchergeneration vielleicht schon bald verlangen, die Zusammensetzung aller Nahrungsmitel offenzulegen. Wir werden immer mißtrauischer, wenn es ums Essen und um die Herkunft unserer Nahrungsmittel geht. Als wir von BrainReserve uns kürzlich zu einem Brainstorming trafen, wurde folgender Click diskutiert: Man könnte aktienähnliche Anteile an einigen größeren Höfen in unserer Umgebung erwerben, um das Recht zu haben, die Bedingungen zu kontrollieren, unter denen die Tiere leben oder unter denen Obst und Gemüse gezogen werden – Produkte, die wir später essen. Würde uns das nicht ein wenig beruhigen?

Eine andere clickverdächtige Idee: eine Restaurantkette, vielleicht »Source-Smart« genannt, in der nur organisch gezogene Zutaten, garantiert frei von Pestizid-Rückständen, verwendet werden – fettarme Kost, von Spizenköchen schmackhaft zubereitet. Das wird am Ende zwar nicht ganz billig sein, aber ein Essen dort könnte zur Öko-Erfahrung Ihres Lebens werden. (Und wahrscheinlich ist dies die beste Methode, den schon geschilderten Gesundheitsrestaurants der Chinesen in naher Zukunft Konkurrenz zu machen.) Solche Restaurants könnten Weine anbieten, die ebenfalls garantiert frei sind von allen Düngemittel- und Pestizidrückständen. In Amsterdam gibt es bereits einen Weinladen, in dem nur getesteter, garantiert reiner Wein verkauft wird. Warum nicht auch anderswo?

Wie Sie sich körperlich verausgaben können

Bewegung ist wahrlich nicht das Ein und Alles in unserem Leben, aber sie ist notwendig und hilft, gesund zu bleiben. Die Gelehrten streiten sich zwar darum, ob wir uns drei- bis fünfmal pro Woche körperlich völlig verausgaben sollten oder ob ein wenig Bewegung täglich genauso gesund ist, doch neigen wir zu der Ansicht, daß es schon mehr sein sollte, als gelegentlich etwas Staub zu wischen oder den Staubsauger durch die Wohnung zu ziehen. Und eine Untersuchung der Stanford University ergab in der Tat, daß die Sterberate unter Läufern einer bestimmten Altersgruppe niedriger ist und sie weniger Gelenkprobleme haben als Nichtläufer. Obendrein greifen sie auch seltener zu Medikamenten.

1993 gab es in den USA ungefähr 12 000 Fitneß-Center (Health Clubs) mit insgesamt 18,2 Millionen eingeschriebenen Mitgliedern – gegenüber 1992 eine Steigerung um 10 Prozent. Man kann dort natürlich ganz unterschiedliche Dinge tun, wenn man sich einmal richtig verausgaben möchte: an Kraftmaschinen trainieren; kräftig in die Pedale treten (mit allen möglichen Erschwernissen, wie bei echten Radrennen in den Alpen); Geschicklichkeits- und Schwerkraftübungen absolvieren; oder einen Hindernisparcours überwinden. Zunächst sind Sie erschöpft, dann aber high.

New-Age-Jungbrunnen

Das Wasser, unser Lebenselixier, ist zweifellos belastet. Trotzdem sind die neuesten Statistiken der amerikanischen Umweltschutzbehörde EPA erschreckend: 1993/94 tranken etwa 53 Millionen Amerikaner Wasser, das nicht den Mindestanforderungen des Gesundheitsschutzes entsprach. In 400 000 bekannten Fällen kam es deshalb zu Erkrankungen, fast 1000 Menschen starben. Wie sehr diese Zahlen noch in die Höhe schnellen werden, wenn die Wasserschutzbestimmungen von 1972 noch weiter verwässert werden (kein billiges Wortspiel!), läßt sich nicht absehen. Gegenwärtig trinkt jeder fünfte Amerikaner Leitungswasser, das giftige Schadstoffe wie Blei, strahlendes Material oder Rückstände von Pflanzenschutzmitteln oder gar von Fäkalien enthält.

Weil wir Angst vor verunreinigtem Wasser haben, sind wir sogar bereit, stolze Preise für teures Mineralwasser von Evian zu zahlen. Und auf jeden Skandal folgen neue Reinheitsbeteuerungen der Abfüller. (Was kommt als nächstes auf den Markt? Pepsi- oder Coke-Mineralwasser?)

Der letzte Schrei: Quellwasser für Hunde und Katzen. Denn wenn wir selbst kein Leitungswasser mehr trinken, warum sollten wir es dann unseren kleinen Lieblingen zumuten? Die *New York Times* berichtete über eine Telefonumfrage bei 2000 Haustierhaltern, von denen etwa 40 Prozent angaben, wegen der Trinkwasserqualität ernsthaft besorgt zu sein. Inzwischen gibt es spezielle Mineralwasser für Hunde und Katzen (mit Rindfleisch- bzw. Fischgeschmack und Vitaminzusatz!). Und die Federal Drugs Administration gab ihren Segen.

Die ganze Sorge um das Wasser in den späten neunziger Jahren hat auch eine mythische Komponente: die Suche nach dem Jungbrunnen. Länger leben, gesünder leben; ohne Angst vor Krankheitserregern und mikroskopisch kleinen Verunreinigungen des Wassers, das nun einmal unsere Lebensgrundlage ist. In höchstem Maße clickverdächtig ist also absolut reines Quellwasser (wenn es so etwas auf unserer Erde überhaupt noch gibt), unter strengster Überwachung und Laborkontrolle abgefüllt und dann auf den Markt gebracht. Natürlich nicht ganz billig, etwa doppelt so teuer wie Evian-Mineralwasser.

Krankheitserreger und Ansteckungshysterie – Jeder Tag bei guter Gesundheit ist viel wert

Die Amerikaner leben länger als je zuvor – ihre durchschnittliche Lebenserwartung beträgt heute 75,8 Jahre –, doch in der Altersgruppe der 25- bis 44jährigen ist Aids bereits die häufigste Todesursache. Um diese Krankheit ist inzwischen eine eigene Subkultur entstanden. In New York und San Francisco gibt es eigene Organisationen, die bettlägerigen Aids-Kranken warmes Essen ins Haus bringen. Die Forscher der AMFAR suchen fieberhaft nach medizinischen Heilungsmöglichkeiten. Gay Men's Health Crisis kümmert sich im Rahmen seines 30-Millionen-Dollar-Budgets auch um Kinder. Und es erscheint sogar eine eigene Zeitschrift: *POZ*.

Andere bislang unbekannte Krankheiten bereichern unseren Wortschatz laufend um neue Horrorwörter. Und überall geht die Angst vor Ansteckung um. Aus Furcht vor dem todbringenden Hanta-Virus etwa, das durch getrockneten Mäusekot oder -urin übertragen werden kann, wagen manche Leute schon nicht mehr ihre Keller und Dachböden aufzuräumen. Selbst in der Natur lauern neue Gefahren: Ein dem Malariaerreger ähnlicher, mikroskopisch kleiner Parasit (Babesiosis) kann durch dieselbe Zeckenart übertragen werden, die auch die Lyme-Krankheit verbreitet. Kürzlich starben an dieser Infektion in New York sieben Menschen. Müssen wir bei der Gartenarbeit oder beim Spaziergang bald Schutzanzüge tragen?

Angesichts all des Ungeziefers und der Viren haben viele Menschen bereits Phobien entwickelt (man denke nur an Richard Prestons *The Hot*

Zone). Daß man Kondome verwendet und die Toilettensitze mit Hygienepapier abdeckt, ehe man sich darauf niederläßt, gehört schon zum Alltag. Daß man bei der Küchenarbeit ein speziell gegen Salmonellen präpariertes Brett verwendet, noch nicht. Beim Anruf aus einer öffentlichen Telefonzelle jedoch als Schutz vor den Bakterien am Hörer eine eigens dafür konstruierte Hörer-Haltevorrichtung zu benutzen (Steri-Phone Shield von Health Calls) grenzt schon an Phobie. Zuvor hatten Forscher am Hörer einer x-beliebigen New Yorker Telefonzelle 1800 »schädliche« Bakterien gezählt.

Hinzu kommt leider noch, daß man sich heutzutage auch im Krankenhaus nicht mehr sicher fühlen kann. So schrieb Verbraucheranwalt Ralph Nader am 22. August 1994 an Senator McGovern: »Bei einer Harvard-Studie kam heraus, daß jedes Jahr mehr Amerikaner an Behandlungsfehlern in Krankenhäusern sterben als bei Verkehrsunfällen, Bränden und Mordfällen zusammen. Dabei sind noch nicht einmal die Verluste an Menschenleben eingerechnet, die durch Versäumnisse der Krankenkassen sowie in Privatkliniken und Arztpraxen zu beklagen sind.«

Zu Recht haben wir das Gefühl, anfällig zu sein. Und ebenso zu Recht haben wir die Hoffnung noch nicht aufgegeben. Zumal wir wissen, daß gerade auf dem Gebiet des Trends »Gesund und lange leben« ständig alles im Fluß ist. Anregungen und neue Ideen können Sie, Ihre Familie und Ihre Firma an zahlreichen Orten erhalten. Sie müssen nur die Augen offen halten. Ansatzpunkte für den großen Click gibt es überall. Wer neue Gesundheitsrezepte im Rahmen einer ganzheitlichen Medizin entwickelt, wer Kräuter, Naturheilverfahren und gesunde Ernährung zu seinem geschäftlichen Anliegen macht, hat in den späten neunziger Jahren gute Erfolgschancen. Wie wäre es? Sind Sie bereit?

17. Kapitel

13. Trend – Länger jung bleiben

»Die Freude am Leben hört nicht auf, wenn man alt ist. Vielmehr ist man alt, wenn die Freude am Leben aufhört.«

SPRICHWORT

»Alt heißt für mich immer: fünfzehn Jahre älter als ich gegenwärtig bin.«

BERNARD BARUCH

Wenn Sie schlagartig verstehen wollen, worum es bei diesem Trend geht, dann setzen Sie sich einmal in ein Eiscafé und beobachten Sie die Leute, die an der Theke ein Eis zum Mitnehmen kaufen. Wir sahen einen seltsamen alten Mann, der mit seinem grauen Bart etwas verwahrlost aussah. Doch als er sich eine Waffel mit Mokka- und Mandeleis bestellte, verwandelte er sich in einen zwölfjährigen Jungen und bat, spitzbübisch lächelnd, um eine große Portion Schokoladenstreusel. Seine Augen leuchteten. Seine Gesichtsmuskeln entspannten sich. Alle Sorgen des Alltags fielen von ihm ab. Jeder, der sich ein Eis bestellt, wird innerlich wieder zum Kind. Sagen Sie mal »Schokoladenstreusel«. Dieses Wort kann man gar nicht mit der grimmigen Verbissenheit mancher Erwachsener aussprechen.

In einer Kultur, in der man sich mit 60 Jahren wie mit 45 fühlt und mit 50 wie mit 35, unterscheidet sich die Realität des Lebens, Liebens, Arbeitens und Spielens in einem bestimmten Alter erstaunlich von den Erwartungen und Vorstellungen, die man sich zuvor davon gemacht hat. Die dumme Ermahnung, sich endlich wie ein Erwachsener zu benehmen und nicht wie ein ewiges Kind, hat keine Bedeutung mehr. Auch einmal albern zu sein ist eine große Erleichterung für streßgeplagte Erwachsene, die ständig ernst und vernünftig sein müssen. Erinnern Sie sich einmal an Ihr letztes herzhaftes Lachen. Wann haben Sie sich zuletzt vor Lachen ausgeschüttet? Im Kino? Bei albernen Spielen?

»Länger jung bleiben« – damit ist gemeint, daß man sich um »altersgemäße« Verhaltensregeln, um Vorschriften und Einschränkungen einfach nicht mehr kümmert. »Sollte« ist eines jener Wörter, die man aus seinem Denken und Reden möglichst verbannt (um nicht zu sagen: »verbannen sollte«). Fast immer geht es dabei nämlich um die anderen, um deren Vorstellungen und Erwartungen, und nicht um uns selbst. »Sollte« ist statisch. Gegen Veränderungen. Gegen Clicking.

Heute gibt es achtzigjährige Marathonläufer. Und Senioren, die sexuell aktiv und stolz darauf sind. Die mit besonderen Kondomen und Spezialcremes experimentieren. In Talkshows (und beileibe nicht nur am späten Abend) treten 62jährige Frauen auf, die mit Jünglingen verheiratet sind, und Männer, die mit über siebzig noch eine neue Familie gründeten und Kinder zeugten. Von den amerikanischen Collegestudenten sind über 2 Millionen älter als 35 Jahre. 8,2 Prozent sind sogar älter als 55. Eine unserer Freundinnen beginnt mit über vierzig den langen Weg eines Medizinstudiums. Und das ist durchaus nicht unsinnig. Denn mit fünfzig ist sie dann als Ärztin auf dem neuesten Stand und verfügt zugleich über große Lebenserfahrung, die ihr bei schweren Entscheidungen zugute kommt. Eine andere Bekannte möchte mit Anfang sechzig noch Rabbinerin in einer jüdischen Gemeinde werden. Doch sie hatte große Schwierigkeiten, eine theologische Ausbildungsstätte zu finden. »Nach sechs Jahren Studium bist du zu alt«, sagte ihr die Logik. Doch sie dachte: »Es ist niemals zu spät. Wer älter ist, ist auch weiser. Und ein Rabbi sollte weise sein.« Dieser Ansicht war schließlich auch das reformierte Rabbiner-College in Wyncote, Pennsylvania, und nahm sie als Studentin auf.

Im High-Tech-Zeitalter mit seinen oft zweifelhaften wissenschaftlichen Fortschritten können Frauen sogar nach der Menopause noch Mutter werden. Der extremste bisher bekannt gewordene Fall ist eine 62jährige Italienerin, die nach einer Zeugung im Reagenzglas ihr Kind, einen Sohn, selbst austrug. Hätten Sie gern eine Großmutter als Mutter? Gleichwohl gibt es immer mehr »späte« Mütter (und Väter). Und wer ein Kind adoptieren möchte, kann das beispielsweise in China auch noch tun, wenn sie oder er bereits älter als 40 ist – sogar als Single. So adoptierte Lys jüngst in Schanghai ein chinesisches Waisenmädchen. Solange Sie noch voller Energie stecken und bei guter Gesundheit sind, bleibt Ihnen auch der Wunsch, andere zu bemuttern, erhalten.

Der Trend zur Verjüngung beschränkt sich durchaus nicht auf Senioren. Jünger machen kann man sich auf jeder Altersstufe. Für nicht mehr ganz junge Piercing-Fans existiert im New Yorker East Village eine Kneipe namens »BabyLand«, die wie ein Kinderzimmer eingerichtet ist. Mit Spielzeugtelefonen, Schaukelpferden und hölzernen Bauklötzen. Man sitzt in – zu Sofas hergerichteten – Kinderbettchen und kann sogar aus Babyflaschen etwas ähnliches wie Muttermilch trinken.

Diese Kindheitsnostalgie bricht sich immer wieder Bahn. So startete Madonna einen Modetrend, als sie sich in Rosa und mit Zöpfen als unschuldig verführerische Lolita posierte. Und die Designerin Anna Sui ging mit ihrer Frühjahrskollektion 1994 noch einen Schritt weiter: Babydoll-Kleidchen, Söckchen und Sandalen. Heute werden wir ständig mit Modeanzeigen bombardiert, in denen reifere Frauen Schottenröckchen und weite Schulmädchen-Pullover tragen, und natürlich Tennisschuhe. So kann man den Trend »Länger jung bleiben« auf die Spitze treiben. Aber bei vielen regt sich auch Protest angesichts solcher Infantilität.

Wenn Kinderkleidung nicht Ihre Sache ist, können Sie sich auch mit jugendlichen T-Shirts auf Ihre Weise jung halten. Ob die modischen Comic-Aufdrucke Teenies schmücken oder schon etwas reifere, üppigere Damen, macht keinen großen Unterschied. Jedenfalls nicht beim Einkauf. Und Sie können sich hier sogar geschäftlich engagieren, als Lizenznehmer oder gar als Lizenzverkäufer. Weltweit geht es um ein 98-Milliarden-Dollar-Geschäft. Yogi-Bär hat ebenso Konjunktur wie Batman, Betty Boop oder die Muppets. Besonders beliebt ist Kermit, der Frosch aus der Muppets-Show. Für den Click-Forscher besonders interessant ist übrigens, daß diese populären Comic-Figuren im Schnitt schon um die fünfzig Jahre alt sind, ein Zeichen für die über Jahrzehnte hinweg ungebrochene Beliebtheit dieser Helden.

Entsprechende Spezialläden, von Disney, Warner Brothers und anderen, bieten eine ganze Palette von Comic-Artikeln, angefangen bei Cartoon-Hüten über Trinkbecher bis zu Postern. 80 Prozent der Umsätze werden von Erwachsenen für Erwachsene gemacht, und manche dieser Artikel gehören durchaus in die gehobene Preisklasse. Auch Comic-Hefte und -Bücher werden, wie Ihnen jeder Verkäufer bestätigen kann, überwiegend von Männern gekauft, die älter als 25 sind.

Der perfekte Tummelplatz für Verjüngungsfans ist indes der Sport. Sehen Sie sich in Amerika einmal in einem Fitneß-Center an, wie eisern die Älteren trainieren. Heutzutage absolvieren Senioren Langstreckenrennen auf Langlaufskiern, nehmen am Triathlon teil oder schwimmen im Winter im eiskalten Wasser. Körperlich sind sie oft besser in Form als ihre Enkel. Die meisten Menschen, die weite Spaziergänge machen, um genügend Bewegung zu bekommen, sind über 65. Veranstalter wie ElderTreks und Backroads organisieren Campingreisen, Fahrradtouren, Schneemobilausflüge und Bergtouren für alle, die 55 und älter sind. Eine Fernsehdokumentation zeigte den 89jährigen Norman Vaughn, wie er einen eisigen Dreitausender in der Antarktis bezwang – mit einem künstlichen rechten Kniegelenk und einem starren rechten Knöchel. Begleitet wurde er von seiner 37 Jahre jüngeren Frau.

Warren River Expeditions in Idaho veranstaltet Wildwasser-Floßtouren nur für Senioren. Und in einer Nike-Anzeige treten Beatrice Brophy (72) und Barbara Anderson (74) auf, Kanufahrerinnen und Wildwasserführerinnen in den Boundary Waters von Minnesota: »Manche Leute gucken dich an und denken, du solltest es jetzt lieber gut sein lassen, dich ausruhen und mit Würde alt werden. Doch wenn du anständig lebst, hast du gar keine Zeit, alt zu werden. Du hast dein Kanu. Und das Kanu fährt auf einem Fluß. Und dieser Fluß nimmt kein Ende. Dann mußt du eben am Ende des Tages noch zwanzig Kilometer laufen. Und dabei ruhst du dich dann aus.« Die beiden reden nicht viel oder denken darüber nach, was sie tun sollten, sondern sie tun einfach, wozu sie Lust haben. Kompliment an Nike!

Ebenso sind die Tennis-Veranstalter begeistert, wenn die Zuschauerscharen strömen, um alte Champions wie John McEnroe, Björn Borg, Ivan Lendl und Jimmy Connors spielen zu sehen. Diese älteren Spieler besitzen etwas unschätzbar Wertvolles, was sie von den heutigen Weltranglistenspielern unterscheidet: Charisma. Und wer könnte bei den Damen Martina Navratilova das Wasser reichen? Wo ist ihre Nachfolgerin?

Sport und der Drang, länger jung zu bleiben, passen bestens zueinander. Das wissen jene Firmen recht gut, die Schuhe für die aktive Freizeitgestaltung anbieten: Keds zum Beispiel stellt in einer zweiseitigen Anzeige zwei Fotos einander gegenüber, ein Schwarzweißfoto von zwei kleinen Mädchen und ein Farbfoto von zwei erwachsenen Frauen. Darüber steht: »Ihre Kindheit ist nicht verloren. Sie haben sie nur verkramt.« Im Text heißt es dann weiter: »Wahrscheinlich im Schrank hinter einem alten Memory-Spiel oder irgendwo unter einem Stapel von Bankbelegen für die Hausfinanzierung. Kramen Sie sie einfach hervor. Nutzen Sie sie. Tun Sie einfach etwas, was unglaublich un-erwachsen ist.« Keds hat unseren Trend perfekt verstanden. Kindheitserinnerungen aufstöbern und aktivieren, genau das ist es. Click!

Schon allein die Erwähnung des alten Memory-Spiels weckt nostalgische Erinnerungen. In unserer heutigen, von Videospielen geprägten Zeit, bei denen es nur noch auf die schnelle Koordination von Auge und Hand ankommt, ist es sehr interessant zu sehen, daß die guten alten Brettspiele – Scrabble, Backgammon, Schach – wieder im Kommen sind. Und wie steht es mit der ungeheuren Befriedigung, die ein erfolgreich zusammengesetztes Puzzle vermittelt? Lys, eine begeisterte Puzzlerin, vergleicht das Puzzeln mit dem Schreiben: Beides seien echte Herausforderungen. Man müsse das passende Wort oder Teil finden und an der richtigen Stelle plazieren. Auch archäologische Detektivarbeit, etwa die Rekonstruktion eines zerbrochenen Tongefäßes, ist damit vergleichbar.

Der Trend »Länger jung bleiben« zeigt sich auch in den Regalen der Buchhandlungen. Jetzt, da sich die laut Bevölkerungsstatistik am schnellsten wachsende Bevölkerungsgruppe in den USA der magischen 50 nähert (und ein weiteres Viertel der Bevölkerung bereits über 50 ist), wollen die Leute etwas über ihre eigene Vergangenheit, ihr eigenes Leben lesen. Sie wollen sich – sei es gelassen, sei es zähneknirschend – auch literarisch mit dem Älterwerden auseinandersetzen. »Midlife-Memoiren« sind »in«.

Erica Jong, die Erfolgsautorin von *Angst vorm Fliegen*, schreibt jetzt in *Fear of Fifty* (Angst vor der 50): »Sex ist nicht mehr von derart zentraler Bedeutung. Er ist sanfter, vielleicht weniger intensiv, aber garantiert besser.« Und die Publizistin Gloria Steinem (60) setzt sich in ihrem neuesten Buch (*Moving Beyond Words*) nicht mehr wie in einem früheren Werk mit dem »Kind im Innern« auseinander, sondern mit den »Hormonen im Innern«. Betty Friedan wollte mit ihrem Buch *The Fountain of Age* (Altersbrunnen) das Negativ-Image des Alterns in unserer Gesellschaft ändern. Beredt zählt sie die Vorteile des Alters auf und setzt »älter werden« mit »weiser werden« gleich. Demnächst geht in den USA auch ein spezieller Kabelkanal für Zuschauer über 50 auf Sendung.

Beinahe täglich bringen Radio und Fernsehen – Zeitungen ohnehin – Berichte über Menschen, die 100 Jahre und älter sind. Was dabei – neben diversen Geheimrezepten für ein gesundes hohes Alter – stets deutlich wird, ist, daß es auch jenseits der 100 noch ein lebenswertes Leben gibt. Man rechnet fest damit, daß in Zukunft die Zahl der Hundertjährigen ständig steigen wird. Und wie kann man sich im Marketing auf diese spezielle Gruppe einstellen? Fällt Ihnen dazu etwas Gutes ein? Clickverdächtig!

Blendende Aussichten auch für alle Produkte, die uns jünger erscheinen lassen, als wir sind – besonders jetzt, da die Baby-Boom-Generation sich den 50 nähert. Der alte Werbeslogan von Clairol (»Ob sie wohl ihre Haare färbt? Man weiß es nicht. Nur ihr Frisör kann es sagen.«) ist heute veraltet. Niemand macht sich mehr darüber Gedanken. Man tut es einfach. Er ebenso wie sie. Täglich werden neue Elixiere angepriesen, täglich neue Telefonnummern propagiert, unter denen man sich beraten lassen kann. Ständig empfehlen Bekannte unter der Hand neue Ärzte und Schönheitschirurgen. Wer heute sein Gesicht liften läßt, sieht hinterher meist natürlicher aus als vorher, weil inzwischen nicht nur die Haut, sondern auch die Muskeln ins Lifting einbezogen werden.

Dank der Fortschritte in der Wundheilungsforschung kann man sich vielleicht schon bald unters Messer begeben, ohne Narben zurückzubehalten. Denn Ärzte, die Föten im Mutterleib operierten, entdeckten, daß solche Operationen während der ersten fünf Schwangerschaftsmonate so gut wie keine Narben hinterlassen. Jetzt versucht man herauszufinden, welche pränatale Zellsubstanz für dieses Wunder verantwortlich ist, um sie zu isolieren und bei anderen Operationen zu nutzen.

Collagen-Injektionen, die eine schlaffe Haut für vier bis sechs Monate wieder straff und jugendlich erscheinen lassen, sind ebenso populär wie Elektroschockbehandlungen zur Revitalisierung ermüdeter Hautzellen. Auch bei der Haut tut sich etwas: Glykolsäurecremes machen die Haut glatter und jünger. Schon im ersten Jahr erzielte »Anew« von Avon in den USA einen Umsatz von 70 Millionen Dollar. Eine patentierte Feuchtigkeitsemulsion namens »Hydron Care« schlug beim TV-Einkauf alle amerikanischen

Rekorde: mehr als 750 000 Dollar Umsatz während einer einstündigen Sendung. Und ein Anti-Alterungs-Mittel, das jeder Filmstar, von Marlene Dietrich bis zu Cary Grant, kannte und nutzte und das aus einer rumänischen Klinik stammt, ist inzwischen auch in den Vereinigten Staaten erhältlich: GH3 von Vita Industries. Sie können sich aber auch für eine Lymphdrainage-Massage entscheiden, die zur Entschlackung des Körpers beiträgt, indem die Schadstoffe in die Lymphknoten geleitet und von dort ausgeschieden werden. Ihre Haut sieht danach gesünder aus.

Auch die Sprache zeigt, wer sich betont jugendlicher gibt. Früher, in der guten alten Zeit, als Erwachsene noch Erwachsene und Kinder noch Kinder waren, besaß jedes Lebensalter seine eigene, klar erkennbare Sprache. Damals sagten Sechzigjährige nicht »Pappilein« oder »abschnallen« (»etwas raffen« oder ähnliche Ausdrücke für Verstehen oder Nichtverstehen). Nicht zuletzt unter dem Einfluß von Jazz und Straßenslang wurde jedoch alles anders. In den zwanziger Jahren führte der Jazzmusiker Cab Calloway das Wort »cool« im Sinne von »gut, prima, klasse« ein. Andere ersetzten diese Worte durch »spitzenmäßig« oder »stark«. Doch was heute anders ist: Dieser Sprachgebrauch (einschließlich der Begleitgesten) zieht sich quer durch alle Generationen und Schichten. »Cool« ist zum Beispiel immer noch »in«. Eine völlig neue Redeweise haben die Rapper unserer Tage geschaffen. Beim Hip-Hop werden uns Wörter mit doppelter und dreifacher Bedeutung an den Kopf geworfen, doch was wird davon im Wortschatz übrigbleiben? »Bumpin« heißt soviel wie »gut«, »ultra« ist sogar noch besser. »Relaxen« ist angesagt, wenn die Sache wirklich »cool« ist. Statt »Guten Tag« sagt man heute vielfach »Hallo«, statt »Auf Wiedersehen« »Tschüß« (in den USA »Holla holla«).

»Mr.«, »Mrs.« und »Ms.« kommen immer mehr aus der Mode. Solche Anreden sind vielen zu steif und formell. Auch in Deutschland geht man immer öfter zur Anrede mit Vornamen über. Alter ist nicht mehr länger Grund für respektvolle Distanz. Kinder reden ihre Eltern locker mit Vornamen oder gar mit Spitznamen an. Und mit dem Schwinden der Generationenperspektive werden auch Begriffe wie »Tante« und »Onkel« allmählich obsolet.

Daß Eltern sich immer häufiger im Turnschuhlook wie Teenager kleiden, zumindest in ihrer Freizeit, hat nicht wenig zur Nivellierung der Generationsunterschiede beigetragen. (Sogar ein deutscher Minister erschien vor einiger Zeit mit Turnschuhen und Jeans im Parlament.) Früher sahen alte Leute wirklich »alt« aus. Selbst im Sommer trugen sie Anzüge, Hüte und Handschuhe. In Bekleidungs- und Modehäusern gab es klar abgegrenzte Abteilungen (und oft getrennte Stockwerke): die Damenabteilung; die jugendliche Mode; die Twen-Boutique und so weiter. Niemand über 16 trug früher Latzhosen, allenfalls Handwerker oder Landarbeiter. Und heute? Was uns ferner interessieren würde: Was passiert, wenn die gegenwärtige

Baseballkappen-Mode einmal zu Ende geht? Sind dann auch die Haare auf dem Kopf verschwunden?

Mit den technischen Mitteln des elektronischen Medienzeitalters können Filmstars auf ewig jung bleiben, kann man die Unterschiede zwischen Gegenwart und Vergangenheit verwischen. Andy Warhol kommt, obwohl längst verstorben, auf Anzeigen in den modernsten Khakihosen daher. Und im Text heißt es: »Wir sind jedes Alter. Nicht das, was der Kalender anzeigt. Wir sind so alt, wie wir uns selbst sehen.« In dieser Richtung wird sicher noch einiges auf uns zukommen.

Vielleicht können wir bald mit der jungen Marie-Antoinette Kontakt aufnehmen oder mit dem 80jährigen Winston Churchill. Auch für therapeutische Zwecke läßt sich dieses virtuelle Eintauchen in die Vergangenheit nutzen: Vielleicht kann man sich schon bald in die eigene Kindheit zurückversetzen und sich mit seinen Eltern während einer kritischen Phase auseinandersetzen. Oder tiefsitzende Angst und Phobien kurieren, indem man sich an den Ausgangspunkt begibt und die Konflikte dann bewältigt – direkt am Gerät, das die virtuelle Realität erzeugt. Nichts ist wahr und alles ist wahr. Das gilt auch für unser Alter. Als »real« hat dann zu gelten, »was wir gerade sehen«.

Zur Konfusion der Zeitebenen und Altersbegriffe trägt auch bei, daß wir uns immer länger an die Popstars von gestern klammern. Es treten kaum neue, jüngere Stars an ihre Stelle. Das *New York Magazine* brachte eine Story über den 70jährigen Paul Newman als Sexidol. Und wer unter den jüngeren kommt gegen den Sexappeal der 55jährigen Tina Turner an? Das Durchschnittsalter der Moderatoren und Sprecher der populärsten Nachrichtensendung des amerikanischen Fernsehens, »60 Minutes«, liegt inzwischen bei Mitte sechzig. Mick Jagger, mittlerweile Großvater, und seine Rolling Stones zeigen keinerlei Alterserscheinungen; nach wie vor sind sie erfolgreich auf Tournee, um Werbung für ihre neueste CD zu machen. Die *Star Trek*-Crew hat nach langen Jahren im »Weltraum« Bäuche angesetzt und trägt Toupets. Und so weiter und so weiter.

War das Comeback von Barbra Streisand wirklich meisterhaft getimt, oder war es purer Zufall? Jedenfalls äußerte die inzwischen 53jährige, sie habe über Jahrzehnte Angst vor Publikumsauftritten gehabt und sei deshalb der Bühne 27 Jahre lang ferngeblieben. Als sie dann endlich eine erste Serie neuer Live-Konzerte ankündigte, waren die Auftritte innerhalb weniger Minuten überall restlos ausverkauft – und das bei Preisen von 350 Dollar für einen guten Platz. Die offiziellen Fanartikel wie T-Shirts und Baseballkappen, ebenfalls nicht ganz billig, gingen bei den Konzerten weg wie warme Semmeln. Herrenkrawatten mit Fotocollagen aus Barbras Karriere kosteten 60 Dollar. Aber sie waren den gealterten Fans offenbar so viel wert. Verjüngung als Big Business.

Und was sagt uns das, wenn wir uns mit entsprechenden Geschäftsideen unseren Kunden nähern? Mit Nostalgietrips in die Vergangenheit? »Länger jung bleiben«, sich jünger machen und sich jünger fühlen, das inspiriert. Ein echter Click.

Auch Lachen macht jünger. Wer Spaß hat und Späße macht, wirkt immer jung. Wer sich wie ein Kind freuen kann, bleibt länger jung. In La Jolla, Kalifornien, hat sich eine Gruppe namens »University of Light Hearts« zusammengefunden. Ihr Motto: »Ein Tag ohne Lachen ist ein verschwendeter Tag.« Bei den monatlichen Treffen geht es um Aufgaben wie die folgenden: »Erfinden Sie für die Mitglieder Ihrer Familie lustige Spitznamen« oder »Suchen Sie sich ein möglichst albernes Spielzeug und stellen Sie es auf Ihren Schreibtisch«. Comedy ist immer beliebt: auf der Bühne, im Fernsehen, im Radio, in Büchern und in Comics. Im amerikanischen Fernsehen gibt es einen eigenen Comedy-Kanal. Und die beliebten Komiker treten nicht nur auf, sondern sie schreiben auch Bücher, die eine große Leserschaft finden. Oder denken Sie an Sendungen wie *Verstehen Sie Spaß?* und Slapstick à la Monty Python. Je absurder, desto besser. Und wir schütten uns aus vor Lachen ...

Das amerikanische Trend-Magazin *Wired* zitiert eine Umfrage unter Erwachsenen, bei der viele den Wunsch äußerten, irgendwo »mit anderen Erwachsenen herumlungern, High-Tech-Spiele spielen und sich wieder wie Kinder benehmen zu können«. Daraufhin entstand »Block Party«, ein Vergnügungscenter mit Spielhalle, wo sich die über 45jährigen austoben können. Niemand unter 18 hat Zutritt – es sei denn, in Begleitung seiner Eltern. Bislang existieren solche Einrichtungen in Albuquerque und Indianapolis. Sicherlich werden es bald mehr sein. Ein Click für erwachsene Kinder!

Eine permanente Marktchance bietet sich all jenen, die von Kindern bevorzugte Nahrungsmittel auch für Erwachsene anbieten, ob es sich um Chicken McNuggets von McDonald's, um Nutella-Brotaufstrich, um Schokoriegel, Gummibärchen, Kaugummi oder andere Süßigkeiten handelt. Wenn Thomas Gottschalk in der Fernsehwerbung Gummibärchen nascht, wird mancher Erwachsene wieder zum Kind und tut es ihm nach. Länger jung bleiben ...

Wenn langlebige Produkte wie Levi's Jeans oder Coca-Cola mit entsprechenden Slogans für sich werben (»Einmal Coca-Cola, immer Coca-Cola«), wecken sie – gewollt oder unbewußt – bei Erwachsenen auch Erinnerungen an die eigene Kindheit. So ist auch Nostalgie im Spiel, wenn man der Uralt-Paßform seiner Jeans die Treue hält.

Und selbst die gute alte Vinyl-Schallplatte kommt wieder zu Ehren – wenigstens in den USA. Als Single und als Langspielplatte. Pearl Jams neuester Titel, »Vitalogy«, kam mit mehr als 35 000 verkauften Exemplaren in die Top-Charts *Billboard*. Bemerkenswert daran ist: Das Album erschien nur auf Vinyl. Ein Titel daraus, »Spin the Black Circle«, ist eine Verbeugung vor der alten Wiedergabetechnik, mit der wir groß geworden sind. Wie viele Erinnerungen hängen an alten Singles? Genau dies spricht der Sänger Eddie Vedder in seinem Song an. Bei Mariah Careys Hit »Dream Lover« wurden sogar absichtlich nostalgische Kratzgeräusche in die Aufnahme gemischt. Sicher wird man bald die Flohmärkte nach gut erhaltenen Plattenspielern durchkämmen. Und Sonys neuer 100-CD-Wechsler erinnert uns mächtig an eine alte Jukebox. Vier Tage lang kann man damit ununterbrochen Musik hören. Was kommt als nächstes wieder? Die gute alte mechanische Schreibmaschine?

Das Spielzeug aus Ihren Kindertagen wird langsam wieder modern. Für die jüngste Generation sind diese nichttechnischen Spielzeuge längst Klassiker. Zu Zehntausenden werden inzwischen wieder Stabilbaukästen verkauft – eine Rückkehr zum Konzept »Aufbauen und wieder abbrechen«. Ferngesteuerte Autos, Flugzeuge und Boote sind eine neue (alte) Möglichkeit für Väter, mit ihren Sprößlingen wieder jung zu werden. Auch das Briefmarkensammeln erlebt eine Renaissance.

Manche Dinge aus der guten alten Zeit sprechen gleich mehrere Generationen an. Beispielsweise die Neuauflage des Classic Cruiser von Schwinn aus dem Jahr 1933: ein Fahrrad ohne Gangschaltung, mit Fußbremse und Rücktritt. Weil es so einfach zu handhaben ist, gefällt es besonders kleineren Kindern – und Nostalgikern, die es wegen seines Charmes lieben. Für manche ist es ein regelrechter Click, wenn sie irgendwo auf Jo-Jos, Murmeln und alte Puppen stoßen. »Diese altmodische Puppe ist wunderschön angezogen und sieht genauso aus wie jene, mit der ich früher gespielt habe«, schwärmte eine Mutter, als sie ihrer Tochter im Nature-Company-Laden eine Madame-Alexander-Puppe kaufte.

Die Stars der Woodstock-Generation sind immer noch oder wieder aktuell; Santana, Joe Cocker und andere waren bei der Wiederauflage im Jahr 1994 dabei. Jack Kerouacs Kultbuch über die rastlose, erfahrungshungrige Beat-Generation, *On the Road*, 1957 erstmals erschienen, wird wieder viel gelesen und zur Zeit von Francis Ford Coppola verfilmt. (Auch auf CD-ROM erhältlich.)

Nostalgie ist jedoch nur ein Aspekt des Trends »Länger jung bleiben«. Letztlich geht es weder darum, das eigene Alter zu ignorieren, noch dagegen anzugehen, vielmehr wendet sich der Trend gegen stereotyp »altersgemäßes« Verhalten. Wer alt ist, muß sich deshalb noch nicht wie ein Alter benehmen. »Länger jung bleiben« hat im wesentlichen mit sich wandelnden Erwartungen, Träumen, Wünschen und Visionen zu tun. Man muß weiterhin bereit sein, sich zu verändern, zu wachsen und »ia« zu sagen zum Leben mit all seinen Möglichkeiten. Ein Werbeslogan, den wir kürzlich in der New Yorker U-Bahn sahen, gefällt uns sehr. Es ist ein Zitat der viktorianischen Romanschriftstellerin George Eliot (eigentlich Mary Ann Evans): »Es ist niemals zu spät, das zu werden, was du hättest sein können.« Das ist die richtige Einstellung. So kann es auch bei Ihnen clicken.

18. Kapitel

14. Trend – Der wehrhafte Verbraucher

»Ein Gramm Handeln ersetzt eine ganze Tonne Theorie.«

FRIEDRICH ENGELS

»Wenn du nicht zur Dampfwalze gehörst, bist du Teil der Straße.«

GREGORY RAWLINS

Immer auf der Hut. Das ist der Verbraucher von heute. Selbst wenn er schläft, bleibt ein Auge wachsam. Wir lassen uns nicht mehr für dumm verkaufen. Wir sind entschlossen, unsere Interessen wahrzunehmen und zu schützen. Und wehe der Firma oder Gruppe, die versucht, uns übers Ohr zu hauen! Wir sind auf dem Sprung, gespannt wie ein Flitzebogen. Und dabei handelt es sich nicht nur um jene wütende Minderheit, die mit geballten Fäusten protestiert (per Telefon, E-Mail, Fax, Streikposten oder Protestmarsch). Denn die wehrhaften Verbraucher sind weit verbreitet. Mißtrauen und Unzufriedenheit nagen in uns allen.

Wann immer Sie die Wut auf ein Unternehmen packt, das sich auf Ihre persönlichen Kosten bereichert hat, und Sie es dann nicht beim Ärgern belassen, sondern sich hinsetzen und Ihrem Unmut in einem Brief Luft machen, zählen auch Sie zu den wehrhaften Verbrauchern. Wann immer Sie beschließen, auf ein bestimmtes Produkt oder eine bestimmte Dienstleistung zu verzichten, weil Ihnen die Politik des betreffenden Unternehmens mißfällt, üben Sie Ihr Recht als wehrhafter Verbraucher aus. Selbst wenn Sie etwas so Simples tun wie den Fernseher ausschalten, weil Ihnen eine Sendung zuviel Anstößiges zeigt, haben Sie sich zum wehrhaften Verbraucher entwickelt.

Im Grunde geht es immer um ein und dasselbe: Mangel an Vertrauen. Wehrhafte Verbraucher mißtrauen den Motiven, den Verkaufsstrategien und den Spitzenmanagern der Unternehmen. Wir sind es leid, immer wieder mit teuren Anzeigen voll falscher Versprechungen umworben zu werden. Und wenn wir Aufkleber mit der Aufschrift »Neu« oder »Jetzt noch besser« sehen, bleiben wir skeptisch. »Wer's glaubt, wird selig«, schießt es uns durch den Kopf. »Das ist doch alles nur ein abgekartetes Spiel, um uns das Geld aus der Tasche zu ziehen. Mehr Geld für weniger Leistung.« (Nach unserer Feststellung hat sich die Anzahl der Kleenex-Tücher bei gleicher Packungsgröße von 95 über 85 auf inzwischen 70 reduziert.)

Uns wehrhaften Verbrauchern kommt es nicht auf das Äußere an, wir wollen Substanz und Inhalt. Ehrlichkeit statt schöner Verpackung. Antworten statt Pressemitteilungen. Die wehrhaften Verbraucher setzen Gefühle in Aktionen um. Die Brieftasche wird zur Waffe, der Einkauf zum Krieg. Feind ist jeder, der nicht auf unsere wahren Bedürfnisse eingeht. Und wir wehrhaften Verbraucher wissen, daß unsere Stärke in unserer Anzahl liegt. Oft kämpfen wir um den Erhalt von Dingen, die uns am Herzen liegen (die Familie, die gemeinsam mit ihr verbrachte Zeit, das Wohlergehen der Tiere etc.). Oder wir treten für etwas Bestimmtes ein (vegetarische Ernährung, Rede- und Meinungsfreiheit etc.). Wenn wehrhafte Verbraucher triumphieren, ist das für uns ein Click.

Wehe dem Unternehmen, dem Politiker oder der Gruppe, die heutzutage wehrhaften Verbrauchern in die Quere kommen! Denn im Zeichen der High-Tech-Kommunikation stehen uns geeignete Protestmittel in Hülle und Fülle zur Verfügung. Die Zeit arbeitet für uns. Das Kommunikationstempo auch. Zehntausende können in kürzester Zeit per Fax, E-Mail oder Voice Mail ihre Meinung kundtun. Und zwar so, daß die Leitungen heißlaufen und den Betroffenen Hören und Sehen vergeht. Diese elektronische Zauberei hat auch in der Politik ihre Spuren hinterlassen. Wo Politiker früher noch unter sich bleiben und Eindringlinge mit Bemerkungen wie »Ich werde darüber nachdenken« oder »Lassen Sie mich mal in Ruhe darüber schlafen« abwimmeln konnten, regiert heute das atemberaubende Tempo elektronischer Kommunikation. Jede Antwort, jede Abstimmung, jede Bemerkung muß unverzüglich auf Wählervoten und Wählermeinungen reagieren.

Als das ehrwürdige Repräsentantenhaus der Vereinigten Staaten als Gesetzgeber den Versuch unternahm, im Rahmen eines Erziehungsgesetzes auch den, eigentlich selbstverständlichen, Passus zu verankern, daß alle Lehrer in ihren Unterrichtsfächern die entsprechende Qualifikation nachzuweisen hätten, war der Teufel los. Niemand hatte eine derartige Protestwelle vorhergesehen. Doch der Gesetzgeber hatte schlicht übersehen, daß auch die Tutoren von mehr als 700 000 Kindern, die in den USA zu Hause unterrichtet werden, im Normalfall also die Eltern, eine solche Qualifikation hätten nachweisen müssen. Im Nu waren sämtliche Telefon- und Faxleitungen in Washington von aufgeregten Befürwortern des häuslichen Unterrichts blockiert. Die Botschaft der Wähler war so eindeutig, daß der fragliche Passus schließlich mit 421 zu einer Stimme abgelehnt wurde. So machen sich wehrhafte Verbraucher in konzertierten Aktionen bemerkbar: schnell und unübersehbar.

Heutzutage können Drittkläßler dem Weißen Haus per E-Mail jede Menge Fragen und Beschwerden übermitteln. Und daß das Amerika der großen Konzerne in seinen Grundfesten erschüttert ist, wissen Sie spätestens, wenn Sie hören, daß sich in bestimmten Firmen aus dem Kreis der »Fortune 500« (beispielsweise Lotus) spezielle Abteilungsleiter ausschließlich mit ethischen Fragen befassen. In diesen Ressorts geht es dann beispielsweise um die sexuelle Diskriminierung am Arbeitsplatz oder in der Werbung. In vielen Familien ist es inzwischen schon Usus, daß Eltern und Kinder gemeinsam entscheiden, welche Produkte welcher Firmen gekauft werden. Wichtiger Punkt bei solchen Entscheidungen: eine moralisch einwandfreie, verantwortungsvolle Unternehmenspolitik.

Kämpferische Eltern

Der Trend zum wehrhaften Verbraucher verschaffte nicht zuletzt einer immer größer werdenden Gruppe von Eltern Auftrieb, die wir »kämpferische Eltern« nennen. Diese Eltern kämpfen nicht für sich selbst, sondern für die Zukunft ihrer Kinder. Langsam bringt das gebündelte Augenmerk dieser Bevölkerungsgruppe für Themen, die sonst meist isoliert behandelt werden, Erfolge mit sich: Die Lese- und Schreibfähigkeit der Kinder, Schutzimpfungen im Kindesalter, Ernährungsfragen, zu Aggressivität verleitendes Spielzeug, Fernseh- und Musikdauerkonsum – aus all diesen Themen wurden Kampagnen einer landesweit operierenden Bewegung.

Als Folge ihrer zunehmenden Berufstätigkeit (mittlerweile fast 60 Prozent) bringen die Frauen ihre diesbezügliche Erfahrung ein, wenn sie in kämpferischer Manier Schulbehörden, die Konsumgüterindustrie und die Anbieter von Unterhaltungssendungen aufrütteln. Barney, der kleine lilafarbene Dinosaurier (Jahresumsatz 500 Millionen Dollar), ist das Geschöpf einer Mutter aus Houston, Texas, die sich wegen der Überschwemmung des Marktes und der Kinderzimmer mit aggressivem Spielzeug Sorgen machte. Und eine Gruppe kämpferischer Eltern, denen die sexistischen Botschaften in den Computerchips der sprechenden Barbie- und Ken-Puppen nicht paßten, schritt auf folgende Weise einfallsreich zur Tat: Ganz ruhig und ohne Medienrummel gingen sie in Spielzeugläden, öffneten dort schnell die Verpackungen, stellten die Sprechvorrichtungen der Puppen anders ein und verließen die Geschäfte wieder. Barbie kommandierte nun mit tiefer Stimme unhöflich andere herum, während Ken sich leise säuselnd zum Essen verabredete. Die Kunden tauschten diese Puppen entrüstet um, doch die Aktion hatte ihr Ziel erreicht: die Geschlechtsstereotype bewußt zu machen und zum Nachdenken anzuregen.

Kämpferische Eltern können auch bei der Bekämpfung des mutmaßlichen Drogenkonsums ihrer Sprößlinge aktiv werden. Nachdem der Sohn des Schauspielers Carroll O'Connor an einer Überdosis Drogen gestorben war, schwor O'Connor diese sinnlose Zerstörung eines jungen Lebens zu rächen, und verklagte den Dealer, der die tödliche Dosis verkauft hatte.

Wenn Eltern direkt in die Lösung sozialer Probleme einbezogen werden, lassen sich diese sicher leichter lösen. Deshalb kam dem Polizeibeamten Mike Tracy in East Hampton, New York, folgende Idee: Um Eltern auf das Fehlverhalten ihrer Kinder aufmerksam zu machen, sollten die Ortspolizisten die Kinder am Wochenende mit der Videokamera aufnehmen. Folgendes könnte passieren: Gerade hat ein Vater oder eine Mutter eine Wagenladung Kinder am Kino abgesetzt. Kaum ist das elterliche Auto außer Sichtweite, machen die Kinder kehrt, gehen nicht ins Kino, sondern versammeln sich statt dessen auf einem Parkplatz in der Nähe, wo sie herumlungern, rauchen, sich prügeln und Autos demolieren. Natürlich könnten die Polizisten auch Eltern aus dem Ort zu einer Streifenfahrt am Freitag- oder Samstagabend einladen, damit sie sich selbst ein Bild machen können, was ihre Sprößlinge so treiben. Nachahmenswert, überall im Lande!

Verbraucherboykotts

Um der ziellosen Angst und Wut unter den Verbrauchern eine Richtung zu geben und entsprechende Boykottaktionen zu unterstützen, erscheint in Seattle das Magazin *Boycott Quarterly*. Hier findet man die Argumente, warum man sich über 150 einschlägigen Boykottaktionen anschließen sollte. Irgendeine ist immer aktuell. Und sei es, daß Sie sich dem Boykott gegen Disney wegen der Einstellungspraxis des Konzerns anschließen (keine Angehörigen ethnischer Minderheiten, insbesondere keine Chicanos). Auch der Newsletter *Bottom Line* (Unterm Strich) glänzt mit widerborstigen Informationen und Tips: etwa, wie man heimlich herausfinden kann, ob der eigene Buchhalter oder Steuerberater kompetent ist, welche Fluggesellschaft am wenigsten auf Sauberkeit achtet, wie man sich im Krankenhaus eine erstklassige Behandlung erschleichen kann und so weiter und so weiter.

Vater der modernen Bewegung »wehrhafte Verbraucher« dürfte der Verbraucheranwalt Ralph Nader sein. Er zeigte den Amerikanern, daß man eine Menge erreichen kann, wenn man unerschrocken den Mund aufmacht. Zum Helden wurde Nader, als er den Autoherstellern in seinem Buch *Unsafe at Any Speed* laut und deutlich mitteilte, daß ihre Autos nicht sicher genug seien. Das Buch erschien 1965, in einer unruhigen Zeit: Damals dominierten die Studentenproteste gegen den Vietnamkrieg, Sitins, das Erstarken der Frauenbewegung, die Schwulen- und Lesbenbewegung und die Bürgerrechtskampagne die Schlagzeilen. Damals also begann auch die Verbraucherbewegung. Heute, nach drei Jahrzehnten, haben wir Amerikaner uns daran gewöhnt, nichts mehr ohne Protest hinzunehmen: keine schlechte Bedienung in einem Laden und keine Entscheidung, die gegen unsere tiefsten moralischen Überzeugungen verstößt.

Musterbeispiel des wehrhaften Verbrauchers der neunziger Jahre ist der Fernsehjournalist und Filmemacher Michael Moore. Zunächst legte er sich in seinem sarkastischen Low-budget-Dokumentarfilm *Roger and Me* mit General Motors an. Anschließend produzierte er bei NBC einen Sommer lang ein TV-Magazin namens *TV Nation*. Schonungslos und wagemutig deckte er mit der Kamera die Mißstände auf, etwa, daß New Yorker Taxifahrer eher einen als Zirkusclown verkleideten Weißen einsteigen ließen als einen korrekt gekleideten schwarzen Geschäftsmann. Oder er veranstaltete eine Zuschauerumfrage, welches Land die USA denn 1995 mit einer ihrer Invasionen »beglücken« sollten. »Ich will die Leute wütend machen«, so Moore. »Ich will, daß Sie den Hintern hochkriegen und etwas tun.« In einer seiner Sendungen kampierte Moore vor der Ford-Zentrale, lauerte dem Konzernchef Alex Trotman auf und forderte ihn auf, vor laufender Kamera zu beweisen, daß er die Ford-Autos zumindest so gut kannte, um eigenhändig einen Ölwechsel an einem Bronco durchführen zu können. »Beweisen Sie's«, lautete die Parole dieser und anderer Sendungen.

Autos, Autos und nochmal Autos. Wir sind bereits so abhängig von unseren blechernen Gefährten, daß wir ratlos sind und entsetzlich böse werden, wenn ein neuer Wagen nicht richtig funktioniert. Und wir revanchieren uns, wo und wie immer wir können. Wie wäre es beispielsweise mit einem Schild am eigenen Auto: »Mein Wagen ist ein Montagsauto und verdient die goldene Zitrone.« Kein Autohändler am Ort möchte auf Dauer so bloßgestellt werden. Indessen gibt es auch positive Beispiele für die Kulanz von Autofirmen. Eine unserer Bekannten, die einen Honda Baujahr 1991 fährt, erinnerte sich an einen Rückruf der Händler für das gleiche Modell Baujahr 1990; als sie Probleme mit ihrem Zündverteiler bekam, schrieb sie deshalb an den Hersteller. Unter Angabe der Seriennummer und mit dem Hinweis darauf, daß sie ihren Wagen schon sehr früh im Jahr 1991 gekauft hatte, fragte sie, ob auch ihr Auto noch unter die Rückrufaktion falle. Honda übernahm die Reparaturrechnung anstandslos. Und natürlich wird unsere Freundin dieser Marke ihr Leben lang treu bleiben …

Daß Autowerkstätten bei Verbrauchertests notorisch schlecht abschneiden, ist nichts Neues mehr. Hier noch ein weiteres (wortgetreu wiedergegebenes) Beispiel, ein Werkstatterlebnis von mir selbst mit meinem New Yorker Ford-Händler. Das Telefonat mit einem mir namentlich nicht bekannten Angestellten verlief folgendermaßen:

Faith: »Ich bin in höchsten Nöten. Meine Kühlwasserleitung ist undicht, und ich muß dringend zu einem Termin nach East Hampton rausfahren.«

Angestellter: »Aber wir haben von 12.30 Uhr bis 13.30 Uhr Mittagspause.«
Faith: »Ich bin ganz in ihrer Nähe. Ich könnte um 12.40 Uhr bei ihnen sein.«
Angestellter: »Gibt es an ihrem Arbeitsplatz denn keine Mittagspause?«
Faith: »Nicht, wenn ich einen Kundentermin habe.«
Angestellter: »Dann sollten Sie vielleicht lieber für Ford arbeiten.«

Sturheit und schlechter Service sind nur zwei der immer wieder geäußerten Kritikpunkte. Die Liste ließe sich beliebig verlängern: unnötige Reparaturen; Einbau gebrauchter und Berechnung neuer Ersatzteile; schlampige Arbeit; Rechnungen, die dreimal so hoch sind wie der Kostenvoranschlag …

Eine Bürgerinitiative, die deutlich zeigt, welche Macht von den richtigen Aktionen zur richtigen Zeit ausgeht, ist MADD (Mothers Against Drunk Driving). Diese Initiative hat unser Bewußtsein geschärft, daß Alkohol am Steuer kein Kavaliersdelikt ist. Man übte politischen Druck zur Verschärfung der Strafbestimmungen aus. Und sozialen Druck, die Fahrerin oder den Fahrer zu bestimmen, bevor alle Alkohol getrunken haben (heute vor Parties ein selbstverständliches Ritual). Die Aktivitäten dieser engagierten Gruppe sind einer der Gründe, warum in den USA die Zahl der Verkehrstoten durch Alkoholeinwirkung im letzten Jahrzehnt um ein Drittel gesunken ist.

Weitere Ziele für Bürgerinitiativen und Verbraucherkampagnen? Als nächstes wird man heftig um das Konzept ringen, die Steuern je nach Inanspruchnahme staatlicher Institutionen und Dienstleistungen zu differenzieren. Verbitterte Steuerzahler werden den Slogan »Warum sollen wir Steuern für etwas zahlen, was wir gar nicht in Anspruch nehmen?« zu ihrem Kampfruf erheben. Warum sollten Sie, wenn Sie kinderlos sind, nicht die Möglichkeit haben, für das öffentliche Schulwesen weniger Steuern zu zahlen als andere, deren Kinder diese Schulen besuchen? Sollten die Vielfahrer nicht mehr für den Unterhalt des öffentlichen Straßennetzes zahlen als jene, deren Auto meist in der Garage steht? Wird man in Zukunft mit der Steuererklärung eine Liste der in Anspruch genommenen Dienste einreichen? Und eine Liste der künftig gewünschten Dienstleistungen? Keine Müllabfuhr mehr? In Ordnung. Keine Briefzustellung mehr? Wie Sie wünschen.

Wenn Sie keinen Postboten mehr sehen wollen, weil er Sie ohnehin nur mit unerwünschten Werbesendungen behelligt, dann gibt es noch einen einfacheren Weg. In den Vereinigten Staaten gibt es die Möglichkeit, sich bei einer zentralen Stelle registrieren zu lassen, die fortan dafür sorgt, daß man für fünf Jahre von Reklamesendungen verschont wird. So läßt sich die störende Papierflut weitgehend, wenn auch nicht vollständig eindämmen.

Seinen Eintrag im Telefonbuch kann man ebenfalls streichen lassen, möchte man telefonischer Belästigung entgehen. Störende Anrufe kommen ohnehin immer zur falschen Zeit. Michael Jacobson, Mitbegründer des Center for the Study of Commercialism, einer gemeinnützigen Forschungsorganisation in Washington, D. C., teilte uns mit: »Die meisten ärgern sich sehr über aufdringliche Anrufe, und ich hoffe nur, daß genügend Leute juristische Schritte einleiten, damit die Firmen, die Telefonmarketing betreiben, endlich begreifen, welches Ärgernis ihr Anruf ist, wenn man gerade beim Essen sitzt. So kann man keine seriösen Geschäfte machen.« In einer Folge einer amerikanischen TV-Serie fertigt ein derart Belästigter den Anrufer sehr geschickt ab: »Tut mir leid. Wir essen gerade. Geben Sie mir doch bitte Ihre private Telefonnummer, und ich rufe später zurück.« Wir haben das auch selbst ausprobiert. Meist gerät der Telefonverkäufer ziemlich schnell aus dem Konzept und erwidert : »Sie können mich doch nicht zu Hause anrufen!« Und dann liegt Ihre Antwort auf der Hand: »Gut, also belästigen Sie mich bitte auch nicht zu Hause.« Click. Das war's.

Verärgerte Verbraucher

Ein offenkundiges Merkmal der Verbraucher in den neunziger Jahren: Sie sind im höchsten Maße ungeduldig und im Nu auf hundert. Haben Sie sich die Leute schon einmal genau angesehen, die vor der Kinokasse, im Supermarkt, im Restaurant oder im Postamt Schlange stehen? Finden Sie nicht auch, daß diese geballte Unruhe jederzeit zur Explosion führen kann? Das muß nicht gleich in Gewalt ausarten, aber irgendein ganz normaler Mensch könnte doch plötzlich einen fürchterlichen Wutausbruch bekommen, weil seine Geduld einfach am Ende ist.

Wer in einer Warteschlange steht, sollte beschäftigt und bei Laune gehalten werden. Warum also nicht den an der Kinokasse Wartenden Popcorn verkaufen? Warum sind in Banken und Postämtern zur Stoßzeit nicht mehr Schalter geöffnet? Unser örtliches Postamt befindet sich jetzt in einem großen, häßlichen Neubau, dreimal so groß wie das alte Gebäude. Der gesamte Eingangsbereich ist äußert großzügig gestaltet, trotzdem sitzen nach wie vor nur zwei Beamte hinter zwei Schaltern. Und deshalb gibt es wie eh und je zwei lange Warteschlangen.

Ein neues Forum für Wutausbrüche und wehrhafte Wachsamkeit bietet sich im Cyberspace. Als ein Rechtsanwaltsehepaar aus Arizona die Frechheit besaß, seine Dienste über das Internet zu annoncieren, fielen buchstäblich Tausende wütend über die beiden her. Die Reaktionen reichten bis zu Morddrohungen. Hier handelte es sich um einen krassen Bruch der Network-Etikette, und gegen die Sünder wurden harte Sanktionen verhängt: Sie wurden mit Berufsverbot belegt, aus der Anwaltskammer ausgeschlossen, und ihr Zugang zum Internet wurde gesperrt. Das war Mitte 1994. Doch die Leichtigkeit, mit der man auf diesem Wege augenblicklich, direkt und billig Millionen Menschen gleichzeitig eine Botschaft schicken kann, setzt die alten Systeme und Standesgepflogenheiten immer stärkerem Druck aus. Neue kommerzielle Botschaften müssen nur noch etwas besser getarnt sein als die der Juristen aus Arizona, um ohne Protest durchzugehen. Etwas mehr Cyberspace-Jargon reicht schon aus. »Please help« klingt einfach besser als »Ich biete meine Dienste an«. Die digitale Geschäftspost kann inzwischen auch schon direkt in die richtigen Kanäle geleitet werden: über World Wide Web.

Bei einem weiteren Online-Zwischenfall zerstörte ein selbsternannter Sittenwächter im Internet mehr als 150 Botschaften von Michael Wolff, dem Autor der NetGuide-Selbsthilfe-Computerhandbücher. Mit Hilfe des Hackerprogramms Cancelmoose machte sich dieser Wachhund der guten Sitten daran, alle anstößigen Botschaften zu löschen. Anschließend ließ er die gesamte Internet-Gemeinde wissen, Wolffs Texte, in denen es um sein neuestes Buch ging, seien in Wahrheit eindeutig Werbeanzeigen gewesen und hätten somit gegen die Regeln und den Geist des Internet verstoßen.

Ein Beruf mit Zukunftsperspektive im Cyberspace: Verbrechensbekämpfung. Einer der amerikanischen Spitzenpolizisten im Cyberbereich ist Sergeant Jim McMahon, der hinter den Schurken her ist, welche die Datenautobahn für ihre Zwecke mißbrauchen. Sein Job reicht von der Überprüfung der Gesprächskreise auf der Suche nach Kinderpornographie und ähnlichen Verstößen bis hin zum Aufspüren professioneller Hacker, die als Diebe und Betrüger Sicherheitssysteme knacken und sich Zugang zu den Bankkonten anderer Leute verschaffen. McMahon und seine Kollegen auf unterschiedlich vielen Ebenen und in verschiedenen Ländern sind wahre Pioniere auf diesem rasch expandierenden Gebiet. Da gestohlene Computer ähnlich wie gestohlene Autos in speziellen Werkstätten umfrisiert und in Einzelteile zerlegt werden, ist der entsprechende Zweig der Cyberspace-Verbrechensbekämpfung mit der herkömmlichen Polizeiarbeit vergleichbar: verdeckt ermitteln und dann im geeigneten Moment vor Ort zuschlagen.

Auch auf der Datenautobahn muß die Einhaltung moralischer und ethischer Mindeststandards überwacht werden, so schwierig das auch sein mag. Wie kann man das E-Mail-System von Haßtiraden und Beschimpfungen freihalten? Wie von Neonazis, Bigotten aller Schattierungen und Rassenfanatikern? Wie kann man verhindern, daß jungen Benutzern manipulierte »Fakten« als unbezweifelbare Wahrheiten präsentiert werden? Und als ob das nicht schon genug wäre, tummeln sich im Internet zunehmend auch Glücksritter mit ihren Versprechungen schnellen Reichtums. Alle Investmentbetrügereien, die es auch außerhalb der Computerwelt gibt, feiern im Cyberspace nochmals fröhliche Urständ.

Ein anderer großer Bereich, in dem sich die wehrhaften Verbraucher tummeln, hat im weitesten Sinne mit unserer Gesundheit zu tun – von der Ernährung über den Arzneimittelmarkt bis zu Wasch- und Putzmitteln. Im Ernährungssektor sind die selbsternannten »Essenspolizisten« (Food Cops) vom Center for Science in the Public Interest aktiv. Den Anfang machten Sie mit Analysen des hohen Fett- und Salzgehalts in den typischen, beliebten Speisen chinesischer und italienischer Restaurants. »Fettucine Alfredo« war in ihrer pointierten Ausdrucksweise »ein Herzinfarkt auf dem Teller«. Als nächstes schlug man Alarm gegen die fettigen, salzigen, aber so himmlisch gut schmeckenden Popcornportionen in den Kinos. Unter öffentlichem Druck mußte sich so manches Kino bereiterklären, auf die weniger gefährliche luftgebackene Variante umzusteigen

Eine andere Art von Gesundheitspolizei hat dem überschlanken Schönheitsideal in der Werbung den Kampf angesagt. Die von Mary Baures im Großraum Boston gegründete Initiative »Boykottiert die Magersucht im Marketing« bekämpft in erster Linie die Bevorzugung spindeldürrer Models in der Werbung, die ein schlechtes Vorbild für die weiblichen Teenager seien. Zunächst analysieren die Aktivistinnen die Reklame der großen Firmen, anschließend rufen sie zum Boykott jener Produkte auf, für die die superschlanken Models posieren. Zu den ersten boykottierten Marken gehörten Diet-Sprite und, natürlich, Calvin Klein wegen seiner Jeans-Anzeigen mit Kate Moss. Überall, wo Plakate mit Kate Moss auftauchen, fühlen sich alle möglichen Leute motiviert, die Darstellung mit einer Sprechblase zu ergänzen: »Bitte, gebt mir was zu essen!«

Das Östrogenersatzpräparat Premarin, zur Hormontherapie in den Wechseljahren eingesetzt, steht wegen der Produktionsbedingungen auf der Boykottliste. Berühmte Schauspielerinnen und Autorinnen (zum Beispiel Alice Walker) kämpfen vereint mit Ärzten und Durchschnittsbürgern gegen die Arzneimittelfirma Wyeth-Ayerst. Premarin wird aus dem Urin trächtiger Stuten hergestellt. Um die Produktion so effizient wie möglich zu gestalten, werden diese armen Tiere in kleinen Boxen gehalten und wie Gebärmaschinen permanent geschwängert, während die auf diese Weise produzierten Fohlen sogleich zum Metzger wandern. Lediglich der Urin der Stuten wird benötigt. Das ganze ist ebenso verabscheuungswürdig wie Legehennenbatterien.

Wann und wo immer etwas boykottiert wird, müssen Ersatzlösungen her. Und das macht erfinderisch. Vieles findet sich in der Natur. Als Ersatz für Premarin sind zum Beispiel manche Frauen in den Wechseljahren zu chinesischen Kräutern übergegangen und ernähren sich mit östrogenreicher Kost, beispielsweise Tofu, Obst und Beeren.

Besorgte Leser der *Vegetarian Times*, die gegen das Rupfen lebender Gänse und Schwäne zur Flaumfedergewinnung protestierten, verhalfen unter Umständen den Bauern zu einer neuen gewinnträchtigen Feldfrucht: Gegenwärtig testet nämlich die Natural Fibers Corporation in Ogallala, Nebraska, die Seidenpflanze (weich, wild und wollig) in Verbindung mit Baumwolle als Kissenfüllung. Vielleicht eignet sich die weiche Fibermasse ja auch für Papiertücher und Babywindeln. Dann könnten die Wälder geschont werden.

Ein Problem für die ältere Bevölkerung, das wir bereits im *Popcorn Report* erwähnten, sind die kleingedruckten Arzneimitteletiketten. Warum eigentlich sollen diese Mitmenschen gezwungen sein, die unter Umständen lebenswichtigen Dosierungsanweisungen bei rezeptfrei erhältlichen Medikamenten mit einer Lupe zu entziffern? Aufgrund zunehmender Verbraucherproteste überarbeitet die Federal Drugs Administration gegenwärtig ihre Richtlinien. Einfacher und klarer soll alles werden. Wie wäre es mit Bildsymbolen, etwa einem Warndreieck? Das kennt jeder aus dem Straßenverkehr und assoziiert damit sofort »Gefahr«. Solche Zeichen wären nicht nur für die Älteren ein Segen, sondern auch für Minderheiten oder Ausländer, die nur unzureichend die Sprache des jeweiligen Landes verstehen.

Bei rezeptpflichtigen Arzneimitteln sind leicht verständliche Etiketten sogar noch wichtiger. Außerdem muß unbedingt Gelegenheit sein, mit einem Sachkundigen über die verordnete Medizin zu sprechen. Wie die amerikanische Drogerie- und Apothekenkette K-Mart in einem Inserat vermerkt, »werden jedes Jahr 30-50 Prozent aller verordneten Arzneimittel nicht korrekt angewandt. Und 11 Prozent aller Einlieferungen ins Krankenhaus sind eine Folge falscher Arzneimitteleinnahme«. Hier ist K-Mart mit seiner Kampagne durchaus auf dem richtigen Weg. Denn die Kunden erhalten dort nicht nur einen Computerausdruck mit Informationen über das betreffende Medikament, sondern sie können sich auch kostenlos telefonisch über eventuelle Arzneimittelunverträglichkeiten kundig machen.

Oft werden Menschen zu wehrhaften Verbrauchern, die vorher vermeidbare Tragödien erlebt haben. Sind nicht auch Sie davon überzeugt, daß man in einem modernen amerikanischen oder europäischen Krankenhaus, falls erforderlich, rund um die Uhr in ärztlicher Obhut ist? Das dachte jedenfalls auch Myra Rosenbloom. Doch als ihr Mann in einem Krankenhaus in Indiana über Schmerzen in der Brust klagte, war kein einziger Arzt dienstbereit. So mußte Mr. Rosenbloom sterben. Daraufhin ging seine Frau in die Offensive, studierte die Rechtslage und fand heraus, daß in vielen amerikanischen Bundesstaaten, darunter auch in Indiana, (aus Kostengründen) keine 24stündige Präsenzpflicht für den ärztlichen Notdienst in Krankenhäusern besteht. Doch damit gab sich Myra nicht zufrieden. Sie ging den Politikern so lange auf die Nerven (einschließlich eines sechstägigen »Sleep-ins« im Kapitol), bis Abhilfe in ihrem Sinne geschaffen war. Ein Erfolg für sie. Und für alle Krankenhauspatienten in Indiana. Aber was ist mit den anderen zwanzig Bundesstaaten, in denen immer noch die alte Regelung gilt?

Können Sie sich noch an das Ehepaar auf einem Kreuzfahrtschiff erinnern, das mit der Videokamera festhielt, wie die Crew einen Müllsack nach dem andern einfach über Bord ins Meer warf? Es wurde für seine Wachsamkeit mit einem Preis in Höhe von 250 000 Dollar belohnt. Inzwischen hat das amerikanische Zentrum für die Erhaltung der Weltmeere (Center for

Marine Conservation) entsprechende Hilfsmittel und Unterlagen für Schiffspassagiere zusammengestellt, um ihnen die Wachsamkeit zum Schutz der Meere zu erleichtern. Durch Ausfüllen von Fragebögen können alle Passagiere bei Bedarf die Arbeit der amerikanischen Küstenwacht unterstützen.

Manchmal hat der Protest ganz normaler Mitmenschen in der Tat weitreichende Konsequenzen. Um den Musikmarkt (besonders für junge, anfällige Ohren) »sauber« zu halten, müssen sich die wehrhaften Verbraucher nur massenhaft artikulieren. So war selbst Michael Jackson gezwungen, Teile seiner jüngsten CD neu aufzunehmen und andere Passagen zu löschen, weil sie antisemitische Töne enthielten. Manche Rock- und Rap-Titel (von Time Warner und anderen Plattenkonzernen veröffentlicht) werden ebenfalls zu Recht mit Verbraucherprotesten verfolgt, weil sie Mord, Vergewaltigung und Folterqualen verherrlichen. Noch mehr Nachdruck erhalten solche Protestaktionen natürlich, wenn sich auch Politiker für die Zensur solcher Passagen einsetzen. Das Ganze darf allerdings nicht dazu führen, daß bigotte Saubermänner und -frauen allein den Ton angeben. Zensur ist immer eine heikle Angelegenheit.

Manche Proteste sind auch überzogen, regelrecht absurd oder nicht nachvollziehbar. Es gibt eine Sorte Querulanten, die einfach nur Ärger machen wollen. Auch wir sind für wahrheitsgemäße Aussagen in der Werbung. Aber daß jemand, wie in Toronto geschehen, die Fassung verliert, nur weil auf einer Tiefkühlpizza nicht exakt so viele Wurstscheiben liegen wie auf dem Verpackungsfoto – vielleicht statt 12 nur 11 –, geht über unseren Horizont hinaus. Ebenso erscheint es uns höchst fragwürdig, wenn einer Frau 2,9 Millionen Dollar Schmerzensgeld zugesprochen werden, weil sie sich in einem McDonalds-Restaurant in New Mexico mit angeblich zu heißem Kaffee verbrühte, den sie durch ihr eigenes Verschulden verschüttet hatte. Auch extrem engstirnig ausgerichtete Interessengruppen, die sich hinter wohltönenden Namen verstecken, sind nicht unbedingt ein Vorbild für das Image des wahrhaften Verbrauchers. Den Mitgliedern einer solchen Interessengruppe aus Colorado etwa, die sich »Safety for Women and Responsible Motherhood« nennt, geht es lediglich darum, Pistolen in der Handtasche tragen zu dürfen. Und selbst Kinder, denen das Essen in der Schulcafeteria nicht schmeckt, schließen sich im Zeichen des Zeitgeistes schon zu Verbraucherinitiativen zusammen …

Rechtsanwälte leiden überall unter einem notorisch schlechten Ruf. Die amerikanischen Advokaten hätten deshalb leicht etwas zur Imageverbesserung tun können, wenn sie sich die neueste Gebührenrevision zugunsten ihrer Klienten nicht so zäh hätten abringen lassen (die Arbeitszeit der Juristen wird nunmehr wegen der hohen Stundensätze nicht mehr in Zehnminuten-, sondern in Sechsminutensegmenten abgerechnet). So jedoch kam bei Umfragen zum wiederholten Mal heraus, daß man unter allen Freiberuflern Rechtsanwälten am meisten mißtraut. Und die entsprechenden Advokatenwitze sind Legion …

Welche Lehren kann man daraus ziehen? In allen Sparten des Geschäftslebens gehören gute Kundenbeziehungen heute und künftig zu den wichtigsten Aktivposten. Es lohnt sich und zahlt sich langfristig immer aus, jeden einzelnen Kunden zu umwerben. Hat der Kunde das Gefühl, nicht freundlich und aufmerksam bedient zu werden, sperrt er sich. Und einen solchen Kunden dann zurückzugewinnen, fällt jeder Firma später schwer – wenn es überhaupt gelingt.

Ein gutes Beispiel sind die Scharmützel zwischen Jeremy Dorosin aus dem kalifornischen Walnut Creek und dem Haushaltsgerätehersteller Starbucks. Dorosin hatte eine Starbucks-Espressomaschine gekauft, die allerdings nicht richtig funktionierte. Für die Reparaturzeit stellte die Firma ein Leihgerät zur Verfügung. So weit, so gut. Weil Dorosin mit dem Ersatz sehr zufrieden war, kaufte er eine weitere Maschine als Hochzeitsgeschenk für einen Freund. Doch leider hatte er erneut Pech: Auch diese Espressomaschine funktionierte nicht. Nun erwartete der doppelt enttäuschte Kunde von der Firma irgendein besonderes Entgegenkommen, beispielsweise eine höherwertige Maschine als die zuletzt gekaufte. Doch da spielte Starbucks nicht mit. Dorosin, seinerseits nicht faul, gab in vier Regionalausgaben des *Wall Street Journal* eine mehrere tausend Dollar teure Anzeige auf, in der er seinen Fall kurz schilderte und seine für Anrufer kostenlose Telefonnummer angab. Daraufhin meldeten sich rund 3000 andere enttäuschte Starbucks-Kunden bei ihm. Der Fall erregte großes Aufsehen, Dorosin wurde mehrfach im Fernsehen, im Radio und von den großen Zeitungen interviewt. Seither bemüht sich Starbucks um Wiedergutmachung: Zwei neue Maschinen wurden dem Kunden übersandt, man entschuldigte sich und machte weitere Geschenke. Doch zu spät. Nun verlangt Dorosin eine zweiseitige Entschuldigungsanzeige der Firma in der nationalen Ausgabe des *Wall Street Journal* (was Starbucks ablehnt). Ersatzweise soll die Firma, die sich im öffentlichen Leben engagiert, auf ihre Kosten in San Francisco ein Zentrum für von zu Hause weggelaufene Kinder stiften.

Als wir mit Jeremy Dorosin sprachen, erklärte er uns die Gründe für seine Hartnäckigkeit: »Wissen Sie, angesichts des moralischen Verfalls und der hochgradigen Unzufriedenheit in diesem Lande muß einfach einmal jemand aufstehen und sagen: ›Schluß jetzt. Es reicht. Ich lasse mir das nicht länger bieten.‹« Und er fuhr fort: »Wenn wir in ein Geschäft gehen, das den Dienst am Kunden aufdringlich als oberste Maxime hinstellt, wenn wir für diesen Service gutes Geld bezahlen und ihn dann trotzdem nicht bekommen, wie können wir dann noch erwarten, daß sich alle an Recht und Moral halten und nicht unmoralisch werden? ... So könnte das Zentrum für weggelaufene Kinder eine schlimme Situation wenigstens noch zum Guten wenden. Obwohl es mir persönlich keine Freude macht, werde ich die Sache jetzt durchziehen und ihren erfolgreichen Abschluß zu meiner Lebensaufgabe erheben.« Wir wünschen Dorosin dabei viel Glück. Zahlreichen Verbrauchern, denen Unrecht geschehen ist, gilt er ohnehin bereits als Held, als der wehrhafte Verbraucher schlechthin.

Dabei hätten schon ein wenig gesunder Menschenverstand und eine echte Bereitschaft, dem Kunden zu dienen, eine derartige Eskalation verhindern können. Warum keine spontane Geste der Freundlichkeit und des Entgegenkommens? Warum dieses Beharren auf vermeintlichen Rechtspositionen? Der wachsame, wehrhafte Verbraucher möchte umworben sein. Wer diesem Wunsch nachkommt, lacht zuletzt.

Im Geschäftsleben kann man dem wehrhaften Verbraucher sogar ziemlich leicht den Wind aus den Segeln nehmen (bevor es überhaupt zu Entschuldigungsforderungen kommt). Man muß nur selber wachsam sein, Probleme frühzeitig erkennen und zu ihrer Beseitigung beitragen. Wenn Sie als Hersteller oder Händler merken, daß wesentliche Geräteteile bei einem bestimmten Modell nicht funktionieren, dann sprechen Sie die Kunden von sich aus an und schicken Ersatz, ehe Sie zu einer Rückrufaktion gezwungen werden. Wenn Ihr Firmengebäude aus einer Zeit stammt, als behindertengerechte Anlagen noch nicht vorgeschrieben waren, dann rüsten Sie freiwillig nach, ehe Sie gesetzlich dazu gezwungen werden. Achten Sie auch darauf, ob Sie und Ihre Mitarbeiter mit allen Minderheiten korrekt umgehen. Auf solche Gesten kommt es an.

Beschreiben Sie aus eigenem Antrieb den Weg der Integrität. Seien Sie aufrichtig und geben Sie Ihre Fehler zu. Ehrlichkeit ist die beste Politik. Und wenn Sie sich sozial engagieren, verschweigen Sie es nicht. So annoncierte etwa Stolychnaja Vodka in verschiedenen großen Zeitungen: »Nächste Woche wird diese Anzeige verschwinden. Der Hunger hoffentlich auch.« Der Hintergrund: Die Wodkafirma hatte sich entschlossen, einen großen Teil ihres Werbeetats für wohltätige Zwecke zu spenden, etwa »Essen auf Rädern« für Bedürftige.

In kleinem Maßstab kann jeder so etwas tun. Freundlich zu seinen Kunden sein. Ihnen Kaffee und Kekse anbieten. Oder die Eilzustellung nur mit minimalen Aufschlägen in Rechnung stellen. Wenn Sie ein Bekleidungsgeschäft oder eine Schnellreinigung besitzen, dann könnten Sie sich zum Wohle der Kunden mit einer Änderungsschneiderei zusammentun, die Kundenwünsche schnell erfüllt. Sie könnten unter Ihren Kunden auch regelmäßig kleine Gewinne verlosen oder aber, noch besser, einen Teil Ihrer Gewinne für gemeinnützige Aufgaben vor Ort stiften. Wenn es zwischen dem Empfänger Ihrer Spenden und Ihrer Branche inhaltliche Berührungen gibt, um so besser. Spenden Sie also für einen Zoo, wenn Sie mit ausgestopften Tieren handeln.

Sie können dem wehrhaften Verbraucher auch entgegenkommen, indem Sie eine Art Kummerkasten aufstellen oder – zeitgemäß – eine kostenlose Telefonleitung einrichten, die rund um die Uhr besetzt ist und auf der Anrufe, Faxsendungen oder E-Mail-Botschaften entgegengenommen werden. Wenn Sie Beschwerden und Vorschläge Ihrer Kunden wirklich ernst nehmen und immer nach gangbaren Lösungswegen Ausschau halten, werden Sie Erfolg haben. Speisen Sie Kunden niemals nur mit Formbriefen ab. Oder mit einer Tonbandbotschaft. Damit bringen Sie den wehrhaften Verbraucher erst recht in Rage. Denken Sie immer daran: Ärger kann gefährlich werden, Freundlichkeit gewinnt.

19. Kapitel

15. Trend – Gegen die Großen

»Dem Goliath jubelt niemand zu.«

WILT CHAMBERLAIN

»Man hat zwei Möglichkeiten, seine Stärke zur Geltung zu bringen: niederdrücken oder hochziehen.«

BOOKER T. WASHINGTON

Als wir eines Morgens aufwachten, waren all unsere Freunde geschieden. Sie fuhren nicht mehr in den Club Mediterranée, sondern in einen Ashram. Sie gingen nicht mehr zum Arzt, sondern zur Akupunktur. Die gute alte Telefongesellschaft Bell war zerschlagen, PanAm und Eastern hatten sich einfach in Luft aufgelöst. Und als die Sowjetunion zerbrach, die Berliner Mauer fiel, da hatten die Vereinigten Staaten ihren jahrzehntelangen Erzfeind verloren: im Film, bei Spionage und Gegenspionage, im politischen Leben. Niemand glaubte mehr an Gott. Selbst Woody Allen war nach den Auseinandersetzungen mit seiner Frau nicht mehr der schüchterne, neurotische Woody Allen, den wir alle kannten. Und Prinz Charles, der König von England werden will, hatte öffentlich gestanden, er wäre am liebsten ein Tampon.

Es war nichts mehr wie früher. Auch in der Geschäftswelt ging nicht mehr alles seinen gewohnten Gang. Die großen US-Konzerne waren erschüttert, sie bebten unter der Oberfläche. Die alten Erfahrungswerte und Faustregeln galten nicht mehr. Nichts funktionierte mehr wie früher. Die konservativsten Wirtschaftsgiganten brauchten frische Ideen, frischen Wind, Neuansätze. Und als sie auf der Suche nach Antworten BrainReserve einschalteten, um Wegweisung für die Zukunft zu erhalten, da dämmerte uns, daß in der Geschäftswelt eine Revolution im Gange war. Das Unterste war nach oben gekehrt.

Wir nennen den Trend, der sich hier manifestiert, »Gegen die Großen«, das Soziobeben der neunziger Jahre. Dieser Trend verändert das Mainstream-Amerika, ja sogar die ganze Welt nachhaltig. Ständig und auf breiter Front werden die Stützen der Gesellschaft in Frage gestellt und zurückgewiesen. Wir glauben einfach nicht mehr, daß man so weitermachen sollte wie bisher. Wem oder welcher Institution kann man noch trauen, wenn man den Glauben an Regierung, Konzerne und Verbände, an Ehe, Religion und Erziehung, an Medizin und Werbung, an das Einzelhandelssystem und an die Familie verloren hat? Es gibt keine Helden mehr.

Und wir sind nicht mehr länger brave Schafe. Wir folgen den alten Autoritäten und den herkömmlichen Spielregeln nicht mehr ungefragt. Wir kaufen nicht mehr nur Markenartikel. Je größer die Verpackung, desto größer unser Mißtrauen. Leider nur zu oft mit Grund. Und wir sind nicht nur mißtrauisch geworden. Auch Neid und Ressentiments sind im Spiel. Große Werbeagenturen wie Saatchi & Saatchi, die während der achtziger Jahre massiv expandierten, zeigen nun Auflösungserscheinungen. Selbst altehrwürdige Institutionen können nicht mehr auf ihre Tradition bauen und Respekt erwarten. (»Die hatten genug Zeit, korrupt zu werden«, denken wir dann sofort.)

Und wer kann uns diesen Vertrauensschwund vorwerfen? Wir haben genug schlechte Erfahrungen gemacht. Alles, wovon man dachte, es werde überdauern und wäre morgen auch noch da, erwies sich plötzlich als gar nicht so dauerhaft. Die Denkmäler stürzten – und mit ihnen die Überzeugung, die sie überhaupt erst zu Denkmälern werden ließ.

Manche glauben, dieses massenhafte Mißtrauen gegenüber dem Ist-Zustand habe sich erst ganz allmählich entwickelt. Wir haben Wirtschaftsgrößen nach dreißig Jahren einfach verschwinden sehen, nachdem die großen Konzerne mit ihren »Verschlankungen« begonnen hatten. Und wir dachten, diese armen Manager hätten einfach nur Pech gehabt. Doch dann brach das Bausparkassensystem der Savings & Loan Bank zusammen. Und wir führten das Ganze auf grobes Mißmanagement zurück. Schließlich wanderten Spitzenpolitiker der beiden großen Parteien ins Gefängnis, weil sie die Gesetze gebrochen hatten, die von ihnen selbst verabschiedet worden waren: Drogenmißbrauch, Diebstahl, Betrug, sexuelle Vergehen. Das Sektenzentrum in Waco, Texas, brannte nieder; auf das New Yorker World Trade Center und auf das Regierungsgebäude in Oklahoma City wurden Bombenattentate verübt, auf die U-Bahn in Tokio Giftgasanschläge. In Radiosendungen und im Internet wird offen die Anarchie propagiert, werden Haßtiraden verbreitet. Und allmählich dämmerte uns, daß hier etwas gewaltig schieflief, und zwar nicht an der Oberfläche, sondern tief im Innern unserer Gesellschaft, einer Gesellschaft von hartgesottenen Zynikern.

Erinnern Sie sich noch an die Zeiten, als der Streifenpolizist Ihr »Freund und Helfer« war? Wie können wir dieses Image nur in Einklang bringen mit all den Bild- und Tondokumenten, die zweifelsfrei belegen, daß und wie Polizisten brutal als Schläger zu Werke gehen, daß sie Beweise fälschen, daß sie in Sprache und Denken keinen Deut besser sind als die von ihnen gejagten Verbrecher? Was sollen wir davon halten, wenn in New Orleans vier Polizisten aus der Stadt innerhalb eines Jahres wegen Mordes angeklagt werden? Kaum haben wir diese Nachricht verdaut, wird eine 23jährige Polizistin angeklagt, ein junges vietnamesisches Geschwisterpaar und einen Polizisten getötet zu haben (der Polizist, ihr früherer Freund, war kürzlich Vater geworden). Das ist wirklich zutiefst schockierend.

Während die Vorstellung von einer korrupten Zivilisation immer weiter um sich greift, zerbricht das Bild vom edlen Gesetzeshüter.

Im 30. Polizeirevier von New York, zu dem der Stadtteil Harlem gehört, sind 28 Polizisten (etwa ein Viertel aller dort Diensttuenden) wegen Drogenhandels angeklagt. So können wir Jesse Jackson nur beipflichten, wenn er in einem Interview feststellt: »Die Jugendlichen dealen und nehmen Drogen, die Polizei handelt mit Drogen. Wenn es keinen Unterschied mehr zwischen Polizisten und Verbrechern gibt, … ist das ganze Rechtssystem diskreditiert. Und dann sind wir alle sehr verwundbar.«

Ein Denkmal kann man auch schrittweise zerstören. War die Polizei nicht stets antikommerziell? Bis die Polizeiführung von Crown Point, Indiana, mit neuen Ideen kam (die inzwischen überall nachgeahmt werden), um für die bessere Ausrüstung ihrer Streifenwagen Geld aufzutreiben. Wie Busse oder U-Bahn-Wagen tragen jetzt auch Polizeiautos Werbeaufschriften. Natürlich nur, solange die Inserenten keine Bevorzugung von der Polizei erwarten (fordern, erhalten) …

Selbst das riesige, kaum überschaubare staatliche Gefängnissystem der USA bricht mit über hundertjährigen Traditionen. Kleinere Strafanstalten, in denen mehr Individualität möglich ist, schießen überall aus dem Boden. Eine Fernsehreportage zeigte Häftlinge in freundlicher orangefarbener Einheitskleidung beim Fernsehen und bei der Essenszubereitung mit dem Mikrowellenherd – in privatisierten Gefangenenzentren unter staatlicher Aufsicht. Solche effizient geführten Einrichtungen sparen dem Staat im Vergleich zur Unterbringung in herkömmlichen großen Gefängnissen etwa 15 Prozent der Kosten. Man sollte diesen Weg weiter beschreiten und mehr solcher Kleingefängnisse bauen. Dann schrumpft die Bürokratie gleich mit, und die Haftbedingungen werden humaner.

Können Sie sich noch an die Zeiten erinnern, als Sie im Postamt einen Brief aufgeben und darauf vertrauen konnten, daß »weder Wind noch Regen noch Dunkelheit den Postboten hindern, seinen Dienst zu tun«? Erzählen Sie das mal den Leuten in Chicago, wo Tonnen nicht ausgelieferter Postsendungen wieder auftauchten, nachdem man sie in Autowracks, in der Kanalisation und in Erdlöchern einfach hatte verschwinden lassen. Oder den 10000 Amerikanern, die von Vizepräsident Al Gore Weihnachtskarten erhalten sollten, die dann teilweise erst mit zehnwöchiger Verspätung ankamen. Oder all jenen in den USA, die immer noch geduldig darauf warten, daß Briefsendungen, wie versprochen, in höchstens zwei Tagen ihren Empfänger erreichen, innerhalb eines Ortes sogar am nächsten Tag.

Wenn die Post jedoch so langsam ist, wenn Briefe verlorengehen und wenn man im Postamt ständig Schlange stehen muß, verlassen wir uns zunehmend auf private Kurierdienste wie UPS, Federal Express oder TNT (dort können wir den Weg unserer wertvollen Paketsendungen wenigstens verfolgen, besonders nach Übersee). Wir schicken ein Fax oder E-Mail, um unsere Botschaften schnell und zuverlässig ans Ziel zu bringen. Dies ist unsere Art, gegen die Großen zu protestieren und unsere persönliche Mißbilligung eines antiquierten Systems zum Ausdruck bringen.

Doch noch ist nicht alles verloren. Denn ganz allmählich, Schritt für Schritt, öffnet sich auch die Post interaktiven Umgangsformen. So können Abonnenten gleich ganze Briefmarkenrollen kaufen (wie wäre es eigentlich mit individuellen Motiven auf den Marken: Ihrem eigenen Konterfei, einem Bild Ihres Hundes, einem Firmenlogo? Wäre das nicht eine Click-Idee?) oder sich beim Postamt telefonisch erkundigen, ob eine Sendung schon eingegangen ist. Außerdem könnte die Post ihre Dienstleistungspalette erweitern: Informations- und Touristenbüro werden, in begrenztem Umfang Dokumente lagern, mit dem Finanzamt zusammenarbeiten (nicht nur bei der Formularausgabe, sondern auch bei der Abgabe der Steuererklärung), ja sogar zur Außenstelle des Sozialamts werden. Click.

Beispiel für eine sehr kundenfreundliche Bürokratie ist die Kfz-Zulassungsstelle des Staates Connecticut (Department of Motor Vehicles) (vgl. *Business Week* vom 1.5.95). Eigentlich begann alles mit dem Versuch, die Kosten zu senken, doch letztlich kam eine Service-Verbesserung heraus. Zunächst wurden acht Zweigstellen der Behörde geschlossen, doch dafür kamen fünfzehn neue hinzu – in Einkaufszentren, und sogar mietfrei. Die Projektentwickler der Malls sahen in diesen Dienststellen nämlich – zu Recht – Publikumsmagneten, und die Kunden findens bequem. Viele große Firmen zahlen außerdem dafür, daß mobile Mitarbeiter des Amtes zu ihren Angestellten in die Büros kommen. In anderen Bundesstaaten verzichtet die öffentliche Verwaltung in diesem Bereich neuerdings auf ihr Monopol: Auch Autohändler dürfen nun die von ihnen verkauften Neuwagen zulassen. Um Bürokratie abzubauen, wurde in Arizona der befristete Führerschein abgeschafft; die Fahrerlaubnis gilt jetzt bis zum 60. Lebensjahr und muß nicht mehr ständig erneuert werden. Ähnliche kleine Reformen, für Auto- und Führerscheinbesitzer jedoch wesentliche Erleichterungen, wurden auch in anderen Staaten in Angriff genommen. Am Ende sind beide Seiten zufrieden, Kunden und Mitarbeiter. Einmal mehr zeigen diese Beispiele, was möglich ist, wenn Behörden und Firmen flexibel und bereit sind, Click-Ideen umzusetzen.

Können Sie sich noch an die Zeit erinnern, als zwischen 9 und 17 Uhr gearbeitet wurde?

Es ist noch gar nicht so lange her, da war der Arbeitsplatz bei IBM gleichbedeutend mit einer lebenslangen Arbeitsplatzgarantie. Bis zum 50jährigen Jubiläum. Dann nahm man die goldene Taschenuhr in Empfang und war's zufrieden. Heutzutage existiert dieses Sicherheitsnetz nicht mehr. Allein 1994 schieden 36000 Mitarbeiter (die Bevölkerung einer ganzen Kleinstadt) bei IBM unfreiwillig aus. Statt »True Blue« der Blues. Und sie sind nicht die einzigen, denen es so erging. Jeder, der in den USA, in Deutschland und in anderen Industrieländern die Schlagzeilen verfolgt, findet dutzendweise Parallelen.

Ein Schatten legt sich über die großen Konzerne. Der Alptraum, den sie glaubten, irgendwie umgehen (oder aussitzen) zu können, wurde wahr. Täglich erreichen uns neue Horrormeldungen vom Arbeitsmarkt.

Im Zeichen des Trends »Gegen die Großen« wurde uns nur allzu deutlich, daß Wirtschaftsriesen sich jederzeit in schreckliche Ungeheuer verwandeln können, die mit allen Mitteln ums Überleben kämpfen. Millionen haben in Deutschland und in den USA seit 1991 ihren Arbeitsplatz verloren, auch und gerade im High-Tech-Bereich (auch wenn Euphemismen und sozialstaatliche Manipulationen diese Tatsache oft kaschieren). Und immer sind es Einzel- und Familienschicksale.

Das Vertrauen in die Sicherheit des Arbeitsplatzes und der eigenen Zukunft ist jedenfalls auf einen absoluten Tiefpunkt gesunken.

Erinnern Sie sich noch an die Zeit, als Sie glaubten, es endgültig geschafft zu haben, als Ihnen die »Einladung«, Mitglied der American-Express-Kreditkartengemeinde zu werden, ins Haus flatterte. Nun hatten Sie den sicheren Beweis in den Händen, daß Sie kreditwürdig waren. Erst allmählich kamen die Karteninhaber dahinter, daß diese Plastikkarte zwar bequem war, hauptsächlich jedoch dazu diente, den Kreditgebern oder der Bank höhere Umsätze und stattliche Zinsen zu sichern. Was leistet AMEX denn tatsächlich für seine Kunden? Oder für Kleinunternehmer? Obendrein wurden die Anträge vieler Frauen abgelehnt. Und so etwas bleibt unter Frauen nicht geheim, zum Schaden der Firma. Erst später besann man sich bei AMEX eines Besseren, und inzwischen umwirbt man Frauen mit aufwendigen Anzeigenkampagnen. Doch was bleibt unterm Strich? Der AMEX-Mythos ist dahin, die Ikone zerbrochen.

Wie können sich große, anonyme Firmen das Vertrauen der Kunden sichern? Indem Sie sich für einen guten Zweck engagieren, etwa zugunsten der Aids-Hilfe oder für Nachbarschaftsprojekte. So bleibt man in seiner Umgebung verwurzelt und hält Kontakt zu den Nachbarn, den Kunden. Und vergißt über all den internen Organisationsstrukturen und -zwängen nicht Sinn und Zweck des Ganzen. Zusammenarbeit als Summe vieler Teile – anstelle eines gigantischen Ganzen, dessen Vorgaben sich alle unterzuordnen haben. Erst ein solcher Gigantismus machte die Großen reif für den Denkmalsturz.

Eine kürzlich erschienene Anzeige der Telekommunikationsfirma Cable & Wireless Alliance verkündet kühn und direkt folgendes Konzept: »Der Konzern ist tot. Es lebe der Zusammenschluß.« Im Text heißt es dann weiter: »Die traditionellen, schwerfälligen, kopflastigen Konzerne mit ihren vielen Hierarchieebenen, wie wir sie heute kennen, sind nicht in der Lage, auf den neuen chaotischen Märkten zu überleben ... Und was wird nach Meinung von Unternehmensberatern in Zukunft an die Stelle dieser Konzerne treten? Zusammenschlüsse kleinerer Firmen und Gruppen, welche die Freiheit haben, sich auf Märkten, die sich ständig wandeln, schnell zu reorientieren und dann ebenso schnell und effizient zu handeln.« Genau das ist die partnerschaftliche Basis der Cable & Wireless Alliance, eines weltweiten Zusammenschlusses von mehr als fünfzig Firmengruppen, die zusammen das fünftgrößte Telekommunikationsunternehmen der Welt bilden.

Genauer betrachtet, hat diese Fusion durchaus Ähnlichkeit mit den mittelalterlichen Handwerkergilden: Zusammenarbeit unter kleineren Betrieben mit gleicher Interessenlage anstelle eines erbitterten Konkurrenzkampfes. Eine grundsätzliche Überlegung, die viel mit unserer Definition von Clicking zu tun hat: Clicking als kreative Suche nach Ansatzpunkten zur Problemlösung und als Anpassung von Erfahrungsschätzen der Vergangenheit an die Bedingungen der Zukunft.

Auch Familie und Schule sind nicht mehr, was sie einmal waren

Selbst in die Fernsehserien hat das Elend der Familien Einzug gehalten – wenigstens teilweise. Kein Wunder, angesichts der Vielzahl alleinerziehender Mütter und Väter. Oder, wenn die Kinder noch Vater und Mutter haben, angesichts des Nebeneinanderherlebens in der Familie. Addiert man in einer durchschnittlichen amerikanischen Familie (mit zwei Elternteilen) die Zeit, die die Eltern pro Woche mit ihren Kindern verbringen (einzeln oder zusammen), dann kommt man im Schnitt auf ganze sieben Stunden. Ein Schlaglicht auf Elend und Einsamkeit der Schlüsselkinder.

Nach einem Bericht der *Los Angeles Times* (vom 18. Dezember 1994) werden in den USA inzwischen 60 Prozent aller Ehen geschieden (ein Anstieg der Scheidungsrate gegenüber 1960 auf das Dreifache!). Die Hälfte aller Brautpaare, die sich 1995 das Jawort gaben, wird schon in zehn Jahren höchstens noch über die Scheidungsanwälte miteinander verkehren. Die Zahl der weiblichen Single-Haushalte hat sich seit 1960 verdreifacht. Und 25 Prozent aller amerikanischen Kinder werden heute unehelich geboren. Vaterlose Kinder – dazu gehört auch, daß 80 Prozent der Kinder aus geschiedenen Ehen schon zwei Jahre nach der Scheidung ihre Väter kaum noch zu sehen bekommen. So zerbricht eine weitere Gewißheit in unserem Leben: das Ideal der heilen Familie.

Hat sich die Werbebranche auf diese Entwicklung eingestellt? Oder die Sitcom-Serien im Fernsehen? Kaum. Meist agiert dort noch eine Familie nach dem Vorbild der fünfziger Jahre. Nur in einigen Serien hat die neue Realität der Familie ihren Einzug gehalten: geschiedene Mutter mit drei Kindern (*Grace Under Fire*), Singlehaushalte (*Seinfeld*), Vater und Sohn (*Frasier*) ...

Und die Schule? Wie bewältigt sie die Tatsache, daß eine ganze Generation mit Junk Food, gewaltverherrlichenden Filmen und anderem minderwertigem Zeug groß wird und dabei weitgehend sich selbst überlassen bleibt? Mit Folgen für die Umgangsformen (wenn man sie denn so nennen will), die von den Lehrern heutzutage sehr viel Mut und Stehvermögen erfordern. Der ehemalige Leiter der New Yorker Schulbehörde, Cortines, verriet *Newsday* kürzlich: »Manchmal glaube ich, wir sollten lieber Tapferkeitsmedaillen ausgeben anstelle von Abschlußzeugnissen.« Meine eigene Cousine, begeisterte Lehrerin seit über drei Jahrzehnten, wurde vor einiger Zeit in einer New Yorker High School die Treppe hinuntergestoßen und mußte ins Krankenhaus eingeliefert werden.

Das Ganze ist nicht nur ein Großstadtproblem: Bei Sportwettkämpfen der Schulen auf dem flachen Land sind in 90 Prozent aller Fälle Polizisten im Einsatz. Und viele Kinder müssen im Schulalltag zahllose Ängste ausstehen: wenn sie am Eingang Metalldetektoren passieren; wenn sie Zeugen von Schlägereien, Messerstechereien und Schießereien oder selber Opfer gewalttätiger Einschüchterungen werden. Ohne Übertreibung kann man behaupten, daß das öffentliche Schulwesen in den USA heute von drei »G«s beherrscht wird: Gangs, Guns, Getting high. Banden, Waffen, Drogen.

Zwei Auswege aus diesem Chaos bieten sich an: Unterricht daheim und Privatschulen. Schon ein Prozent aller amerikanischen Kinder wird inzwischen zu Hause von den Eltern unterrichtet. So ist wenigstens die Sicherheit der Kinder gewährleistet, und der Zusammenhalt in der Familie wird ebenfalls gefördert. Privatschulen existieren in den USA schon lange, aber die meisten sind teuer und exklusiv. Teilprivatisierung des öffentlichen Schulsystems wäre vielleicht eine Alternative. Jedenfalls tun sich auf diesem Gebiet jede Menge Click-Chancen auf.

Können Sie sich noch an die Zeiten erinnern, als ein College-Diplom die Eintrittskarte für einen attraktiven Beruf war? Oder überhaupt ins Berufsleben? Heute garantiert dieses Stück Papier überhaupt nichts mehr (immerhin können Sie es sich gerahmt an die Wand hängen). Etwa 30 Prozent der Collegeabsolventen der nächsten zehn Jahre werden »geradewegs in die Arbeitslosigkeit marschieren«, wie es die American Management Association in einer Studie formulierte. Auch auf ehrwürdige Akademikertraditionen ist also kein Verlaß mehr. Noch eine Gewißheit weniger.

15 Prozent der graduierten Juristen in den USA suchten sechs Monate nach dem Examen immer noch verzweifelt nach einer Stelle. Und erinnern Sie sich noch, mit welch stolzgeschwellter Brust MBAs (Masters of Business Administration) einst die Uni verließen – nach einem lukrativen Job in den großen Konzernen lechzend? 1994 strebte laut *Fortune* nur noch ungefähr ein Drittel der MBAs der Stanford University (deren Betriebswirtschaftsabsolventen 1989 noch zu 70 Prozent von den besten Großunternehmen des Landes engagiert worden waren) in die großen Konzerne, um dort als Manager Karriere zu machen.

Neuerdings etablieren sich in den USA verstärkt streng nach ökonomischen Prinzipien ausgerichtete, staatlich anerkannte private Collegesysteme wie De Vry und Keller Graduate School. Deren Studiengebühren sind nur etwa halb so hoch wie die der großen Staatsuniversitäten und machen gar nur ein Drittel der Gebühren aus, die an renommierten Privatuniversitäten zu entrichten sind. Offenbar ein Markt zum Clicken.

Was heute als Unterhaltung gilt

Erinnern Sie sich noch an die Zeit, als ein Double Feature im Kino oder eine Doppelveranstaltung im Baseballstadion aufregende Höhepunkte Ihres Samstags waren? Als Sie Filmstars und Sporthelden bewunderten? Was ist seither aus diesen Helden geworden? Wo sind die Stars, an die wir noch glauben können? Erstmals seit fünf Jahren sind die Beliebtheitswerte der Prominenten aus der Filmbranche in den Werbespots laut Umfragen des Video Storyboard auf schlappe 24 Prozent gefallen – ein sehr schlechter Wert. Stars sind auch nicht mehr das, was sie einmal waren. Trotzdem halten wir (die Werbeagenturen) immer noch Ausschau nach neuen positiven Identifikationsfiguren. Nach unverbrauchten Stars. Anders als früher, als man bekannte und beliebte Filmstars immer wieder sehen wollte, sind heute unter den Top Ten der beliebtesten Gesichter in der Werbung sieben ziemlich neu. Das hat es noch nie gegeben.

Wie kommt das? Warum haben die Filmgrößen so an Boden verloren? Sie brauchen sich nur ein paarmal eines der fünfzehn amerikanischen TV-»Nachrichten«-Magazine anzuschauen, dann wissen Sie Bescheid: Enthüllungen über Enthüllungen. (Und bei den deutschen Privatsendern wird es Ihnen ähnlich ergehen.) »Ist denn gar nichts mehr heilig?«, fragen sich viele. Wir wissen nicht mehr, woran wir noch glauben sollen. Enttäuscht wenden wir uns von diesen »Größen« ab. Trotzdem liegen solche Sendungen bei den Einschaltquoten vorn. Und heute gibt es mit *America's Talking* sogar einen Kabelkanal, der rund um die Uhr ausschließlich Talkshows sendet, in denen mehr oder weniger abstoßender Seelenstriptease praktiziert wird. Offenbar existieren bei den Zuschauern entsprechende Bedürfnisse, die solche Sendungen befriedigen. Unsere schlimmsten Befürchtungen scheinen damit bestätigt ...

Warum das Ganze? Einerseits sind wir an Klatsch, Schmutz und Intrigen interessiert, ja, suhlen uns geradezu darin, andererseits wollen wir die Wahrheit wissen und spielen den moralischen Zensor. Im Zeitalter einer unbewältigten Informationsflut ist es anscheinend zum Volkssport geworden, die Großen vom Sockel zu holen. Für viele gibt es keine schönere Unterhaltung, als dabei zuzuschauen. Spannender und unberechenbarer als jeder Hollywood-Actionfilm. Das wahre Leben kennt kein Drehbuch. Nicht umsonst boomt im deutschen Privatfernsehen »Reality-TV«. Aus ähnlichen Gründen hat in den USA auch das Gerichtsfernsehen Hochkonjunktur, denken Sie nur an den O.-J.-Simpson-Mordprozeß. Man weidet sich ja so gern am Unglück anderer. Nur zugeben will es keiner.

Dinosaurier: Kaufhäuser und Supermärkte in der Krise

Erinnern Sie sich noch an die Zeit, als es wirklich Spaß machte, in Kaufhäusern und Supermärkten einzukaufen? Weil man alles unter einem Dach fand. Weil man sich an dem großen Angebot berauschen konnte. Und heute? Zahlreiche Supermarktketten und Kaufhäuser sind in den USA schon von der Bildfläche verschwunden. Wie zum Beispiel A & S (nach 112 Jahren!) oder I. Magnin's (nach allgemeiner Ansicht »das Ende einer Ära«). Im *Popcorn Report* griffen wir eine Prognose von BrainReserve aus dem Jahr 1985 auf, Supermärkte und Kaufhäuser seien die »Dinosaurier der Einkaufswelt«, und unterwarfen sie einer detaillierten Trendanalyse. Wir kamen zu dem Schluß, daß sie durch Versandhauskataloge und interaktives Fernsehen (virtuelle Realität) ersetzt werden könnten. Genau das geschieht heutzutage; nein, es ist bereits geschehen.

Nun kam vor ein paar Jahren der Chef eines dieser Dinosaurier zu uns, um gemeinsam mit uns herauszufinden, warum seine Kaufhauskette ständig Kunden verlor. Wir setzten all unsere Ressourcen ein und fanden schließlich heraus, daß einer der Hauptgründe war, daß Frauen einfach keine Zeit mehr hatten, ihre Einkäufe in schlecht sortierten und bevorrateten, zudem personell unterbesetzten Einkaufstempeln zu erledigen. Kaufhäuser können sehr abweisend und unfreundlich wirken, zumal wenn die Waren aus

Gründen der Diebstahlsicherung auch noch an den Wänden angekettet werden. (Ein heißer Tip: Wenn Sie es leid sind, vom Verkaufspersonal einfach ignoriert zu werden, und augenblicklich Aufmerksamkeit erregen wollen, dann rütteln Sie nur mal an diesen Sicherheitsvorrichtungen. Sofort wird Alarm ausgelöst, und man kümmert sich umgehend um Sie.)

Inmitten unserer Abschlußpräsentation unterbrach mich der Kaufhauschef und sagte: »Aber meine Liebe« (und wer mir so kommt, ist – nach meinen langjährigen Beobachtungen, die sich auch diesmal bestätigen sollten – binnen eines Jahres reif für den Konkursrichter), »was würden die Frauen denn den ganzen Tag machen, wenn sie nicht einkaufen könnten?«

Eben daran zerbrechen Giganten: daß sie nicht sehen, was sich direkt vor ihrer Nase abspielt. Der Kaufhauschef und seine Kollegen in der Konzernspitze hatten vor lauter Betriebsblindheit die Veränderung der gesellschaftlichen Verhältnisse um sie herum gar nicht mitbekommen. Heute stehen die meisten Frauen – ebenso wie die Männer – fast ständig unter Zeitdruck, weil sie vieles unter einen Hut bringen müssen: Haushalt, Karriere, Beziehungen, Kinder, Gesundheitspflege, Reparaturen, eben die ganze Fülle des Lebens. Niemand hat noch Spaß daran, Stunden mit Einkaufen auf der Suche nach etwas ganz Speziellem zu verbringen. Es ist viel einfacher, in ein Spezialgeschäft zu gehen oder seine Bestellung bei einem Versandhaus telefonisch oder per Fax aufzugeben. Letzteres ist schließlich rund um die Uhr möglich.

Als nächstes geraten die Supermärkte in die Krise. Denn sie werden hauptsächlich von Männern geführt, und die haben noch nicht begriffen, daß Frauen, die dort ihre Lebensmittel einkaufen, solche Einkaufserlebnisse, mit quengeligen Kleinkindern im Einkaufswagen und dem Sparzwang im Nacken, alles andere als unterhaltsam finden.

Wenn Barry Dillers Vision eintrifft, werden wir alle bald von »Smart Agents« begleitet sein, intelligenten Spezialcomputern, die uns so gut kennen, daß sie uns als Scanner für alle möglichen Informationen aus Hunderten von Datenbanken behilflich sein können. In aller Ruhe lassen wir uns dann über das Neueste vom Tage informieren, aber auch über alle Einkaufsmöglichkeiten und Dienstleistungen, die unser Smart Agent für uns herausgesucht hat. Anschließend können wir online aktiv werden. Eine tolle Click-Idee!

Kirche in der Kritik

Erinnern Sie sich noch an die Zeit, als die Kirche ein unangefochtener, geheiligter Bereich war, ein Hort des Mitgefühls? Heute steht insbesondere die katholische Kirche in vielen Ländern in der Kritik, hat die biblische Floskel von »den Sünden der Väter« teilweise einen neuen Sinn erhalten – nicht zum Besten der Kirche. Und so ist eine weitere Gewißheit dabei zu zerbrechen. Wenn sie nicht schon zerbrochen ist.

In Australien überschattete ein Skandal, in den sechs katholische Geistliche und Lehrer verwickelt waren, den Papstbesuch. Wegen vielfachen Mißbrauchs Minderjähriger wurden sie zu Freiheitsstrafen verurteilt, einer von ihnen sogar zu 18 Jahren Haft.

Obwohl die Kirche geübt darin ist, unliebsame Dinge zu vertuschen, wurden in den USA zuletzt schätzungsweise 400 Millionen Dollar für Rechtsanwaltskosten und Abfindungen aufgewandt, um Prozesse wegen sexueller Belästigungen abzuwenden oder schnell zu beenden. In Chicago, wo es eine Selbsthilfeorganisation von Opfern pädophiler Priester gibt, kursieren Listen, welche die Eltern vor Priestern warnen, die bekanntermaßen hinter Knaben her sind. Entsprechend skeptisch werden inzwischen kirchliche Veranstaltungen wie Ferienlager beargwöhnt. Für die Jugendleiter in solchen Camps gelten strikte Vorschriften, um jeden Anschein unangemessenen Verhaltens zu vermeiden.

Ein österreichischer Kardinal geriet als Kinderschänder in die Schlagzeilen, ein Schweizer Bischof verließ die Kirche, um dem Zölibat zu entkommen und zu heiraten. Und so weiter und so weiter. Auch hier ein Soziobeben? Die Schockwellen sind jedenfalls beträchtlich.

Wohin wir auch schauen, die Großen wanken, die Stützen der Gesellschaft stürzen vom Sockel, die Ikonen zerbrechen. Allgemein geht es bei diesem Trend um das Scheitern von Glaubenssystemen und Institutionen, die seit Jahrzehnten oder gar Jahrhunderten unser Denken und Leben prägten. Doch wo Schatten ist, muß es auch Licht geben. Wo die einen scheitern, eröffnen sich für andere neue Chancen. Nur vordergründig geht es bei diesem Trend ums Einreißen und Zerstören. Mindestens ebenso wichtig sind die Chancen für einen kreativen Neuanfang, für die Suche nach besseren Lösungen. So steigt der Phönix aus der Asche.

Erkennen Sie die Click-Chancen? Nutzen Sie Ihre Möglichkeiten! Haben Sie das Vertrauen ins Big Business verloren? Dann machen Sie Ihre eigene kleine Firma auf und nutzen Sie Ihr Wissen. Haben Sie den Glauben an die etablierten Religionen verloren? Dann schaffen Sie sich Ihre eigenen Rituale (vgl. das Kapitel über »Die Suche nach Halt und Sinn«): Zen, Yoga, Meditation und anderes mehr. Finden Sie sich selbst.

Haben Sie den Glauben an die traditionelle Familie verloren? Dann versammeln Sie eine neue Ihrer Wahl um sich (vgl. das Kapitel über »Clanning«), und sei es über Online-Kontakte. Haben Sie den Glauben an die politische Führung verloren? Dann werden Sie selbst politisch aktiv und sorgen Sie zum Beispiel dafür, daß die Enttäuschten zur Wahl gehen und ihren Unmut politisch artikulieren.

Haben Sie den Glauben an die Ärzte verloren? An die Polizei? An die Männer? Dann lesen Sie oben in den entsprechenden Kapiteln dieses Buches nach, was Sie tun können. Haben Sie den Glauben an die Menschen verloren? Dann nehmen Sie Ihr eigenes Leben fest in die eigenen Hände. Tun Sie etwas. Dann clickt es auch in Ihrem Leben.

20. Kapitel

16. Trend – S.O.S. – Rettet unsere Gesellschaft

»Es gibt keine Hoffnung – aber ich könnte mich ja irren.«

AUTOAUFKLEBER

Die Alarmglocken schrillen. In Idaho, in Brasilien, in Belgien. Sie übertönen den Lärm in London, New York und Tokio. Sie rütteln uns aus dem Schlaf, sie sind ein globaler Weckruf. Und die Mahnung ist klar: Tut, was immer Ihr könnt, um unsere Gesellschaft zu retten! Ehe es zu spät ist.

Was also werden Sie jetzt tun? Weiterschlafen oder wach und aktiv werden? Diese Frage liegt dem von BrainReserve schon vor zehn Jahren identifizierten Trend »S.O.S. – Rettet unsere Gesellschaft« zugrunde. Und dieser Trend wird uns noch Jahrzehnte begleiten. »S.O.S.« klingt dramatisch. Aber die Lage ist auch dramatisch, denn unser aller Überleben steht auf dem Spiel.

Was im Bereich des Umweltschutzes noch vor einigen Jahren ungewöhnlich oder heroisch wirkte, ist inzwischen Allgemeingut. Die Menschen sind nicht mehr so gleichgültig. Sie wollen etwas zur Rettung von Natur und Umwelt tun. Endlich sieht es so aus, als kämen Elektroautos tatsächlich auf den Markt – weil der Gesetzgeber energisch in diese Richtung drängt. General Motors testet schon einen Prototyp, der in fast allen Belangen mit einem Benzinauto konkurrieren kann. Selbst die Betriebskosten sind nicht höher als bei herkömmlichen Wagen. Der Haken ist allein die Reichweite: Etwa alle 100 Kilometer muß die Batterie aufgeladen werden. Auch andere Hersteller sind bereits aktiv, und die Nachfrage ist vorhanden.

Außerdem sind die USA nicht das einzige Land, das nach Alternativen zu Autos mit Verbrennungsmotoren sucht. Die Deutsche Post, deren Zustelldienst zum großen Teil über die Straße abgewickelt wird, experimentiert mit Lastwagen und Pkw, die mehrere Batterien mit sich führen, welche unterwegs schnell ausgewechselt und nach Ende der Fahrt aufgeladen werden können. Städte wie Amsterdam versuchen, die Abgasbelastungen (und die

Schäden, die Abgase an historischen Gebäuden sowie bei den Bewohnern hinterlassen) zu begrenzen, indem sie den Autoverkehr aus den Innenstädten verbannen und die öffentlichen Verkehrsmittel aufwerten. Selbst das im Autoverkehr erstickende Athen hat seine Innenstadt in einem dreimonatigen Verkehrsversuch für Autos gesperrt. Kostenlose Kleinbuslinien springen ein, bis das moderne U-Bahn-System endlich voll funktionsfähig ist. Jeder, der sein Auto zu Hause stehen läßt, kann der Umwelt kiloweise Kohlenwasserstoffe, Kohlenmonoxid und Stickoxide ersparen.

Doch selbst nachdem wir unseren Autos Katalysatoren verpaßt haben und deren Schadstoffausstoß strikt kontrollieren, was ist mit all den anderen Benzinmotoren, die die Luft verschmutzen? Im Sommer sind in den USA an jedem Wochenende bis zu 50 Millionen Rasenmäher im Einsatz, und deren Abgaswolken verpesten die Luft massiv (nach Schätzungen der amerikanischen Umweltbehörde EPA gehen bis zu 20 Prozent der gesamten Luftverschmutzung in den Vereinigten Staaten auf das Konto solcher Maschinen). In nur einer halben Stunde richten die lauten Spritschlucker genausoviel Schaden an wie ein Auto in vier bis fünf Stunden. Die einfachste Antwort: Abgasregulierung auch für Rasenmäher (die Kosten für Katalysatoren – bis zu 100 Dollar – sollten steuerlich absetzbar sein).

Das Recycling-Konzept ist uns nach wenigen Jahren in Fleisch und Blut übergegangen. Zunächst haben wir uns gesträubt, aber inzwischen trennen wir Glas, Papier und Dosen säuberlich von anderem Abfall. Wir bündeln unsere Zeitungen und zerkleinern unsere Kartons. Bindfäden sind gefragt, und die Preise für gut sortiertes Altpapier schnellen in die Höhe. In manchen Orten können die Bürger auf monatlichen öffentlichen Flohmärkten alles anbieten, was sie nicht mehr brauchen können, was jedoch noch zu schade zum Wegwerfen ist. In Supermärkten werden routinemäßig nur noch Papiertüten oder biologisch abbaubare Plastiktüten ausgegeben. Und immer öfter verzichten Kunden ausdrücklich auf jegliche Tüten (zum Beispiel, um die Wälder zu schonen). Ist Ihnen schon einmal aufgefallen, wie viele Leute ihre Faxnotizen heute auf kleinen Zetteln verschicken anstatt auf großen DIN-A4-Seiten? Papiersparen ist zur festen Tugend geworden.

Trotzdem müssen wir uns beim Recycling noch mehr einfallen lassen. Versuchen Sie beispielsweise, eine schöne Geschenkpackung wiederzuverwenden. So lange, bis sie wirklich nicht mehr zu gebrauchen ist. Der letzte in dieser Kette hat dann die Pflicht, das ramponierte Stück zu zerkleinern und zu entsorgen.

Der Kleiderhersteller Esprit hat auf seinem Firmengelände eine Art Ökopolizei eingerichtet. Und in Spanien existiert mit Semprona eine öffentliche Organisation, die sich zum Ziel gesetzt hat, alle Umweltverschmutzer, zu Lande und zur See, aufzuspüren. Im globalen Maßstab schließlich kämpft nicht nur Greenpeace gegen die Umweltsünden der großen Konzerne, die ihre giftigen Abfälle heimlich ins Meer entsorgen oder in Entwicklungsländer exportieren und die fahrlässig mit radioaktivem Material umgehen, sondern auch die in Amsterdam ansässige Agentur Earth Alarm.

Noch wichtiger ist Müllvermeidung. In den Hamptons auf Long Island, im Sommer beliebte Badeorte, läßt sich der saisonale Bevölkerungsanstieg direkt an der Müllmenge ablesen. Während die Müllabfuhr in den Wintermonaten 18 bis 20 Tonnen pro Tag einsammelt, sind es an sommerlichen Spitzentagen, vor allem an Wochenenden, 120 Tonnen. Wenn in New York Sperrmülltag ist, bekommt man es regelrecht mit der Angst zu tun: so viele Menschen und so viel Zeug. Überall lehnen Matratzen an Parkuhren, drei bis vier pro Straße. Wo bleiben all diese Sachen bloß?

Wir müssen – wo immer möglich – wieder zu Mehrwegverpackungen und -gefäßen zurückkehren. Warum gibt es in Supermärkten keine Abfallstationen für Soft Drinks, an denen man Mineralwasser, Limonade oder Fruchtsäfte in mitgebrachte Flaschen abfüllen kann?

Wir müssen auch wieder verstärkt auf die lange Lebensdauer unserer Konsumgüter achten. Und darauf, daß Reparaturen leicht möglich sind und sich lohnen. Eines der Hauptprobleme ist, daß die Reparaturkosten vielfach so nahe am Preis für ein neues Gerät liegen, daß wir uns lieber einen neuen Fernseher, Videorecorder oder Toaster auf dem letzten Stand der Technik kaufen, als den alten reparieren zu lassen.

Vergessen wir nicht die positiven Recycling-Beispiele. Textilhersteller sind da besonders einfallsreich. So werden Polyesterfasern aus Plastikflaschen hergestellt, die sortiert, zerkleinert, gewaschen, erhitzt, zu Kügelchen geformt und dann in Faserform gepreßt wurden. Malden Mills verwertet auf diese Weise pro Jahr 140 Millionen recycelte Flaschen (ungefähr 15 große Flaschen pro Kunststoffjacke). Am Ende dieses Prozesses stehen dann die beliebten flauschig-weichen, warmen Polartec-Jacken. Patagonia, das 10 Prozent seiner Gewinne für den Umweltschutz spendet, hat eine eigene Faser aus Getränkeflaschen entwickelt: Synchilla. Die daraus hergestellten bunten Jacken werden im Rahmen des Hilfsprogramms »Coat of Many Colors« teilweise für bedürftige Kinder gespendet. Bisher wurden mehr als 600 Jacken allein im Süden Chiles verschenkt. Bei anderen Recyclingprojekten werden aus Getränkeflaschen Wanderstiefel oder Futon-Füllungen, wobei letztere sehr leicht sind und nicht klumpen.

Evian ist für Umweltbelange immer aufgeschlossen. Um Platz in den gelben Tonnen einzusparen, hat das französische Unternehmen versprochen, die bisher eher stabilen Plastikflaschen so bald wie möglich durch elastischere zu ersetzen, die man zu kleinen Bällen zusammenknautschen kann. Da werden besonders die Kinder begeistert sein, wenn sie solche Flaschen in die Hände bekommen ...

Freddie Heineken, der Chef der gleichnamigen holländischen Brauerei, entwickelte für die Niederländischen Antillen, wo die Ärmsten der Armen in den Slums ihre leeren Bierflaschen bisher einfach wegwarfen, eine neue Flaschenform. Im Gegensatz zu den üblichen runden Grünglasflaschen ist diese sogenannte Weltflasche viereckig. Sinn der Sache ist, daß die eckigen Flaschen, wenn sie geleert sind, als Glasbausteine für Häuser verwendet werden können.

Wohin nur mit all dem Computerschrott? Und mit dem Plastik- und Verpackungsmaterial, das routinemäßig beim Auswechseln von Tintenpatronen, Toner-Kartuschen und Farbbändern für Drucker, Fax- und Kopiergeräte anfällt? Computer Friends in Portland, Oregon, bietet für solche Fälle (zum Preis von ungefähr 80 Dollar) ein universales Recycling-System an. Viele unserer modernen Geräte veralten so schnell, daß ständig neue angeschafft werden müssen. Und was geschieht mit den alten? Angeblich ist IBM in Europa gegen geringes Entgelt bereit, Altgeräte zur Entsorgung zurückzunehmen, und andere Computerfirmen fügen offenbar neuerdings sogar Rücknahmeklauseln in ihre Kaufverträge ein.

Auch Kleinvieh macht Mist. Nicht nur große Geräte stellen ein Entsorgungsproblem dar, sondern auch die vielen kleinen Batterien, die wir für unsere Elektronik brauchen und die mit ihren Säuren und Metallen eine Umweltgefahr allerersten Ranges darstellen. Warum gibt es keine Verordnung, nur noch wiederaufladbare Solarbatterien zu benutzen? Gerade im kleinen kann jeder zur Abfallvermeidung beitragen. Eine deutsche Firma, Monte-Bianco, hat beispielsweise eine neue Methode entwickelt, Plastikabfälle zu reduzieren: auswechselbare Borstenköpfe für Zahnbürsten, deren Griffe mehrmals verwendbar sind.

Als Ersatz für Styroporkügelchen bietet American Excelsior Verpackungsmaterial aus sogenanntem Ökoschaum an, der zu 95 Prozent aus Stärkemehl und zusätzlich aus organischen Polymerverbindungen besteht. Vorteil: Diese Substanz ist wasserlöslich und kompostierbar. Umweltgruppen treten auch für die Verwendung von Popcorn anstelle von Styropor ein, wenn es gilt, zerbrechliche Waren zu verpacken und zu schützen. Denn Popcorn schmeckt nicht nur gut, es ist auch biologisch abbaubar und danach kompostierbar. Eine gutgehende amerikanische Versandfirma, Williams-Sonoma, die weiterhin Styropor verwendet, erläutert diese Entscheidung in einem an ihre Kunden gerichteten Brief. Er zählt die Entsorgungs- und Recyclingbemühungen der Firma auf und nennt den Hauptgrund, warum weiterhin biologisch nicht abbaubares Verpackungsmaterial verwendet wird: »Wir verpacken viele zerbrechliche Waren und wissen, daß Plastikschaumstoff-Flocken den besten Schutz bieten ... denn dabei gehen weniger Waren kaputt ... weniger Kundendienstprobleme, weil weniger Reklamationen und weniger Ersatzsendungen anfallen, die auch wieder Frachtkosten und Umweltbelastungen durch Autoabgase hervorrufen.« Klingt vernünftig, auch unter Umweltgesichtspunkten.

Ein anderer Styropor-Großverbraucher der Vergangenheit, McDonald's, hat sich hingegen umgestellt. Zum Mitnehmen werden die Speisen heute in Tüten aus Recyclingmaterial verpackt. Weitere Umweltanstrengungen des Fast-Food-Riesen: Die Speisereste werden kompostiert, um die Gesamtmüllmenge zu reduzieren.

Selbst im US-Verteidigungsministerium denkt man neuerdings »grün«. So wurden rund um das Gebäude nicht nur mehr Bäume angepflanzt und Rasenflächen angelegt, bei der Renovierung des Pentagons im Februar 1995 wurden auch fast hektarweise neue Teppichböden aus Naturfasern verlegt. Zur Isolierung verwendete man ebenfalls natürliche Materialien, die Wände wurden mit ungiftigen Farben gestrichen (warum eigentlich erst jetzt?), und bei Beleuchtung und Computern dachte man konsequent an den Energieverbrauch. Wahrscheinlich werden sich die umweltschonenden Materialien und die neuen Geräte aufgrund der Energieeinsparungen schon in drei Jahren amortisiert haben.

Eine steigende Zahl von Prominenten aus Politik und Kultur stellt sich heute in den Dienst der Umwelt. Und das ist gut so. Dadurch wird vielen Menschen, die am Prominentenklatsch in den Medien interessiert sind, das ökologische Umdenken erleichtert. Auch John Kennedy, Jr., der Sohn des ermordeten Präsidenten, trägt mit seiner TV-Sendung *Heart of the City* (im New Yorker Lokalfernsehen) sein Scherflein dazu bei. Hier werden, anders als in den Prominentenmagazinen, »Helden« vorgestellt, die im Verborgenen wirken, um die Umwelt intakt zu halten. Diese positiven Beispiele sollen ansteckend wirken, und diese New Yorker verkörpern das »Herz« einer Stadt, die oft so herzlos wirkt.

Kinder mit ihrem Enthusiasmus setzen sich in publikumswirksamen Aktionen ebenfalls zugunsten der Umwelt ein. Etwa in der Earth Force Alliance, einem Zusammenschluß nationaler und internationaler Jugend-Umweltorganisationen. Deren Initiative »Go Wild for Wildlife« (Macht mobil für den Naturschutz) ging direkt aus einer Meinungsumfrage unter 145 000 Kindern hervor, deren Mehrheit Naturschutz, also die Bewahrung der Erde und der Artenvielfalt, für das dringendste Anliegen unserer Tage hielt. Ende 1994 verpflichteten sich die Kinder von Earth Force bei einer Großaktion, 31 Millionen freiwillige Arbeitsstunden zugunsten der Umwelt zu leisten.

Doch nicht nur Individuen können sich zur Rettung der Umwelt und der Gesellschaft engagieren, sondern auch große Firmen. Ein Unternehmen mit einer ethisch begründeten Firmenpolitik übt einen positiven Einfluß auf seine Mitarbeiter aus. In manchem Fall geht die Unternehmensspitze mit gutem Beispiel voran. Bei Levi Strauss etwa arbeitet ein Global Environment Committee an der Förderung einer humanen Arbeitswelt und ökologisch verträglicher Produktionsweisen. »Die Werte einer Firma – wofür sie eintritt, woran die Menschen glauben – sind für ihren Erfolg im Wettbewerb von zentraler Bedeutung. Die Werte sind es, die das Geschäft vorantreiben«, bekannte Robert Haas, der Chef von Levi Strauss, in einem Interview in *Grassroots*.

Levi Strauss und andere gleichgesinnte Firmen schlossen sich zu einer Arbeitsgemeinschaft zusammen, die unter anderem im Oktober 1994 einen Kongreß zum Thema »Business for Social Responsibility« veranstaltete. Fast dreihundert Firmen und Einzelpersonen nahmen daran teil. Hillary Clinton hielt via Satellit einen der Hauptvorträge, und anschließend bewältigten Arbeitsgruppen ein randvolles Programm zu verschiedenen wichtigen Aspekten der Thematik: »Forschungsprojekte und -ergebnisse zur sozialen Verantwortung«, »Kinderbetreuung am Arbeitsplatz«, »Geschäft und Kinder: Ein Programm für unsere Zukunft«, »Möglichkeiten umweltgerechten Verhaltens für Kleinfirmen« und »Recycling- und Abfallwirtschaft: Wie sie sich bezahlt macht«. Im Kern ging es auf dieser Tagung, aber auch in den einzelnen beteiligten Firmen, um nichts Geringeres als um eine Änderung der ökonomischen Geschäftsgrundlagen: um eine Sensibilisierung für die Auswirkungen des eigenen Handelns auf die Umwelt und um einen Wertewandel, weg vom reinen Profitdenken hin zu einer sozialverträglichen, in der Gesamtgesellschaft verwurzelten, zukunftsorientierten Betrachtungs- und Arbeitsweise.

Zu den Mitgliedern dieser Initiative gehören unter anderen: Stride Rite, wegen seiner liberalen Beurlaubungspraxis bei familiären Gründen und wegen seines generationenübergreifenden Betriebskindergartens allgemein anerkannt; Levi Strauss, Reebok und Timberland, wegen ihres Engagements gegen die Ausbeutung der Arbeitskräfte in Ländern der Dritten Welt gelobt. Die drei letztgenannten Firmen achten besonders darauf, daß alle direkt oder indirekt in Südostasien für sie tätigen Arbeitskräfte in halbwegs gesunder Umgebung und unter Beachtung der Menschenrechte arbeiten. Passend zu seinen erfolgreichen Wanderstiefeln engagiert sich Timberland für die Wiederherstellung und Pflege von Wanderwegen in der freien Natur – und zwar mit Finanzmitteln aus den Recycling-Bemühungen der Firma. Außerdem lenkte Timberland in einer massiven Anzeigenkampagne die Aufmerksamkeit auf vorbildliche Naturschützer. In einer dieser Schwarzweißanzeigen heißt es: »Ein aktiver Vulkan versengt die Erde. Ein aktiver Mensch reinigt sie. An der Spitze einer großen Zahl junger Freiwilliger zieht Sarah Whitman in den Kampf gegen jene, die Wind, Wasser, Erde und Himmel vergiften. Voller Stolz ehrt Timberland eine Frau, die ihre Stiefel anzieht und zur Tat schreitet. Darauf kommt es an. Sie ist kein Model. Sie ist ein Vorbild.«

Auch beim Tierschutz gibt es nicht nur schlechte Nachrichten

Gefährdete Tierarten verschwinden zwar leider immer noch von der Bildfläche, aber zum Glück nicht mehr geräuschlos und ohne Rettungsbemühungen. Der Wanderfalke ist jetzt auf New Yorker Wolkenkratzern heimisch und zieht seine Kreise über den Hubschrauberlandeplätzen auf den Dächern. Der Fischadler ist in die Sumpfgebiete an der amerikanischen Ostküste zurückgekehrt. Trotz aller Bemühungen der Umweltschützer, die Nistgebiete abzusperren, wird der Halsband-Regenpfeifer an den Stränden leider immer noch Opfer des überhandnehmenden Strandverkehrs mit geländegängigen Jeeps. Und wie ergeht es den berühmten gefleckten Eulen im Nordwesten der USA? Hier hatte der Kampf um den Artenschutz zur klassischen Kontroverse zwischen Kommerz und Naturschutz geführt. In wirtschaftlicher Hinsicht befürchtete man, daß die gänzlich von der Holzindustrie geprägten Kleinstädte in Oregon zu Geisterstädten verkommen könnten, machte man zum Schutz der Eulen Holzfällern und Sägewerken Auflagen. Dann sei eine schlimme Rezession unausweichlich. »Wir werden eine Eulenplage erleben, während die Sägewerksarbeiter allesamt ihre Arbeitsplätze verlieren«, hatte Präsident Bush damals im Wahlkampf getönt. Doch siehe da, die Katastrophe blieb aus. Trotz tiefer Einschnitte bei den Holzeinschlagmengen in den Bundesforsten liegt die Arbeitslosenrate heute in Oregon mit unter 5 Prozent so niedrig wie nie zuvor. Ein früherer Sägewerksarbeiter, der durch staatliche Umschulungsmaßnahmen einen neuen Beruf fand, sagte uns: »Früher gab es in meiner Heimatstadt doch überhaupt keine Alternative zum Sägewerk. Dagegen hat sich für uns jetzt eine völlig neue Welt aufgetan.«

Die Eishockeymannschaft der Florida Panthers, die in der National Hockey League spielt, setzt sich entschlossen für die Rettung jenes Tieres ein, dessen Namen sie trägt. Weil die Urbanisierung des Staates im Zusammenspiel mit anderen Faktoren unseres modernen Lebens den Pantherbestand extrem gefährdet (so ist die Population in freier Wildbahn auf weniger als fünfzig Tiere geschrumpft), läuft jetzt eine Rettungsaktion des Teams für die Raubkatzen. Jedesmal, wenn ihr Torwart in einem Heimspiel ein Tor der Gäste verhindert, sollen Fans und örtliche Firmen einen festen Betrag für die Aktion spenden.

In letzter Zeit stand jedoch ein anderes Raubtier im Rampenlicht der Nation: der graue Wolf. Welch enormer Aufwand war nötig, die Wölfe in die Nationalparks zurückzubringen! Zwei Jahrzehnte zogen sich die Debatten zwischen Umweltschützern und Ranchern hin, es gab Hunderte öffentlicher Anhörungen, sechs Präsidenten-Gutachten, Dutzende von Kongreßausschüssen, und insgesamt wurden 12 Millionen Dollar ausgegeben, ehe der Wolf schließlich in den Yellowstone Park zurückkehren durfte. Die Biologen hoffen, daß die Aussetzung der Raubtiere zu einer besseren Balance in der Natur führen wird, indem die Wölfe das Wachstum der Elch-, Wapiti- und Rotwildpopulationen, die den Waldbestand durch ihre Freßlust gefährden, in Grenzen halten. Derweil wurden im Winter 1994/95 in den öffentlichen Parks von New York drei Koyoten gesichtet. In kalten Wintern dringen zunehmend auch hungrige Bären in bewohnte Gegenden vor, um sich an den Abfällen aus den überquellenden Mülltonnen gütlich zu tun.

Das Wirtschaftsministerium der USA ist bestrebt, in etwa einem Fünftel der fischreichen Gewässer vor den Küsten Neuenglands den kommerziellen Fischfang zu unterbinden, vor allem, um die Kabeljau-, Schellfisch- und Gelbschwanzflunder-Bestände zu schützen, die in einem der reichsten Fischgründe der Welt rapide dezimiert werden. Selbst die Repräsentanten der Fisch- und Meeresfrüchteindustrie bestreiten nicht, daß derartige Schutzmaßnahmen erforderlich sind, um die Bestände langfristig gesund zu erhalten. Manche Maßnahmen sind schon seit zehn Jahren überfällig, seit nämlich erste Bestandsgefährdungen deutlich wurden. Doch wenn die Regulierungen wirklich strikt eingehalten werden, ist es noch nicht zu spät.

Als Folge der massiven Verschmutzung unserer Flüsse, Seen und Meere ist ein starker Rückgang jener Fischarten zu verzeichnen, die noch ohne Gefährdung der eigenen Gesundheit verzehrbar sind. Damit einher geht ein seltsames, übermäßiges Algenwachstum. Vor der Küste von Long Island finden sich schon seit Jahren kaum noch die als Delikatessen geschätzten Kammuscheln, während die braune Algenplage mit jeder Flut kommt und geht. Rund um die Florida Keys ersticken erbsengrüne Algen fast alles Leben im Meer. Um Fischfang und Tourismus in den Everglades und an der Florida Bay weiterhin zu ermöglichen, müßte der Staat trockengelegtes Ackerland zurückkaufen und wieder vollständig mit Frischwasser überfluten. Doch dieser Lösungsvorschlag führte zu erbitterten Auseinandersetzungen zwischen zwei betroffenen Interessengruppen: zum einen den Farmern, die ihr Land verlieren würden, zum anderen den Fischern, die Gefahr laufen, ihre Existenzgrundlage einzubüßen. Es bleibt nur zu hoffen, daß auch die übergeordneten Belange des Umweltschutzes berücksichtigt werden. Denn Algen und Seegras dienen für ganze Schwärme verschiedener Fischarten als Nahrung und Schutz.

Wachsame Bürger machen allerorten ihren Einfluß geltend, um die Lebensbedingungen der in Käfigen und Zoogehegen gehaltenen Tiere zu verbessern. An vielen Orten rief die Tierschutzorganisation ARF (Animal Rescue Fund) ein Tierpflegeprogramm ins Leben, das Tierfreunden, die wegen Berufstätigkeit, beengten Wohnverhältnissen oder aus anderen Gründen selber keine Vierbeiner halten können, ermöglicht, wenigstens am Wochenende einen Hund in Pflege zu nehmen.

Freiwillige vor! Einsatz für einen guten Zweck

Im Rahmen des Trends »S.O.S. – Rettet unsere Gesellschaft« sind jedoch nicht nur Umweltaktivisten an der Arbeit. So herrscht zum Beispiel reges Interesse an den verschiedenen Möglichkeiten, seinen Urlaub mit Freiwilligen-Einsätzen zu verbinden. In einem Buch (*Volunteer Vacations*) werden all diese Einsatzmöglichkeiten aufgelistet und vorgestellt. Jeder, der einen Beitrag zum Wohl der Allgemeinheit leisten möchte, wird hier etwas finden: Die Palette reicht vom Vogelschutz im Rahmen der Audobon Society (Erforschung des Migrationsverhaltens der Zugvögel) bis zu Einsätzen in Suppenküchen für die Bedürftigen. Vor Jahren verbrachte Lys' Vater, ein Chirurg und Urologe, jedes Jahr einen Monat auf einem Lazarettschiff. Während einer Reise um die Welt ging das Schiff in verschiedenen Häfen vor Anker, um Kranken eine Operation zu ermöglichen, die in ihrem ganzen Leben noch keinen Arzt zu Gesicht bekommen hatten. Vom frühen Morgen bis zum späten Abend waren die Ärzte pausenlos im Einsatz. Was ist aus diesem schwimmenden Caritas-Hospital geworden? Ein Opfer horrender Versicherungsprämien?

Wäre es nicht wunderbar, ein solches Schiff wieder auf Reisen zu schicken – oder ersatzweise ein Lazarettflugzeug? Andererseits braucht man gar nicht weit zu fahren oder zu fliegen, um geeignete Einsatzmöglichkeiten für Freiwillige aus dem ärztlichen oder pflegerischen Bereich zu finden. Wie wäre es, wenn Ärzte oder Schwestern einen Nachmittag pro Woche zur Behandlung der Armen zur Verfügung stünden?

Unsere Freunde beschweren sich allmählich, daß sie auf fast keine große Party mehr gehen können, ohne um eine Spende oder einen Scheck gebeten zu werden. Jede Stiftung, jede Aktionsgruppe, jede Wohlfahrtseinrichtung weiß inzwischen, daß Spendenparties und Wohltätigkeitsbanketts, für die zwischen 35 und 500 Dollar als Eintrittsgeld zu entrichten sind, der schnellste und sicherste Weg sind, Spenden für einen guten Zweck zu sammeln – sei es für Essen auf Rädern zum Wohle Bedürftiger, für eine Kirchenrestaurierung, für Schul- und Universitätsstipendien, Kulturstiftungen oder andere Zwecke. Besondere Attraktionen beflügeln häufig die Spendenbereitschaft: der Zugang zum Allerheiligsten eines berühmten Hauses, persönliche Begegnungen mit Prominenten, Tombolas und anderes mehr.

Früher gehörte Wohltätigkeit in stärkerem Maße zum Alltag, nicht nur im Bürgertum und in der Oberschicht, sondern auch bei den Arbeitern, die selbst kaum etwas hatten. Wohltätigkeit – das heißt Zeit, Geld und Energie zu opfern, um das Los anderer zu verbessern. Wenn heute die Kürzung staatlicher Wohlfahrtsprogramme droht, müssen gerade diese alten Tugenden wiederbelebt werden. Nicht nur in den USA, sondern auch in den Wohlfahrtsstaaten Europas.

Gutes tun, das schließt auch Kleinigkeiten ein und die Verbreitung einer entsprechend positiven, hilfsbereiten Grundeinstellung. Beim »S.O.S.«-Trend kann es um Kleinigkeiten gehen, wie das Aufheben eines Stücks Papier oder einer Getränkedose auf der Straße. Etwas komplizierter, obwohl in die gleiche Richtung zielend, ist da schon das Organisieren einer freiwilligen Hilfstruppe, die einen Strand, ein Flußufer, ein Waldstück oder einen Straßengraben säubert. Doch letztlich kann jeder von uns all das tun und in die Wege leiten. Wäre es nicht großartig, wenn es – analog zum Polizei- oder Feuerwehrnotruf – eine weltweit erreichbare, einheitliche Rufnummer für Umwelt- und Sozialprobleme gäbe, unter der Hilferufe entgegengenommen und Hilfsmaßnahmen koordiniert werden könnten? Zur Anzeige von Steuersündern oder betrunkenen Verkehrsteilnehmern gibt es in den USA bereits entsprechende Hotlines. Warum nicht auch in sozial brisanten Problembereichen? Dann könnten freiwillige Helfer oder Aufräumungsexperten sofort in Aktion treten, wenn es sozial irgendwo »brennt«.

Unsere Gesellschaft steht vor einer großen ethischen Debatte. Seit den bedeutenden Moralphilosophen des 19. Jahrhunderts hat es keine weitreichende Diskussion mehr über ethische Grundsätze gegeben – über das, was richtig und falsch, was gut und böse, was vertretbar und was unverantwortlich ist. Was wir in den letzten Jahrzehnten im wirtschaftlichen und gesellschaftlichen Leben getan (oder auch unterlassen) haben, gleicht einem Verbrechen gegen die Gesellschaft. Wir haben in einem Zustand ethischer Verkümmerung dahingelebt. Wie können wir nun der heutigen Jugend ein moralisches Verantwortungsgefühl vermitteln – ein sicheres Gespür für Richtig und Falsch? Wie können wir ethischen Prinzipien im Journalismus und in allen anderen Kommunikationsbereichen wieder Geltung verschaffen? Wie im Wirtschaftsleben? In Universitätsseminaren und studentischen Diskussionsgruppen redet man sich darüber die Köpfe heiß. Immer mehr regionale und nationale Wirtschaftsverbände diskutieren auf ihren Versammlungen über die soziale und ökologische Verantwortung der Wirtschaft. Meist erklärtermaßen oder uneingestanden auf Druck der Verbraucher. Viele Leute, die ihr Geld dort ausgeben möchten, wo sie ihre Überzeugungen repräsentiert sehen, erkundigen sich genau, welche Unternehmen sozial verantwortlich und umweltverträglich arbeiten. Grüne Verbraucher räumen ein, daß sie bereit seien, mehr Geld für Produkte auszugeben, die ihrer Meinung nach die Umwelt weniger schädigen, als für Artikel der Konkurrenz, die zwar billiger sind, das aber auf Kosten der Umwelt.

Die Erde wird die Eingriffe der Menschen wahrscheinlich, wenn auch nicht unbeschadet, überleben. Und unser Trend heißt – wohlgemerkt – »Rettet unsere Gesellschaft«. Letztlich geht es um die Rettung der Menschheit, um unsere eigene Rettung. Das Bewußtsein für Umweltschäden hat sich erst in den achtziger und neunziger Jahren richtig entwickelt, auch wenn manche Wissenschaftler zu der Ansicht neigen, es sei bereits zu spät: Die Ozonschicht und die Regenwälder seien nicht mehr zu retten – mit allen dramatischen Folgen für die Menschheit, wie Klimakatastrophen, Anstieg des Meeresspiegels, Hungersnöten und so weiter.

Die große Zukunftsaufgabe wird sein, die Erde für uns und unsere Kinder sicher zu machen und die uns bekannte Welt zu schützen. Die größte Herausforderung liegt sicher darin, daß wir uns entscheiden müssen, was genau wir retten wollen. Denn leider können wir nicht alles auf einmal retten. Unsere Möglichkeiten sind begrenzt. Deshalb müssen wir, jeder einzelne von uns, Entscheidungen treffen. Diese Entscheidungen werden Rückwirkungen auf die Gesamtgesellschaft haben. Werden wir zum Beispiel weiter darauf beharren, daß unsere Industrie die hohen Umweltschutzauflagen erfüllt, auch wenn andere Länder hier sehr viel nachlässiger sind, so daß deren Industrien billiger produzieren können? Werden wir bereit sein, ein ökologisches Steuersystem zu akzeptieren, das zwar die tatsächlichen Umweltkosten berücksichtigt, aber manchen alten Arbeitsplatz gefährdet, auch wenn es neue Arbeitsplätze schaffen könnte?

Mögen Angstmacher und Katastrophenpropheten auch die Schlagzeilen beherrschen, es gibt doch immer wieder ermutigende Zeichen und Beispiele. Erfolgsgeschichten. Veränderungen zum Guten hin. Jede Menge Click-Möglichkeiten. Lassen wir uns nicht beirren und um unsere Hoffnungen bringen!

III. Teil

Wie es auch bei Ihnen clicken kann

21. Kapitel

Analyse und Anwendung der Trends

»Wenn wir unsere Richtung nicht ändern, werden wir wahrscheinlich dort landen, wo wir hinmarschieren.«

CHINESISCHES SPRICHWORT

»Wir schlafen mit dem Kompaß in der Hand.«

W. S. MERWIN, AMERIKANISCHER DICHTER

Nach der Lektüre der 16 Trend-Kapitel verfügen Sie nun über einen Kompaß für die Zukunft. Sollten Sie die Zeichen deuten können, wird dieser Trend-Kompaß Ihnen die richtige Richtung weisen. Und das ist die Richtung, in die sich unsere Konsumentengesellschaft bewegt. Wenn Sie die Zeichen richtig deuten, werden Sie sich auf dem direkten Weg zum Erfolg wiederfinden. Auf dem Weg zum großen Click.

Die Trendanalyse, im BrainReserve-Jargon »ClickScreen« genannt, ist unsere Methode, mit der wir jeden Untersuchungsgegenstand – ganz gleich, ob es sich um eine Dienstleistung, ein Produkt oder eine Produktidee, um Marketing- und Werbekonzepte, um ein Unternehmen oder eine ganze Industrie handelt – im Licht der 16 Trends unter die Lupe nehmen. Und diese Methode bewährt sich immer wieder. Deshalb ist die Trendanalyse das Zentrum unserer Arbeit bei BrainReserve. Als Überprüfung der Realität, als Test der Zukunftstauglichkeit. Die Trendanalyse dient uns als Meßlatte für alle strategischen Entscheidungen. Daraufhin wird grünes Licht oder das Stoppsignal gegeben.

Ehe Sie sich anderen grundlegenden Fragen wie Finanzierung, Standortsuche und Auswirkungen auf die Familie widmen, sollten Sie Ihre Zentralidee, ganz gleich, worum es sich handelt, der Trendanalyse unterwerfen. Mit Hilfe der Trends können Sie einen geplanten Karriereschritt überprüfen, sich im Studium für das richtige Hauptfach entscheiden, eine geschäftliche Expansion überdenken oder die Erfolgsaussichten eines neuen Produkts kalkulieren, das Sie gerade erfunden oder entworfen haben.

Es liegt in der menschlichen Natur, daß wir uns oft von Augenblickseingebungen hinreißen lassen, die uns gefühlsmäßig richtig erscheinen – besonders, wenn uns die Idee unter der Dusche kam. Auch fühlen wir uns besonders zu jenen Optionen hingezogen, die Familienmitglieder oder bewährte Mitarbeiter favorisieren (schließlich wollen sie ja nur unser Bestes, nicht wahr?). Außerdem müssen wir zugeben, daß wir wenigstens vorübergehend schwach oder schwankend werden, wenn ein Kunde bestimmte Optionen bevorzugt oder spontan ablehnt (wie viele gute Ideen sind schon durch den Ausspruch »Aber meiner Frau gefällt das nicht« zu Fall gebracht worden?). Doch ganz gleich, wer auf welche Weise Druck ausübt, noch nie waren wir so spontan und unbedacht, einen eisernen BrainReserve-Grundsatz zu mißachten, der da lautet: »Ohne eine stringente Trendanalyse wird nichts unternommen, wird keine Empfehlung gegeben.«

Wann immer Sie mit der wirklich wichtigen Frage konfrontiert sind, ob eine Ihrer Ideen gute Erfolgsaussichten hat, ist die Trendanalyse Filter und Maßstab für Ihre Entscheidung hinsichtlich der

Trendsicherheit: Ist die Idee / das Produkt / das Konzept trendgerecht? Liegt sie/es im Trend, oder sperrt sie/es sich dagegen?

Langlebigkeit: Wird sie/es den Bedürfnissen und Wünschen der Konsumenten über einen längeren Zeitraum entsprechen, oder handelt es sich nur um eine kurzfristige Modeerscheinung?

Lebensfähigkeit: Spricht sie/es die Mehrheit an oder nur eine spezielle Gruppe? Ist das Zielpublikum groß genug, um einen nachhaltigen Click zu ermöglichen?

Immer und immer wieder hat sich bei unserer Arbeit herausgestellt, daß erfolgversprechende Ideen im Einklang mit mindestens vier der 16 Trends stehen müssen. Die meisten Ideen passen hervorragend zu einem Trend, doch sie weiterzuverfolgen lohnt nur, wenn sie von weiteren Trends gestützt werden. Bei BrainReserve, wo alle Ideen auf Herz und Nieren geprüft werden, bestehen nur solche Konzepte den »Gesundheitstest«, die zu vier oder mehr Trends gut passen.

Und so funktioniert die Sache: Listen Sie auf einem leeren Blatt Papier oder auf Ihrem Monitor links alle 16 Trends untereinander auf. Oben auf der Seite plazieren Sie horizontal verschiedene Kategorien wie Ja, Nein, Vielleicht, Anpassungsmöglichkeiten. Ganz oben auf der Seite skizzieren Sie kurz Ihre Idee. Nun nehmen Sie sich einen Trend nach dem anderen vor und überlegen, wie sehr Ihre Idee dadurch gestützt wird. Fragen Sie sich: »Paßt meine Idee perfekt zu diesem Trend, laufen beide nur etwas auseinander, oder lassen sie sich überhaupt nicht miteinander vereinbaren?«

Suchen Sie, auch wenn Ihre Idee im Trend zu liegen scheint, nach Verbesserungsmöglichkeiten bis zur vollkommenen Übereinstimmung von Idee und Trend. Läßt sich diese auf dem Papier nur durch logische Tricks erzwingen, geben Sie sich lieber nicht damit zufrieden, sondern überdenken Sie die Sache noch einmal. Ergänzen Sie, wenn möglich, Ihr Konzept durch trendgestützte neue Elemente. Und selbst wenn Ihre Idee mit dem Trend unvereinbar ist, werfen Sie nicht gleich die Flinte ins Korn und gehen zum nächsten Trend über. Vielmehr sollten Sie auch in diesem Fall herauszufinden versuchen, welche Modifikationen Ihr Konzept trendfreundlicher machen könnten.

Passen am Ende einige Trends überhaupt nicht zu Ihrer Idee, ist auch das kein Beinbruch, schließlich sollen nur mindestens vier Trends deutlich mit Ihrer Idee harmonieren. Ein oder zwei Rubriken dürfen sogar vollkommen konträr bleiben, denn wie die Menschen sind auch gesellschaftliche Trends oft widersprüchlich. Mancher joggt aus gesundheitlichen Gründen 8-10 Kilometer weit, um gleich darauf Unmengen Eiscreme zu verputzen, was nicht gerade gesund ist. Ein anderer kapselt sich wochenlang in seinem Kokon ab und ist dann plötzlich darauf versessen, Tag und Nacht unterwegs zu sein und Kontakte zu knüpfen. Die 16 Trends bilden also kein in sich völlig widerspruchsfreies System. Nur eines ist erforderlich: Nachdem Sie jeden einzelnen Trend mit Ihrer Idee verglichen und versucht haben, Trend und Idee möglichst zur Deckung zu bringen, muß unter dem Strich die Gewißheit bleiben, daß Ihre Idee das Zeug zum Click hat. Was wirklich trendgerecht ist, wird am Ende ebenso klar sein wie das, was angesichts der Trends keine Chance hat.

»ClickScreen«, früher bei BrainReserve und im *Popcorn Report* »Diskontinuitätsanalyse« genannt, ist eine Allzweckwaffe: vielseitig anwendbar und mit untrüglichen Ergebnissen. Damit stellten wir in unserer Agentur die Weichen für den Erfolg von Bacardi Breezer. So gingen wir vor, als ein Computer benutzerfreundlicher gestaltet werden sollte. Oder als Strategien für das Wachstum einer Immobilienfirma zu entwickeln waren. Oder ein neues Image für einen Oberbürgermeisterkandidaten. Wann immer trendgerechte, langfristige und lebensfähige Lösungen für unsere Kunden gefunden werden mußten, die Trendanalyse war zentraler Bestandteil unseres Instrumentariums: bei der Einführung neuer Produkte, bei der Expansion und Neupositionierung alter Produkte auf dem Markt, bei Firmenaufkäufen und bei neuen Unternehmungen. Und stets die gleiche Lektion: Wenn Firmen versuchten, die Ergebnisse unserer Trendanalyse zu ignorieren und die erforderlichen Anpassungen zu umgehen, folgte statt eines Clicks die Bruchlandung.

Weil Lys und mir die Trends so in Fleisch und Blut übergegangen sind, ertappen wir uns immer wieder bei spontanen Kurzanalysen. Auf Reisen nehmen wir kleine Läden (Kleiderboutiquen, Spirituosenläden und Haushaltswarengeschäfte) routinemäßig ebenso ins Visier wie Apotheken, Supermärkte und Einkaufszentren. Wir wollen einfach sehen, was es Neues gibt, was anders geworden ist. Im April 1995 entdeckte Lys auf einer Konsumgütermesse im dänischen Herning etwas, was wir nie zuvor gesehen hatten: individuell gestaltete Boxen für Papiertücher (wie üblich, aus Pappe). Sofort schoß es ihr durch den Kopf: »Egonomics, Leben im Kokon, Fantasy-Abenteuer, Kleine Genüsse, Gesund und lange leben, Länger jung bleiben, 99 Leben auf einmal, Weiblich denken/Mannzipation – paßt nahezu ideal zu den Trends.« (Können Sie sich denken, warum?) Diese 50-100 Tücher fassenden Boxen werden je nach Wunsch mit einem Firmenaufdruck, einem Logo, einem Foto oder einem Text des Kunden geliefert. Auf einer dieser Boxen prangte sogar ein hübsches Hochzeitsbild, denn das Brautpaar verschickte die Packungen als kleines Dankeschön für die Hochzeitsgeschenke. Eine tolle Idee! Denn solche Boxen stehen immer sichtbar und griffbereit. Der Hersteller, mit dem wir sprachen, ist ein Amerikaner, den es in die Niederlande verschlagen hat.

Um unsere Methode der Trendanalyse im Detail vorzustellen, wollen wir im folgenden Schritt für Schritt einen Wirtschaftszweig untersuchen, der uns allen bestens vertraut ist: das Bankwesen. Neben dem Einkauf im Supermarkt ist der Bankbesuch eine jener universalen, alltäglichen Erfahrungen, denen sich kaum jemand entziehen kann. Zudem eine, die sich durch Anpassung an die Trends spürbar verbessern ließe. (Das gilt selbst für die deutschen Banken und Sparkassen, die im Vergleich zu den amerikanischen besser dastehen und effizienter arbeiten.) Doch äußert sich unsere Vertrautheit hier nicht unbedingt als Verachtung. Vielmehr versuchen wir, möglichst wenig mit Banken zu tun zu haben. Und natürlich sind auch wir immer wieder frustriert.

Haben Sie je die Abbildungen von Banken auf alten Kalenderbildern aus den dreißiger, vierziger und fünfziger Jahren gesehen? Massive Backsteingebäude mit weißen Pfeilern, im Zentrum der Stadt? Genauso einladend wie das Postamt (das ebenfalls nicht gerade im Trend liegt). Der großväterliche Bankier, der in schweren Zeiten Ihr Haus und Geschäft gerettet hat (oder dies wenigstens versuchte). Doch in dem Maße, wie die vertraute Vaterfigur am Bankschalter Fremden wich, wurden die Warteschlangen immer länger, die Regeln immer strikter. Und anstatt im Innern Abhilfe zu schaffen, dort, wo tatsächlich die Probleme liegen, wurden Geldautomaten und Drucker für Kontoauszüge installiert, um die Kunden draußen zu halten.

Muß man doch einmal (wie ich kürzlich in unserer Filiale der Bank of New York) ins Innere der Bank, weil der Geldautomat nicht funktioniert, dann wirkt die Gleichgültigkeit der Bankangestellten geradezu abschrekkend. Am Geldautomaten hing ein Schild mit der Aufschrift »Bitte gehen Sie an den Schalter, um Ihre Bankgeschäfte zu erledigen«. Nachdem ich eine Viertelstunde in einer Schlange gewartet hatte, erklärte der Mann an der Kasse, er könne mir leider kein Geld auszahlen, wenn ich nur meine Scheckkarte, nicht aber einen Scheck bei mir hätte. Ich solle doch zu einer anderen Filiale gehen und mir dort einen funktionierenden Geldautomaten suchen. Ich versuchte es mit Logik und sagte: »Warum haben Sie denn dann das Schild da draußen hängen?« Doch mein Gegenüber zuckte nur mit den Schultern und erwiderte, er wisse nicht einmal, daß der Geldautomat kaputt sei.

Auch in anderer Hinsicht liegt im Bankwesen einiges im argen. Zum Beispiel sind Bankschließfächer, wie uns Zeitungsschlagzeilen in Erinnerung rufen, nicht so sicher wie vermutet. Bei genauerem Nachdenken ist dieser Umstand ziemlich beunruhigend. Warum sollte man freiwillig und ohne Not seine wertvollste Habe und seine wichtigsten Papiere ausgerechnet dem schwächsten Glied der Kette in den Banken anvertrauen? Die Schließfächer liegen meist im Keller, weitab vom Schuß, und oft werden sie nur von einer einzigen Überwachungskamera gesichert. Die Schließfachabteilung der Bankfiliale uns gegenüber wurde durch einen großen Wasserrohrbruch schwer in Mitleidenschaft gezogen: Sämtliche Papiere wurden durch die Nässe unbrauchbar, ein großer Teil total zerstört. Überdies wird diese Abteilung normalerweise nur von einem einzigen Angestellten betreut: ganz jungen (die sich strafversetzt fühlen) oder ganz alten, bei denen man nicht mehr sicher sein kann, ob die Augen noch richtig funktionieren. Ob jung oder alt, solche Mitarbeiter sind wohl kaum geeignet, Unterschriften zu überprüfen (wobei immer noch so etwas Veraltetes wie eine Unterschriftenkartei zur Kontrolle benutzt wird). Keine Geheimnummern, keine Computerproben von Fingerabdrücken, keine Stimmanalysen oder gar DNA-Proben – nur eine hastig hingekritzelte Unterschrift. Obwohl solche Fälle tunlichst geheimgehalten werden, räumen Unterschriftenfälscher und Hochstapler immer mal wieder Juwelen, Bargeld und Wertpapiere aus den Schließfächern aus, woraufhin die Besitzer meist in die Röhre gucken. Lesen Sie sich einmal das Kleingedruckte in den Schließfach-Mietverträgen durch. In der Regel befreien Klauseln die Bank von jeder Haftung, mit Ausnahme nachweislich grober Fahrlässigkeit. Was meinen Sie wohl, warum Banken ihren Kunden neuerdings Versicherungspolicen für Schließfächer anbieten? Wenn Sie ein Schließfach besitzen, sollten Sie diesen Wink mit dem Zaunpfahl nicht ignorieren.

Auch bei Scheckbetrug entziehen sich die Banken immer mehr ihrer Verantwortung. Der Kunde soll selbst aufmerksam und scharfsichtig genug sein, einen gefälschten Scheck zu erkennen. Nur die wenigsten Banken sehen sich die eingereichten Schecks noch genauer an oder überprüfen die Unterschriften. Allenfalls bei sehr hohen Beträgen. Ein Bankmanager räumte unumwunden ein, in seiner Filiale würden nur noch Schecks mit Beträgen von 10 000 Dollar und mehr überprüft, bei Beträgen unter 5000 Dollar bleibe es bei Stichproben jedes 350. Schecks. Erstaunlich. Warum füllt man eigentlich noch eine Unterschriftkarte aus? Und welcher normale Mensch stellt schon Schecks über 10 000 Dollar und mehr aus? Waren wir bisher nicht fest davon überzeugt, daß die Banken Schecks zurückweisen, deren Unterschrift nicht exakt mit der Unterschriftsprobe übereinstimmt, auf denen etwas durchgestrichen ist oder wo Ziffern nicht deutlich geschrieben sind? Machen Sie einmal die Probe aufs Exempel, indem Sie einen Scheck mit falscher Unterschrift oder einen gar nicht unterschriebenen einreichen. Die Banken entschuldigen sich natürlich mit der Standardausrede des Zeit- und Personalmangels. Also werden Schecks gleich bündelweise ohne Prüfung abgebucht. Und was kommt dabei heraus, wenn das Risiko, entdeckt zu werden, so gering ist? Scheckbetrügereien greifen immer mehr um sich.

Welche Dienste leistet eine Bank denn dann überhaupt noch? Die neueste Zumutung für den Kunden ist die Berechnung von Gebühren für Schalterdienste. Aus der Sicht der Banken kostet jede Minute, die man mit einem Bankangestellten spricht, zwischen zwei und drei Dollar. Manche Banken gestehen ihren Kunden zwei bis drei Kundenkontakte am Schalter oder am Telefon kostenlos zu, danach wird die Gebührenschraube angezogen. Oder man erhebt Gebühren für Schaltervorgänge, die maschinell erledigt werden könnten. Prüfen Sie einmal Ihre Kontoauszüge daraufhin, ob auch Ihre Bank sich dieser neuen kundenfeindlichen Strategie bereits angeschlossen hat. Schließlich bescheren all diese kleinen Gebühren den Banken heutzutage Mehreinnahmen von insgesamt 15 Milliarden Dollar. Für die Banken mögen das »Peanuts« sein, für die Kunden sind sie es nicht.

Die Banken rechtfertigen sich mit dem Hinweis darauf, daß sie bei der Hälfte ihrer Kunden unter dem Strich Verluste machten. Besonders bei guten Kunden mit mehr als der Minimaleinlage auf dem Girokonto, die den Bankangestellten namentlich bekannt sind (was unter Bankmanagern heute schon als Negativmerkmal gilt). Um das gesichtslose Banking zu fördern, hat die Citibank beschlossen, die Gebühren für fast alle elektronischen Transaktionen drastisch zu senken. So will man jene Kunden belohnen, die freiwillig auf persönliche Kontakte verzichten und ihre Bankgeschäfte per PC, Telefon und Geldautomat abwickeln. Kürzlich erhielten wir zudem die knappe Mitteilung, unsere freundliche Bankfiliale gleich um die Ecke werde in eine »vollautomatisierte Selbstbedienungsanlage« umgewandelt. Und der Mietvertrag für das Depot, in dem seit 1976 meine Wertgegenstände lagern, werde in wenigen Wochen offiziell auslaufen. »Kommen Sie bitte rechtzeitig vorbei, um Ihr Schließfach zu leeren und die Schlüssel zurückzugeben.« Das klingt nicht gut. Offenbar haben wir es hier mit der einzigen Branche zu tun, die systematisch versucht, ihre Kunden auf Distanz zu halten (um nicht zu sagen: zu vertreiben).

Wenn wir schon bei diesem unerfreulichen Thema sind: Uns widerstrebt es zutiefst, daß wir für beinahe jede Transaktion an einen anderen Schalter verwiesen werden, wo wir erneut Schlange stehen. Auch haben wir etwas gegen Zweigstellenleiter, die nie an ihrem Platz anzutreffen sind, weil sie entweder gerade Pause machen, in Besprechungen sind oder telefonieren. Wir fragen uns, warum unser angeblich gebührenfreies Konto mit derartig vielen Gebühren belastet wird, und wünschen uns, es gäbe irgendeine Alternative zum heutigen Bankensystem.

Also machten wir uns bei BrainReserve Gedanken über eine solche Alternative, die vielleicht schon zum Greifen nahe ist. Dabei gilt das bisher Gesagte ja schon für den normalen Privatkunden. Von all dem Ungemach, das Banken über Kleingewerbetreibende, Unternehmer, selbst über große Konzerne bringen können, wollen wir lieber schweigen.

Bei der nun folgenden Trendanalyse werden wir zunächst die Problemzonen lokalisieren, in denen die meisten Banken für die neunziger Jahre schlecht gerüstet sind, um sodann Lösungen vorzuschlagen, deren Berücksichtigung den Banken eine erfolgreiche Zukunft so gut wie sichert.

Trendanalyse: Das Bankgewerbe im Licht der einzelnen Trends

Leben im Kokon

Weder Banken noch Geldautomaten sind ein Hort der Sicherheit. Alles kann dort passieren. Nur wenn Sie über einen PC verfügen, mit dem Sie alle Bankgeschäfte erledigen, kommen Sie umhin, Ihr sicheres Heim, Ihren Kokon, zu verlassen und persönlich zur Bank zu gehen, vorzugsweise in Ihre Zweigstelle, wo man Sie kennt. Oft aber wollen alle zur gleichen Zeit ihre Bankgeschäfte erledigen (besonders mittags, und es bilden sich lange Schlangen). Schlimmer noch sind die ungünstigen Öffnungszeiten der Banken, nach denen Sie sich richten müssen. Gerade flexible Öffnungszeiten kann man sich schlecht merken. Und dann die Parkprobleme! Gegen den Trend.

Clanning

Wer zur Bank geht, wird aus seinem Kokon gelockt und trifft auf unpersönliche Bankautomaten und Schalterhallen voller schweigender Fremder. Auch den für unser Konto zuständigen Bankangestellten haben wir noch nie gesehen. Die Zeiten, da Banken noch gesellige Treffpunkte waren, sind längst vorbei. Wie lange ist es her, daß Sie sich darauf freuten, in der Bank Freunde zu treffen oder gar neue Bekanntschaften zu schließen? Wahrscheinlich haben Sie so etwas noch nie erlebt. Gegen den Trend.

Fantasy-Abenteuer

Wenn wir nicht gerade etwas suchen, hat eine Bankfiliale nichts Aufregendes, Sinnliches oder gar Magisches. Und das ist eigentlich seltsam, eröffnet eine Bank doch den Zugang zu Geld. Und Geld schafft den Zugang zu Traumabenteuern: einem neuen Auto, einer exotischen Reise, einer neuen Küche, einer Collegeausbildung. Dramatische Aufregungen oder ästhetischen Genuß sucht man in einer Bank jedoch meist vergebens. Hier herrscht monumentale Monotonie. Bankgeschäften fehlt der geringste Hauch von Abenteuer. Sind Sie einmal unterwegs, können Sie keine Bankgeschäfte erledigen, weder von der Straße noch vom Flugzeug aus. Und während Ihres Urlaubs stapeln sich die unbezahlten Rechnungen. Gegen den Trend.

Genießen? Jetzt erst recht!

Die meisten Banken vermitteln einem ein Gefühl, als sei man gerade bei einem Verstoß gegen die Schulordnung erwischt worden und warte nun im Direktorat auf die fällige Standpauke und Bestrafung. Von Genießen kann da keine Rede sein. Jetzt erst recht nicht! Gegen den Trend.

Kleine Genüsse

Können Sie sich jemanden vorstellen, der sagt: »Oh, jetzt will ich aber mal wieder zu meiner Lieblingsbank gehen. Das habe ich mir jetzt wirklich verdient.«? Wahrscheinlich nicht. Nur wenige Banken sind über das Stadium eines notwendigen Übels hinausgekommen. In den meisten Fällen ist ein Bankbesuch ungefähr so lustig wie der Gang zur Reinigung, mit dem Unterschied, daß man zuvorkommender bedient wird. Gegen den Trend.

Die Suche nach Halt und Sinn

Wer inneren Frieden sucht, geht bestimmt nicht in eine Bank. Banken stehen nicht im Ruf geistiger Oasen. Hilfestellung, wie wir meditierend zu uns selbst kommen können, werden wir am Bankschalter kaum erhalten. Andererseits wäre es natürlich schön, wenn die Banken sich nicht so massiv dem Credo der achtziger Jahre verschrieben hätten: Immer mehr scheffeln, als man braucht. Gegen den Trend.

Ichbezogene Wirtschaft (Egonomics)

Abgesehen von den winzigen Zeilen auf einem Scheck mit unserem Namen und unserer Adresse und mit Ausnahme der persönlichen Geheimzahl ist fast nichts in einer Bank auf unsere Person und unsere individuellen Wünsche zugeschnitten. Weder die per Post zugesandten Kontoauszüge noch die telefonisch oder am Schalter erbrachten Dienstleistungen, und schon gar nicht die Produkte der Bank, können Anspruch auf Individualität erheben. Die Wahl zwischen nur drei verschiedenen Kontoarten vermittelt uns nicht gerade das Gefühl, einzigartig und etwas Besonderes zu sein. Ganz unnötigerweise gegen den Trend.

Der wehrhafte Verbraucher

Jeder Bankkunde wird schon aus purem Eigeninteresse zum wehrhaften Verbraucher. Niemanden sonst scheint es nämlich zu interessieren, ob eine Einzahlung wirklich dem eigenen Konto gutgeschrieben wurde oder ob die Kreditzinsen bei Kontoüberziehungen richtig berechnet wurden. (Keine Sorge, zugunsten der Bank werden die Zinsen stets prompt nach oben korrigiert und unverzüglich ab Stichtag neu berechnet.) Versäumt man selbst hingegen auch nur eine Kleinigkeit, wird man sofort wie ein Verbrecher behandelt.

Im allgemeinen läßt die Diskrepanz zwischen der Selbstdarstellung der Banken in Zeitungs- oder Zeitschriftenanzeigen und den tatsächlichen Erlebnissen Kunden regelrecht »ausrasten«. Wenn Sie lesen, »Ihr Sachbearbeiter wird sich um all Ihre Transaktionen kümmern« oder »Ihr Finanzberater wird Ihr Geld optimal für Sie arbeiten lassen« oder »Wir arbeiten jeden Tag hart daran, das Vertrauen unserer Kunden zu verdienen«, dann spiegeln sich darin nicht gerade Ihre eigenen Erfahrungen und Gefühle, es sei denn, Sie gehören zum Kreis der superreichen Vorzugskunden. Sicherheit und persönliches Engagement bleiben Illusion. Gegen den Trend.

Gesund und lange leben

Bei diesem Trend geht es um Lebensqualität, vorzugsweise im Hier und Jetzt, und um ein möglichst streßfreies Leben. Doch selbst wenn die Banken stärker interaktiv werden und weitere elektronische Dienstleistungen einführen sollten, blieben Mißtrauen und Angst, ob unser Geld und die elektronischen Geldgeschäfte im Zeichen von High-Tech wirklich sicher sind. Wir bemühen uns zwar um eine faire Sicht der Dinge, doch können wir nirgends erkennen, daß und wie sich einzelne Banken um individuellen Streßabbau bemühen. Wessen Blutdruck steigt nicht, wenn er lesen muß, eine Untersuchung habe kürzlich ergeben, bis zu 50 Prozent der Zinsabrechnungen für Hypothekendarlehen mit variablem Zinssatz seien fehlerhaft? Oder wenn man dahinterkommt, daß dieselbe Bank dem Nachbarn niedrigere Hypothekenzinsen berechnet als einem selbst? Oder wenn der Diskontsatz angehoben wurde, in der Folge auch die Sollzinsen auf Ihrem Girokonto, nicht jedoch die Habenzinsen für Ihr Sparbuch? Gegen den Trend.

Das Bankgewerbe ist schlichtweg nicht darauf eingestellt, Ihnen Ihr von zahlreichen Rollen und Verpflichtungen beherrschtes Leben zu erleichtern. »Aber kommen Geldautomaten denn nicht unserem Bedürfnis entgegen, Zeit zu sparen und ständig über unser Geld zu verfügen?« Selbstverständlich. Dennoch sind die Schalterstunden der Banken insgesamt zu kurz und liegen zu ungünstig; zudem ist der nächtliche Gang zum Automaten mit Angst und Gefahr verbunden. Außerdem sind die Geldautomaten so oft außer Betrieb, daß wir mit unserer knappen Zeit in Schwierigkeiten geraten. Die Banken gehen einfach nicht genug auf unsere Bedürfnisse ein: Wäre es sonst notwendig, für unterschiedliche Vorgänge soundsoviele verschiedene Mitarbeiter in Anspruch zu nehmen? Wäre es sonst die Ausnahme, daß eine größere Aktion im ersten Anlauf komplett erledigt werden kann? Müßten sich sonst unsere Wünsche und Ziele immer denen der Bank unterordnen?

Da sich gegenwärtig immer mehr Banken mit ihren Filialnetzen zu riesigen Kolossen zusammenschließen, die dann alle aus ihrer Sicht überflüssigen Zweigstellen schließen, werden Bankgeschäfte künftig noch aufwendiger und unbequemer. Gegen den Trend.

Aussteigen

Als Aussteiger sind Sie meist auf der Suche nach einem weniger stressigen Leben und nach neuen Erfahrungen. Viele Aussteiger wagen auch einen Neuanfang als Kleinunternehmer. Was kann schon groß schiefgehen? Sie werden es merken: Banken denken da oft ganz anders. Anstatt Ihre bisherigen persönlichen Leistungen und Ihren Mut zu würdigen und Sie freudig als neuen Geschäftspartner zu begrüßen, begegnet man Ihnen oft mit ominösem Mißtrauen. Man kann sogar sagen: Wenn Sie nicht schon länger an einem Ort wohnen und überdies einer geregelten Arbeit mit gutem, festem Einkommen nachgehen, wird Ihnen die Bank kaum mehr bieten als das absolute Minimum: Sie können ein Girokonto und ein Sparkonto eröffnen. Mehr nicht. Gegen den Trend.

Länger jung bleiben

Zwar haben sich die Banken seit unserer Jugend nicht wesentlich verändert, aber die meisten nostalgischen Elemente aus dem Sparkassenalltag früherer Tage sind verschwunden: jene Kleinigkeiten, die Wärme und Geborgenheit vermittelten, wie die Geschenke am Weltspartag, Preisausschreiben, oder das Sparschwein, das am Schalter geleert und dessen Inhalt im Sparbuch gutgeschrieben wurde, welches man anschließend stolz nach Hause tragen konnte. All dies ist ebenso dahin wie die altertümliche Ausstattung, die uns ein Gefühl von Dauerhaftigkeit und Sicherheit vermittelte. In Banken werden wir nicht innerlich verjüngt, sondern das Kind in uns altert dort noch schneller und stärker als anderswo. Gegen den Trend.

Weiblich denken/Mannzipation

Banker, egal ob weiblichen oder männlichen Geschlechts, neigen dazu, ausschließlich als Banker zu denken. Bei fast allem, was sie tun, haben sie nur ein Ziel im Auge: den Profit der Bank und die Senkung der Kosten. Wenn das nicht risikoscheues altes Denken ist! Dabei ist diese engstirnige Sichtweise unbegründet und langfristig verlustreich. Doch bis Frauen und Männer, die weiblichem Denken gegenüber aufgeschlossen sind, in die Aufsichtsräte und Vorstände der Banken vorgedrungen sind und man dort die spezifischen Bedürfnisse einzelner Konsumentengruppen (Eltern, Schulkinder, ältere Menschen, Reisende, Unternehmer usw.) erkannt und bedacht hat, stehen die Bankkunden weiter auf der Verliererseite. Gegen den Trend.

S.O.S. – Rettet unsere Gesellschaft

Es stimmt, einige lokale Geldinstitute, aber auch Großbanken, spielen in den Kommunen, in denen sie ansässig sind, eine wichtige Rolle als Sponsoren und Mäzene; und sie ermutigen ihre Angestellten ebenfalls, sich sozial zu engagieren und etwas für andere zu tun. Aber die meisten Banken erscheinen nur selten auf Spenden- und Sponsorenlisten. Sie bieten keine Sonderkonditionen oder zinsgünstigen Kredite für soziale Projekte.

Im Zeichen hektischer Aufkäufe und Zusammenschlüsse darf man letztlich nicht vergessen, daß Banken, die sich sozial engagieren, durch Fusionen mit weniger spendablen Unternehmen von dieser Praxis eventuell Abschied nehmen müssen.

Außerdem erfordern die meisten Bankgeschäfte viele Formulare – Tonnen von Papier, die meistens nicht recycelt werden. In den USA werden jedes Jahr mehr als sechs Milliarden Schecks ausgestellt. Banken ermutigen weder Kunden noch Angestellte, sich als engagierte Bürger umweltbewußt zu verhalten. Gegen den Trend.

Gegen die Großen

Bankenzusammenbrüche (selbst die Investmentbank der Königin von England, die ehrwürdige, 233 Jahre alte Londoner Barings-Bank, wurde durch fernöstliche Devisenspekulationen in den Abgrund gerissen); in den Sand gesetzte Immobilienkredite; das Debakel des amerikanischen Bausparkassensystems; Bankenfusionen, die zur Entlassung tausender Mitarbeiter führen; Millionenkredite für ausländische Diktaturen, die von vornherein in den Wind geschrieben werden können, während ortsansässige Unternehmen, die investieren und Arbeitsplätze schaffen wollen, keinen Penny erhalten; Insider-Betrügereien von Bankangestellten – all dies und noch viel mehr füllt die lange Negativliste des Bankgewerbes. Und der neueste Exzeß? Leichtfertige Großkredite für Großkonzerne oder Baulöwen (siehe die Kredite der Deutschen Bank für den Immobilienspekulanten Jürgen Schneider).

Vermittelt dieses Sündenregister den Eindruck einer ehrwürdigen, unter allen Umständen zu erhaltenden Institution oder den eines verabscheuungswürdigen Denkmals, das vom Sockel gestürzt werden sollte? Leider sieht es oft so aus, als stünde ein angeschlagenes System am Rande des Zusammenbruchs. Gegen den Trend.

Daß die Banken in Schwierigkeiten sind, wußten wir schon seit langem. Aber daß sie allen Trends unserer Zeit so vollkommen zuwiderlaufen, wurde auch uns erst klar, als wir diese Trendanalyse durchführten. Allerdings ist dies nur die eine Seite der Medaille. Es gibt auch positive Aspekte. Ehe wir uns jedoch einer aufbauenden Trendbetrachtung mit Verbesserungs- und Lösungsvorschlägen zuwenden (je weniger trendgerecht etwas ist, desto mehr Korrekturmöglichkeiten ergeben sich), können Sie selbst bei der folgenden Übungsaufgabe einmal Ihr Trendverständnis erproben. Dem Ganzen liegt eine wahre Begebenheit zugrunde.

Lesen Sie die folgende Anekdote und notieren Sie anschließend in den dafür vorgesehenen Spalten alle Trends, die diese Geschichte illustriert, und alle Trends, gegen die in diesem Fall verstoßen wurde.

> Eine erfolgreiche New Yorker Geschäftsfrau, Mitte vierzig, sozial engagiert, Philanthropin, war mit ihrem kleinen, frisch adoptierten chinesischen Waisenmädchen zu einem längeren Ferienaufenthalt in ihr Haus auf dem Land gefahren. Sie unterhielt bei der C-Bank (in einer Filiale ganz in der Nähe ihres Büros in der Stadt) zwei Konten: Auf dem einen hatte sie ein Guthaben von 70 000 Dollar, für das sie nur sehr wenig Zinsen erhielt, auf dem anderen ein Guthaben von rund 10 000 Dollar, für die die Bank überhaupt keine Zinsen zahlte.
> Schon bald nach der Ankunft bekam das Baby Fieber. Man diagnostizierte eine leichte Lungenentzündung. Nach einigem Hin und Her bei Ärzten und Apotheken entdeckte unsere Freundin, daß sie ihr Scheckbuch in New York vergessen hatte. In den Ohren all jener, die nichts anderes mehr kennen als Kreditkarten, mag es seltsam klingen, aber draußen auf dem Lande werden viele Dienstleistungen noch per Scheck bezahlt und Kreditkarten nicht akzeptiert. Also machte sie sich auf den Weg zur nächstgelegenen Filiale ihrer Bank, mit dem Auto ungefähr 30 Minuten entfernt. Dort wurde ihre Sorge um das Kind mit einer gehörigen Portion Büro-

kratie »belohnt«: »Tut mir leid, aber ohne Ihr Scheckbuch ... Unsere Vorschriften sind strikt und eindeutig und lassen keine Ausnahme zu. Wir dürfen Ihnen höchstens zwei (zwei!) Scheckformulare gegen eine Gebühr von je 6,50 Dollar aushändigen. Weil uns auch Ihre Unterschriftskarte nicht vorliegt, können Sie außerdem nur einen recht begrenzten Bargeldbetrag abheben.«
Weil unsere Freundin aber wesentlich mehr Geld brauchte, entschied sie sich dafür, die fünfstündige Autofahrt nach New York und zurück in Kauf zu nehmen, um ihr Scheckbuch zu holen. Natürlich ist sie seitdem nicht mehr gut auf die C-Bank zu sprechen und denkt intensiv über Alternativen nach.

ILLUSTRIERT WERDEN FOLGENDE TRENDS:

VERSTOSSEN WIRD GEGEN FOLGENDE TRENDS:

(AUFLÖSUNG: Wenn Sie in der ersten Rubrik folgende Trends genannt haben: 99 Leben auf einmal, S.O.S. – Rettet unsere Gesellschaft, Länger jung bleiben, Leben im Kokon, Clanning, Der wehrhafte Verbraucher und Gegen die Großen, haben Sie unser Buch aufmerksam gelesen. Wenn Sie in der zweiten Rubrik außerdem folgende Trends aufgelistet haben: 99 Leben auf einmal, Leben im Kokon, Egonomics und Die Suche nach Halt und Sinn, dann gehören Sie schon zu den Fortgeschrittenen, die mit den Trends umgehen können.)

Korrekturmöglichkeiten

Was müßte geschehen, damit Handels- und Universalbanken besser auf die heutigen und künftigen Bedürfnisse der Verbraucher eingehen? Damit sie überlebensfähiger werden?

Ob Sie es glauben oder nicht, die Prognosen für die Banken sind gar nicht so düster. Allerdings gibt es auch keine schnellen oder einfachen Lösungen (wie meistens). Jedesmal, wenn Sie denken oder sagen: »Ich wünschte, meine Bank böte folgenden Service ...« und ähnliches mehr, nennen oder entdecken Sie Verbesserungsmöglichkeiten und Wettbewerbsvorteile, die man Trend für Trend analysieren und bewerten könnte.

Eine Lösungsmöglichkeit wäre, herauszufinden, welche Sonderrechte und Sonderkonditionen Banken ihren Vorzugskunden einräumen. Vorschlag: Diese Vorteile könnten allen Kunden eingeräumt werden. Warum eigentlich nicht?

Das Finanzvolumen beider Gruppen ist natürlich höchst unterschiedlich, doch die Bedürfnisse der Kunden unterscheiden sich nicht im gleichen Maße. Jeder wünscht sich einen schnellen, flexiblen und freundlichen Service in den Banken. Die Bank der Zukunft wird diejenige sein, die bei ihren Kunden Vertrauen und Loyalität auslöst. Eine solche trendgerechte, kundenfreundliche Bank soll nun, sozusagen als Gegenbewegung zur vorausgegangenen Trendanalyse – wiederum Trend für Trend –, entworfen werden. Sie werden feststellen, daß man diese Bank sogar als virtuelle Bank oder Techno-Bank bezeichnen könnte. Aber solche Etikettierungen bringen wenig. Vor allem kommt darin der Aspekt der Kundenfreundlichkeit nicht genug zur Geltung. Vielleicht heißt es ja in Zukunft wirklich einmal: »Ich erledige meine Bankgeschäfte, wann, wo und wie ich will.«

Die trendgerechte Bank

Leben im Kokon

Machen Sie die Bank zu einer »Oase« inmitten der Hektik des Alltags. Mit zuvorkommender Behandlung und persönlichem Service. Ein Fernsehspot für die Nat West Bank weist in die richtige Richtung: Er zeigt eine Mutter mit einem neugeborenen Kind, verbunden mit der Ankündigung, ein Außendienstmitarbeiter der Bank werde ins Haus kommen, um für das Baby ein Sparbuch zu eröffnen. Außerdem sollte Schluß sein mit unnötigen, starren Vorschriften (Prokuristen erhalten Vollmacht, in begründeten Fällen Ausnahmen zu machen oder wenigstens einen Ermessensspielraum zu nutzen). Es sollten Anreize für zuvorkommenden Service geschaffen werden.

Bei der trendgerechten Bank hat jeder, ohne je den gemütlichen Kokon des eigenen Hauses verlassen zu müssen, rund um die Uhr Zugang zu allen Kontoinformationen, kann Schecks einreichen, Überweisungen vornehmen, Geld abheben oder tauschen, Wertpapiere kaufen oder verkaufen, Aktienkurse erfragen, sein Aktiendepot umschichten, Rechnungen bezahlen, ausgedruckte Belege für alle Konto-Transaktionen erhalten und den jeweils neuesten Kontostand sowie den noch verfügbaren Kreditrahmen erfahren. Für die nächsten Jahre könnten alle Interaktionen mit Hilfe der bereits in den meisten Haushalten vorhandenen Geräte abgewickelt werden

(Telefon und Fernsehgerät, miteinander verbunden); ein Computer ist nicht unbedingt erforderlich, auch wenn ihm die Zukunft gehören wird. Man könnte für solche Zwecke auch ein eigenes Gerät anschaffen (wie das französische MiniTel). Aus England ist über ein zukunftsweisendes Experiment zu berichten, die First Direct Bank in Leeds, die erste reine Telefonbank mit einem 24-Stunden-Service. Zugleich ist sie auch die Bank mit dem schnellsten Wachstum: eine halbe Million Kunden und nicht eine einzige Zweigstelle!

Die Schalterhallen der Banken könnten gemütlicher eingerichtet werden: Sessel, Sofas und Schreibtische anstelle von Stehpulten. Auch Fernsehgeräte, Zeitschriftenständer und Schuhputzmaschinen machten sich gut. Bei langen Schlangen könnten die Wartenden eine Nummer ziehen und sich irgendwo hinsetzen, bis die eigene Ziffer aufgerufen wird. In vielen Zweigstellen der New Yorker Republic Bank for Savings, oft unter den besten Banken New Yorks genannt, spielen Pianisten zur Unterhaltung der Kunden. Trotzdem sind die Bankgebühren hier deutlich niedriger als anderswo. Hat's geclickt?

Clanning

Banken, die positiv auf diesen Trend reagieren, zeigen sich meist auch dem Egonomics-Trend gegenüber aufgeschlossen. (Überhaupt läßt sich beobachten, daß trendgerechte Lösungen im einen Bereich oft entsprechende Ideen für andere Trendbereiche nach sich ziehen.) Die trendgerechte Bank wäre in ihrer Umgebung verwurzelt, sie wäre selbst eine Art Nachbarschaftsinstitution. Rund um die Bank könnte sich die Atmosphäre eines kleinstädtischen Marktplatzes entfalten. Warum nicht auch, ähnlich wie Speaker's Corner im Londoner Hyde Park, Volksreden und Wahlkampfauftritte?

Ein wichtiger Schritt ist die Besetzung der Bankpositionen mit Mitarbeitern, die dieselbe Sprache sprechen wie ihre Kunden und die mehr oder weniger derselben Altersgruppe angehören. Auch spezielle Dienstleistungen und Angebote für Gruppen mit ähnlichen Interessen und Problemen können die Bank attraktiv machen: für Leute, die ein Haus kaufen, umbauen oder verkaufen wollen, für Kleinunternehmerinnen, für frisch Pensionierte oder Verwitwete, für junge Eltern. Man könnte auch einen Club unternehmungslustiger Unternehmer gründen. All diese Vorschläge lassen sich natürlich auch über das Internet realisieren. Wie auch immer, wenn die Bank zum Katalysator für Clanning-Aktivitäten wird, wird sie stets auch Teil des Clans sein. Hat's geclickt?

Fantasy-Abenteuer

Ein Bankbesuch könnte Spaß machen oder den Weg zum Vergnügen und zum Wissen öffnen. Auf Videomonitoren im Foyer oder in der Schalterhalle könnte man sich beispielsweise seine Urlaubs-Traumziele ansehen oder sich schon ein passendes Hotelzimmer aussuchen. Das Reisebüro der Bank übernähme dann alle Reservierungen, buchte Ihren Flug, tauschte Ihr Geld um, verkaufte Ihnen Reiseschecks, hielte am Zielort das nötige Bargeld bereit, stellte Ihnen eine Kreditkarte aus, deren Kreditrahmen in sinnvoller Größenordnung vorab bewilligt wäre – und gewährte natürlich und zuallererst den Kredit, mit dem das alles finanziert werden könnte. Denkbar wären weiterhin Kunstausstellungen, Seminare, Videos mit Anregungen zur Renovierung und Neuausstattung der eigenen vier Wände, Führungen für Schulkinder (auch in den Tresorraum) und Grundkurse zum besseren Verständnis des Aktienmarktes oder zum Thema »Wie stelle ich einen Geschäftsplan auf?« Die Liste ließe sich beliebig verlängern, aber als Click-Anregung ist sie schon lang genug.

Genießen? Jetzt erst recht! / Kleine Genüsse

Im Sinne dieser Trends könnte die Bank Gratisgetränke anbieten: Soft Drinks, Kaffee, Tee; dazu Kekse und (welch verwegener Wunsch!) im Sommer vielleicht kleine Waffeln mit fettarmer Eiscreme.

Vom Lotteriegeschäft könnten die Banken als Kundenanreiz das Prinzip des Zufallsgewinns übernehmen und ihren Kunden – ebenfalls nach dem Zufallsprinzip – Gutscheine über 5 oder 10 Dollar aushändigen, die gegen Bargeld einzutauschen sind. Ebenso könnte es kleine Geldgeschenke für alle geben, die ohne eigene Schuld länger als zehn Minuten am Schalter warten mußten.

Fehler und Versehen der Bank könnten mehr als wiedergutgemacht werden: durch Essensgutscheine oder andere kleine Genüsse.

Erinnern Sie sich noch daran, daß früher als Anreiz, ein ansehnliches Sparkonto zu eröffnen, Toaster, Mini-Fernsehgeräte und ähnliches als Prämien angeboten wurden? Warum nicht den direkten Weg gehen und die Sparzinsen erhöhen, um die Leute zum Sparen zu animieren? Dieser Weg schließt ein zusätzliches Geschenk ja nicht aus. Aber warum sollen sich Sparer mit 1,25 Prozent Zinsen zufriedengeben, wenn sich bei anderen Anlageformen mit ein bißchen Initiative und Know-how leicht 8-10 Prozent erwirtschaften lassen?

Am besten aber wäre es, die trendgerechte Bank sähe es als ihre Aufgabe an, bei der Realisierung kleiner Träume zu helfen: Wenn größere Umbauten im Haus wegen der hohen Zinsen nicht möglich sind, warum dann nicht ein unbürokratischer Kleinkredit für den Einbau einer Sauna oder für eine erstklassige Werkbank im Hobbykeller? Auch dabei kommt Freude auf. Hat's geclickt?

Die Suche nach Halt und Sinn

Mit Geld läßt sich das Glück nicht kaufen. Doch der Streß finanzieller Probleme läßt sich mit einem Gefühl von Sicherheit und innerer Ruhe kaum vereinbaren. Wenn die Erfüllung der materiellen Bedürfnisse des Menschen gefährdet ist, dann ist er kaum in der Lage, nach Höherem zu streben und inneren Frieden zu finden. Alles gut und schön, werden Sie sagen, aber was kann eine trendgerechte Bank in solchen Fällen tun? Ganz einfach. Alle Kunden respekt- und verständnisvoll behandeln und ihnen so weit wie möglich entgegenkommen. Das schafft Vertrauen, Sicherheit und Halt. Vielleicht kann die Bank auch bei der Budgetplanung helfen oder die Altersversorgung überprüfen. Auch eine gute, solide Anlageberatung, die die Sicherheitsinteressen des Kunden und nicht in erster Linie die der Bank im Auge hat, kann viel wert sein. Hat's geclickt?

99 Leben auf einmal

Mobile Zweigstellen der Bank könnten aufgrund ihrer Kundennähe (daheim, in der Nähe von Büros oder Fabriken) eine wichtige Rolle bei der Beschaffung von Bar- oder Wechselgeld oder bei der Einlieferung von großen Mengen Münzgeld spielen. Welche Erleichterung etwa für kleine Ladeninhaber, die allein hinter der Theke stehen! Oder für die Alten und Gebrechlichen. Diese mobilen Bankfilialen könnten auch eine kleine Bibliothek mit Büchern, Videos und CD-ROMs mitführen, die das A-Z von Bankgeschäften leicht verständlich erläutern und die man bis zum nächsten Tag ausleihen kann.

Die Banken könnten ihren Einfluß geltend machen, um unsinnige Preise wie DM 199,99 abzuschaffen. Unnötig viele kleine Münzen bleiben dadurch in Umlauf, und auch der Zeitaufwand an den Ladenkassen ist wesentlich größer. Warum rundet man nicht – wie etwa in den Niederlanden – auf glatte Zahlen auf – oder ab? Schließlich könnte man Banknoten in Umlauf bringen, die sich farblich noch deutlicher voneinander unterscheiden als die heute üblichen. Die Verwechslungsgefahr wäre noch geringer. Auch an Geldautomaten wünschte man sich eine noch variablere Stückelung der Beträge, bis hin zur Ausgabe von Euroscheckformularen.

All diese Vorschläge werden indes obsolet, wenn sich der Trend zur bargeldlosen Gesellschaft weiter fortsetzt. Ein Dutzend Großbanken experimentiert bereits mit Allzweck-Plastikkarten (ähnlich den Telefonkarten), deren Computerchip an Geldautomaten oder per Spezialtelefon mit Geld »aufgeladen« werden kann. Mit dieser »elektronischen Geldbörse« ist man für Einkäufe aller Art bestens gerüstet. Man kann die Karte beim Telefonieren benutzen, in der U-Bahn und so weiter: völlig ohne Bargeld. Dem Karteninhaber und dem Ladenbesitzer, der die Karte akzeptiert, werden jeweils kleine Gebühren für diesen Service in Rechnung gestellt. In England wurde ein ähnliches Kartensystem (»Mondex«) bereits eingeführt.

Sicher wäre es auch hilfreich, wenn die Kundenbeziehungen im Zeichen interaktiven Computerbankings noch interaktiver gestaltet würden. Näherte sich unser Kontostand einem kritischen Punkt, könnte die Bank beispielsweise unserem Anrufbeantworter oder Computer ein Warnsignal überspielen. Wünschenswert wäre außerdem, bei einem einzigen Bankbesuch alle möglichen Bankgeschäfte erledigen zu können: Immobilienangelegenheiten, Versicherungsprobleme, Anlageberatung, Geldumtausch für die Reise und so weiter. Um dem Kunden die Anfahrt zu ersparen und die leidigen Schlangen in der Mittagspause zu verkürzen, könnten die Banken in Bürohochhäusern Minizweigstellen einrichten. Das trüge viel zur Entzerrung bei. Schließlich: Wie steht es mit Doppel- und Dreifachfunktionen – einer Kombination aus Bankfiliale und Videothek, Bankfiliale und Reinigung oder Bankfiliale und Supermarkt? Sollten nicht auch Banken ein bis zwei Tage pro Woche rund um die Uhr geöffnet haben? Genug. Vielleicht hat's ja schon geclickt.

Weiblich denken

Auf diesem Sektor kann eine Bank in Bangladesch, die Grameen Bank (»Dorfbank«), als vorbildlich gelten. Hier werden Kleinkredite von durchschnittlich umgerechnet 65 Dollar an Hunderttausende von Frauen ausgegeben. Das reicht dort als Startkapital für Kleinunternehmen. Bei dieser Bank handelt es sich um ein genossenschaftlich organisiertes Unternehmen, dessen Anteile überwiegend von relativ armen Frauen auf dem Lande gehalten werden. Gemeinsam legen sie den Grundstock für eine neue Unternehmenskultur in Bangladesch, einem der ärmsten Länder der Welt.

Grameen führt die alte Denkweise in Finanzkreisen ad absurdum, derzufolge man nur große Kredite vergeben könne, und nur gegen entsprechende Sicherheiten. Denn trotz fehlender Sicherheiten im traditionellen Sinn ist die Zahlungsmoral der Grameen-Kreditnehmerinnen bemerkenswert hoch: 98 Prozent bezahlen ihre Schulden pünktlich zurück. Frauen sind eben, um in der Bankersprache zu reden, »gute Risiken«. Und so findet die Grameen-Idee zunehmend Nachahmerinnen in Malaysia und in den USA. Hat's geclickt?

Aussteigen

Warum müssen Banker in ihren Anzügen immer so zugeknöpft aussehen wie die Gentlemen in der Londoner City? Warum kann nicht auch in den Banken die Kleiderordnung etwas gelockert werden? Um den Unterschied zwischen den Bankangestellten und ihren Kunden etwas zu verwischen. In ländlichen Gegenden vielleicht Cordjacketts, im amerikanischen Westen Cowboy-Hemden und -Stiefel. Hat's geclickt?

Egonomics (Ichbezogene Wirtschaft)

Stellen Sie sich einmal vor, Sie hätten in der Bank immer nur mit einem einzigen Angestellten zu tun, der Sie in allen Angelegenheiten bedient und betreut, egal ob persönlich, telefonisch oder online. Dieser Angestelle kennt Ihren Namen, Ihre Lebensumstände und Vorgeschichte. Etwas Ähnliches versucht die Chase Manhattan Bank bereits mit Hilfe eines 24-Stunden-Dienstes. Dort erreichen Sie – telefonisch, per Fax oder E-Mail – einen persönlichen Betreuer, der Ihre Konto-Unterlagen jederzeit auf den neuesten Stand bringen kann. Aber gehen Sie noch einen Schritt weiter und stellen Sie sich vor, Ihr »Privatbankier« (über den die Superreichen seit eh und je verfügen), verbindet Sie, wann immer er Dinge nicht selbst erledigen kann, mit den zuständigen Spezialisten, die sich Ihrer sofort annehmen. Ein Traum!

Um die eigentlichen Bankgeschäfte besser auf individuelle Bedürfnisse zuzuschneiden, sollten Sie in die Lage versetzt werden, Ihr Soll und Haben flexibler zu gestalten – also auch Kredite »maßzuschneidern«. Natürlich zahlen Sie weiterhin die erforderlichen Gebühren, aber nur für den tatsächlich in Anspruch genommenen Kredit. Wann immer Sie es wünschen, erhalten Sie den jeweiligen Zwischenstand aller relevanten Zahlen, auf Jahresbasis, nach Kategorien aufgeschlüsselt, tatsächliche Zahlen im Vergleich zu den Ansätzen des Jahresbudgets, und so weiter und so weiter. Bei Aufstellung und Interpretation dieses Zahlenwerks ist Ihnen die Bank behilflich. (Das gilt natürlich in erster Linie für Geschäftskunden, aber auch Privatleute würden von einem solchen Service profitieren.)

Um dem Ego zu schmeicheln, könnte man individuelle Schecks im Computerdesign anbieten, mit einem weiten farblichen und typographischen Spektrum. Allen, die es wollen, könnte man ein ganzes Bündel individueller Konten anbieten, jedes mit einem eigenen, vom Kunden gewählten Codenamen. Das erleichterte Geschäftsleuten die Buchführung. Für die Zinsberechnung würden jedoch die Beträge von allen Konten zusammengefaßt.

Zum gegebenen Zeitpunkt würde Ihr persönlicher Kundenbetreuer bei der Bank auch zum Steuerberater und hülfe Ihnen beim Ausfüllen der Formulare. Mit zunehmendem Alter des Kunden würde die Schriftgröße auf allen Bank- und Steuerformularen automatisch größer, so daß Sie immer alles gut lesen könnten. Unterschriftskarteien und die damit verbundenen archaischen Prozeduren gäbe es in unserer trendgerechten Bank nicht mehr. In jeder Bankfiliale und an jedem Geldautomaten auf der ganzen

Welt würden Sie nach individuellen Merkmalen wie Stimme, Gesichtswärme (keine zwei Menschen strahlen dieselbe Gesichtswärme aus), Netzhaut etc. auf Anhieb erkannt und identifiziert. Klingt utopisch, aber wer weiß, was morgen schon möglich ist? Wie dem auch sei, Click-Chancen en masse.

S.O.S. – Rettet unsere Gesellschaft

Banken könnten ihre ausgedienten Computersysteme an Schulen in armen Schulbezirken verschenken, ihre ausgedienten Büroeinrichtungen Altenbegegnungszentren oder anderen Sozialeinrichtungen überlassen. Dienst an der Allgemeinheit und soziales Engagement sollten für alle Bankangestellten Ehrensache sein oder gar Teil ihrer Dienstaufgaben. Sie könnten auch den Schulen für Unterrichtseinheiten über das Bankwesen zur Verfügung stehen. Wann immer Kunden unter Inanspruchnahme ihrer Kreditkarte für soziale Zwecke spendeten, könnte die Bank bei den Zinsen einen Rabatt einräumen und sich so indirekt an der Spende beteiligen.

Unter Umweltgesichtspunkten könnte die Bank all jenen »grüne« Kontoführung anbieten, die das wünschen: so papierarm wie möglich. Slogan: »Wer Knöpfe drückt, braucht keine Bäume zu fällen.« Schecks könnten auf Recycling-Papier gedruckt werden. Die Banken könnten Spenden an Naturschutzorganisationen kostenlos weiterleiten oder selbst aktiv Spendenprogramme für soziale Organisationen unterstützen. Hat's geclickt?

Der Beweis ist erbracht. Es geht. Die Banken könnten eine Menge kleiner Verbesserungen einführen, um ihr positives Image zurückzugewinnen und fürs nächste Jahrhundert gerüstet zu sein. Vor allem geht es darum, den wachsenden Ärger ihrer Kundschaft zu stoppen. Die Kunden müssen wieder eine positivere Einstellung zu ihrer Bank bekommen. Denn keine Branche kann es sich leisten, ihre Klientel laufend zu verärgern. Wenn, dann nur um den Preis einer Rebellion. Wir alle glauben, einen unanfechtbaren Anspruch auf Respekt und Entgegenkommen zu haben, als Gegenleistung dafür, daß die Bank mit unserem sauer verdienten Geld arbeiten darf. Sie soll unser Geld sicher verwahren und nach Kräften mehren. Aber sie soll sich immer bewußt bleiben, wem sie dieses Geld verdankt. Wir wollen die gute alte, freundliche Bank wiederhaben, die in den letzten Jahrzehnten zunehmend verschwunden ist. Wir wünschen uns die trendgerechte Bank der Zukunft.

Im Zusammenhang unseres Buches ging es im vorliegenden Kapitel jedoch noch um mehr: nämlich um eine Trendanalyse, ein Musterbeispiel für die kreative Anwendung der Trends. Wenn Sie wie in unserem Beispiel vorgehen und die Trends auf Ihr Unternehmen, Ihre Idee, Ihr Leben beziehen, wird Ihnen klar werden, in welche Richtung Sie gehen, gehen wollen oder gehen müssen. Das gilt für alle Bereiche des Lebens – für Industriegiganten ebenso wie für Kleinstunternehmen oder individuelle Zukunftsentwürfe. Nutzen Sie dieses Werkzeug, um Ihre Gegenwart besser, konzentrierter zu planen und die Zukunft besser in den Griff zu bekommen. Sie werden am Ende ein gutes, ein sicheres Gefühl haben. Was immer Sie auf diese Weise in Angriff nehmen, es wird ein Erfolg werden, ein Click-Erfolg!

22. Kapitel

Kreatives Ideensammeln

»Vision ist die Kunst, unsichtbare Dinge zu sehen.«

JONATHAN SWIFT

»Wir dürfen niemals Angst davor haben, zu weit zu gehen, denn dort liegt die Wahrheit.«

MARCEL PROUST

Wenn Sie darüber nachdenken, wie es auch bei Ihnen clicken könnte, brauchen Sie nicht allein im Elfenbeinturm zu sitzen oder die berühmte Pose von Rodins Denker einzunehmen (Ellenbogen auf die Knie gestützt, Faust vor der Stirn). Lassen Sie sich doch von den kreativsten Geistern, die Sie kennen, dabei helfen. Denn gemeinsam sind Ihre (und deren) Zukunftsprobleme besser zu lösen.

Gehen Sie über den normalen Erwartungshorizont hinaus. Scheuen Sie sich nicht, eine große Runde zum Ideensammeln einzuladen: Freunde, Familienangehörige, Arbeitskollegen, Bekannte. Veranstalten Sie eine große Brainstorming Session. Erster Schritt: Stellen Sie Listen zusammen mit den unterschiedlichsten Leuten, die Sie kennen (oder, noch besser, kennenlernen wollen), rufen Sie diese Leute an und bitten Sie sie, Ihnen ein paar Stunden ihrer kostbaren Zeit zur Verfügung zu stellen. In einer solchen Runde kann überhaupt nichts schiefgehen. Jeder trägt etwas bei und jeder profitiert von einem solchen Gedankenaustausch. Formal stehen Sie als Gastgeber der Runde zwar im Mittelpunkt, doch letztlich werden alle Beteiligten am Ende den Kopf voll neuer Ideen haben. In einer anregenden Diskussion schöpfen alle Gehirne ungeahnte Energien. Und Sie werden sehen, oft liefert nicht der wortreichste Redner, der sich in den Vordergrund spielt, die wichtigsten Beiträge, sondern irgendein zurückhaltender, fast unbekannter Teilnehmer. Stille Wasser sind eben tief. Und es kommt wirklich auf originelle, kreative, intuitive Gedanken an, nicht auf vordergründige Patentlösungen.

Der gesamte Brainstorming-Prozeß ist seltsam und faszinierend, denn die Macht des Gehirns ist keine mathematisch berechenbare Größe. Zehn Denker, die sich auf einen Gegenstand konzentrieren, können in einer einzigen Stunde viel weiter kommen als ein einsamer Denker in hundert Stunden. Die Antworten werden sogar noch interessanter und vielfältiger, wenn die Mischung der Beteiligten bunt oder gar exotisch anmutet.

Das Erfolgsgeheimnis besteht darin, einen unparteiischen Diskussionsleiter einzusetzen, der im Stehen (*nicht im Sitzen*) agiert und *alles* ungeordnet Dahergeredete festhält (eine brillante Idee könnte sonst untergehen; so aber kann sie später wieder aufgegriffen werden). Dieser Moderator läßt sich nicht aus der Ruhe bringen und ermahnt die Gruppe immer wieder, sich kurz und prägnant zu äußern, keine langatmigen Geschichten zu erzählen, jeden negativen Duktus zu vermeiden und zupackend an die Sache heranzugehen: Nur so gelangt man zum Kern des Problems.

Im folgenden finden Sie einige Beispiele aus der Praxis von BrainReserve. Schauen Sie sich die Fragen und Aufgaben in Ruhe an, und lassen Sie sich darauf ein. Anschließend sollten Sie beginnen, eigene Modelle für Ihre Fragestellung zu entwickeln.

Ein Leitfaden für Brainstorming-Moderatoren

ERSTER ABSCHNITT: THEMA ZUKUNFT

1. Übung

Nehmen wir einmal an, Sony hätte soeben eine neue Kamera entwickelt und auf den Markt gebracht (»FutureCam 6«), mit der man die Welt im Jahr 2000 sehen und abfotografieren könnte:

- Welche Szene oder welchen Ort würden Sie fotografieren?
- Welche Personen kämen mit aufs Bild?

Fotografieren Sie die Titelseite einer großen überregionalen Zeitung (oder was immer an deren Stelle getreten ist) am Neujahrstag des Jahres 2000.

- Wie lauten die fünf größten Schlagzeilen?

2. Übung

Schließen Sie Ihre Augen, atmen Sie tief durch und entspannen Sie sich. Stellen Sie sich vor, Sie gehen einen langen, stillen Korridor entlang. Zu Ihrer Linken findet sich eine Tür mit der Aufschrift »Mein Büro im Jahr

2005«. Öffnen Sie diese Tür und treten Sie ein. Beschreiben Sie genau den Raum, in dem Sie sich jetzt befinden.

- Was sehen Sie? Was hören Sie? Was riechen Sie?
- Wie ist der Raum möbliert und ausgestattet? Wofür wird er genutzt?
- Befinden sich irgendwelche Leute in diesem Raum?

Jetzt verlassen Sie diesen Raum und gehen weiter den Gang hinunter, bis sie zur Rechten auf eine Tür mit der Aufschrift »Meine Wohnung im Jahr 2005« stoßen. Treten Sie ein und beschreiben Sie alles, was Sie sehen.

3. Übung

Erinnern Sie sich an die Zeit, als Sie 20 Jahre alt waren. Was war damals Ihr liebster Zukunftstraum?

- Was ist heute Ihr liebster Zukunftstraum für das Jahr 2005?

4. Übung

- Wie würden Sie sich selbst im Jahr 2005 beschreiben?
- Wie Ihre Freunde?
- Wie Ihre Feinde?
- Was wird Ihr größter Erfolg sein?
- Was Ihr größter Mißerfolg?

5. Übung

Denken Sie an Ihre verschiedenen Rollen und beschreiben Sie jede kurz.

- Wer sind Sie heute (geben Sie auch eine kurze Beschreibung Ihrer Person)?
- Wer sind Sie beim Telefonieren?
- Wer sind Sie (oder wären Sie) bei einer Videokonferenz?
- Wer sind Sie (oder wären Sie) auf einem Computer-Bulletin-Board?
- Wer oder was wären Sie auf einem Bildschirm in der virtuellen Realität?

ZWEITER ABSCHNITT: ELTERN UND KINDER

1. Übung

Viele gesellschaftliche Phänomene werden im Lauf der nächsten zehn Jahre das Denken der Eltern über ihre Kinder und die Art ihres Umgangs miteinander verändern. Welche Phänomene sind hier zu nennen? (Wir geben Ihnen im folgenden einige Stichworte.)

- Verspätete Eltern und die Gründe für ihre Elternschaft, Kinder als Trophäen, Zunahme multikultureller Adoptionen
- Verbrechen
- Drogen
- Langandauernde wirtschaftliche Rezessionsphasen
- Ökologische Probleme
- Berufstätigkeit beider Eltern.

2. Übung

In jeder Generation gibt es typische Konfliktpunkte zwischen Eltern und Kindern, die leicht zu Explosionen führen. Wo liegen diese kritischen Punkte heute?

- Zu spätes Heimkommen am Abend
- Zu unkonventionelle Freunde
- Exzessives Fernsehen
- Verrückte Kleidung / Rap-Musik
- Computerspiele
- Anstößige Sprache und Fluchen
- Autos
- Rauchen / Trinken / Drogenkonsum
- Sex
- Gewalt.

3. Übung

- Wie werden die »Familien« der jüngeren Generation aussehen?
- Welches werden die wichtigsten Veränderungen für Eltern und Kinder im Jahr 2000 sein? Versuchen Sie eine Trendanalyse.

  Das folgende Beispiel soll Ihnen den Einstieg erleichtern:
  Frage Mitte der neunziger Jahre: Ist Ihr Kinderspielplatz sicher genug?
  Dieselbe Frage im Jahr 2000. Welche Trends können zur Beantwortung dieser Frage herangezogen werden?

- Leben im Kokon: Sind eingezäunte Spielplätze vor Verbrechern sicher?
- S.O.S.: Wie kann man daheim einen Spielplatz aus recycelter Erde bauen?
- Gesund und lange leben: Wie kann man Spielplätze vor Elektrosmog schützen?
- Länger jung bleiben: Wie man wieder lernt, mit den Kindern draußen zu spielen.

4. Übung

Image-Identifikation: Welches Bild oder welche Vorstellung assoziieren Sie spontan mit den folgenden Markennamen?

- McDonald's
- Nutella
- Benetton
- Playmobil
- Levi's Jeans
- Nike
- Marlboro
- Golf
- Pampers.

5. Übung

Image-Identifikation für die Familie: Was fällt Ihnen spontan zum Stichwort »Familie« ein? Beschreiben Sie Aussehen und charakteristische Verhaltensweisen dieser Familie.

6. Übung

Was kann eine Einzelperson (oder ein Paar) heute tun, um diese Art von Familie auch außerhalb biologischer Familienbande zu realisieren? Einige Vorschläge:

- Sich um Unterprivilegierte kümmern
- Kindern den eigenen Arbeitsplatz zeigen
- Bei den Hausaufgaben helfen oder wenigstens daneben sitzen
- Für Kinderhilfswerke spenden
- Freiwillig in Frauenhäusern oder Kinderdörfern mitarbeiten.

7. Übung

Welche Vor- und Nachteile hat die Elternschaft? Suchen Sie nach Möglichkeiten, die Vorteile zu verstärken und die Nachteile zu lindern.

DRITTER ABSCHNITT: DIE COMPUTERISIERUNG UNSERES LEBENS

Einführungsübungen

1. Spontane Assoziationen: Woran denken Sie als Konsument, wenn Sie die folgenden Wörter hören?
   - Regionale Datenvernetzung
   - Integrierte Lösungen
   - Kanäle
   - Mobil.
2. Nehmen Sie sich einen Augenblick Zeit und erinnern Sie sich an das Leben in den sechziger (fünfziger, siebziger) Jahren. Und nennen Sie anschließend Wörter und Phrasen, mit denen man die damaligen Frauen und Männer beschreiben könnte. Listen Sie diese Attribute getrennt nach Geschlechtern auf.
3. Wiederholen Sie dies für Männer und Frauen in den späten neunziger Jahren.
4. Sie sind jetzt ein Computer namens Melanie oder Max. Beschreiben Sie sich selbst.
5. Nun geht es um die Angst vor der Technik. Versuchen Sie, diese Angst zu beschreiben. Wovor genau haben Sie Angst? Welche Katastrophen können sich im ungünstigsten Fall ereignen? Wie kann man sich dagegen schützen?
6. Bevor Sie einen Computer kaufen, machen Sie sich eine lange Liste mit Dingen, die dabei zu bedenken sind. Welche wären dies? (Hinweis: Wo? Warum? Wie? Was?)
7. An welche Dienstleistungen oder Produkte denken Sie spontan bei den folgenden Wörtern?
   - Ermächtigung
   - Kontrolle
   - Luxus
   - Freiheit
   - Sicherheit
   - Vergnügen, Spaß.
8. Sie sind Besitzer/Gründer eines Kleinunternehmens, das vom Küchentisch aus operiert. Sie schreiben jetzt einen Brief an alle Ihre Kunden. Wie nennen Sie Ihre Mitteilung?
9. Sie sind:
   - Kunststudent am College
   - Alleininhaber einer Marketing-Agentur für die Konsumgüterindustrie
   - Inhaber eines Kleinunternehmens, das Dienstleistungen im Bereich Garten- und Landschaftsgestaltung anbietet.

   Welche Computernutzung unterscheidet Sie jeweils von allen anderen Computernutzern?

10. Vervollständigen Sie den Satz: »Sich online ins Internet einzuschalten ist wie …«

Trendübungen

1. Nun wollen wir das alte Spiel »Was paßt wozu?« spielen. Seien Sie bitte so spontan und kreativ wie irgend möglich. Setzen Sie die Bereiche, um die es in den folgenden Übungen geht, zu mindestens drei der aufgelisteten Trends in Beziehung und vollenden Sie jeweils den Satz »Mein Computer paßt zum Trend…, weil …« (Ein Beispiel: »Das PowerBook paßt zum Trend »Fantasy-Abenteuer / Hinaus in die Wildnis«, weil es leicht zu transportieren ist und ich damit in meinem Zelt, in meinem Boot und in meiner Blockhütte arbeiten kann.«) Es geht um folgende Trends:
   - Leben im Kokon
   - Fantasy-Abenteuer / Hinaus in die Wildnis
   - Aussteigen
   - Egonomics (Ichbezogene Wirtschaft)
   - Kleine Genüsse
   - 99 Leben auf einmal
   - Länger jung bleiben
   - S.O.S. (Rettet unsere Gesellschaft).
2. Der High-Tech-Einkauf und die Trends: Was läßt sich im Lichte der folgenden Trends über gute und schlechte Einkaufserlebnisse sagen?
   - Leben im Kokon
   - Egonomics
   - 99 Leben auf einmal
   - Weiblich denken
   - Kleine Genüsse
   - Aussteigen
   - Fantasy-Abenteuer.
3. Dienstleistungen und die Trends: Was läßt sich im Lichte der folgenden Trends über guten oder schlechten Service sagen?
   - Leben im Kokon
   - Egonomics
   - 99 Leben auf einmal
   - Aussteigen
   - Weiblich denken.
4. Wie können uns die neuen Kommunikationstechniken und spezifische Geräte helfen, uns in ein neues Gebiet einzuclicken oder in unserer Branche auf neue Weise präsent zu sein?

   Ein Beispiel: Desktop-Video. Ein vielbeschäftigter Manager kann über sein Notebook an einer Konferenzschaltung teilnehmen, während er auf einem Flughafen wartet (99 Leben auf einmal) oder zu Hause ist (Leben im Kokon). Auf die gleiche Weise können sich die anderen Familienmitglieder in die Live-Übertragung eines Sportereignisses oder eines Rockkonzerts einschalten (Clanning, Egonomics, Länger jung bleiben).

Jetzt sind Sie an der Reihe. Untersuchen Sie die Verwendbarkeit anderer Techniken.

VIERTER ABSCHNITT: DIE ERÖFFNUNG EINES NEUEN HÄHNCHEN-FAST-FOOD-RESTAURANTS

ZUM AUFWÄRMEN

1. Übung

- Was war als Kind Ihr Lieblingsgericht und warum?
- Welches Hauptgericht mochten sie am allerwenigsten und warum?

2. Übung

Erinnern Sie sich an eine Speise, die Sie im Lauf der letzten Woche komplett zubereitet haben, und zwar an alle Einzelheiten (oder ersatzweise an die Zubereitung Ihres Lieblingsrezepts). Was war daran besonders angenehm, was besonders unangenehm?

3. Übung

- Beschreiben Sie Ihre Lieblingskonsistenz beim Essen (hart, weich, knackig etc.). Woran erinnert Sie dieser Zustand?
- Beschreiben Sie Ihren Lieblingsgeruch beim Essen. Woran erinnert er Sie?

4. Übung

Listen Sie Ihre Lieblingsspeisen für bestimmte Tageszeiten auf: Frühstück, Mittagessen, Snack, Abendessen. Warum erscheinen Ihnen diese Gerichte gerade für die jeweilige Tageszeit passend?

5. Übung

Der Werbeslogan für einen Tiefkühl-Fertigteig lautet »Knack und back«. Denken Sie an andere Vorgänge bei der Speisezubereitung und überlegen Sie sich ähnliche Slogans wie »Knack und back«.

6. Übung

Stellen Sie eine Liste Ihrer Lieblings-Geschmackskombinationen auf.

DENKANSTÖSSE FÜR NEUE MÖGLICHKEITEN
DER HÄHNCHENZUBEREITUNG

7. Übung

Stellen Sie sich vor, Sie wären Essensminister auf dem Planeten Calumer – einem Planeten, dessen Bewohner all jene Eigenschaften besitzen, die wir mit bodenständigen Erdbewohnern assoziieren: einfache, klare Wertvorstellungen; Fleiß; Familiensinn. Besonders interessant ist, daß die Calumer-Bewohner, so weit sie zurückdenken können, immer dasselbe gegessen haben: Calumer-Käfer. Diese Käfer aßen Sie an allen neun Wochentagen zehnmal täglich. Doch in den letzten zehn Jahren wurden sie Opfer einer fürchterlichen Umweltkatastrophe, in deren Folge die Calumer-Käfer nahezu ausstarben. Nun hat man sie als Essensminister auf die Erde entsandt, um Ersatznahrung zu suchen, und sie wurden an die Kochbuchautorin Julia Child verwiesen. Diese schlägt Ihnen Hähnchen vor und überreicht Ihnen ein frisch gerupftes Exemplar. Ihre erste Reaktion: Sie sind perplex, denn noch nie haben sie etwas auch nur entfernt Ähnliches gesehen. Woran denken Sie jetzt als nächstes?

8. Übung

Sie sehen sich das Hähnchen an. Beschreiben Sie es so schmeichelhaft wie möglich.

9. Übung

Wenn Sie das Hähnchen neu erfinden könnten, was würden Sie anders machen? Würden Sie sein Aussehen ändern, seine Farbe, seine Beschaffenheit? Würden Sie ihm einen anderen Namen geben?

10. Übung

Erinnern Sie sich an Beilagen, die Sie schon einmal zu Hähnchen serviert haben. Machen Sie diese Beilagen jetzt zum Bestandteil des aktuellen Rezepts, an dem Sie arbeiten.

11. Übung

Nutzen Sie die Geschmackskombinationen aus Übung 6, um Hähnchen auf neue Art zuzubereiten. (Tip: Dips, Saucen, Füllungen.)

12. Übung

Trendanalyse-Übung: Verteilen sie Zettel mit einer Liste der 16 Trends an die Teilnehmer Ihrer Ideenrunde. Aufgabe: Beschreiben Sie ein Hähnchenrezept oder -gericht, das zu mindestens vier dieser Trends gut paßt.

Übungen wie diese können Ihnen eine wesentliche Hilfe bei der Feinabstimmung Ihrer Träume und Wünsche sein. Ziehen Sie diese Fragen am Anfang Ihres Weges heran oder nutzen Sie sie als ständige Begleiter auf Ihrem Weg zum Erfolg. Nehmen Sie sie als Mittel, Ihre kreativen Energien zu mobilisieren, locker und offen zu werden. Das wirklich Gute am Brainstorming ist, daß die Ideen schließlich nur so sprudeln.

Vergessen Sie nie: Man kann zwar einige Sekunden ohne Luft, tagelang ohne Wasser und wochenlang ohne feste Nahrung leben, doch Clicking ohne einen konstanten Ideenfluß ist unmöglich. Und dieser Nachschub an kreativen Ideen ist, das kann man mit Fug und Recht behaupten, der schnellste und direkteste Weg, Veränderungen auch tatsächlich herbeizuführen.

23. Kapitel

Das richtige Timing

»Wir müssen die Zeit als Werkzeug nutzen, nicht als Sofa zum Ausruhen.«

JOHN F. KENNEDY

»Und so nimmt das Karussell der Zeit
Auf seine Weise Rache.«

WILLIAM SHAKESPEARE

Das richtige Timing kann eine verzwickte Angelegenheit sein. Oft kommt es nicht darauf an, wann, sondern wie Sie zum Erfolg kommen. Denken Sie an den Gershwin-Song mit seiner Aufzählung unzeitgemäßer Entdecker und Erfinder: Alle lachten Christoph Columbus aus, heißt es da, »als er sagte, die Welt sei rund ... und Edison, als er Töne aufzeichnete ... und Wilbur und seinen Bruder, als sie sagten, der Mensch könne fliegen. Doch wer lacht jetzt als letzter?« Einer plötzlichen Eingebung zu folgen, reicht nicht aus. Die könnte sich schnell als Strohfeuer erweisen. Sie müssen Ihre Ideen von allen Seiten beleuchten, allein oder mit anderen ein Brainstorming veranstalten, eine Trendanalyse durchführen. Sonst kann die beste Idee zum Desaster werden. Denken Sie nur an all die monumentalen Ideen, die bedeutenden Leute und phantastischen Produkte, die nur deshalb im Abgrund des Vergessens und des Mißerfolgs landeten, weil die Zeit noch nicht reif dafür war.

Beispielsweise wurde um 3480 v. Chr. das Rad erfunden, doch erst 1839 kam ein Mann namens Kirkpatrick MacMillan auf die Idee, eins und eins zusammenzuzählen und ein Zweirad zu bauen – ein Fahrrad. Oder nehmen Sie die Chinesen: Schon im 10. Jahrhundert mixten sie für Feuerwerkszwecke eine Pulvermischung zusammen, die zu viel mehr taugte. Doch erst ein Mönch des 14. Jahrhunderts entdeckte, daß man mit dem nach ihm benannten Schwarzpulver Gewehrkugeln abfeuern konnte. Die Liste der Beispiele ließe sich verlängern.

Und die Moral von der Geschicht'? Nicht immer mahlt zuerst, wer zuerst kommt. Wahrscheinlich gehört mehr dazu als ein zeitlicher Vorsprung. Zum Beispiel umsichtige, genaue Kalkulation. Sir Freddy Laker lag mit seiner Idee von Billigflügen ohne den Aufwand teurer Linienflüge genau richtig, aber das Timing stimmte nicht. Heute ahmen Dutzende von Fluglinien sein Sparkonzept erfolgreich nach, doch er selbst ging mit seinen Skytrains bankrott. Jetzt, nach dreizehn Jahren, will es Laker auf den Transatlantikrouten nochmals versuchen.

Auch die Pioniere der Fitneß-Welle konnten mit ihren Nachfolgern schon bald nicht mehr konkurrieren. Und die erste Kreditkarte, Diner's Club (1950), kam später gegen die flächendeckende Aktivität von American Express nicht mehr an – und erst recht nicht gegen Visa oder MasterCard mit ihren Zusatzangeboten (wie Rabatte für Vielflieger und ähnliches). Die erste große Fast-Food-Kette in den USA, Howard Johnson's, früher an jeder Autobahn und in jedem Ort anzutreffen, ist heute so gut wie verschwunden. McDonald's beherrscht den Markt. Aber auch etliche andere Ketten kommen auf ihre Kosten, von Taco Bell bis Ben & Jerry's.

Nathan Pritikin ist das Musterbeispiel eines frühen, einsamen Rufers in der Wüste. Als Erfindertyp mit der brillanten Gabe, komplexe Sachverhalte zu vereinfachen, hatte Pritikin etwas Richtiges, Wichtiges auf dem Gebiet der Medizin erkannt, doch niemand wollte auf ihn hören. Damals, in den fünfziger Jahren, war »Diät« noch gleichbedeutend mit »FDH« (Friß die Hälfte). Wer Diät halten wollte, aß vor allem weniger Brot und Nudeln.

Pritikin indessen stieß, als er die Sterblichkeitsraten aus der Zeit des Zweiten Weltkriegs systematisch analysierte, auf eine erstaunliche, aber fundamentale Korrelation zwischen Herzerkrankungen und Ernährungsverhalten. Damals ging man noch davon aus, daß eine Kombination genetischer und streßbedingter Faktoren der gemeinsame Nenner aller tödlich verlaufenden Herz-Kreislauf-Erkrankungen sei. Doch Pritikin stellte fest, daß diese Todesfälle in England während des Krieges (einer gewiß streßreichen Zeit) um unglaubliche 50 Prozent zurückgegangen waren.

Pritikin folgerte, daß die Veränderung der Ernährungsweise infolge der Lebensmittelrationierung für diesen Rückgang verantwortlich gewesen sei. Denn als die Bomben fielen und die Bauern eingezogen wurden, war es weitgehend vorbei mit Devonshire Cream, Butter, Käse, Fleisch und Yorkshire Pudding. In ganz Großbritannien war während des Krieges Schmalhans Küchenmeister: Außer elementaren Gemüsesorten, Brot und Kartoffeln gab es kaum etwas zu beißen.

Pritikin selbst hatte an den Sterblichkeitsraten für Herz-Kreislauf-Erkrankungen auch ein ganz persönliches Interesse, denn im Alter von 42 Jahren hatte man bei ihm eine Veranlagung für Herzerkrankungen festgestellt, und auch sein Cholesterinspiegel lag mit 300 sehr hoch (damals wußte man allerdings noch nichts über den Zusammenhang zwischen Cholesterin, hohem Blutdruck und Herzproblemen).

So zog Nathan Pritikin also seine eigenen Schlüsse aus dem Zahlenmaterial und startete eine Kampagne für die Rückkehr der Menschheit zu ihrer ursprünglichen Ernährungsweise: viel Körner, Gemüse und Obst, wenig Fett, kaum Fleisch. Er selbst lebte nach seinen Empfehlungen, und prompt sank sein Cholesterinspiegel auf 110. Doch er predigte tauben Ohren. In den fünfziger und sechziger Jahren galten seine Diätvorschläge nicht nur als exzentrisch, sondern schlicht als total unsinnig.

Sowohl die amerikanische Regierung als auch Schulen und Universitäten unterstützten das Konzept der »vier Nährstoffgrundlagen« [Kohlenhydrate, Eiweißstoffe, Fette und Ballaststoffe], und so aß man in Militär- und Schulkantinen unglaublich fett- und proteinreich. Die frühen Diätvorschläge der Weight Watchers erlaubten noch in Butter gebratene Geflügelleber und fette Käsesaucen! Auch eine andere damals weitverbreitete Diät, die angeblich wissenschaftlich fundierte Dr.-Atkins-Diät, propagierte in ihrem Lehrbuch *Diet Revolution* (Die Diät-Revolution) mit Fett durchzogene Steaks und dazu eines der cholesterinhaltigsten Nahrungsmittel überhaupt: Kaviar. Noch kalorien- und cholesterinfreundlicher war schließlich die *Carbohydrate Gran Counter Diet,* bei der nur die Kohlenhydrate unter Kontrolle gehalten wurden, Fett und Fleisch aber in Mengen erlaubt waren.

Nathan Pritikins erster Anhänger war sein Sohn Robert. Während der Rest der engeren Familie weiterhin aß, begann Robert schon mit fünf Jahren, sich wie sein Vater gesund und kernig zu ernähren. Er entwickelte ein fundamentales Verständnis für die Überzeugung seines Vaters, daß wir »an Exzessen sterben, nicht am Mangel«. Seit den späten sechziger Jahren hielt Nathan Pritikin Vorträge über gesunde Ernährung. Er veröffentlichte sein berühmtes Buch *The Pritikin Program for Diet and Exercise* (Das Pritikin-Programm für gesunde Ernährung und Bewegung), und 1976 errichtete er zusammen mit Robert sein »Langlebigkeitszentrum« (Longevity Center). Dort bringt man den Leuten bei, erfolgreich fettarm zu leben, auch wenn ihre Umwelt weiterhin im Fett schwimmt.

In Pritikins Zentrum steht die Ernährungserziehung im Vordergrund. Weil die Nahrungssuche für den Menschen keine Überlebensangelegenheit mehr ist, sondern vor allem eine soziale Beschäftigung, gelten bestimmte Grundregeln: »Wer immer sitzt, ist geradezu fettsüchtig.« »Mit fetten Saucen angerichtete Salate sind nicht gesund, sondern schlimmer als Cheeseburger.« »Wer nur die Diät wechselt, aber sich körperlich nicht bewegt, wird mit großer Wahrscheinlichkeit rückfällig.« Das Langlebigkeitszentrum trägt genau den richtigen Namen: Dorthin gehen Menschen, die *länger leben* wollen. Die an Lourdes erinnernden Heilungserfolge Pritikins hängen mit der erstaunlichen Fähigkeit des menschlichen Körpers zusammen, schnell auf eine gesunde Ernährung anzusprechen. Hypertonie- und Herzpatienten kommen plötzlich ohne einige ihrer Medikamente aus, erwachsene Diabetiker benötigen in manchen Fällen kein zusätzliches Insulin mehr. Gleichwohl erwartet man von niemandem, wie ein Heiliger zu leben. Robert Pritikin ist weise genug, zu wissen, daß jeder Mensch mindestens eine Lieblingsspeise hat, der er nur schwer widerstehen kann. Man konzentriert sich also auf das Wesentliche, auf die Dinge, die wirklich zählen, und nicht auf gelegentliche kleine Sünden.

So bleibt eigentlich nur die Frage: Warum gibt es solche Pritikin-Zentren auf dem neuesten Stand der Ernährungswissenschaft nicht im ganzen Land? Als das Konzept entwickelt wurde, war es dafür vielleicht noch zu früh; aber inzwischen wäre ihm der Erfolg gewiß. Ein Click-Erfolg.

Auch mir erging es anfangs mit BrainReserve ähnlich wie Pritikin. Ich kam mir vor wie die Ruferin in der Wüste. Zukunftsorientiertes Marketing war nicht gefragt, Trendprognosen ebenfalls nicht – bis einige tatsächlich eingetroffen waren.

Eine unserer Vorhersagen, 1980 zuerst in der *New York Times* veröffentlicht, erwies sich um mehr als vierzehn Jahre verfrüht. Wir hatten prognostiziert: »Halten Sie Ausschau nach einem kleinen Auto mit ... Power und Pfiff, aber sehr günstigem Benzinverbrauch.« Auch zehn Jahre später waren wir immer noch felsenfest von unserem Kleinauto überzeugt, wie im *Popcorn Report* nachzulesen ist. Im Zusammenhang mit einer Marketing-Technik, die wir »Extremismus-Übung« nennen und bei der es darum geht, jedes Konzept bis zum Äußersten zu treiben, um sich dann im Lichte der Trends langsam zu einer vernünftigen Lösung zurückzuarbeiten, schrieben wir folgendes:

> Angenommen, Sie sind ein amerikanischer Autohersteller, und die Umsatzzahlen sinken. Das Extrem: Niemand wird mehr Ihr Modell kaufen.
>
> Lassen Sie sich auch jetzt wieder von den Trends leiten. Eine Option besteht in der Entwicklung eines Fantasy-Abenteuer-Autos, das für die Aussteiger, die nicht mehr allzu viel fahren müssen, einen Kleinen Genuß darstellt. Ein Freund von mir, der für eine japanische Autofirma tätig ist, und ich haben uns einmal ein Auto ausgedacht, das wir scherzhafterweise PopSuey nannten und das in Supermärkten verkauft werden sollte. Der Hauptteil des Autos wäre zusammenklappbar und hätte auswechselbare Sitze – in unbegrenzten Farbvariationen, sogar mit schwarz-weißen Punkten oder Zebrastreifen (»Kleine Genüsse«; »Länger jung bleiben«). Die wichtigsten Teile wären immer vorrätig. Der PopSuey (»Fantasy-Abenteuer«) wäre wunderbar sparsam im Benzinverbrauch (»S.O.S«), einfach zu reparieren (»99 Leben«) und würde genau 3000 Dollar kosten, zwei Stück 5000 Dollar.

Im März 1994 wurde dann endlich der Prototyp unseres Traumautos präsentiert: das Swatchmobil, ein Gemeinschaftswerk von Mercedes-Benz und dem Schweizer Uhrenhersteller, das 1997 in die Serienproduktion gehen soll. Dieses eiförmige Kleinstauto wird preiswert, lustig und gut durchdacht sein. Mehr als 45000 Vorbestellungen für den kleinen Zweisitzer, der mit einer Tankfüllung eine Reichweite von ungefähr 500 Kilometern haben wird, liegen schon vor. Bleibt für uns die Frage: Wäre es nicht schön, wenn das gesamte Farb- und Dekorationsspektrum der Swatch-Uhren auch bei diesem Auto verfügbar wäre? Also auch ein Keith-Haring-Auto, ein Astronauten-Auto, ein Unterwasser-Neon-Auto?

Vor Jahren noch reagierten wir von BrainReserve bei unseren Projektaufträgen regelrecht sauer, wenn ein Kunde mit dem Ausspruch kam: »Etwas Ähnliches haben wir vor ein paar Jahren auch schon einmal versucht, aber es hat nicht funktioniert.« Um diese Floskel von vornherein zu unterbinden, beginnen wir jede Präsentation mit einer Liste von Vorbehalten, darunter auch ein Hinweis auf das richtige Timing. Dann geben wir folgende Erklärung: »BrainReserve legt Wert auf die Feststellung, daß einige der neuen Produktentwicklungen auf Ideen basieren, die ... früher schon einmal angedacht oder ausprobiert wurden, für die jedoch die Zeit noch nicht reif war.« Wenn eine Idee damals noch nicht einschlug, heißt das eben nicht, daß das heute genauso sein muß.

Nehmen Sie noch ein Beispiel aus dem Nahrungsmittelsektor, das unsere langjährige Erfahrung mit Problemen des richtigen Timings deutlich macht. Als wir vor fünfzehn Jahren sagten: »Ketchup ist ein Produkt, das sich abgesehen von der Verpackung praktisch noch nie verändert hat und das eine Auffrischung vertragen könnte«, galt das als »Ketzerei«. Wir schlugen vor, das Produkt abwechslungsreicher und aufregender zu gestalten, etwa durch den Zusatz sonnengetrockneter Tomaten, von Champignon-Scheiben, Japaleño-Paprika oder besonderer Gewürze. Inzwischen gibt es all diese Varianten längst, aber damals schien die Zeit noch nicht reif. So wagen wir denn heute zum wiederholten Mal ein paar Vorschläge, die noch der Realisierung harren: Wie wäre es mit V-8-Vitaminsaft als Eislutscher (ein gesunder Snack)? Oder mit einer erfrischenden Kombination aus Fruchtsaft und Trinkjoghurt? Oder mit frischen Cornflakes-Varianten mit Haltbarkeitsdatum?

Wie sagte doch Andy Warhol? »Ich interessiere mich immer für die richtigen Sachen zur falschen Zeit.« Weil wir oft Zukunftsvisionen für ein Produkt, eine Dienstleistung oder eine Firma entwickeln müssen, die sich von allen anderen unterscheiden sollen, haben wir bei unserer Arbeit etwas ganz Wichtiges gelernt: Manche Menschen verlassen sich auf das alte Klischee »Besser zu spät als gar nicht«. Daraus könnte man auch einen falschen Schluß ziehen und denken: »Lieber gar nicht als zu früh«. Unserer Meinung nach sollte der Ratschlag aber lauten: »Lieber zu früh und dann abwarten, als überhaupt nicht.« Perfektes Timing ist fast unmöglich. Rechnen sie nicht damit. Feilen Sie unermüdlich an Ihrer Idee – so lange, bis sich ein überzeugendes Gesamtkonzept herausgeschält hat. Das ist die beste Voraussetzung für den Click.

24. Kapitel

Nicht eine Karriere, sondern viele

> »Das alte ABC des Erfolgs lautet: Können, Neuanfänge und Mut.«
>
> C. LUCKMAN

Denken Sie mal zurück. Wenn man früher eine x-beliebige Gruppe von amerikanischen Sechsjährigen nach ihren Traumberufen fragte, kamen mit Sicherheit folgende Antworten: Astronaut, Arzt, Feuerwehrmann, Cowboy. Und jetzt denken Sie mal voraus in die Zukunft und stellen Sie sich vor, was aus diesen Traumkarrieren geworden wäre:

Der Astronaut wäre gar nicht erst in den Weltraum gestartet, weil die NASA und ihr Raumfahrtprogramm schon lange massivem Sparzwang ausgesetzt sind. Er arbeitet jetzt als Kartenkontrolleur im Raumfahrtzentrum eines Disney-Erlebnisparks.

Die Ärztin ist immer noch dabei, den riesigen Schuldenberg abzutragen, der sich während ihres Medizinstudiums angehäuft hat. Sich mit einer Privatpraxis niederzulassen, ist ihr aus finanziellen Gründen nicht möglich, denn die Einrichtung einer Praxis, die Anschaffung der diagnostischen Geräte und die horrenden Versicherungsbeiträge sind einfach zu teuer. So hat sie eine Stelle im Sozialfürsorgeprogramm des Gesundheitsamts angenommen und verdient 65 000 Dollar im Jahr (weniger als ihr Vater, der niemals einen Hörsaal von innen gesehen hat). Eigentlich hatte sie sich bei ihrem Traumberuf gewünscht, eine fürsorgliche, sensible Ärztin zu werden, die sich für ihre Patienten Zeit nimmt. Doch statt dessen wird sie nun gedrängt, so viele Patienten wie möglich in möglichst kurzer Zeit durchzuschleusen. Und wenn die Patienten zu oft wiederkommen, wird sie dafür noch bestraft.

Der Feuerwehrmann ist von Entlassung bedroht, weil die Stadt, in der er arbeitet, unter extremer Finanznot leidet und die Feuerwehr deshalb privatisiert hat. Sein neuer Arbeitgeber stellt jetzt jüngere Leute ein, die für die Hälfte seines Gehalts arbeiten. Mit einem kleinen Kind aus zweiter Ehe und einer zu knappen Pension muß er sich schnell neu orientieren, um nicht zum Sozialfall zu werden.

Wenigstens dem Cowboy geht es gut. Er ließ sich in Montana nieder, arbeitete auf einer Ranch, sparte sein Geld und kaufte dann Land, soweit das Auge reichte, für 2500 Dollar pro Hektar. Vor kurzem nun sind die Bodenpreise in Montana astronomisch gestiegen – als Folge einer Fluchtwelle der Westküstenbewohner, die von Smog, Feuer- und Flutkatastrophen, von Erdbeben und einem die Umwelt systematisch vergiftenden Lebensstil genug hatten und sich deshalb in die Berge zurückzogen. Jetzt ist sein Land schon über 6000 Dollar pro Hektar wert, und unser Cowboy kann auf offenen Weiden im Wert von über 5 Millionen Dollar herumreiten. Für ihn hat sich die jugendliche Wildwest-Begeisterung ausgezahlt.

Die Lehren aus diesen Beispielen sind klar, wenn auch leider wenig erfreulich. Traditionelle Karriereplanung, wie sie früher üblich war, ist heutzutage beinahe sinnlos. Vielmehr leben wir in einem Zeitalter schnellen Wandels, in dem die alten Strukturen und Regeln direkt vor unseren Augen zusammenbrechen.

Welche Auswirkungen der technologische Wandel hat, wissen wir. Denn wir alle haben aus den Zeitungen erfahren, wie viele -zigtausend Arbeitsplätze bei den großen Konzernen wegrationalisiert wurden. Doch nur zu gern möchten wir glauben, es handele sich nur um eine vorübergehende Erscheinung. Wir wünschen uns sehnlichst, die amerikanische (oder auch die deutsche) Wirtschaft möge wie ein angeschlagener Boxer wieder aufstehen, alle Kraft zusammennehmen und den Gegner k.o. schlagen. Doch leider folgt das Leben nicht den Regeln Hollywoods.

In seinem beängstigenden Buch *The End of Work* schreibt Jeremy Rifkind über den amerikanischen Arbeitsmarkt: »In den kommenden Jahren sind mehr als 90 Millionen von insgesamt 124 Millionen [amerikanischen] Arbeitsplätzen potentiell in Gefahr, durch Maschinen ersetzt zu werden.« Erinnern Sie sich noch an die Massenängste in den fünfziger Jahren, als man sich angesichts der beginnenden Automation alle möglichen Katastrophenszenarios ausmalte? Beinahe vier Jahrzehnte hat es gedauert, bis die Roboter nun endgültig auf dem Vormarsch sind.

Der Harvard-Wirtschaftswissenschaftler James Medoff verdirbt uns die Laune noch weiter, wenn er feststellt, daß heute in allen Branchen zusammen 50 Prozent weniger Jobs zur Verfügung stehen als 1985. Im Klartext heißt das nichts anderes, als daß die Aussichten für Arbeitslose, auf traditionelle Weise wieder einen Arbeitsplatz zu finden, sehr schlecht sind. Auf diese Situation reagierte vorbeugend eine Selbsthilfegruppe namens Exec-U-Net in Norwalk, Connecticut, mit einem eigenen Vermittlungsdienst:

Weil die Mehrheit der Mitglieder, Jahreseinkommen etwa 100 000 Dollar, in der Angst lebt, im Laufe des Jahres entlassen zu werden, verschickt die Organisation lange Listen mit Stellenangeboten von Firmen und Unternehmensberatungen.

Dabei hat der gegenwärtige Arbeitsplatzabbau nichts mit einer momentanen Rezession zu tun. Denn rationalisiert wird auch und gerade in den erfolgreichen Branchen. Die Zauberworte heißen vielmehr »Umstrukturierung« und »Produktivitätssteigerung«. Durch konsequente Nutzung technologischer Neuerungen leisten Betriebe und Dienstleister mit weniger Aufwand heute mehr, und »weniger Aufwand« heißt für die Betroffenen eben: »Sie sind entlassen«. Nur ein Beispiel für viele auf der ganzen Welt: Union Carbide strukturierte seine Fabrik in Danbury, Connecticut, in allen Bereichen um (Verwaltung, Produktion, Vertrieb). Dabei gingen bereits 13 900 Arbeitsplätze verloren. Einsparung bei den Personalkosten: mehr als 20 Prozent. Im weiteren Verlauf der Umstrukturierungsmaßnahmen sollen nochmals 25 Prozent der Personalaufwendungen eingespart werden. Insgesamt sind Personaleinsparungen in Höhe von 575 Millionen Dollar jährlich das Ziel. Mit Sicherheit eine Summe, die ins Gewicht fällt. Mit Sicherheit aber auch ein schweres Los für die betroffenen Arbeitnehmer und ihre Familien.

Hier sind Kräfte am Werk, die sich dem Einfluß des einzelnen entziehen. Also keine Chance, dagegen anzukommen? Keineswegs. Nehmen Sie Ihr Schicksal in die eigenen Hände! Wer gefeuert wird, in dem kann neues Feuer entbrennen. Und am Ende steht dann womöglich der Erfolg in einem Beruf, der Ihnen mehr bedeutet, der vielleicht sogar noch lukrativer ist als der alte, in dem es nicht mehr weiterging.

Wir haben diesem Kapitel die Überschrift »Nicht eine Karriere, sondern viele« gegeben. Doch in Wahrheit ist »Karriere« ein ebenso altmodischer und überholter Begriff wie »Schreibmaschine«. Es gibt einfach keine Karrieren im traditionellen Sinne mehr. Kennen Sie die alten Erfolgswege und Regeln noch? Abitur, Studium, Berufseintritt, Beförderungen, Pensionierung. Dieses Lebensmuster ist längst für viele obsolet geworden. Im post-postindustriellen Amerika und anderswo lautet die Devise: Zweitberuf und Drittkarriere. Manche wechseln den Beruf sogar noch öfter.

Es gibt keine geradlinigen Berufswege mehr. Vielmehr ähnelt das Berufsleben heute eher einem Puzzle, bei dem man die richtigen Teile in der richtigen Reihenfolge zusammensetzen muß. Selbst wenn Sie zu jener Minderheit gehören, die ihr Leben lang denselben Beruf ausübt, können Sie nicht mehr damit rechnen, ohne Brüche voranzukommen. Denn auch die Innenwelt der großen Unternehmen ist in ständigem Wandel begriffen. An die Stelle der Alternative »Aufstieg oder Kündigung« tritt zunehmend die Versetzung von Mitarbeitern in andere Abteilungen und Produktionszweige. In den Konzernen wird diese Art innerbetrieblicher Mobilität heute gern praktiziert, um bürokratische Verkrustungen (Stichwort Peter-Prinzip) von vornherein auszuschließen. So muß ein Mitarbeiter aus der Produktion im Falle der Beförderung nicht mehr unbedingt an einem Schreibtisch landen, obwohl Büroarbeit nicht seine Stärke ist; statt dessen könnte er auch Leiter des Konstruktionsbüros werden, wo seine Fähigkeiten wesentlich besser zur Geltung kämen. In dieser Weise sollten Großfirmen heute jedenfalls verfahren, statt ihre Mitarbeiter auf ausgetretenen Pfaden an der kurzen Leine zu halten.

Wenn Sie in einem großen Unternehmen beschäftigt sind und das Gefühl haben, an einem Arbeitsplatz gelandet zu sein, der Ihnen wie ein Gefängnis erscheint, können Sie allerdings auch selbst gegensteuern und sich wehren. Nehmen Sie diesen Zustand nicht als unabwendbar hin, oft ist der Einstiegsjob bei Großunternehmen nicht unbedingt das, was einem am meisten liegt, vielmehr muß man nehmen, was gerade verfügbar ist. So landet man in Zeitungsverlagen oft als Anfänger nicht in der Redaktion, sondern im Vertrieb. Bei einer Versicherung nicht im Außendienst, sondern in der Abteilung für Schadensregelung. In einer Fabrik in der Produkion statt im Personalbüro. Also, prüfen Sie sich und Ihr berufliches Umfeld. Sind Sie in einer Abteilung hängengeblieben, die keine Zukunft mehr hat und in der ein Ausverkauf droht? Oder eine dramatische Verkleinerung? Dann warten Sie nicht erst ab, bis Ihnen die Kündigung auf den Tisch flattert.

Werden Sie Ihr eigener Personalberater. Stellen Sie zunächst fest, welche Arbeitsbereiche und Tätigkeiten in Ihrer Firma am ehesten zukunftsorientiert und zukunftssicher sind. Dann informieren Sie sich – auch mit Hilfe Ihrer Beziehungen innerhalb der Firma – möglichst umfassend über die Stelle, die Sie in diesem Bereich am ehesten interessieren würde. Bewerben Sie sich in der Personalabteilung oder, besser noch, nehmen Sie direkt Kontakt mit dem zuständigen Abteilungsleiter auf. Lassen Sie einfließen, daß Sie notfalls auch zu finanziellen Zugeständnissen bereit wären, um den neuen Job zu bekommen.

Dies ist aber nur eine mögliche Strategie, die Ihnen prinzipiell offensteht. In der freien Wirtschaft und Gesellschaft der USA oder auch Deutschlands bieten sich vielfältige Erfolgschancen. Die wichtigsten finden Sie nachfolgend, eingeteilt in vier Kategorien: geplanter Erfolg; unbewußte Wahl; Herzensentscheidung; Zufallschance. All diese Möglichkeiten sind effektiv, wertvoll und praktikabel.

Der bewußt geplante Erfolg ist das Ergebnis einer rein analytischen Geschäfts- oder Karriereentscheidung. Sie untersuchen Ihre eigenen Fähigkeiten und Bedürfnisse in persönlicher, beruflicher und finanzieller Hinsicht. Mit Hilfe der BrainReserve-Trends finden Sie die zukunftsträchtigsten Branchen und Berufsbereiche. Eine solche Analyse können Sie auch vornehmen, wenn Sie ein eigenes Kleinunternehmen besitzen. Dann untersuchen Sie eben, wie sich Ihre Firma mittels der Trends auf Expansionskurs bringen läßt, und schreiten zur Tat.

Die unbewußte Wahl als Weg zum Erfolg spielt immer dann eine Rolle, wenn Sie sich schon lange mit verschiedenen Varianten beschäftigt haben, die unterbewußt in Ihnen arbeiten. Ist der richtige Weg gefunden, erscheint er Ihnen wahrscheinlich wie eine plötzliche Eingebung. In Wahrheit jedoch haben Sie innerlich schon lange auf diese Erfolgsidee hingearbeitet. Immer wieder werden Leute auf diese Weise »vom Blitz getroffen«.

Bei einer Herzensentscheidung lassen Sie sich von Ihrer Leidenschaft leiten und nähern sich so Ihrer wahren Bestimmung. Vielleicht haben Sie auf Drängen der Familie Betriebswirtschaft studiert oder eine andere, eher formale Ausbildung durchlaufen, wären aber eigentlich viel lieber Schriftsteller geworden oder hätten gern einen Landgasthof geführt. In einem solchen Fall wäre ein Berufswechsel eine Herzensangelegenheit.

Die Zufallschance zum Erfolg schließlich bietet sich immer dann, wenn die Fährnisse des Lebens Ihnen eine unvorhersehbare Konstellation bescheren, in der die Weichen Ihres Lebens neu gestellt werden. Unfälle, Krankheiten oder Glückstreffer fallen unter diese Rubrik.

Der geplante Erfolg: Finden Sie die Zukunft in der Gegenwart

Die Zukunft ist nicht eines Tages plötzlich da. Sie zieht allmählich und schrittweise herauf, und wir können ihr Werden erkennen. Wir müssen nur interessiert und wachsam sein und die Zeichen der Zeit erkennen. Darum vor allem geht es bei den Trends: die sich bietenden Möglichkeiten zu identifizieren, um gute Zukunftsaussichten zu schaffen.

Zahlreiche Männer und Frauen erzielen auf diese Weise schon große und auch kleinere Erfolge. Nehmen Sie zum Beispiel den bereits legendären Scott Cook. Er und seine Frau fanden einfach kein ihren Bedürfnissen entsprechendes Softwareprogramm zur Verwaltung ihrer Finanzen. Alles, was auf dem Markt war, erwies sich als schrecklich kompliziert und verwirrend. Gleichzeitig sah Cook, wie die Zahl der PCs und der in Heimarbeit betriebenen Kleinfirmen explosionsartig zunahm. Die daraus resultierenden Riesenchancen waren mit Händen zu greifen.

Und so kam es auch. Im Jahr 1982 entwickelte Cook sein Programm »Quicken« – einfache, preiswerte Software zur privaten Finanzverwaltung – und eroberte damit den Markt im Sturm. Mehr als acht Millionen Kunden arbeiten derzeit mit »Quicken« von Intuit, und die Firma plant jetzt einen neuen Coup im Bereich des Home Banking.

Aber lassen Sie sich nicht blenden. Gehen Sie nicht davon aus, daß der Erfolg sich immer glatt einstellt und daß es bei richtiger Planung keine Hindernisse zu überwinden gäbe. Mut und Durchhaltevermögen sind auch bei bewußter Planung unverzichtbar.

Denken Sie auch keinesfalls, bewußte Erfolgs- und Karriereplanung sei nur etwas für die Jüngeren. Nach Schätzungen der American Association of

Retired Persons (AARP) denkt ungefähr ein Fünftel der Mitglieder »ernsthaft daran, eine eigene Firma zu gründen oder wenigstens noch ein wenig selbständig zu arbeiten«. Wenn man im Ruhestand noch eine echte Aufgabe hat, fällt vieles leichter als beim abrupten Abschied aus dem Berufsleben.

So dachte auch die Psychotherapeutin Augusta Weber aus New York, als sie ihre Praxis aufgab und sich in das Küstenstädtchen Sag Harbor auf Long Island zurückzog. Um sich den Übergang zu erleichtern, wollte sie dort zunächst im kleinen ihre Praxis weiterführen: ein paar Patienten, vielleicht auch ein Tag pro Woche. Doch schnell wurde die Praxis wieder so groß, daß Augusta Weber schließlich sechs Tage pro Woche im Einsatz war. Und zwar in einer großen Gemeinschaftspraxis, dem von ihr gegründeten Harborview Counseling Center. Hinzu kam dann noch das Augusta Weber Institute, eine Fortbildungseinrichtung für Kollegen, für die in dieser Gegend dringender Bedarf bestand. Inzwischen ist Augusta schon vierzehn Jahre im »Unruhestand« und sucht jetzt nach einem Weg, sich wenigstens zwei freie Tage pro Woche zu erkämpfen.

Wie man die Trends nutzen kann

Beispielsweise um Marktlücken zu entdecken. Die Ergebnisse sind manchmal erstaunlich. Nehmen Sie nur den folgenden Fall: Wenn Sie in der Reisebranche die Trends »Leben im Kokon«, »Egonomics« und »99 Leben auf einmal« kombinieren, resultiert daraus die Idee, daß der Reiseagent zu den Kunden ins Haus kommen sollte. Eine ganz neue Art Reiseberater, der Ihnen im Wohnzimmer Broschüren, Videos und Informationen über die besten Reiseverbindungen und Hotels präsentiert. Eben alles, was man zur individuellen Vorbereitung braucht. Welch enorme Verbesserung gegenüber den eher zufälligen Reiseplanungen mit zahllosen Telefonaten und auf die Schnelle besorgten Informationen, an deren Ende dann am Reiseziel doch oft die Enttäuschung steht.

Wir wissen nicht, ob sich schon jemand konkret mit einem solchen Pionierkonzept beschäftigt, aber angesichts der großen Zahl der Reisebüros in den USA scheint dies ein besonders guter Weg zu sein, sich Erfolg beim Kunden zu sichern, zur beiderseitigen Zufriedenheit. Denn heutzutage kürzen die Fluggesellschaften bei jeder Gelegenheit die Provisionen der Reisebüros, während Online-Direktbuchungen die Existenz der Reisebüros in einem zentralen Punkt gefährden. Deshalb sollte sich diese geplagte Branche unbedingt um innovative Lösungen bemühen. Warum nicht so, wie hier skizziert?

Im Hinblick auf zukünftige Berufschancen hören wir, wenn wir an die Datenautobahn denken, nur ein einziges lautes Clicken. Techno-Amerika eröffnet allen enorme Chancen. Das Riesenreich des Cyberspace muß mit sinnvollen Inhalten gefüllt werden. Eine Goldgrube für alle, die es schaffen. Gute Aussichten auch für all jene, die technisch weniger Begabten die Kompetenz fürs Internet vermitteln.

Eine weitere Riesenchance ist der gesamte Verkauf im Internet. Unter Umgehung traditioneller Vertriebsmethoden eröffnen sich Millionen, mit geringeren Investitionen als je zuvor, Click-Möglichkeiten en masse. In einer Online-Berufsberatung kann man sich außerdem potentielle Arbeitgeber heraussuchen oder sich in einer Talent-Datenbank selbst erfassen lassen.

Seit Erscheinen unseres *Popcorn-Reports* werden wir ständig nach neuen Franchise-Möglichkeiten befragt. Jeder will eben der nächste McDonald's sein.

Natürlich sind im Zeitalter der Expansion von High-Tech-Heimarbeit und Telekommunikation Firmen wie Kinko's und Alphagraphics genau zur rechten Zeit am rechten Ort. In den Bereichen Büroausstattung und Bürokommunikation bekommt man dort wirklich alles. Eine interessante Franchise-Möglichkeit, HQ Business Centers, geht noch einen Schritt weiter und bietet Bürozentren in bequemer Lage samt Einrichtung und Personal auf Vollzeit- oder Teilzeit-Nutzungsbasis an. Und wer in Zukunft die besten Videokonferenz-Möglichkeiten zu bieten hat, ist garantiert auf dem Weg zum Erfolg. Um Reisekosten zu sparen, nutzen heute mehr als 40 Prozent der Großunternehmen diese technischen Möglichkeiten – um Bewerber zu befragen, Arbeitsgruppen zusammenzubringen oder Konferenzen abzuhalten. Denken Sie daran, wie sehr diese Technik den Etat mittlerer und kleinerer Firmen, die finanziell meist geringere Spielräume haben, entlastet!

Doch was hindert Sie eigentlich daran, noch einen Schritt weiter zu gehen und mit einer originellen Idee selbst ein Franchise-Unternehmen aufzuziehen? Vergessen Sie nicht, alle heute populären Franchise-Unternehmungen haben auch einmal klein angefangen. Lassen Sie sich von den Trends leiten. Im folgenden finden Sie drei Möglichkeiten, die bei unseren Ideenrunden erörtert wurden:

- In amerikanischen Städten vermehren sich explosionsartig Spielzentren für die Kleinen (beispielsweise von Discovery Zone und Gymboree). Diese sicheren, kokonartigen Einrichtungen finden bei den Eltern um so mehr Resonanz, je gefährlicher das Spielen im Freien wird. Wie wäre es, wenn man in solchen Spielzentren nach dem Konzept »Fantasy-Abenteuer« vorginge und Themenzentren eröffnete, etwa »Der Wilde Westen« oder »Raumfahrt«? Vielleicht sogar »Peter Pan« oder »Alice im Wunderland«, Figuren, die im Lauf der Zeit so sehr zu öffentlichem »Eigentum« geworden sein müßten, daß sie rechtefrei sein dürften.
  Warum geht man nicht noch einen Schritt weiter und eröffnet entsprechende Spielzentren für Senioren, zum Beispiel mit Räumen für die virtuelle Realität, in der die Älteren ihre Film- und Fernsehidole treffen und

ihre Lieblingsserien sehen könnten. Oder mit Vorführsälen im Kinoformat für die Klassiker des Films. Oder mit Gymnastikräumen, wo Schaukeln, Trampoline und ähnliches zur Verfügung stehen.

- In einem guten Restaurant zu essen, kann zwar Spaß machen, aber viele Familien bevorzugen trotzdem die warme Mahlzeit daheim. Besonders, wenn sie nicht selbst kochen müssen. Warum nicht einen Service gründen, der ins Haus kommt und köstliche Hausmannskost zubereitet (das Nonplusultra von »Leben im Kokon«)? Dieses Unternehmen würde bestimmte Gerichte zur Auswahl anbieten (einschließlich vegetarischer oder fettarmer Kost), die notwendigen Zutaten einkaufen, das Essen zubereiten und servieren und anschließend sogar den Abwasch erledigen (mit das Beste am ganzen Arrangement). So könnten Feiertage im Familienkreis ohne Streß für die Hausfrau ablaufen. Damit diese Idee ein Erfolg wird, muß das Angebot preislich jedoch zwischen den Kosten für Mutters eigene Kochkünste und der Rechnung eines guten Restaurants liegen.
- Der Trend zum »wehrhaften Verbraucher« (immer skeptisch, ständig auf der Hut) könnte die Grundlage abgeben für eine Geschäftsidee, die wir »Dokumentenprüfung« genannt haben. Im Rahmen dieses neuen Konzepts kämen Experten in Ihr Haus, um all Ihre persönlichen und geschäftlichen Unterlagen durchzusehen und auf Korrektheit hin zu überprüfen. Zweck des Ganzen: sicherzustellen, daß Sie nicht übervorteilt werden; zu erreichen, daß Sie für Ihr Geld adäquate Gegenleistung erhalten; und letztlich die gesamte Buchführung auf dem laufenden zu halten. Diese Überprüfung schließt Krankenversicherungen und Autoleasingverträge ebenso ein wie Versicherungspolicen und Telefontarife (erstaunlich, wie viele Menschen die Rabatte nicht nutzen), Hypothekenzinsen, Grundsteuern, Kreditkarten und so weiter und so weiter. Was diese Dienstleistung aber für alle, die sie in Anspruch nehmen, äußerst attraktiv macht: keine Grundgebühren, sondern eine Erfolgsbeteiligung für die Prüfer in Höhe von 50 Prozent der anfänglich erzielten Einsparungen.

Diese drei Geschäftsideen bergen an sich schon ein großes Potential. Noch vielversprechender aber sind die Aussichten, wenn ein solches Unternehmen erst einmal etabliert ist. Vielleicht wären dann große Firmen an einem Aufkauf interessiert. Unternehmer mit bahnbrechenden Ideen sind beliebte Objekte im Visier der Großen.

Eine weitere Option im Erfolgsfall wäre der Gang an die Börse. So ging zum Beispiel Steven Jacobs mit seinem 1992 realisierten Konzept »Starlog« vor: Läden, die Comics, Science-Fiction-Spielzeug und Sammlerartikel verkaufen. »Wir sind schon an die Börse gegangen, als erst ein Geschäft eröffnet war, und haben auf Anhieb 6 Millionen Dollar Kapital sammeln können«, erinnert sich Jacobs. »Die Leute waren einfach von meinem Konzept überzeugt.« Warum auch nicht? Paßt hervorragend zum Trend »Länger jung bleiben«.

Eine andere Methode, um zum planmäßigen Geschäftserfolg zu kommen, ist die Übertragung eines Erfolgsmodells von einem Industriezweig auf einen anderen. Ein Beispiel: In den USA wurden Hypothekendarlehen in den letzten Jahren unglaublich kompliziert. Nachdem Ihnen die Fülle der Wahlmöglichkeiten (Festzinsen, variabler Zinssatz, Laufzeit von 30 oder 15 Jahren und so weiter) Kopfschmerzen verursacht hat, haben Sie sich vielleicht entschlossen, einen Hypothekenfinanzmakler hinzuzuziehen, der mit Ihnen alle Wege bespricht und den für Sie besten auswählt. Nach solchen Maklern besteht eine steigende Nachfrage. Läßt sich dieses Modell nicht auf weitere Bereiche übertragen? Wie wäre es mit einem Makler für Autoleasingverträge? Oder einem Hauseinrichtungsmakler?

Wenn Sie Berufsanfänger sind und einen guten Karriereeinstieg suchen, dann nehmen Sie sich ein Beispiel an Kathy Reed. Sie wollte gern bei Xerox arbeiten, doch das Zweigwerk im nahen Dallas erteilte ihr eine Absage. Keine Stellen für Anfänger verfügbar. Doch Kathy spürte, wie später im *Wall Street Journal* nachzulesen war, die Stellenvermittlungsagentur auf, »die Xerox bei der Personalbeschaffung behilflich war, und gab dort zu Protokoll, daß sie sehr – und ausschließlich – an einem Arbeitsplatz bei Xerox interessiert wäre.« Schon bald erhielt sie eine befristete Anstellung. Und es dauerte gar nicht lange, da hatte sie eine volle Sekretärinnenstelle. Zu ihrem weiteren Weg bemerkte Kathy: »Wenn du erst einmal in der Firma drin bist, informierst du dich weiter, knüpfst Beziehungen an und lotest deine Möglichkeiten aus. Von außen kannst du gar nichts machen. Du mußt erst mal drin sein.« Nach weniger als einem Jahr organisierte Kathy schon Mustermessen und erhielt bald darauf eine hervorragende Position im Entwicklungsteam für neue Produkte. Kathy: »Da habe ich mich riesig gefreut. Das war wie Weihnachten und Ostern an einem Tag.«

Und worauf läuft dies alles nun hinaus? Man kann sein Schicksal in die eigenen Hände nehmen. Und etwas für den eigenen Erfolg tun. Um seinen Weg zu finden, bedarf es keiner blitzartigen Eingebung. Denn mit Hilfe logischen Denkens und systematischer Vorgehensweise (wie der Trendanalyse) können Sie sich selbst in eine neue Realität einclicken.

Die unbewußte Wahl als Weg zum Erfolg: Eingebungen als Krönung vorangegangener Überlegungen

Jetzt drehen wir das eben Gesagte einfach um, und auch dieser Weg kann zum Erfolg führen. Eine plötzliche Eingebung, eine Vision oder auch eine auf einmal aus Ihrem Unterbewußtsein auftauchende Idee können Ihre Karriere verändern. Beispiel für den unbewußten Click ist auf dem amerikanischen Markt der durchschlagende Erfolg von Craig McCaw, der sein Unternehmen McCaw Cellular Communications vor gar nicht langer Zeit für viele Millionen Dollar an AT & T verkaufte. Und worin bestand McCaws blitzartige Eingebung? Er dachte an all die Millionen staugeschädigter Autofahrer und an jene, die dauernd im Auto unterwegs sind – und auf einmal war ihm klar, daß all diese Leute ein handliches, einfach zu bedienendes Telefon brauchten: ein Funktelefon, ein Handy.

Oder nehmen Sie Howard Schultz, den Gründer der Kaffeehauskette Starbucks. Zu seinem Fall merkte das *Wall Street Journal* an: »Die Erleuchtung kommt oft an seltsamen Orten zur seltsamsten Zeit.« Für Howard Schultz war dieser Ort eine Piazza in Mailand. Die italienischen Cafés hatten ihn mächtig beeindruckt, und plötzlich stand ihm eine amerikanische Version dieser alten europäischen Institution vor Augen. Weil indes nicht jede Eingebung unmittelbar und unverändert realisierbar ist – schließlich sollte der wirtschaftliche Erfolg auf keinen Fall gefährdet werden –, modifizierte Schultz seine Idee im Lichte der Trends ein wenig: Bei nachlassendem Alkoholkonsum fehlte vielen früheren Zechkumpanen ein neuer gemütlicher Treffpunkt (»Clanning«). Diese Funktion sollten die neuen Starbuck-Cafés unter anderem erfüllen. Außerdem galt es, die Aufgeschlossenheit der Amerikaner für alles Italienische zu nutzen. Daß sein Konzept der Kaffeebars indessen derart einschlagen würde, hatte auch Schultz in seinen kühnsten Träumen nicht gedacht. Inzwischen gibt es jedoch allzu viele Nachahmer des Starbucks-Konzepts. So könnte sein Erfolgskonzept letztlich totgeritten werden, existiert doch ein beträchtlicher Unterschied zwischen einem ursprünglichen Click, der Inspiration, und epigonalem Erfolgsdenken, welches durchaus die Gefahr der Pleite in sich birgt.

Oft ist die Grundlage für die richtige Eingebung schon gegeben, wenn jemand mit offenen Augen durchs Leben geht. Dies gilt jedenfalls für Jacqueline Simon, eine jener lebhaften Frauen, die in den traditionell eingestellten frühen sechziger Jahren noch ganz mit ihrer Rolle als Mutter zweier kleiner Kinder und als Gattin eines erfolgreichen Mannes zufrieden zu sein schienen. Jacqueline, mit einem charmanten und tüchtigen französischen Geschäftsmann verheiratet, wurde zum Nachdenken erst gezwungen, als sie wegen familiärer Probleme eine Psychotherapeutin aufsuchen mußte. »Diese Therapeutin war eine wirklich clevere Frau«, sagt Jacqueline heute, »die mir ziemlich unverblümt klarmachte, daß ich ihrer Meinung nach trotz aller Hingabe an meine Kinder und trotz all der schönen Reisen und Parties ein schrecklich langweiliges Leben führte – so uninteressant wie bei keiner anderen Frau, die sie kannte.«

Diese verblüffende Einsicht ließ es bei Jackie clicken. So schnell wie möglich nahm sie ihr Studium wieder auf und machte ihren Magister. Danach waren ihr zwei Dinge klar: »Ich wußte immer noch nicht genug« und »ich wollte meinen Beitrag dazu leisten, daß die Welt verständlicher wird, für mich selbst und für die anderen.« Also promovierte sie auch noch in Politischer Wissenschaft, wobei der berühmte Soziologe Claude Levi-Strauss zu ihren Lehrern gehörte. Seit sie den Doktortitel trägt, arbeitet die längst nicht mehr »langweilige« Jackie als Amerika-Korrespondentin und Mitherausgeberin der wissenschaftlichen Vierteljahresschrift *Politique Internationale* sowie als Dozentin am Institute of French Studies der New York University. Zweifellos hat es bei ihr längst geclickt. Aber vielleicht war dies noch nicht ihr letzter Click. Denn, wie Jackie einräumt, »ich bin wieder mal so weit, daß ich gern etwas anderes machen würde. Und weil ich das alles schon einmal durchgemacht habe, weiß ich, daß es wieder so kommen wird. Das ist bei mir ein rein intuitiver Prozeß«.

Solche unbewußten Entscheidungen sind trotzdem keine reinen Zufallsprodukte. Manchmal werden in Ihrem Unterbewußtsein längere Zeit diverse Optionen erwogen und verworfen, ohne daß Sie viel davon merken – allenfalls, wenn Sie ganz genau in sich hineinhören.

Wichtig ist darüber hinaus, daß Sie versuchen, einen beruflichen Neuansatz, vor allem wenn er auf Intuition beruht, zunächst in Ihrer Freizeit auszuprobieren – um das wirtschaftliche Risiko in Grenzen zu halten, können Sie doch am Tage immer noch Ihrem alten Beruf nachgehen. Seit es Computer, Telekommunikation, Laserdrucker und all die anderen High-Tech-Errungenschafen gibt, ist es überhaupt kein Problem mehr, nebenbei innerhalb weniger Wochen ein Unternehmen aufzuziehen. Wir kennen Dutzende von Leuten, die auf diese Weise ihre neue Karriere ausprobierten, bis sie sicher waren, das Ganze werde wirklich florieren.

Ihr intuitiver Neuansatz kann Sie zum Unternehmer machen, doch gibt es noch viele andere Berufe und Karrieremöglichkeiten, die sich Ihnen auf diese Weise eröffnen können. Wenn Sie bei Ihrer Arbeit von Monat zu Monat mehr das Gefühl haben, in einer Sackgasse gelandet zu sein, müssen Sie den Mut und die Selbsterkenntnis aufbringen, etwas zu ändern, und einen Neuanfang wagen. Irgendwann kommt Ihnen dann sicher die rettende Eingebung. Einem Freund, der sich fünfzehn Jahre lang als Versicherungsagent gequält hatte, erging es so, als er eines Abends beim Spaziergang mit seinem Hund plötzlich den Wunsch verspürte, Tierarzt zu werden. Er arbeitete eine Strategie aus, diesen Wunsch finanziell und unter Berücksichtigung der Familienbelange zu realisieren; anschließend studierte er zwölf Semester Tiermedizin. Heute hat er seine Praxis, kümmert sich täglich um seine vier- oder zweibeinigen Lieblinge und ist der glücklichste Mensch der Welt.

Viele von uns spüren, daß sich in ihrem Innern etwas zusammenbraut, daß sich Veränderungen ankündigen, aber sie gestehen sich das nicht immer ein oder sind nicht bereit, sich darauf einzulassen. Man hat Angst vor den Konsequenzen und unterdrückt den Veränderungswunsch lieber. Andernfalls müßten wir unser Leben und unsere Prioritäten neu ordnen und vieles, wenn nicht gar alles, zur Disposition stellen. Doch lassen Sie sich eines gesagt sein: Ihre Fähigkeiten und Talente sind meist viel leichter auf andere Gebiete übertragbar, als Sie es sich träumen lassen. Wenn Sie wieder einmal aus tiefstem Herzen seufzen: »Ich wünschte, ich könnte dieses oder jenes tun« (setzen Sie das Passende ein), ja, dann versuchen Sie es doch einfach mal! Vielleicht müssen Sie nur über Ihren eigenen Schatten springen, um glücklich zu werden.

Die Berufswahl des Herzens: Seinen tiefsten Sehnsüchten nachgeben

»Geld allein macht nicht glücklich« – so lautet eines der ältesten Klischees. Doch das muß jeder erst für sich selbst herausfinden. Sonst glaubt man es nicht. Als wir zur Vorbereitung unseres Buches Tausende von Interviews führten, hörten wir diesen Refrain immer wieder. Die Leute sprachen wie über ein Wunder, wenn sie sich freuten, jeden Morgen aufzuwachen und das tun zu dürfen, was sie gern taten. Doch bis dieser Zustand wahren Glücks erreicht war, mußten sich viele in schier unendlicher Geduld üben und durften den Glauben daran nicht verlieren, daß heimliche Träume eines Tages wahr würden. Der Romanautor Tom Clancy arbeitete viele Jahre lang im Verteidigungsministerium, bevor es bei ihm clickte und er Bestsellerautor wurde. Clancy wußte um die größte Gefahr für ihn selbst: den Ruf seines Herzens auf Dauer zu ignorieren.

Schon von Kind an werden wir daran gehindert, unseren Wünschen impulsiv nachzugeben. Wir dürfen nicht zwischendurch etwas essen, obwohl uns gerade danach ist, weil es gleich Mittagessen gibt. Wir dürfen nicht stundenlang schwimmen, weil es die Haut aufweicht. Wir dürfen nicht mit Spielzeugenten im Badewasser planschen, weil wir schon zu alt dafür sind und endlich »vernünftig werden« sollen. Und was kommt dabei heraus? Als Erwachsene schließen wir einen Kompromiß nach dem anderen und sind nie wirklich zufrieden. Wir wählen den Beruf, den die Eltern für richtig halten. Oder unser Berufsleben ist eine einzige Serie unbedachter Zufallsentscheidungen. Wie soll es da bei uns clicken? Wie wollen wir dabei je glücklich werden?

Erfreulicherweise gilt dieses Krisenszenario nicht für alle. Manche Glücklichen schaffen es, einen Beruf zu finden, der sie wirklich erfüllt und der ihnen etwas bedeutet. Sie strahlen Zufriedenheit aus – eine Art innerer Harmonie, die man einfach spürt, wenn man mit solchen Menschen zu tun hat. Sie haben ihre Berufung im Beruf gefunden. Und das Bild des inneren Rufes, dem sie folgen, paßt genau. Solche Menschen haben im Getöse der Welt ihre innere Stimme vernommen und sind ihr gefolgt. Und das ist eine wichtige Voraussetzung für den Click. Den Click des Herzens.

Dafür ist es nie zu spät. Oder zu früh. Jederzeit kann man das Nötige tun, um mit seiner inneren Stimme im Einklang zu leben. Und dann macht Arbeit Spaß. Wie sagte doch der Autor des *Peter Pan,* James M. Barrie, so schön? »Nichts ist wirklich Arbeit, außer man würde viel lieber etwas anderes tun.«

Berry Gordy, der Gründer der Detroiter Schallplattenfirma Motown Records, war schon immer Musikliebhaber. Nach seinem Wehrdienst entschloß er sich, sein Hobby zum Beruf zu machen und einen auf Jazz spezialisierten Schallplattenladen zu eröffnen. Doch aus verschiedenen Gründen (Timing, Finanzen, Standort) wurde daraus eine Pleite, und er war gezwungen, sich bei Ford Arbeit zu suchen, wo er, in den fünfziger Jahren, am Fließband für 85 Dollar die Woche Chromteile montierte. Um der Monotonie des Jobs zu entgehen, komponierte er nebenher Jazzsongs. Abends traf er sich dann in den Detroiter Nachtclubs mit farbigen Sängern. Gemeinsam spielten sie ihre Musik. Als er dort Jackie Wilson und Smokey Robinson traf, clickte es bei ihm. Gordy hatte die Intuition und Weitsicht, zu erkennen, daß er hier die richtigen Talente beisammen hatte, um eine Schallplattenfirma zu gründen. Und so führte sein Weg vom Fließband wieder zurück zur Musik. Und Motown wurde zur Legende.

Oder nehmen Sie die auf eine Herzensentscheidung zurückgehende Erfolgsgeschichte der Firma Longaberger, heute ein Unternehmen mit 300 Millionen Dollar Jahresumsatz und 22000 Verkaufsrepräsentanten. In den siebziger Jahren spielte Dave Longaberger mit dem Gedanken, ins Restaurantgeschäft einzusteigen. Weil er sich jedoch nicht sicher war und ständig nach neuen Gelegenheiten Ausschau hielt, streifte er oft neugierig durch die Einkaufszentren. Dort entdeckte er etwas, das, wie die Firmengeschichte berichtet, »sein Herz wie kein anderes Produkt je zuvor berührte. Er wurde in verschiedenen Läden auf Körbe aufmerksam, hielt an, nahm einen Korb in die Hand und dachte lächelnd an alte Zeiten«.

Diese »alten Zeiten« waren die dreißiger Jahre, als sein Vater während der Weltwirtschaftskrise selbst Körbe hergestellt hatte. Zwar war das väterliche Geschäft bereits seit 1955 geschlossen, doch bis 1972 hatte Vater Longaberger noch gelegentlich schöne Körbe geflochten. Als Dave nun auffiel, daß die Körbe seines Vaters zehnmal so gut waren wie die in den Malls angebotenen, entschloß er sich, selbst Körbe herzustellen, die qualitativ mit denen seines Vaters vergleichbar wären. (Eine gute Kombination der Trends »Leben im Kokon« und »Kleine Genüsse«.) Er folgte der Stimme seines Herzens und gründete die Firma Longaberger, die trotz ihres immensen Erfolgs immer noch von den Werten des Gründers geprägt ist.

Auch die völlig anders geartete Karriere unserer langjährigen Freundin Amy Gross, die seit einiger Zeit zwei führende Frauenzeitschriften leitet (*Elle* und *Mirabella*), beruht auf einer Berufswahl des Herzens. Denn eigentlich hatte Amy, die aus einer Medizinerfamilie stammt, Ärztin werden sollen. Ihr Studium am Connecticut College war genau darauf ausgerichtet, als sie zufällig im Studentenheim ein Zimmer neben Lys Marigold erhielt, damals Chefredakteurin der College-Zeitung. Beeindruckt von Amys Fähigkeit, intelligente Fragen zu stellen, bat Lys sie, einen Artikel für die Zeitung zu schreiben. Dies war der Beginn ihrer journalistischen Karriere. Später folgte sie Lys in die Redaktion der Zeitschrift *Glamour.* »Denn«, wie sie sich erinnerte, »wir hatten damals keine große Auswahl an Stellen. Wir wußten aber alle genau, daß Frauen bei den Nachrichtenmagazinen zunächst als Sekretärin oder in der Recherche anfangen mußten. Deshalb entschieden wir uns für die Zeitschriften des Conde-Nast-Konzerns, denn dort durften wir sofort schreiben.«

So machte Amy also Karriere bei den Frauenzeitschriften *Mademoiselle* und *Vogue* (»Da war's besonders aufregend ... Ich habe mir damals immer wieder gesagt: ›Du hast den besten Job in ganz New York.‹«). Einige Jahre später arbeitete sie beim Aufbau von *Mirabella* mit, ehe sie als Redaktionsleiterin zu *Elle* ging. Als die Besitzer von *Elle* auch *Mirabella* erwarben, leitete Amy beide Redaktionen. Doch wie findet sie ihre immer wieder einzigartige Stimme, wenn sie sich an die Leserinnen wendet? »Ich habe immer das Gefühl gehabt, ich schreibe nur für mich und meine Freunde. Ich habe bei der Arbeit immer das getan, was ich gerne tun wollte.« Also eine echte Herzensentscheidung. Und ein beneidenswerter Click.

Was bedeutet das nun für alle zwischen zwanzig und dreißig, die beruflich in eine Richtung getrieben werden, die mit der Wahl ihres Herzens herzlich wenig zu tun hat? Eigentlich nur eines: anhalten, umkehren, über die eigenen Fähigkeiten und das bisherige Leben nachdenken und einen neuen Weg einschlagen. Den Weg des Herzens.

Auch David M. Battista aus New York brauchte mehrere Anläufe, bis er endlich den richtigen Beruf gefunden hatte. Selbst nach dem medizinischen Staatsexamen konnte er sich noch nicht für eine Fachrichtung entscheiden. Zwar reizte ihn die Ausbildung zum Kinderarzt (und daran besonders der Aspekt der Fürsorge für Schutzbedürftige), doch war er überhaupt nicht scharf auf Blut und Schorf, die unvermeidlich sind, wenn Kinder von Bäumen fallen oder mit dem Fahrrad stürzen. Da er sich nicht entscheiden konnte, hängte David die Medizin ganz an den Nagel und wurde Werbetexter für die Pharmaindustrie. Nach drei Jahren im Werbegeschäft überdachte er seine Optionen erneut und fragte sich, wie er seine Vorlieben für das Schreiben, für Geschichten und für das Heilen auf einen Nenner bringen konnte. Und plötzlich fiel es ihm wie Schuppen von den Augen: in der Kinderpsychiatrie. Da konnte er einjährige Kinder von ihrer Hyperaktivität kurieren, mißhandelten Drei- oder Vierjährigen zuhören und versuchen, den bereits angerichteten Schaden in ihrem Leben in Grenzen zu halten. Das war der Click, der Ruf des Herzens.

Versuchen Sie stets, jene Dinge nicht aus den Augen zu verlieren, die Ihnen am meisten bedeuten. Listen Sie einmal jene sieben Erfahrungen oder Erlebnisse Ihres Lebens auf, die Ihnen am wichtigsten sind (ganz gleich, ob sie mit Ihrem Berufsleben zu tun haben oder nicht). Dann werden Sie sehen, wie weit Sie sich unter Umständen mit dem, was Sie gegenwärtig tun, davon bereits entfernt haben. In diesem Fall sollten Sie überlegen, wie Sie die Bereiche einander annähern könnten, so daß Beruf und Leidenschaft wieder mehr miteinander zu tun haben. Beste Voraussetzungen für einen Click.

Wenn Sie sich von Ihrer Leidenschaft leiten lassen, heißt das nicht, daß Sie unter Mißachtung der Trends rein impulsiv handeln sollten. Im Gegenteil: Die Kunst besteht darin, das, was Sie leidenschaftlich gern tun, im Sinne der Trends so zu modifizieren, daß Ihre Erfolgschancen optimiert werden. Dies gilt, wenn Sie auf der Suche nach einer Traumkarriere im Amerika der großen Konzerne sind, und dies gilt ebenso, wenn Sie drauf und dran sind, Ihr eigenes Unternehmen aufzuziehen.

Manchmal können wir sogar in einem Job, den wir lieben, erfolgreich sein und trotzdem das Bedürfnis verspüren, uns noch einmal zu verändern, um dem Click unseres Herzens näherzukommen. So erging es der gefeierten Kolumnistin der *New York Times,* Anna Quindlen. Trotz aller Erfolge bei Lesern und Kollegen entschloß sie sich, diesen Beruf aufzugeben und Romanautorin zu werden.

Was wir aus solchen Beispielen lernen können, braucht nicht nochmals ausgeführt zu werden: Geben Sie Ihren tiefsten Sehnsüchten nach. Tun Sie, was Ihnen wirklich wichtig ist und was die Welt gebrauchen kann. Wenn Sie beides auf einen Nenner bringen, kann niemand Sie mehr aufhalten. Dann ist der Erfolg unausweichlich.

Die Zufallschance: Machen Sie wie ein Künstler etwas Neues aus dem Vorhandenen

Sie sollten immer damit rechnen, eines Tages alles Planen aufgeben zu müssen, die ganze perfekt durchdachte Erfolgsstrategie, die Sie sich zurechtgelegt haben. Auch in diesem Fall sollten Sie jedoch in der Lage sein, auf dem Absatz kehrtzumachen und aus dem, was Ihnen in dieser Situation noch bleibt, einen Erfolg zu machen.

Im Jahr 1976 entschloß sich Anita Roddicks Ehemann Gordon, sich seinen Lebenstraum zu erfüllen und von Buenos Aires nach New York zu reiten. Für Anita hieß das, daß sie sich ohne große finanzielle Rücklagen mit zwei kleinen Kindern längere Zeit allein würde durchbringen müssen. Es war die Geburtsstunde eines Unternehmens, das den US-Einzelhandel nachhaltig veränderte: The Body Shop.

Ebenfalls 1976 zog der Rock-Gitarrist Andy Glanzman mit seiner Frau zu einem älteren Freund, der nicht mehr allein zurechtkam und Hilfe brauchte, aufs Land. Das gemeinsame Bauernhaus verfügte nicht einmal über Elektrizität. Also begann Andy, Kerzen zu drehen, was ihm bald so gut gefiel, daß er seinen Beruf wechselte. Heute erzielt Glanzmans Unternehmen Northern Light Candles einen Jahresumsatz von 4 Millionen Mark und beliefert mehr als 2000 Läden im ganzen Land mit handgefertigten Kerzen. Jedes Exemplar ist individuell vom jeweiligen Kerzendreher signiert (Egonomics pur).

Der Werbetexterin Flora Hanft hatten schon viele Leute wegen ihrer humorvollen, pointierten Schlagfertigkeit eine Show-Busineß-Zukunft vorhergesagt. Doch ihre Stunde schlug erst, als sie, die den O.-J.-Simpson-Prozeß geradezu besessen in allen Einzelheiten verfolgte, von der örtlichen Radiostation gebeten wurde, diesen Prozeß aus humoristischer Perspektive zu kommentieren. Weil sie sehr gut informiert war, übernahm sie außerdem noch die Beantwortung der Höreranfragen zum Prozeßgeschehen. Inzwischen ist bereits eine ganze Reihe von Radiostationen an allgemeinen Kulturanalysen und Kommentaren aus Floras Feder interessiert, und ihr endgültiger Einstieg in die Rundfunkkarriere dürfte nur noch eine Frage der Zeit sein. Ein Zufalls-Click par excellence.

Der College-Footballstar Dan Clark hatte blendende Aussichten, bei den Oakland Raiders Profi zu werden, bis er nach einem tragischen Unfall zunächst ganz und später teilweise gelähmt war. Niedergeschlagen sah er einer traurigen Zukunft entgegen, als man ihn bat, das Footballteam einer kleinen ländlichen High School mit einer Ansprache zu motivieren. Nach einigem Zögern sagte Dan schließlich zu. Als er dann die jungen Spieler sah, clickte es bei ihm, und er entdeckte seine Talente als Motivationskünstler. Inzwischen ein erfolgreicher Redner, hält er heute (nicht zuletzt im Zeichen des Trends »Die Suche nach Halt und Sinn«) vor allen möglichen Gruppen jährlich ungefähr 400 Ansprachen. So kann er selbst ein sinnerfülltes Leben führen und anderen dazu verhelfen.

Oder nehmen Sie Jo Waldron, die fast völlig taub geboren wurde. Sie entwickelte ein Gerät namens HATIS (Hearing Aid Telephone Interconnect System), eine Verbindung zwischen Hörgerät und Telefon, mit deren Hilfe heute die meisten der 30 Millionen stark hörgeschädigten Amerikaner Stimmen am Telefon verstehen können. Unterstützt wurde Waldron dabei von Phoenix Management, einer Firma, die Hilfen für Behinderte herstellt. (Wenn Sie jemanden kennen, der hörgeschädigt ist, wissen Sie, wie sehr jede kleine Innovation das Leben dieser Menschen zum Positiven verändern kann.)

Schon diese wenigen Beispiele belegen, daß es immer, auch unter unglücklichen Umständen und meistens unvorhersehbar, clicken kann. Der Unterschied zwischen Menschen, die ihre Chance wahrnehmen, und solchen, die sie sich entgehen lassen, ist oft exakt derselbe wie zwischen Menschen, die ihre Chancen sehen, und solchen, die blind dafür sind.

Um Ihren Blick für Chancen zu schärfen, sollten Sie über Lösungen nachdenken, nicht über Hindernisse. Ihre nächste Chance könnte Ihnen zum Beispiel bei einer Konferenz, einer Dinnerparty oder einer Hochzeitsfeier gegenübersitzen. So etwas geschieht fast jeden Tag. Heute ist alles derart im

Fluß, daß die verrücktesten Querverbindungen zum Erfolg führen können. Das ist im Prinzip nicht schwerer, als mit der Fernbedienung von TV-Kanal zu TV-Kanal zu zappen.

Dabei gibt es einige der aufregendsten Jobs der Zukunft heute noch gar nicht. Das war vor einem Vierteljahrhundert kaum anders, und zu Recht erinnert der *Economist* daran, daß »viele Jobs, denen man heute in den Stellenangeboten der Zeitungen begegnet – wie Aerobic-Lehrer, Software-Ingenieur oder Spezialist für Lizenz-Produkte –, 1970 noch überhaupt nicht existierten«.

Suchen Sie eine erfolgreiche Zukunft als persönlicher Informationsberater, jemand, der anderen hilft, den täglichen Informationsüberfluß unter Kontrolle zu bringen? Dieser Beruf existiert noch nicht. Aber es wird ihn geben, da sind wir ganz sicher. Weil ständig neue Berufe entstehen, wenn eine neue Technologie neue Bedürfnisse schafft.

Nehmen Sie nur die Funktelefon-Industrie und das per Computer betriebene Kreditkartengewerbe. Dort entstehen durch Nutzung der neuen technischen Möglichkeiten des Diebstahls und Betrugs *täglich* Millionenschäden, weil die Betrüger den Technikern dieser Unternehmen immer zwei Schritte voraus sind. Da kann man nur hoffen, daß die kurzsichtigen Lösungsversuche (immer mehr Zahlencodes und Geheimnummern) kein langes Leben haben. Doch welche Chance für Technikfreaks, diesen Problemen mit brillanten, marktgerechten Lösungen zu Leibe zu rücken! Damit den betrügerischen Hackern das Handwerk gelegt werden kann. Damit man sie überhaupt zu fassen bekommt.

Welches Fazit ist am Ende dieses Kapitels zu ziehen? Letztlich läuft es auf die schon im ersten Kapitel vorgestellte CLICK-Formel hinaus:

Courage
Loslassen
Intuition
Charakterstärke
Know-how,

- die Courage, sich auf die im ständigen Wandel befindliche Welt einzulassen und seinen Platz in dieser Welt zu suchen und zu finden,
- das Loslassen der Ängste und Vorbehalte,
- die Intuition, dasselbe wie die anderen zu sehen und doch etwas Eigenes, Originelles daraus zu machen,
- die Charakterstärke, die es einem ermöglicht, unbeirrt auf sein persönliches Ziel zuzusteuern,
- und das Know-how: die eigenen Fähigkeiten und die Wendigkeit, ohne die man auf einem Markt nicht bestehen kann, der keine Mittelmäßigkeit duldet.

25. Kapitel

Mentoren gesucht

»Ein Lehrer hinterläßt seine Spuren in der Ewigkeit.«

H. B. ADAMS

Versetzen Sie sich einmal ins Mittelalter zurück. Ihr Vater ist Dorfschmied und Sie gehen bei ihm in die Lehre. Sie heißen Walter der Schmied, Sohn von Heinrich dem Schmied (oder von Ranulf dem Bäcker, Rudolf dem Seifensieder und so weiter). Damals war der Mensch noch durch seinen Beruf definiert. In der gesamten Nachbarschaft heißt Ihre Familie dementsprechend auch nur »die Schmiedeleute«. Eine Generation der Familie gibt ihr Wissen an die nächste weiter.

Doch heute ist das anders. Es kann einfach noch niemand in den Generationen vor Ihnen Computersoftware-Spezialist gewesen sein oder Fernsehtechniker für interaktives Fernsehen. Welche Möglichkeiten haben Sie also, sich berufliches Wissen anzueignen? Von wem können Sie lernen? Sie müßten sich mit dem Erfinder solcher Geräte anfreunden oder darauf hoffen, daß Ihr direkter Vorgesetzter sich in der betreffenden neuen Technologie gut auskennt. Genauso wird es Ihnen ergehen, wenn Sie der erste weibliche Testpilot sind oder der erste Türke, der in einer deutschen Firma ins gehobene Management aufrückt. Generell sind alle Pioniere betroffen, Leute, die auf irgendeinem Gebiet die ersten sind.

In Homers *Odyssee* bittet der Titelheld beim Aufbruch zu seinen Abenteuern seinen besten Mentor, sich in seiner Abwesenheit um Haus und Hof zu kümmern und vor allem seinen Sohn Telemach zu unterrichten. Seither ist dieser Name sprichwörtlich geworden. Ein Mentor ist ein väterlicher Freund, der einem mit seiner Lebenserfahrung weiterhelfen kann. Doch in unserer heutigen Welt wird dieser Begriff auch für alle Arten von Beratern gebraucht, die Vorbildfunktion haben. Mehr denn je braucht heute jeder einen Mentor.

Untersuchen Sie die Biographien berühmter Persönlichkeiten, und Sie werden allenthalben auf Mentoren stoßen. Aristoteles hatte seinen Platon,

Alexander der Große seinen Aristoteles. Leonardo da Vinci hatte seinen Verocchio, Monet seinen Manet. Und später war es umgekehrt, da fungierte Monet als Manets Mentor. Bertolt Brecht orientierte sich an Kipling, John F. Kennedy am eigenen Vater, Bill Clinton an seiner Mutter.

Große Sportler sind oft ohne ihre Trainer-Mentoren undenkbar, Trainer, die ständig zur Verfügung stehen, wenn sie gebraucht werden. Trainer, die persönlich für ihre Athleten da sind. Zahlreiche Tennisgrößen verbindet eine Art Haßliebe zum Trainer. Für länger dauernden Mißerfolg wird der Trainer verantwortlich gemacht, und man entläßt ihn, weil man sich von einem neuen Trainer einen Motivationsschub erhofft. Eine eigene, manchmal skandalträchtige, Kategorie sind Tennisväter wie Peter Graf oder der Vater von Mary Pierce.

Auch in der Geschäftswelt ist es durchaus nicht ungewöhnlich, daß ein älterer Boß anderen als Vorbild dient oder ausdrücklich eine Mentorenrolle übernimmt. So werden Arbeitsethos und Verhaltensweisen der Jüngeren geprägt. Mike Lorelli, Präsident von Tambrands, führt sein erstaunliches Arbeitsethos auf das Vorbild seines Vaters zurück. »Sein Verhalten hat mich mehr geprägt als seine Worte«, bekennt Mike. »Er begann jeden Tag mit viel Schwung und machte auch mich zum Frühaufsteher. Ich stehe jeden Morgen um halb fünf auf, laufe meine zehn Kilometer, arbeite tagsüber fleißig und konzentriert, versuche, daß mir die Arbeit auch Freude macht, und sehe dann aber zu, daß ich rechtzeitig nach Hause zu meinen Kindern komme.« (Dieser Tagesablauf paßt sehr gut zu den Trends »99 Leben auf einmal«, »Gesund und lange leben« und » Mannzipation«.) Als Mentor im Geschäftsleben suchte sich Lorelli Roger Enrico aus, den Vorstandsvorsitzenden von Pepsico. »Der läßt sich nicht von einem vollen Terminkalender tyrannisieren, sondern hält sich ganz bewußt jeden Tag einige Stunden frei, um sie dort einsetzen zu können, wo es am nötigsten und sinnvollsten ist. Roger hat außerdem kompetente Leute seines Vertrauens in allen wichtigen, ihm unterstellten Abteilungen plaziert.«

Dr. Patricia Allen, die bekannte New Yorker Gynäkologin, wuchs auf dem Lande, im südlichen Kentucky, auf und besuchte dort eine einklassige Zwergschule. »Ich wollte Psychotherapeutin werden, weil ich einfach nicht im Traum glaubte, das Zeug zur Ärztin zu haben. Doch mein Studienberater auf dem College riet mir dringend, weiterzumachen und Medizin zu studieren. Und jetzt tue ich genau das, was meiner Bestimmung entspricht. Ich liebe meine Arbeit als Ärztin.« Als Frau, die daran glaubt, daß »Weisheit fürs Clicken erforderlich ist« und daß es eigentlich »erst im mittleren Alter so richtig clicken kann«, weiß Patricia Allen die Bedeutung ihrer Mutter als Mentorin immer mehr zu schätzen. »Ich schätze jetzt die weiblichen Anteile meiner Persönlichkeit viel mehr als früher. Früher hatte ich davor eigentlich eher Angst.« Ihre Mutter erscheint ihr jetzt als »Künstlerin des häuslichen Lebens«: »Meine Mutter hat gebacken und das Haus in Ordnung gehalten.

Wenn etwas zu tun war, hat sie es getan. Sie hat ihrer Familie gezeigt, daß sie sie liebte. Plötzlich kann ich auch die mütterlichen Freuden in ihrem Leben viel besser verstehen.«

Die Mentorenrolle löst oft eine Kettenreaktion aus, wenn die Betreuten selbst zu Mentoren werden und so ihren Dank an die nächste Generation weitergeben, damit auch die Jüngeren von jenen Erfahrungen profitieren. Eine der wichtigsten und lohnendsten Tätigkeiten der Mentoren ist die Beratung der Jugend, um sie vor fatalen Fehlern zu bewahren, beispielsweise dem vorzeitigen Abbruch der Ausbildung, Drogenkonsum, Schußwaffengebrauch und ungeschütztem Sex. Alle diese Mentoren tun letztlich etwas für die Rettung der Gesellschaft (»S.O.S.«-Trend).

Eine ganze Palette von Hilfsprogrammen koppelt jung und alt, damit beide voneinander profitieren. »Twinleaf« in Bridgeport, Connecticut, bringt zum Beispiel rüstige Rentner und anfällige Jugendliche aus siebten und achten Klassen zusammen, oft in Form echter Tutorien, manchmal aber auch nur in einer Art lockerem Austausch (verständnisvolles Zuhören und Erörtern von Problemen gegen kleine Hilfsdienste). »Aspire« in Stamford, Connecticut, konzentriert sich auf Schülerinnen der neunten Klassen und hilft ihnen vier Jahre lang, ihr Selbstwertgefühl zu entwickeln und ermutigt sie, das Beste aus ihren Fähigkeiten zu machen, einschließlich der richtigen Berufswahl. Ähnliche Programme zur aktiven Lenkung der Jugend gibt es heutzutage überall in den USA.

In den achtziger Jahren richteten einige fortschrittliche Firmen eigene Mentorenprogramme für Frauen und Minderheiten ein, um Angehörigen dieser Gruppen Berufsalltag und Karriere zu erleichtern. Doch im Zeichen allgemeiner Sparmaßnahmen in den neunziger Jahren sind die Mittel dafür häufig gestrichen worden, oder die Mentoren mußten sich in den Vorruhestand verabschieden. Gleichwohl existieren in zahlreichen Firmen nach wie vor erfolgreiche Programme dieser Art, etwa bei Dow Jones oder IBM.

Die Mitglieder von SCORE, dem Service Corps of Retired Executives, beraten Jungunternehmer (mehr als 250 000 pro Jahr) – und zwar entweder kostenlos oder auf sehr preiswerten Workshops. Das vom amerikanischen Arbeitsministerium unterstützte Leadership-Foundation-Fellows-Programm bringt zwölf hervorragende Frauen aus freien Berufen für ein Jahr mit herausragenden Mentoren zusammen. Die Mitgliedschaft in diesem Programm schließt auch die Teilnahme an einem einwöchigen Seminar in Harvard ein.

Die Devise lautet also: Suchen Sie sich Ihren Weisen, der Sie berät. Doch hüten Sie sich vor Mentoren, die gar keine sind. Die Mentorenrolle ist immer längerfristig angelegt. Es geht also nicht um kurzfristige Zauberauftritte, reine Krisenberatung oder tröstende Worte. Ein ernstzunehmender Mentor arbeitet mit Ihnen, er formt Sie, er fordert auch etwas von Ihnen. Er schiebt Sie auf die Rampe und verhilft Ihnen zum Click. Dazu Bill Storts, erfahrener Personalberater bei Andersen Consulting: »Man kann nicht nur einmal im Jahr sagen: ›Jetzt will ich aber mal Mentor sein.‹ Bei einer solchen Beziehung geht es immer um ein Geben und Nehmen. Beide Seiten müssen auf ein gemeinsames Ziel hinarbeiten. Auf seiten des Mentors ist es sehr wichtig, daß er seinem Schützling geeignete Beispiele nennt, die strukturell erfolgsorientiert sind. Und auf seiten des oder der Betreuten ist ein gewisses Maß an Loyalität und Verständnis unverzichtbar. Nur so ist sichergestellt, daß Analyse und Beratung einen echten Wert haben und die Dinge im richtigen Kontext gesehen werden. Es geht immer auch um gegenseitiges Vertrauen. Und beide Seiten müssen zueinander passen.«

»Vertrauen« lautet das Schlüsselwort jeder Mentorenbeziehung. Dies gilt sogar in guten Restaurants. Wenn Sie in Gourmet-Tempeln Speisen bestellen, die der Küchenchef empfiehlt und die auf der Speisekarte nicht näher beschrieben werden, dann vertrauen Sie darauf, daß der Chef schon das Richtige für Sie zubereiten wird. Sie begeben sich sozusagen in seine Obhut.

Wie findet man nun seinen Mentor? Wie bei der Suche nach einem Ehepartner ist dies der schwierigste Teil des ganzen Unterfangens. Naheliegend ist zunächst der Gedanke an Lehrer und Chefs, denen man bereits begegnet ist. Aber man könnte auch auf der Suche nach einem geeigneten Partner bestimmte Bereiche systematisch durchforsten. Vielleicht kennen Sie den gewünschten Mentor noch gar nicht persönlich. Also müssen Sie zunächst die Aufmerksamkeit des Betreffenden erregen. Um jemanden zu erreichen, der sehr beschäftigt oder ständig unterwegs ist, muß man schon einiges vorzuweisen haben und sich obendrein noch etwas Besonderes einfallen lassen. Andernfalls erweist sich der Panzer, der die Großen in Form einer Sekretärin (oder gar mehrerer Vorzimmerdamen) umgibt, als undurchdringlich. Was tun, wenn Unbekannte beim Chef nicht einmal angemeldet werden und wenn man nicht sicher sein kann, daß schriftliche Nachrichten ihr Ziel auch erreichen? Sie könnten zum Beispiel Blumen schicken, zusammen mit einem Video-Band zu Ihrer Person. Oder bieten Sie kostenlose Dienstleistungen an, die für Ihren Wunschpartner interessant sein könnten. Lassen Sie sich etwas einfallen, um die Barriere zu durchbrechen. Erinnern Sie sich noch, wie »Sidney Poitiers Sohn« in dem Film *Six Degrees of Separation* dieses Problem löste? Er erforschte eine Familie bis in die kleinsten Details und prägte sich alles so lange ein, bis er mit seinem Wissen souverän umgehen konnte. Dann drang er ins »Allerheiligste« dieser Familie vor, ihr Haus, indem er einfach ein paar intime Details in seine Gespräche einfließen ließ. Würden Sie sich als ganz normaler Mensch nicht auch mit jemandem unterhalten, der den Mädchennamen Ihrer Großmutter kennt?

Sie können natürlich auch, wie ein junger Mann, der sich einmal (erfolgreich) bei BrainReserve bewarb, originelle Bewerbungsunterlagen einsenden. Damit erregen Sie immer Aufmerksamkeit und haben entsprechende Erfolgschancen.

Doch warum sollten Sie sich überhaupt um einen Mentor bemühen? Um sich selbst die bequeme Ausrede zu verbauen: »Ich kann meinen Beruf nicht wechseln (oder: Ich kann irgendein Ziel nicht erreichen), weil ich die erforderliche Erfahrung oder die nötige Qualifikation nicht besitze.« Besser fahren Sie mit dem Motto: »Wo ein Wille ist, ist auch ein Weg.«

Suchen Sie ernsthaft, und Sie werden einen passenden Mentor finden, der Ihnen hilft, einige Klippen Ihres Lebens zu umschiffen. Schlagen Sie sich die Idee aus dem Kopf, Sie könnten oder müßten alles allein machen. Sich von einem Mentor helfen zu lassen, kann nie als Schwäche ausgelegt werden. Wenn Sie (wie wir) viele erfolgreiche und berühmte Leute interviewen, werden Sie immer wieder zu hören bekommen, wieviel diese Menschen Mentoren verdanken, die sie in kritischen Phasen ihres Lebens begleiteten. Sie werden tiefempfundenen Dank und Loyalität spüren – und die Bereitschaft, selbst Mentorenaufgaben zu übernehmen.

Ob Sie sich nun auf eine Person Ihrer Wahl verlassen, die Ihnen hilft, einen passenden Führungsstil zu entwickeln, oder ob diese Person Ihre Ecken und Kanten etwas abschleifen oder Ihnen einfach in kritischen Zeiten mit Rat und Tat zur Seite stehen soll, das Ergebnis wird immer positiv sein: Sie setzen neue Energie frei, und der Weg zum Erfolg ist nicht länger eine Einbahnstraße.

26. *Kapitel*

Lebensweisheiten

»Zur Wahrheit gehören immer zwei: einer, der sie sagt, und einer, der sie hört.«

ALTES SPRICHWORT

Wer als junger Mensch von wichtigen Bezugspersonen ein Sprichwort oder eine Lebensweisheit immer wieder zu hören bekommt, prägt sich diese Worte unweigerlich ein. Lebensperspektive und Verhaltensweisen werden davon nachhaltig geprägt, auch noch in späteren Jahren. Auf diese Weise beeinflussen Eltern, Großeltern, Lehrer und Chefs das Leben und Denken der ihnen Anvertrauten. Meine Mutter riet mir zum Beispiel immer wieder: »Laß dich von anderen nicht unterkriegen!« Und wann immer ich später Ideen, die anderen zu innovativ und zukunftsorientiert waren, energisch verteidigen mußte, gingen mir ihre Worte durch den Kopf.

Lys' Vater, der stets hinter seiner Tochter stand und sie – er war Arzt – auch mit Worten impfte (»Trag den Kopf hoch, ganz hoch!«), vermittelte ihr auf diese Weise das nötige Selbstbewußtsein. Alle Briefe, die er ihr schrieb, endeten – auf die jeweilige Situation bezogen – mit einer Lebensweisheit. Angesichts eines Gruppenkonflikts etwa riet er ihr, »zu versuchen, immer auch das Positive zu sehen«, und es folgte ein weiterer guter Rat: »Die Klügere gibt nach.« Lys' Mutter, die uns beiden mit ihrer unerschöpflichen Energie und der Einstellung »Man ist nur so alt, wie man sich macht« als Vorbild dient, ermahnt sich und andere immer wieder zu positivem Denken. »Morgen ist ein neuer Tag« und »Das Leben geht weiter« gehören zu ihren Lieblingssprüchen, und nur in einem Punkt fällt es uns schwer, ihr zu folgen: »Man soll sich nicht beklagen.«

Bei unseren Interviews für dieses Buch stellten wir fest, daß irgendeine frühe Prägung durch solche Weisheiten Teil fast aller Erfolgsgeschichten ist. Die meisten Interviewten konnten sich an ein Motto oder einen inspirierenden Gedanken erinnern, der ihnen im Gedächtnis haften blieb und den sie sich im Laufe ihres Lebens wie ein Mantra immer wieder vorsagten.

JESSYE NORMAN, Opernsängerin

Jessyes Lebensmotto stammt von ihrer Mutter. Als die berühmte Diva zwölf Jahre alt war, versuchte sie sich an einer Szene aus Verdis *Macbeth*, während ihre Brüder sie hänselten. Da sagte ihre Mutter: »Mach weiter, Jessye, laß dich nicht rausbringen!« Und seither beflügeln diese Worte sie in schwierigen Situationen.

DIANE SAWYER, Fernsehmoderatorin

Die meisten Menschen, die Diane Sawyer (das amerikanische Pendant zu Ulrich Wickert und Sabine Christiansen) treffen, sind überrascht, wie wenig ihr Berühmtheit und Macht zu Kopf gestiegen sind. Ihre bescheidene, herzliche Natürlichkeit rührt wahrscheinlich von einem guten Rat ihres Vaters her: »Beherzige drei Regeln in deinem Leben: Sei freundlich, sei freundlich, sei freundlich.«

GLORIA STEINEM, feministische Autorin

Gloria macht es Freude, sich immer wieder für die Belange von Frauen einzusetzen, weil sie von ihrer Mutter eine wichtige Lektion fürs Leben lernte: »Laß dich nicht von deinem Besitz besitzen!« Diese Einsicht hielt ihr Kopf und Rücken frei für Wichtigeres: für eine Vision und für die Großzügigkeit des Geistes.

WOLF SCHMITT, Firmenchef von Rubbermaid

Wolfs Vater war schon früh Anhänger eines Konzeptes, das sich erst heute allgemeiner Anerkennung erfreut, der Visualisierung. Er ermahnte seinen Sohn in jungen Jahren immer wieder: »Versuche, dich selbst zu *sehen*, wie du tust, was du gerne tun willst. Dann wirst du irgendwann auch in der Lage sein, es wirklich zu tun!«

SINEAD O'CONNOR, Sängerin

Sinead verinnerlichte einen Ausspruch ihrer Mutter so sehr, daß sie ihn zum Titel eines ihrer letzten Plattenalben machte: »Was ich nicht habe, brauche ich nicht.«

NORA EPHRON, Autorin

Noras Sicht der Dinge, ihre Art und Weise, das Leben zu meistern, wurde nachhaltig von der Sichtweise ihrer Mutter beeinflußt, die sie ermunterte: »Man kann über alles schreiben. Der Stoff des Lebens ist der Stoff der Literatur.«

GLADYS JUSTIN CARR, Vice President und Mitglied der Verlagsleitung von HarperCollins

Die Interessenvielfalt und das Wissen unserer Lektorin wurzeln unter anderem im Rat ihrer Mutter: »Halte dir immer mehrere Möglichkeiten offen.«

CHER, Schauspielerin, Sängerin, Unternehmerin

Cher hat schon auf so vielen verschiedenen Gebieten und zu so unterschiedlichen Zeiten Erfolg gehabt, daß all dies ohne langfristige Perspektiven überhaupt nicht möglich gewesen wäre. Und langfristiges Denken brachte ihre Mutter ihr mit folgendem Motto bei: »Wenn es in fünf Jahren nicht mehr wichtig ist, dann spielt es auch jetzt keine Rolle.«

AYSE KENMORE, Immobilienmaklerin

Unsere philanthropische Freundin und frühere Kollegin bei BrainReserve ist türkischer Abstammung. Ihr Lebensmotto hörte sie zuerst von ihrer Großmutter in Istanbul und dann immer wieder von ihrem Vater: »Tausend Freunde sind zuwenig, aber ein einziger Feind ist zuviel.«

CYNTHIA ROWLEY, Modeschöpferin

Cynthias Mutter, eine Künstlerin, gab ihr den Rat: »Sei kreativ und mach dich einfach ans Werk.« Malbücher, deren Figuren nur noch farblich auszumalen waren, gab es in ihrer Kinderstube nicht, weil »die Umrisse dort immer schon vorgegeben waren«.

JACQUELINE SIMON, Politikprofessorin und Zeitschriftenherausgeberin

Die Mutter unserer Freundin Jackie gab ihr einen wichtigen Rat gegen Liebeskummer, der aber auch sonst in ihrem Leben anwendbar war: »Ein Nagel treibt den anderen hinaus.« Mit anderen Worten: Neue Erfahrungen lassen alte, unangenehme vergessen.

OLIVE WATSON, Immobilienmaklerin und Spitzen-Skiläuferin

Olives Vater, der verstorbene IBM-Chef Tom Watson, brachte seiner mutigen Tochter in jungen Jahren nicht nur bei, wie man Ski fährt und einen Düsenjet fliegt, sondern gab ihr auch manch guten Rat mit auf den Weg. Am hilfreichsten fand Olive das folgende Motto: »Stehe zu deinen Überzeugungen und sei bereit, sie auch zu verteidigen.« Daß Olives besonnene, feste Stimme der Vernunft überall Gehör findet, liegt nicht zuletzt an diesem väterlichen Rat.

JOCELYN ELDERS, ehemalige US-Gesundheitsministerin

»Wer mit dem Bären tanzt« ist der Titel einer Anekdote, die Jocelyn nicht nur ihren eigenen Kindern, sondern, bei Vortragsreisen, im Lauf der Jahre auch schon vielen anderen jungen Menschen erzählt hat: »Wenn du mit dem Bären tanzt, kannst du dich nicht einfach ausruhen und hinsetzen. Du mußt den Bären müde tanzen, bis er sich hinlegt. Also schau dich nach Tanzpartnern um, die dir dabei helfen können, den Bären müde zu tanzen.« Ein ansprechend verpackter guter Rat, wie wichtig es ist, mit anderen zusammenzuarbeiten. Wir alle sollten uns danach richten.

27. Kapitel

Schon als Kind wollte ich…

»Wie der Zweig gebogen wird, ist unter Umständen unwichtiger als die Art, wie er sich selbst biegt.«

JOSEPH KRUTCH

Clicking ist nicht wie das Einnehmen einer Pille, deren Wirkung das Leben ein für allemal verändern soll. Der Click-Erfolg braucht Pflege, und zwar von Kindesbeinen an. Im Lauf der Kindheit können fortgesetzte kleinere Erfolge zeigen, daß Heranwachsende auf dem richtigen Weg sind. Es kann sich aber, besonders bei Spezial- und Hochbegabten, auch jener verblüffende Wunderkind-Effekt einstellen, der keinen Zweifel mehr am Click-Potential läßt. Dann gilt es nur noch, das Talent behutsam in die richtigen Bahnen zu lenken.

Wer seinen Kindern die schon mehrfach vorgestellte CLICK-Formel nahebringen will, also

Courage
Loslassen
Intuition
Charakterstärke
Know-how,

der muß sie ernst nehmen, ihnen zuhören und sie schon früh ermutigen, sich selbst treu zu sein und auf ihre innere Stimme zu hören (Courage). Versuchen Sie, herauszufinden, was Ihre Kinder bereits über ihre Zukunft »wissen« (Intuition, Know-how). Helfen Sie ihnen, sich ihrem wahren Selbst zu nähern (Charakterstärke). Und stellen Sie sich ihren Kindern nicht in den Weg (Loslassen, und zwar auf beiden Seiten). Kinder haben die Freiheit, es clicken zu lassen, wann und wie sie wollen; Hauptsache, am Ende steht der für sie richtige Click. Dieser Click muß nicht unbedingt *Ihren* Wünschen und Träumen entsprechen!

Bei der Vorbereitung dieses Buches stießen wir immer wieder auf das Phänomen, daß viele Erfolgreiche schon als Kinder etwas Besonderes über sich »wußten«, auch wenn sie zunächst vielleicht noch nicht danach handelten.

Wunderkinder: Der schnelle Weg zum Erfolg

Andererseits ist es erstaunlich, wie viele Kinder schon in jungen Jahren schnurstracks auf ihr Ziel zustürmen und Glanzleistungen vollbringen. (Daß darunter auch viele Wunderkinder sind, die später auf der Strecke bleiben und die Erwartungen enttäuschen, soll nicht verschwiegen werden.) Eigentlich kann man zufrieden sein, daß viele zielstrebige, erfolgsorientierte Kinder ihre Zeit nicht nur mit Spaß und Spiel verbringen, sondern sich auf allen möglichen Gebieten profilieren: in Handel und Wirtschaft, am Computer, im Studium, im Konzertsaal. Eine Umfrage unter Teenagern ergab jüngst, daß 70 Prozent der zur Zeit Heranwachsenden lieber ihr eigenes Geschäft eröffnen würden, als für andere zu arbeiten (das sind 20 Prozent mehr als bei den Erwachsenen).

Im folgenden wollen wir einige Kinder und Jugendliche unter zwanzig vorstellen, die schon früh brillante Leistungen vollbrachten. Michael Simmons, Chef von Dataport Computer Services, gründete sein schnell expandierendes Telekommunikationsunternehmen schon mit zwölf Jahren. Brandy Norwood erhielt bei Atlantic Records bereits als 14jährige einen Schallplattenvertrag. Ihr Song »I Wanna Be Down« stand wochenlang an der Spitze der Charts. Masoud Karkehabadi schloß sein Collegestudium mit 13 Jahren ab und arbeitet jetzt in der medizinischen Forschung (über die Parkinsonsche Krankheit). Ein anderes Wunderkind, Michael Kearney, errang das Prädikat, jüngster amerikanischer College-Absolvent aller Zeiten zu sein. Michael begann schon im Alter von drei Monaten zu sprechen; mit acht Monaten konnte er lesen, und mit zehn Jahren hatte er sein Anthropologie-Studium am College bereits hinter sich. Ein anderer Rekordhalter, Bala Ambati, beendete mit siebzehn sein Medizinstudium und war damit der jüngste Arzt in der amerikanischen Universitätsgeschichte. Als Kleinkind hatte man ihn, noch in Indien, mit heißem Wasser verbrüht, und die Zuwendung des Arztes hatte er damals als so tröstlich empfunden, daß ihm intuitiv klar wurde: Er wollte Arzt werden. Im Alter von drei Jahren!

Der elfjährige Evan Roberts wurde zum jüngsten Radio-Sportreporter der Vereinigten Staaten, und die Westinghouse-Finalistin Tracy Phillips erfand eine »sprechende Brieftasche« für Blinde. Ihr früh verstorbener blinder Bruder war für sie Anlaß, Blinden ein Instrument an die Hand zu geben, mit dem sie feststellen können, welche Banknoten sich in ihrer Brieftasche befinden.

Nicht zu vergessen die junge Harvard-Studentin Lauralee Summer, die in

Obdachlosenasylen und Wohlfahrtspensionen aufwuchs, sich selbst das Lesen beibrachte und in Bibliotheken ein Zuhause fand. Jetzt studiert sie mit einem Stipendium Vergleichende Religionswissenschaft.

In der *New York Times* war die eindrucksvolle Geschichte der jungen Chinesin Zhongmei Li zu lesen, die sich mit elf Jahren aus einem kleinen, abgelegenen Dorf allein auf die Reise nach Peking machte, wo sie sich um die Aufnahme in die Pekinger Ballett-Akademie bewarb. (Sie ertanzte sich dort einen Platz und trat schließlich mit dem Ensemble der Akademie in New York auf.) In ihrem Interview mit Jennifer Dunning erzählte das zerbrechlich wirkende Mädchen, daß ihre Eltern unter Hinweis auf ihre mangelhafte Ausbildung und die mörderische Konkurrenz zunächst strikt dagegen gewesen seien, daß sie in Peking vortanzte. »Da bin ich in den Hungerstreik getreten«, erinnerte sich Zhongmei Li. Ihre Eltern gaben nach, liehen ihr 200 Yüan (heute etwa 35 DM) für die Fahrkarte und ließen sie ziehen. Als sie in der Akademie ankam, warteten dort schon Tausende von Kindern darauf, vortanzen zu dürfen. Aber sie ließ sich nicht beirren. Und als sie bei der Probe einen Fehler machte, bat sie die Juroren um die Erlaubnis, noch einmal beginnen zu dürfen. »Ich hatte schließlich eine weite Reise gemacht, um ihnen zu zeigen, daß ich eine gute Tänzerin war«, sagte sie. Von den etwa 3000 Kindern wurde nur eine Handvoll zugelassen und Zhongmei Li war unter den Glücklichen. So wurde ihre Entschlossenheit belohnt. Aber damit nicht genug: »Wir übten von morgens um sechs bis abends um neun«, erinnerte sie sich. »Und ich stand vor allen anderen auf, um allein zu üben. Aber ich besaß keinen Wecker. Da band ich mir eine Schnur ums Handgelenk, die an der Wand entlanglief. Jeden Morgen um vier zog der Nachtwächter daran, um mich zu wecken.«

Auch bei der jungen, preisgekrönten Modeschöpferin Cynthia Rowley clickte es früh. Im Rückblick konnte sie den Zeitpunkt sogar exakt bestimmen: »Als ich sieben war, habe ich mein erstes Kleid genäht. Ich weiß noch genau, es war aus braunem Wollstoff mit einem großen Paisley-Muster, und ich habe es jeden Tag getragen, weil es ›mein liebes Kleidchen‹ war. Seitdem legte ich mich immer wieder auf den Boden und versuchte, um mich herum ein Schnittmuster zu zeichnen oder auszuschneiden. Oder ich bat meine Mutter darum. Und dann habe ich mir diese verrückten Kleider genäht. Schließlich studierte ich am Art Institute of Chicago. Und eines Tages, als ich 18 war, traf ich im Zug eine Einkäuferin der Warenhauskette Marshall Field's, der das Kleid, das ich anhatte, sehr gut gefiel. Sie bat mich, mit meiner ›Kollektion‹ in ihr Büro zu kommen. Also stürmte ich in ein Stoffgeschäft und nähte anschließend mit der Hand ganz schnell fünf Kleider. Ich erhielt einen Auftrag, und so fing alles an.«

Nach zwei Jahren besaß Cynthia Rowley ein eigenes Geschäft im New Yorker Stadtteil Soho, eine Boutique-Abteilung im Kaufhaus Bloomingdale's, einen weiteren Laden in Chicago und schmiedete Pläne für weitere Filialen in Los Angeles, Tokio und Manila. Mit Blick auf ihre kindlichen Visionen erzählte sie uns: »Zwei Dinge fallen mir besonders auf, wenn ich an meine Kindheit denke: Wie stark deine Persönlichkeit doch ist, wenn du klein bist; und wie wenig die Leute doch, wenn sie kleine Kinder anschauen, von dem sehen, was wirklich in ihnen steckt.«

Na ja, so sind sie eben, die künstlerisch Begabten, werden Sie sagen, diese Kinder sind eben anders als andere. Doch unterscheiden sich diese Erfolgsgeschichten wirklich so sehr von den bekannten Anekdoten über Abraham Lincoln, der in einer Blockhütte bei Kerzenschein studierte, oder Jocelyn Elders, die viele Kilometer barfuß zur kleinen Schule im Nachbardorf laufen mußte? Oder von J. Paul Gettys berühmtem Erfolgsrezept »Früh aufstehen, bis spätabends arbeiten, Öl finden«?

Und vielleicht ist auch ein Wort über das Üben nicht fehl am Platze. Erwiesenermaßen trainieren alle, die sich um Perfektion bemühen, die die Grenzen des Machbaren verschieben und überschreiten wollen, sehr viel mehr als jene, die nur unwesentlich schlechter sind. Spitzenkönner verbringen bis zu 25 Prozent mehr Zeit mit Üben als weniger Talentierte. Außerdem studieren sie beispielsweise ihre Gegner und Konkurrenten intensiver. Wohlgemerkt, hier ist die Rede von ganz jungen Schachspielern, Schwimmern, Musikern und Reitern.

Beim Click-Erfolg und beim Üben spielen Eltern, Lehrer und Trainer eine recht heikle Rolle, schließlich sollen sie früh, trotzdem aber objektiv und realistisch, erkennen und beurteilen, ob und auf welchen Gebieten ihr Kind oder Schützling das Zeug zu Höherem hat.

Außerdem können Kinder, wie der Atomphysiker J. Robert Oppenheimer treffend beobachtete, auf ihre ganz eigene, von Erwachsenen schwer nachvollziehbare Art genial sein. »Da draußen auf den Straßen spielen Kinder«, so Oppenheimer, »die einige meiner fortgeschrittensten Probleme in der Physik lösen könnten, weil sie über besondere sinnliche Wahrnehmungsweisen verfügen, die mir schon vor langer Zeit verlorengegangen sind.«

Wie kann man Schlafmützen und Träumer zum Erfolg bringen?

Bisher standen in diesem Kapitel die schnellen, genialen Siegertypen unter den Kindern im Mittelpunkt, die ihr Click-Potential früh umgesetzt haben. Diese Kinder kommen in die Schlagzeilen. Statistisch gesehen, bilden sie jedoch eine verschwindend kleine Minderheit. Die meisten Kinder antworten auf die Frage, was sie einmal werden möchten: »Weiß ich nicht.« Doch selbst im schlimmsten Fall, wenn Ihr Kind sich nur noch in sein unaufgeräumtes Zimmer zurückzieht, dort laute Musik hört, in der Schule ständig Vieren und Fünfen schreibt und schon mit den Augen rollt, wenn man nur wagt, es anzusprechen, sollten Sie als Eltern nicht verzweifeln. Auf dieser

Erde ist für jeden Platz. Nur müssen Sie auch solchen Kindern helfen, ihren Platz zu finden, damit es auch bei ihnen clicken kann.

Noch mehr Kopfzerbrechen als solche »normalen« Kinder bereiten engagierten Eltern jedoch die Angehörigen einer weiteren Minderheit: die Träumer und Schlafmützen. Also jene Kinder, die sich abwesend und ziellos durchs Leben zu träumen scheinen, während andere Kinder sich über sie lustig machen. Und Sie? Wollen Sie als Eltern diese Situation schicksalsergeben hinnehmen oder etwas dagegen tun? Zunächst sollte man sich natürlich vergewissern, ob medizinische Ursachen vorliegen. Auch die gängigen psychologischen Testverfahren sollten absolviert sein, bevor Sie weitere Schritte unternehmen. Denn oft lassen sich Verhaltens- und Lernstörungen anschließend beheben. Manchmal handelt es sich nur um Kleinigkeiten, wie eine nicht erkannte Sehschwäche.

Gelegentlich leben Kinder, die abwesend wirken, tatsächlich in einer eigenen Welt. Diese Welt kann ein seltsamer Ort sein, viel seltsamer, als es sich die meisten Erwachsenen vorstellen können. Solche Kinder hatten ihr ganz eigenes Click-Erlebnis, sie haben ihre eigene Welt entdeckt, zu der wir Erwachsenen, die wir in ganz anderen Welten leben, keinen Zugang haben. In solchen Fällen ist es eher an den Eltern, sich zu öffnen und ihre Weltsicht, wo möglich, zu erweitern. Jedenfalls wäre es verkehrt, aufgrund eines eigenen engen Horizonts phantasievolle Kinder autoritär »zur Räson zu bringen«. Ein fruchtbarer Geist könnte so im Keim erstickt werden.

Nehmen wir ein hypothetisches Beispiel. Der Sohn eines vielbeschäftigten, sehr erfolgreichen Rechtsanwalts aus Chicago teilt seiner Familie mit, er habe sich entschlossen, die Schule abzubrechen und in Heimarbeit Flöten ekuadorianischer Bauart herzustellen. Die Reaktion der Eltern? »Alles Quatsch! Kommt überhaupt nicht in Frage! Geh wieder an deine Bücher!« Hielten diese Eltern jedoch einen Augenblick inne, um den Vorschlag ihres Sohnes in Erwägung zu ziehen und eine Marktanalyse zu erstellen, dann kämen sie darauf, daß ethnische Musikinstrumente gegenwärtig international äußerst gefragt sind. Ist ihr Sohn also nun ein Faulenzer, ein Träumer, ein idealistischer Aussteiger, oder ist er clever, hat er das richtige Gespür, hat es bei ihm soeben geclickt?

Seien Sie als Eltern offen und flexibel. Und wenn Ihr Kind nicht mehr zur Schule gehen will, dann lassen Sie es eben eine Berufsausbildung seiner Wahl machen. Halten Sie sich an die Weisheit des Sprichworts: Wenn das Leben dir Zitronen bietet, dann mach daraus Limonade. Wir würden allerdings hinzufügen: Vermarkten Sie die Limonade gut. Dann wird auch diese Sache zum Click.

Nicht nur Schulbildung, sondern neue Formen des Lernens

Ein Sektor, dem für das Clicken der Kinder ständig wachsende Bedeutung zukommt, ist die neue Computertechnologie. Jeden Fortschritt auf diesem Gebiet nehmen Kinder umgehend auf und bewältigen ihn, während sich die Eltern oft noch mit den Anfängen quälen. Je stärker nun der Computer Eingang in die Schule findet, um so weniger können Eltern bei den »Hausaufgaben« noch helfen, weil ihre Kinder mehr wissen als sie. Dies verstärkt eine negative Entwicklung im Bildungswesen, hat sich doch, zumindest in den USA, tendenziell aber auch in anderen Ländern, in den letzten Jahrzehnten das Erziehungsgeschehen immer mehr von den Eltern weg auf die Schulen und Lehrer verlagert, die damit offenbar überfordert sind. Vorrangige Aufgabe muß es daher sein, das komplexe Erziehungsgeschehen aus dieser Einseitigkeit zu befreien und den Eltern wieder eine tragende Rolle im Erziehungsprozeß zuzubilligen.

Überforderten Eltern könnte eine Art Mentorenprogramm Hilfestellung geben, um ihnen zu zeigen, wie man seinen elterlichen Aufgaben besser gerecht werden kann. In dieser Richtung engagiert sich die frühere Brain-Reserve-Mitarbeiterin Lori Schiaffino. In ihrem Tutorenprogramm nehmen sich ungefähr alle zwei Monate einige erfahrene Elternpaare viel Zeit, um alleinerziehende Mütter und Väter, oder auch Eltern, die aus anderen Gründen Schwierigkeiten mit der Erziehung ihrer Kinder haben, praxisnah auf eine aktivere Rolle vorzubereiten. Keine Vorträge, sondern geduldige Kleinarbeit und das persönliche Vorbild – so kann es gelingen.

Darüber hinaus gibt es im Erziehungswesen noch weitere hoffnungsvolle Signale und erfreuliches Engagement. Eine wichtige Rolle kommt dabei dem Computer in der Schule zu. Denn dieser große Gleichmacher mit seinen unbegrenzten Möglichkeiten motiviert Kinder auf einzigartige Weise, wieder Lesen und Schreiben zu lernen und damit eine kulturelle Minimalkompetenz zu erwerben. (In den USA, aber auch anderswo, hat heutzutage fast *jedes* Kind irgendwo Zugang zu einem Computer: in der Schule, in der Bücherei, im Freizeitzentrum, zu Hause, in Ämtern oder Büros – und zunehmend auch im Kinderzimmer.) Schon bald wird es in den Vereinigten Staaten 34 Millionen Kinder zwischen vier und zwölf Jahren geben, die einen Computer bedienen können. Selbst Zweijährige werden sich demnächst bemühen, das Alphabet so schnell wie möglich zu erlernen, um mit ihren kleinen Fingern auf die Tasten eines Computers hämmern zu können. Prodigy, America Online und CompuServe sind auf eine gewaltige Expansion kleinkindlicher Schreibkenntnisse vorbereitet. Die entsprechenden Online-Dienste werden nicht mehr lange auf sich warten lassen.

Erfreulicherweise engagiert sich auch die Großindustrie, wenn es darum geht, Schulen mit Computern auszustatten; sie stellt Know-how und Finanzen zur Verfügung. Wie Ray Smith, Vorstandsvorsitzender von Bell Atlantic, mir in einem Interview anvertraute, möchte er gern als der Mann in die Geschichte eingehen, »der Bildung in die amerikanischen Wohnzimmer gebracht hat«. Für sein Pilotprojekt wählte er in Union City, New Jersey, einen besonders schwierigen Schulbezirk mit einem einkommensschwachen, ethnisch stark gemischten Einzugsgebiet aus. »Wir stifteten dort für jeden Klassenraum zwei PCs, je einen für die Wohnung eines jeden Schülers und je einen für die Wohnung eines jeden Lehrers. All diese Computer waren untereinander vernetzt, ans Internet angeschlossen, hatten E-Mail und CD-ROM-Laufwerke und *Microsoft-Encounter,* alles, was so dazugehört.«

Innerhalb von zwei Jahren steigerte sich daraufhin die Lesefähigkeit der Schüler signifikant. Inzwischen werden auch Hausaufgaben wieder erledigt, 85 Prozent mehr als zuvor. Daß Schüler oder Lehrer gehäuft fehlen, kommt fast überhaupt nicht mehr vor. Und die Schule, die zuvor zu den 30 schlechtesten in New Jersey gehörte (von insgesamt 1400 öffentlichen Schulen), zählt nun zu den besten. In ihrem Bezirk ist sie die beste.

Weiter wußte Ray Smith zu berichten: »Nicht ein einziger Computer wurde beschädigt. Und was mich am meisten beeindruckte, war die Tatsache, daß die Lehrer, als die Eltern den Wunsch äußerten, ebenfalls in der Handhabung der Computer unterwiesen zu werden, freiwillig samstags in die Schule kamen, um mit den Eltern zusammenzuarbeiten.« Laut Smith kam »etwa die Hälfte der Eltern, um sich den ganzen Tag lang von ihren Kindern zeigen zu lassen, wie man mit einem Computer umgeht. Bevor das Computersystem installiert war, gab es so gut wie keine Kommunikation zwischen Lehrern und Eltern oder den Kindern und ihren Eltern. Dieser Wandel ist phantastisch. Dabei haben wir eigentlich nichts anderes getan, als diese Menschen (per Computer) miteinander in Verbindung zu bringen. Dann hat es bei ihnen geclickt«. Und welches Ziel verfolgt Ray Smith nun? Die Möglichkeit, mit Hilfe vernetzter Computer zu lernen, für 300 Dollar pro Schüler anzubieten.

Neben solchen Anstrengungen der Industrie, das amerikanische Bildungsniveau im öffentlichen Schulsektor wieder anzuheben, sind auch im privaten Schulwesen und bei der Erziehung daheim verstärkte Bemühungen erkennbar. Und das alles mit dem gemeinsamen Ziel, den Kindern Spaß am Lernen zu vermitteln, bevor sie den Spaß am Sex entdecken und sich in erster Linie damit beschäftigen.

Eine besonders interessante Privatschule gründete, ohne es zunächst zu wollen, Courtney Ross. Die Ross School, jetzt im dritten Jahr staatlich zugelassen, bestand zunächst nur aus zwei Mädchen einer Altersstufe; inzwischen zählt sie 30 Schülerinnen in der fünften, sechsten und siebten Klasse.

Begonnen hatte das Ganze, als Steve und Courtney Ross eine längere Reise mit der Familie nach Asien planten. Für ihre Tochter (damals in der dritten Klasse) und deren Schulfreundin nahmen sie dann eine ausgebildete Lehrerin mit, und gemeinsam reiste man so monatelang durch China und Japan. Zwar mußte die »fahrende Schule« wegen einer Erkrankung von Steve Ross vorzeitig in die USA zurückkehren, aber das auf der Reise erlebte und erprobte Konzept der »Welt als Klassenraum« ließ Courtney Ross nicht mehr los.

Am Ende stand eine recht ungewöhnliche Schule mit einer »Kerngruppe«, die – sei es elektronisch oder in Person – unterwegs ist zur Erkundung der Gebiete, die gerade Gegenstand des Unterrichts sind. Wenn also etwa in Geschichte die Französische Revolution behandelt wird, steht vorher oder nachher eine Frankreich-Exkursion auf dem Stundenplan. Auf diese Weise lernen die Kinder die Welt kennen, denn auch England, die Galapagos-Inseln und andere Regionen der Erde werden auf ähnliche Weise erkundet.

»Außerdem lernen die Mädchen viel über ihre unmittelbare Umgebung«, meint Patti Walton Silver, Mutter einer Schülerin. »Sie sind Naturliebhaberinnen, meiner Meinung nach hauptsächlich, weil sie aus ihrem Klassenraum herauskommen.« Eines der grundlegenden Prinzipien dieser Schule lautet: Kinder unterrichten Kinder. Wenn die Schülerinnen von ihren Reisen zurück sind, tauschen sie ihre Beobachtungen und Erfahrungen aus. Eine Mädchengruppe besuchte vor einem Jahr das Indianerreservat der Senecas und schloß dort Freundschaften. Inzwischen waren die Indianermädchen zum Gegenbesuch auf Long Island. Auch über solcher Austauschaktivität steht ein uraltes Motto: »Nicht für die Schule, sondern fürs Leben lernen wir.«

Der nächste Durchbruch auf dem Gebiet des Lernens wird der Einsatz der virtuellen Realität im Unterricht sein. Dann muß man nicht mehr höchstpersönlich reisen, sondern kann sich auch mental im Raum bewegen. Dann können Sie die Gemälde in den Uffizien in Florenz betrachten, ohne dort anwesend zu sein, oder auf diese Weise bei Michelangelo Unterricht in Proportionslehre nehmen. Sie können auf der Akropolis in Athen spazierengehen oder mit Platon und Sokrates diskutieren, sich ins Londoner Globe Theatre begeben und bei Shakespeare den Aufbau eines Dramas studieren. Oder ... mit Magellan auf Entdeckungsreisen gehen, Newton und Madame Curie im Labor über die Schulter blicken oder sich in Wien auf Freuds Couch legen. Und so weiter und so weiter. Disney hat bei der Entwicklung solcher Möglichkeiten schon beträchtliche Fortschritte gemacht.

Große Teile der Welt sind bereits über CD-ROM zugänglich, und selbst echte Abenteuer lassen sich über Computervernetzung schon miterleben. Kürzlich verfolgten Tausende von Studenten auf diese Weise Tag für Tag eine Antarktis-Expedition. Und im Rahmen eines internationalen Arktis-Programms soll demnächst ein Hundeschlittenteam mit einem Polarforscher namens Seger alle Informationen an Econet und an das Scholastic Network weitergeben, so daß 20 bis 25 Millionen Kinder und Erwachsene auf der ganzen Welt den Fortgang der Expedition werden verfolgen können. Dagegen hatte es im Jahr 1909, als Admiral Peary den Nordpol erreichte, Monate gedauert, ehe diese Nachricht über den Telegraphen tickte.

Und mein Freund Jerry Isenberg, Professor für Elektronische Studien an der Universität von Süd-Kalifornien, plant für die nahe Zukunft den weiteren Ausbau seines Fernstudien-Konzepts: »Wenn du in Tibet auf einem Berggipfel stehst und einen Computer, ein Modem und eine CD bei dir hast, und du willst lernen, dann ist das auch dort möglich – du kannst Fragen stellen, Tests absolvieren, Referate schreiben, Vorlesungen besuchen, Filme anschauen, ganz so, als säßest du in einem Hörsaal. So wird die Sache in Zukunft laufen.«

100 Milliarden Dollar in Kindeshand

Kinder wissen, daß sie gemeinsam stark sind und viel erreichen können. Insbesondere verfügen sie über beträchtliche Marktmacht. Man schätzt, daß Kinder in den Vereinigten Staaten Konsumausgaben in Höhe von etwa 100 Milliarden Dollar allein kontrollieren und daß sie die Entscheidungen über weitere Ausgaben in Höhe von 130 Milliarden Dollar beeinflussen. Sogar unter den Aktionären verschiedener auf Kinder ausgerichteter Bereiche sind Kinder reichlich vertreten. So werden erstaunliche rund 60 Prozent der Aktien der Spielzeugfirma Irwin Toy Company von Kindern gehalten.

Produkte, die sich in Sprache und Aufmachung direkt an Teenager richten, haben beste Erfolgschancen. Denken Sie nur an MTV. Oder an Jugendzeitschriften. Zu deren Erfolg trägt nicht zuletzt bei, daß Kinder erstaunlicherweise gedruckte Werbeanzeigen gegenüber Fernsehspots bevorzugen – und sei es nur, weil man sie herausreißen und Eltern mit den Schnipseln so lange nerven kann, bis diese weich werden und ihr Portemonnaie öffnen.

Zum ersten Mal wächst jetzt eine Generation heran, die Werbung und Marketing mit kritischem Konsumentenblick verfolgt. Deshalb müssen sich Marketingstrategien ändern. Man kann Kindern nur noch bedingt etwas aufschwatzen. Besser wäre es, Kinder und Jugendliche einzuladen und ihnen zuzuhören. Schon im *Popcorn-Report* lauteten unsere Empfehlungen an die Unternehmen:

- Richten Sie für Kinder bis zu 18 Jahren eine eigene, kostenlose Telefonnummer ein.
- Korrespondieren Sie mit ihnen.
- Holen Sie Kinder in Ihren Verwaltungsrat.
- Hören sie ihnen zu. Und lernen Sie.

Mit anderen Worten: Unterschätzen Sie die Marktmacht der Kinder nicht. Kinder können ihre Eltern zwingen, mit dem Rauchen aufzuhören, Abfälle soweit wie möglich zu recyceln, bestimmte Produkte zu kaufen oder zu boykottieren. Und wir glauben, daß es in den Vereinigten Staaten auch der jungen Generation vorbehalten sein wird, ihre Eltern und Großeltern wieder an die Wahlurnen zu treiben. Unterschätzen Sie die Kinder nicht.

Der Weg zum dauerhaften Click

Die eingangs zitierte CLICK-Formel kann uns als Zusammenfassung noch einmal gute Dienste leisten:

Courage
Loslassen
Intuition
Charakterstärke
Know-how,

über diese Stationen verläuft der Weg zum dauerhaften Click. *Courage*: Sehen Sie Ihre Kinder so, wie sie wirklich sind. *Loslassen*: Vergessen Sie Ihre vorgefaßten Meinungen über das Leben Ihrer Kinder. *Intuition*: Versuchen Sie, sich zu erinnern, wie Sie selbst als Kind waren. *Charakterstärke*: Unterstützen Sie Ihre Kinder tagtäglich, auch wenn es schwerfällt. *Know-how*: Lassen Sie Ihre Kinder an Ihrem Wissen und Ihren Kenntnissen teilhaben – ohne ihre Träume zu zerstören. Und schließlich: Lassen Sie die Kinder ihren eigenen Weg gehen. Aber genau das wird Ihnen wahrscheinlich am schwersten fallen.

28. Kapitel

Ich konnte nicht anders …

»Sagen Sie ruhig, daß ich ein Träumer bin, aber ich bin nicht der einzige.«

JOHN LENNON

»Sie sehen die Dinge und fragen: ›Warum?‹ Ich aber träume von Dingen, die es noch nie gegeben hat, und frage: ›Warum nicht?‹«

GEORGE BERNARD SHAW

Alle Visionäre, alle Menschen, die ihren Weg mit innerer Überzeugung und voller Leidenschaft gehen, sagen übereinstimmend: »Ich hatte keine Wahl. Ich konnte nicht anders …« Nennen Sie es, wie Sie wollen: ein inneres Feuer, das wahre Ich, den Pulsschlag des wahren Lebens. Dieser innere Drang kann schon sehr früh einsetzen und jemanden geradewegs in die Berufung seines Lebens führen. Doch das Schöne an diesem leidenschaftlichen Drang ist, daß er einen jederzeit überkommen kann. Er hat jedenfalls nichts mit Alter, Geld, Sozialstatus, Ausbildung oder Bildungshintergrund zu tun. Man muß diese innere Stimme nur wahrnehmen, auf sie eingehen und danach handeln. Es klingt zwar abgedroschen, aber man kann es nicht besser ausdrücken: »Folge deinen Träumen und laß sie Realität werden.« Um diese Art des Clickens geht es auf den folgenden Seiten.

Wir alle wissen, daß Mozart nicht anders konnte. Er war ein Wunderkind. Er spielte Klavier, Geige und Orgel. Und als er zwölf war, hatte er bereits seine erste Symphonie und zwei Opern komponiert. Oder auch Steven Spielberg. Schon als kleines Kind verspürte er den Drang zum Film, und als Teenager führte er bereits bei Filmen Regie.

Wer seine Träume ausleben und realisieren will, muß sie zunächst einmal vor dem inneren Auge *sehen.* Als ein Reporter Walt Disneys Bruder Roy gegenüber bemerkte, es sei doch sehr schade, daß Walt den neuen Vergnügungspark, Disney World, nicht mehr habe sehen können, sagte dieser: »Aber Walt *hat* Disney World gesehen, und nur deshalb können auch wir es sehen. Er war ein Visionär.« Heutzutage blüht das Geschäft mit Visualisierungshilfen, die den Menschen dabei helfen sollen, sich ein klareres Bild von ihren amorphen Träumen zu verschaffen. Entsprechende Videos sind sehr gefragt.

Sportler müssen ihren Erfolg visualisieren, ehe sie ihn erreichen. Sie müssen sich mental oder auch mit physischen Hilfsmitteln punktgenau motivieren. Aber auch Weltverbesserer und Philanthropen verspüren nicht nur einen vagen Drang, sondern sehen ihre Mission und ihre Rolle oft deutlich vor sich. Dr. Deepak Chopra, Autor des 1993 erschienenen Bestsellers *Ageless Body, Timeless Mind*, der der westlichen Schulmedizin den Rücken kehrte und jetzt ganzheitlich denkt und arbeitet, erzählte uns: »Ich habe ein Ziel in meinem Leben: Ich will heilen. Und Frieden schaffen, wo immer ich bin.« Für dieses Ziel gab er die in der westlichen Medizin so verbreitete Kontrollsucht auf. Er ließ die rigiden gesellschaftlichen Normen hinter sich und ist sich nun seiner selbst gewiß: »Ich lebe nicht mehr nach einem Terminkalender, ich trage keine Uhr mehr. Und ich muß auch nicht mehr für alle anderen die Verantwortung übernehmen. Ich habe meine Kontrollsucht, meine Machtgier und mein Bedürfnis, ständig von anderen bestätigt zu werden, hinter mir gelassen.«

Doch bis Oktober 1980 verlief Chopras Leben noch ganz anders: Als erfolgreicher Internist behandelte er damals 60 bis 70 Patienten pro Tag. »Aber das lief alles rein mechanisch ab. Ich fühlte mich wie jemand, der mit amtlicher Genehmigung Drogen verabreicht.« Auf der Suche nach Alternativen las er unter anderem die Biographien von Augustinus und Mutter Teresa, wobei er diese Visionäre nicht nur um ihre Spiritualität, sondern mehr noch um ihre Freiheit, das als richtig Erkannte auch zu tun, beneidete. Schließlich nahm auch er sich diese Freiheit und änderte sein medizinisches Handeln von einem Tag auf den anderen.

Trotz seines Bestsellererfolges praktiziert Chopra weiterhin in einem Krankenhauskomplex im kalifornischen San Diego und lehrt am dortigen »Center of Mind, Body, Medicine« ganzheitliche Medizin. Außerdem ist er für die Olympiamannschaft der USA als Berater tätig. Geduldig und ruhig arbeitet er kontinuierlich an einer fundamentalen Veränderung der Welt. »Ich will mich weiter verbessern, und wenn wir alle, jeder für sich, genau dasselbe tun, und wenn es genug solcher Menschen gibt, dann ist der grundlegende Wandel unausweichlich ... In diesem Krankenhaus hier gibt es heute auch Nicht-Schulmediziner unter den Ärzten. Die National Institutes of Health unterstützen die Erforschung der alternativen Medizin finanziell. Und die privaten Krankenversicherungen kommen langsam dahinter, wie wertvoll Akupunktur sein kann ...«

Deepak Chopra meditiert täglich zwei Stunden (morgens zwischen 5 und 6 Uhr, nachmittags zwischen 16 und 17 Uhr). Als er uns die Quintessenz seiner im folgenden wiedergegebenen sieben Erfolgsgesetze mitteilte, beharrte er sanft darauf: »Wenn Sie sich daran halten, wird Ihnen alles gelingen, was Sie sich im Leben vornehmen.«

1. Das Gesetz der einen Möglichkeit. Hierfür ist das auf Erfahrung beruhende Wissen erforderlich, daß der Geist eine real wirksame Macht ist.
2. Das Gesetz des Dharma. Zweck und Ziel des Lebens. Dafür muß man wissen und erfahren, daß jeder aufgrund seiner speziellen Gaben dem anderen etwas zu geben hat.
3. Das Gesetz des Karma. Ursache und Wirkung. Was man gesät hat, das wird man ernten. Man muß sich über seine Wahl im klaren sein und über die Entscheidungen, die man trifft. Wir alle haben laut Chopra die angeborene Fähigkeit, »unbegrenzt Entscheidungen zu treffen«.
4. Das Gesetz des Gebens. »Wie kann ich helfen?« statt »Was springt für mich dabei heraus?«
5. Das Gesetz des Begehrens. Wünsche und Intentionen. Man muß sich bewußt sein, daß in jedem tieferen Wunsch bereits die Möglichkeit seiner Erfüllung steckt.
6. Das Gesetz des Abstands. Wenn man etwas wirklich ganz dringend will, muß man sich innerlich vom Ziel dieses Wollens frei machen. Der Weg sollte im Vordergrund stehen, nicht der Erfolg an seinem Ende.
7. Das Gesetz der geringsten Anstrengung. Weniger tun, um mehr zu erreichen. Dazu Deepak Chopra: »Auch die Blumen bemühen sich nicht, zu blühen; Fische bemühen sich nicht, zu schwimmen; Vögel bemühen sich nicht, zu fliegen, ins Winterquartier zu ziehen, zu singen.« Chopras Definition der Natur, des »kosmischen Computers«, lautet: »Im Universum lebt Intelligenz von unendlicher Vielfalt, unendlicher Organisationsfähigkeit und unendlicher Freiheit.«

Ähnliche Ansichten wie Chopra vertritt auch ein zweiter Mediziner, Bernie Siegel, der ebenfalls mehrere Bestseller schrieb (unter anderem *Love, Medicine and Miracles* und *How to Live Between Office Visits*). Auch er kritisiert die Schulmediziner, ihre Ausbildung und Praxis: »Das Wort ›Doktor‹ bedeutet ›Lehrer‹. Doch wir Ärzte lehren nichts mehr. Wir sind viel zu mechanisch geworden und behandeln nur noch Krankheiten, keine Menschen. Selbst das Wort ›Patient‹, das einen geduldig Leidenden bezeichnet, ist unpassend. Ich will keine Leute, die ›gute Patienten‹ sind, sondern ich möchte Menschen, die verantwortlich am Heilungsprozeß teilnehmen.« Ferner erzählte uns Siegel: »Wenn wir behaupten, auf diesem Planeten gebe es ›intelligentes‹ Leben, dann sollten wir uns die Tiere und die Natur insgesamt ansehen, nicht die Menschen. Ebenso hat der Gegensatz ›primitiv‹ versus ›zivilisiert‹ seine Bedeutung verloren, denn wer weiß heute noch, was primitiv, was zivilisiert ist? Jedenfalls sind es die Eingeborenenkulturen, die die Erde und die Kinder respektieren.«

»Lebe nach deiner Leidenschaft«, lautet Siegels Lebensmotto. Und ebenso beharrlich wie konzentriert arbeitet er daran, die Medizin nach seinen Vorstellungen zu reformieren. Wir müßten uns von der Vorstellung verabschieden, eine schwere Krankheit sei eine Gottesstrafe bzw. man selbst oder jemand anders sei schuld daran, meint Siegel. »Wir können unseren Körper nur heilen, wenn wir uns vom Schuldkomplex befreien können ... Wer zählt am Ende zu den Gewinnern? Wer Güter angehäuft hat oder wer Glück angehäuft hat?« Siegels Philosophie ist beeinflußt von den Werken C. G. Jungs, Joseph Campbells, William Saroyans, Thornton Wilders und vieler anderer Autoren (besonders Dichter), aber auch von diversen buddhistischen Werken. Vor diesem reichen Hintergrund sind Siegels einfache Lebens- und Erfolgsregeln zu sehen: »Wenn du dich ändern und ein anderer werden willst, dann handle so, als wärst du schon jene andere Person. Wenn du liebevoller werden willst, dann handle liebevoller.«

Auch die Erfolgsgeschichte von Tom und Kate Chappell und ihrer Firma »Tom's of Maine«, die natürliche Hygieneprodukte herstellt, gehört in dieses Kapitel. Auch Tom konnte nicht anders, als seine Vision und seine moralischen Prinzipien ins Geschäftsleben einzubringen. 1970 begannen Tom und Kate mit geliehenen 5000 Dollar Startkapital. Heute beschäftigt das in einer alten Schuhfabrik in Kennebunk, Maine, residierende Unternehmen etwa siebzig Mitarbeiter. Jeder, der für die Firma arbeiten möchte, muß die elf Punkte umfassende Charta (»Mission Statement«) und das achtteilige Credo (»Statement of Beliefs«) dieses Unternehmens eigenhändig unterschreiben. Ein Punkt der Charta betrifft zum Beispiel die Umwelt: »Wir wollen uns mit Produkten und Verfahrensweisen auszeichnen, die unsere natürliche Umwelt ehren und erhalten.«

Noch beeindruckender ist folgende Passage: »Unser Ziel ist es, nicht nur unsere Kunden zu respektieren, zu schätzen und ihnen zu dienen, sondern nach denselben Prinzipien auch mit unseren Kollegen, den Eigentümern, Agenten, Lieferanten und unserer Gemeinde umzugehen. »Wir wollen uns um ihr Wohlergehen kümmern und das Unsrige dazu beitragen, und wir wollen unsere Geschäfte integer führen, um das Vertrauen der anderen zu verdienen.«

Tom Chappell war es äußerst wichtig, etwas zu tun, woran er glaubt: »Die Betonung des Credos vom griechischen *kardia* (das sowohl das Herz als auch den Magen bezeichnet) ist absolut nichts Neues. Es heißt lediglich, daß der Kopf zwar die Planung bestimmt, es im Grunde aber ums Herz, um den Bauch geht. Zum Click kommt es, wenn du das Gefühl hast, alles paßt zusammen und stimmt überein. Man muß ständig herausfinden, wer man ist, und besonders das tun, was man gut kann, in der Arbeit wie im Privatleben.« Tom nennt als Mentor den Apostel Paulus aus dem Ersten Korintherbrief: »Paulus setzte seine Kenntnis der Sprache und der Werte der mosaischen Kultur dazu ein, über ein neues, höheres Wertesystem zu sprechen. Ich dagegen nutze die heutige Sprache des Geschäftslebens, der Profite, der Vorstandssitzungen, Marktanteile und Finanzen als Mittel zum Zweck. Sie sind nicht der eigentliche Grund für unsere Arbeit. Sie sind kein Selbstzweck. Unsere höhere Autorität ist die Güte, der Auftrag, Gutes zu tun.«

Interessant am Erfolg der Firma ist nicht nur ihr Ethos, sondern auch das Timing. Die Produkte von »Tom's of Maine« waren schon lange auf dem Markt, als der Zurück-zur-Natur-Trend einsetzte. Die Firma kann als Vorläufer von »The Body Shop« gelten, weil auch »Tom's of Maine« eine ehrliche Firmenpolitik betreibt und die Zusammensetzung aller Produkte offenlegt. Als eines von ganz wenigen Unternehmen dieser Art hatte es über die Reformhäuser hinaus am Markt Erfolg und etablierte sich in den großen Drogerieketten und Supermärkten. Hier wurde nicht nach kurzfristigem Profit geschielt, nicht ein neues Lebensgefühl geschickt ausgebeutet. Vielmehr geht der langfristige Erfolg der Firma zurück auf die klaren Prinzipien der Eigentümerfamilie und auf ihre Lebenseinstellung. Tom Chappell: »Das Leben ist ein Geschenk, eine Gabe, die es einzusetzen gilt.«

Viele Erfolgreiche können nicht anders, als andere ständig an ihrem Erfolg teilhaben zu lassen. Zu diesen Großherzigen gehört die 74jährige Vera Brown aus Beverly Hills. Sie, die beruflich viel mit Hautpflege zu tun hat, fühlt sich in ihrer eigenen Haut unwohl, wenn sie nicht anderen Gutes tun kann. Für Vera ist Teilen und Abgeben nach ihren eigenen Worten die beste Kur gegen Krankheit, Kummer und Traurigkeit. Und der Schlüssel, um jung zu bleiben.

Vera Brown verdiente schon früh viel Geld mit jenen einfachen Erfindungen, die nicht viel Aufsehen machen, die aber fast jeder täglich braucht (in Veras Fall Zopfspangen und Hygieneartikel aus Gummi). Und seit 41 Jahren engagiert sie sich in einer Wohltätigkeitsgruppe, die jungen Blinden ein halbwegs normales Leben zu ermöglichen versucht. Darüber hinaus bringt Vera, die immer noch einen Schönheitssalon betreibt (daher ihr Spitzname, »Aloe Vera Brown«), auch ihre berufliche Aktivität in ihr philanthropisches Engagement ein.

So entwickelte sie zum Beispiel eine kosmetische Produktlinie für Blinde mit Beschriftung in Braille-Schrift. Und es ist ihr wichtig, das Selbstwertgefühl weiblicher Problemgruppen, etwa ausgerissener Teenager, Todkranker oder Süchtiger zu stärken, indem sie diesen Frauen vermittelt, wie wichtig Schönheitspflege und gutes Aussehen seien. Insbesondere für Suchtgefährdete und Obdachlose setzt sie sich unermüdlich ein, um sie von der Straße zu holen. Sie sorgt für Sauberkeit und kleidet diese Frauen auf eigene Kosten *neu* ein. Anschließend werden ihre »Schützlinge« einen ganzen Tag lang im Schönheitssalon verwöhnt (Gesichts- und Haarpflege, Maniküre und Massage). Später kümmert sich Vera höchstpersönlich darum, daß die Frauen auch wiederkommen. Denn ihr liegt viel an kontinuierlicher Arbeit.

Das Geheimnis ihres Glücks ist eine sonnige, aber nicht süßlich-sentimentale Grundeinstellung. »Ich liebe jeden Tag meines Lebens. Als erstes stelle ich mir jeden Morgen am Fußende meines Bettes bildlich ein großes Geschenk vor.« Als man bei ihr 1993 Lymphdrüsenkrebs diagnostizierte, konnte sie selbst dieser, normalerweise niederschmetternden Diagnose noch etwas Positives abgewinnen. Denn seither schreibt sie an einem Buch mit dem vorläufigen Titel *Thank God, I Had Cancer* (Gottseidank hatte ich Krebs). Vera Brown kann einfach nicht anders, als das Gute im Leben hervorzukehren.

Was läßt sich aus dem Leben dieser Visionäre und Philanthropen fürs eigene Clicken lernen? Wer meint, im Getriebe des Alltags für seine Seele keine Zeit mehr zu haben, wird hier eines Besseren belehrt. Geld und Herz lassen sich vereinbaren, wenn man nur will. Vor allem sollte man nicht endlos aufschieben, was einem wirklich am Herzen liegt.

Setzen Sie sich doch einmal ruhig hin und denken Sie über das Leben nach, das Sie sich erträumen. Was täten Sie am liebsten, wenn Sie nur könnten? Ihren gegenwärtigen Beruf an den Nagel hängen und eine Kindertagesstätte eröffnen? Massagetherapeut(in) werden? Neue Computer-Software entwickeln? Segelboote bauen? Direktor einer Wohlfahrtsorganisation werden? Das wäre wahrscheinlich ein hundertprozentiger Wandel. Und schwer zu verwirklichen. Realisierbar wäre aber vielleicht doch ein Bruchteil oder sogar die Hälfte. Wenn Sie sich sozial engagieren wollen, könnten Sie zum Beispiel Obdachlosen in Ihrem Betrieb eine Chance geben und sie einstellen. Oder bringen Sie sie in Unternehmen unter, mit denen Sie zusammenarbeiten. Sie könnten auch einen Tag pro Woche in einem Gartencenter arbeiten, wenn Sie etwas Naturverbundenes tun wollen. Einer unserer Bekannten aus einer New Yorker Werbeagentur, der Pflanzen, Blumen und Bäume über alles liebt, arbeitete zunächst auf Stundenbasis in einer Landschaftsgärtnerei, dann zwei Tage pro Woche, und schließlich stieg er ganz in seinen Traumberuf ein. Da unser Freund leider schon mit Mitte fünfzig verstarb, wäre ihm dieses Erfolgserlebnis verwehrt geblieben, hätte er sich, wie eigentlich geplant, seinem Gartenhobby erst nach seiner Pensionierung gewidmet.

Versuchen Sie die vorgeschlagene Visualisierungsübung doch mal an einem Sonntag, wenn Sie sich so gar nicht auf den ungeliebten Montagmorgen freuen. Nehmen Sie sich eine Stunde Zeit, und stellen Sie sich Ihren Traumberuf bildlich vor. Notieren Sie anschließend das Wichtigste auf einer Karteikarte und tragen Sie diese in Zukunft immer bei sich. Schauen Sie wenigstens dreimal täglich in Ihre Notizen. Und widmen Sie auch an den folgenden Sonntagen jeweils eine Stunde Ihrem Traumberuf. Überlegen

Sie, wie sich der Wechsel finanziell bewerkstelligen ließe. Informieren Sie sich in einer Bibliothek oder vor Ort über den Alltag Ihres Traumberufs. Finden Sie Leute, die in ähnlichen Berufen arbeiten. Sprechen Sie mit Ihrem Mentor (wenn Sie einen haben) oder Ihrem besten Freund, Ihrer besten Freundin, Ihrer Familie, mit sich selbst. Und dehnen Sie Ihre Vision von Woche zu Woche weiter aus. Wenn Sie all dies nicht tun, wird Ihre Vision wieder verkümmern, und Sie werden nur einmal mehr klagen: »Ich wünschte, ich könnte ...« Am nächsten Sonntag geht's los. Erträumen Sie sich Ihren Click! Werden Sie zum »Visionär«!

29. Kapitel

Wie ein Stehaufmännchen: Erfolg trotz Mißerfolg

»Ein Mißgeschick ist nichts anderes als eine verkleidete Chance.«

ALTES SPRICHWORT

»Es gab eine Zeit, da waren meine Hosen so abgewetzt, daß ich beim Hinsetzen genau sagen konnte, ob der Groschen, auf dem ich saß, mit der Zahl oder dem Kopf nach oben lag.«

SPENCER TRACY

Den Click des Erfolges zu spüren, wenn er da ist, fällt keinem schwer. Doch wie um alles in der Welt soll der Mißerfolg zum Click führen? Erfolg durch Mißerfolg – ist das nicht nur eine rhetorische Floskel? Sind das nicht einander ausschließende Gegensätze? Kommt drauf an. Vor allem darauf, wie Sie »Mißerfolg« definieren. Wir meinen damit nicht – wie im Wörterbuch nachzulesen ist – ein Versagen, einen erheblichen Mangel oder ein totales Scheitern. Dieses liegt für uns erst dann vor, wenn es kein Zurück mehr gibt. Hinfallen beispielsweise ist ein Mißgeschick. Ein Scheitern, ein Versagen wird daraus erst, wenn man nicht wieder aufsteht. Und wer wirklich etwas taugt, der läßt sich nicht unterkriegen. Was wie der sprichwörtliche Erfolg über Nacht aussieht, hat oft eine lange Vorgeschichte und läßt die vorangegangenen Mißerfolge nicht erahnen: die vielen Jahre harter Arbeit, die Rückschläge – bis der Erfolg sich dann doch einstellte. Menschen, bei denen es geclickt hat, lassen sich durch Rückschläge nicht aufhalten. Wenn sie sich auf dem Weg zum Langstreckenweltrekord den Fuß verletzen, laufen sie trotzdem weiter. Mißerfolge stärken den Charakter und die Widerstandskraft. Besonders, wenn man sich die Zeit nimmt, seine Fehler zu analysieren, um es anschließend besser zu machen.

Bei einer Umfrage des Magazins *Inc.* bekannten 29 Prozent der befragten Spitzenmanager, schon wenigstens einen geschäftlichen Mißerfolg hinter sich zu haben. Im Durchschnitt hatten erfolgreiche Firmenchefs zuvor schon zwei andere Unternehmen gegründet oder geführt, von denen nur noch eines existierte. Und wenn wir schon beim Thema sind: Auch einer der großen Helden der amerikanischen Wirtschaft, Henry Ford, hatte bereits zwei Pleiten mit Autofirmen hinter sich, bis es 1903 mit der Ford Motor Company und ihrem berühmten Fließband endlich klappte. Das gibt einem doch neuen Mut, nicht wahr?

Wirtschaftsheroen müssen also über die Qualitäten von Stehaufmännchen verfügen, selbst wenn sich ihre Schicksale in Einzelheiten stark voneinander unterscheiden mögen. Das Auf und Ab jedenfalls kann in beide Richtungen weisen: vom Erfolg zum Mißerfolg und umgekehrt. Natürlich möchte jeder am Ende als Sieger dastehen, um einen großartigen Abgang zu bekommen.

Nehmen wir ein Beispiel aus der Politik: Richard Nixon. Kaum jemand stieg je höher – aber auch kaum jemand fiel so tief. Er war der erste und einzige Präsident in der amerikanischen Geschichte, der gezwungen war, seine Koffer zu packen und das Weiße Haus vorzeitig zu verlassen. Und doch schloß er sein Leben als geschätzter älterer Staatsmann, auf dessen Rat man hörte. Und an seinem Grab bezeugte man ihm Respekt. Vom Helden zum Buhmann und zurück zum Helden – so ergeht es vielen. Und bei näherem Hinsehen gab es in Nixons Leben noch viel mehr Auf und Ab. Sein Weg zum Erfolg war wirklich steinig. Als Vizepräsident unter Eisenhower verlor er 1960 die Präsidentschaftswahl gegen den telegeneren John F. Kennedy und verschwand für acht Jahre in der Versenkung, ehe er mit einem grandiosen Sieg als Präsident wieder auftauchte. Sechs Jahre später war es mit der Herrlichkeit erneut vorbei. Und was meinte Nixon selbst dazu? »Das Leben ist nicht einfach. An der Spitze ist es hart, und unten auch. Wahrscheinlich bin ich Fatalist. Um einige dieser Dinge überhaupt überleben zu können, muß man wohl einen Sinn für Geschichte haben ... Das Leben ist eine einzige Abfolge von Krisen.«

Und wie sehr unterschied sich diese Einstellung, dieser Drang zum Erfolg, doch von der Haltung, die Nixons eigener Vizepräsident, der ebenfalls vom Watergate-Skandal hinweggefegte Spiro Agnew, an den Tag legte! Dieser angeblich zu Höherem berufene Politiker verschwand völlig von der Bildfläche. Man hat nie wieder von ihm gehört.

Ein berühmter Fall aus der amerikanischen Wirtschaft ist »Famous Amos«. Der Keksfabrikant Wally Amos galt zunächst als Musterbeispiel eines erfolgreichen Unternehmers, bevor er pleite machte. Doch er ließ sich nicht unterkriegen. Vor zwanzig Jahren hatte der Gründer der Famous Amos Chocolate Chip Cookie Corporation seinen ersten Laden in Los Angeles eröffnet, mit einem Startkapital von 25 000 Dollar und einem leicht abgewandelten Backrezept seiner Tante. Während die Firma rasch expandierte, kümmerte sich der Medienstar Wally Amos allerdings mehr um die Werbung als ums Firmenmanagement. So machte er innerhalb von zehn Jahren bei Jahresumsätzen von 10 Millionen Dollar mehrere hunderttausend Dollar Verlust. Und es kam noch schlimmer. Diese Firma und auch die nächste, Wally Amos Presents (die hauptsächlich Haselnußkekse vertrieb), verlor er ebenso wie die Rechte an seinem berühmten Namen und seine Privatvilla. Kurz gesagt, er stand vor dem Nichts. Doch Wally ist nicht der Typ, der klein beigibt. Zur Zeit bereitet er sein nächstes Comeback vor, diesmal mit kalorienarmen Keksen mit Schokoladenstreuseln, Pekannüssen und Kokosraspeln (klingt gut); neuer Name: Uncle Noname (gefällt uns nicht so gut). Und welche Lehre ist daraus fürs Clicken zu ziehen? Wenn Sie ein gutes Produkt haben, aber an unzureichendem Firmenmanagement gescheitert sind, dann sollten Sie es auf jeden Fall nochmals versuchen. Aber dann als cleverer Geschäftsmann.

Vielleicht müssen Sie sich auch von einem unpassenden Partner trennen. Das jedenfalls tat Dennis Wilfong, ehe er von vorn begann. Wilfong ist der Erfinder eines kleinen Gerätes, das einen plötzlichen Stromanstieg verhindert und so für gleichmäßige Energiezufuhr in elektrischen Geräten sorgt. Computer und Fernsehgeräte können damit nicht mehr durchbrennen. Wilfongs Produkt war gut und wurde gebaut, doch leider tat er sich mit einem finanziell höchst zweifelhaften Partner zusammen. Und nicht genug damit, die Firma wurde auch noch Opfer eines schlecht recherchierten Beitrags im Fernsehmagazin *Sixty Minutes*. Dort hieß es, solche Geräte könnten überhaupt nicht funktionieren, und es komme dem Unternehmen allein darauf an, den Leuten das Geld aus der Tasche zu ziehen. Das war das Ende der Firma, aber nicht das Ende der Geschichte. Denn nachdem Dennis Wolfong sich eine Zeitlang verzweifelt seinen Schuldenberg angesehen hatte, raffte er sich auf und startete im eigenen Heim einen neuen Versuch. Im Backofen wurde ein chemischer Bestandteil des Gerätes hergestellt, der elektronische Rest in der Garage. Neue Aufträge gingen ein, und die kleine Firma Innovative Technology kam aus den Startlöchern; Jahresumsatz 1992: 12 Millionen Dollar. Der falsche Partner, eine schlechte Presse, und trotzdem überlebt. Der kleine Helfer findet sich inzwischen in vielen Haushalten. Und die Aussichten sind gut.

Ben Cohen und Jerry Greenfield, zwei Hippie-Aussteiger, die sich ins ländliche Vermont zurückgezogen hatten, um sich dort ein schönes Leben zu machen, schafften es auf wundersame Weise, aus einer kleinen Eisdiele, die sie 1978 in einer ausgedienten Tankstelle eröffneten und die sich als »Goldgrube« erwies, ein Großunternehmen mit 150 Millionen Dollar Jahresumsatz, mehr als 600 Angestellten und 100 Franchise-Nehmern zu machen. Zuletzt sorgten sie in Busineßkreisen mit der Ankündigung für Furore, sie suchten für die Leitung der täglichen Geschäfte einen Spitzenmanager, um selber wieder mehr Zeit für ihre Lieblingsbeschäftigung zu haben: neue Eissorten kreieren, deren Geschmack testen, mit Kunden sprechen und Gutes tun. Die Suche gestalteten Ben und Jerry höchst unkonventionell: als Aufsatzwettbewerb unter dem Motto: »Yo! I Want to Be CEO!« (»Ja, Chef will ich wohl werden!«). Jeder Bewerber mußte einen kurzen Essay von nur hundert Worten schreiben. Erster Preis: der Job. Zweiter Preis: kostenlose Eiscreme lebenslänglich. Die beiden Firmengründer sitzen zwar weiterhin im Vorstand des Unternehmens, doch die Tagesgeschäfte hat Ben inzwischen dem neuen Chef übergeben.

Am Anfang der Erfolgsgeschichte von Ben & Jerry, die zu den meistzitierten in den USA gehört, standen allerdings zwei unangepaßte Versager (»zwei fette Deppen«, wie sie selber sagen): Jerry wollte gern Arzt werden, wurde aber von nicht weniger als vierzig medizinischen Fakultäten abgewiesen. Ben verließ Long Island, kaufte sich im ländlichen Vermont ein Stück Land und fing an zu töpfern. Doch niemand wollte seine Tongefäße kaufen. Da taten sich die beiden Schulfreunde zusammen, um in die Nahrungsmittelbranche einzusteigen. Aber was sollte es nun werden? Ben & Jerry's Bagels? Ben & Jerry's Fondues? Ben & Jerry's Shishkebabs? All das wäre wahrscheinlich kein Hit geworden. Mit sicherem Gespür entschieden sie sich für jene bewußt etwas grobe Eiscreme, die sie später berühmt machte.

Mindestens ebenso berühmt ist Bill Gates. Jeder, der im Geschäftsleben steht, ob oben oder unten, hätte gern Erfolg mit einem Unternehmen wie Microsoft. Bill Gates jedenfalls hat damit Milliarden Dollar verdient – und im Alleingang den Aufstieg vom versponnenen Computerfreak zum bewunderten Helden geschafft. Doch ruht Gates sich nun auf seinen Lorbeeren aus? Glaubt man den Interview-Äußerungen seiner Freundin Ann Winblad in *Mirabella*, entspricht nichts weniger der Wahrheit. Denn »Bill wird von Angst umgetrieben. Nicht von den kleinen Feld-, Wald- und Wiesen-Ängsten, sondern von der vor einem tiefen, dunklen Abgrund. Er leidet unter der panischen Angst zu scheitern. Was ihm so schlimme Sorgen bereitet, ist die Furcht, sein Erfolg könnte sich am Ende vielleicht überleben und er als Ex-Größe sterben.« So schlimm dieser Gedanke für Bill Gates auch sein mag, auf andere mag er durchaus tröstlich wirken. Wenn schon Bill Gates Angst vor dem Scheitern hat, dann dürfen wir das erst recht.

Nach dem Scheitern eines Produkts müssen oft die verantwortlichen Manager ihren Hut nehmen. So auch Sergio Zyman nach dem Mega-Flop der neuen Coke im Jahr 1985. Er blieb noch ein Jahr bei Coca-Cola und zog sich dann für sieben Jahre (als Unternehmensberater) zurück. Die Amerikaner wollten damals das Verschwinden eines ihrer nationalen Symbole einfach nicht hinnehmen. Zum Glück für das Unternehmen schaltete Coca-Cola blitzartig um und ließ die gute alte Coke wiederauferstehen. Dennoch nahm dieser gigantische Marketing-Flop, der Milliarden kostete und nur noch mit dem Ford Edsel verglichen werden kann, zuletzt eine positive Wende. Also auch hier ein Stehaufmännchen-Effekt. Sergio Tyman arbeitet wieder bei Coca-Cola, und mit der neuen und der alten Coke hat das Unternehmen nun zwei Eisen im Feuer: doppelte Regalfläche für New Coke und Classic Coke.

Das Auf und Ab von Erfolg und Mißerfolg kann natürlich auch die Produkte selbst treffen, nicht nur Manager und Unternehmer. Eine der größten Herausforderungen, mit denen BrainReserve als Marketing-Agentur konfrontiert ist, hat genau damit zu tun: mit der Neupositionierung und Auffrischung alter Artikel, deren Absatz nachgelassen hat. Das Ganze ist oft eine Gratwanderung zwischen Nostalgie (in diesem Fall *müßten* die Produkte unverändert bleiben, um treue Kunden nicht zu verprellen) und dem Absturz ins Nichts (*weil* die Produkte unverändert bleiben und neuere Artikel ihnen den Rang ablaufen). Ein Beispiel: Vor Jahren nahmen wir uns das Reinigungsmittel »Bon Ami« vor, bekannt wegen der einprägsamen Abbildung eines kleinen Kükens mit dem Slogan »Hasn't scratched yet« (Noch kein Kratzer). Für dieses ökologische Scheuerpulver aus der Frühzeit des Umweltbewußtseins sprach allerdings noch mehr: Es war so rein und ungiftig, daß man sich damit wahrscheinlich auch die Zähne hätte putzen können. Mit Hilfe unserer Fokusgruppen und einer Trendanalyse fanden wir heraus, daß die Verläßlichkeit, der altmodische Charme und die Ehrlichkeit des Mittels auch die heutigen Kunden noch ansprachen. Man wollte einfach keine Hochglanzversion von »Bon Ami«, und deshalb wurde auf eine Veränderung von Produkt und Verpackung verzichtet.

Ein anderes Produkt, dem wir zu einer Neupositionierung verhalfen, war der Massage-Duschkopf von Teledyne Water Pik. Ursprünglich auf dem Markt gut gestartet, war der Absatz langsam, aber stetig gesunken. Hier war die Antwort indessen schnell zur Hand, denn die Düsen des Duschkopfes mußten nur etwas anders eingestellt werden, und schon war eine verkaufsfördernde Lösung im Sinne der Trends gefunden: Jetzt stand nicht mehr der gesundheitliche Effekt der Massage im Vordergrund, sondern der Genußeffekt der Streßreduktion. Und schon wurde das Ganze ein Click-Erfolg.

Die Lego-Bausteine büßten zwar im Zeitalter der Computerspiele und -effekte (mit ihrem wahnwitzigen Tempo) an Popularität ein, neuerdings erfreuen sie sich aber wieder großer Beliebtheit. Denn das bedächtige Auf und Ab von Bauen und Zerstören ist kreativ, und kreatives Spielen bleibt für die kindliche Entwicklung von zentraler Bedeutung. Auch das gute alte Jo-Jo erlebt eine Renaissance. In den dreißiger und vierziger Jahren war dieses uralte chinesische Spielzeug in den USA der letzte Schrei, bis hin zu allen möglichen Geschicklichkeitswettkämpfen. Dann gerieten die Jo-Jos allmählich in Vergessenheit. Dagegen erörtert man heute sogar den Vorschlag, Jo-Jo-Wettkämpfe als olympische Disziplin zuzulassen.

Ein weiteres Beispiel für das jedermann bekannte Auf und Ab auf dem Markt: Noch vor wenigen Jahren galt es als ausgemacht, daß die amerikanische Autoindustrie (und die in Detroit ansässige ganz besonders) mit ihren Produkten langfristig keine Chance mehr hätte. Amerikanische Autos standen im Ruf, schlampig verarbeitet zu sein und auch preislich mit den Japanern nicht mehr mithalten zu können. Selbst die amerikanischen Arbeiter galten plötzlich als schlampig und faul. Und bei den Käufern galt es einfach nicht mehr als schick, sich eine amerikanische »Zitrone« anzuschaffen. Doch dann gewann das amerikanische Automobil im Gefolge des Golfkriegs und seiner patriotischen Gefühlswallungen (»Buy American«), aber auch aufgrund echter Fortschritte in Design und Technologie, die Gunst der Käufer zurück. Heute gelten amerikanische Wagen als solide, im Unterhalt preiswert und sehr servicefreundlich. Vom Erfolg über den Mißerfolg zum Erfolg – auch auf diesem Markt.

Weitere Beispiele gefällig? Auf dem immer im Blickpunkt der Öffentlichkeit stehenden Immobilienmarkt für große Bürohäuser tummelt sich der New Yorker Makler und Projektentwickler Bruce Eichner. Während des Booms der achtziger Jahre und im Zeichen schlagzeilenträchtiger Super-Deals übernahm er sich beträchtlich und schlitterte anschließend voll in die Krise. Machtlos mußte er mitansehen, wie die Banken viele seiner leerstehenden Büro- und Apartmenthäuser kassierten. Inzwischen hat sich das Klima jedoch gewandelt, und auf dem Markt für Büroflächen wird es in Manhattan schon wieder eng. Also macht sich Eichner wieder ans Werk. Und es hat ganz den Anschein, als hätte er aus seinen Fehlern gelernt und ginge nun umsichtiger vor. Nachdem er zunächst über einem gigantischen Spielzeugladen einen Apartmentkomplex errichtete, hat er sich nun mit einer brillanten Idee zurückgemeldet. Ein großes Hotel in Manhattan wird in Büroflächen auf Time-Sharing-Basis umgewandelt. Um das Risiko zu minimieren, findet der Umbau Stockwerk für Stockwerk statt. Ein solides Comeback des gefallenen Baulöwen.

Mehr noch als beim Film oder auf der Bühne ist man beim Fernsehen schnell in aller Munde – und ebenso schnell wieder weg vom Fenster. (Aber zum Glück gibt es ja genug Kanäle, auf denen man es immer wieder versuchen kann.) Schon so mancher Talkmaster und so manche Moderatorin mußte dies am eigenen Leib erfahren. Tom Snyder etwa verbrachte nach seiner Ablösung als Late-Night-Talkmaster bei CBS durch Letterman einige Jahre bei CNBC, bevor er jetzt als Nachfolger Lettermans zurückkehrte. Oder denken Sie an Thomas Gottschalk, an sein Gastspiel in der *RTL-Talkshow am späten Abend* und seinen Wiedereinstieg bei der ZDF-Sendung »Wetten, daß …?«

Wie lange es manchmal dauern kann, bis ein Comeback glückt, zeigt das Beispiel der Bauchrednerin Shari Lewis mit ihrer Strumpfpuppe »Lamb Chop« (Lammkotelett). Nach ersten Fernseherfolgen in den frühen sechziger Jahren wurde die Sendung nach dreijähriger Laufzeit abgesetzt, erlebte in den siebziger Jahren eine kurze Neuauflage und war dann erst einmal ganz am Ende. 1992 unternahm das öffentliche Fernsehen PBS dann einen neuen Anlauf und präsentiert die singende Shari mit ihrer Puppe seitdem werktags jeden Morgen in der Kindersendung *Play Along*. Und siehe da, auf einmal ist die Sache ein Click-Erfolg. In der Beliebtheitsskala steht Shari bei den Kindern schon auf Platz drei, hinter »Barney«, dem lilafarbenen Dinosaurier, und der *Sesamstraße*.

Brooke Shields und John Travolta können ein Lied vom Auf und Ab einer Filmkarriere singen. Beide mußten sich nach frühen Erfolgen mit den Filmen *Pretty Baby* (Shields) und *Saturday Night Fever* (Travolta) über lange Durststrecken mit bestenfalls mittelmäßigen Rollen quälen, ehe sie mit dankbaren Rollen wieder im Rampenlicht des Erfolgs standen.

Oft zieht sich der Kampf um ein Comeback über viele Jahre hin. Aufstieg und Fall können aber auch über Nacht kommen. »Über Nacht kann eine lange Zeit sein«, bekannte die Sängerin Jessye Norman einmal. Manchmal kostet der Fall nicht nur den guten Namen oder ein politisches Mandat, sondern auch viel Geld. So erging es der bildhübschen Miß America, Vanessa Williams, die die Insignien ihrer neuen Würde zurückgeben mußte, als herauskam, daß sie auf den Seiten von *Penthouse* nackt posiert hatte. Damit waren auch die mit dem Titel verbundenen Werbeverträge hinfällig. Doch Vanessa gelang ein Comeback, wenn auch nicht im Miß-Zirkus. Mit einer CD, die die Top Ten schaffte, mit einer Hauptrolle in dem Broadway-Musical *Kiss of the Spider Woman* und mit einem Song in dem Disney-Film *Pocahontas* (»Colors of the Wind«). Martina Navratilova, eine der besten Tennisspielerinnen aller Zeiten, erhielt keine lukrativen Werbeverträge mehr, nachdem sie sich als Lesbierin geoutet hatte – und vor allem nach dem Gezänk mit ihrer früheren Lebensgefährtin Judy Nelson, das, wie die »schmutzige Wäsche« aus zahlreichen Prominentenscheidungen, wochenlang die Klatschspalten füllte.

Als der Schwergewichtsboxer Mike Tyson nach einer Vergewaltigung in die Schlagzeilen geriet, vor Gericht stand und dann ins Gefängnis wanderte, waren seine Werbe-Millionen dahin. Doch sportlich gelang ihm, ähnlich wie zuvor schon George Foreman (im Alter von 45 Jahren!), inzwischen das Comeback, die Rückkehr auf den Schwergewichts-Thron. Nachdem nun wieder Millionen-Börsen winken, dürften auch die Werbe-Millionen nicht mehr lange auf sich warten lassen.

Marion S. Barry, der Bürgermeister der Bundeshauptstadt Washington, der mit der Droge Crack erwischt und von einem Gericht verurteilt wurde, stürzte nur für kurze Zeit aus seinem Amt. Inzwischen wurde er von seiner schwarzen Klientel zum vierten Mal wiedergewählt – vor allem aus einem Grund: Barry kümmert sich tatsächlich um die Sorgen der Bevölkerung, insbesondere um die Sorgen derer, die nicht auf der Sonnenseite des Lebens stehen. So blieb er trotz Drogenskandal der Held dieser Menschen.

Während Barry ungeachtet eindeutiger Beweise eher anderen als sich selbst die Schuld für sein Drogenvergehen gab, sollte man es sich lieber zur Regel machen, schwierige Zeiten und Mißerfolge offen und ehrlich zu akzeptieren. Wenn es erforderlich ist, sollte man die Verantwortung übernehmen. Clevere Berater betonen es immer wieder: Gib zu, wenn du Fehler gemacht hast, und entschuldige dich. Denn das verschafft Respekt.

Stärkung durch Mißerfolg

Schon oft wurde festgestellt, daß der Weg zum Mißerfolg über die Unterschätzung der Konkurrenz oder die Überschätzung der eigenen Person führt. Das Denken in Superlativen, das in den Vereinigten Staaten massiv, in abgeschwächter Form aber auch andernorts anzutreffen ist, leistet dazu leider keinen geringen Beitrag. Wenn bereits jede Kleinigkeit »super«, »spitze« oder »genial« ist, wie will man da den Leistungen echter Genies wie Leonardo da Vinci oder Einstein gerecht werden? Achten Sie also einmal auf Ihre Sprache (und das darin zum Ausdruck kommende Denken), und gehen Sie sparsamer mit Superlativen um.

An Schulen und Universitäten sind gute Noten heutzutage geradezu inflationär verbreitet, so daß ein Umdenken und eine Änderung der Bewertungspraxis dringend erforderlich sind. Wie sonst sollen wirklich herausragende Leistungen noch erkannt werden? Schlechte Noten, die in den USA und an manchen deutschen Schulen heute kaum noch vorkommen, können auch ihr Gutes haben. Denn aus Fehlern und Versagen kann man Lehren ziehen. Auch eine rechtzeitige Warnung vor späteren Problemen schadet nicht. Statt dessen werden Fehlleistungen an den Colleges heute meist kaschiert. Wenn man einen Kurs noch bis zur letzten Minute abwählen kann, weil eine schlechte Note droht, und es nach der Wiederholung des Kurses auf dem Zeugnis trotzdem so aussieht, als habe man im ersten Anlauf mit Glanz und Gloria bestanden, dann stimmt etwas an diesem System nicht. Zumindest die Tatsache der Wiederholung müßte durch ein »W« vermerkt werden. Universitätspräsidenten wie G. Casper von der renommierten Stanford University machen sich daher zu Recht zum Fürsprecher von Reformen. Caspers Worte sind bedenkenswert: »Daß uns ein Vorhaben auch einmal nicht gelingt, ist doch eine Erfahrung, die wir alle machen müssen. Wer nicht auch einmal etwas wagt und einen Mißerfolg riskiert, lebt in einer völlig illusionären Welt.« Wir müssen uns immer wieder vergegenwärtigen, daß wir nicht die ganze Welt kontrollieren können. Und wir dürfen es uns auch nicht durch die Sprache der Superlative und durch unverdient gute Noten vormachen.

Der Psychologe Steven Berglas von der Harvard Medical School machte bei Erfolgreichen ein Verhaltensproblem aus, das er »Erfolgssyndrom« nennt. Berglas zufolge neigt man nach dem Erreichen eines Zieles dazu, sich selbst zu sabotieren und so den Erfolg in Gefahr zu bringen. Man schießt sich, wie es im Straßenjargon so bildkräftig heißt, selbst in den Fuß. Manche Leute meinen, daß sogar US-Präsident Clinton diesem Syndrom verfallen ist. Er scheint den Nervenkitzel des Auf und Ab zu lieben, statt einen geraden, stabilen Erfolgskurs zu steuern.

Mit anderen Worten, manch einer setzt sich selbst hohen Risiken aus, um sich immer wieder selbst beweisen zu können, um Erfolge immer wieder neu erringen zu müssen. Manche Menschen beweisen sich beim Bergsteigen, andere als Marathonläufer. So schrieb der französische Philosoph und Schriftsteller Albert Camus: »Der Kampf bis zur Spitze ist für sich genommen schon ausreichend, um dem menschlichen Herzen Erfüllung zu verschaffen. Man sollte deshalb Sisyphus als glücklichen Menschen betrachten.« Vor der Lektüre von Camus war uns dieser Held der griechischen Mythologie, der unermüdlich einen Felsbrocken den Berg hinaufwälzt, um anschließend hilflos mitanzusehen, wie er wieder zu Tale rollt, als armer, bemitleidenswerter Kerl erschienen. Doch vielleicht hat Camus recht. Nimmer endende, harte Arbeit und ein monoman verfolgtes Ziel können großartig sein und eine ganz eigene Art von Befriedigung verschaffen.

Im Grunde spricht sogar manches dafür, nicht am Erfolg zu kleben und hinfort nichts mehr zu riskieren. Unser Freund Bob Kenmore begann gerade nach Erfolgen des öfteren von vorn und suchte neue Herausforderungen. Nach einer Bilderbuchkarriere in der ITT-Konzernabteilung für Beteiligungen und Zukäufe machte er sich selbständig und bastelte sich seinen eigenen multinationalen Konzern. Doch auf dem Höhepunkt trat er erneut ab, weil ihn eine akademische Karriere und eine Weltreise ebenso reizten. Er absolvierte ein Aufbaustudium der Betriebswirtschaft in Stanford, unterrichtete dann an der wichtigsten französischen Wirtschaftsschule, INSEAD, und ging anschließend mit seiner Frau auf eine lange Reise um die Welt. Nach seiner Rückkehr in die USA stieg er als Unternehmer erneut in die Wirtschaft ein (mit wechselndem Erfolg, ehe es schließlich wieder clickte). Und so ist Bobs Berufsleben ein gutes Beispiel dafür, wieviel man erleben und bewegen kann, wenn man nicht stur dem Sicherheits- und Erfolgsdenken verhaftet bleibt und statt dessen bereit ist, Erfolge auch wieder aufs Spiel zu setzen, um persönlich weiter zu wachsen.

Der mit dem Nobelpreis für Medizin ausgezeichnete Biochemiker Kary Mullis erreichte den Gipfel des Erfolges ziemlich geradlinig. Er fand einen Weg, DNS im Labor zu analysieren, zu reproduzieren und zu reaktivieren. Er nahm alle Ehrungen, Preise und Spitzenhonorare für Vorträge gern entgegen, entschloß sich dann aber, seinen Beruf an den Nagel zu hängen, obwohl seine Arbeit und die von ihm entwickelte technische Analysemethode PCR die Welt auf vielen Gebieten nachhaltig verändert hatte. Etwa in der Anthropologie, der Archäologie (auf seinem Konzept beruht auch die Grundidee von *Jurassic Park*), in der Diagnostik und in der Gerichtsmedizin. Mullis' Pläne? Ein Weilchen das Leben genießen, um sich dann einen Traum zu erfüllen und Schriftsteller zu werden.

Ist das alles ein Fehler? Sollte man Bob Kenmore und Kary Mullis lieber nicht als Vorbilder heranziehen? Wie wollte man überhaupt mit Fehlern und Mißerfolgen umgehen? Wir halten es mit Carol Caruthers von Price Waterhouse, einer Kämpfernatur. »Die Leute erinnern sich nicht an die Fehler, die man gemacht hat«, sagt sie, »sondern daran, was man aus diesen Fehlern gemacht hat.«

Und die Lektion für den Erfolg? Überlegen Sie sich Ihre Wünsche vorher genau!

»Erfolg« ist ein relativer Begriff. Auch wenn es anders zu sein scheint: Was ein Erfolg ist, bestimmen zuallererst wir selbst. Und nicht die Öffentlichkeit. Denn die Definitionen von Erfolg ändern sich – je nachdem, wer ihn definiert. Wichtig ist vor allem, seine Ziele festzulegen, sich klarzumachen, worauf man wirklich aus ist. Für manche besteht der Erfolg aus einer Fülle persönlicher Beziehungen, für andere aus dem Gefühl, das Leben der anderen kontrollieren zu können. Was wollen Sie wirklich? Berühmt werden? Ein großes Vermögen? Glück? Oder Macht? Wollen Sie in die *Fortune*-Liste der Superreichen aufgenommen werden, dann müssen Sie anders vorgehen als bei einer Suche nach menschlicher Erfüllung. Und überlegen Sie es sich vorher ganz genau. Denn immenser Reichtum wird oft mit Isolation, Mißtrauen und Einsamkeit erkauft. Und wenn Sie so berühmt sein wollen, daß jeder Sie auf Anhieb erkennt, hat das auch seine Kehrseite. Denken Sie an Film- und Fernsehgrößen oder an Lady Di. Keine unbeobachtete Minute mehr, kein Privatleben. Ständig sind Kameras auf einen gerichtet, und hinter jeder Ecke lauert ein Reporter.

Was bedeutet das alles nun für das Auf und Ab des Erfolges? Was sagen uns die vielen angeführten Beispiele? Es gibt zwei Arten von Mißerfolg: Man kann vor lauter Träumen die Ausführung vergessen. Und man kann als »Macher« so mit der Ausführung beschäftigt sein, daß einem die Perspektive abhanden kommt.

Wer kein Risiko eingeht, kann auch keine Fehler machen. Doch wer keine Fehler macht, stagniert, entwickelt sich nicht weiter, kann nicht wachsen und stärker werden. Wer Fehler macht, sollte sie zugeben können. Bleiben Sie flexibel im Leben, auch bei Ihrer eigenen Definition von Erfolg und Mißerfolg. Wenn etwas schiefgegangen ist, versuchen Sie es nochmal. Wäre doch gelacht, wenn es nicht irgendwann clickte!

30. Kapitel

Der richtige Name: Wenn jeder Ihren Namen kennt, haben Sie es geschafft

»Weisheit beginnt damit, daß man die Dinge beim richtigen Namen nennen kann.«

CHINESISCHES SPRICHWORT

Dieses Kapitel ist kein Witz. Es handelt wirklich vom Für und Wider einer Namensänderung. Für die meisten ein heikles Thema. Auch sind die Rahmenbedingungen nicht überall die gleichen. Während das Namensrecht in den USA schon immer recht liberal war, gelten in anderen Ländern strenge Regeln. In Deutschland etwa wurde das Namensrecht erst in jüngster Zeit ein wenig liberalisiert, wenngleich die Freiheit der Amerikaner im Umgang mit ihren Namen für Deutsche immer noch undenkbar ist. Einen probaten Ausweg gab es allerdings schon immer, auch wenn er überwiegend Künstlern und Schriftstellern vorbehalten war: den Künstlernamen, das Pseudonym. Zwar bleibt in diesem Fall der bürgerliche Name unverändert, aber die Öffentlichkeit kennt den Autor oder die Schauspielerin unter dem passenden, selbstgewählten Namen: Aus Samuel Langhorne Clemens wurde auf diese Weise Mark Twain, aus Norma Jean Baker Marilyn Monroe. Zwar muß man nicht den passenden Namen tragen, um Erfolg zu haben, was die langen Listen von Leuten belegen, die es mit ausgesprochen schwierigen Namen zum Erfolg brachten, aber manchmal hilft es eben doch. Wie bei Künstlern. Oder Markennamen.

Vielleicht liegt uns Autorinnen das Thema besonders am Herzen, weil wir beide Namen annahmen, die besser zu uns passen: aus Plotkin wurde Popcorn, aus Margold Marigold (»Ringelblume«). Wir sagen: Wenn Ihnen der Name, den Ihre Eltern Ihnen gaben, im Wege steht, oder wenn Sie ihn aus irgendwelchen Gründen nicht mögen, dann ändern Sie ihn doch einfach. (Denken Sie daran, wie lange und akribisch Unternehmen und Marketing-Experten an Markennamen herumtüfteln, denn zumindest hier ist der »richtige« Name eine Voraussetzung für den Erfolg.) Wählen Sie sich einen

Namen, der Ihnen instinktiv richtig erscheint und der zum Ausdruck bringt, wer Sie sind oder sein wollen. Einen Namen, der Ihrem wahren Selbst suggeriert »Das bin ich«. Wer in der Öffentlichkeit steht, hat es mit einem einfachen Namen auf jeden Fall leichter. Mit einem Namen, der leicht auszusprechen ist und den man sich gut merken kann. Und wer nicht das Glück hat, mit einem solchen Namen geboren zu sein, wählt sich eben einen. Warum sollte dies ein Privileg bestimmter Kreise sein? Warum sollten nicht auch ganz normale Leute ihren alten Namen ablegen und sich einen neuen zulegen können? Und zwar nicht nur, um ihre ethnische Herkunft zu kaschieren?

Sehen Sie sich die folgenden Geburts- und Künstlernamen von Hollywoodstars, Modedesignern und Schriftstellern an. Hätten diese Leute mit ihren bürgerlichen Namen Karriere machen können? Aus Archibald Leach wurde Cary Grant, aus Bernard Schwartz Tony Curtis. Aus Roy H. Frowich wurde Halston, aus Ralph Lifshitz Ralph Lauren. Aus Truman Streckfus Persons wurde Truman Capote, aus Anne Rice A. N. Roquelaure.

Wenn Sie es leid sind, Ihren schwierigen Namen ständig buchstabieren oder anderen Leuten die richtige Aussprache beibringen zu müssen, oder wenn er Spott, Witzeleien und ein verstecktes Kichern geradezu provoziert, zögern Sie nicht, ihn zu ändern. Beispiele gibt es genug: Schlotterhase, Fleischhacker, Strudel, Pudel, Grünspan, Szczypiorsky und so weiter. Manchmal wecken Namen auch erst in einer anderen Sprache unangenehme Assoziationen: Während der Name Belcher im Französischen, woher er stammt, einen romantischen Klang hat (*bel* und *cher*, »schön geliebt«), sind die Assoziationen im Englischen, wo der Name durchaus geläufig ist, eher unangenehm (denn *to belch* heißt »rülpsen«).

Was immer in Ihrem Fall die Gründe sein mögen, entscheidend sollte die Frage sein: Haben *Sie* Ihren Namen satt? Manche Leute sind auch mit einem schwierigen Namen glücklich, oder er macht ihnen zumindest nichts aus (Beispiel: der amerikanische Präsidentenberater mit dem polnischen Namen, Zbigniew Brzeszinski). Manche Leute können auch gut mit einem seltsamen Namen leben (wie die legendäre Ima Hogg – die lautlich naheliegende, aber etymologisch nicht korrekte Assoziation ist hier natürlich *hog*, »Schwein«). Vielleicht möchten Sie aber auch mit einem Allerweltsnamen wie Müller oder Schmidt nicht in der Masse untergehen, sondern wünschen sich einen individuelleren, zu Ihrem Wesen passenden Namen.

Mein Mädchenname lautet Faith (»Glaube«, klingt nach Quäkern oder Pietismus und erweckt unweigerlich die Assoziation »…, Liebe, Hoffnung«) Beryl (Filmstar der dreißiger Jahre) Plotkin (väterlicher Familienname). Daß meine Mutter, eine Rechtsanwältin, nie den Familiennamen meines Vaters annahm, sondern den eigenen, Storper, ihr ganzes Leben beibehielt, hat meine Einstellung zu Namen natürlich beeinflußt. Wie schon im zweiten Kapitel berichtet, gab mein Chef Gene Garlanda mir den Spitznamen Popcorn, als ich gerade zwanzig war. Ich mochte seinen Klang, Rhythmus und

Witz von Anfang an. Und niemand konnte sich bei meinem neuen Namen Faith B. Popcorn einen Scherz verkneifen. »Was heißt das B.? Butter?«, lautet einer der Standardwitze, bei dem sich die Leute vor Lachen schier ausschütten. Sollen Sie ruhig ihre Witze machen, aber einen solchen Namen vergißt niemand. (Vielleicht wechsle ich meinen Namen sogar noch einmal. Dann will ich Trendar heißen.)

Als Lysbeth A. Marigold als Creative Director zu BrainReserve kam, war auch bei ihr ein Namenswechsel fällig. Inzwischen wurde es auf ihre Initiative hin bei BrainReserve zum Insiderspiel, jeden, der durch die Tür kommt, auf den passenden Namen hin zu taxieren. Lys' Geburtsname lautet Margold, und eigentlich ist dagegen überhaupt nichts einzuwenden. Aber es spricht auch nichts für ihn. Nach mehreren Anläufen war die perfekte Lösung gefunden: ein kleines »i« machte aus Margold eine »Ringelblume«. Und Lys selbst fühlte sich fortan mit diesem Namen innerlich ganz anders: glücklicher, frischer, eben wie eine schöne Blume. Und auch andere reagierten auf diesen Namen ausgesprochen positiv. Der neue Name war also ein echter Click. »Was für ein schöner Name!«, »Das kann man sich leicht merken, genau wie die Blume!« und ähnliche Aussprüche bestätigen dieses Gefühl.

Gehen Sie also lockerer an Ihren Namen heran. Namen sind nicht sakrosankt. Und zumindest die Familiennamen sind auch noch gar nicht so alt, wie ein kleiner Spaziergang durch die Geschichte zeigt. In den meisten Ländern entstanden sie zwischen dem späten Mittelalter und dem beginnenden 19. Jahrhundert, doch auch danach trugen die Menschen in vielen Kulturen nur einen Namen. In der Türkei wurden Familiennamen erst 1919 unter Kemal Atatürk, dem Gründer des modernen türkischen Staates, verbindlich, in Venedig finden sie sich schon im 11. Jahrhundert, und in England befahl König Edward IV. im Jahr 1465 seinen Untertanen das Führen von Nachnamen.

Einige wählten sich den Namen einer Stadt (Sutton, Chester), andere eine Farbe (White, Black, Brown), wieder andere eine Berufsbezeichnung (Carpenter, Cook, Butler). Bis zu 10 Prozent der Familiennamen waren sogenannte Spitznamen. In mittelalterlichen Kirchenbüchern kann man noch heute mühelos nachvollziehen, wie sich ursprünglich individuelle Spitznamen zu Familiennamen verfestigten. Ein schlauer Mitmensch wurde »Fuchs« genannt (Fox), ein großer »Longfellow«, ein musikalischer oder lustiger »Whistler« (Pfeifer).

Manche Namen, insbesondere die der Juden, dienten beabsichtigt oder nicht der ethnischen Stigmatisierung. Im deutschen Sprachraum mußten Juden zwischen Spätmittelalter und dem 18. Jahrhundert teuer für akzeptable Familiennamen bezahlen. Sonst drückten ihnen antisemitisch gesinnte Beamte schon mal einen »Schweißhund« oder ein »Bubenstück« auf. Dagegen verfolgten die Nazis bewußt eine Politik der Stigmatisierung durch jüdische Namen. Alle deutschen Frauen jüdischer Abstammung wurden gezwungen, den Vornamen Sara zu tragen, alle Männer mußten den Namen Israel führen.

In den USA verliehen viele Farbige seit den sechziger Jahren ihrem Protest dadurch Ausdruck, daß sie ihre christlichen Geburtsnamen zugunsten islamischer Namen ablegten (zumal, wenn sie zu den »Black Muslims« gehörten): Der einstige Boxer Cassius Clay nennt sich heute Muhammad Ali, der Schriftsteller LeRoi Jones Imamu Amiri Baraka.

So viel zum Namenswechsel und seinen vielfältigen Hintergründen. Doch will ja gar nicht jeder seinen Namen ändern. Manche sind sogar ausgesprochen glücklich dran, weil sie von Geburt an einen denkwürdigen Namen tragen. Der Rockstar Prince heißt laut Geburtsurkunde Prince Anthony Nelson. Und Madonna brauchte auch nur ihre weiteren Namen wegzulassen: Madonna Louise Veronica Ciccone. Friedlich klingen die Namen von Marianne Faithfull, Brooke Shields, Dawn Mello und Heather Angel. Solche Namen wird kaum jemand ändern wollen.

Oft ist eine Eheschließung der Anlaß für einen Namenswechsel, was Probleme mit sich bringen – oder aber alte lösen kann. Die ethnische Identität des Namens kann verlorengehen, wie bei unserer Freundin Francesca Pitrelli, die nach der Eheschließung mit Michael Freedman zu Fran Freedman mutierte. Der neue Familienname kann aber auch zu unfreiwilliger Komik führen, wie bei der Mutter von Lys' Schulfreundin Carol Sippy, die von der Anrede Mrs. Sippy (lautgleich mit »Mississippi«) auf Dauer sicher nicht begeistert war.

Nach amerikanischem Namenrecht ist es sogar möglich, aus den beiden Familiennamen der Ehepartner einen neuen Namen zu machen: Unsere Freunde Marnie McBryde und David Fink planen, nach der Heirat samt Familienzuwachs den gemeinsamen Namen McFink zu führen.

Oft machen Familien sich Sorgen, daß ein traditionsreicher Familienname mangels männlicher Erben untergehen könnte. Nicht zuletzt deshalb hatte ja (und hat mancherorts noch heute) der »Stammhalter« eine so große Bedeutung. Neuerdings läßt sich dieses Problem aber auch in Deutschland unkompliziert lösen, denn nun kann der Ehemann auch hier den Familiennamen der Partnerin annehmen, und damit ist der Fortbestand eines gefährdeten Namens auf jeden Fall gesichert. In den Vereinigten Staaten ist dies schon viel länger möglich.

Aus unserem unmittelbaren Umfeld ist Janet Siroto, Creative Director von BrainReserve, Beispiel für eine weitere Lösungsmöglichkeit. Weil in Janets Familie in ihrer Generation keine männlichen Nachkommen für den Fortbestand des Namens sorgen können, ihr Ehemann aber seinen eigenen Namen, Jason Harper, weiterführt, soll wenigstens der Sohn der beiden Siroto heißen. Unterschiedliche Familiennamen und Namenkombinationen sind in lateinischen Ländern nichts Besonderes. Hier hängen die Kinder den Familiennamen der Mutter an den des Vaters an. Wieder anders ist das Namensystem auf Island. Dort wird überhaupt kein Familienname über Generationen hinweg weitervererbt. Wenn der Familienvater den Vornamen Ivan trägt, lautet der Familienname aller seiner Töchter Ivansdottir (»Ivans Töchter«), während die Söhne der gleichen Familie alle Ivansson heißen. So haben Brüder und Schwestern also unterschiedliche Familiennamen. Und in der nächsten Generation werden dieselben Elemente zu wiederum ganz anderen Namen kombiniert.

Eine Ehescheidung ist der gegebene Zeitpunkt für eine Frau, ihren Mädchennamen wieder anzunehmen, wenn sie es wünscht. Meist sind nur ein paar Formulare auszufüllen, dann ist die Sache erledigt. Doch selbst Namensänderungen auf persönlichen Wunsch und ohne äußeren Anlaß sind nicht übermäßig kompliziert oder teuer, wenngleich es von Land zu Land, in den USA auch von Bundesstaat zu Bundesstaat beträchtliche Unterschiede gibt.

Eine letzte Möglichkeit zum Namenswechsel sei noch erwähnt: die erneute Heirat der Mutter oder des Vaters. Dann kommen nochmals neue Namen und Kombinationsmöglichkeiten ins Spiel. So wurde nach der Wiederheirat der Mutter zum Beispiel aus William Blythe Bill Clinton, aus Newton McPherson Newt Gingrich. Hätten Sie's gewußt? Wäre William Blythe mit diesem Namen Präsident geworden?

Eine Änderung des Vornamens hingegen ist für Freunde und Familienangehörige zunächst viel verwirrender und für die Betroffenen viel schwerer durchzusetzen: Denn irgend jemand aus früheren Zeiten wird den alten Namen immer noch weiterverwenden. Und gerade diejenigen, die einem am nächsten stehen, sind den alten Namen am längsten gewohnt, haben ihn am häufigsten gebraucht. Jüngere tun sich bei der Umgewöhnung erwartungsgemäß meist leichter als Ältere. Als Lys' Ex-Schwägerin sich entschloß, sich statt Harriet jetzt Jennifer zu nennen, war sie Mitte dreißig. Bei Familientreffen ergab sich dann die peinliche Situation, daß alle älteren Familienmitglieder »Harriet« begrüßten, während Jüngere, vor allem neuere Freunde, nur »Jennifer« kannten. Da hilft manchmal nur, wenn man sich selten sieht, die diplomatische Lösung eines Doppelnamens (»Harriet-Jennifer.«)

Die Schauspielerin Sigourney Weaver wählte sich ihren ungewöhnlichen Vornamen (nach einer Nebenfigur in Scott Fitzgeralds *Der große Gatsby*) im Alter von 13 Jahren. Ihr alter Name, Susan, war für sie, wie sie in einem Interview bekannte, mit einer eher kleinen Person verbunden, während sie selbst schon damals in die Höhe schoß. Ihre Eltern, die beide ebenfalls nicht jenen Vornamen trugen, der in ihren Geburtsurkunden stand, akzeptierten den neuen Namen ihrer Tochter ohne weiteres. Doch Freundinnen aus früher Kindheit benutzen zum Teil weiterhin den alten Namen Susan, vielleicht, um dadurch alte Vertrautheit zu bekunden.

In der amerikanischen Gesellschaft geht gerade eine Ära konservativer Vornamen zu Ende: Namen wie Carol und Robert, Debbie und Dennis, Linda und Louis. Zur Zeit kommen wieder biblische Namen in Mode (Rachel, Daniel), aber auch solche mit viktorianischem Ursprung. Geographische Namen erfreuen sich ebenfalls wachsender Beliebtheit als Vornamen (Sierra, Paris oder India), zumal sie bereits einige besonders kreative Geister schmückten: den Möbeldesigner Dakota Jackson, die Performance-Künstlerin Judy Chicago oder die Fernseh-Therapeutin Georgia Witkin.

Starke Vornamen sorgen für einen starken Start ins Leben. Denken Sie nur an die Präsidententochter Chelsea Clinton. Viele schwarze Amerikaner verleihen ihrer kulturellen Identität mit ungewöhnlichen Vornamen in unorthodoxer Schreibweise besonderen Ausdruck: Shanelle, LaToya, LeRoi, Starletta, Shaquille. Südstaatler bevorzugen nach wie vor regional verbreitete Namen wie Ida Mae oder Beauregard oder Familiennamen als Vornamen (Whitney, Ballard, Know und so weiter). Und wenn Sie immer noch der Meinung sind, Namen seien Schall und Rauch, dann denken Sie einmal darüber nach, ob die Südstaatenheldin par excellence, Scarlett O'Hara, aus Margaret Mitchells *Vom Winde verweht*, wie ursprünglich geplant, auch Pansy hätte heißen können und ob Buch und Film auch dann solche Welterfolge geworden wären.

Filmhelden und -heldinnen hatten seit jeher großen Einfluß auf die Namengebung. Weil seine Mutter den Film *Vom Winde verweht* so phantastisch fand – besonders den Helden Ashley Wilkes –, erhielt unser BrainReserve-Trend Director Feinstein den Vornamen Ashley. Nachdem »Ashley« jedoch als Mädchenname immer populärer geworden war, häufte sich die Post, die an Miss oder Mrs. Ashley Feinstein adressiert war. Irgendwann war er es dann leid, und so machten wir uns gemeinsam daran, ihm einen neuen Namen zu verpassen. Er nahm schließlich den Geburtsnamen seiner Mutter an und kürzte den Vornamen ab, um ihn männlicher zu machen. So wurde aus Ashley Feinstein Ash DeLorenzo – ein Name, bei dem alles stimmt: Geschlecht, Rhythmus, Flair. So wird es gemacht. Vielleicht wollen Sie Ihren Namen ja auf ähnliche Weise in Form bringen ...

Um sich von anderen abzuheben und Ihren Namen interessant zu machen, könnten Sie verrückte Schreibweisen (etwa »Phranc« oder »Phred« statt Frank oder Fred) oder die Kleinschreibung des ganzen Namens (wie beim Dichter e. e. cummings) in Erwägung ziehen, aber auch einzelne Buchstaben weglassen. Letzteres tat Barbara Streisand, als sie ein Star wurde und ihren Vornamen zu »Barbra« veränderte.

Wie schon mehrfach angedeutet, spielt der richtige Name nicht nur bei Menschen, sondern auch bei Ideen, Dienstleistungen, Produkten und Unternehmen eine entscheidende Rolle. Zumindest große Unternehmen tüfteln nach allen Regeln der Marketing-Kunst lange an den richtigen Namen für ihre Produkte herum. Und solche Namen sind dann sogar gesetzlich geschützt, wenn sie ins Register eingetragen wurden.

Als wir uns entschieden hatten, diesem Buch den Titel »Clicking« zu geben, blieb uns vor Schreck fast das Herz stehen, als wir hörten, daß ein ganz ähnlicher Titel für eine neue NBC-Fernseh-Unterhaltungsshow vorgesehen war. Erst in letzter Sekunde, als nur noch die Wahl zwischen »Extra« und »Click« zu treffen war, entschied man sich bei NBC für »Extra« (auch ein guter Titel). Und damit war der Weg für *Clicking* frei.

Unternehmen wollen wie Menschen eine neue Identität mit einem neuen Namen zu verbinden. 1994 änderte beispielsweise fast jedes achte Unternehmen in den USA seinen Namen, meist aufgrund von Fusion, einer Internationalisierung oder ähnlichem. Oft geht es aber auch nur um ein neues Image. So änderte Esso vor längerer Zeit, um mehr Aufmerksamkeit auf seinen Namen zu ziehen, die Schreibweise in das mysteriös klingende Exxon. Der Vereinfachung dienen dagegen Abkürzungen wie IBM anstelle von International Business Machines oder AT&T anstelle von American Telephone & Telegraph. Gerade Amerikaner haben schon seit jeher eine Schwäche für alle möglichen Abkürzungen oder Aufmerksamkeit erregende neue Schreibweisen, zum Beispiel Toys 'Я' Us. (»Wir sind das Spielzeug«).

Wer bei der Namengebung nicht auf kulturelle Unterschiede und Empfindlichkeiten achtet, kann gelegentlich böse Überraschungen erleben. Daran müssen besonders jene Firmen denken, die global operieren. Denn was in Amerika oder Europa positive Assoziationen weckt, kann in Japan oder China unter Umständen genau das Gegenteil bewirken. Ein schönes Beispiel dafür erzählte uns Dennis Carey von Spencer Stuart. Es ging um die Markteinführung des Modells »Nova« von Chevrolet. Dieses neue Modell wurde in vier amerikanischen Städten, darunter Miami, getestet, und überall verkaufte es sich blendend – außer in Miami. Warum? In Miami lebt ein hoher Anteil spanischsprachiger Bewohner, und im Spanischen heißt *va* »gehen«. »Nova«, sonst als »neu« identifiziert, erweckte bei den Latinos in Miami die Assoziation »no va« (geht nicht), und so hielt sich diese Bevölkerungsgruppe verständlicherweise beim Kauf zurück. Fazit: »Nova« ist nicht unbedingt der beste Name für ein Auto, jedenfalls nicht in allen Teilen der Welt.

Schon die alten Römer haben es gewußt: »Im Namen steckt magische Kraft« (nomen est omen). Und wir betonen im Kontext unseres Buches ausdrücklich: Die Macht Ihres Namens kann Ihnen zum Click verhelfen. Seien Sie also auch in diesem Punkt erfinderisch, kreativ. Zeigen Sie Ihre Individualität, Ihre Einzigartigkeit auch beim Namen! In der Wirtschaft wie im Leben gilt: Der *falsche* Name kann Schaden, der *richtige* Nutzen bringen. Wählen Sie sich Ihren Click-Namen!

Epilog

Nachgedanken über die Zukunft

»Mein Ende ist mein Beginn.«

T. S. ELIOT

»Ein Netz zu knüpfen, ist besser, als um Fisch zu beten.«

ALTES CHINESISCHES SPRICHWORT

Die Zukunft bewegt sich mit rasender Geschwindigkeit. Was heute noch wie eine verrückte Hypothese aussieht, kann morgen schon Wirklichkeit sein. Sie müssen sich darauf einstellen und gerüstet sein, wenn Sie die Welt von morgen betreten. Informationen gibt es mehr als genug. Mit wahnwitziger Geschwindigkeit stürmen sie auf uns ein. Die allumfassende Macht des World Wide Web hat neue, drängende Fakten für eine weltweite Kommunikation und für den Weltmarkt geschaffen. Cyberspace, Genmanipulation bei Pflanzen und Tieren, die bewußte Geschlechtsbestimmung eines erst noch zu zeugenden Kindes – all dies ist heute schon möglich oder wird in Kürze möglich sein.

Nur eines ist sicher: Die Zukunft wird nicht geduldig darauf warten, bis wir aufgewacht und bereit sind, uns auf sie einzulassen. Die Orientierung an den Trends kann uns wertvolle Zeit sparen und unsere Aktivität in die richtige Richtung lenken. Damit wir für die Zukunft gerüstet sind und damit es auch bei uns clickt. Wir von BrainReserve sind felsenfest davon überzeugt, daß die Qualität einer guten Idee sich am besten mit dem Maßstab der Trends messen läßt. Der Maßstab sollte also nicht «gut oder böse«, »neu oder alt«, sondern »trendgerecht oder schon bald im Abseits« heißen.

Zukunftsgedanken gehen Lys und mir niemals aus. Noch während wir die letzten Seiten unseres Buches schreiben, kommen uns schon wieder neue Ideen, die noch weiter in die Zukunft weisen. Und das hört auch nicht auf, wenn Sie das fertige Buch in Händen halten. Wollen Sie unsere allerneuesten Gedanken erfahren, rufen Sie uns an, und zwar unter der amerikanischen Nummer 1-900-CLICK. Und drücken Sie anschließend die 1. Die 16 Trends sind ständig im Fluß, sie entwickeln sich weiter. Und doch sind sie die Quintessenz dessen, was die Konsumenten in allen mit dem unseren vergleichbaren Ländern der Welt denken, wünschen, kaufen und sich erträumen. Sie zeigen an, worauf sich die Konsumenten in der Welt der Zukunft freuen können.

Was also wird uns die Zukunft bringen?

Der Countdown für das Alter hat begonnen. Wenn sich die Geheimnisse Ihres genetischen Bauplans entschlüsseln lassen und man exakt voraussagen kann, wie alt Sie voraussichtlich werden können, welche Folgen wird das haben? Welche Auswirkungen werden solche Prognosen auf Fitneßprogramme und den Markt der homöopathischen Mittel und Vitamine haben? Wird diesem Markt die Luft ausgehen, oder werden sich Hoffnungen und Umsätze gegen die genetischen Prognosen behaupten?

Unsichtbare Helme. Wenn die Luftverschmutzung in den riesigen Städten, von Los Angeles über Mexiko-Stadt bis Peking, noch schlimmer wird, könnten wir uns Schutzhelme mit individueller Atemluftzufuhr auf den Kopf setzen. Nicht unbedingt Helme, wie sie die Astronauten im All tragen, sondern kleinere, flexiblere Ausführungen. Eine Art Schutzschicht gegen in der Luft umherschwebende Gifte. In solche Helme wird der letzte Schrei der Kommunikationstechnik integriert sein. In Gegenden mit geringerer Luftverschmutzung werden wir Designer-CitiMasks tragen, zur Filterung unserer Atemluft. Wenn reine Luft und klares Wasser zu extrem kostbaren Gütern geworden sind, kann man sie bei Lotterien als Preis aussetzen, je nach Plazierung ein bestimmtes Quantum.

Begleiter fürs ganze Leben. Wenn Gentechniker die »perfekte Tomate« züchten können, warum dann nicht auch Katzen- und Hundearten, die so lange leben wie ein Mensch? Dann blieben einem die vierbeinigen Freunde lebenslang erhalten. Mehr Liebkosungen, weniger Tränen.

Online-Vermittlung für Waisenkinder. Wie wäre es mit einem weltweit arbeitenden, zentralen Adoptionscomputer, der sämtliche Babies und Kleinkinder erfaßt, die auf ein neues Zuhause warten? Keine politischen Implikationen, sondern humanitäre Hilfe für unschuldige Kinder. Wäre das nicht eine kongeniale Chance für Bill Gates, karitativ tätig zu werden, (schließlich verfügt er über die Ressourcen, das Geld und die Reichweite)? So könnte er schon früher als geplant einen Teil seiner Gewinne zugunsten der Allgemeinheit einsetzen. Ein ähnliches Register wäre auch für ausgesetzte Haustiere in Tierheimen denkbar.

Leben in den Innenstädten. Je mehr Menschen sich selbständig machen und ein Kleinunternehmen im eigenen Haus eröffnen (1995 haben 2 Millionen Amerikaner diesen Schritt getan), desto weniger Büroraum wird in den Innenstädten gebraucht. Diese Büroflächen sollten in Wohnungen umgewandelt werden, so könnten auch Unterkünfte für die Armen und Obdachlosen der Städte geschaffen werden. Außerdem Heime für die Pflege von Alten und Kindern. Man könnte sofort beginnen, sobald ein Weg gefunden ist, die versiegelten Bürofenster wieder zu öffnen, um die Räume mit Frischluft zu versorgen.

Superläden für Behinderte. Wenn es in den Vereinigten Staaten schätzungsweise mehr als 20 Millionen unterschiedlich schwer Behinderte und eine Bevölkerung gibt, die immer älter wird, wäre es dann nicht an der Zeit, für diese Gruppe Superläden nach Art von Home Depot/Toys 'Я' Us einzurichten, in denen diese Klientel alles findet, was sie braucht, bis hin zu Telefonverstärkern und Sprechcomputern (Voice Translators)?

Chips mit gespeichertem Wissen. Eines Tages wird man winzige Computerchips kaufen und ausleihen können, die in eine zuvor chirurgisch entsprechend vorbereitete Gehirnkammer eingesetzt werden. Denken Sie einmal über die Anwendungsmöglichkeiten nach! Je nach Bedarf werden Sie für die Dauer einer geschäftlichen Verhandlung, eines Urlaubs oder auch für den Rest Ihres Lebens fließend Französisch oder Chinesisch sprechen können. Sollten Sie auf Freiersfüßen wandeln, könnten Sie die schönste Liebeslyrik der Welt rezitieren. Oder Sie verstehen plötzlich das Reparaturhandbuch Ihres Fernsehgerätes, wann immer es etwas zu reparieren gibt. Oder Sie beherrschen augenblicklich alle Regeln des Golf- und des Tennisspiels – wobei Sie allerdings für den athletischen Teil des Spiels auch noch Ihre Muskeln brauchen, und die lassen sich auf diese Weise leider nicht programmieren.

Partner mit der passenden DNS. Wenn Ihre gesundheitlichen und persönlichen Merkmale genetisch ermittelt sind, können Sie sich mit einem passenden Ehepartner, Freund oder Geschäftspartner zusammentun. Eine ähnliche Möglichkeit existiert in Japan bereits auf der Basis von Blutgruppen.

Katalogwagen. Eine Kombination von Einkaufskatalog und Lieferwagen. Solche Wagen werden durch Ihre Nachbarschaft fahren und ein breites Angebot präsentieren. Sie können die Waren dort sofort kaufen und zur Lieferung am folgenden Tag bestellen. Der Katalogwagen würde die Lücke zwischen den großen Einkaufszentren (zeitaufwendig und hektisch) und dem Blättern in Katalogen daheim (unpersönlich, keine Möglichkeit, Sachen in die Hand zu nehmen oder anzuprobieren) ausfüllen.

Gefängnisfernsehen in Schulen. Über einen speziellen Fernsehkanal erhalten Schüler sozusagen »live« einen direkten Einblick in den Gefängnisalltag. Der Abschreckungseffekt dürfte beträchtlich sein. Kinder und Jugendliche werden versuchen, es in ihrem Leben nicht so weit kommen zu lassen, daß sie Bekanntschaft mit dieser Institution machen müssen.

Online-Aufpasser gegen Hausaufgabenbetrug. Das Internet bietet Schülern und Studenten bislang ungeahnte Möglichkeiten, bei Hausaufgaben und Examina zu schummeln und zu betrügen (»Schick mir doch mal eben per E-Mail den Deutschaufsatz rüber!«). Die Pädagogen werden sich mit entsprechenden Aufpasserdiensten darauf einzustellen haben.

Spirituelle Möglichkeiten. Der »spirituelle« (parapsychologische, esoterische) Bereich wird einen rasanten Boom erleben. Wenn sich schon die CIA bei ihrer Arbeit spiritueller Helfer bedient, warum sollen nicht auch Oberbürgermeister oder Unternehmensvorstände versuchen, auf übernatürlichem Wege die richtigen Mitarbeiter oder Produkte zu finden?

Noch mehr Zwölf-Schritte-Selbsthilfegruppen. Der Markt ist in diesem Bereich noch längst nicht ausgereizt. Immer mehr Gleichgesinnte werden zueinanderfinden wollen: etwa MOA (Mail Order Anonymous) für Katalogbestellsüchtige; IA (Internet Anonymous) für Leute, die den Computer einfach nicht mehr abschalten können, CA (Communications Anonymous) für Leute, die kommunikationssüchtig sind (per Handy, Autotelefon, Fax, E-Mail, Pieper und so weiter).

Schöne Handschriften. In dem Maße, in dem unser Leben von Computerausdrucken beherrscht wird, erhält eine schöne Handschrift, beispielsweise ein mit Tinte geschriebener Brief, eine völlig neue Qualität. Nachdem die Wirkung verschiedener Aromen sogar Gegenstand wissenschaftlicher Forschung geworden ist, werden unsere Füllfederhalter in Zukunft auch die richtigen Düfte ausströmen, um unsere Kreativität und unser Gedächtnis anzuregen.

Desinfektionssprays. Besonders auf Reisen wird man Teller und Bestecke oder Toilettensitze und anderes mehr vor dem Gebrauch mit einem Spray sterilisieren. Viele Menschen werden damit ihre Angst beruhigen.

Schlafpausen. Kleine Unterbrechungen zum Schlafen werden notwendiger Bestandteil des Arbeitslebens werden, weil erwiesen ist, daß richtig dosierte Entspannungspausen das Leben verlängern. Es wird überall Schlafkojen mit Aromatherapie geben. Unterwegs kann man solche Schlafrefugien kurzzeitig mieten, ehe man weiterreist.

Keine Alpträume mehr. Mit Hilfe einer neuen Laser-Therapie wird es erfahrenen Psychotherapeuten und Psychiatern möglich sein, schreckliche Erinnerungen oder Traumata aus Ihrem Gehirn zu löschen. Sie werden nicht mehr gezwungen sein, viele Jahre unter der Erinnerung an vor langer Zeit erlittene Mißhandlungen, Vergewaltigungen oder schreckliche Unfälle zu leiden. Umgekehrt könnten mit der gleichen Methode die Impulse, anderen solche Scheußlichkeiten anzutun, aus dem Gehirn gebrannt werden.

Mehrfache Jaworte. Die Zahl der Ehescheidungen wird ebenso zurückgehen wie die Zahl der traditionellen Eheschließungen. Man wird ungewöhnlichere Arrangements ausprobieren. Kommune-Ehen, Bigamie, Trigamie, Quadrogamie. Serien-Ehen, wobei die Ehe zuerst nur auf Probe geschlossen wird. Kinder werden in einer Initiationszeremonie nachträglich legitimiert.

Bevölkerungskontrolle. In dichtbevölkerten Ländern werden die Jungen und Mädchen schon bei der Geburt zeitlich befristet sterilisiert. Erst wenn sie sich im späteren Leben bewährt haben (guter Charakter, Familiensinn und ähnliche Kriterien), wird die Sterilisierung rückgängig gemacht. Auf gleiche Weise lassen sich auch bei älteren Frauen nach der Menopause die Geschlechtshormone reaktivieren, sollten sich diese Frauen den Kinderwunsch aus Karrieregründen zunächst versagt haben.

Compu-Teller. Im Zeichen der neuen Mikroprozessor-Technologie lassen sich für jedes Gericht sofort Kalorien und Nährwert ermitteln, selbst in Restaurants. Sensoren und Scanner werden das Essen auf dem Teller wiegen, abtasten und die Kalorien sowie die Fett- und Vitaminanteile berechnen: Beim Frühstück genauso wie beim Mittag- oder Abendessen.

Kommunikationszellen. Die Telefonzelle des Jahres 2000 wird immer noch bequem erreichbar an Straßenecken stehen, doch sie wird zusätzlich über eine Steckdose verfügen, in die man seinen Computer einstöpseln kann, um zum Beispiel ein Fax zu schicken oder zu empfangen.

Blitzrenovierung. Ein Durchbruch in der Hologramm-Technologie wird es ermöglichen, Ihre Wohnung in Nullkommanichts neu zu tapezieren. Einfach auf Knopfdruck. Im Nu leben Sie dann nicht mehr im englischen Country-House-Stil, sondern im Art-Deco-Ambiente.

Do-it-yourself-Schönheitschirurgie. Die in die Jahre kommenden Angehörigen der Baby-Boom-Generation werden sich ein neues Gerät kaufen können, mit dem sich zu Hause, ohne daß einer zusieht, kleine Falten im Gesicht beseitigen lassen.

Computer-Spezialbrillen. Mit Hilfe solcher Spezialbrillen, der drahtlosen Kommunikationstechnik und eines tragbaren Joysticks haben Sie ständig Zugang zu Videospielen Ihrer Wahl.

Ein Generator in jedem Haus. Kleine, preiswerte Generatoren werden ebenso populär werden wie Mikrowellenherde und Air-condition. Auf diese Weise wird man den großen Elektrizitätsgesellschaften nicht mehr auf Gedeih und Verderb ausgeliefert sein.

Minikirchen. Nach dem Motto »Man muß angeln, wo die Fische sind« werden christliche Kirchen, Juden und andere Religionsgemeinschaften überall dort Dependancen einrichten, wo Menschen zusammenkommen: in Einkaufszentren, Sportarenen, Strandbädern, Vergnügungsparks und andernorts.

Massensicherheit. Je stärker die Verbrechensrate steigt, desto größer wird der Bedarf an Haus-, Auto- und Leibwächtern werden. Große Versicherungsgesellschaften könnten solche Dienstleistungen ausdehnen bzw. neu anbieten.

Nachbarschaftsfernsehen. Im Zeitalter von Glasfibertechnik und Internet werden amerikanische Durchschnittshaushalte ihre eigenen Fernsehshows veranstalten. Sie selber können sich in Nachbarschafts-Talkshows einschalten, lebensnahe Situationskomödien via Bildschirm erleben und vielleicht (hoffentlich!) auch an lebendigen Ideenrunden (Brainstorming Sessions) teilnehmen.

Wenn Sie uns so weit gefolgt sind und dabei für sich selbst herausgefunden haben, wie das Clicken funktioniert, dann haben Sie auch längst begriffen, daß der Ideenfluß niemals aufhört (das ist übrigens auch der Grund, warum die Trends sich zwar wandeln können, aber niemals ganz zu existieren aufhören). Tagtäglich sind wir einem neuen Trommelfeuer von Ereignissen, Ideen und Produkten ausgesetzt, die unser Leben beeinflussen und unsere Wahrnehmung verändern. Ständig sehen wir, was morgen sein könnte, in neuem Licht. Daraus ergibt sich für uns alle auch die Chance, unser Potential besser auszuschöpfen, Erfolg zu haben, zum Click zu kommen. Clicking – das heißt,

- ein Ziel im Leben zu finden – und danach zu leben,
- Angst in Strategien umzuwandeln,
- gesellschaftliche Trends in persönliche Chancen umzumünzen,
- sich bildlich vorzustellen, wie man mit seiner Zukunft auf einen Nenner kommen kann.

Was uns jetzt noch als Zukunft erscheint, wird schon bald Gegenwart sein. Deshalb lohnt es sich, darüber nachzudenken. Wenn Sie uns Ihrerseits an einigen Ihrer Click-Ideen teilhaben lassen wollen, dann können Sie interaktiv werden und:

- uns anrufen (unter der US-amerikanischen Nummer 1-800-TRENDER),
- uns schreiben (1, Madison Ave., New York, N.Y. 10010, USA),
- uns ein Fax (001-212-481-9595)
- oder E-Mail schicken (Clicking&AOL.com).

Erleuchten Sie uns!

Mit allen guten Wünschen für Ihre Zukunft,

Faith B. Popcorn und Lys A. Marigold

LASSEN SIE ES CLICKEN!

BrainReserve-Lektüreliste

Es folgt eine Liste der Publikationen, die wir bei BrainReserve lesen und auswerten. Wenn Sie sich nicht beruflich mit der Trenderforschung befassen, brauchen Sie natürlich nicht derartig viele Zeitschriften zu lesen. Wenn Sie hinsichtlich der Trends lediglich auf dem laufenden bleiben wollen, sollten Sie innerhalb der verschiedenen Sachgruppen öfter wechseln. Also zum Beispiel abwechselnd *Newsweek* oder *Fortune* lesen, *Elle* oder *Women's Wear Daily, People* oder *Entertainment Weekly.*

Allgemeine Informationen:
Cristina
Hispanic Under Thirty
Modern Maturity
New York
Newsweek
Psychology Today
The Economist
Time
U.S. News & World Report
USA Today
Vanidades

Frauenzeitschriften:
Allure
Elle
Essence
Good Housekeeping
Harper's Bazaar
Ladies' Home Journal
Mademoiselle
Mirabella
Victoria
Vogue
W
Women's Wear Daily
Working Mother
Working Woman

Männerzeitschriften:
Details
Esquire
Gentlemen's Quarterly
Men's Health
Men's Journal

Aktuelle Nachrichten:
Financial Times
Herald Tribune (europäische Ausgabe)
Le Monde
New York Observer
The New York Times
USA Today
Village Voice
Wall Street Journal
Washington Post

Wissenschaft:
Discover
Omni
Science
Science Digest
Scientific American

Gesundheit:
American Health
Fitness
Health
Longevity
Men's Health
Prevention
Self
Shape

Essen und Trinken:
Bon Appetit
Cook's Illustrated
Eating Well
Food & Wine
Food Arts

Gourmet
Vegetarian Times

Wohnen
Architectural Digest
Country Living
Elle Decor
House Beautiful
Martha Stewart Living
Metropolitan Home
This Old House

Reisen/Ausland:
Arena
Conde Nast Traveler
Elegance (erscheint in Holland)
Harper's & Queen
I-D
Marie Claire
Soviet Life
Time Out
Tokyo Journal
TransPacific
Travel & Leisure

Unterhaltung/Klatsch:
Bark
Billboard
Buzz
Entertainment Weekly
Hola
In Style
Interview
National Enquirer
People
Premiere
Rap Sheet
RayGun
Rolling Stone
Source
Spin
TV Guide
Us
Vanity Fair
Variety
Vibe

Literatur/Kunst:
Art & Antiques
Atlantic Monthly
Grand Street
Granta
Harper's
Journal of Popular Culture
New York Review of Books
New Yorker
Paris Review
Publishers Weekly
Quarterly: New American Writing

Wirtschaft:
Business Week
Delaney Report
Entrepreneur
Far Eastern Economic Review
Forbes
Fortune
Inc.
Japan Economic Journal
Nikkei Weekly
Smart Money
Worth

Politik:
American Spectator
George
Manchester Guardian
Mother Jones
Ms.
Nation
New Republic
Politique Internationale
Reason
Washington Spectator

Umwelt:
E: The Environmental Magazine
Earthwatch
Mother Earth News
World Watch

Mitteilungsblätter und Fachpublikationen:
Advertising Age
Adweek
American Demographics
Berkeley Wellness Letter
Boycott Quarterly
Brandweek
Chain Drug Review
Consumer Confidence Survey
Consumer Reports
Crain's New York Business
Food & Beverage Marketing
Food Marketing Briefs
Harvard Women's Health Watch
Iconoculture
John Naisbitt's Trend Letter
Manhattan User's Guide
Market Watch: The Wines, Spirits & Beer Business
Marketing News
Mayo Clinic Health Letter
National Home Center News
New Product News
Supermarket News
Tufts Nutrition Letter

Schwule/Lesbierinnen:
Advocate
Deneuve
Diva
Genre
Men's Style
Out

New Age:
East West
Family Therapy Networker
New Age
Tricycle: The Buddhist Review
Whole Earth Review
Yoga Journal

New Tech:
Home PC
MacWorld
PCWorld
Wired

Exzentrisches:
Coffee Journal
High Times
Libido: The Journal of Sex and Sensibility
Monk: Public Diary of the Pilgrim's Journey
New York Press
Paper
Plain
Project X
Utne Reader

Jugendzeitschriften:
Dirt
Might
Sassy
Seventeen
Sister 2 Sister
YM (Young Miss)
YSB (Young Sisters & Brothers)

Online:
America Online
CompuServe
HotWired
Lexis/Nexis
Pipeline
Prodigy
Urban Desires
Word
Xkull